GÉOGRAPHIE

DÉPARTEMENTALE

DES CÔTES-DU-NORD.

GÉOGRAPHIE

DÉPARTEMENTALE

DES CÔTES-DU-NORD

RÉDIGÉE

SUR LES DOCUMENTS OFFICIELS LES PLUS RÉCENTS

PAR

J. GAULTIER DU MOTTAY, Conseiller Général ;
Ed. VIVIER, ancien Sous-Chef de Division à la Préfecture ;
J. ROUSSELOT, Inspecteur des Écoles Primaires.

SAINT-BRIEUC | PARIS
GUYON Frères, Éditeurs, | HACHETTE et Cie, Libraires,
Rue Saint-Gilles, 4. | Faubourg St-Germain, 77.

1862.

PRÉFACE.

Beaucoup d'ouvrages traitant spécialement et même avec détail de la topographie, de l'histoire et de la statistique du département des Côtes-du-Nord, ont déjà été publiés. Mais ces ouvrages, dont toutefois nous reconnaissons la valeur et le mérite, ont plus ou moins vieilli ; ils sont généralement volumineux, d'un prix élevé et, par cela même, ils ne peuvent se trouver entre les mains de tout le monde ; d'ailleurs, ils manquent de documents pour ainsi dire actuels et contemporains. Aussi avons-nous entendu beaucoup de personnes exprimer le regret que les Côtes-du-Nord n'eussent pas, comme d'autres départements, une géographie populaire qui contînt sommairement et d'une manière précise les renseignements que chaque jour on recherche dans la vie pratique. C'est ce vide que nous avons essayé de remplir, mais d'une manière plus complète qu'on ne l'a tenté jusqu'à ce jour, soutenus que nous étions par la pensée que cette œuvre, qui a pris des proportions que nous n'avions pas prévues, serait utile au pays.

A peine était-elle commencée que nous recevions un encouragement précieux, quoique indirect, par la circulaire de M. le Ministre de l'Instruction publique et des Cultes, en date du 30 août 1857. Son Excellence rappelait les avantages qu'il y aurait à enseigner dans les écoles publiques de chaque département les éléments de la géographie locale « en prenant pour point de départ le village, le canton, l'arrondissement; en donnant des explications sommaires mais précises sur les principaux faits historiques, industriels et agricoles ». Nous avons donc redoublé d'efforts pour mener à bien notre travail, et nous n'avons pas hésité à invoquer, pour sa meilleure exécution, près des personnes les plus compétentes, un concours qui ne nous a pas fait défaut.

Notre plan est des plus simples ; il est en quelque sorte tracé par la circulaire que nous venons de citer. Prenant pour bases les divisions administratives, qui ont été traitées les unes après les autres, nous avons rejeté dans des tableaux, placés en tête de chaque canton, les renseignements qui auraient trop chargé les notices spéciales à chaque commune ; lorsque nous avons parlé de ces dernières, nous nous sommes bornés à indiquer succinctement les divers points qui les rendaient dignes d'intérêt. Nous pensons donc que, malgré les imperfections inhérentes à un travail de ce genre, surtout dans une première édition, il répondra au vœu de ceux qui éprouvaient le désir de voir remplacer par des renseignements officiels et offrant des garanties aussi sérieuses que possibles, des chiffres quelquefois pris au hasard et dont on a trop souvent contesté l'exactitude. Il n'est pas douteux que notre Géographie ne paraisse aux instituteurs, si jaloux d'enseigner avec fruit cette branche d'étude à leurs élèves, digne d'être mise entre les mains de ceux-ci. Nous aimons aussi à espérer que les hommes du monde, aussi bien que les gens d'affaires, sauront reconnaître qu'on y trouve beaucoup d'indications qu'ils auraient été obligés de chercher quelquefois inutilement dans plusieurs volumes.

Expliquons ici les motifs qui nous ont portés à comprendre parmi ces renseignements un certain nombre de notions dont l'importance peut ne pas frapper d'abord. On a dit souvent et avec raison que la géographie et l'histoire étaient sœurs ; en effet, il est difficile de parler d'un fait historique sans que la pensée se reporte immédiatement au lieu où cette action s'est passée. Mais à côté de ces deux sœurs il en est une troisième qui les aide activement dans les recherches souvent incertaines auxquelles il est de leur essence de se livrer, nous voulons nommer l'Archéologie. Les anciens monuments servent en effet presque toujours de jalons à ces deux sciences. Combien de fois les études géographiques et historiques n'ont-elles pas été heureuses de trouver, dans leurs préoccupations, le concours de l'archéologie qui leur a permis bien souvent de fixer une position douteuse ou un point d'histoire indécis? N'est-ce pas elle qui vient, tout récemment encore, de déterminer à Alise-Sainte-Reine le lieu où le dernier champion de la nationalité gauloise, le brave Vercingétorix, fut défait par les troupes de Jules César?

C'est donc avec une sorte de sollicitude que nous avons recherché et indiqué dans chaque commune tous les débris celtiques, gallo-romains ou du moyen-âge qu'il nous a été possible de reconnaître. La science n'a pas encore dit son dernier mot sur ces monuments, dont l'existence demeurera au moins constatée si, comme tout porte à le craindre, la manie de la destruction continue à s'acharner contre eux. Peut-être un mot de notre livre les sauvera-t-il de l'oubli et les entourera-t-il de ce respect sympathique qui s'attache aux œuvres des générations qui nous ont précédés.

Est-il besoin de dire que nous n'avons pas eu

la prétention de faire une œuvre littéraire? Outre que la matière s'y prête peu, nous connaissons trop notre insuffisance pour nous arrêter à cette pensée. Mais nous avons tenu à donner sur la configuration de notre territoire, sur la nature de son sol, sur quelques-uns des principaux événements dont il a été le théâtre; sur son industrie, sur les hommes marquants qu'il a produits, des indications que dans certaines circonstances on aimera à y rencontrer. Nous ne voulons cependant pas affirmer que ces renseignements soient complets; peut-être même sans le vouloir, en aurons-nous donné d'inexacts : ces erreurs sont inséparables d'un travail comme celui-ci et nous saurons bon gré aux personnes qui voudront bien les indiquer à notre éditeur pour que, au besoin, nous puissions les rectifier dans une deuxième édition.

Nous avons reconnu que notre Géographie n'eût pas été complète sans une carte du département. Après avoir long-temps reculé devant cette dernière tâche, nous l'avons enfin entreprise en prenant pour guides les cartes dressées par le dépôt de la guerre et par l'administration vicinale. Nous nous proposons de livrer ultérieurement ce nouveau travail comme complément à notre livre. L'obligeant concours de M. l'Ingénieur en chef Dujardin nous a permis d'indiquer les routes impériales, départementales et de grande communication, de manière à ce qu'on puisse en saisir facilement l'ensemble; aussi bien que les détails de la vicinalité secondaire du département telle qu'elle existera à la fin de 1862. Quant au tracé des chemins de fer, M. l'Ingénieur en chef Fessard nous a gracieusement donné à cet égard les notes les plus précises.

Qu'il nous soit permis de consigner ici l'expression de notre gratitude envers toutes les personnes qui ont bien voulu nous aider et nous encourager dans ce travail qui n'a pas duré moins de cinq années. Hélas! l'une de celles qui nous ont soutenus avec le plus de bienveillance, Monseigneur Martial, n'est plus, mais c'est pour nous un devoir de cœur d'inscrire ici son nom. Nous tenons spécialement à exprimer nos remerciements à M. le Préfet, comte Rivaud de la Raffinière, qui a bien voulu nous laisser puiser dans ses bureaux mille documents statistiques ; — à M. le Secrétaire général Legué, auquel nous devons tant d'excellents avis ; — à M. l'Inspecteur d'Académie Amiard, qui s'est montré si sympathique à notre œuvre, dont il a facilité les débuts par son bienveillant concours ; — à M. l'Inspecteur des Contributions directes Duportal, qui nous a ouvert généreusement ses portefeuilles, dans lesquels nous avons trouvé un si grand nombre de renseignements précieux, notamment sur la topographie, le cadastre et la géologie de notre département ; — à MM. les Inspecteurs primaires Nédelec et Hamon, qui ont si souvent secondé nos recherches ; — enfin, à MM. les Instituteurs qui ont bien voulu répondre aux questionnaires que nous leur avions adressés. Si quelques-uns d'entre eux n'ont pas compris quelle importance nous attachions à ces documents, beaucoup y ont répondu d'une manière remarquable.

Puissions-nous, après avoir cherché à faire connaître notre pays, apprendre que nous avons contribué à faire aimer des lecteurs et des élèves auxquels notre livre sera confié, ce coin de la Bretagne dont le nom, comme celui d'une mère, éveille toujours en nous des sentiments de vénération filiale; telle est surtout la récompense que nous ambitionnons.

ERRATA.

Page 10, ligne 8. — Men, *lisez* Meu.
Page 26, ligne 16. — N° 166, *lisez* N° 176.
Page 34, cap Fréhel. — Longitude 49° 39′ 23′, *lisez* 4° 39′ 23′
Page 82, ligne 25. — Acquèrent, *lisez* acquièrent.
Page 97, ligne 3. — Le Grouin, *lisez* Le Groing.
Page 224, ligne 9. — Arrozées, *lisez* arrosées.
Page 239, ligne 13. — Triennal, *lisez* biennal.
Page 248, Plouha. — *Ajoutez* par les 5° 16′ de longitude O. et par les 48° 40′ 52′ de latitude N.
Page 709, ligne 6. — Maisons, *lisez* moissons.

Points culminants à ajouter aux communes ci-après :

Saint-Brieuc. — La Haute-Folie, 133 m.; Saint-Michel, 89 m.; Cesson (bourg), 62 m.
La Méaugon — La Croix-Herlot, 156 m.; le Tertre-Rault, 147 m.
Plérin. — Le bourg, 106 m.; la Ville-Rault, 113 m.; Roselier, 73 m.; le Sépulcre, 141 m.
Ploufragan. — La Fontaine-Morin, 143 m.; Saint-Hervé, 129 m.; le Rocher-Gouëlan, 187 m; la Couette, 147 m

GÉOGRAPHIE

DU DÉPARTEMENT

DES CÔTES-DU-NORD

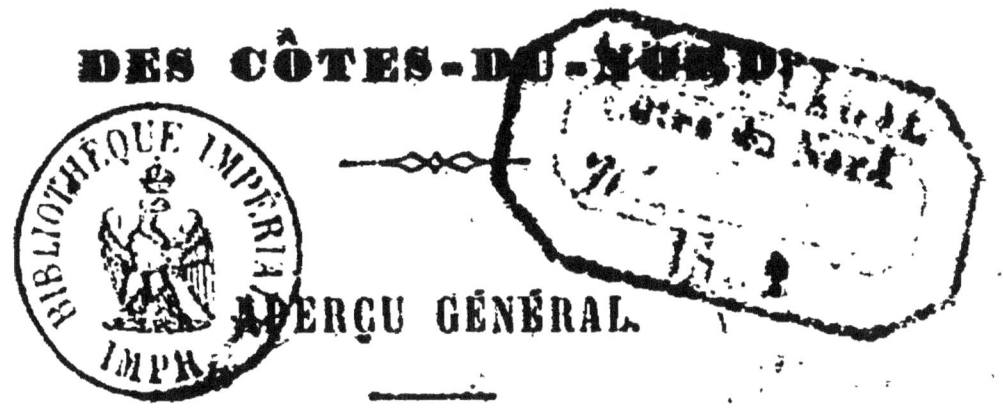

APERÇU GÉNÉRAL.

I

Dénomination. — Le décret des 15 janvier, 16 et 26 février 1790, divisant la France en départements, donna le nom de *Côtes-du-Nord* à celui qui fait l'objet de ce petit livre. Cette dénomination, qui aurait pu aussi bien appartenir à quelques départements voisins dont l'aspect topographique est à peu près de la même nature que le nôtre, lui a, sans doute, été attribuée définitivement faute de quelque rivière, montagne ou forêt assez importante pour mériter l'honneur de le patronner. Cette appellation n'en est pas moins défectueuse, jusqu'à un certain point, car elle se rapporterait plutôt aux montagnes ou falaises qui bordent, en partie, le nord de la France, qu'à celles qui terminent la Bretagne, dans la même direction.

Situation géographique, etc. — Situé entre le 48e et le 49e degré de latitude nord et les 4es et 6es degrés de longitude ouest, le département des Côtes-du-Nord est borné au midi par celui du Morbihan, à l'ouest par le Finistère, à l'est par l'Ille-et-Vilaine, et au nord par la Manche. Il embrasse, ainsi que nous l'expliquerons plus bas, indépendamment du diocèse de Saint-Brieuc, une portion des anciens évêchés de Tréguier, Quimper, Saint-Malo, Dol et Vannes. Sa configuration est celle d'une ellipse échancrée sur l'un de ses côtés, et son étendue en superficie est de 687,603 hectares 24 ares. Sa plus grande longueur à vol d'oiseau est de 130 kilomètres de la borne limitant la commune d'Evran de l'Ille-et-Vilaine au ruisseau qui sépare celle de Plestin du Finistère, et sa plus grande largeur, de l'extrémité du sillon de Talberg à la limite de Mellionnec est de 84 kilomètres. Sa population, d'après le recensement de 1856, est de 621,573 habitants; mais, selon toute probabilité, elle est supérieure à ce chiffre; cependant, sous ce rapport, il est le cinquième de la France.

Aspect, sol, montagnes. — La surface du département est d'une très-grande inégalité. Si les montagnes qui composent le sol en majeure partie ne sont pas fort élevées, elles se succèdent constamment néanmoins, les unes aux autres, et leurs pentes plus ou moins déclives forment une multitude de petits coteaux ou mamelons;

les plaines sont rares. Il résulte, de cette disposition de terrain, une quantité innombrable de vallons, arrosés de ruisseaux et de petites rivières qui, après avoir pris naissance dans les montagnes supérieures, sont fréquemment grossis par les eaux pluviales, et deviennent torrentiels en certaines saisons. Parmi les montagnes les plus élevées, nous citerons le Menez-Bel-Air, près de Moncontour, dont le sommet est à 335 mètres au-dessus du niveau de la mer, le Menez-Bré, en Pédernec, vaste cône de 3,000 m de circonférence à sa base, dont la hauteur est de 301 m; le Follezou, en Kgrist-Moellou, a 282 m; le Lovern, en Lohuec, 295 m; le Kreguen, en Callac, 273 m, etc.

Géologie. — Le sol des Côtes-du-Nord est presque entièrement composé : 1° de terrains cristallisés, vulgairement appelés primitifs et formés par les roches désignées sous les noms de granite, syénite, gneiss, micashiste, etc., ces roches se trouvent presque partout ; 2° de terrains de transition inférieurs (système cambrien), composés presque exclusivement de schistes luisants; et de terrains de transition moyens (système silurien), partagés en deux groupes, les quartzites et les antraxifères, ces deux derniers genres également très-répandus ; 3° de terrains tertiaires moyens comprenant les faluns, on les trouve seulement dans les communes de Saint-Juval et circonvoisines, arrondissement de Dinan ; 4° enfin, de roches ignées qui ont donné naissance aux terrains primitifs, on les rencontre dans un grand nombre d'endroits.

Climat. — Quant au climat, il est d'ordinaire un peu triste et plutôt pluvieux que brumeux, ce qui tient sans doute au voisinage de la mer. Le ciel est souvent couvert, et il serait très-humide si des vents assez forts, qui règnent fréquemment dans la direction du sud-ouest, ne chassaient les nuages et ne venaient ainsi éclaircir l'horizon. C'est peut-être à cette cause que l'on doit d'être préservé de froids rigoureux en hiver et de chaleurs accablantes en été. Les variations de température sont du reste très-fréquentes, aussi la neige quand elle vient à tomber reste-t-elle fort peu de temps sur la terre, surtout dans la zône du littoral. En somme, le climat est très-salubre, et des tables de mortalité, dressées avec soin, portent la durée de la vie moyenne dans notre département à deux ans et huit mois de plus que dans le reste de la France.

Nous sommes heureux de pouvoir mettre sous les yeux de nos lecteurs le tableau suivant (pages 6 et 7), emprunté aux patientes observations de M. Marée, ancien principal du collége de Saint-Brieuc; il donnera une idée très-exacte de la météorologie et des conditions climatériques sous l'influence desquelles se trouvent les *Côtes-du-Nord*, il présente le résumé d'une moyenne de trois années.

Mer, côtes, îles, baies, promontoires. — Le littoral des Côtes-du-Nord offre un grand nombre de baies, d'anses, de pointes ou caps, presque partout hérissés de rochers et parsemés d'îlots. Le développement des sinuosités formées par les falaises qui les bordent peut être évalué en minimum à 240 kilomètres depuis la limite de Lancieux jusqu'au port de Toul-an-Héry ; mais les îles de quelque importance sont rares. Parmi ces dernières, nous devons citer tout d'abord celle de Bréhat, qui forme une commune dont nous parlerons en son lieu ; le groupe des Sept-Iles, nommées l'Ile-Plate, du Cerf, Rouzic, Melban, Bonneau, la Pierre et l'Ile-aux-Moines, cette dernière est la plus considérable et est occupée par une petite garnison ; l'Ile-Grande, en Pleumeur-Bodou, a plus de trois cents habitants ; nous ne parlons que pour mémoire des îles Saint-Riom, Béniguet, Modez, Loaven, d'Er, Saint-Gildas, Milhau, des Ebihens, etc., qui ne sont pas habitées. — Les baies principales sont celles de la Fresnaye, de Saint-Brieuc, de Bréhec, de Beauport, de Gouern, d'Enfer en Plougrescant, et de Saint-Michel-en-Grève. — Parmi les caps ou promontoires, nous citerons la pointe de Saint-Jacut-de-la-Mer, de l'Isle en Saint-Cast, le cap Fréhel, la pointe d'Erquy, celles de Cesson, de Roselier, de Pordic, du Bec-de-Vir, de Minard en Plouëzec, de l'Arcouet en Ploubazlanec, le Sillon de Talbert, le Bec-er-Villin en Plougrescant, etc., etc.

MOIS.	NOMBRE DE JOURS									DIRECTION DES VENTS (Nombre de fois qu'ils ont soufflé).														
	de pluie.	de neige.	de glace.	de gelée blanche.	de grêle et grésil.	de brouillard.	de tonnerre.	sereins.	couverts.	mixtes.	N.		N. E.		E.		S. E.		S.		S. O.		O.		N.
											F.	f.	F.	f.	F.	f.	F.	f.	F.	f.	F.	f.	F.	f.	F.
Janvier...	18	0	9	5	3	3	2	7	15	9	5	6	3	1	4	1	2	2	10	6	16	12	10	6	4
Février...	16	6	5	7	4	2	1	4	14	3	3	3	6	7	6	3	0	0	7	10	12	6	3	2	5
Mars.....	13	5	1	8	3	2	0	8	10	11	5	3	9	15	2	6	3	0	6	7	11	4	6	4	6
Avril.....	13	0	0	6	2	1	0	6	7	12	12	13	8	9	1	1	3	7	5	2	12	0	8	6	8
Mai......	16	0	0	5	2	2	1	11	8	16	7	6	6	12	0	0	2	1	6	7	22	7	8	3	4
Juin.....	17	0	0	0	0	1	2	6	8	11	11	8	9	3	0	0	0	0	6	6	11	5	13	1	8
Juillet...	23	0	0	0	1	1	1	7	14	18	5	4	4	6	1	1	0	0	6	7	11	2	18	4	17
Août.....	13	0	0	0	0	4	1	6	9	12	5	15	1	10	0	3	0	0	5	3	7	7	11	8	6
Septembre..	12	0	0	0	0	2	2	5	11	12	3	6	0	3	0	2	0	0	8	10	23	13	8	5	2
Octobre....	18	0	2	0	1	1	1	6	10	11	6	3	5	15	0	3	1	0	3	3	16	7	8	5	10
Novembre..	23	0	4	4	3	2	2	3	14	11	3	2	2	5	0	3	2	4	11	11	18	10	6	6	3
Décembre...	13	0	9	7	2	3	1	2	16	8	2	4	2	15	3	16	4	3	6	13	12	9	1	0	2
TOTAUX..	195	11	30	42	21	24	14	71	136	139	67	78	55	106	17	44	17	17	79	85	151	82	100	50	76

F. signifie FORT. — *f.* MODÉRÉ ou FAIBLE.

Rivières et cours d'eau. — Un territoire aussi accidenté que celui des Côtes-du-Nord doit naturellement donner naissance à un grand nombre de cours d'eau. Parmi ceux qui se rendent à la mer, nous citerons en commençant à l'est : La *Rance*, qui prend sa source au Cas de la Plesse, en Collinée, puis se dirige à l'est vers Saint-Jouan, d'où elle gagne Dinan en remontant un peu vers le nord, pour aller se jeter dans la mer vis-à-vis Saint-Servan. L'*Arguenon*, qui prend également sa source non loin de Collinée, passe à Jugon et à Plancoët, et débouche dans la mer au Guildo. Le *Frémur* a sa source dans la forêt de la Hunaudaie et se jette dans la mer, vis-à-vis de Portmieux, dans la baie de la Frenaie. Le *Gouessant* sort du Chauchix-Vert, en Trébry, et se jette dans la mer à Morieux, après avoir traversé Lamballe et l'étang des Ponts-Neufs. L'*Urne* prend sa source dans l'étang du Plessix, en Saint-Carreuc, et va se perdre dans la grève de Langueux. Le *Gouët* a sa source à Kério, dans la commune du Vieux-Bourg, et son embouchure sous la Tour de Cesson. L'*Ic* sort de la commune de Plélo et se jette dans la mer à Binic. Le *Lezouen* sort de Plourivo et se perd dans le port de Paimpol. Le *Trieux* a sa source à 1,500 mètres sud du bourg de Saint-Gilles-Pligeaux, traverse l'étang de Coetmaloën, Guingamp et Pontrieux, et se jette dans la mer vis-à-vis de l'île de Bréhat. Le *Jaudy* sort du Chap, en Gurunhuel, et se dirige vers le nord sur la Roche-Derrien qu'il traverse pour se perdre dans la mer à 6 kilomètres au-dessous de Tréguier. Le *Guindy* sort de la source appelée Pen-Gueody, en Louargat, et se perd dans le Jaudy, à Tréguier. Le *Léguer* prend sa source au village de Pen-Leguer, en Bourbriac, passe à Belle-Isle, Trégrom et Lannion, et se jette dans la mer à 8 kilomètres au-dessous de cette dernière ville. Le *Douron*, qui sépare les Côtes-du-Nord du Finistère, sort de ce dernier département (Scrignac) et a son embouchure à Toul-an-Héry. — Plusieurs de ces fleuves, car on peut leur donner ce nom, reçoivent des affluents assez considérables, notamment le *Leff*, qui, prenant sa source au Leslay, se jette dans le Trieux, à Frinandour, commune de Quemper-Guézennec; l'*Evron*, qui sort des environs de Moncontour et se jette dans le Gouessant, aux Ponts-Neufs; le *Guébriant*, qui sort de l'étang de ce nom, en Pluduno, et se perd dans l'Arguenon, près du Guildo; le *Guic*, qui prend sa source au Guerlesquin et se jette dans le Guer, près de Belle-Isle. — Indépendamment de ces cours d'eau se dirigeant vers la Manche, notre département en compte un certain nombre qui descendent les versants sud des montagnes et prennent la direction de l'Océan; parmi eux nous citerons le *Blavet*, dont la source est au village de Fellon, en Bourbriac; l'*Oust*, qui prend naissance près de Corlay; le *Lié*, qui sort de la forêt de Lorges, et le *Doré*, qui alimente le barrage de Glomel et se jette dans le Blavet, à Gouarec. — Citons encore comme simples ruisseaux, le *Pomperain*, le

Guinefort, la *Rosette*, le *Linon*, le *Quimer*, le *Guiguenoual*, le *Froubalay*, dans l'arrondissement de Dinan ; le *Cravia*, le *Chiffroy*, le *Goazel*, la *Boissière*, la *Truite*, le *Rillan*, dans l'arrondissement de St-Brieuc ; le *Dourdu*, le *Front*, le *Scalon*, le *Daoulas*, le *Pont-Séven*, dans l'arrondissement de Guingamp ; le *Bizien* et le *Rélégon*, dans l'arrondissement de Lannion ; le *Sulon*, le *Livet*, le *Grénédan*, le *Men*, le *Ninian*, la *Trinité*, dans l'arrondissement de Loudéac.

Étangs. — Nous ne pouvons abandonner le chapitre des rivières sans dire un mot des étangs qui les alimentent en grande partie : ce sont principalement ceux de Châtelaudren, des Ponts-Neufs, de la Touche-Trébry, du Plessis-Budes, du Marec, du Quélinec, de Grand-Ile, de Jugon, de la Moussaye, du Guébriant, du Chalonge, de Poulouguer, de la Roche-Huon, du Perrier, de Saint-Conan, de Rosambo, du Manactz, du Vaublanc, du Loscouët, de la Hardquinaie, des Salles, et les étangs-barrages d'Allineuc et de Glomel.

Eaux minérales. — Des sources d'eaux minérales ferrugineuses existent sur un grand nombre de points, notamment à Dinan, à Saint-Brieuc, à la Guévière, en Maroué, au Quillio, etc.

Minéralogie. — Nous avons donné plus haut un aperçu de la constitution géologique du département ;

nous nous bornerons donc à signaler, parmi les minéraux précieux qu'on y rencontre, les gisements de galène de plomb-argentifère de Châtelaudren, qui se ramifient jusque dans les communes de Plélo, Plouvara, Trémuson et Plérin, qui ont cessé d'être exploités en 1785; ceux de la forêt de Coat-an-Nos, de Carnoët et de Plusquellec. A Quénécan en Carnoët, on trouve un filon de minerai de cuivre. Quant aux minerais de fer, il en existe un grand nombre, ceux de Gouarec, de Carbilan dans le Menez, de Catenoy en St-Launeuc, de l'Hermitage, etc., sont exploités. Parmi quelques roches intéressantes, nous citerons le beau quartz améthyste qui se trouve entre Plouaret et Trégrom ; le quartz hyalin de la forêt de la Hunaudaie ; les schistes maclifères de l'étang des Salles, en Perret, etc. On trouvera, du reste, aux articles concernant chaque commune séparément, des renseignements spéciaux au point de vue géologique.

Règne végétal. — Le département possède plusieurs forêts importantes, notamment celles de Lorges, de la Hunaudaie, de Beffou, de Coat-an-Nos, de Bosquen, de Loudéac, de la Hardouinaie, de Coëtquen, etc.; plusieurs bois taillis, tels que ceux de Malaunay, d'Avaugour, de Kgrist, de Duault, de Coëtlogon, de Coron, etc., méritent le titre de forêt par leur étendue et leur aménagement. Ces terrains boisés ont une superficie totale de plus de 18,620 hectares. La belle venue des arbres indique combien le sol est propice à la silviculture. Sous d'autres rapports, le règne végétal ne laisse rien à désirer ; soit qu'on parcoure nos grèves si riches en fucus de toute espèce, nos falaises, nos landes ou nos champs cultivés, partout le botaniste pourra faire une abondante moisson ; nous ne pensons pas, cependant, que le département possède quelque plante qui lui soit spéciale.

Règne animal. — La faune des Côtes-du-Nord est encore à faire ; cependant, on a pu constater qu'outre les quadrupèdes et les oiseaux domestiques qui y sont répandus comme sur les autres points de la France, il s'y trouvait à l'état sauvage vingt-huit espèces de mammifères, indépendamment de cinq espèces de mammifères cétacés qui fréquentent quelquefois nos côtes. Parmi les oiseaux, on en compte douze espèces dans les rapaces, cinquante-deux dans les passereaux, quatre dans les grimpeurs, huit dans les gallinacées, vingt dans les échassiers et dix-huit dans les palmipèdes. Quant aux reptiles, on connaît cinq espèces de sauriens, six d'ophidiens et douze de batraciens. La mer est riche en poissons qui sont pêchés à une faible distance du littoral ; on en a reconnu quatre espèces parmi les apodes, douze dans les jugulaires, vingt-six parmi les pectoraux, douze dans les abdominaux, six dans les branchiostèges, et dix dans les cheudoptérigiens. On compte près de cent cinquante variétés de coquilles marines, fluviatiles et terrestres ; quant aux annélides, aux radiaires et aux crustacés qui vivent en si grand nombre dans les rochers de nos grèves, nous n'avons pas connaissance qu'ils aient été catalogués, non plus que les zoophites ou polipiers qui sont également très-nombreux.—La classe des insectes est très-riche, surtout en coléoptères ; les lépidoptères diurnes ou nocturnes sont moins variés que dans les départements qui se trouvent plus au sud.

Nous reviendrons au chapitre de l'agriculture sur les animaux domestiques qui doivent être comptés, en grande partie, parmi les richesses de notre département.

II

DIVISIONS ADMINISTRATIVES.

Le département des Côtes-du-Nord, dont la population est de 621,573 habitants, est divisé en cinq arrondissements portant le nom de leurs chefs-lieux, c'est-à-dire de Saint-Brieuc, Dinan, Guingamp, Lannion et Loudéac. La première de ces villes est en même temps le chef-lieu du département. Le Préfet y fait sa résidence ; on sait qu'outre l'autorité gouvernementale ce magistrat représente aussi les intérêts départementaux. Sous sa direction immédiate les sous-préfets, qui habitent les quatre autres villes, administrent l'arrondissement confié à leurs soins.

Indépendamment de ces cinq arrondissements, le département est encore divisé en quarante-huit cantons. Bien que les circonscriptions cantonales n'aient, à proprement parler, aucun caractère administratif puisqu'elles n'ont ni administrateurs ni conseils spéciaux, leur caractère propre étant de constituer le ressort de l'autorité judiciaire du degré inférieur : la justice de paix ; nous devons néanmoins mentionner celles qui se partagent notre territoire, parce que souvent l'administration se base sur elles dans certaines circonstances, notamment pour les mesures relatives au recrutement de l'armée, pour les élections départementales, pour la liste du Jury, etc.

Trois cent quatre-vingt-deux communes divisent le territoire des Côtes-du-Nord, savoir :

Arrondissement de St-Brieuc.. 95 com. 12 cant. 178,718 hab.
— de Dinan.... 91 10 116,815
— de Guingamp. 74 10 132,743
— de Lannion... 64 7 114,191
— de Loudéac... 58 9 89,106

L'administration départementale est composée principalement du Préfet, agissant seul dans un grand nombre de cas. A côté de lui siège un conseil de préfecture dont il est le président et qui forme un tribunal administratif jugeant les affaires contentieuses et autres qui doivent lui être soumises d'après la loi, en même temps qu'une commission consultative appelée à émettre son avis sur certaines questions administratives.

Enfin, un conseil général se réunit près du Préfet, chaque année, pour le vote du budget et de diverses dépenses affectées aux services départementaux. Il émet également son avis sur les diverses mesures à prendre dans l'intérêt du département ; il est formé d'autant de membres qu'il y a de cantons et nommés par le suffrage universel.

Le budget départemental pour l'année 1860, voté par le conseil général dans sa session de 1859, se résume ainsi :

1re Section.	— Dépenses ordinaires....	367,843f 96
2e id.	— Dépenses facultatives...	168,346 84
3e id.	— Dépenses extraordinaires	342,269 66

Dépenses spéciales :

4e id.	— Chemins vicinaux......	202,813 14
5e id.	— Instruction primaire....	50,405 83
	Total égal aux recettes....	1,131,683f 83

Des conseils sont également institués au chef-lieu de chaque arrondissement. Ils se composent d'autant de membres qu'il y a de cantons dans l'arrondissement, sans que ce nombre puisse être inférieur à neuf ; ils sont, comme les conseils généraux, nommés par le suffrage universel. Leurs principales attributions sont de délibérer sur les réclamations auxquelles peut donner lieu la fixation du contingent de l'arrondissement dans les contributions directes, et ils donnent leur avis sur toutes les questions intéressant leur circonscription, en ce qui concerne les délimitations de communes, les routes départementales ou vicinales, l'établissement ou la suppression de foires et marchés, etc.; dans la deuxième partie de leur session, ils répartissent définitivement entre les communes le contingent des contributions directes qui leur est affecté.

III

ADMINISTRATION RELIGIEUSE. — ÉVÊCHÉ.

Nous partageons, en ce qui concerne l'érection du siége de Saint-Brieuc, l'avis de plusieurs écrivains bretons qui refusent avec raison d'attribuer au roi de Bretagne, Nominoé, la création exclusive de cet évêché, aussi bien que de celui de Tréguier. Il nous paraît bien certain, au contraire, qu'à une époque qu'on ne peut préciser exactement, mais probablement au VII° siècle, des évêques, appelés régionnaires, ont commencé, sous la direction de l'évêque de Dol, à habiter les monastères fondés par les saints Brieuc et Tugduald, lesquels, d'après une tradition constamment suivie dans l'Eglise de Bretagne, auraient été eux-mêmes les premiers évêques de ces localités et auraient eu des successeurs immédiats qui sont également honorés comme saints. Nominoé n'aurait donc fait que consacrer d'une manière définitive un ordre de choses existant depuis longtemps, en établissant toutefois les circonscriptions de chaque siége, sauf quelques portions de territoire dont l'évêque de Dol serait resté le pasteur, d'où seraient nées ces enclaves qui ont été l'objet de tant de discussions. Quoiqu'il en soit, la chronologie des évêques de Saint-Brieuc ne peut remonter au-delà de l'année 1008; elle contient, jusqu'à Mgr Martial, 62 évêques. Pour ce qui concerne l'évêché de Tréguier, supprimé en 1790, on compte, abstraction faite d'un certain nombre de prélats, purement légendaires, et depuis l'an 1032, époque où des titres précis parlent pour la première fois d'un évêque de Tréguier, une série de 65 pontifes, jusqu'à Mgr Le Mintier, décédé à Londres en 1801.

Le siége épiscopal de Saint-Brieuc auquel a été réuni celui de Tréguier par le concordat du 3 décembre 1801, à l'exception de vingt-six paroisses, ayant une circonscription égale à celle du département, a reçu, par cela même, un grand accroissement, ainsi que par l'adjonction d'une notable partie des anciens évêchés de Cornouailles, de Saint-Malo et de Dol. Il a hérité, en outre, de quatre paroisses de l'évêché de Vannes, qui font partie du canton de Gouarec; mais il en a perdu deux qui ont été jointes au canton de Rohan dans ce dernier évêché. Le nombre des paroisses du diocèse de St-Brieuc et Tréguier est de trois cent quatre-vingt-quatorze; dont quatorze sont cures de première classe, trente-quatre de deuxième et trois cent quarante-six succursales ; il existe, en outre, 376 vicariats dont 352 sont reconnus par l'Etat ; on compte environ mille prêtres dans le diocèse.

L'Evêque est aidé dans son administration par deux vicaires-généraux, agréés du Gouvernement ; le chapitre de la cathédrale est composé de neuf chanoines titulaires parmi lesquels est choisi un archi-prêtre exerçant les fonctions curiales. L'officialité diocésaine se réunit à l'évêché, ainsi que le conseil d'administration de la caisse des retraites ecclésiastiques.

Le grand séminaire compte environ deux cents élèves ; il est dirigé par les RR. PP. Maristes dont la maison principale est à Lyon. Trois petits séminaires préparent les élèves à entrer dans le séminaire diocésain. Nous en reparlerons au chapitre des établissements d'instruction secondaire.

Un certain nombre de congrégations religieuses ayant pris naissance dans le diocèse à une époque plus ou moins reculée, nous croyons devoir les mentionner ici.

1° *Dames Hospitalières de Saint-Thomas de Villeneuve.* Cette congrégation a été fondée à Lamballe, en 1661, par le P. Ange Le Proust, prieur des Augustins de cette ville, de concert avec quelques pieuses personnes ; la maison principale de la Société, qui est répandue par toute la France, est actuellement à Paris.

2° *Filles du Saint-Esprit*, dites aussi *Sœurs Blanches de Plérin*, fondées par M. Allenou de la Ville-Angevin, recteur de cette paroisse, en 1720 et non en 1706, comme plusieurs l'ont écrit. La maison principale de cet ordre, qui a pour but l'instruction des petites filles et la visite à domicile des pauvres malades, a été transférée à Saint-Brieuc en 1835. Il compte en ce moment cent cinquante-sept fondations en Bretagne et 535 religieuses.

3° *Filles de la Providence*, fondées à Saint-Brieuc, en 1830, par M. de La Mennais; leur objet est l'éducation des jeunes filles, pensionnat et externat, — 2 succursales.

4° *Filles de Sainte-Marie*, de Broons, fondées en 1838 par M. l'abbé Fleury; même but que les Sœurs Blanches, — 10 succursales.

5° *Filles de la divine Providence*, de Créhen, fondées en 1832 par M. Homery, recteur; elles tiennent des écoles et donnent des retraites, — 10 succursales.

6° *Sœurs de N.-D. de Bon-Secours*, fondées à Saint-Brieuc, en 1840, par Mlle Bagot, — orphelinat, retraites pour les femmes.

7° *Filles des SS. Cœurs de Jésus et de Marie*, fondées à Saint-Quay-du-Port, en 1826, — classes pour les petites filles, et retraites.

Enfin, les *Frères de l'Instruction chrétienne*, qui comptent maintenant un si grand nombre d'établissements en Bretagne, ont pris naissance à Saint-Brieuc en 1819, sous les auspices de M. de La Mennais, vicaire-général, dans une maison de la rue Notre-Dame ; le siége de cette congrégation est actuellement à Ploërmel.

Saints Personnages nés dans le département.
— Nous ne devons pas quitter ce chapitre sans rappeler les noms d'un certain nombre de saints personnages qui ont autrefois édifié notre territoire, et auxquels, depuis plusieurs siècles, on rend un culte public. Sainte Azénore, comtesse de Goello, mère de saint Budoc, archevêque de Dol, vivait au sixième siècle ; — sainte Blanche, épouse de saint Fracan, vivait à Ploufragan, au cinquième siècle ; — saint Briac, abbé au cinquième siècle, est le fondateur de Bourbriac où se trouve son tombeau ; — saint Brieuc a donné son nom à la ville bâtie près de son monastère ; — saint Cieux, son disciple, est patron de Lancieux ; — sainte Clervie était petite fille de sainte Blanche ; — saint Donan a laissé son nom à la paroisse qu'il a habitée ; — saint Efflam, prince d'Hibernie au cinquième siècle, est patron de Plestin où se trouve son tombeau ; — sainte Eléobanne, mère de saint Gonery, est patronne de Plougrescant ; — saint Elouan, abbé contemporain de saint Tugdual, a son tombeau à Saint-Guen ; — saint Envel, solitaire du cinquième siècle, est patron de Locquenvel où il a demeuré ; — saint Fracan, prince breton, a donné son nom à Ploufragan ; — saint Gonery, prêtre au sixième siècle, a son tombeau à Plougrescant ; — saint Guénolé,

abbé de Landevennec, est né à Ploufragan, ainsi que ses frères saints Jacut et Guéténoc ; — saint Guillaume Pinchon, le plus illustre des prélats qui ont occupé le siége de Saint-Brieuc, est né à Saint-Alban, au douzième siècle ; — saint Hernin, solitaire au cinquième siècle, a son tombeau à Locarn ; — sainte Honore, épouse de saint Efflam, a demeuré à Plestin ; — sainte Jeune, sœur de saint Envel, a sa chapelle à Plounevez-Moëdec ; — saint Jorhant, missionnaire, a son tombeau à Plouëc ; — saint Loévan, disciple de saint Tugdual, a plusieurs chapelles sous son vocable ; — saint Mieu ou Mioc, disciple de saint Méen, a donné son nom à Coëtmieux et Plumieux ; — saint Maurice de Carnoët a vécu près de Loudéac dont il est le deuxième patron ; — sainte Osmane ; — saint Pergat, évêque de Tréguier ; — sainte Pompée, princesse d'Irlande, a son tombeau à Langoat ; — saint Ruellin a été évêque de Tréguier, ainsi que saint Tugdual ; — enfin, saint Yves, le plus illustre de tous, qui mourut le 19 mai 1303 ; le procès-verbal authentique de sa canonisation et les enquêtes pour y parvenir, ouvertes trente ans après sa mort, en divers lieux du département, viennent d'être miraculeusement retrouvés en Allemagne et acquis par la bibliothèque de Saint-Brieuc.

IV.

VOIES DE COMMUNICATION.

Chemins de fer. — Le tracé de la ligne, si importante pour le département, du chemin de fer de Paris à Brest, arrêté définitivement par la loi du 11 juin 1859, reçoit en ce moment son exécution sur tout son parcours dont le développement n'est pas moindre de 185 kilomètres. Trois villes intéressantes à divers points de vue, Saint-Brieuc, Guingamp et Lamballe, sont desservies directement et ont une gare spéciale ; d'autres gares, placées à Caulnes, Broons et Langouhédre, arrondissement de Dinan, à Yffiniac et Châtelaudren, arrondissement de Saint-Brieuc, à Plouaret et à Trémel, arrondissement de Lannion, permettront à tous les intérêts de se servir de cette précieuse voie dont l'ouverture est espérée pour l'année 1862.

Un autre tracé, devant relier Napoléonville avec la Manche, en traversant l'arrondissement de Loudéac, est définitivement étudié, et tout fait supposer qu'on ne tardera pas à ouvrir ce tronçon si important au point de vue agricole, lequel permettrait de fertiliser le centre de la Bretagne au moyen de l'introduction des engrais marins.

Routes impériales. — Sous ce titre, nous comprendrons les sept routes ou plutôt fractions de routes traversant le département auxquelles cette dénomination est attribuée : 1° *Route N° 12, de Paris à Brest*; elle entre dans les Côtes-du-Nord par la commune de Saint-Jouan-de-l'Isle, et les quitte à la limite de celle de Plounérin, après un parcours de 121,268 mètres. — 2° *Route N° 164, d'Angers à Brest*; elle n'a qu'un développement de 32,120 mètres; elle traverse seulement les communes de Perret, Plélauff, Gouarec et Rostrenen. — 3° *Route N° 164 bis, de Rennes à Brest*; son développement, depuis la limite de Trémorel jusqu'à celle du Moustoir, est de 89,273 mètres. — 4° *Route N° 166, de Vannes à Dinan*; elle a dans le département un parcours de 26,400 mètres. — 5° *Route N° 167, de Vannes à Lannion*; elle entre dans les Côtes-du-Nord par la commune de Mûr; sa longueur est de 78,000 mètres. — 6° *Route N° 168, de Quiberon à Saint-Malo*; elle parcourt le département du sud au nord, sur une étendue de 80,600 mètres. — 7° Enfin, la *Route de Caen à Lamballe* a un développement de 49,190 mètres, de la limite de Pleudihen au bourg de Noyal.

Routes départementales. — Sous cette dénomination sont comprises dix-huit voies de communication entièrement à la charge du budget départemental. Leur état de viabilité n'est pas inférieur à celui des routes impériales, et leur développement total présente une longueur de cinq cent neuf mille quatre cent cinquante-trois mètres ; en voici l'état sommaire :

Numéros de la Route.	DÉSIGNATION.	LONGUEUR.
1	De Saint-Brieuc à Morlaix...............	96,369 m
2	De Rennes à Saint-Malo...............	25,907
3	Du port du Légué à Lorient............	48,407
4	De la Roche-Derrien au Pont-Losquet...	2,520
5	De Guingamp à Tréguier, par Pontrieux.	32,900
6	De Moncontour à la grève d'Yffiniac....	16,400
7	De Loudéac à Josselin.................	21,050
8	De Pontrieux à Paimpol................	12,457
9	De Guingamp à Carhaix, par Callac.....	42,630
10	De Saint-Brieuc à Quimper.............	47,350
11	De la rade de Perros au port de Lorient.	29,000
12	De Châtelaudren à Uzel................	25,723
13	De Lamballe à Dinard.................	22,580
14	De Lamballe au port de Dahouët.......	13,580
15	De Pontrieux à Belle-Isle...............	23,440
16	De Tréméven à Pontrieux..............	12,358
17	De Dinan au Port-à-la-Duc............	29,660
18	De Dinan à Combourg................	6,222

Chemins vicinaux de grande communication. — Ces routes utiles, qui viennent si heureusement compléter le réseau commencé par les voies impériales et départementales, se trouvent, grâce à une administration active et à une vigilance soutenue, arrivées à un point qui leur permet de rendre à la circulation tous les services qu'on avait le droit d'en attendre lors de leur classement; le département des Côtes-du-Nord n'en compte pas moins de soixante-neuf; nous en donnons également le tableau :

Numéros des Chemins.	DÉSIGNATION.	LONGUEUR.
1	De Saint-Brieuc à Paimpol............	40,540 m
1 (bis)	De Binic à Plouha..................	10,811
2	De Binic à Châtelaudren.............	14,360
2 (bis)	De Châtelaudren à Callac...........	31,327
3	D'Yffiniac à Matignon...............	52,125
4	De Lanvollon à Châtelaudren.........	10,244
5	De Moncontour à Corlay.............	35,112
6	De Plerneuf à Bocqueho............	9,459
6 (bis)	De Bocqueho à Bourbriac et Callac....	27,162
7	De St-Brieuc à la grève de la Course...	2,980
8	De Lamballe à Plancoët, par Pléven...	21,000
9	De Saint-Alban à Erquy.............	10,606
10	De St-Brieuc à Moncontour, par Quessoy	20,070
11	De Guingamp à Rostrenen...........	29,792
12	De Guingamp à Lanvollon...........	12,600
12 (bis)	De Lanvollon au Portrieux...........	13,611
13	De Belle-Isle au canal de Nantes à Brest.	30,580
14	De Pleumeur-Gautier à Tréguier......	4,425

Numéros des Chemins.	DÉSIGNATION.	LONGUEUR.
15	De Louargat à Lannion...............	18,745
16	De Perros au Pont-Losquet..	13,120
17	De Toul-an-Héry au Ponthou...	10,520
18	De Pleubian à Pontrieux.............	18,260
19	De Quintin à la Trinité..............	36,561
1er embr.	De Loudéac à Quintin.............	6,493
2e embr.	De La Motte à Uzel................	3,970
20	De Tréguier au canal de Nantes à Brest.	36,806
20 (bis)	De Loudéac à Rohan................	8,190
21	De Loudéac à Uzel.................	12,170
22-23	De Lamballe à Collinée..............	17,049
24	De Dinan à Broons.................	23,707
25	De Dinan à Pleurtuit................	14,348
26	De Dinan à Ploubalay...............	17,163
27	D'Evran à la route impériale No 166...	23,224
27 (bis)	D'Evran à Broons..................	4,036
28	De Dinan à Plouasne...............	18,851
29	De Plancoët à Erquy...............	18,778
30	De la vallée de Gouët..............	5,187
31-32	D'Yffiniac à Corlay (chemin Nohé).....	16,840
33	De Lamballe à Quintin..............	37,447
34	De Dahouët à Erquy...............	4,872
35	D'Erquy à Matignon................	10,693
36	De Lamballe à la lande du cap Fréhel..	11,248
37	De Plancoët à Plouër...	21,500

Numéros des Chemins.	DÉSIGNATION.	LONGUEUR.
38	De Dinan à Lanvallay...	1,580
39	De Saint-Méen à Bécherel...	1,630
40	De Merdrignac à Plancoët...	43,345
41	De Loudéac à Plancoët...	54,328
42	De Moncontour à Merdrignac...	27,851
43	D'Uzel à la rivière du Blavet...	19,308
44	De Corlay à Jugon...	53,848
45	De Corlay à Gouarec...	14,900
46	De Guingamp à St-Roch (Guémené)...	34,269
47	De Rostrenen au Guémené...	12,404
48	De Rostrenen à Quimper...	16,970
49	De Saint-Nicolas à Carhaix...	23,516
50	De Saint-Nicolas à Callac...	15,874
51	De Callac à Morlaix...	14,584
52	De Quintin à Callac...	40,412
53	De Quintin à Belle-Isle-en-Terre...	39,505
54	De Guingamp à la tournée de Paimpol.	12,117
55	De Tréguier à Belle-Isle-en-Terre...	25,320
56	De Bégard à Saint-Michel-en-Grève...	26,780
57	De la route impériale N° 12 à la grève de Saint-Michel...	12,890
58	De Lannion au Guerlesquin...	18,628
59	De Miniac-Morvan à Mordreuc...	5,063

Chemins d'intérêt commun. — Pour relier les routes que nous venons de passer en revue, soit avec certains centres de commerce, soit avec des points du littoral accessibles à l'enlèvement des engrais calcaires, un certain nombre de chemins, compris sous cette dénomination, ont été classés par l'administration départementale; plusieurs sont déjà ouverts à la circulation et rendent, quoique dans un rayon assez restreint, de notables services, surtout à l'agriculture. Le département compte en ce moment soixante-trois de ces chemins qui sont entretenus seulement par les communes intéressées, et leur nombre tend à s'accroître par suite des nouveaux besoins qui se font sentir chaque jour.

Canaux. — Le département ne possède que deux voies navigables, l'une va de l'est à l'ouest et fait partie du canal de Nantes à Brest; après être sortie de Napoléonville elle traverse les cantons de Mûr, de Gouarec et de Rostrenen, puis se dirige vers Carhaix, après un parcours de 48 kilomètres dans les Côtes-du-Nord; l'autre est une section du canal d'Ille-et-Rance, elle occupe cette dernière rivière depuis Evran jusqu'à l'écluse du Châtellier, en Saint-Samson, où elle trouve la mer. La longueur de ce canal dans le département est de 20 kilomètres environ.

Il est question, depuis quelques années, de canaliser l'Arguenon entre Plancoët et Jugon, et le Trieux entre Guingamp et Pontrieux; l'exécution de ces travaux rendrait d'immenses services à l'agriculture.

Ponts suspendus. — Deux ponts de cette nature

existent dans les Côtes-du-Nord. Celui de Lézardrieux a une hauteur et une portée considérables ; sa construction a présenté beaucoup de difficultés ; celui de Tréguier joint les deux rives du Jaudy auprès de cette ville. Nous ne mentionnons que pour mémoire la passerelle Saint-François, située sur le Guindy, aux portes de Tréguier.

V

COMMERCE. — INDUSTRIE.

Nous partagerons ce chapitre en trois divisions principales :

1° **Mouvement de la navigation, personnel maritime.** — Le commerce maritime du département consiste principalement dans l'expédition d'un certain nombre de navires employés au grand et au petit cabotage, parmi lesquels figurent les bâtiments expédiés aux pêches de Terre-Neuve et d'Islande, et dans l'arrivée de navires, aussi de faible tonnage, qui apportent, dans les quinze ports ouverts à l'importation (1), les matériaux et les den-

(1) Le département compte, outre quelques attérages servant aux bateaux de pêche, 24 ports maritimes, situés à Mordreuc en Pleudihen, Dinan, Plouër, Saint-Jacut, Le Guildo, Plancoët, Portrieux, Erquy, Dahouët, Le Légué-Saint-Brieuc, Binic, Le Portrieux, Paimpol, Loguivy en Ploubazlanec, Bréhat, Lézardrieux, Pontrieux, La Roche-Derrien, Tréguier, Le Port-Blanc en Penvenan, Perros, Lannion, Les Sept-Iles et Toul-en-Héry.

rées dont le pays peut avoir besoin. La navigation au long-cours y est peu pratiquée. De toutes les industries maritimes de notre pays, la pêche de Terre-Neuve est celle qui emploie le plus de bras; les difficultés et les fatigues inhérentes à cette navigation, jointes à une vocation innée chez nos hommes du littoral, ont pour effet de rendre les nombreux matelots qui y sont occupés les plus robustes et les plus courageux de notre flotte; le Gouvernement encourage par des primes un commerce dont l'effet principal est d'augmenter cette précieuse pépinière de marins; aussi les statistiques officielles présentent-elles les chiffres suivants relativement à notre personnel maritime (1):

Capitaines au long-cours......	217
Maîtres au cabotage..........	294
Matelots ou marins...........	10,769
Novices.....................	6,147
Mousses.....................	2,359
Ouvriers, calfats, charpentiers	118
Apprentis ouvriers............	27
TOTAL...............	19,931

Voici la situation de la marine marchande des Côtes-du-Nord en 1860 :

---

(1) Les navires terreneuviers vont, chaque année, vendre, soit à Marseille, Gênes et autres villes de la Méditerranée, soit aux Antilles françaises, le produit de leur pêche; ils en rapportent diverses productions de ces localités qu'ils écoulent dans les différents ports de l'Océan ou de la Manche.

DÉSIGNATION DES NAVIRES.	Nomb.	Tonnage.	Hommes.
Navires employés à la grande pêche..................	79	13,761	4,248
Id. expédiés au long-cours.	10	2,033	150
Id. employés au cabotage..	174	10,586	1,292
Bateaux servant à la pêche côtière et aux amendements marins..........	730	2,712	2,920
TOTAUX............	993	29,092	8,710

Nous regrettons que les bornes dans lesquelles nous devons nous renfermer ne nous permettent pas de nous étendre davantage sur un sujet qui intéresse notre pays à un si haut degré ; les tableaux qu'on vient de lire disent suffisamment l'importance de notre industrie maritime.

Depuis dix ans, la moyenne des entrées dans nos ports de mer a été de deux mille six cent quatre-vingt-quatorze navires, jaugeant quatre-vingt mille soixante-treize tonneaux, et montés par onze mille six cent quarante-neuf hommes ; celle de sortie a été de deux mille neuf cen trente-huit navires, jaugeant soixante-dix mille six cent soixante-seize tonneaux et montés par dix mille sept cent douze hommes.

Huîtrières. — Nous ne devons pas omettre de mentionner sommairement cette industrie toute nouvelle pour une partie de notre littoral et sur laquelle on trouvera d'intéressants détails dans le rapport de M. Coste, membre de l'Institut et professeur d'embryogénie au Collége de France, inséré dans le *Moniteur* du 13 janvier 1859. Nous nous bornerons donc à dire que les travaux d'ensemencement, commencés dans la baie de Saint-Brieuc au mois d'avril 1858 et continués tous les six mois depuis cette époque, font concevoir dès à présent de fructueuses espérances. Plusieurs millions d'huîtres ont été disséminés sur les fonds les plus favorables ; déjà les fascines et autres appareils destinés à recevoir les semences de cette reproduction sous-marine se couvrent d'innombrables coquilles qui, au bout de trois ans, pourront être livrées au commerce. On espère pouvoir mettre ainsi douze mille hectares en plein rapport. Les calculs les mieux établis démontrent qu'un are superficiel ensemencé doit produire tous les trois ans au moins vingt mille huîtres qui, au prix minimum de 20 fr. le mille, donnerait à nos pêcheurs côtiers un bénéfice de 400 fr. Cette seule industrie amènerait annuellement, seulement dans le quartier de Saint-Brieuc, un mouvement d'affaires qui ne serait pas moindre de 160,000 fr.

Depuis un temps immémorial, la rivière de Tréguier possède des huitrières exploitées par les pêcheurs du voisinage ; elles sont très-estimées et forment une variété distincte de celles qu'on pêche en pleine mer, ce qui tient sans doute à la nature du sol sur lequel elles vivent et à l'action de l'eau salée qui remplit cette rivière deux fois par jour. Dès l'année 1745, et bien antérieurement tout porte à le croire, cette pêche était réglementée par la communauté de ville et exercée sous sa surveillance ; aujourd'hui elle fait partie des attributions de l'administration de la marine : on y compte vingt-sept bancs ou dépôts reproducteurs, qui fournissent chaque année à la consommation sept millions d'huitres ; soixante bateaux suffisent à l'exploitation de cette industrie, qui s'exerce principalement du 1er octobre au 1er mai.

Phares et fanaux. — Pour guider les navigateurs à l'entrée et à la sortie des ports, en même temps que pour leur indiquer les passes les plus favorables et les écueils à éviter à l'approche des côtes, l'État entretient sur notre littoral un certain nombre de fanaux de hauteur et de puissance variables ; indépendamment de ceux qui existent déjà, plusieurs autres sont en voie de construction ; nous nous bornerons à indiquer les premiers.

DÉSIGNATION DES LIEUX.	NATURE DU PHARE.	Élévation au-dessus de la mer.	LONGITUDE.	LATITUDE.	PORTÉE.
					milles.
Cap Fréhel.......	Feu tournant dont les éclipses se succèdent de demi-minute en demi-minute (1er ordre).	79 m	4° 39' 23" O	48° 41' 5"	22
Port du Légué....	Fixe (4e ordre).	15	5° 5' 22" O	48° 52' 10"	10
Port de Binic.....	Fixe (4e ordre).	11	5° 9' 12" O	48° 56' 7"	10
Port du Portrieux.	Fixe, rouge.	9	5° 9' 40" O	48° 58' 50"	5
Iles Saint-Quay...	Fixe (4e ordre).	10	5° 8' 45" O	48° 40' 2"	10
Ile de Bréhat.....	1o Fixe, rouge.	10	5° 19' 23" O	48° 31' 57"	10
Id.	2o Fixe, blanc.	10	»	»	»
Les Héaux.......	Fixe de 1er ordre.	45	5° 25' 26" O	48° 54' 35"	18
Sept-Iles........	Varié de 3 en 3 minutes, avec éclipses (3e O.)	56	5° 49' 42" O	48° 52' 40"	15

Chambre de commerce de Saint-Brieuc. — Neuf négociants ou anciens commerçants sont autorisés à se réunir, toutes les fois qu'ils le désirent, pour traiter les affaires qui intéressent le commerce du pays.

Élus par une assemblée de commerçants notables de tout le département, dont la liste est dressée par l'autorité préfectorale, ils se réunissent dans un local qu'ils choisissent à cet effet. Ils ont pour mission de soumettre au Gouvernement, soit sur sa demande, soit d'office, leurs avis et observations sur les mesures que leur paraît réclamer l'intérêt du commerce et surtout du commerce maritime.

Industrie. — Le département des Côtes-du-Nord, n'est point industriel dans le sens propre du mot; cependant il a fait depuis quelques années, sous ce rapport, de notables progrès.

Chaque jour de nouveaux ateliers s'y créent, et de plus en plus il s'exonère du tribut qu'il payait à Paris et aux grands centres. Il suffit enfin, dans bien des cas, à tous les besoins d'une consommation moyenne, à celle des familles aisées, et même il peut quelquefois répondre aux demandes qui lui sont faites par les personnes riches pour lesquelles le luxe est une nécessité.

On trouve dans les Côtes-du-Nord, des carrossiers en tous genres, des ébénistes, des tapissiers habiles ; une fabrique de pianos, dont les produits se répandent dans toute la Bretagne.

L'orfèvrerie, la gravure sur métaux, la confection des ornements d'église sont exercées avec succès, et la surprise a souvent été réelle pour des étrangers de voir figurer, dans nos expositions départementales et régionales, des vases, des objets précieux, de bons instruments, conçus et exécutés dans les ateliers du pays.

Le département possède onze imprimeries dont plusieurs importantes, et au chef-lieu deux établissements pour la lithographie.

La tannerie, la corroierie et la mégisserie sont pratiquées assez en grand et donnent de bons produits.

La fabrication des toiles de Bretagne ou de Quintin, bien que déchue de son ancienne splendeur fait encore vivre un grand nombre de personnes. Les centres de cette industrie sont Quintin, Loudéac et Uzel, pour les toiles fines. Sauf quelques exceptions, le travail du tissage s'effectue à domicile dans cette région et tend même à devenir un accessoire de l'agriculture. Il en est ainsi dans le pays de Tréguier, qui fabrique des toiles d'un autre genre que celles de Quintin. A Dinan, où se font les toiles à voiles, la fabrication aurait peut être un caractère manufacturier plus spécial.

Généralement le tisserand ne travaille pas sur commandes. Il achète son fil, que le pays lui fournit préparé à la main, confectionne une pièce, puis l'expose au marché ou la livre directement aux négociants de la localité la plus voisine de son domicile. Tel est le mode d'opérer et tel il fut à l'époque où les toiles de Bretagne jouissaient d'une réputation universelle.

Quintin, Lamballe et quelques autres localités fabriquent aussi des tissus spéciaux pour le vêtement de nos paysans.

L'extraction et le piquage du granit dans les magnifiques et inépuisables carrières de St-Brieuc et de La Méaugon constituent une véritable industrie; une industrie permanente et qui, en dehors de la consommation locale, expédie ses produits par la voie de mer au Havre, Rouen et Paris; elle emploie des centaines d'ouvriers.

Caurel et Mûr possèdent des carrières d'ardoises dont la légèreté et la bonne qualité sont reconnues. Ces carrières, facilement exploitables à ciel ouvert, pourraient fournir des produits beaucoup plus abondants, si l'on savait en tirer parti.

On trouve aussi des ardoises à Plounévez-Quintin et sur quelques autres points.

Les grès d'Erquy, situés au bord de la mer, commencent à être appréciés : leur exploitation est très-facile.

L'industrie la plus importante du département est la fonte des minerais de fer et la fabrication du fer. Elle est pratiquée dans plusieurs usines que nous croyons devoir citer. Ce sont : Le Pas, commune de Lanfains; Le Vaublanc, commune de Plémet; Kvern, commune de Plounévez-Moëdec, et les forges des Salles, situées partie en Perret, partie dans le Morbihan.

Le haut fourneau du Pas fait de la fonte de première fusion. Il emploie des minerais pris au lieu dit le Pas et le Bas-Vallon, commune de L'Hermitage. Le premier est aluminio silicaté et le second hydroxidé. Le minerai du Pas, soumis à un grillage, est plus régulièrement fusible qu'à l'état cru. On se sert aussi au Pas de minerai de Bilbao. L'usine employa, en 1858, 22,754 quintaux métriques de minerai.

Non-seulement elle met en œuvre la fonte qu'elle produit pour la fabrication des poteries, dont la Bretagne presqu'entière fait usage, et de divers objets, tels qu'engrenages, poids et boîtes de roues, mais encore elle la livre à d'autres usines, à celle du Vaublanc, par exemple, pour être soumise à une seconde fusion ou pour la fabrication du fer. L'établissement du Pas emploie quatre cents ouvriers, tant fondeurs et mineurs, que bûcherons et charbonniers, etc.

Le Vaublanc produit de la fonte et se sert de minerai de Bilbao, bien qu'il en trouve suffisamment dans son voisinage. Il convertit sa fonte en fer et ne la livre pas au commerce.

La production de cette usine est évaluée à 1,800,000 k. de fonte, et à 2,500,000 kil. de fer. Elle écoule ses produits, très-estimés, non-seulement dans le pays, mais au-dehors. Son personnel de fondeurs, forgerons, ouvriers et journaliers, est de quatre cent cinquante environ.

Les forges de Keven, situées dans la commune de Plounévez-Moëdec, produisent du fer martelé et emploient de soixante à soixante-dix personnes.

Nous ne possédons pas de renseignements sur le haut fourneau des Salles, qui, bien que tenant à la commune de Perret, appartient plutôt au Morbihan qu'aux Côtes-du-Nord; mais nous ne le passerons pas néanmoins sous silence, attendu qu'il compte plus de trois cents années d'existence et est considéré comme l'une des plus anciennes usines métallurgiques de la Bretagne.

Le minerai de fer est le seul exploité dans les Côtes-du-Nord, bien que nous possédions, ainsi que nous l'avons dit plus haut, d'autres richesses minéralogiques.

Les bornes de cet ouvrage ne nous permettent pas de nous étendre sur les quelques autres industries du département, et nous mentionnerons seulement les fabriques de machines et instruments aratoires qui se créent et se développent depuis plusieurs années avec des succès qu'on était loin de prévoir. La facilité que leur offre non-seulement le Pas, mais une fonderie installée au port du Légué (Saint-Brieuc), pour le moulage de toutes les pièces dont elles peuvent avoir besoin, contribuera au développement des établissements existant et à la formation de nouveaux ateliers du même genre.

Nous terminerons en appelant l'attention sur les usines à préparer le lin, que l'on trouve à Saint-Brieuc, à Pontrieux et à Lannion, usines dont les produits s'écoulent facilement et qui sont susceptibles du plus grand développement, la matière première ne pouvant jamais leur manquer dans un pays où, comme sur notre littoral, elle forme une branche importante de l'industrie agricole

Le département possède des minoteries, un nombre considérable de moulins, et des papeteries dont quelques-unes donnent de beaux et bons produits.

Telle est sommairement la situation industrielle du département; nous la constatons à cette heure, que l'on peut appeler suprême, où, par la création du chemin de fer, elle va nécessairement subir des modifications dont la portée ne peut être appréciée aujourd'hui.

Pour s'élever au rang des contrées où la vie est plus active, notre département a sans doute de grands efforts à faire, mais il possède d'immenses ressources. L'attention des capitalistes sera bien probablement attirée par les nombreux cours d'eau qui le sillonnent perpendiculairement à la mer, en coupant la ligne du chemin de fer de Paris à Brest, cours d'eau à la marche rapide qui peuvent, les 1,500 moulins et usines que nous possédons en sont la preuve, fournir des moteurs à de puissantes usines dont la mer, toujours voisine, et dont le chemin de fer en activité, seraient prêts à transporter les produits.

Commerce. — Le commerce du département, comme son industrie, a pour objet principal de satisfaire à la consommation locale. Des maisons de commerce importantes y existent cependant, mais quelques-unes seulement étendent leur action sur une assez large zône. Les produits agricoles, les farines, grains, graines et bestiaux sont, avec les drilles, les os, les suifs, les cires, les miels et les cuirs, les articles livrés par nous en quantités notables à la sortie ou à l'exportation proprement dite.

Les îles anglaises reçoivent nos bestiaux; et nos grains et farines sont expédiés en Angleterre, ainsi qu'aux départements du nord et du midi de la France, au moyen du cabotage.

Nous avons indiqué au commencement de cet article le mouvement commercial et de navigation auquel ces exportations et ces sorties donnent lieu.

Nous nous arrêterons ici, bien convaincus d'avoir insuffisamment traité la question industrielle et commerciale des Côtes-du-Nord; d'avoir glissé peut-être sur des points intéressants, et d'en avoir omis d'autres : mais nous devons nous rappeler que notre livre est tout élémentaire et que ses bornes ne nous permettent autre chose, que d'indiquer les faits principaux sans même les développer.

Nous terminerons ce chapitre en établissant, d'après

le dernier dénombrement officiel, le nombre des personnes qui, dans les Côtes-du-Nord, vivent de l'industrie et du commerce.

INDUSTRIE.

	Hommes et garçons.	Femmes et filles.	TOTAL.
Tissus et industries textiles....	15,750	20,549	36,299
Mines et carrières,............	1,270	1,043	2,313
Fabrication des métaux........	1,305	1,105	2,410
Fabrication d'objets en métal...	507	595	1,102
Industrie du cuir.............	737	568	1,305
Industrie du bois.............	223	213	436
Industrie céramique..........	590	557	1,147
Produits chimiques.....	42	43	85
Industrie du bâtiment.........	14,552	13,868	28,420
Industrie de l'ameublement.....	322	387	709
Industrie de l'habillement et de la toilette.................	3,524	8,005	11,529
Industrie de l'alimentation.....	11,106	10,495	21,601
Industrie des transports (1)....	24,692	16,439	41,131
Industrie relative aux sciences, aux arts et aux lettres.......	272	270	542
Industrie de luxe et de plaisir..	33	29	62
Industrie funéraire...........	26	15	41
	74,951	74,181	149,132

(1) Y compris les marins et les bateliers des rivières et canaux.

COMMERCE.

	Hommes et garçons.	Femmes et Filles.	TOTAL.
Bâtiments	407	348	755
Ameublement	48	42	90
Habillement et toilette	858	1,042	1,900
Alimentation	2,657	2,894	5,551
Chauffage et éclairage	276	307	583
Transports	580	693	1,273
Objets relatifs aux sciences, aux arts et aux lettres	15	23	38
Objets de luxe et de plaisir	359	449	808
Objets divers	209	183	392
Professions diverses	194	123	317
	5,603	6,104	11,707

VI

AGRICULTURE.

Le département des Côtes-du-Nord est essentiellement agricole. Il produit des céréales en grande quantité et du bétail en abondance. Sa consommation laisse libre de forts excédants dont l'exportation constitue sa principale ressource.

Il se partage en trois zônes bien distinctes, qui se caractérisent ainsi :

1° *Zône du littoral.* — Grande culture du froment, des plantes textiles et autres produits des terrains fertiles ; élève des chevaux de gros trait.

Elle comprend les cantons de Plestin, Lannion, Perros, Tréguier, La Roche, Lézardrieux, Pontrieux, Paimpol, Plouha, Lanvollon, Etables, Saint-Brieuc (Nord), Saint-Brieuc (Midi), Lamballe, Pléneuf, Matignon, Plancoët, Ploubalay, Dinan (Est), Dinan (Ouest), Evran.

2° *Zône intermédiaire.* — Terrains d'une fertilité moyenne ; culture mixte de froment et de seigle ; élève des chevaux et commencement de l'élève des bœufs.

Elle comprend les cantons de Plouaret, Bégard, Belle-Isle, Guingamp, Bourbriac, Plouagat, Châtelaudren, Quintin, Plœuc, Moncontour, Jugon, Plélan, Broons, Saint-Jouan.

3° *Zône du Midi.* — Terrains de lande ; culture pastorale ; engraissement des bœufs ; production du seigle ; élève des chevaux légers.

Elle comprend les cantons de Callac, Maël-Carhaix, Rostrenen, Saint-Nicolas, Gouarec, Corlay, Mûr, Uzel, Plouguenast, Loudéac, La Chèze, Collinée, Merdrignac.

Le froment et le seigle sont indiqués comme moyen d'apprécier les aptitudes de chaque zône, car toutes les trois produisent des céréales de toutes natures, mais bien entendu, dans la proportion de la fertilité de leur sol et de leur genre de culture.

D'après le cadastre, le sol est divisé ainsi qu'il suit :

Terrains imposables :

1° Jardins, courtils, vergers et sol des édifices, ci..................................	9,726 hect.
2° Terres labourables..............	429,151
3° Prés...........................	56,189
4° Bois et taillis..................	36,483
5° Landes et pâtures..............	126,659
Total.............	658,208 hect.

Terrains non imposables :

Chemins, rivières, etc.............	29,395
Contenance totale du département..	687,603 hect.
Revenu cadastral (en 1860)......	11,617,301 fr. 17
Nombre total { des maisons.............	143,134
{ des moulins et usines......	1,922

Production, Consommation. — Le tableau ci-après établit, pour une année moyenne, la production et la consommation en céréales et autres principaux produits. Nous y ajoutons, comme renseignement utile, le poids et le prix moyens de chaque céréale, calculés sur des données officielles.

Enfin, dans ce tableau, pour faire ressortir les excédants qu'une année ordinaire laisse libres pour l'exportation, nous avons traduit le total de la production et celui de la consommation en quintaux, afin de faciliter des comparaisons plus précises.

ESPÈCES DE GRAINS.	NOMBRE d'hectares ensemencés.	RENDEMENT moyen par hectare.	NOMBRE d'hectolitres produits.	PRODUCTION exprimée en quintaux.	CONSOMMATION exprimée en quintaux.	EXCÉDANT sur la consommat. Quintaux.	Poids moyen de l'hectolitre.	Prix moyen de l'hectolitre.
Froment.	65,404	14 h 82	968,841	734,380	416,658	317,722	75 k 80	17 f 74
Méteil...	7,519	16 67	123,344	89,547	89,547	»	72 60	15 36
Seigle...	32,526	15 37	481,743	334,288	264,575	69,753	69 40	12 75
Orge....	13,034	25 25	329,390	204,879	146,815	58,064	62 20	10 90
Avoine..	63,766	24 45	1,559,420	759,436	437,228	322,208	48 70	7 30
Sarrasin.	68,680	17 63	1,211,274	757,045	634,697	122,349	62 50	9 50

Les légumes secs étant de natures très-variables, il n'y a pas lieu d'exprimer leur rendement en hectares. L'inconstance de la production des pommes de terre, depuis l'invasion de la maladie, ne permet guère non plus d'évaluations rationnelles à ce sujet.

Le sarrasin, les pommes de terre et les légumes secs sont plus particulièrement appliqués à la nourriture des habitants ; cependant ces produits fournissent aussi leur contingent à l'exportation. Il en est ainsi des produits maraîchers, qui, bien que localisés en quelque sorte aux deux cantons de Saint-Brieuc et aux environs des villes, constituent un revenu assez élevé et susceptible d'un grand développement.

Les graines de trèfle et d'ajoncs sont aussi l'objet d'un commerce d'exportation assez important pour qu'il en soit fait mention.

Le département possède 98,797 chevaux, juments, poulains et pouliches. C'est, sous ce rapport, l'un des plus riches de la France. On évalue à 20,000 le nombre d'animaux de l'espèce chevaline qu'il livre annuellement au commerce pour être emmenés dans les autres départements, et notamment en Normandie, où les poulains de trait, produits principalement par le littoral, vont compléter leur élevage.

La partie montagneuse du département fournit une race de chevaux élégants, pleins de feu et de force, éminemment propres à la cavalerie légère et à la chasse, qui sont de plus en plus recherchés par le commerce.

La zone intermédiaire produit aussi des chevaux en abondance, mais dont les types sont moins tranchés : il ne lui manque au surplus que de bons reproducteurs pour développer et perfectionner les races qu'elle possède.

Un dépôt de remonte pour l'achat des chevaux de la guerre existe à Guingamp.

Le bétail du département est également fort nombreux et on l'évalue ainsi :

Taureaux, 6,585.—Bœufs, 26,724.—Vaches, 185,145. —Veaux d'un an et au-dessus, 60,056. — En tout, 278,510 bêtes bovines ; total auquel il faut ajouter 120,000 veaux environ naissant chaque année.

Béliers, 7,690. — Moutons, 32,079. — Brebis, 80,285, Agneaux, 59,859. — En tout, 179,913 bêtes ovines.

Boucs et chèvres, 6,000. — Porcs, 103,771.

La moyenne annuelle de l'exportation du bétail pour l'étranger (îles anglaises et Angleterre) s'établit ainsi sur une période de dix années :

Bœufs, 4,500. — Vaches, 200. — Veaux, 800. — Moutons, 1,800. — Porcs, 700.

La production du beurre est évaluée, d'après les données les plus logiques, à 193,000 q., dont un tiers environ est livré à l'exportation, c'est-à-dire sort du département pour aller, non-seulement dans les autres parties de l'Empire, mais encore à l'étranger.

L'apiculture est aussi une branche intéressante du revenu agricole des Côtes-du-Nord, puisque le département possède 97,578 ruches, réparties assez également dans ses trois zônes.

Un dépôt d'étalons impériaux existe à Lamballe : il pourvoit de reproducteurs 15 stations dans le département des Côtes-du-Nord et sur le littoral du Finistère.

L'administration des haras approuve et prime en outre des étalons appartenant à des particuliers.

A Castellaouënan, commune de Paule (canton de Maël-Carhaix), est établie, sous la direction de M. le vicomte de Saisy, une ferme-école entretenue par le Gouvernement.

C'est, avec le dépôt d'étalons de Lamballe, le seul établissement spécial intéressant l'agriculture possédé par le département.

Nous devons mentionner aussi les courses de chevaux de Saint-Brieuc, fondées en 1807, et qui se sont maintenues brillantes jusqu'à ce jour. Elles sont classées et subventionnées par l'Etat, le département et la ville. L'hippodrome est uni à la circonscription de l'Ouest et appartient à la division du Nord. Des courses au galop ont aussi lieu à Corlay, Guingamp et Lamballe ; mais leur création est récente relativement à celles de Saint-Brieuc. Elles ont aussi une moindre importance.

Il y a, dans les Côtes-du-Nord, 16 vétérinaires brevetés.

L'organisation agricole du département est à peu près complète en ce qui concerne les comices, dont sont pourvus 43 cantons, réunissant 3,321 sociétaires.

L'industrie agricole est généreusement encouragée par le Conseil général, qui lui alloue annuellement, à divers titres, environ 46,000 fr. de subvention.

Sous l'influence de l'administration départementale et du Conseil général, avec le concours des comices et l'aide du Gouvernement, l'agriculture des Côtes-du-Nord a réalisé de grands progrès depuis un certain nombre d'années. Déjà le froment a remplacé le seigle dans une bonne partie de la zône de l'intérieur, et les plantes fourragères, introduites partout, permettent de donner au bétail une nourrriture plus abondante, et assurent ainsi l'amélioration des races. Les instruments aratoires perfectionnés sont, sur plusieurs points, d'usage ordinaire, et les parties du pays les plus indifférentes au progrès commencent à en reconnaître l'incontestable utilité. Encore quelques années, et toutes les résistances seront vaincues à cet égard. Un seul fait fera apprécier les tendances du pays à accepter les améliorations bien constatées : il est relatif aux machines à battre les grains.

En 1855, d'après une statistique fort exacte, le département possédait 693 machines ;

En 1859, une enquête analogue ayant été faite, elle a présenté 1,842 machines, dont 22 à vapeur.

Nous ne terminerons pas cet aperçu rapide et relativement succinct, sur l'agriculture du département, sans parler de sa production au point de vue du cidre, seule boisson qui s'y fabrique en grand. Cette production est évaluée, année ordinaire, à environ 905,000 hectolitres, dont 855,000 proviennent des pommes récoltées dans le pays, et 50,000 confectionnés avec des pommes achetées au-dehors.

Nous insisterons également sur l'aptitude du sol à produire le lin et le chanvre, et nous ne craindrons point d'affirmer que cette production, déjà si importante, puisqu'elle occupe, pour le premier de ces textiles, 7,000 hectares, et pour le second, 2,700, est susceptible d'accroissement. Nous ajouterons que nos filasses, préparées d'après de bonnes méthodes, rivalisent dans bien des cas, pour les lins, avec les produits de la Flandre, et pour les chanvres, avec ceux de l'Anjou.

Le sol du département, son climat tempéré, le rendent propre à d'autres cultures industrielles; ainsi, nous indiquerons celle du colza et enfin celle du mûrier. Un essai de sériciculture se poursuit depuis plusieurs années à Saint-Brieuc et sur quelques autres points, et le problème de la culture du mûrier blanc semble être résolu dans les Côtes-du-Nord.

La terre est exploitée, dans le département, par les catégories de personnes ci-après désignées :

Propriétaires et leurs familles, habitant leurs terres et faisant valoir eux-mêmes.................. 42,854
Régisseurs.......................... 13
Fermiers et leurs familles................ 83,837
Colons métayers et leurs familles.......... 11,436
Journaliers et ouvriers agricoles de toute nature, employés à la journée, soit attachés à un domaine (laboureurs, bouviers, bergers, jardiniers), y compris leurs familles........ 227,035
Bûcherons, charbonniers, sabotiers et autres professions se rattachant directement à l'agriculture (avec leurs familles)................ 9,338

TOTAL de la population exploitant le sol et vivant directement du produit du travail agricole............................ 374,233

Le nombre des foires du département est de 445

VII.

ASSISTANCE PUBLIQUE. — ÉTABLISSEMENTS DE BIENFAISANCE. — INSTITUTIONS DE PRÉVOYANCE. — ÉTABLISSEMENTS DE RÉPRESSION.

Enfants assistés. — Les enfants assistés se divisent en enfants trouvés, dont l'origine est inconnue, en enfants abandonnés par leurs parents, et en enfants orphelins pauvres.

Ils sont confiés à la tutelle des hospices, mais le département paie leurs frais de pension et de nourrices.

Les hospices des cinq chefs-lieux d'arrondissement reçoivent des enfants abandonnés et orphelins; mais, *en principe*, les hospices de Saint-Brieuc et de Dinan sont seuls dépositaires d'enfants trouvés. Il s'en trouve cependant quelques-uns à la charge de l'hospice de Lannion.

Aux termes de la loi et des instructions, les enfants assistés valides doivent être placés à la campagne. Cette prescription est d'une exécution facile dans les Côtes-du-Nord, les pauvres délaissés trouvant le plus ordinairement dans leurs pères et mères nourriciers des parents adoptifs qui, les confondant avec leurs propres enfants, aiment et soignent les uns et les autres avec une égale sollicitude.

Presque tous, après douze ans, époque de la cessation du paiement de la pension, sont gardés dans la famille où ils ont été élevés.

Le mouvement des enfants assistés de toutes catégories a donné, en 1859, le chiffre de 1,693. A la fin de cette année, le nombre de ces enfants était, savoir :

Enfants trouvés..............	1,092
Enfants abandonnés..........	97
Enfants orphelins............	101
Total.........	1,290

Ils ont occasionné une dépense totale de 95,379 fr. 84 dont 88,900 fr. » à la charge du département ;

    5,429   84 payés par les communes ;

    1,050   » prélevés sur les amendes de police.

Etablissements pour les Aliénés. — Le département compte trois établissements spéciaux pour les aliénés, savoir : l'asile privé des Sacrés-Cœurs, plus connu sous le nom des Basfoins, situé dans la commune de Léhon, aux portes de Dinan ; l'asile de Saint-Brieuc et l'asile privé du Bon-Sauveur de Bégard, à Bégard.

L'asile de Léhon, dirigé par les Frères de Saint-Jean-de-Dieu, ne recueille que des hommes et peut en recevoir 550. Son personnel de malades, à la fin de 1859, était de 493.

Ce magnifique établissement, très-complet, possède un enclos de plusieurs kilomètres de pourtour dans lequel les aliénés peuvent, à tous égards, être avantageusement employés aux travaux de l'agriculture.

Il reçoit les aliénés indigents placés par l'autorité pour les départements des Côtes-du-Nord et du Morbihan.

Cette classe de malades se répartissait, à l'époque ci-dessus indiquée, ainsi qu'il suit entre les deux départements :

    Côtes-du-Nord. 205
    Morbihan. 133
            TOTAL. 338

Le surplus des pensionnaires, au nombre de 155, est placé à titre volontaire et provient de tous les points de la France et même de l'étranger.

Les pensions sont graduées depuis un prix modique jusqu'au taux le plus élevé, l'asile étant organisé pour recevoir des malades de toutes les catégories sociales.

L'asile public de Saint-Brieuc n'est, en réalité, qu'un quartier de l'hospice de cette ville. Il reçoit les femmes indigentes des Côtes-du-Nord placées par l'autorité, et des pensionnaires. Le nombre de ces dernières pourrait s'augmenter de beaucoup si l'administration de l'hospice était libre de mettre à exécution les projets d'agrandissement qu'elle étudie depuis longtemps.

Son personnel de malades, au 31 décembre 1859, s'établissait ainsi :

Indigents............ 168
Pensionnaires....... 19
 Total....... 187

L'asile privé du Bon-Sauveur de Bégard, pour les femmes, est une succursale de l'établissement du Bon-Sauveur de Caen. Il est de création récente et ne peut recevoir, aux termes de l'arrêté qui l'autorise, que 100 pensionnaires réputées incurables. Cet asile occupe l'ancienne abbaye de Bégard. Des constructions d'une grande importance s'y préparent. Il est dirigé par les religieuses du Bon-Sauveur. Son personnel de malades était, au 31 décembre 1859, de. 40

En résumé, les asiles d'aliénés du département renfermaient à la fin de 1859 :

    Hommes. 493
    Femmes. 227
    TOTAL....... 720

Les aliénés placés d'office ont occasionné, en 1859, une dépense totale de.............. 124,516 fr. 17
dont 105,000 f. » à la charge du département ;
    13,290   97 à la charge des communes ;
    6,225   20 provenant des familles.

Hôpitaux. — Le département possède 9 hôpitaux, dont 7 sont à la fois hôpitaux et hospices.

Ils contiennent : Lits de malades gratuits..... 355
    —   payants.... 106
    TOTAL......... 461

En 1859, 2,389 malades y ont été traités et ont donné lieu à 96,113 journées de présence.

Hospices. — Huit hospices existent dans les Côtes-du-Nord et reçoivent des vieillards, des infirmes et des enfants.

Ils contiennent : Lits gratuits............ 617
payants............ 84
TOTAL........ 701

Leur personnel était de 511 individus à la fin de 1859. Pendant cette année, il y a eu dans les hospices 193,874 journées de présence.

Les ressources tant ordinaires qu'extraordinaires des hôpitaux et hospices se sont montées à 185,808 fr. en 1859.

Bureaux de bienfaisance. — Vingt-quatre bureaux de bienfaisance sont organisés dans le département.

En 1859, ils ont secouru à domicile 18,190 individus.

Leurs ressources, tant ordinaires qu'extraordinaires, se sont montées à 95,383 fr. 42

Asile des Incurables de Saint-Brieuc. — Nous mentionnerons aussi l'asile pour les incurables, fondé l'année dernière à Saint-Brieuc, et que l'on peut considérer comme départemental, puisqu'il reçoit des malades de tout le département. Sa création a comblé une importante lacune dans l'assistance publique, et déjà il a pu soulager bien des misères.

Petites-Sœurs des Pauvres. — Après les établissements régulièrement organisés, nous devons signaler les Petites-Sœurs des Pauvres, de Dinan, qui étendent leurs bienfaits à toutes les classes de malheureux, quel que soit leur lieu de naissance, et recueillent toutes les infortunes.

Sociétés de Secours mutuels. — Le département possède 12 Sociétés de secours mutuels dont 8 sont formées exclusivement par des compagnies de sapeurs-pompiers. Au 31 décembre 1859, elles comptaient :

Membres honoraires.......... 322
— participants......... 929

Elles ont, dans l'année, fait face à 3,067 journées de malades et dépensé 5,678 fr. 55.

Le montant des capitaux placés ou en caisse, formant, au 1er janvier 1860, l'avoir disponible de ces Sociétés, était de 10,373 fr. 63.

Les Sociétés de secours mutuels sont de formation toute récente dans les Côtes-du-Nord, et s'appliquent à des professions diverses, sauf celle de Saint-Sébastien, de Lamballe, spéciale aux maréchaux.

Société de Charité maternelle. — Une Société, dite de Charité maternelle, pour venir en aide aux femmes indigentes, existe à Saint-Brieuc. Elle a secouru, en 1859, 170 femmes. Ses recettes, en majeure partie formées par des dons volontaires, se sont élevées à 2,448 fr. On ne saurait trop applaudir à la création de cette institution qui rend de réels services.

Conférences de Saint-Vincent de Paul. — Des

Conférences de Saint-Vincent de Paul existent à Saint-Brieuc, Lamballe, Quintin, Pédernec, Plœuc et Loudéac. Nous regrettons qu'il ne nous ait pas été possible d'obtenir les renseignements nécessaires pour faire connaître les services qu'elles rendent chaque jour à la classe nécessiteuse.

Caisse d'épargne et de prévoyance. — Il y a dans le département 6 caisses d'épargne et de prévoyance, savoir :

COMMUNES.	NOMBRE de Livrets.	AVOIR au 1er janvier 1860.
Saint-Brieuc.......	3,822	1,021,485 fr. 82
Dinan.............	1,156	311,026 69
Guingamp.........	1,135	259,609 57
Lannion..........	359	99,186 62
Loudéac..........	540	230,679 96
Paimpol..........	360	89,291 88
Total...	7,372	2,011,280 fr. 54

Soit, 272 fr. 82 par livret. Un livret par 84 habitants.

Paupérisme. — Mendicité. — Des Sociétés pour l'extinction de la mendicité existent à Guingamp, Paimpol, Pontrieux et Tréguier, mais leur action est purement locale et forcément restreinte.

Il résulte de documents, qui malheureusement ne sont guère contestables, que, dans le département, 40,000 personnes vivent de l'aumône, soit complétement, soit en partie. Il ne faut point en inférer cependant que le chiffre des mendiants proprement dits s'élève aussi haut ; en effet, chez nous comme ailleurs, au reste, il y a trois catégories bien distinctes de gens réclamant l'aumône (1).

1° Les infirmes et ceux qui, aux âges extrêmes de la vie, n'ont ni force pour le travail, ni asile certain ;

2° Ceux qui, manquant de travail une partie de l'année, ou dont le travail est insuffisamment rémunéré pour nourrir leur famille, sont dans la nécessité de réclamer les secours de la charité publique ;

3° Ceux qui mendient par habitude, par profession, pouvant à coup sûr vivre autrement.

Il est bon, au surplus, de remarquer que les mesures de répression prises dans les départements qui lui sont limitrophes ont pour effet de rendre la péninsule bretonne le réceptacle de toutes les populations nomades des provinces de l'Ouest.

L'esprit de charité religieuse, qui anime les populations, favorise singulièrement en Bretagne la persistance de la mendicité. Il leur fait voir sans mépris celui qui tend la main, et, il faut le reconnaître, dans le fond de nos

(1) Voir Rapport de M. le Préfet des Côtes-du-Nord au Conseil général, session de 1858.

campagnes, les mendiants sont l'accessoire ordinaire de toutes les fêtes publiques ou des familles. La facilité avec laquelle on donne, la régularité, la périodicité des aumônes dans certaines maisons, tout concourt à entretenir la mendicité, et l'on peut, en déplorant l'abaissement de ceux qui demandent, dire, à la louange de ceux qui donnent, que l'aumône est organisée en Bretagne.

De la pratique de la première des vertus naissent cependant de grands abus, que nous sommes loin de nier à coup sûr.

La charité individuellement exercée est souvent un obstacle à la création de secours réguliers.

Ainsi, le département possède très-peu de bureaux de bienfaisance. De l'absence de ces institutions, un journal de Paris a pu conclure que le département des Côtes-du-Nord était celui de France où les pauvres recevaient le moins de secours, tandis que, bien certainement, c'est l'un de ceux où les misères de toutes natures sont le plus sympathiquement soulagées.

Chez nous, la charité privée, largement exercée, a jusqu'ici empêché le développement de la charité légale.

On a cependant senti en divers lieux la nécessité de régulariser la délivrance des secours aux pauvres, et nous ne pouvons nous dispenser de signaler l'admirable organisation de l'assistance dans les cantons littoraux du riche arrondissement de Lannion. Avant l'hiver, les propriétaires et fermiers aisés, d'accord avec l'autorité civile et religieuse, se répartissent les familles pauvres de la com-

2*

mune ; pendant la saison rigoureuse, ils leur assurent le plus de travail possible et pourvoient, en outre, au reste de leurs besoins. Dans ces cantons, la mendicité est supprimée en fait.

Établissements de répression. — Il existe, dans le département, cinq prisons, une au chef-lieu de chaque arrondissement; deux dépôts de sûreté, l'un à Broons, l'autre à Lamballe ; **quarante chambres de sûreté annexées aux casernes de gendarmerie.**

La prison de Saint-Brieuc contient : la maison d'arrêt, la maison de justice et la maison de correction. Les quatre autres prisons d'arrondissement sont simplement des maisons d'arrêt.

Les dépôts et chambres de sûreté reçoivent les individus pris en flagrant délit et les détenus de toutes catégories en cours de translation.

Deux établissements pour les jeunes détenus se trouvent aussi dans le département : l'un, pour les garçons, à Saint-Ilan, avec Carlan et Langonnet (Morbihan) pour succursales ; l'autre, pour les filles, à Notre-Dame de la Charité du Refuge (Montbareil), à Saint-Brieuc. Dans ces deux établissements sont retenus et soumis à une éducation moralisatrice des enfants jugés en vertu des art. 66 et 67 du code pénal, qui, après avoir été acquittés comme ayant agi sans discernement (art. 66) ou avec discernement (art. 67), sont remis à la tutelle administrative. On les désigne sous le titre de *jeunes détenus* ; et ce ne sont pas des condamnés, comme généralement on le croit.

St-Ilan s'occupe de l'éducation de 380 jeunes détenus.

Notre-Dame du Refuge, de celle de 20 jeunes filles.

Dans ce dernier établissement se trouve, en outre, un quartier affecté aux filles adultes repenties. Elles sont au nombre de 90 environ.

Saint-Ilan et Notre-Dame du Refuge ne sont point exclusivement des lieux de répression, et, par les soins qu'ils donnent à l'éducation des enfants et des jeunes gens qui leur sont confiés, soit par les familles, soit par la charité, ils doivent être aussi classés au rang des institutions de bienfaisance.

La population moyenne des prisons a été, en 1859, de 161 détenus.

Hommes............ 106
Femmes............ 55

En tout, 59,966 journées de détention.

Depuis quelques années, une décroissance très-remarquable a été observée dans le nombre des détenus, et nous sommes heureux de pouvoir signaler ce fait.

Le produit brut du travail des détenus s'est élevé, en 1859 :

Pour les hommes, à....... 4,365 fr. 99
Pour les femmes, à........ 2,663 · 99
TOTAL....... 7,029 fr. 98

VIII.

ADMINISTRATIONS DIVERSES.

Justice. — Le département est compris dans le ressort de la cour impériale de Rennes. L'ordre judiciaire dans les Côtes-du-Nord est composé : 1° d'une cour d'assises dont les sessions ont lieu tous les trois mois au chef-lieu du département ; 2° d'un tribunal de première instance, établi au chef-lieu de chaque arrondissement, chargé de juger les affaires civiles et correctionnelles ; et 3° enfin, de 48 tribunaux de paix et de simple police, en nombre égal à celui des cantons. — Un bureau, dit d'assistance judiciaire, destiné à venir en aide aux plaideurs indigents, est en outre établi près de chacun des cinq tribunaux de première instance. Au nombre des officiers ministériels ressortissant de ces tribunaux, on compte :

ARRONDISSEMENTS.	Avoués.	Notaires.	Huissiers.
Saint-Brieuc.....	8	38	17
Dinan............	6	26	14
Guingamp........	6	30	16
Lannion..........	6	27	14
Loudéac..........	4	27	11
Totaux...	30	148	72

Trois tribunaux de commerce sont, en outre, établis à St-Brieuc, Paimpol et Quintin. Dans les arrondissements qui n'en possèdent pas, ils sont remplacés par les tribunaux civils.

Le département compte 37 avocats inscrits au tableau et 11 stagiaires.

Les comptes-généraux de l'administration de la justice criminelle et de la justice civile et commerciale en France, présentés chaque année à l'Empereur par le Ministre de la justice, donnent, pour une année, les résultats suivants dans le département des Côtes-du-Nord. Ces résultats sont la moyenne déduite des comptes de 1854, 1855, 1856, 1857 et 1858.

Justice criminelle. — *Cour d'assises.* — Le nombre moyen des accusations s'est élevé à 61 ; le nombre des accusés à 84, dont 61 hommes et 23 femmes. — 17 des accusés ont été acquittés, 39 condamnés à des peines afflictives et infamantes, et 28 à des peines correctionnelles.

65 des accusés étaient complétement illétrés ;
14 ne savaient que lire ou écrire imparfaitement ;
3 savaient bien lire et écrire ;
2 seulement avaient reçu un degré d'instruction supérieure.
67 demeuraient dans des communes rurales ;
11 habitaient des communes urbaines ;

6 n'avaient pas de domicile fixe.

51 des accusés étaient en état de récidive.

Tribunaux correctionnels. — Le nombre moyen des affaires correctionnelles a été de 1,540, comprenant 1,918 prévenus, dont 260 ont été acquittés et 1,658 condamnés.

Le nombre des prévenus en récidive est de 434.

Tribunaux de simple police. — Le nombre des inculpés a été de 3,065 en moyenne, dont 202 ont été acquittés.

Justice civile. — Les tribunaux civils ont eu 1,321 affaires à juger. Le nombre des ventes judiciaires a été de 217, dont 45 à la barre du tribunal et 172 devant notaires. Le montant total du produit de ces ventes est, en moyenne, de 1,689,114 fr.

Le nombre des actes notariés, reçus dans chaque arrondissement, a été,

Pour Saint-Brieuc	10,875
Dinan	9,356
Guingamp	7,519
Lannion	4,985
Loudéac	6,425
Total	39,160

Le nombre des affaires commerciales portées devant les tribunaux a été de 566.

Le nombre des faillites dont la liquidation a été terminée s'est élevé à 10. Sur 52 faillites déclarées pendant cinq années, 8 seulement se sont élevées à plus de 50,000 fr.

Le montant de l'actif de ces 10 faillites a été de 99,799 fr., et celui du passif de 535,139 fr.

Le nombre des affaires portées devant les juges de paix pour y recevoir jugement a été de 3,901, et le nombre des billets d'avertissement, de 56,521.

Guerre. — Le département appartient à la 16e division militaire. Il est commandé par un général de brigade. Un sous-intendant militaire (aujourd'hui adjoint à l'intendance) est chargé spécialement de l'administration. Des officiers, détachés des corps, s'occupent de toutes les affaires intéressant le recrutement. Le nombre des jeunes gens appelés au tirage en 1859 a été de 5,494 ; 1,937 ont été exemptés, 1,760 libérés et 1,797 inscrits dans le contingent ; en outre, 230 jeunes gens, nés dans le département, n'ont pas concouru au tirage ; mais 68 qui n'y étaient pas nés y ont concouru. 4 cantons n'ont pu fournir leur contingent ; 209 exonérations ont été prononcées.

Un dépôt de remonte, établi à Guingamp, pourvoit, dans une certaine mesure, aux besoins de l'armée, en achetant de nos cultivateurs d'excellents chevaux, qui sont principalement employés pour l'artillerie et la cavalerie légère. Les acquisitions de cette nature varient avec les besoins du moment ; mais, en tout cas, elles pourraient dépasser de beaucoup le chiffre qu'elles atteignent ordinairement, surtout si la guerre élevait ses prix au niveau de ceux du commerce, et même de ceux qu'elle paie dans les départements voisins.

Le corps si utile de la gendarmerie est commandé par un chef d'escadron, ayant sous ses ordres deux capitaines et quatre lieutenants. Son effectif se compose de deux compagnies : l'une, composée de 100 hommes à cheval, formant 25 brigades, commandées par 8 maréchaux-de-logis et 19 brigadiers; l'autre, aussi composée de 100 hommes à pied, formant également 25 brigades, commandées par 7 maréchaux-de-logis et 18 brigadiers.

Marine. — Le département fait partie du 2e arrondissement maritime, dont le chef-lieu est Brest. A l'occasion de notre commerce extérieur, nous avons donné plus haut l'état du personnel maritime du département; nous n'y reviendrons que pour mentionner l'organisation de l'inscription maritime. On compte dans les Côtes-du-Nord trois quartiers : ceux de Saint-Brieuc, de Paimpol et de Dinan, et trois sous-quartiers, ceux de Binic, Lannion et Tréguier. Ils sont administrés par un commissaire, deux sous-commissaires et quatre aides-commissaires ; cinq trésoriers des invalides et gens de mer résident dans des villes du littoral. On y compte aussi 20 syndics, 4 gendarmes maritimes, 12 maîtres de ports et 2 inspecteurs des pêches. Quatre stations de pilotes-lamaneurs sont établies au Légué, au Portrieux, à Dahouët et à Saint-Cast ; deux écoles d'hydrographie sont, en outre, ouvertes à Saint-Brieuc et à Paimpol.

Ponts et Chaussées. — Ce service est dirigé par un ingénieur en chef, ayant sous ses ordres deux ingénieurs ordinaires et deux conducteurs principaux. 18 conducteurs embrigadés et 4 conducteurs ordinaires surveillent les travaux qui s'exécutent sur la grande voirie. L'administration des chemins vicinaux est également confiée à l'ingénieur en chef, qui répartit le travail entre 5 ingénieurs ordinaires ou agents-voyers d'arrondissement, 5 agents-voyers principaux, 13 agents-voyers de première classe, 7 de deuxième, et 7 de troisième.

Finances. — Nous comprendrons sous ce mot les différentes administrations qui, dans notre département, gèrent la fortune nationale.

1° *Contributions directes.* — Elles concernent tout ce qui se rapporte à l'impôt foncier, personnel et mobilier, portes et fenêtres, et patentes. Elles sont représentées et régies, dans les Côtes-du-Nord, par un directeur, un inspecteur, un contrôleur principal, huit contrôleurs et deux surnuméraires ; 55 percepteurs sont préposés à la recette de ces impôts, dont le principal a été réglé, pour 1861 (loi du 26 juillet 1860), savoir : Contribution foncière, 1,722,522 fr. ; — contribution personnelle et mobilière, 382,927 fr. ; — portes et fenêtres, 189,545 fr.

Les contributions départementales ou locales montent, en outre, à une somme à peu près égale. Les rôles généraux s'élevèrent, en 1859, à 4,186,850 f.

2º *Contributions indirectes.* — Elles comprennent principalement dans notre département les droits sur les boissons, les tabacs, les poudres, etc. Leur produit a été, en 1859, savoir : sur les boissons, de 1,985,820 fr. 32 ; — sur les tabacs, de 3,302,069 fr. 10 ; — sur les poudres, de 48,748 fr. 45 ; — les droits divers ont rapporté 141,296 fr. 93. Cette administration est représentée par un directeur qui est en même temps directeur des douanes, 4 inspecteurs, 1 sous-inspecteur, 1 contrôleur de ville, 9 employés de bureaux, 6 receveurs-entreposeurs, 1 receveur particulier, 32 receveurs ambulants, 35 commis principaux, 3 receveurs des droits de navigation ; 149 receveurs buralistes ; 697 débitants de tabacs, 93 débitants de poudre, et 97 débitants de cartes à jouer.

Le département compte 3,541 débits de boissons.

3º *Enregistrement et Domaines.* — Les droits de cette nature sont perçus sur les actes publics et sous seings privés ; sur les actes de greffe, sur ceux qui sont soumis aux formalités hypothécaires, sur les mutations par décès, etc. ; à cette administration se rattache la débite du papier timbré, la régie des domaines de l'Etat, des biens séquestrés et des successions en déshérence ; elle est représentée dans notre département par un directeur, un inspecteur, un premier commis, un garde-magasin du timbre, 4 vérificateurs, 5 conservateurs des hypothèques, 33 receveurs de l'enregistrement et 6 surnuméraires ; ses recettes, en 1859, ont été de 2,323,224 fr. 54.

4° *Douanes.* — Cette administration est chargée de la perception des droits imposés par les tarifs sur les marchandises importées et exportées, sur les sels, etc. Elle est divisée en deux parties, l'une administrative et l'autre militaire, formant, sous le nom de brigades actives, un corps armé spécialement chargé de réprimer la contrebande. Son personnel se compose, pour le département, d'un directeur, deux inspecteurs, un sous-inspecteur, un premier commis, 3 employés de direction, 13 visiteurs, vérificateurs, etc., 7 capitaines, 15 lieutenants, 568 brigadiers, sous-brigadiers et préposés, 2 receveurs principaux, 14 receveurs ; en tout, 627 employés. Les produits des douanes, en 1859, ont été de 703,468 fr.

5° *Postes.* — Elles procurent au trésor le produit de la taxe des lettres, des envois d'argent, de marchandises et autres objets expédiés par l'administration au moyen des malles-postes, paquebots, etc. Elles sont représentées, dans les Côtes-du-Nord, par un inspecteur, chef de service, un sous-inspecteur, un directeur comptable, 29 directeurs ou directrices, 17 distributeurs ou distributrices,

11 maîtres de poste, 3 employés de direction, 164 facteurs ruraux ou de ville. En 1859, le produit de la taxe des lettres et autres droits de postes s'est élevé à 292,176 fr. 70.

Télégraphie. — L'administration télégraphique dans les Côtes-du-Nord comprend neuf bureaux recevant des dépêches, savoir :

A Saint-Brieuc, 1 directeur, 2 employés, 1 piéton et 4 surveillants ;

A Dinan, 1 employé, 1 piéton et 2 surveillants ;

A Pontrieux, même personnel qu'à Dinan ;

A Guingamp, Lannion, Loudéac, Tréguier, Paimpol et Binic, le service est limité, et il est fait par un seul employé et un piéton.

Chacun de ces bureaux a aussi un surveillant, et sur tout le parcours des fils électriques, sur route, de 15 à 18 kilomètres, il y a un surveillant qui visite chaque jour une section de son parcours.

Des bureaux électro-sémaphoriques seront, en outre, prochainement établis à : Fréhel, Erquy, Dahouët, Roselier, Saint-Quay, Bréhat et les Sept-Iles.

Administration sanitaire. — L'administration du service sanitaire maritime est placée sous la direction du Préfet. Elle est dirigée par un agent principal dont la résidence est au Portrieux, commune de Saint-Quay.

Des agents sont chargés de la reconnaissance des navires sur les points suivants du littoral, savoir : Toul-an-Héry, Yaudet, Perros-Guirec, La Roche-Jaune, Rocharhon, Porsdon, Brébat, Paimpol, Pontrieux, Binic, Sous-la-Tour, Dahouët, Erquy, Tresselin et Les Ebihens.

Les agents sanitaires de tous grades sont choisis parmi les préposés du service actif des douanes.

IX.

ENSEIGNEMENT.

Le département des Côtes-du-Nord dépend de l'académie de Rennes. Un inspecteur d'académie, résidant à Saint-Brieuc, dirige l'administration des lycée et colléges, sous l'autorité du recteur; et instruit, sous celle du préfet, les affaires relatives à l'enseignement primaire du département. Trois inspecteurs de l'instruction primaire, sous les ordres immédiats de l'inspecteur d'académie, sont chargés spécialement de la visite des écoles primaires.

Les circonscriptions de chacun de ces fonctionnaires sont ainsi établies :

Arrondissement de Saint-Brieuc, plus cinq cantons de l'arrondissement de Loudéac.

Arrondissement de Dinan, plus quatre cantons de l'arrondissement de Loudéac.

Arrondissements de Guingamp et de Lannion.

Si notre département ne possède pas de facultés dans lesquelles les jeunes gens puissent profiter de l'enseignement supérieur, il compte, par compensation, un assez grand nombre d'établissements d'instruction secondaire et d'instruction primaire répartis de manière à satisfaire tous les besoins.

Instruction secondaire. — *Etablissements publics.* — Le lycée de Saint-Brieuc compte à juste titre parmi les plus importants de l'académie de Rennes ; son excellente tenue, la force des études, constatée chaque année dans les concours, les soins pris par son administration dans l'intérêt de l'hygiène et du bien-être matériel des élèves, expliquent la prospérité de ce remarquable établissement. Des colléges communaux sont aussi ouverts dans les villes de Dinan, Lannion et Lamballe ; la population écolière de ces quatre maisons d'éducation est ainsi répartie (1860) :

	Internes.	Externes.	Total.
Lycée de Saint-Brieuc..	160	107	267
Collége de Dinan.......	58	78	136
Collége de Lannion.....	26	115	141
Collége de Lamballe....	30	33	63

Etablissements libres. — Le pensionnat de St-Charles, à Saint-Brieuc, auquel est annexé un externat, est très-florissant ; d'autres pensions libres existent à Guingamp, Quintin et Loudéac ; voici le nombre des élèves qui les fréquentent :

	Internes.	Externes.	Total.
Saint-Charles, à Saint-Brieuc.	107	189	296
Notre-Dame de Guingamp....	50	64	114
Saint-Joseph de Quintin......	4	27	31
Etablissement de Loudéac....	3	11	14

Petits Séminaires. — Les villes de Dinan et de Tréguier, ainsi que la commune de Plouguernevel, sont dotées chacune d'un petit séminaire diocésain. Dans ces maisons vont principalement étudier les jeunes gens qui se destinent au sacerdoce. Elles sont très-fréquentées, ainsi que le démontre le tableau suivant :

	Internes.	Externes.	Total.
Petit séminaire de Dinan.....	100	88	188
— Plouguernevel.	201	46	247
— Tréguier......	350	63	413

En résumé, 1,910 élèves étaient admis pendant l'année 1860 dans les établissements d'instruction secondaire des Côtes-du-Nord ; sur ce nombre, 454 suivaient, en dehors des cours de latinité, des cours professionnels.

Instruction primaire. — Notre prédilection pour cet enseignement nous porte à entrer dans quelques détails sur sa situation dans le département. Une statistique officielle constate que 86,704 enfants de 7 à 13 ans, dont 43,649 garçons et 43,055 filles, sont susceptibles de recevoir l'instruction primaire dans les Côtes-du-Nord ; mais, par des causes qu'il serait trop long d'énumérer, à peine la moitié de ces enfants profite du bienfait qui leur est offert. Partout, cependant, des classes ont été mises à leur portée ; on a vu plus haut que la totalité de nos communes était de 382 ; sur ce nombre, 213 ont des écoles spéciales pour chaque sexe ; 64 n'ont qu'une école de garçons ; 4 seulement une école spéciale de filles ; 81 possèdent des écoles mixtes ; mais 20 communes sont encore entièrement privées d'écoles. La population de ces différentes classes est ainsi répartie :

NATURE DES ÉCOLES.	NOMBRE DES ÉCOLES		TOTAL.	NOMBRE des élèves qui les fréquentent.
	publiques.	libres.		
De garçons..	270	17	287	22,500
Mixtes......	82	3	85	4,803
De filles.....	123	134	262	17,055
TOTAUX..	480	154	634	44,358

Sur les 44,358 enfants fréquentant les écoles, 16,341 y ont été admis gratuitement.

Le nombre des maisons d'école dont les communes sont propriétaires est de 343 ;

    217 sont destinées aux écoles spéciales de garçons,
    72 aux écoles spéciales de filles,
    39 aux enfants des deux sexes,
et 15 aux salles d'asile.

18 salles d'asile et 46 garderies sont encore ouvertes à la première enfance sur divers points de notre territoire ; 4,838 enfants les fréquentent et y reçoivent, dès leur bas-âge, particulièrement dans les salles d'asile, les meilleures impressions. Enfin, digne complément de l'instruction primaire, 25 ouvroirs et écoles d'apprentis enseignent à 1,067 élèves les premiers éléments de la profession qu'ils veulent embrasser.

Nous ne devons pas oublier ici le cours préparatoire d'instituteurs annexé au collége de Lamballe, et le cours normal d'institutrices tenu par les Dames de la Miséricorde de Jésus (Sainte-Anne), à Lannion. Ces deux établissements rendent les plus grands services, en assurant à nos écoles des deux sexes des instituteurs moraux, intelligents et capables. Le département entretient 12 boursiers à Lamballe et 5 à Lannion ; la durée des cours est de deux ans.

Sourds-Muets. — Un institut pour les sourds-muets existe à Saint-Brieuc, sous la direction du vénérable abbé Garnier qui l'a fondé et qui, depuis 1838, se dévoue à l'instruction des infortunés qui lui sont confiés.

Cet institut contient actuellement 55 élèves, 28 garçons et 27 filles. Depuis sa création, il a reçu 162 enfants.

Le nombre de sourds-muets connus existant dans tout le département est de 520. Les garçons sont un peu plus nombreux que les filles.

Exercice de la Médecine.

ARRONDISSEMENTS.	Docteurs en médecine.	Officiers de santé.	Sages-Femmes.	Pharmaciens.
Saint-Brieuc....	26	29	33	16
Dinan.........	22	21	5	4
Guingamp......	12	6	12	5
Lannion.......	12	8	6	7
Loudéac.......	6	8	11	2
Totaux...	78	72	67	34

Il existe, par arrondissement et pour chaque canton, un conseil d'hygiène et de salubrité.

X.

LANGUES, MŒURS, COUTUMES.

Langage. — Les deux langues française et bretonne se partagent le département à peu près par moitié ; nous comptons, en effet, 24 cantons dans lesquels la langue française est exclusivement parlée, et 24 dans lesquels la langue bretonne ou celtique est généralement en usage dans la campagne. La limite de chacune de ces deux langues est très-marquée ; elle s'établit par une ligne allant du nord au sud, partant de la commune de Plouba passant par celles de Pléguien, Tréguidel, Bringolo, Plouagat, Lanrodec, Saint-Fiacre, Senven-Lehart, Saint-Conan, Saint-Gilles-Pligeaux, Canihuel, le Haut-Corlay, Saint-Mayeux, Caurel, Mûr et Saint-Connec. Dans toutes ces communes, les deux langues sont indifféremment parlées. Tous les efforts tentés jusqu'à ce jour pour faire prédominer la langue française, dans les cantons où l'autre langue est usitée, ont été infructueux. En fréquentant les écoles, la nouvelle génération a appris à parler le français; mais, dans l'intérieur de la famille, elle continue à se servir de la langue de ses ancêtres, langue qui, pour le dire en passant, ne mérite aucunement le dédain avec lequel l'ont traitée des auteurs étrangers à notre province; ni, par contre, l'enthousiasme qu'un patriotisme, peut-être exagéré, a fait naître chez quelques personnes. Déclarons, toutefois, ici, que le breton n'est point un patois, mais bien une véritable langue, qui a ses règles, sa grammaire et sa prosodie; elle possède une littérature qui remonte au IXe siècle et qui compte un certain nombre d'ouvrages, plusieurs poëmes sacrés, entr'autres, qui avaient, au XVIIe siècle, attiré l'attention d'un des plus grands génies des temps modernes, de Leibnitz, lui même. Les dialectes trécorrois et cornouaillais sont les plus en usage dans la conversation de nos cultivateurs bretons; leur langage a une harmonie pleine de charme qui se communique souvent à leur accent quand ils parlent le français.

Mœurs. — Si le Breton des Côtes-du-Nord, — nous parlons principalement de celui qui compose la classe rurale, — conserve encore une partie des défauts que l'on a reproché de tout temps à ses ancêtres, l'entêtement et l'ivrognerie, par exemple, il a gardé en revanche, et nous nous plaisons à le constater, bien des qualités qu'on ne rencontrerait peut-être pas dans d'autres contrées. Un homme sans prévention, et qui se donnerait la tâche de parcourir nos campagnes, reconnaîtrait bien vite que nos cultivateurs sont généralement hospitaliers et intelligents, et que si, parfois, l'imagination domine chez eux, leur raison est solide néanmoins, et leurs appréciations empreintes d'un jugement sain et équitable. Au point de vue agricole, ce qu'on appelle de la routine est bien souvent le fruit de l'expérience, et si le progrès est lent à venir, ce n'est pas que leur esprit soit rebelle; mais ils manquent de capitaux et d'avances pour mettre à exécution des procédés dont ils reconnaissent la valeur. Les rapports qu'on peut avoir avec nos Bretons sont généralement agréables ; on réussit toujours mieux près d'eux par la douceur et la simplicité que par la force et la rudesse. Sous leur enveloppe quelquefois grossière, ils possèdent une extrême délicatesse et une exquise sensibilité qu'on est tout surpris d'y découvrir dans leurs rares moments d'épanchement ; car ils s'imposent toujours une grande réserve : ils ont éprouvé tant de déceptions ! Aussi ce qu'ils n'accorderaient jamais à un ordre prononcé durement, ils le donneront à une simple prière : ils aiment sincèrement à rendre service ; ils se réunissent souvent pour faire de longs et difficiles charrois qu'on n'obtiendrait pas à prix d'argent, uniquement pour aider un voisin malheureux à reconstruire sa maison ou à labourer son petit patrimoine.

La nourriture du paysan breton est des plus frugales ; le produit de son champ et de ses bestiaux suffit à ses besoins. Il ne mange de viande de boucherie et ne boit de cidre que dans des circonstances exceptionnelles. Nous ne parlerons pas de ses travaux si divers, si rebutants par fois, accomplis dans les plus dures saisons, et surtout si peu productifs, nous craindrions d'être entraînés trop loin. Il faudrait parler encore de sa patience, de sa résignation, quand quelque maladie, qui n'est presque jamais convenablement soignée ni facilement guérie, vient à fondre sur lui ; aucune douleur ne l'abat ; cette maladie, il l'envisage, la plupart du temps, comme le terme de ses fatigues, car il voit venir la mort sans crainte et sans inquiétude ; en effet, pour celui que la Foi soutient toujours, ce moment n'est-il pas l'heure de la délivrance ?

Dirons-nous, avec des écrivains qui n'ont jamais mis le pied sur notre sol et qui se sont plu à le calomnier, que le paysan breton est superstitieux et idolâtre ? Non, car nous ne qualifierons jamais de cette sorte, le respect et le culte des traditions paternelles ; sa religion, quoiqu'on en dise, est éclairée et sa piété sincère. Nous n'ignorons pas cependant que, dans certains cantons, on raconte encore, dans les réunions que chaque veillée amène au milieu des étables, tantôt les histoires effrayantes de la brouette de la mort, *carrikel an ankou*; — tantôt celles des lavandières de nuit; — puis les méchancetés du chien noir, qui se lance entre vos jambes, vous renverse et continue à vous renverser chaque fois que vous vous relevez, — et les ébattements des siffleurs nocturnes qui, à certaines heures, se réunissent dans les chemins creux, — et les promenades du *Bugel-Noz*, enfant de la nuit (feu follet), — et les tours des lutins qui brouillent les crins des chevaux qu'ils affectionnent et auxquels ils donnent, au détriment des autres, toute l'avoine du grenier, — et les richesses de la fée Margot, qui bâtit N.-D. de Lamballe, — et les courses, dans les rivières, du crocodile, horrible animal qui n'a qu'un œil et qui est le produit d'un œuf de coq, couvé par un crapaud, — et les chansons sinistres des orfraies qui logent dans les clochers, — et les amitiés de la poule noire, avec ses écus, — et les rencontres de la bête portant la haire, malheureuse âme qui s'est vendue au diable, etc., etc.

Nous savons encore que quelques bonnes femmes assurent que certains maux ne peuvent être guéris qu'avec des oraisons prononcées par des individus qui acquièrent en naissant cet heureux pouvoir, — que si la première personne qu'on rencontre en sortant le matin de chez soi, est un tailleur ou une jeune fille en petit bonnet, il vous arrivera malheur avant la fin du jour, — qu'un trépied laissé sur le feu sans rien mettre dessus fera aigrir le cidre du maître de la maison, — qu'un veau né le dimanche n'est pas bon à élever, — que pour éviter de tomber au sort, un jeune homme doit porter sur lui, quand il tire à la conscription, une aiguille qui a servi à ensevelir un mort, etc., etc. ; nous savons que l'on dit cela et bien d'autres choses ; mais qui donc y croit ? — En dehors de ces récits destinés à produire une certaine émotion sur un jeune auditoire, et dont le fonds, du reste, a presque toujours un sens moral, nous pouvons assurer qu'il ne reste absolument rien ; on peut s'en convaincre en interrogeant le premier campagnard venu.

Ce qui n'est pas une superstition, mais bien l'expression du sentiment le plus respectable, c'est la profonde piété du paysan breton pour les morts. Quand il a perdu quelqu'un des siens, il passe souvent plusieurs nuits en prières, il le conduit à sa dernière demeure, et, quelque dûr que puisse être ce devoir qu'il s'impose, il ne l'abandonne qu'au champ du repos ; c'est là que le père se sépare des restes de son fils ; que la fille envoie à sa mère son suprême adieu, et il faut quelquefois un prodige d'héroïsme pour surmonter la douleur que causent de telles séparations. Et si quelque consolation peut leur être donnée, à ces pauvres affligés, quand ils rentrent chez eux, c'est surtout quand le prêtre, qui est en définitive leur meilleur ami et le seul confident de leurs misères, vient à leur rencontre pour leur dire quelques-unes de ces bonnes paroles que la religion seule sait inspirer. Alors ils retrouvent en quelque sorte un soutien, leur courage renaît peu à peu, leur tristesse s'évanouit et leur ciel redevient plus pur. Là est le secret de l'attachement si mérité que le paysan breton porte à ses pasteurs spirituels.

Usages. — Il n'est guère de canton qui ne possède quelque intéressante coutume, toujours suivie par nos populations rurales quand arrivent certains événements, tels que les baptêmes, les noces et les décès. Nous ne croyons pas devoir nous arrêter à les décrire, dans la crainte de dépasser les bornes d'une simple esquisse. Par le même motif, nous nous tairons sur les différents costumes qui, dans notre département, varient également de canton à canton. On trouvera d'ailleurs la description plus ou moins exacte de toutes ces choses dans plusieurs publications pittoresques fort répandues en Bretagne depuis plusieurs années, et qui se sont donné une tâche dans laquelle la fantaisie l'emporte souvent sur la réalité, tâche que nous ne nous permettrons pas de juger, afin d'éviter d'être trop sévères.

XI.

CATÉGORIES DIVERSES DE LA POPULATION.

Aux articles spéciaux, et d'après le dénombrement officiel de 1856, nous avons établi le nombre des personnes du département qui appartiennent à l'industrie, au commerce et à l'agriculture. Nous croyons, en terminant notre aperçu général, devoir compléter ce renseignement, en rappelant sommairement les chiffres déjà donnés et en indiquant les diverses autres catégories qui composent la population des Côtes-du-Nord et les personnes qui s'y rattachent. Nous le faisons suivre de la division par sexes, suivant l'état civil :

	Hommes et garçons	Femmes et filles.	Totaux.
Agriculture..................	173,043	201,190	374,233
Industrie...................	74,951	74,181	149,132
Commerce...................	5,603	6,104	11,707
Professions judiciaires......	953	997	1,950
— médicale........	583	535	1,118
— de l'enseignemt..	1,031	729	1,760
Sciences, lettres et arts....	343	151	494
Armée { de terre..........	1,545	300	1,845
{ de mer...........	987	1,328	2,315
Administrations publiques et privées...................	4,178	2,673	6,851
Clergé, religieux et religieuses..................	1,123	1,125	2,248
Rentiers et propriétaires n'exerçant aucun commerce, aucune industrie, et ne			
A reporter........	264,340	289,313	553,653

	Hommes et garçons	Femmes et filles	Totaux
Report............	264,340	289,313	553,653
remplissant aucunes fonctions rétribuées.........	5,126	4,387	9,513
Infirmes et malades dans les hôpitaux et hospices; détenus, mendiants et individus sans aveu, etc.......	24,380	34,027	58,407
Totaux généraux....	293,846	327,727	621,573

Nota. — Il est bien entendu que les chiffres ci-dessus indiquent, non-seulement les personnes qui exercent directement les diverses professions et industries, mais encore toutes celles qui en vivent ou se rattachent aux chefs d'établissements par les liens de la famille ou d'un service volontaire.

RÉCAPITULATION, *par sexes et suivant l'état-civil, de la population du département.*

Sexe masculin.	Garçons............	183,199	293,846
	Hommes mariés....	96,279	
	Veufs.............	14,368	
Sexe féminin.	Filles.............	201,376	327,727
	Femmes mariées..	96,606	
	Veuves............	29,745	
	Total........	621,573	621,573

ARRONDISSEMENT DE SAINT-BRIEUC.

Cet arrondissement se subdivise en 12 cantons, savoir : Saint-Brieuc (nord et sud), Châtelaudren, Etables, Lamballe, Lanvollon, Moncontour, Paimpol, Pléneuf, Plœuc, Plouha et Quintin. Ces 12 cantons se subdivisent eux-mêmes en 95 communes; soit, en moyenne, 8 municipalités par circonscription cantonale. Sa population est de 178,718 habitants, et sa superficie de 147,350 hectares. Son revenu net territorial, calculé sur les documents cadastraux, est de 7,528,502 francs.

Il est borné au N. par la Manche, à l'E. par l'arrondissement de Dinan, au S. par l'arrondissement de Loudéac, et à l'O. par les arrondissements de Guingamp et de Lannion. — La Manche fait jouir les communes situées sur son littoral, et même à 20 kilomètres dans l'intérieur, des engrais calcaires qu'elle renferme en immenses quantités. Sous l'influence de ces engrais, l'agriculture, qui était déjà très-avancée dans cet arrondissement, a pris un nouvel essor, et l'on peut dire qu'il n'est aucune céréale ni aucune plante potagère qui ne puisse y réussir parfaitement. Sa production en froment est évaluée à 298,325 hectolitres; en méteil, à 58,559 h.; en seigle, à 99,076 h.; en orge, à 22,081 h.; en avoine, à 354,246 h.; en sarrasin, à 289,662 h.; en outre des pommes de terre, qui dépassent, année ordinaire, en viron 100,000 hectolitres, il produit plus de 21,000 h. de légumes secs.

Un vingt-quatrième environ des terres labourables est planté en pommiers qui produisent annuellement 163,448 hectolitres de cidre.

L'arrondissement se divise, d'après le cadastre, de la manière suivante :

Jardins, courtils, vergers et sol des édifices, ci....................................	2,520 hect.
Terres labourables...................	102,276
Prés..................................	10,030
Bois et taillis........................	6,871
Pâtures et landes....................	19,112
Terrains improductifs et non imposés; chemins et rivières....................	6,591
TOTAL............	147,330 hect.

Le revenu net moyen par hectare est, pour l'arrondissement, de.................................... 41 fr. 57

La valeur vénale moyenne de l'hectare est de.. 1,278 fr. »

Il possède 39,119 maisons et 539 moulins et usines.

Il compte 200 écoles primaires.

Il s'y tient, par année, 92 foires.

Le sous sol de l'arrondissement est généralement argileux dans l'est; granitique dans le sud et dans l'ouest; siliceux vers son centre. Coupé par un grand nombre de vallées étroites et profondes qui descendent presque toutes vers la mer, l'arrondissement de Saint-Brieuc renferme proportionnellement moins de prairies que les arrondissements voisins, mais la culture des plantes sarclées et fourragères vient en aide abondamment aux produits des prairies naturelles et suffit à la nourriture des bestiaux servant à l'exploitation des terres ou au service des personnes, et qu'on évalue à 23,462 chevaux, 581 taureaux, 1,793 bœufs, 41,789 vaches, 13,583 taurillons et génisses, 51,052 moutons, 569 ânes, 294 chèvres, 24,781 porcs.

Deux cantons seulement, ceux de Moncontour et de Quintin, ont encore une assez grande étendue de landes ou terres vagues (5,600 hectares); mais cette quantité tend à diminuer de jour en jour, sous l'influence des comices agricoles et du bon exemple de quelques particuliers. — Une seule forêt s'y remarque, celle de Lorges ; nous renvoyons à l'article des communes les détails qui la concernent spécialement.

Une notable partie de la population de l'arrondissement de Saint-Brieuc est maritime et fournit à la navigation de l'Etat et du commerce près de 10,000 marins. La population agricole du littoral est généralement saine et vigoureuse, ce qu'elle doit sans doute aux aliments de bonne qualité avec lesquels elle se nourrit. Si les types qu'elle présente ne sont pas irréprochables au point de vue physique, on peut dire néanmoins que la grande majorité de cette population est très-recommandable sous le rapport du caractère et de la moralité.

L'arrondissement de Saint-Brieuc étant spécialement

administré par le Préfet du département, depuis le 23 ventôse an VIII (13 mars 1800), nous croyons devoir donner ici la liste de ceux qui ont successivement exercé ces hautes fonctions, ce sont :

MM. J.-P. Boullé, nommé ledit jour 23 ventôse an VIII; De Goyon, 12 juin 1814; J.-P. Devisme, 14 juillet 1815; L. Pépin de Belle-Isle, 14 août 1815; Conen de Saint-Luc, 3 mai 1816; Rousseau de Saint-Aignan, 9 janvier 1819; De Murat, 19 juillet 1820; Duval de Cursay, 9 janvier 1822; Frottier de Bagneux, 26 juin 1822; Fadate de Saint-Georges, 3 novembre 1826; J. Thieullen, 27 août 1830; Coüard, février 1848; Morhéry, février 1848; Coüard, mars 1848; Mars-Larivière, 31 octobre 1848; J. Rivaud de la Raffinière, 9 mai 1852.

Canton Nord de Saint-Brieuc.

Le canton de Saint-Brieuc (N.) est borné au N. par le canton d'Etables et par la Manche, à l'E. et au S. par Saint-Brieuc (midi), à l'O. par le canton de Châtelaudren. Il se compose de la partie de la commune de Saint-Brieuc qui forme la circonscription de la paroisse de Saint-Michel et des communes de La Méaugon, Plérin, Ploufragan, Pordic et Trémuson. Sa population est de 29,876 habitants. Son étendue est de 11,587 hectares, et son revenu net de 1,262,117 fr. — La rivière de Gouët, coulant de l'O. à l'E., partage en deux ce canton qui est bien cultivé et sur lequel on ne voit presque plus de landes ; cependant la partie qui borde la mer semble un peu nue, les arbres y viennent lentement, à l'exception de ceux que l'on plante dans les vallées à l'abri ; la commune de Ploufragan est la seule qui offre quelques parties boisées.—Le canton N. de St-Brieuc est traversé par la route impériale N° 12 de Paris à Brest ; par la route départementale N° 5 de St-Brieuc à Lorient ; par les chemins de grande communication N° 1er de St-Brieuc à Paimpol, N° 7 de St-Brieuc à la Grève, et N° 30 de la vallée de Gouët ; les chemins d'intérêt commun N° 7 de Binic à Plerneuf, et N° 3 de St-Brieuc à St-Gildas, et par le chemin de fer de Paris à Brest.

Une seule commission de statistique existe pour les deux cantons nord et sud de St-Brieuc, et les renseignements relatifs à ces cantons, sont réunis dans les documents officiels.

Nous ne pouvons donc donner ici une division qui n'existe pas d'une manière précise, et nous indiquerons en conséquence ci-après, pour les deux cantons, les résultats de la production des céréales et le nombre de bestiaux qui y existent.

Froment, 61,650 hectolitres ; méteil, 10,575 h. ; seigle, 9,600 h. ; orge, 1,125 h. ; avoine, 50,000 h. ; sarrasin, 54,930 h ; légumes secs, 10,545 h. ; pommes de terre, 50,000 h. environ. Chevaux, 4,115 ; taureaux, 75 ; vaches, 8,225 ; taurillons et génisses, 3,550, moutons, 8,074 ; boucs et chevreaux, 55 ; porcs, 4,210.

Le tableau qui suit complète la statistique du canton nord de Saint-Brieuc.

COMMUNES COMPOSANT LE CANTON.	POPULATION.	DISTANCES en kilomètres.			NOMBRE D'HECTARES des terrains imposables produisant revenu.					Terrains non productifs et non imposés. Chemins, rivières, etc. — Hectares.	NOMBRE TOTAL D'HECTARES par commune.	REVENU CADASTRAL.	PROPORTION de rehaussement pour obtenir le revenu réel.		TAUX MOYEN de l'intérêt des fonds placés.		NOMBRE		NOMBRE	
		De Saint-Brieuc.	De Saint-Brieuc.	De Saint-Brieuc (chef-lieu de canton.)	Jardins, courtils, vergers et sol des édifices.	Terres labourables.	Prés.	Bois et taillis.	Pâtures et landes.	TOTAL.				Pour les terres (1).	Pour les maisons, moulins et usines (2).	En terres.	En maisons, moulins et usines.	De maisons.	De moulins et usines.	De foires.	De cafés et cabarets.
													fr. c.			p. 0/0	p. 0/0				
St-Brieuc...	14,888	»	»	»	66	1,469	118	18	117	1,788	119	1,907	535,291 53	1.23	1.32	2.03	4.02	1,016	20	10	178
La Méaugon.	950	7	7	7	13	540	45	9	39	646	32	678	13,248 51	2.85	2.88	3.02	4. »	231	4	»	4
Plérin......	5,817	3	3	3	53	2,304	139	13	126	2,635	138	2,773	93,820 01	2.38	3.03	2.51	4.15	1,159	10	»	37
Ploufragan.	2,536	4	4	4	40	1,962	153	227	215	2,597	107	2,704	64,274 54	2.40	2.33	3. »	4. »	461	10	»	16
Pordic......	4,709	8	8	8	45	2,415	163	21	142	2,786	108	2,894	62,671 20	2.43	4.15	2.50	3.05	955	6	»	17
Trémuson..	976	8	8	8	17	533	39	»	12	601	30	631	19,443 22	2.28	2.90	2.98	4.12	193	2	»	5
TOTAUX...	29,876	»	»	»	234	9,223	657	288	651	11,053	534	11,587	788,752 01	»	»	»	»	4,017	52	10	257

TERRES. Revenu net moyen, par hectare, pour le canton.... 61 fr. 62
Valeur vénale moyenne, de l'hectare, dans le canton. 2,245

NOTA. — *Terrains*. — Pour connaître le revenu réel des terrains et du sol des maisons dans une commune, il y a lieu de multiplier le revenu cadastral de ces terrains par les chiffres proportionnels, indiqués dans la colonne portant le numéro (1).

Maisons. — Pour obtenir le revenu réel d'une maison, il faut ajouter à son revenu cadastral le tiers de ce revenu, et multiplier le total par les chiffres indiqués portant le numéro (2).

Usines et Moulins. — Pour obtenir le revenu réel d'une usine, ajouter à son revenu cadastral la moitié de ce revenu, et multiplier le total par les chiffres indiqués dans la colonne portant le numéro (2).

SAINT-BRIEUC, chef-lieu du département, est situé à 456 kilom. de Paris, par les 48° 30′ 54″ de latitude nord et par 5° 5′ 2″ de longitude ouest, et à 80 m. au-dessus du niveau de la mer. D'après le recensement de 1856, sa population est de 14,888 hab. Bornée au N. par le Gouët qui la sépare de Plérin, à l'E. par la Manche et par Langueux, au S. par Trégueux, et à l'O. par Ploufragan. — Siége d'une préfecture de 2e classe, d'un évêché, d'une cour d'assises, cette ville possède encore deux cures cantonales de 1re classe et une succursale, un tribunal de 1re instance et deux justices de paix, un tribunal et une chambre de commerce. — Sous-division militaire ; batterie d'artillerie de la garde nationale ; compagnie de sapeurs-pompiers (100 hommes, 5 pompes) ; — commissariat de marine ; école d'hydrographie ; — inspection d'académie ; lycée ; — écoles d'adultes, de sourds-muets, primaires et salle d'asile ; — recette générale des finances ; une perception ; — direction de l'enregistrement et des domaines ; direction et inspection des contributions directes et du cadastre ; des douanes et des contributions indirectes ; entrepôt des poudres et tabacs ; inspection et direction des postes ; direction de télégraphie ; — résidence d'un chef d'escadron de gendarmerie, d'un ingénieur en chef des ponts et chaussées, d'un receveur principal des douanes, d'un capitaine du génie, d'un vérificateur des poids et mesures, d'un receveur de l'enregistrement et d'un conservateur des hypothèques ; — 5 notaires ; —

station et gare importante du chemin de fer de Paris à Brest ; — chambre consultative d'agriculture ; conseil d'hygiène et de salubrité ; comice agricole ; société maternelle ; société de secours mutuels ; caisse d'épargne ; société archéologique ; — station d'étalons impériaux ; — courses de chevaux depuis 1807 ; — bibliothèque publique (22,000 vol.) ; — musée ; théâtre ; — vice-consulats d'Angleterre et de Suède ; — 3 journaux ; 4 imprimeries ; 2 lithographies ; 5 librairies ; enfin tous les établissements et bureaux communs aux chefs-lieux de département.

Fondée à la fin du ve siècle par le saint missionnaire qui lui a donné son nom et qui vint, avec 84 religieux, bâtir, dans un lieu appelé la Vallée-Double, un monastère sur l'emplacement duquel a été construite la cathédrale, Saint-Brieuc ne paraît qu'à de rares intervalles dans nos fastes historiques et n'a jamais été, à proprement parler, qu'une ville épiscopale célèbre par la sainteté et le mérite de ses prélats. Ses annales militaires doivent se rapporter, en grande partie, à l'antique forteresse de Cesson qui a été, pendant plusieurs siècles, regardée comme une des places les plus importantes de Bretagne, et dans laquelle plusieurs de nos ducs ont aimé à séjourner. Démantelée après les guerres de la Ligue, en 1598, il n'en reste plus qu'une portion du donjon, qui se dresse encore à une hauteur de plus de 20 mètres. Il sert d'amer aux navires qui se dirigent vers l'embouchure du Gouët pour entrer dans le port du Légué.

Saint-Brieuc est une ville éminemment bourgeoise et presque champêtre ; ses habitants ont conservé en grande partie les habitudes de leurs ancêtres ; ils se lèvent, se couchent et mangent aux mêmes heures qu'au siècle passé ; quoique l'élément administratif y devienne chaque jour plus prépondérant, il se passera encore un certain nombre d'années avant que ces bons usages, qui s'accordent avec ceux des cultivateurs, aient disparu. Reconstruite presque en entier depuis quarante ans, et malheureusement sur un plan défectueux qui rappelle à peu près la disposition de ses vieilles rues tortueuses et angustiées, elle ne laisse plus apercevoir que quelques débris de l'ancienne cité. Cependant les nouvelles constructions ont, en général, profité du confortable et des commodités introduites depuis peu dans les maisons d'habitation.

Parmi les monuments dignes d'intérêt que renferme Saint-Brieuc, nous devons citer tout d'abord la cathédrale, dédiée à saint Etienne, construite au xiiie siècle par l'évêque saint Guillaume, avec des matériaux dont une partie paroit avoir appartenu au siècle précédent. Cette église, qui a soutenu un siége de quinze jours en 1394, a conservé le chevet édifié à l'époque de sa construction ; la nef date seulement de 1753 et laisse beaucoup à désirer sous le rapport architectonique ; la chapelle de la Sainte-Vierge est du xive siècle ; celle du Saint-Sacrement, du xve. La boiserie de l'orgue, œuvre de la Renaissance, ainsi qu'un rétable d'autel du xviiie siècle, sont remarquables par leurs sculptures. On y voit aussi les tombeaux des évêques de Saint-Brieuc, Le Porc de la Porte, décédé en 1652; Caffarelli, décédé en 1815; Le Grouin de la Romagère, décédé en 1841, et Le Mée, décédé en 1858. — La chapelle de N.-D. d'Espérance est un édifice moderne dans le style le plus pur du XIIIe siècle; ses vitraux historiés sont remarquables. — Les autres édifices religieux sont: l'église Saint-Michel, très-vaste et construite en 1838; celle de Cesson, paroisse rurale; Saint-Guillaume, bâtie en 1854, et les chapelles des divers établissements et communautés de la ville.

L'hôtel de la Préfecture, avec son beau parc de plusieurs hectares; le Palais épiscopal, joli édifice du XVIIe siècle, et le Palais de Justice, qu'on achève en ce moment, sont dignes d'attention. — Le Lycée, nouvellement terminé, est vaste et bien approprié à tous les besoins de l'éducation; il peut contenir 300 internes. Il est remarquable par l'ensemble et la régularité de ses constructions. — Les casernes sont spacieuses et confortablement aménagées. — Le grand Séminaire diocésain est aussi un fort bel édifice, ainsi que le nouveau collège de Saint-Charles.

On compte à Saint-Brieuc un certain nombre d'établissements de bienfaisance; ils sont administrés avec un soin tout particulier. Nous avons déjà parlé de l'asile départemental de femmes aliénées, de celui des incurables et de l'hospice civil; nous devons encore mentionner

3*

le bureau de bienfaisance, confié aux soins des Sœurs de St-Vincent de Paul; la maison de Nazareth, qui s'occupe du patronage et du placement des jeunes ouvrières ; celle de N.-D. de Bon-Secours, qui élève de pauvres orphelines; et trois ouvroirs occupant 150 jeunes filles.

Les établissements d'instruction primaire sont également nombreux. Outre le Lycée et Saint-Charles, qui contiennent des classes professionnelles et primaires, il y a encore 6 écoles où les garçons reçoivent l'instruction primaire, au nombre de 982; les deux plus importantes sont l'école dirigée par les Frères des Ecoles chrétiennes et l'école mutuelle. Huit écoles donnent l'instruction à 1,076 filles ; la Providence et l'école municipale sont les deux plus considérables de ces dernières. Cesson a une école mixte. Une salle d'asile reçoit chaque jour 250 enfants. Les Dames du Sacré-Cœur, ainsi que les Dames de Montbareil et les Sœurs de la Providence tiennent des pensionnats.

Saint-Brieuc possède de jolies promenades qui vont être augmentées et embellies par un square destiné à entourer le Palais de Justice. Lorsqu'on sort de la ville, soit du côté de la mer, soit vers les rives du Gouët, on peut jouir en quelques instants de points de vue rivalisant avec les plus renommés.

Nous donnerons plus bas, à l'article *Plérin*, quelques détails sur le port du Légué, dont la majeure partie est en cette dernière commune. Cependant, nous devons mentionner ici les travaux exécutés dans les marais de Robanet, près de l'embouchure du Gouët, pour la création d'un bassin à flot qui permettra aux navires destinés à ce port d'entrer et de sortir à toute marée ; ce travail est appelé à rendre les plus grands services au commerce, et il coûtera, avec un chemin de hallage, son annexe nécessaire, plus d'un million de francs.

Indépendamment des armements maritimes pour la pêche de Terre-Neuve et le cabotage, Saint-Brieuc possède encore quelques branches de commerce qui répandent une certaine aisance dans sa population ouvrière. Si l'on n'y remarque pas encore un grand nombre d'usines, un certain mouvement industriel n'en est pas moins très-marqué depuis quelques années, et il ne peut manquer de prendre une grande extension lors de la mise en exploitation du chemin de fer. On y compte 6 tanneries, 4 fours à chaux, 2 minoteries, 1 filature de laine et de coton, 1 usine à sérancer le lin, une papeterie, 1 scierie mécanique, 1 fonderie de fonte de fer, 1 amidonnerie, etc.— La culture maraîchère des environs de la ville est renommée à juste titre ; les différents légumes et surtout les plants de choux qu'elle produit annuellement, et qu'elle expédie dans un rayon de plus de 120 kilomètres, ne s'élèvent pas à moins de trois millions de pieds, qui, au prix moyen de 1 franc le mille, produisent un bénéfice d'environ 30,000 francs. — Mais l'industrie par excellence, et qui semble, chaque année, prendre un nouvel essor, c'est l'exploitation des belles carrières de granit bleu situées aux abords du faubourg de Gouëdic; plus de 300 ouvriers y sont occupés, et leur nombre tend à s'accroître; indépendamment des pierres préparées pour les besoins du pays environnant, il en est expédié chaque année par le port du Légué, sur divers points de la France et de l'étranger, pour une valeur de plus de 200,000 fr.

Le chemin de fer traverse la commune sur un parcours de 4,538 mètres.

Cinq routes, dont une impériale, deux départementales et deux de grande communication, desservent la ville de Saint-Brieuc dans laquelle se tiennent deux marchés hebdomadaires, le mercredi et le samedi, et dix foires, savoir : le mercredi des cendres, le mercredi de la mi-carême, tous les mercredis de mai, le lendemain des courses, le 7 septembre et le 30 du même mois. — Parmi les personnes de mérite qui sont nées à St-Brieuc, nous citerons principalement l'abbé Ruffelet, auteur des Annales briochines; J. Jouannin, graveur distingué; les deux frères Catineau-Laroche, lexicographes estimés; Palasne de Champeaux, commissaire pour l'organisation de la France en départements, et auquel Saint-Brieuc doit d'être le chef-lieu des Côtes-du-Nord; Doublet, éloquent Dominicain; Ferrary, savant naturaliste; Ch. Guimar, auteur d'une Histoire des Evêques de Saint-Brieuc; la Mère Louise Le Mazon (en religion Marie de Saint-Paul), Ursuline, décédée à Ploërmel en odeur de sainteté, et pour la canonisation de laquelle une information a été commencée ; Noulleau, célèbre prédicateur ; Ch. Pouhaër, fondateur de la Société de Saint-Vincent de Paul établie en cette ville, etc.

Géologie. — Schiste talqueux ; granite ; schiste modifié par le granit ; roches amphiboliques près de Cesson ; serpentine à veine d'amiante.

Maires de Saint-Brieuc depuis la Révolution. — 1789, Poulain-Corbion ; 1790, Bagot ; 1791, Le Gal ; 1792, Lorin ; an II et an IV, Dubois-Saint-Sevrin ; an V, Lorin ; an VI, Ferrary ; an VII, Langlois ; an VII, Le Minihy ; an IX, Bourel-Villaudoré ; de l'an X à 1808, Thierry ; de 1809 à 1815, Leuduger-Fortmorel ; 1816, Guynot-Boismenu ; 1817, Prud'homme (J.-L.) ; 1819 De la Ville-au-Comte, 1822 ; Geslin de Bourgogne (J.-C.) ; 1830, Tueux ; 1834, Caplet ; 1835, Le Pomellec ; 1848, Le Pêcheur-Bertrand ; 1848, Boullé (J.-P.) ; 1855, D. Bonnefin.

LA MÉAUGON, 950 habitants ; — bornée au N. par Trémuson, à l'E. par le Gouët, qui la sépare de Plœufragan, au S. par Saint-Donan, à l'O. pas Plerneuf ; — dépend de la perception de Plérin ; — école communale de garçons, contenant 64 élèves ; de filles, contenant 54 élèves. — La Méaugon tire son nom de saint Méaugon, que l'on croit avoir été disciple de saint Brieuc et qui est patron de l'église paroissiale, dans laquelle il est représenté en ermite, sur un fragment de vitrail du xvıe siècle; à part deux fenêtres, qui datent de la même époque, cette église ne présente que des constructions modernes sans intérêt. — Le sol de La Méaugon est accidenté, sablonneux et granitique; sans être littéralement fertile, il produit cependant en quantité suffisante toute espèce de céréales, par suite d'une bonne culture et de la proximité des engrais de mer; il est peu boisé, et offre, notamment du haut des coteaux qui dominent le Gouët, de beaux points de vue; l'air y est très-salubre.— Le chemin de fer de Paris à Brest entre sur cette commune au moyen d'un magnifique viaduc de 59 m. de haut et de 227 m. de long, à deux rangs d'arches superposées. Ce gigantesque travail, qui n'a pas coûté moins de 1,500,000 f., compte parmi les plus beaux monuments de ce genre qui, jusqu'à ce moment, ont été édifiés en France. Le parcours du chemin de fer dans cette commune est de 2,262 mètres; il couvre une superficie de 6 hect. 7 a. — L'abbé Gautier, auteur de plusieurs ouvrages sur l'éducation, justement estimés, a tenu pendant quelque temps une école à La Méaugon. — Un certain nombre de carrières de granit, exploitées à ciel ouvert, occupent en moyenne 80 ouvriers, qui approvisionnent tout le pays environnant de pierres de taille pour les constructions. — *Géologie* : Granite, roches amphiboliques. — *Maires* : Ont rempli successivement ces fonctions,

MM. Lemé, Oisel, Touhier, Etesse, Le Picart, Le Bret, Gautier père, et Gautier fils, maire actuel.

PLÉRIN, 5,817 hab.; — chef-lieu de perception, cap. des douanes, maître de port, insp. de la pêche côtière; — bornée au N. par Pordic et la Manche; à l'E. par la Manche; au S. par le Gouët, qui la sépare de St-Brieuc; à l'O. par Trémuson et Pordic; — école de garçons, 165 enf.; de filles, 70 enf.; salle d'asile, 112 enf.; bureau de bienfaisance. — On ne sait rien sur l'origine de cette paroisse, si ce n'est qu'elle était constituée au XIII° siècle, ainsi qu'en font foi plusieurs actes de cette époque. Son église, dédiée à St-Pierre et St-Jean, a été presque entièrement reconstruite en 1825, mais elle est à refaire; elle renferme un mausolée en kersanton, érigé au XVII° siècle à la mémoire de Thébaud de Tanouarn, Sr de Couvran, décédé président au parlement de Bretagne. — Les chapelles de Saint-Eloi, d'Argantel, du Sépulcre, de Saint-Laurent, de Saint-Maudez et de N.-D. de Bon-Repos sont desservies à certains jours; celle du Légué l'est quotidiennement, un chapelain y étant attaché. Toutes ces chapelles ont un pardon, mais il n'y a d'affluence qu'à celui de Saint-Eloi (24 juin), auquel on conduit toutes les juments poulinières qui se trouvent dans un rayon de 8 kilomètres. — Comme toutes les paroisses de Bretagne, Plérin possédait un certain nombre de maisons nobles; aucune n'a jeté d'éclat; cependant l'une d'elles a vu naître Geoffroy de Couvran, célèbre capitaine breton du xve siècle. Tous ces manoirs sont actuellement convertis en fermes dont la culture ne laisse rien à désirer et donne de très-beaux produits, grâce à des travaux incessants et bien entendus, car le sol n'est pas de première qualité. On trouverait du reste difficilement dans cette commune un coin de terre qui ne fût pas labouré ; les côtes abruptes et arides de Lacadoire ont vu naître, il y a une dizaine d'années, une culture inconnue, jusqu'à ce moment, ailleurs que dans les jardins, celle des fraisiers, qui rapportent à leurs cultivateurs des bénéfices satisfaisants.

Le port du Légué, situé dans une agréable position, par les 5° 06' 00" de longitude ouest et par 48° 31' 00" de latitude nord, est composé principalement d'un canal de 900 mètres de longueur, de 31 m. de largeur et de 6 m. de profondeur ; deux bassins avec grils de carénage y sont joints, ainsi que des chantiers de construction pour les navires ; il assèche à marée basse. Sa population, agglomérée sur les deux rives du Gouët, dont l'une est en Saint-Brieuc, est d'environ 1,200 habitants, mais parmi eux ne se trouve qu'un très-petit nombre des ouvriers occupés par la marine et qui habitent les villages voisins. Le Légué est le premier port du département par ses entrées et ses sorties, qui présentent en moyenne un total de 598 navires, jaugeant 28,598 tonneaux, montés par 3,040 hommes. Il expédie chaque année pour Terre-Neuve 38 à 40 navires, montés par environ 2,000 marins ; les produits de leur pêche sont portés et vendus dans les ports d'Italie et du midi de la France. — Au village de Sous-la-Tour se concentre l'industrie de la pêche du poisson frais, qui occupe 58 bateaux et 200 hommes. — La belle corderie de Couvran donne du travail à 60 ouvriers ; — 6 moulins à eau, 1 à huile, 1 tannerie, 1 raffinerie de sel, 1 four à chaux, 50 charpentiers occupés aux constructions navales. — La mine des Boissières, dont il existe encore quelques galeries, n'est plus exploitée. — Il est question de changer la position du fort de Roselier, qui commande l'entrée de la baie de Saint-Brieuc, et d'y établir des batteries plus rasantes. — Ruines romaines à Port-Aurèle. — Patrie de Jean Leuduger, célèbre missionnaire, mort en 1722 ; de Renée Burel et Marie Balavoine, fondatrices de l'ordre du Saint-Esprit ; de Mgr Olivier Briand, décédé évêque de Québec, et de J.-L. de la Lande-Calan, commandeur de Malte. — La route départementale N° 1er traverse cette commune de l'est à l'ouest, ainsi que le chemin vicinal de grande communication N° 30 ; le chemin vicinal N° 1er la coupe du nord au sud. — *Géologie* : Schiste talqueux ; au Légué, schiste modifié par le granit ; sur la rive gauche du Gouët, schiste avec staurotides et pyrites ; au-dessus de Bon-Repos, quartz rubanné — *Maires* : 1790, P. Guynot de Boismenu ; 1791, L. Denis, père ; 1792, Charles Rouxel-Villehélio ; 1813, Eug. de Kérautem ; 1835, Guynot de Boismenu ; 1836, L. Denis, fils, maire actuel.

PLOUFRAGAN, 2,536 hab.; — bornée au N. par Saint-Brieuc; à l'E. par Trégueox; au S. par Saint-Julien; à l'O. par Plaine-Haute, Saint-Donan, La Méaugon et Trémuson; — perception de Plérin; — école communale de garçons, 102 élèves; de filles, 79 élèves. — Ploufragan (*Plebs-Fracani*) doit son nom à saint Fracan, prince breton qui, au ve siècle, vint avec sainte Blanche, sa femme, habiter le territoire qui forma plus tard cette commune dans un lieu que l'on croit être le village de Saint-Guen. C'est là que durent naître, de ce couple pieux, possesseur déjà de deux enfants, Jacut et Guétenoc, qui furent dans la suite comptés au nombre des saints, saint Guénolé, 1er abbé de Landevennec, le plus illustre des trois, et sainte Clervie, sa sœur. Suivant la tradition, saint Fracan et sainte Blanche quittèrent ce pays, après l'avoir éclairé des lumières de l'Evangile, pour aller habiter celui de Saint-Pol-de-Léon. — L'église de Ploufragan, dédiée à saint Pierre, est sur le point d'être démolie; son chevet, du xive siècle, mériterait d'être conservé, ainsi que le beau rétable du xviie siècle qui orne son maître-autel. — La chapelle de Saint-Hervé est desservie tous les dimanches. — Il ne reste plus rien des ruines du Tertre-Jouan, château fort, considéré longtemps comme imprenable. L'ancien château de l'Epinay a également disparu; celui des Châtelets, qui a servi pendant plusieurs siècles de maison de campagne aux évêques de Saint-Brieuc, a été reconstruit vers

1780. — Auprès de la Couette on remarque un beau dolmen ou allée couverte ; trois menhirs, situés non loin du bourg, ont été détruits il y a quelques années. — La route impériale N° 12 traverse cette commune au nord, la route départementale N° 3 du sud-est au sud-ouest, et la route d'intérêt commun N° 3 de Saint-Brieuc à Saint-Gildas. — Le chemin de fer la traverse également de l'est à l'ouest, sur un parcours de 5,575 m. — *Géologie* : Granite ; au sud, roches amphiboliques et eurite. — *Maires depuis* 1789 : MM. Le Mounier, Le Coq, Le Mounier (Mathurin), Renouard (Louis), Michel (Pierre), Blévin (Pierre), Guiomard, De Landais, Guiomard, De la Porte (Michel), et Olivier Marc.

PORDIC, 4,709 habitants ; — bornée au N. par Binic ; à l'E. par la Manche ; au S. par Plérin et Trémuson ; à l'O. par Tréméloir, Trégomeur et Lantic ; — dépendant de la perception de Plérin ; — écoles de garçons, 229 élèves ; de filles, 196 élèves ; salle d'asile, 215 enfants ; — bureau de distribution des lettres. — Cette commune dans laquelle l'agriculture progresse d'une manière sensible, formait autrefois un fief important. Ses seigneurs ont été en 1130, Havoise, fille et héritière du dernier comte de Guingamp ; son fils Henri, en 1169 ; Conan, l'un des fils de ce dernier, en 1185, eut une fille nommée Mahaut ou Mathilde qui lui avait succédé en 1142. Après cette dernière, la seigneurie de Pordic passa dans les familles de Lajaille, en 1265; de La Porte-Vezins, en 1425; de Le Porc, en 1535; de Dandigné, en 1618; de Bréhan, en 1711, et d'Aiguillon, en 1740. — L'église de Pordic est spacieuse, élevée, et présente un aspect véritablement monumental; on lui reproche cependant quelques défauts de proportion dans les dimensions de sa nef principale. Un magnifique maître-autel en bois sculpté la décore, ainsi que des verrières représentant les vies de saint Louis, sainte Thérèse et autres saints; elle a pour patrons saint Pierre et saint Norbert, fondateur de l'Ordre des Prémontrés. Depuis 1202 jusqu'en 1789, les recteurs de Pordic, choisis parmi les religieux de Beauport, ont porté le titre de prieurs. — La chapelle du Vaudic est ancienne, son chevet remonte au xive siècle; celle de Notre-Dame de la Garde est moderne. — Bien qu'ayant perdu 170 hectares de terre, qui, en 1856, ont été joints à Binic, la commune de Pordic n'en est pas moins restée une des plus belles du département; la population du bourg dépasse mille habitants. — On découvre de temps à autre au pied des falaises de Pordic des restes de constructions romaines. — M. Allenou de la Ville-Angevin (René), fondateur de la Congrégation des Filles du Saint-Esprit; M. Duchesne, supérieur général des Sœurs de la Sagesse, et Mgr Louis Epivent, évêque d'Aire, sont nés à Pordic. — Le chemin vicinal de grande communication N° 1er traverse cette commune, ainsi que le chemin d'intérêt commun N° 7 et la route départementale N° 1er. — *Points culminants* : La Ville-au-Guichoux, 122 m.; le bourg, 106 m.; la Ville-Guyot, 100 m.; Pichorel, 75 m. (1). — *Géologie :* Schiste talqueux au sud; schiste argileux au nord-est; à l'anse de Tournemine, schiste passant à la grauwack et alternant avec schiste argileux. — *Maires :* 1792, P. Le Clec'h, en même temps prêtre constitutionnel; 1794, V. Domalain; 1796, J. Minier; 1797, J. Duchesne; 1798, J. Minier; 1808, L. Guibert; 1831, J. Bourgonnière; 1832, Duchesne; 1834, Olivier; 1835, Guibert; 1837, Allenou; 1852, Ruellan; 1853, Corbel; 1859, Ruellan.

TRÉMUSON, 976 hab.; — bornée au N. par Tréméloir et Pordic; à l'E. par Plérin et Ploufragan; au S. par La Méaugon; à l'O. par Plerneuf et Plélo; — dépendant de la perception de Plérin; — écoles communales, de garçons, contenant 39 élèves; de filles, 40 élèves; — traversée de l'est à l'ouest par la route impériale N° 12. — Cette commune, située sur les hauteurs qui dominent d'un côté le viaduc des Iles et de l'autre une partie du territoire de Plélo, est bien cultivée; elle est coupée, en différents sens, par de petites vallées qu'arrosent de faibles cours d'eau, notamment le ruisseau de Merlet, qui fertilisent d'excellentes prairies. Son église, dont le chevet est du xive siècle, a pour patronne la sainte Vierge et ne renferme

---

(1) Toutes les hauteurs indiquées dans cet ouvrage ont été empruntées à l'important travail de MM. les officiers d'état-major chargés de l'exécution de la carte de France; elles ont pour base le niveau moyen de la mer.

rien de remarquable. — On voit encore à 1 kil. du bourg les ruines du château fort de la Roche-Suhart, seigneurie qui était l'un des quatre membres du duché de Penthièvre et s'étendait dans les paroisses d'Etables, Goudelin, Bringolo, Plérin, Trégomeur, Tréméloir et Trémuson, auxquelles étaient jointes celle de Plourhan et l'île de Bréhat. A la suite de la confiscation par le duc Jean V des biens appartenant à la comtesse de Penthièvre et à ses enfants, qui s'étaient emparés de sa personne par trahison, cette terre fut donnée à Robert de Dinan, en 1420. Elle rentra dans la famille de Penthièvre en 1555; mais, dans l'intervalle, le château avait été démoli. Au XVIIe siècle, on construisit, sur une partie de son emplacement, une maison destinée à loger les officiers chargés de la perception des revenus de la seigneurie. — Non loin de la Roche-Suhart se trouvent plusieurs galeries de l'ancienne mine de plomb-argentifère des Boissières, en Plérin; elles ont été comblées à la suite de quelques accidents qui y étaient survenus. — Trémuson a donné le jour à Louis *Le Saulnier*, petit mercier qui, ayant fait fortune aux colonies, fit, en 1784, le collége de St-Brieuc son légataire universel, après y avoir fondé 5 bourses de son vivant. — *Points culminants*: Cassedos, 155 m.; Haut-de-Bout, 164 m.; St-Trillac, 152 m. — *Géologie*: Granite au sud; roches amphiboliques et gneiss au nord; au nord-est, galène de plomb-argentifère. — *Maires*: 1790, Gaubert (F.), jusqu'en 1815; 1816, Guyot (F.); 1830, Gaubert (F.), maire actuel.

Canton Midi de Saint-Brieuc.

Le canton de Saint-Brieuc (M.) est borné au N. par la Manche ; à l'E. par le canton de Lamballe ; au S. par les cantons de Moncontour, Plœuc et Quintin ; à l'O. par les cantons de Châtelaudren et de Saint-Brieuc (nord). — Il est traversé par la route impériale N° 12 et par le chemin de fer, de l'ouest à l'est ; par les routes départementales N° 3 du Légué à Lorient et N° 6 de Moncontour à la grève d'Yffiniac ; par les chemins vicinaux de grande communication N° 10 de Saint-Brieuc à Moncontour, N° 3 d'Yffiniac à Matignon et N° 31 d'Yffiniac à Corlay ; par les chemins d'intérêt commun N° 3 de Saint-Brieuc à Saint-Gildas, N° 4 d'Yffiniac à Collinée et N° 19 de Saint-Brieuc à Plœuc. — La population du canton est de 15,216 hab. ; sa superficie de 13,023 hect., et son revenu net de 637,156 fr.

Le canton midi de Saint-Brieuc, moins productif en général que le canton nord, est plus boisé et contient une assez grande étendue de landes, surtout dans les communes de Plédran et de Saint-Donan. Son territoire est généralement à longues ondulations en pente douce dans la partie nord, voisine de la mer ; mais, lorsqu'on s'éloigne de celle-ci, ce sol devient accidenté et coupé de vallées nombreuses dont les principales sont celles du Gouët, de l'Urne et du Gouessant.

Nous complétons la statistique de ce canton par le tableau ci-après :

COMMUNES COMPOSANT LE CANTON.	POPULATION.	DISTANCES en kilomètres.			NOMBRE D'HECTARES des terrains imposables produisant revenu.					Terrains non productifs et non imposés. Chemins, rivières, etc. — Hectares.	NOMBRE TOTAL D'HECTARES par commune.	REVENU CADASTRAL.	PROPORTION de rehaussement pour obtenir le revenu réel.		TAUX MOYEN de l'intérêt des fonds placés.		NOMBRE		NOMBRE	
		De Saint-Brieuc.	De Saint-Brieuc.	De Saint-Brieuc (chef-lieu de canton.)	Jardins, courtils, vergers et sol des édifices.	Terres labourables.	Prés.	Bois et taillis.	Pâtures et landes.	TOTAL.				Pour les terres (1).	Pour les maisons, moulins et usines (2).	En terres.	En maisons, moulins et usines.	De maisons.	De moulins et usines.	De foires.	De cafés et cabarets.
Hillion......	2,708	12	12	12	35	2,001	121	31	189	2,377	99	2,476	fr. c. 104,097 93	1.33	1.76	p. 0/0. 3. »	p. 0/0. 3.53	515	6	»	9
Langueux...	2,420	4	4	4	26	760	53	5	22	866	37	903	42,416 82	1.72	3.61	2.57	3.42	495	»	»	14
Plédran.....	3,604	8	8	8	78	2,495	254	190	340	3,357	114	3,471	60,234 40	2.28	3.08	3. »	3.63	856	11	2	6
St-Donan...	2,114	15	15	15	29	1,639	203	92	364	2,327	81	2,408	38,696 55	2.47	2.31	3.01	3.54	593	4	»	6
St-Julien...	830	8	8	8	11	361	43	63	66	544	25	569	19,778 16	1.32	1.49	2.34	3.63	201	1	»	5
Trégueux...	1,309	4	4	4	25	1,218	93	23	51	1,410	46	1,456	35,053 23	2.27	2.00	2.50	3.28	220	6	»	4
Yffiniac....	2,231	7	7	7	31	1,376	137	37	95	1,676	64	1,740	69,697 31	1.28	1.89	3. »	3.66	400	12	1	24
TOTAUX...	15,216	»	»	»	235	9,850	904	441	1127	12,557	466	13,023	369,974 40	»	»	»	»	3,280	40	3	68

TERRES. { Revenu net moyen, par hectare, pour le canton.... 45 fr. 6
Valeur vénale moyenne, de l'hectare, dans le canton, 1,605

(1 et 2) Pour les notes concernant ce tableau, voir celles du tableau du canton de Saint-Brieuc (N.), pages 92 et 93.

HILLION, 2,708 hab.; — a une école de garçons contenant 100 élèves et une autre de filles contenant 115 élèves; — dépend de la perception d'Yffiniac; — bornée au N. et à l'O. par la Manche; à l'E. par Morieux et Coëtmieux; au S. par Pommeret et Yffiniac; — traversée par la route impériale N° 12, la route départementale N° 6 et le chemin vicinal de grande communication N° 3. — L'église de Hillion, dédiée à saint Jean-Baptiste, renferme quelques parties du xiv° siècle. On y admire une belle verrière qui vient d'être rétablie par les soins de M. Cardin, recteur, sur les dessins de M. Didron. Elle représente d'un côté, des scènes de la vie du patron de l'église, et de l'autre quelques épisodes de celle de saint Brieuc, dont le culte s'est toujours conservé en cette paroisse. On sait en effet que c'est là qu'était situé l'un des châteaux du comte Rigual, bienfaiteur du saint qui lui administra les derniers sacrements dans une habitation appelée, dans les anciens actes, *Vetus stabulum*. — La chapelle Saint-René est du xviii° siècle. — Le territoire de Hillion est très-bien cultivé et par suite très-fertile; on y remarque les châteaux de Bonabry, des Aubiers et des Marais, habités par leurs propriétaires. — Une ancienne voie romaine, bien reconnaissable, traverse cette commune non loin des villages de la Grand-Ville et de Carguillé, où se trouvent aussi beaucoup de débris romains. — C'est à tort qu'on a fait naître à Hillion un Guillaume Guéguen qui serait décédé, en 1298, évêque de

Saint-Brieuc ; aucun monument écrit ou autre ne prouve l'existence de ce prélat. — Un fait particulier se produit dans cette commune depuis quelque temps, c'est l'émigration d'un certain nombre d'hommes valides qui se rendent en Patagonie pour exploiter les gisements de guano. Ils y passent deux ou trois ans, au bout desquels ils rapportent chez eux un petit pécule. — *Points culminants* : Moulin de la Justice, 85 m.; Lermot, 55 m.; le Tertre, 64 m. — *Géologie* : Granite amphibolique ; schiste modifié dans l'ouest. — Ont été Maires de Hillion : MM. Guinard, Fromin, Guernion, Dayot, Le Corgne, Botrel, Jaffrelot, Botrel, De la Noë (P.), maire actuel.

LANGUEUX, 2,420 hab. ; — écoles de garçons et de filles au bourg, école mixte aux Grèves ; 151 garçons et 131 filles les fréquentent ; — dépend de la perception d'Yffiniac ; — bornée au N. et à l'E. par la Manche ; au S. par Trégueux ; à l'O. par Saint-Brieuc. — Cette commune, dont la population est très-forte relativement à sa superficie, passe à juste titre pour l'une des mieux cultivées du département, surtout en plantes potagères, que ses habitants exportent eux-mêmes, dans de légères charrettes et en masses considérables, vers toutes les directions et même au-delà des limites de notre province. C'est à ce commerce qu'est due l'aisance qu'on remarque dans toutes les habitations de la commune. — L'industrie du sel raffiné occupait, il y a quelques années, une partie de la population des Grèves ; mais elle a presque totalement disparu par suite de la concurrence que lui ont fait les sels étrangers, raffinés par des procédés plus économiques. — On trouve sur le littoral : 1º aux Grèves des Courses, des sables très-fins homogènes contenant 36,7 p. 0/0 de principes fertilisants et de la vase sans débris apparents de coquilles qui en présente 35 ; 2º à Boutteville, du sable très-fin mêlé de débris de coquilles contenant 39.3 p. 0/0 de matières fertilisantes. — L'église de Langueux, dédiée à saint Pierre, a été reconstruite, il y a trois ans, sur les plans de M. Méquin, ancien ingénieur en chef du département. — A 1 kilomètre au nord de l'église, se trouve la colonie pénitentiaire et agricole de Saint-Ilan, fondée en 1843 par M. Achille Duclésieux, près de son château. Cette colonie, qui compte 380 enfants, qu'on emploie aux travaux agricoles ainsi qu'aux diverses professions qui se rattachent à l'agriculture, est dirigée par la Congrégation des Missionnaires du Saint-Esprit et du Saint-Cœur de Marie. Elle a des succursales à Meslin (la ferme de Carlan) et à Langonnet (Morbihan). Au centre de l'établissement, on admire une chapelle construite dans le style du xiiie siècle, sur les plans de M. Paelfresne, de Caën. — La route impériale de Paris à Brest traverse cette commune de l'est à l'ouest. — *Points culminants* : Clos-Raut, 104 m.; la Ville-Biot, 103 m. — *Géologie* : Gneiss amphibolique, schiste talqueux. — Les Maires qui se sont succédé à Langueux depuis 1790 sont : MM. Corbel, Robert, Grovalet, Guiomard, Baudet, Boitard, Guiomard et A. Duclésieux.

PLÉDRAN, 3,604 hab.; — école de garçons, 74 élèves; de filles, 106 élèves; — dépend de la perception d'Yffiniac; — un notaire y réside; — bornée au N. par Trégueux; à l'E. par Yffiniac et Quessoy; au S. par Saint-Carreuc; à l'O. par Plaintel et Saint-Julien. — Le sol de cette commune est généralement argilo-siliceux et assez fertile; il est très-couvert d'arbres et le bois dit de Plédran contient à lui seul près de 200 hectares. — On reconstruit en ce moment l'église paroissiale dédiée à saint Pierre, avec de très-beau granit, extrait à quelque distance du bourg. — Le château de Craffault est l'habitation la plus importante qu'on puisse signaler dans la commune, c'est un joli spécimen d'architecture du xviie siècle. — La chapelle Saint-Nicolas, qui est voisine, est du xve siècle et remarquable par une verrière assez bien conservée, par son jubé en bois délicatement travaillé; sur sa porte principale sont sculptées en relief les figures des apôtres. — La chapelle Saint-Jean du Créha renferme de curieuses pierres tombales; celle de Saint-Maurice est moderne. — Plédran est riche en monuments celtiques et romains; nous citerons notamment le camp vitrifié de Péran, vaste ellipse de 134 mètres sur 110, curieux débris de castramétation celtique; au village de Cadio se trouve un dolmen formé de six pierres et à la Touche-Budes un menhir de 3 m 50 d'élévation. — Les chemins de grande communication Nos 10 et 31 et le chemin d'intérêt commun No 19 traversent cette commune ; le No 31 est établi sur l'ancienne voie romaine dite le Chemin-Noé. — Les anciens châteaux du Piruit, du Buchon et de la Ville-Hellio ont disparu. — Une foire se tient à Craffault le 3e samedi de septembre ; une autre à Saint-Maurice le 15 octobre. — *Points culminants* : Cloret, 184 m. ; Belle-Issue, 174 m. ; la Roche-Mignonne (bois de Plédran), 159 m. ; le Créha, 145 m. — *Géologie* : Schiste talqueux ; à 2 kilom. au nord, schiste quartzeux ; dans le sud-ouest, granite exploité. — *Maires* : De 1792 à 1832, M.-F. Le Nouvel ; de 1832 à 1838, Y. Le Guen ; de 1838 à 1848, T. Le Gallais ; depuis 1848, L. Labbé.

SAINT-DONAN, 2,114 hab. ; — école de garçons, 70 élèves ; de filles, 55 élèves ; — dépend de la perception d'Yffiniac ; — bornée au N. par Plouvara, Plerneuf et La Méaugon ; à l'E. par Ploufragan ; au S. par Plaine-Haute et Le Fœil ; à l'O. par Cohiniac. — Saint Donan, disciple de saint Brieuc et dont la statue est dans l'église paroissiale, a donné son nom à cette commune qui comptait autrefois un certain nombre de châteaux maintenant disparus, à l'exception de ceux du Chesnais et du Rufflet, aujourd'hui simples maisons de campagne. —

A défaut de plus grande illustration, nous aimerons à citer Yves L'Hotellier, maire de Saint-Donan, en 1793, et qui eut le courage, à cette époque, de refuser son adhésion à la Constitution et de demander le rétablissement de la religion et de la monarchie; cet acte d'énergie pensa lui coûter cher, car il fut incarcéré, mais relâché après le 9 thermidor; il est mort en 1834. — La chapelle de Lorchant est bien tenue; une assemblée y a lieu le jour de l'Assomption. — Le chemin d'intérêt commun N° 3 de Saint-Brieuc à Saint-Gildas traverse la commune du nord au sud. — *Points culminants*: Les Madrais, 203 m.; le Tertre-Pellan, 175 m.; la Ville-Perdue, 230 m.; bois du Rufflet, 208 m. — *Géologie*: Granite. — Ont été Maires de Saint-Donan: MM. Y. L'Hotellier, P. Hillion, Reux, Courouge, Le Coq, G. de Castellan et F. Méheux.

SAINT-JULIEN, 830 hab.; — école mixte contenant 47 enfants; — dépend de la perception d'Yffiniac; — bornée au N. par Ploufragan; à l'E. par Plédran; au S. par Plaintel; à l'O. par Plaine-Haute, dont elle est séparée par le Gouët. — La commune est traversée par la route départementale N° 3 et par le chemin vicinal de grande communication N° 31. — Elle formait autrefois une section de la paroisse de Plaintel; sa chapelle, dédiée à saint Julien de Brioude, fut érigée en église tréviale vers 1681. Son territoire est accidenté, et les

bords du Gouët, dans cette partie, sont très-pittoresques.
— Beau menhir près de la Ville-Thiénot. — L'ancien
château de la Côte a été occupé par une garnison pendant
les guerres de la Ligue ; ses matériaux ont servi à la
construction d'une belle habitation moderne. C'est dans
ce même château qu'est né le comte de Langeron, lieutenant général, qui, dans le siècle dernier, mit obstacle,
par la bonne disposition des troupes qu'il commandait,
à la descente que les Anglais voulaient opérer à l'Ile
d'Aix. Il fut, en récompense de ses services militaires,
nommé gouverneur de la Guienne en 1757. — L'église
de Saint-Julien est moderne ; la chapelle Saint-Gilles est
du XVI° siècle et bien délabrée ; un combat eut lieu, en
1815, près de cette chapelle, dans lequel 7 hommes
furent tués. — *Point culminant* : La Porte-ès-Hellio,
197 m. — *Géologie* : Constitution granitique. — Ont
été Maires de cette commune : MM. O. Gorin, O. La-
barre, J. Mahé, J. Toqué, P. Le Helloco, F. Le Helloco, J.-M. Le Helloco et Torchard, maire actuel.

TRÉGUEUX, 1,309 hab. ; — école de garçons, 81 enfants ; de filles, 102 enfants, — dépend de la perception
d'Yffiniac ; — bornée au N. par Saint-Brieuc et Langueux ;
à l'E. par Yffiniac ; au S. par Yffiniac et Plédran ; à l'O.
par Ploufragan et Saint-Brieuc ; — traversée par le
chemin de fer sur un parcours de 3,559 m. ; par les
chemins de grande communication N°ˢ 10 et 31, et le

chemin d'intérêt commun N° 19. — C'est à saint Guethénoc, fils de saint Fracan, que cette commune doit son nom, ainsi que le constatent des chartes du xiii° siècle, dans lesquelles elle est désignée par le mot *Trefguethenoc*, de même que Langueux, sa voisine, est appelée *Landguethenoc*. A une époque qu'on ne peut préciser, et pour obéir à une mode qui s'étendit dans tout le diocèse de Saint-Brieuc, on déclara saint Pierre patron de ces deux paroisses, ainsi que de beaucoup d'autres, en remplacement du saint breton qui les patronnait et dans lequel on avait cessé d'avoir confiance; espérons que quelque jour ce dernier sera réhabilité. — La voie romaine de Carhaix à Corseul traverse cette commune de l'est à l'ouest; on trouve, de temps à autre, sur le bord de cette voie, beaucoup de débris romains. — Les anciens et nombreux manoirs de cette paroisse ont tous disparu; on y rencontre les maisons de campagne de la Ville-Ginguené, du Mitan, du Préoren, de la Ville-Gueury et de la Ville-Grohan. — La chapelle de Sainte-Marie est le but de nombreux pèlerinages; elle a été reconstruite en 1666. — M. Bagot, habile chirurgien de marine et plusieurs fois maire de Saint-Brieuc de 1765 à 1789, est né aux Mauchamps en 1728. — *Points culminants* : Le bourg, 123 m.; Grand-Caux, 144 m.; la Ville-Polo, 132 m. — *Géologie* : Granite, schiste talqueux, et roches amphiboliques. — Ont été Maires de Trégueux : MM. Rault, Mahé, Bellomme et Fourré.

• YFFINIAC, 2,231 hab.; — station du chemin de fer de Paris à Brest; — école de garçons, 127 élèves; de filles, 85 élèves; — chef-lieu de perception; — un notaire y réside; — bornée au N. par Hillion; à l'E. par Pommeret; au S. par Quessoy; à l'O. par Plédran, Trégueux et Langueux. — Nous n'essaierons pas de chercher l'étymologie de cette commune, qui en a fait naître un si grand nombre; nous dirons seulement que les plus anciens titres l'appellent *Finiac*, exactement comme ses habitants l'appellent encore, et il serait facile de déterminer à quelle époque on a accolé à ce nom les deux lettres qui le rendent si dur à prononcer. — Le chef-lieu de cette commune est situé sur la route impériale de Paris à Brest, à 7 kilom. de Saint-Brieuc et au débouché de la route départementale No 6; ses 300 maisons agglomérées lui donnent l'aspect d'une petite ville. — Yffiniac est traversé par le chemin de fer sur un parcours de 4,085 m.; par le chemin vicinal No 10 et le chemin d'intérêt commun No 4. — Comme les habitants de Langueux, ceux d'Yffiniac cumulent le métier de voiturier avec celui de laboureur; ils exportent eux-mêmes leurs produits agricoles ou maraîchers à de grandes distances. — On s'occupe en ce moment de reconstruire l'église paroissiale, qui est dédiée à saint Aubin. — La chapelle des Sept-Saints est desservie tous les dimanches; sa fête patronale est célébrée le premier dimanche d'octobre. — Patrie de Mgr Jacques-Jean-

Pierre Le Mée, décédé évêque de Saint-Brieuc le 31 juillet 1858. — Une forte foire se tient dans une prairie près du bourg, le 4e lundi de novembre. — *Points culminants* : La Ville-Hervé, 101 m.; les Granges, 93 m.; le Beussuet, 104 m. — *Géologie* : Gneiss amphibolique au sud; schiste talqueux au nord; roches amphiboliques au sud-ouest. — Yffiniac a eu pour Maires : MM. Le Mée, J. Gouinguéné, J.-B. Allano, J. Guinard, Allano, F. Héry, J.-L. Hinault, Le Corguillé, J.-M. Gautier et J.-L. Le Corguillé.

Canton de Châtelaudren.

Le canton de Châtelaudren est borné au N. par les cantons de Lanvollon et d'Etables; à l'E. par le canton de Saint-Brieuc (N.); au S. par le canton de Quintin; à l'O. par le canton de Plouagat, dont il est séparé en partie par la rivière du Leff (1).

---

(1) Des difficultés typographiques nous obligent à intercaler dans le texte de l'aperçu général du canton, le tableau statistique qui le concerne. Cette disposition se reproduira forcément dans le cours de l'ouvrage.

TERRES. { Revenu net moyen, par hectare, pour le canton...... 36 fr. 36
{ Valeur vénale moyenne, de l'hectare, dans le canton. 1,616

COMMUNES COMPOSANT LE CANTON.	POPULATION.	DISTANCES en kilomètres.			NOMBRE D'HECTARES des terrains imposables produisant revenu.						Terrains non productifs et non imposés. Chemins, rivières, etc. — Hectares.	NOMBRE TOTAL D'HECTARES par commune.	REVENU CADASTRAL.	PROPORTION de rehaussement pour obtenir le revenu réel.		TAUX MOYEN de l'intérêt des fonds placés.		NOMBRE			NOMBRE
		De Saint-Brieuc.	De Saint-Brieuc.	De Châtelaudren (chef-lieu de canton).	Jardins, courtils, vergers et sol des édifices.	Terres labourables.	Prés.	Bois et taillis.	Pâtures et landes.	TOTAL.				Pour les terres (1).	Pour les maisons, moulins et usines (2).	En terres.	En maisons, moulins et usines.	De maisons.	De moulins et usines.	De foires.	De cafés et cabarets.
													fr. c.	p. 0/0.	p. 0/0.	p. 0/0.	p. 0/0.				
Châtelaudr.	1,301	20	20	»	8	21	5	1	1	39	7	46	7,342 03	3.97	5.96	4. »	4. »	257	3	1	37
Bocqueho...	1,695	23	23	7	16	1,530	200	89	773	2,608	104	2,712	26,595 75	3. »	3.48	3.76	3.80	272	10	»	6
Cohiniac...	714	20	20	10	7	654	95	20	400	1,176	50	1,226	13,196 »	2.88	2.45	2.12	2.39	183	2	»	3
Plélo.......	4,392	20	20	3	34	3,365	219	337	174	4,129	226	4,355	58,727 66	3.05	3.79	3.03	3.03	956	11	»	15
Plerneuf...	861	12	12	10	6	660	58	14	48	786	44	830	13,234 87	2.49	3.13	3.75	3.33	214	1	»	4
Plouvara...	1,650	18	18	6	16	1,510	149	83	346	2,125	96	2,221	27,354 92	3.49	3.49	3.26	3.57	386	3	»	4
Trégomeur.	1,398	15	15	9	10	917	31	13	34	1,005	28	1,033	14,912 80	3.17	3.17	3.49	3.50	308	5	»	6
Tréméloir..	684	12	12	12	6	392	24	7	19	448	21	469	6,892 79	3.96	3.86	3.96	3.95	162	4	»	3
TOTAUX....	12,695	»	»	»	103	9,082	772	564	1705	12,316	576	12,892	168,236 82	»	»	»	»	2,738	42	1	78

(1 et 2) Pour les notes concernant ce tableau, voir celles du tableau du canton de Saint-Brieuc (N.), pages 92 et 93.

Le canton de Châtelaudren est traversé de l'est à l'ouest par le chemin de fer, par la route impériale N° 12 ; du nord au sud par la route départementale N° 12 de Châtelaudren à Uzel, et dans le nord par la route départementale N° 1er de Saint-Brieuc à Morlaix ; par les chemins de grande communication N° 2 de Binic à Châtelaudren, N° 6 de Plerneuf à Bocqueho et N° 6 *bis* de Bocqueho à Callac, et par les chemins d'intérêt commun N° 3 de Saint-Brieuc à Saint-Gildas et N° 7 de Binic à Plerneuf.

La population du canton est de 12,605 habitants, sa superficie de 12,892 hectares et son revenu territorial net de 538,985 fr.

Le territoire du canton est généralement très-accidenté ; fort élevé au sud, il l'est moins au centre, où se trouvent quelques plateaux. — Il est boisé et assez bien planté de pommiers. — De nombreux cours d'eau l'arrosent et le traversent ; les principaux sont les rivières du Leff et de l'Ic. Le canton, bien qu'en progrès sous le rapport agricole, contient encore une assez grande étendue de landes, particulièrement dans les communes de Bocqueho, Cohiniac et Plouvara.

Ce canton, qui appartient à la zône moyenne du département, produit : froment, 12,159 hectolitres ; méteil, 10,830 hect. ; seigle, 13,161 hect. ; avoine, 44,998 hect. ; sarrasin, 42,509 hect. ; pommes de terre, 8,500 hect. ; betteraves, 4,800 quintaux métriques ; lin,

257 quint. mét. — Il possède : chevaux et juments, 2,403 ; taureaux, 101 ; bœufs, 37 ; vaches, 3,800 ; veaux, 1,290 ; moutons, 2,954 ; porcs, 3,401 ; boucs et chèvres, 32.

CHATELAUDREN, 1,304 hab. ; — bornée au N. par Plélo ; à l'E. et au S. par Plélo ; à l'O. par Plouagat ; — longitude O., 5° 18' 20' ; latitude N., 48° 32' 15' ; — école de garçons, 159 élèves ; de filles, 64 élèves ; salle d'asile, 93 enfants ; — chef-lieu de canton et de perception ; cure de 2e classe ; bureau de poste et relai, brigade de gendarmerie à cheval ; bureau d'enregistrement pour le canton, justice de paix, station et gare de chemin de fer, recette des contributions indirectes, subdivision de pompiers, chambre littéraire, comice agricole, bureau de bienfaisance ; — résidence de 3 notaires ; — marché le lundi ; foires les 1ers lundi de février et de juin, le dernier lundi de juillet et le 3e lundi d'octobre. — La petite ville de Châtelaudren, qui dépendait autrefois de l'évêché de Tréguier, est agréablement située dans une vallée profonde sur les bords du Leff. Son territoire est peu étendu, sa superficie n'étant que de 46 hectares 53 ares occupés par des jardins, quelques prairies et des vergers dans lesquels se trouvent des pommiers qui produisent un fruit assez estimé, connu sous le nom de *reinette de Châtelaudren*. On assure que cette ville doit son origine à Audren, prétendu roi de Bretagne, qui dut y construire, en 445, sur le bord de l'étang actuel, un château fort dont les ruines ont été rasées en 1808 et sur l'emplacement desquelles on a planté une jolie promenade. Châtelaudren était le chef-lieu de l'ancien comté de Goëlo; son église paroissiale est dédiée à saint Magloire; mais on y voit une autre église fort intéressante, Notre-Dame du Tertre, qui a été classée au nombre des monuments historiques; ses lambris sont décorés de curieuses peintures du xve siècle et son maître-autel possède un rétable en bois sculpté des plus remarquables par la délicatesse et le fini du travail. Ce bel ouvrage, exécuté en 1589, est signé *Charles de la Haie.* — En 1773, après plusieurs jours de pluies continues, la chaussée de l'étang se rompit dans la nuit du 18 au 19 août; en un instant la ville fut submergée; un certain nombre de maisons s'écroulèrent et dix personnes perdirent la vie. — Châtelaudren possède plusieurs fabriques de chapellerie commune, dont les produits sont recherchés et se répandent non-seulement dans le département, mais encore dans ceux du Finistère et du Morbihan. Cette ville a vu naître, dit-on, le sculpteur Corlay, auquel on doit la fontaine de Guingamp (1744), l'autel dit de l'Annonciation, placé dans la cathédrale de Saint-Brieuc (1752), et d'autres ouvrages estimés. M. Olivier Rupérou, membre de la première assemblée législative et de la chambre des députés en 1815, décédé en 1843 conseiller à la cour de cassation, est né aussi à Châtelaudren. Ses concitoyens, près desquels il a désiré être inhumé, lui ont élevé un monument. — Société de secours mutuels créée en 1855, 101 membres participants et 40 honoraires. — Les routes impériale N° 12, départementale N° 12 et vicinale de grande communication N° 2 traversent cette commune. — *Géologie :* Constitution granitique et roches amphiboliques. — *Maires :* Ont rempli successivement ces fonctions, MM. J.-M. Suant de la Forest, J. Hamon, L. Le Miraux, F. Corbel, G. Cadiau, J. de Geslin, P. Gautier, G. Cadiau, J.-M. Artur, P.-M. Bastiou, A. Mourin-d'Arfeuille.

BOCQUEHO, 1,693 hab.; — bornée au N. par Plouagat; à l'E. par Plouvara et Cohiniac, dont elle est séparée par le Léff; au S. par Le Leslay et Saint-Gildas, et à l'O. par Saint-Fiacre et Lanrodec; — école de garçons, 83 élèves; de filles, 55 élèves; — dépend de la perception de Châtelaudren; — faisait partie de l'ancien évêché de Tréguier. — Le territoire de Bocqueho est accidenté et coupé par de nombreuses vallées; ces dernières sont très-boisées et offrent un sol excellent dont on ne tire pas tout le parti désirable. Son église est dédiée à saint Tugdual, dont on célèbre la fête le 2e dimanche de l'avent. — Les chapelles de Saint-Blaize, de Saint-Hervé et de Notre-Dame de Pitié sont desservies à certains jours; cette dernière est remarquable par sa maîtresse vitre du XVIe siècle, représentant la Passion.

On va en pèlerinage à Saint-Blaize le premier dimanche d'août. — Menhir près de Kergof. — Patrie d'Yves du Liscoët, célèbre homme de guerre qui, pendant la Ligue, commandait des troupes au nom de Henri IV. — La route départementale N° 12 et les chemins de grande communication N°s 6 et 6 bis traversent cette commune. — *Points culminants* : Le Marhalla, 283 m.; Saint-Jude, 265 m. ; le Reste, 184 m. ; le Loguello, 228 m. — *Géologie* : Constitution granitique ; la montagne du Marhalla est en quartz. — *Maires* : Ont successivement rempli ces fonctions, MM. J.-M. Le Méhauté, F. Guillou, Y. Laurent, F. Simon, G. Le Tirant, O. Perro, M. Burlot, T. Durand, P. Le Bihan, père, P. Le Bihan, fils.

COHINIAC, 714 hab. ; — bornée au N. par Bocqueho et Plouvara; à l'E. par Saint-Donan; au S. par Le Fœil et Le Leslay; à l'O. par Bocqueho; — école mixte, 49 élèves; — dépend de la perception de Châtelaudren. — Cohiniac est une très-ancienne paroisse mentionnée dans une charte de Conan IV, duc de Bretagne, en date de l'année 1160. Il en est peu dont le territoire soit plus accidenté; ses montagnes forment la ligne de démarcation des bassins du Leff et du Gouët. Le sol y est sablonneux, léger et médiocrement fertile; les parties élevées sont demeurées incultes et marécageuses. Si l'agriculture laisse à désirer, cela tient peut-être à ce qu'une grande quantité des habitants de cette commune la quittent chaque

nnée pour aller travailler, pendant la belle saison, dans
a banlieue de Paris : cette émigration est fâcheuse sous
ien des rapports. — L'église de Cohiniac, dédiée à saint
uentin, a été reconstruite en 1720; la belle chapelle de
a Ville-au-Roux a été détruite en 1818, ses débris ont
rvi à l'agrandissement de l'église de Saint-Donan. —
e château du Rumain a une chapelle qui n'est pas des-
rvie; il appartenait, en 1346, à Guillaume Le Vicomte,
rand-panetier de France, sous Philippe VI. — La route
épartementale N° 12 et le chemin d'intérêt commun
° 3 traversent cette commune, que le Leff contourne
ans la partie de l'ouest. — *Points culminants* : Le
urg, 182 m.; la chapelle de Recouvrance, 209 m.;
a Ville-Cohaneu, 247 m. — *Géologie* : Constitution
ranitique. — *Maires* : 1790, M. Robert; 1795, Maro;
797, Hillion; an VIII, S. Le Fèvre, jusqu'en 1839;
1840, Joseph Allichon; 1848, H. Le Bihan; 1853,
Joseph Le Méhauté.

PLÉLO, 4,392 hab.; — bornée au N. par Tressignaux,
Tréguidel et Lantic; à l'E. par Trégomeur, Tréméloir et
Trémuson; au S. par Plerneuf, Plouvara et Châtelaudren;
à l'O. par Plouagat et Bringolo, dont elle est séparée par
le Leff; — traversée par le chemin de fer sur un parcours
de 475 m.; par la route impériale N° 12, la route départementale N° 1er, le chemin vicinal de grande communication N° 2 et le chemin d'intérêt commun N° 7; —

école de garçons, 79 élèves; de filles, 60 élèves; salle d'asile, 155 enfants; — dépend de la perception de Châtelaudren. — La commune de Plélo est d'une grande étendue et son territoire est légèrement accidenté, surtout aux abords des rivières du Lef et d'Ic; il est généralement boisé, fertile et bien cultivé: l'agriculture y est en progrès, on s'y livre principalement à l'élève du bétail et à la fabrication du cidre. — L'église paroissiale date du xive siècle, mais elle est insuffisante et menace ruine: il est question de la reconstruire. — Chapelles de Saint-Jean du Temple, de Saint-Nicolas et de Saint-Blaize; auprès de cette dernière se tient, le 1er dimanche d'août, un pardon avec affluence. — C'est dans la commune de Plélo, au lieu dit la Ville-en-Fumée, que furent construits, en 1767, les bâtiments d'exploitation de la mine de plomb-argentifère découverte l'année précédente par le célèbre naturaliste Valmont-Bomare. Cette mine avait quinze filons principaux qui s'étendaient dans les commune de Plélo, Plouvara, Plerneuf, Trémuson et Plérin; cette exploitation ruina les concessionnaires: elle fut abandonnée en 1780; les bâtiments ainsi que les machines érigées à cette occasion ont entièrement disparu. Peut-être une nouvelle entreprise réussirait-elle mieux maintenant, au moyen de la vapeur et de procédés perfectionnés. — On remarque dans cette commune les maisons de campagne de Saint-Biby, de Château-Goëlo, de Beauchamps, de la Ville-Neuve, de Trémargat et de

...icineuc. — Patrie du comte de Botherel, né à la Ville-Geffroy, page du roi en 1735 et ensuite son premier veneur; auteur d'un ouvrage intitulé *Découvertes gastronomiques*; de Pierre-Marie Boisgelin de Kerdu, chevalier de Malte, décédé en 1816 à Pleubian, où il a fondé un hospice. C'était un homme d'une immense érudition; il est l'auteur d'un grand nombre d'ouvrages estimés, notamment d'une histoire de l'ordre de Malte qui fait autorité. La bibliothèque d'Aix, en Provence, est demeurée légataire de ses manuscrits, cartes et dessins, qui comprennent plus de vingt registres in-f°. — *Points culminants* : Le bourg, 108 mètres; St-Quay, 105 mètres; Croix-Geslin, 102 mètres; la Ville-Bubel, 144 mètres; château de Goëllo, 125 mètres. — *Géologie* : Galène de plomb argentifère; schiste modifié à l'est; granite et roches amphiboliques à l'ouest. — *Maires* : An II, Yves Guiomar; an V, François Corbel; an VII, Jean Guégan; an VIII, T. Ballouard; 1808, Corbel; 1815, H. de Beauchamp; 1818, T. Le Coqu; 1830, L. Pédron; 1843, M. Corbel.

PLERNEUF, 861 hab.; — bornée au N. par Plélo; à l'E. par Trémuson et La Méaugon; au S. par Saint-Donan, et à l'O. par Plouvara; — traversée par le chemin de fer sur une longueur de 2,949 m., la route impériale N° 12, le chemin de grande communication N° 6 et le chemin d'intérêt commun N° 7; — école mixte, 55 élèves;

4*

— dépend de la perception de Châtelaudren. — Le territoire de la commune de Plerneuf est en général bien cultivé et productif, grâce à la bonne qualité du sol et malgré sa situation sur des hauteurs; les nombreuses landes qu'on y rencontrait, il y a quelques années, sont maintenant presque toutes en culture. — L'église paroissiale, qui porte la date de 1722, est dédiée à saint Pierre; la chapelle du Pré-de-l'Aune est bâtie en forme de croix grecque et intéressante à visiter; son pardon a lieu le 2e dimanche de juillet. — On voit, dans cette commune, plusieurs monuments celtiques, notamment une allée couverte ou roche aux fées dans le champ de Kernaut, et un beau dolmen dans le champ des Rochers. — *Points culminants* : L'ancien télégraphe, 190 m.; Mare-Mêlée, 165 m.; Landelle, 165 m. — *Géologie* : Sous sol généralement argileux; constitution granitique; diorite à Kernaut et aux Rochers. — *Maires* : Ont rempli successivement ces fonctions, MM. T. Tréhen, F. Guyot, F. Pédron, G. Guyomard, J. Bocqueho, Y.-M. Garel, maire actuel.

PLOUVARA, 1,650 hab.; — bornée au N. par Plélo; à l'E. par Plerneuf; au S. par Saint-Donan et Cohiniac, et à l'O. par Bocqueho et Plouagat, dont elle est séparée par le Leff; — traversée par le chemin de fer sur une longueur de 5,992 m. et le chemin de grande communication N° 6; — école de garçons, 56 élèves; de filles, 62 élèves ; — dépend de la perception de Châtelaudren. — Le territoire de cette commune, généralement plat et argileux, est boisé et planté de pommiers. Un grand nombre de prairies sont tenues avec soin, leur arrosement est bien entendu, aussi rapportent-elles beaucoup. Son bourg est situé sur une hauteur; l'église, dédiée à saint Pierre, est fort ancienne et remonte à la première période du style roman. La chapelle de Seigneaux, dédiée à saint Jean-Baptiste et connue sous le nom de Notre-Dame de Clarté, a un pardon avec affluence le 2e dimanche après Pâques. — L'ancien manoir de Kernier existe encore ainsi que le château de la Madeleine. — Le bois de Créhéren contient plus de 50 hectares. — Patrie de l'abbé Goëllo, ancien curé d'Uzel, décédé chanoine et grand chantre de la cathédrale de Saint-Brieuc. — *Points culminants* : Le bourg, 176 m.; la Madeleine, 213 m.; les Forges, 204 m.; la Ville-Claire, 192 m. — *Géologie* : Roches amphiboliques, circonscrites par le granite. — *Maires* : 1790, Pierre Poënces; 1792, P. Hervé; an IV, P. Morin; an VI, J. Le Du; an IX, J.-M. Bocqueho; an XIV, F. Garel; 1809, P. Morin, jusqu'en 1841; 1842, P.-M. Morin, fils; 1850, T. Le Coqu; 1857, P. Bocqueho. — M. Laurent Gautier exerce les fonctions d'adjoint depuis 1816 jusqu'à ce jour (1861).

TRÉGOMEUR, 1,508 hab.; — bornée au N. par

Lantic ; à l'E. par Pordic et Tréméloir ; au S. et à l'O. par Plélo ; — traversée par la route départementale N° 1er et par le chemin d'intérêt commun N° 7 ; — école de garçons, 89 élèves ; de filles, 90 élèves ; — dépend de la perception de Châtelaudren. — Cette commune, dont le sol est plutôt sec qu'humide, a la forme d'une ellipse décrite par un vallon qui en fait le tour, le bourg est à peu près central ; son église est dédiée à saint Gildas, dont la fête se célèbre le 4e dimanche après Pâques. — Trégomeur a été pendant plusieurs siècles le siége de l'importante juridiction de la Roche-Suhart : c'est là que se jugeaient les innombrables causes qui ressortissaient à cette haute justice ; elle fut transférée à Binic en 1641. — Les anciens manoirs de Liffiat, de la Ville-Gilard et de la Fosse-Raffray ont été convertis en fermes. — *Point culminant* : Le Point-du-Jour, 110 m. — *Géologie* : Schiste talqueux, et au sud, schiste modifié. — *Maires* : Ont rempli successivement ces fonctions, MM. Blévin (maire pendant 48 ans) et Pierre Renault, maire actuel.

TRÉMÉLOIR, 681 hab. ; — bornée au N. et à l'E. par Pordic ; au S. par Trémuson et Plélo ; à l'O. par Trégomeur ; — traversée par la route départementale N° 1er ; — école mixte, 93 élèves ; — dépend de la perception de Châtelaudren. — Dans cette commune, les cultures sont faites avec soin ; mais l'usage de la jachère sous pâture, après trois années de labour, existe toujours ; on doit espérer que cet usage disparaîtra avec l'introduction des engrais marins qui, chaque année, y sont employés en grande quantité. — Le bourg est situé sur une hauteur : son église a pour patron saint Méloir, solitaire breton au v⁵ siècle, dont la fête se célèbre le dernier dimanche d'août. La chapelle Sainte-Anne a été construite il y a peu d'années. — *Points culminants* : Le bourg, 115 m.; le Tertre, 107 m.; la Chambre-au-Chat, 153 m. — *Géologie* : Schiste talqueux et schiste modifié au sud. — *Maires* : Ont exercé successivement ces fonctions, MM. Colin, J. Raoult, Guillot, Vincent, Morin, M. Raoult et P. Hellio.

Canton d'Etables.

Le canton d'Etables est borné au N. et à l'E. par la Manche ; au S. par les cantons de Saint-Brieuc (N.) et de Châtelaudren ; à l'O. par les cantons de Lanvollon et de de Plouha. Il est traversé par les chemins de grande communication Nº 1er de Saint-Brieuc à Paimpol, Nº 1er *bis* de Binic à Plouha, Nº 2 de Binic à Châtelaudren, Nº 12 *bis* de Lanvollon au Portrieux, et par les chemins d'intérêt commun Nº 7 de Binic à Plerneuf, Nº 8 de Tressignaux à Binic et Nº 56 de la grève de Saint-Marc à Châtelaudren.

TERRES. { Revenu net moyen, par hectare, pour le canton..... 49 fr. 8
{ Valeur vénale moyenne, de l'hectare, dans le canton. 1,916

COMMUNES COMPOSANT LE CANTON.	POPULATION.	DISTANCES en kilomètres.			NOMBRE D'HECTARES des terrains imposables produisant revenu.					Terrains non productifs et non imposés. Chemins, rivières, etc. — Hectares.	NOMBRE TOTAL D'HECTARES par commune.	REVENU CADASTRAL.	PROPORTION de rehaussement pour obtenir le revenu réel.		TAUX MOYEN de l'intérêt des fonds placés.		NOMBRE		NOMBRE	
		De Saint-Brieuc.	De Saint-Brieuc.	D'Étables (chef-lieu de canton).	Jardins, courtils, vergers et sol des édifices.	Terres labourables.	Prés.	Bois et taillis.	Pâtures et landes.	TOTAL.				Pour les terres (1).	Pour les maisons, moulins et usines (2).	En terres.	En maisons, moulins et usines.	De maisons.	De moulins et usines.	De foires.	De cafés et cabarets.
													fr. c.			p. 0/0.	p. 0/0.				
Étables.....	2,920	18	18	»	63	714	26	19	45	867	58	925	22,568 22	2.74	2.83	2.50	4. »	681	4	»	17
Binic.......	2,811	13	13	3	16	291	12	6	26	351	16	367	15,907 03	3.80	5.07	2. »	4. »	568	5	4	10
Lantic......	1,404	15	15	5	4	1,040	46	71	321	1,479	75	1,554	13,294 06	3.43	3.40	3. »	4. »	304	3	1	7
Plourhan...	1,993	20	20	3	229	1,303	63	31	29	1,655	96	1,751	29,613 79	3.27	3.41	3. »	4. »	454	8	1	
Saint-Quay.	2,858	22	22	4	4	343	4	2	16	369	22	391	16,894 27	2.73	3.55	2. »	4. »	705	2	3	3
Tréveneuc..	865	25	25	7	2	514	28	19	70	633	31	664	10,870 41	2.92	3.57	3. »	4. »	174	»	»	
TOTAUX....	12,851	»	»	»	315	4,205	179	148	507	5,354	298	5,652	109,147 78	»	»	»	»	2,886	22	9	8

(1 et 2) Pour les notes concernant ce tableau, voir celles du tableau du canton de Saint-Brieuc (N.), pages 92 et 93.

La population du canton d'Etables est de 12,851 habitants, sa superficie de 6,852 hectares et son revenu territorial net de 353,745 fr.

Le territoire de ce canton maritime est fort accidenté, particulièrement au bord de la mer. Il est traversé par de faibles cours d'eau, dont le plus important est l'Ic, qui se jette dans la Manche, à Binic. Dans la partie est, ce canton est nu et découvert; il est au contraire boisé dans l'ouest. — La violence des vents et le morcellement de la propriété s'opposent, sur le littoral, au succès et à la plantation des arbres. Cependant les figuiers, les mûriers et quelques arbres et arbustes de pays, plus chauds que le nôtre y réusissent fort bien, les gelées et les froids étant beaucoup moins rigoureux sur les bords de la mer que dans l'intérieur.

Le canton d'Etables appartient à la zône du littoral; il produit : froment, 25,993 hec.; avoine, 17,600 hect.; sarrasin, 6,000 hect.; pommes de terre, 25,000 hect.; betteraves, 4,800 quintaux métriques; lin (en filasse), 240 quint. mét. — Il possède : chevaux et juments, 847; taureaux, 12; vaches, 2,066; veaux, 368; moutons, 1878; porcs, 2,130; boucs et chèvres, 30.

Son sol se divise comme au tableau qui précède.

ÉTABLES, 2,920 hab.; — bornée au N. par Saint-Quay; à l'E. par la Manche; au S. par Binic et Lantic, et à l'O. par Plourhan; — longitude O., 5° 10' 24';

latitude N., 48° 3′ ′ 3′ ; — traversée par les routes de grande communication N° 1er et N° 1er *bis* ; — école de garçons, 131 élèves ; de filles, 136 élèves, et ouvroir, 34 élèves ; salle d'asile, 180 enfants ; — chef-lieu de canton et de perception ; — cure de 2e classe, bureau de poste, brigade de gendarmerie à pied, justice de paix, résidence d'un notaire, marché le mardi. — Etables est une paroisse très-ancienne, elle est citée dans la charte de fondation de l'abbaye de Beauport en 1202. Située sur le bord de la mer, son territoire est peu boisé, mais en revanche il est bien cultivé et des plus fertiles. Les propriétés étant extrêmement divisées, les labours se font presque tous à la pelle, la plupart du temps par des femmes, qui remplacent ainsi les nombreux marins occupés par la grande navigation et la pêche côtière. — Le bourg d'Etables a presque l'aspect d'une ville, il est très-peuplé et ses maisons bien bâties se ressentent de l'aisance de ses habitants. L'église paroissiale, dédiée à saint Jean, est vaste, sa tour est de 1786 et son chœur, en forme de rotonde, construit en 1769, renferme un autel remarquable en marbres de diverses couleurs sur lesquels sont sculptées, en ronde bosse, des têtes d'anges. — A 800 mètres de l'église est la chapelle Saint-Roch, autour de laquelle se trouve le cimetière communal. La chapelle de Notre-Dame d'Espérance, située sur une haute falaise, a été bâtie à la suite de la cessation du choléra en 1850. — On remarque, dans une falaise voi-

sine, une vaste caverne nommée la *Houle Notre-Dame.*
— *Points culminants :* La Ville-Gourio, 85 m.; Moulin de Caruhel, 62 m. — *Géologie :* Schiste talqueux, et au nord, granite. — *Maires :* Ont rempli successivement ces fonctions, MM. Touroux, Ruellan, Jan et Videment.

BINIC, 2,811 hab.; — bornée au N. par Etables ; à l'E. par la Manche; au S. par Pordic, et à l'O. par Lantic; — traversée par les chemins de grande communication Nos 1er et 1er *bis*, No 2 et le chemin d'intérêt commun No 7; — 2 écoles de garçons, 290 élèves; école de filles, 180 élèves ; — dépend de la perception d'Etables ; — bureau de poste, résidence d'un notaire, sous-quartier maritime, aide-commissaire, trésorier des invalides, syndic des gens de mer, gendarme maritime, maître de port, recettes des douanes et des contributions indirectes, bureau d'enregistrement pour tout le canton, bureau télégraphique ; — marché le jeudi; foires le 2e jeudi de février, le 3e jeudi d'avril, le dernier jeudi de juin et le 3e jeudi d'octobre. — Binic n'était, au commencement de ce siècle, qu'un simple hâvre dont la population ne montait pas à 200 habitants; aujourd'hui cette agglomération est quintuplée et tend encore à s'accroître. Après le Légué, c'est le port du département qui envoie le plus de navires à la pêche de Terre-Neuve; la moyenne des entrées et des sorties du port de Binic présente un mouvement de 215 navires, jaugeant 20,050 tonneaux, mentés par 2,626 hommes. — En 1821, le port de Binic, auquel on adjoignit quelques villages environnants, fut érigé en commune. Indépendamment du commerce de grand et petit cabotage, il s'y fait une somme assez considérable d'affaires relatives aux engrais marins qu'apportent journellement à quai une trentaine de bateaux et que viennent enlever un grand nombre de voitures de cultivateurs. — De belles maisons et de vastes magasins bordent le quai de Binic. La jetée dite de Penthièvre, qui abrite le port principal, a plus de 200 m. de longueur : c'est un travail remarquable qui mérite d'être visité; il a été terminé en 1835 et a coûté 749,719 fr. 96. Un fanal à feu fixe est établi sur le môle de cette jetée. — L'église de Binic, dédiée à Notre-Dame et à saint Julien, commencée en 1822, a été terminée en 1839. La chapelle Saint-Gilles, au village de ce nom, a un pardon le 1er septembre. — Patrie de M. Thomas Fichet-Desgrèves, mort en 1630, prisonnier au Maroc, esclave de sa parole ; et de M. François Le Saulnier-Saint-Jouan, auquel Binic doit en grande partie sa prospérité. — *Points culminants* : Beaumont, 84 m.; Haut-Cadiot, 55 m. — *Géologie* : Schiste talqueux. — *Maires* : 1824, F. Le Saulnier-Saint-Jouan ; 1846, J. Le Pomellec ; 1848, L. Marie ; 1851, J. Le Pomellec.

LANTIC, 1,404 hab. ; — bornée au N. par Plourhan et Etables ; à l'E. par Binic et Pordic ; au S. par Trégomeur et Plélo; à l'O. par Tréguidel et Pléguien; — traversée par la route de grande communication N° 2 et les chemins d'intérêt commun N°s 8 et 6; — école de garçons, 92 élèves; de filles, 68 élèves; — dépend de la perception d'Etables; — foire à Notre-Dame de la Cour le 16 août. — Cette commune est coupée en tous sens par des vallons peu profonds dans lesquels les arbres de diverses essences croissent très-vite; les arbres verts viennent bien sur les hauteurs, notamment dans le parc du château de Bourgogne; son sol est en général fertile et bien cultivé. — Parler de cette paroisse c'est rappeler tout d'abord la chapelle monumentale de Notre-Dame de la Cour, belle construction du xv° siècle, dont la maîtresse vitre est décorée d'une brillante verrière de cette époque, dans laquelle plusieurs scènes de la vie de la sainte Vierge sont représentées. Cette chapelle était autrefois desservie par un collége de chanoines; à l'entrée du chœur on remarque encore un mausolée élevé à la mémoire de Guillaume de Rosmadec, seigneur de Buhen, en cette commune, et ancien gouverneur de Vitré. — L'église paroissiale est dédiée à saint Oswald, prince irlandais, dont la fête se célèbre le 4e dimanche de juillet; on construit en ce moment, à Trévenais, une chapelle sous le vocable de Saint-Michel. — *Points culminants*: Notre-Dame de la Cour, 99 m.; Saint-Maudez, 89 m. — *Géologie*: Schiste talqueux, et argileux à l'ouest. — *Maires*: Ont successivement rempli ces fonctions, MM. L. Vitel, F. Rouxel, J.-M.-D. Geslin de Bourgogne et J. Mal.

PLOURHAN, 1,993 hab.; — bornée au N. par Plouha, Tréveneuc et Saint-Quay; à l'E. par Etables; au S. par Lantic; à l'O. par Lantic et Pléguien; — traversée par les routes de grande communication N°s 1er *bis* et 12 *bis* et le chemin d'intérêt commun N° 56; — écoles de garçons, 107 élèves; de filles, 110 élèves; — dépend de la perception d'Etables; — foire le 14 mai. — Le sol de cette commune est élevé dans la partie de l'ouest; le bourg et ses environs sont sur un plateau un peu humide; néanmoins, on y récolte des grains de toute espèce, surtout du froment. La Ville-Ellio, domaine exploité par son propriétaire, M. Le Cornec, a valu à celui-ci la coupe d'honneur et le grand prix décerné au concours régional de Saint-Brieuc, en 1858, à l'exploitation la mieux dirigée du département. — A 200 m. de l'église, dédiée à saint Pierre et achevée en 1789, on remarque un tumulus couvert de pins maritimes; on commence à le saper par la base. — Les chapelles du Roha, dédiée à la sainte Vierge, de Saint-Maudez et de Saint-Barnabé ont chacune leur pardon; celui de cette dernière est le plus curieux; il se tient le lundi de la Pentecôte; on y met en vente, dès six heures du matin, un grand nombre d'oiseaux renfermés dans des cages, et apportés de tous côtés par des enfants. — *Points culminants*: Bourdonnière, 95 m.; le bourg, 88 m.; Saint-Barnabé, 74 m.; Moulin-Merlet, 68 m. — *Géologie :* Au nord, granite et schiste modifié par le granite; au sud, schiste argileux. — *Maires :* Ont rempli successivement ces fonctions, MM. Josse, Morice, Le Gallic, Luco, Le Cornec, Hélary et Le Cornec.

SAINT-QUAY, 2,858 hab.; — bornée au N. et à l'E. par la Manche; au S. par Etables et Plourhan; à l'O. par Tréveneuc; — traversée par les chemins de grande communication Nos 1er et 12 *bis*. — A Saint-Quay, école de garçons, 154 élèves; école de filles, pensionnat et ouvroir, 190 élèves; — dépend de la perception d'Etables. — *Au Portrieux*, école de filles, 50 élèves; bureau de poste, recette et capitainerie des douanes, syndic des gens de mer, maître de port, pilotes-lamaneurs, commission et agence principale du service sanitaire maritime; — marché le samedi; foires le 2e lundi de janvier, le 1er lundi de juin et le 4e lundi de septembre. — Le territoire de cette commune, qui dépendait avant 1791 de l'évêché de Dol, est légèrement ondulé et incliné vers la mer : quoique très-morcellé, l'absence de fossés le fait ressembler à un pays de plaine, couvert, dans la belle saison, des récoltes les plus riches et les plus variées. Au milieu de ces vastes champs sont posées, en grand nombre, de jolies maisons dont la bonne tenue indique l'aisance des habitants, marins pour la plupart, mais dont le patrimoine est, pendant leur absence, soigné avec intelligence par les femmes et les enfants. — L'église de Saint-Quay est dédiée au bienheureux de ce nom, évêque irlandais au vi⁰ siècle; tout près d'elle se trouve la chapelle de Notre-Dame de la Ronce, à laquelle on vient de très-loin en pèlerinage. La chapelle de Notre-Dame de la Garde, construite en forme de rotonde, en 1829, attire aussi beaucoup de pèlerins. — Saint-Quay possède, depuis le 21 août 1821, une communauté de sœurs cloîtrées appelées Religieuses des Sacrés-Cœurs de Jésus et de Marie; elle a pour objet principalement l'instruction des enfants. Elles reçoivent, en outre, des pensionnaires pendant la saison des bains de mer, qui attire dans cette commune un grand nombre d'étrangers; elles sont aussi chargées de l'administration du bureau de bienfaisance. — Le Portrieux, principale agglomération de la commune de Saint-Quay et au milieu de laquelle se trouve une chapelle dédiée à la sainte Vierge, est un port de mer fort heureusement situé; on y voit un certain nombre de belles habitations. Il est abrité par une haute jetée de construction moderne, défendue par une batterie. La mer y atteint 11 m. de hauteur, à l'époque des nouvelles et pleines lunes. L'activité de ce port se traduit, année moyenne, par un mouvement, à la sortie, de 199 navires, montés par 1,482 hommes et jaugeant 10.061 tonneaux, et à l'entrée, de 225 navires, jaugeant 10,720 tonneaux et montés par 1,541 hommes.

L'exportation du Portrieux consiste principalement en bestiaux gras, achetés dans l'intérieur du département et embarqués pour l'Angleterre. — En face des côtes de Saint-Quay sont les îles incultes ou plutôt les rochers dits du Portrieux, dont un certain nombre n'est jamais couvert par la mer ; l'un d'eux, appelé l'île Harbour, est surmonté d'un feu fixe, nous en avons parlé plus haut. — Près de ces rochers se trouve la rade principale de la baie de Saint-Brieuc ; elle est, au commencement du mois de mai, le rendez-vous général des navires expédiés à Terre-Neuve. C'est dans cette rade que sont effectués, sur une grande échelle, les essais de reproduction artificielle des huîtres, tentés par l'habile professeur du collége de France, M. Coste. — C'est aussi là que se draguent les sablons calcaires qui se répandent dans l'intérieur du pays et qui, première cause de la richesse culturale de la côte, portent au loin la fertilité. Ces sablons se composent de débris de coquilles et de madrépores assez fins qui, suivant les gisements, contiennent de 64.6 à 98.5 p. 0/0 de principes fertilisants. — *Points culminants* : Kertugal, 65 m. ; la Ville-Mario, 50 m. — *Géologie* : Granite amphibolique, et sable tétanifère à la grève du bourg. — *Maires* : Ont successivement rempli ces fonctions, MM. Le Gallic, Vitel, Corbel, Leff, Fichet, Thémoy, Le Méc, Raimond, Thémoy et Videment.

TRÉVENEUC, 865 hab. ; — bornée au N. par la

Manche; à l'E. par Saint-Quay; au S. par Plourhan, et à l'O. par Plouha; — traversée par le chemin vicinal de grande communication N° 1er et le chemin d'intérêt commun N° 56; — école mixte, 62 élèves; — dépend de la perception d'Etables. — Un peu découvert dans l'est, le territoire de cette commune est boisé et planté de pommiers dans les autres parties. L'agriculture y est en progrès et ses divers produits augmentent chaque année. On y remarque le château de Pomorio, qui est entouré d'un vaste parc et de magnifiques plantations. — L'église de Tréveneuc, dédiée à saint Colomban, abbé de Luxeuil au VIIe siècle, est moderne et bien tenue. La chapelle Saint-Marc a un pardon le dimanche qui suit le 25 avril. — *Point culminant*: Kerihouët, 82 m. — *Géologie*: Granite; à la Ville-Neuve de K/loisel, schiste modifié. — *Maires*: Ont successivement rempli ces fonctions, MM. J. Le Cornec, P. Le Gludic, F. Houart et J.-M. Thouément.

Canton de Lamballe.

Le canton de Lamballe est borné au N. par les cantons de Pléneuf, Matignon et Plancoët; à l'E. par le canton de Jugon; au S. par le canton de Moncontour, et à l'O. par le canton de Saint-Brieuc (midi) et par la Manche. — Il est traversé par divers cours d'eau, dont les plus considérables sont le Gouessant et l'Evron ; par le chemin de fer de Paris à Brest ; par les routes impériales N° 12 de Paris à Brest, N° 168 de Quiberon à Saint-Malo, N° 176 de Caën à Lamballe, la route départementale N° 14 de Lamballe au port de Dahouët ; par les chemins de grande communication N° 3 d'Yffiniac à Matignon, N° 8 de Lamballe à Plancoët, N° 22 de Lamballe à Collinée, N° 33 de Lamballe à Quintin, N° 44 de Corlay à Jugon, et par les chemins d'intérêt commun N° 4 d'Yffiniac à Collinée, N° 5 de Plurien à Lamballe, N° 20 de Plestan au chemin N° 13, N° 60 de Lamballe à la grève de Jospinet et N° 63 de Saint-Trimoël aux Ponts-Neufs.

La population du canton est de 15,211 hab., sa superficie de 16,121 hect. et son revenu territorial net de 819,986 fr.

Le territoire du canton de Lamballe est généralement plat, uni et à longues ondulations en pente douce, à l'exception de la partie de l'est, qui est accidentée et montueuse.

Les vallées du Gouessant, de l'Evron et de quelques autres cours d'eau sont profondes et très-sinueuses.

Le canton est bien boisé et possède de nombreuses plantations de pommiers qui produisent environ 60,000 hectol. d'un cidre de bonne qualité.

L'agriculture, en progrès, a subi, depuis quelques années, de sérieuses améliorations, tant sous le rapport de l'emploi des amendements calcaires et des instruments perfectionnés que sous celui de la culture proprement dite. — Presque partout le froment a remplacé le seigle.

Le canton de Lamballe appartient à la zône du littoral; il produit : froment, 73,236 hect. ; seigle, 273 hect.; avoine, 21,161 hect.; sarrasin, 45,912 hect.; pommes de terre, 53,579 hect.; betteraves, 17,645 quint. mét.; lin (en filasse), 2,350 quint. mét. — Il possède : chevaux et juments, 2,525 ; taureaux, 54 ; vaches, 3,383; veaux, 2,824; moutons, 8,039; porcs, 2,663; boucs et chèvres, 14.

Le tableau suivant indique la division de son sol et complète sa statistique :

— 152 —

ERRES. — Revenu net moyen, par hectare, pour le canton... 42 fr. 19

— 153 —

Valeur vénale moyenne, de l'hectare, dans le canton............ 1,257 fr.

COMMUNES COMPOSANT LE CANTON.	POPULATION.	DISTANCES en kilomètres.			NOMBRE D'HECTARES des terrains imposables produisant revenu.					Terrains non productifs et non imposés. Chemins, rivières, etc. — Hectares.	NOMBRE TOTAL D'HECTARES par commune.	REVENU CADASTRAL.	PROPORTION de rehaussement pour obtenir le revenu réel.		TAUX MOYEN de l'intérêt des fonds placés.		NOMBRE		NOMBRE	
		Du chef-lieu du départ[t].	Du chef-lieu d'arrond[t].	De Lamballe (chef-lieu de canton).	Jardins, courtils, vergers et sol des édifices.	Terres labourables.	Prés.	Bois et taillis.	Pâtures et landes.	TOTAL.				Pour les terres (1).	Pour les maisons, moulins et usines (2).	En terres.	En maisons, moulins et usines.	De maisons.	De moulins et usines.	De foires.	De cafés et cabarets.
													fr. c.			p. 0/0.	p. 0/0.				
Lamballe...	4,092	20	20	»	45	95	43	2	6	191	32	223	47,873 17	2.98	3.31	3.50	4.01	907	7	7	62
Andel......	637	20	20	5	13	923	86	25	110	1,157	63	1,220	13,714 03	3.21	2.75	3.50	4.10	113	2	»	2
Coëtmieux..	664	14	14	8	9	635	54	18	46	762	41	803	10,652 51	3.29	2.40	3.62	4.06	143	2	»	3
La Malhoure	407	28	28	8	10	380	30	17	35	478	21	502	5,718 26	3.16	4.61	3.50	4. »	92	»	»	3
Landehen...	1,096	21	21	6	26	961	76	12	52	1,127	53	1,180	24,573 27	2.55	2.54	3.56	4.10	232	5	»	4
La Poterie..	806	23	23	7	17	582	72	133	301	1,105	55	1,160	21,560 21	1.56	3.19	3.69	4.06	161	3	»	3
Maroué.....	2,290	20	20	5	67	2,591	200	40	200	3,104	186	3,377	70,717 01	2.48	3.56	2.98	4.14	451	14	»	7
Meslin.....	1,028	19	19	5	20	990	110	43	170	1,333	59	1,392	14,129 10	3.33	2.85	3.50	4.10	175	7	»	2
Morieux....	639	15	15	10	12	587	33	4	86	712	35	754	14,129 73	2.19	2.71	3.51	4.31	123	1	»	3
Noyal......	515	23	23	3	13	559	46	6	37	661	36	697	14,058 72	2.18	3.15	3.49	4.13	111	4	»	5
Pommeret..	1,249	12	12	10	28	1,081	87	17	59	1,272	62	1,334	16,489 73	4.46	5.83	3.38	4.08	278	3	1	2
Saint-Aaron	939	25	25	5	23	4,443	159	59	362	2,046	81	2,127	24,833 91	3.20	3.70	3.61	4.02	199	2	»	4
Saint-Rieul.	364	30	30	1	5	348	27	2	218	600	37	637	7,037 09	2.16	2.64	3 12	4.10	77	2	»	2
Trégomar...	485	26	26	6	9	417	42	21	201	690	25	715	9,105 75	2.07	2.93	3.16	4.05	113	2	»	1
Totaux.....	15,211	»	»	»	297	11,601	1155	396	1883	15,332	789	16,121	294,845 55	»	»	»	»	3,178	54	8	103

(1 et 2) Pour les notes concernant ce tableau, voir celles du tableau du canton de Saint-Brieuc (N.), pages 92 et 93.

LAMBALLE, 4,092 hab.; — par les 4° 51' 18' de longitude O. et par les 48° 28' 10' de latitude N.; — bornée au N. par Saint-Aaron; à l'E. par La Poterie; au S. et à l'O. par Maroué; — traversée par le chemin de fer sur un parcours de 1,450 m., par les routes impériales Nos 12 et 168, la route départementale No 14, le chemin de grande communication No 22 et le chemin d'intérêt commun No 60; — chef-lieu de canton; justice de paix; — collége communal, auquel est annexé un cours professionnel et un cours préparatoire d'instituteurs; écoles laïque et des frères, 405 élèves; 3 écoles de filles, 298 élèves; 2 ouvroirs, 110 élèves; pensionnat de jeunes filles tenu par les Dames Ursulines; — 2 paroisses, Saint-Jean et Saint-Martin : la 1re, cure de 2e classe, et l'autre, succursale; — station de chemin de fer; bureau de poste et relai; brigade de gendarmerie à cheval; bureau d'enregistrement pour le canton et celui de Pléneuf; chef-lieu de perception; résidence de 5 notaires; agent-voyer; receveur particulier et receveur à cheval des contributions indirectes; chambre de lecture; haras impérial et station d'étalons; courses de chevaux; hôpital militaire; hospice civil et hôpital Villedeneu; compagnie de sapeurs-pompiers (80 hommes, 3 pompes); bureau de bienfaisance; société de secours mutuels; comice agricole; — marché le jeudi; foires le 1er mardi de carême, le jeudi qui précède le 25 avril, le jeudi d'après l'Ascension, le 25 juin, le 24 août, les 9 et 28 octobre et le jeudi avant Noël. — Assise sur la rive droite du Gouessant, au pied et sur le revers sud d'une colline et dans un site très-pittoresque, Lamballe est une des plus jolies villes du département. Chaque jour elle reçoit de nouveaux embellissements, et le quartier de Bario, achevé depuis peu de temps, ne serait pas indigne d'une grande ville. Son commerce, déjà très-important, surtout en céréales, va prendre un grand essor par l'arrivée du chemin de fer et l'établissement d'une gare en rapport avec son mouvement commercial. Parmi les principales industries de Lamballe, nous citerons ses tanneries et ses mégisseries, qui étaient florissantes dès le xve siècle et dont les produits sont encore aujourd'hui très-recherchés. Les ouvrages de ses taillandiers, notamment les faulx et faucilles, sont estimés des cultivateurs qui viennent de loin s'en approvisionner ; ses fabriques de serges et de berlinges fournissent des étoffes en usage chez les habitants de la campagne. — Le bel établissement du Haras, dont nous avons déjà parlé (page 49), mérite d'être visité ; il renferme 80 étalons qui reçoivent les soins de 45 palfreniers et journaliers. — Parmi les autres établissements de cette ville, nous devons encore citer le collége communal, établi dans la partie moderne du Château ; la communauté des Ursulines, l'hospice fondé par M. de Villedeneu, etc. Les bâtiments de ce que l'on appelle l'ancien Château ont servi pendant plusieurs années d'asile à l'institution des sourds-muets, fondée par M. l'abbé Garnier et qui a été transférée à Saint-Brieuc en 1835. — Les bâtiments de l'ancienne communauté des Augustins renferment maintenant le prétoire de la justice de paix, l'école primaire et d'autres établissements communaux. En 1661, l'un des prieurs de ce couvent, le frère Ange Le Proust, fonda, comme nous l'avons vu précédemment, l'ordre des Dames Hospitalières de Saint-Thomas de Villeneuve. — Lamballe doit compter parmi les villes les plus anciennes dont il soit fait mention dans les annales de notre pays; quelques fragments encore existants de ses édifices religieux, très-nombreux autrefois, attestent l'importance de cette place à une époque reculée. La nef de l'église Saint-Martin remonte, suivant un acte authentique, à l'an 1083, et la collégiale de Notre-Dame a une porte et des piliers de la fin du XIIe siècle. Ce dernier édifice est très-remarquable par son architecture de diverses époques; il a été nouvellement restauré avec beaucoup de soin, et le Gouvernement l'a classé au nombre des monuments historiques. C'est en 1435 que le duc Jean V y fonda un collège de six chanoines. — L'église paroissiale de Saint-Jean est du XVe siècle; mais elle est devenue insuffisante pour la population. — Autrefois chef-lieu du comté de Penthièvre, Lamballe était en même temps une place très-forte, et l'histoire mentionne un grand nombre d'affaires qui se sont passées sous ses murs. Son château fut rasé en 1420 par ordre du duc Jean V; mais rétabli ensuite, il fut de nouveau démoli après les troubles de la Ligue. C'est pendant cette guerre que fut tué le fameux Lanoüe-Bras-de-Fer, au moment où il tentait l'escalade près de la porte de Bario. Les murs d'enceinte, ainsi que les tours qui protégeaient cette ville, ont disparu peu à peu; il ne reste plus, de ces fortifications, que quelques débris de la tour dite des Chouettes et de la porte Saint-Martin. — Les promenades, situées sur l'emplacement de l'ancien château, dominent la ville; on jouit de ce point d'un coup-d'œil très-étendu. — Essentiellement ouvrière et commerçante, Lamballe a conservé ses anciennes corporations d'artisans, tels que les tanneurs, les maçons, les cordonniers et les maréchaux; la confrérie de ces derniers est dédiée à saint Sébastien. — Le 2e dimanche de juillet a lieu le pardon de Saint-Amateur, qui attire une grande affluence de pèlerins. — Patrie de M. Aulanier, jurisconsulte, décédé à Saint-Brieuc, auteur d'un traité sur le domaine congéable; d'Alain Chiquet, qui prit part, en 1376, à Rome, au *combat des dix*, dans lequel dix Bretons vainquirent dix Allemands; de M. Cormeaux, célèbre prédicateur et ancien recteur de Plaintel, décapité à Paris en 1794; de l'abbé Gallet, auteur de mémoires sur l'histoire de Bretagne; de M. Maréchal, littérateur; etc. — *Points culminants :* Saint-Sauveur, 90 m.; Beau-Soleil, 96 m. — *Géologie :* Schiste au nord et à l'est; granite à l'ouest; carrières d'eurite. — *Maires :* En 1800, M. Bésuchet;

1807, Grolleau-Villegueury; 1815, Colas de la Baronnais; 1829, de Closmadeuc; 1830, Thoreux; 1837, Rouault de la Vigne; 1846, Thoreux; 1848, Urvoy de Closmadeuc, père; 1855, Urvoy de Closmadeuc, fils, maire actuel.

ANDEL, 637 hab.; — bornée au N. par Planguenoual; à l'E. par Saint-Aaron; au S. par Maroué et Coëtmieux; dont elle est séparée par le Gouessant; à l'O. par Morieux; — traversée par le chemin d'intérêt commun N° 60; — école mixte, 70 élèves; — dépend de la perception de Lamballe. — Le territoire de cette commune est généralement plat, boisé et assez fertile. L'agriculture y progresse; beaucoup de landes ont été défrichées depuis quelques années; mais on tient toujours à l'assolement triennal avec jachère. — L'église paroissiale est sous l'invocation de saint Pierre; la chapelle du Saint-Esprit a son pardon le lundi de la Pentecôte; on y célèbre la messe les trois premiers lundis de l'année. — *Points culminants :* Le Château, 108 m.; Créforet, 107 m.; les Petites-Landes, 77 m. — *Géologie :* Gneiss amphibolique; au sud, schiste talqueux; schiste ardoisier; autour du bourg, roches amphiboliques. — *Maires :* 1790, Gilles Gloro; 1794, Etienne Beurrier; 1813, M. Bertho; 1814, F. Le Monnier; 1816, Etienne Beurrier, fils, encore maire aujourd'hui.

COËTMIEUX, 664 hab.; — bornée au N. par Morieux et Andel, dont elle est séparée par le Gouessant; à l'E. par Maroué; au S. par Meslin; à l'O. par Pommeret et Hillion, dont elle séparée par l'Evron; — traversée par la route impériale N° 12 et par le chemin d'intérêt commun N° 65; — école mixte, 60 élèves; — dépend de la perception de Lamballe. — Coëtmieux est presqu'entièrement séparée des communes voisines par les rivières d'Evron et de Gouessant; cette dernière traverse, dans la partie nord, l'étang des Ponts-Neufs. Son territoire est boisé et bien planté de pommiers; il est en général sec et sablonneux. Le bourg de Coëtmieux doit son nom et son origine à un pieux solitaire du vi° siècle, saint Mieux, qui construisit en cet endroit, alors couvert d'une épaisse forêt, un monastère qui a subsisté pendant plusieurs siècles. — L'église paroissiale, qui relevait autrefois de l'évêque de Dol, est dédiée à saint Jean-Baptiste; elle renferme un tableau représentant la Circoncision, dû au pinceau de Serviget, artiste lamballais du xviii° siècle, dont les œuvres sont estimées. — La chapelle Saint-Avertin attire chaque année un certain nombre de pèlerins, qui viennent invoquer son patron pour la guérison de la dyssenterie. — *Points culminants :* Vau-Hallé, 82 m.; les Landes, 82 m.; Bourg-l'Evêque, 55 m. — *Géologie :* Gneiss amphibolique près le pont de Sainte-Anne; arbate étoilé; serpentine à courtes veines d'amiante. — *Maires :* Ont rempli successivement ces fonctions, MM. P. Chapel, C. Rogon, F. Barbedienne, M. Dobet, P. Chapelain, R. Clôteaux, V. Rouault, Ch. Hamon, P. Chapelain et F. Rouault, maire actuel.

LA MALHOURE, 407 hab.; — bornée au N. par Maroué; à l'E. par Plestan et Plénée-Jugon; au S. et à l'O. par Penguily; — traversée du nord au sud par le chemin de grande communication N° 22 et de l'ouest à l'est par le chemin N° 44; — réunie à Penguily pour l'entretien de l'école de garçons, 18 élèves; — dépend de la perception de Maroué. — On n'est pas d'accord sur l'étymologie du nom de cette commune, qu'on traduit ordinairement par *Mala-hora*. Son église paroissiale est très-ancienne; on y remarque deux arcades à plein ceintre supportées par des piliers quadrangulaires qui remontent à la première période de l'architecture romane. Elle est dédiée à saint Event, prêtre et martyr, dont la fête se célèbre le 3 mai. Une fontaine monumentale, également consacrée à ce saint, est chaque année le but de pèlerinage d'un grand nombre de personnes. Le sol de cette commune est passablement fertile; il est coupé de petits vallons qui renferment de très-bonnes prairies; on y remarque les châteaux de la Roche, de la Touche et du Pré-Rond. — *Points culminants* : Le Pré-Rond, 134 m.; la Roche (château), 134 m. — *Géologie* : Constitution granitique; au Péray, granite avec tourmaline. — *Maires* : 1798, Jean Méhu; 1816,

Charles Le Feuvre; 1830, N. Pinel; 1849, Mathurin Mordel; 1860, Le Feuvre, maire actuel.

LANDEHEN, 1,096 hab.; — bornée au N. et à l'E. par Maroué; au S. par Saint-Trimoël; à l'O. par Saint-Trimoël, Bréhand et Meslin; — traversée par la route impériale N° 168 et par le chemin d'intérêt commun N° 63; — école de garçons, 65 élèves; de filles, 80 élèves; — dépend de la perception de Maroué; — faisait partie de l'ancien évêché de Dol. — L'agriculture laisse à désirer dans cette commune, dont le sol est généralement bon, planté de pommiers et bien boisé, mais serait plus productif s'il ne restait pas en jachère quand arrive la troisième année de labour; tout porte à croire, cependant, que cet usage ne tardera pas à disparaître. — Landehen doit son nom à saint Guéhen, archevêque de Dol au xe siècle; il est patron de son église paroissiale, qui vient d'être reconstruite dans le style ogival du xiiie siècle. — Patrie de Lambert Le Court-de-Surpont, poète célèbre du xiie siècle, auteur d'un poëme intitulé *l'Alexandriade*; de Gautier de Mauny, habile capitaine qui força, en 1342, le prince Charles de Blois à lever le siège d'Hennebond; celui-ci usa de représailles en faisant, l'année suivante, raser le château de Mauny; de François-Michel de Mauny, évêque de Saint-Brieuc en 1544, de Tréguier en 1545, décédé archevêque de de Bordeaux en 1558; du Père Aimé Bascher de la

Villéon, le premier Français qui ait été élu supérieur général des Capucins; c'est lui qui, en 1762, apporta de Rome à Lamballe les reliques de saint Amateur. — *Points culminants :* La Porte-ès-Bourdais, 110 m.; le Clos-Chartier, 80 m. — *Géologie* : Schiste talqueux; à 500 m. sud, schiste quartzeux. — *Maires* : 1790, H. Martin; 1800, Ch. Jaumet; 1816, N. de Mauny; 1830, Hermange, père; 1848, N. Martin; 1852, F. Hermange.

LA POTERIE, 806 hab.; — bornée au N. par Saint-Aaron; à l'E. par Trégomar; au S. par Noyal, et à l'O. par Maroué, dont elle est séparée par le Gouessant, et par Lamballe; — traversée par le chemin de fer sur un parcours de 900 m., par la route impériale N° 168 et par le chemin de grande communication N° 8; — école mixte, 104 élèves; — dépend de la perception de Maroué. — Autrefois trève de Maroué, La Poterie fut érigée en paroisse le 10 décembre 1607, par M. de Marconnay, évêque de Saint-Brieuc. L'agriculture et surtout la fabrication des briques et de poterie commune y emploient tous les bras. Cette dernière industrie semble être encore à l'enfance de l'art; ses produits se répandent dans un rayon de 20 kilom. et peuvent être évalués, année moyenne, à une somme de 9,000 fr. — Son église, nouvellement reconstruite par les soins de M. l'abbé Cabaret, est dédiée à saint Yves. — C'est dans les landes de la Vieille-Forêt qu'est dressé l'hippodrome sur lequel ont lieu les courses de Lamballe. — Le château de la Moglais est du xviiie siècle ; son parc et ses jardins, ornés d'un grand nombre de statues, sont vraiment remarquables. — *Points culminants* : Moulins des Houssas, 88 m. ; la Bretonnière, 98 m. ; Saint-Robin, 100 m. — *Géologie* : Schiste modifié par le granite et ordinairement maclifère ; roches amphiboliques à l'est ; minerai de plomb non exploité ; argile à potiers. — *Maires* : 1790, P. Hamon ; 1792, Ruellan ; 1796, Orveillon ; 1798, Jean Méheut ; 1800, J. Pungier ; 1815, de la Moussaye ; 1830, Jean Méheut ; 1850, F. Ruellan ; 1851, de la Moussaye.

MAROUÉ, 2,290 hab. ; — bornée au N. par Saint-Aaron et Lamballe ; à l'E. par La Poterie, Noyal et Plestan ; au S. par La Malhoure, Penguily et Landehen ; à l'O. par Meslin et Coëtmieux ; — traversée par le chemin de fer sur un parcours de 4,420 m., par les routes impériales Nos 12 et 168, par les chemins de grande communication Nos 22 et 35, et par le chemin d'intérêt commun No 65 ; — chef-lieu de perception ; — sans école. — La commune de Maroué offre un aspect riche et plantureux ; malgré son sol humide et compact, l'agriculture y est en progrès ; l'élève des chevaux de trait, surtout, laisse peu à désirer, aussi ses cultivateurs sont-ils aisés pour la plupart. Son bourg est loin d'être central, et c'est peut-être à cette cause que la commune doit d'être privée d'écoles, qui seraient fréquentées par de nombreux enfants qui sont obligés d'aller chercher, dans les communes voisines, l'instruction qui leur fait défaut chez eux. L'église, dédiée à saint Pierre, a été reconstruite en 1849 ; dans ce travail, on a conservé la maîtresse vitre de l'ancienne église, qui remonte au xiv° siècle. La chapelle de Notre-Dame de Maroué, située près de la route impériale et à peu de distance de Noyal, a été rebâtie en 1860. — On remarque, dans cette commune, les châteaux de Kerrozen, de Quefféron, de la Guévière, des Hauts-Fossés et du Chauchix. — Près de la Guévière se trouve une source d'eau ferrugineuse. — Patrie de Florian Desnoës-Desfossés, savant jurisconsulte et littérateur, né à Cario ; de M. Le Corgne, décédé chanoine de Notre-Dame de Paris en 1804, auteur de plusieurs ouvrages de philosophie, né à Launay, et de M. Couffon de Kerdellec, agriculteur, auteur d'un volume intitulé *Adages agricoles*, né au Bosquily. — *Points culminants* : Launay (château), 54 m. ; le bourg, 84 m. ; la chapelle Notre-Dame, 85 m. ; la Roche, 85 m. ; Beau-Chêne, 92 m. ; Bosquily, 100 m. — *Géologie* : Schiste talqueux ; au nord, schiste modifié par le granite. — *Maires* : 1790, F. Martin ; 1798, L. Méheust ; 1800, Louis Langlais ; 1808, Julien Langlais ; 1815, Couffon de Kerdellec ; 1830, Mathurin Aumont ; 1843, P. de Trémaudan ; 1848, T. Aumont ;

1849, de Saint-Méloir, père ; 1856, de Saint-Méloir, fils, maire actuel.

MESLIN, 1,028 hab ; — bornée au N. par Coëtmieux ; à l'E. par Maroué et Landehen ; au S. par Bréhand, et à l'O. par Quessoy et Pommeret ; — traversée par le chemin de fer sur un parcours de 3,254 m., par le chemin de grande communication N° 33, d'intérêt commun N° 4 et par la petite rivière d'Evron ; — école de garçons, 41 élèves ; de filles, 38 élèves, au bourg ; — à Trégenestre, section au sud-ouest de Meslin, succursale et école mixte, 33 élèves ; — dépend de la perception de Lamballe. — Le sol de cette commune est généralement humide, lourd et difficile à cultiver. On y voit beaucoup de landes, surtout dans la partie du nord ; celle dite la Lande-du-Gras est sur un point très-élevé : on y remarque un dolmen. — L'établissement pénitentiaire de Carlan a introduit, dans cette commune, de bonnes méthodes de culture dont les laboureurs commencent à tirer profit. En raison de sa grande étendue, elle se trouve divisée en deux paroisses : celle de Meslin, proprement dite, à l'est, et celle de Trégenestre à l'ouest ; le chemin de grande communication N° 33 les joint l'une à l'autre. — *Points culminants :* Le bourg, 55 m. ; les Bourgs-Neufs, 71 m. ; Lande-du-Gras, 95 m. — *Géologie :* Granite à Trégenestre et schiste dans le reste de la commune. — *Maires :* 1791, Jean Séradin ; 1792, Jean Rouxel ; 1795,

F. Loncle ; 1798, N. Andrieu ; 1801, J. Mahé : 1805, Julien Séradin ; 1829, Louis Rouxel ; 1848, Joseph Vaultier ; 1852, L. Rouxel, maire actuel.

MORIEUX, 639 hab. ; — bornée au N. et à l'E. par Planguenoual ; au S. par Andel et Coëtmieux ; à l'O. par Hillion, dont elle est séparée par le Gouessant et par la Manche ; — traversée par le chemin de grande communication N° 3 ; — école mixte, 80 élèves ; — dépend de la perception de Lamballe ; — A l'exception des côtes qui avoisinent la mer, le sol de cette commune est assez fertile ; il est peu boisé, mais la culture est en progrès. — L'église paroissiale, dédiée à saint Gobrien, évêque de Vannes, est du xiiie siècle et curieuse à visiter ; on se prépare à la restaurer. — Le pardon de Sainte-Eugénie attire chaque année une certaine affluence de pèlerins ; il a lieu le dimanche qui suit le 16 mai. — On remarque, dans cette commune, les châteaux de Carivan, de la Ville-Gourio, du Tertre-Rogon, du Pré-Rond, etc., ainsi que la belle minoterie des Ponts-Neufs. — *Points culminants* : Le Tertre-Morin, 96 m. ; l'ancien télégraphe, 104 m. ; l'étang des Ponts-Neufs, 53 m. — *Géologie* : Granite ; roches amphiboliques au sud-ouest et au nord-ouest. — *Maires* : Ont rempli successivement ces fonctions, MM. Dayot, Le Vicomte, Jossel, Guinchard et A. Rouxel, maire actuel.

NOYAL, 515 hab.; — bornée au N. par La Poterie; à l'E. par Trégomar et Saint-Rieul; au S. par Plestan; à l'O. par Maroué, dont elle est séparée par le Gouessant; — traversée par le chemin de fer sur un parcours de 2,140 m., les routes impériales N°s 12 et 176; — école mixte, 106 élèves; — dépend de la perception de Maroué. — Le sol de cette commune est généralement plat et fertile; les champs sont plantés de pommiers qui produisent un cidre estimé. On apporte les plus grands soins à l'élève du bétail. — L'église de Noyal, dédiée à saint Sébastien, est insignifiante : elle contient cependant un tableau béni par le Saint-Père et qui mérite d'être visité. Il a été peint à Rome en 1858; c'est la copie d'un autre tableau exécuté dans cette ville à l'occasion de la promulgation du dogme de l'Immaculée-Conception. — Le château des Portes, construit, il y a 25 ans, au milieu d'une vaste lande, est aujourd'hui entouré d'avenues, de bois, de prairies, de vergers, de jardins et de cultures qui font le plus grand honneur à l'habile agriculteur qui les a créés. — Patrie du général de Goyon, commandant des troupes françaises à Rome depuis 1856, né au château de la Roche-Goyon. — *Points culminants* : La Braie, 79 m.; Boutine, 90 m.; les Portes (château), 94 m. — *Géologie* : Schiste talqueux. — *Maires* : 1790, Jean Hondé; 1801, Jean Tardivel; 1807, Gabriel Guinard; 1817, Augustin Guinard, père; 1840, A. Guinard, fils, encore maire aujourd'hui.

POMMERET, 1,249 hab.; — bornée au N. par Hillion; à l'E. par Coëtmieux et Meslin ; au S. par Quessoy, et à l'O. par Yffiniac ; — traversée par le chemin de fer sur un parcours de 3,110 m 24, par la route impériale N° 12 et par le chemin d'intérêt commun N° 4 ; — école de garçons, 70 élèves ; de filles, 67 élèves ; — dépend de la perception de Lamballe ; — foire à Carouet le 1er vendredi d'octobre. — Peut-être cette commune doit-elle son nom aux nombreux pommiers qui, depuis plusieurs siècles, sont cultivés sur son territoire et dont les produits, recherchés à plusieurs lieues à la ronde, sont une source d'aisance et de bien-être pour les laboureurs. Ces pommiers couvrent un sol profond et assez fertile, malgré l'humidité qui provient des hauts fossés plantés d'arbres dont les champs sont entourés. — L'église paroissiale est dédiée à saint Pierre. La chapelle de Notre-Dame de la Rivière est vaste et bien tenue ; sa construction remonte au xive siècle ; celle de Sainte-Anne des Ponts-Garniers est moderne. — *Points culminants* : La Ville-au-Lin, 53 m.; la Ville-Corbin, 71 m.; Mauny, 79 m. — *Géologie* : Gneiss amphibolique du terrain primitif à Peincau ; schiste talqueux au sud. — *Maires* : Ont rempli successivement ces fonctions, MM. François Cordouan, F. Chapelain, T. Chapelain, F. Le Motais, J. Botrel, M. Le Motais, G. Caurel, A. de la Villéon, et Botrel, maire actuel.

SAINT-AARON, 939 hab.; — bornée au N. par Saint-Alban et Hénansal; à l'E. par Quintenic et Trégomar; au S. par La Poterie et Lamballe; à l'O. par Andel et Planguenoual; — traversée par la route impériale N° 168, par la route départementale N° 14 et par le chemin d'intérêt commun N° 5; — école mixte, 70 élèves; — dépend de la perception de Maroué. — A l'exception de deux coteaux, sur l'un desquels le bourg est assis, dans une très-belle position, le sol de cette commune est uni; les terres sont profondes, argileuses et difficiles à cultiver; mais elles sont fertiles et dédommagent amplement les laboureurs de leurs peines. Ces derniers commencent à se servir d'instruments perfectionnés; ils se livrent avec intelligence à l'élève des chevaux. — Saint-Aaron doit son nom à un saint ermite qui vivait, au ve siècle, sur le rocher où est assis maintenant la ville de Saint-Malo et auquel l'église paroissiale est dédiée. — Les chapelles de la Baudrannière, dédiée à saint Sébastien, et de Beauregard, dédiée à la sainte Vierge, sont desservies à certains jours. — Sur la lande du Chêne-Hut est une roche aux fées qui a été explorée en 1845. — Les maisons de campagne de la Ville-Neuve et de Beauregard sont entourées de belles plantations. — Patrie de Pierre de Lamballe, archevêque de Tours en 1255. — *Points culminants* : La Grotte-aux-Fées, 107 m.; moulin du bourg, 112 m.; les Landes-de-Nais, 118 m. — *Géologie* : Schiste talqueux, et au nord-ouest, gneiss amphibolique.

— *Maires* : Ont rempli successivement ces fonctions, MM. P. Rogier, C. Puel, J. Landier, V. Guéguen, F. Guéguen, F. Rogier, P. Beaudet, M. Pincemin, F. Landier ; L. Beaudet, maire actuel.

SAINT-RIEUL, 364 hab. ; — bornée au N. par Trégomar et Plédéliac ; à l'E. par Plédéliac ; au S. par Plestan ; à l'O. par Noyal ; — traversée par la route impériale N° 176 et par le chemin d'intérêt commun N° 20 ; — sans école ; — dépend de la perception de Maroué. — La majeure partie du territoire de cette commune est plat, argileux et boisé ; l'agriculture y est en progrès ; on s'est mis à défricher, depuis quelques années, une grande partie des landes qui se trouvent entre le bourg et la route impériale ; ces travaux, couronnés de succès, permettent de supposer que le reste des terres incultes ne tardera pas à être mis en valeur. — Saint-Rieul doit son nom à un ancien disciple de saint Guénolé, saint Rioc, qui était, ainsi qu'en font foi un grand nombre de titres, patron primitif de l'église ; c'est à tort qu'on l'a remplacé par un saint Rieule ou Regulus, évêque de Senlis. L'église, qui porte des fragments du xiii° siècle, est sur le point d'être démolie ; on remarque, dans le cimetière, une belle et haute croix en granit. — *Point culminant* : Moulin de l'Etang, 71 m. — *Géologie* : Granite. — Ont été maires : MM. Corbel, Franchart, père, et Franchart, fils, maire actuel.

TRÉGOMAR, 485 hab.; — bornée au N. par Saint-Aaron et Quintenic; à l'E. par Plédéliac; au S. par Saint-Rieul et Noyal; à l'O. par La Poterie; — traversée par le chemin de grande communication N° 8; — école mixte, 45 élèves; — dépend de la perception de Maroué. — L'agriculture est, comparativement aux communes voisines, un peu arriérée à Trégomar; cela tient, sans doute, aux chemins qui lui ont fait défaut jusqu'à ce moment. Les nouvelles routes auxquelles on travaille maintenant, et dont l'une doit traverser le bourg, la mettront avant peu au niveau de ses voisines, en permettant aux engrais marins d'y pénétrer. — L'église de Trégomar a été reconstruite, en 1859, à 500 m. de l'ancienne et dans des proportions qui nous ont paru très-exiguës; c'est plutôt une chapelle qu'une église. — La chapelle de Notre-Dame de Patience n'est pas desservie. — On voit, reléguée dans un coin de l'ancien cimetière, une belle pierre tombale représentant un guerrier du xv° siècle, armé de toutes pièces. C'est l'effigie d'Olivier Le Voyer, sire de Trégomar, chambellan du duc Pierre II. — *Points culminants :* Le bourg, 78 m.; le Moulin, 82 m.; les Troches, 94 m. — *Géologie :* Roches amphiboliques. — *Maires :* En 1790, N. Gicquel; 1800, M. Petitbon; 1802, F. Desnos; 1816, H. Nourry; 1827, F. Lardoux; 1843, F. Desnos, fils, maire actuel.

Canton de Lanvollon.

Le canton de Lanvollon est borné au N. par le canton de Plouha; à l'E. par le canton d'Etables; au S. par les cantons de Châtelaudren, Plouagat et Guingamp; à l'O. par les cantons de Bégard et de Pontrieux. — Il est traversé, du sud au nord, par le Leff, et dans l'ouest, par le Trieux; par les routes départementales N° 1er de Saint-Brieuc à Morlaix, N° 5 de Guingamp à Tréguier et N° 16 de Tréméven à Pontrieux; par les chemins de grande communication N° 4 de Lanvollon à Châtelaudren, N° 12 de Guingamp à Lanvollon, N° 12 bis de Lanvollon au Portrieux, N° 54 de Guingamp à Paimpol, et par les chemins d'intérêt commun N° 2 de Lannebert à la baie de Bréhec, N° 6 de Lanvollon au Port-Moguer, N° 8 de Tressignaux à Binic, N° 21 de Pontrieux à Châtelaudren, N° 27 de la route départementale N° 16 à Châtelaudren, N° 28 de Lanvollon à Bégard et N° 57 de Lanvollon à Paimpol.

La population du canton est de 13,299 hab., sa superficie de 11,582 hect. et son revenu territorial net de 591,970 fr.

Le territoire du canton de Lanvollon est fort accidenté et sillonné de nombreux cours d'eau. Les bords du Leff et du Trieux sont escarpés et coupés transversalement par de profondes vallées. On remarque, toutefois, d'assez vastes plateaux dans les communes du Merzer, de Pléguien et de Tréguidel. — Le canton est boisé et planté de pommiers, qui produisent 1,659 hect. de cidre. — Les terres, généralement bonnes, sont cultivées avec soin et convenablement amendées. Elles donnent abondamment toutes les espèces de produits agricoles et sont un exemple frappant de ce que peuvent le progrès bien entendu et le travail intelligent secondé par des instruments aratoires perfectionnés.

Il y a 30 ans à peine, les landes dominaient dans le canton ; aujourd'hui, elles ne représentent plus que le douzième de la contenance imposable. Celles qui restent n'ont que peu de valeur et cependant elles ne laissent pas que de donner un certain revenu par les ajoncs qui les couvrent et qui servent à la nourriture des bestiaux et au chauffage.

A proximité de la côte, les cultivateurs de ce canton ont largement usé des engrais marins, et grâce à ce précieux amendement, ils ont pu substituer généralement le froment au seigle, développer la culture des plantes et racines fourragères et compléter ainsi le déficit des fourrages naturels, insuffisants pour l'alimentation des nombreux bestiaux et des forts chevaux que le canton produit et élève.

TERRES. — Revenu net moyen, par hectare, pour le canton... 47 fr.

Valeur vénale moyenne, de l'hectare, dans le canton........ 1,273 fr.

COMMUNES COMPOSANT LE CANTON.	POPULATION.	DISTANCES en kilomètres.			NOMBRE D'HECTARES des terrains imposables produisant revenu.					Terrains non productifs et non imposés. Chemins, rivières, etc. — Hectares.	NOMBRE TOTAL D'HECTARES par commune.	REVENU CADASTRAL.	PROPORTION de rehaussement pour obtenir le revenu réel.		TAUX MOYEN de l'intérêt des fonds placés.		NOMBRE			
		Du chef-lieu du département.	Du chef-lieu d'arrond'.	De Lanvollon (chef-lieu de canton.)	Jardins, courtils, vergers et sol des édifices.	Terres labourables.	Prés.	Bois et taillis.	Pâtures et landes.	TOTAL.				Pour les terres (1).	Pour les maisons, moulins et usines (2).	En terres.	En maisons, moulins et usines.	De maisons.	De moulins et usines.	De foires.	De cafés et cabarets.
												fr. c.			p. 0/0.	p. 0/0.					
Lanvollon..	1,562	23	23	»	12	323	59	14	60	468	33	501	17,770 46	2.54	2.58	4.27	4.49	324	2	7	22
Gommenech	1,210	30	30	6	10	953	72	14	72	1,121	61	1,182	26,045 82	2.48	2.51	4.29	4.09	309	4	»	5
Lannebert..	819	27	27	4	8	507	34	27	83	659	40	699	8,847 90	4.34	4.36	3.39	3.40	216	3	»	4
Le Faouët..	831	33	33	7	6	587	35	12	74	714	41	755	9,435 53	4.27	4.33	3.95	3.95	228	»	»	4
Le Merzer..	975	29	29	10	7	837	80	54	220	1,198	65	1,263	20,710 71	3.14	3.09	4.48	4.49	266	5	»	4
Pléguien....	1,805	24	24	4	11	1,180	64	48	164	1,467	82	1,549	18,644 80	3.50	3.54	3.50	3.50	425	5	»	5
Pom.-le-Vic.	3,050	29	29	9	26	2,234	164	394	305	3,123	180	3,303	101,813 20	1.34	1.40	3.15	3.14	750	10	2	14
Tréguidel...	855	18	18	6	4	532	21	28	29	614	42	656	8,791 08	3.92	3.81	3.46	3.50	207	»	»	5
Tréméven...	773	30	30	6	6	401	17	1	55	480	32	512	10,578 »	3.29	3.49	3.78	3.77	192	2	»	9
Tressignaux.	890	22	22	2	5	601	39	10	30	685	44	729	13,557 80	2.89	2.53	3.68	3.70	221	2	»	4
Trévérec....	520	30	30	6	3	344	21	5	40	410	23	433	5,889 53	4.95	4.79	4.50	4.50	129	4	»	1
TOTAUX...	13,290	»	»	»	98	8,496	606	607	1132	10,939	643	11,582	242,055 73	»	»	»	»	3,267	37	13	77

(1 et 2) Pour les notes concernant ce tableau, voir celles du tableau du canton de Saint-Brieuc (N.), pages 92 et 93.

Les progrès réels que nous signalons sont dus en grande partie à quelques hommes d'initiative et de dévouement, que le pays connaît bien, et auxquels il ne saurait refuser le tribut de sa juste reconnaissance.

Le domaine congéable ou convenancier existe dans le canton, et beaucoup de propriétés sont régies par cette ancienne coutume.

Le canton de Lanvollon appartient à la zône du littoral du département; il produit, savoir : froment, 18,486 hect.; méteil, 12,646 hect.; seigle, 9,494 hect.; orge, 7,221 hect.; avoine, 55,800 hect.; sarrasin, 21,438 hect.; pommes de terre, 25,000 hect.; betteraves, 3,200 quint. mét.; lin (en filasse), 1,288 quint. mét. — Il possède : chevaux, 2,639; taureaux, 41; vaches, 3,282; veaux, 666; moutons, 3,059; boucs et chèvres, 79; porcs, 2,435.

LANVOLLON, 1,562 hab.; — située par les 5° 19' 48" de longitude et 48° 37' 3" de latitude; — bornée au N. par Lannebert; à l'E. par Pléguien; au S. par Tressignaux; à l'O. par Goudelin, dont elle est séparée par le Leff; — traversée par la route départementale N° 1er, les chemins de grande communication Nos 4, 12 et 12 bis, et par les chemins d'intérêt commun Nos 6, 28 et 57; — école de garçons, 87 élèves; de filles, 90 élèves; salle d'asile, 98 enfants; — chef-lieu de canton et de perception; — cure de 2e classe; — bureau de poste; justice de paix.; brigade de gendarmerie à cheval ; bureau d'enregistrement pour le canton et celui de Plouha ; résidence de 2 notaires ; recette des contributions indirectes ; agent-voyer ; compagnie de pompiers ; comice agricole ; bureau de bienfaisance ; faisait partie de l'ancien évêché de Dol ; — marché le vendredi ; foires les derniers vendredis de janvier et d'avant le carême, le vendredi d'après la mi-carême et d'avant Pâques, le vendredi précédant le 24 juin, le dernier vendredi d'octobre et le vendredi d'après la Nativité. — On parle le breton. — Le territoire de la commune de Lanvollon est légèrement accidenté vers le sud-ouest, sur les rives du Leff, et assez uni partout ailleurs ; il est peu boisé. Le sol est en général de qualité inférieure, mais on l'améliore chaque jour par une culture plus soignée dans laquelle les engrais de mer entrent pour beaucoup. — La ville de Lanvollon présente deux parties très-distinctes, formées de deux vastes places qui sont séparées par une rue de peu de longueur. Sa position éloignée des autres chefs-lieux de canton la rend très-commerçante. Plusieurs industries y sont très-florissantes, notamment la fabrique d'instruments aratoires créée par M. Bourel-Roncière. Favorisée par de belles routes qui y abordent de tous côtés, ses marchés et ses foires ont acquis une certaine importance. Les lins bruts et peignés, les fils et les étoupes et même les chiffons donnent lieu à beaucoup d'affaires ; on y débite une pâtisserie en vogue dans le pays, appelée gâteau de Lanvollon. — L'église de Lanvollon est dédiée à saint Brandan ; on y remarque des piliers cylindriques surmontés de chapiteaux qui accusent l'époque romane ; sa maîtresse vitre est fort belle et remonte au xiv® siècle ; dans son réseau, apparaît l'écusson de l'antique baronnie d'Avaugour. — La tradition assure que saint Thurian, évêque de Dol au viii® siècle, est né dans cette commune. — Lanvollon possède plusieurs belles maisons : la plus curieuse et la plus ancienne se trouve à l'angle de l'une des places ; elle porte la date de 1559 et le nom d'Hôtel-Kératry. Ses deux façades en bois sont décorées de belles sculptures de la Renaissance. — *Point culminant* : La ville, 94 m. — *Géologie* : Constitution granitique ; poudingues argileux ; conglomérats friables de schiste et de quartz. — *Maires* : 1790, N. Sallou ; 1791, F. Gicquel ; an ii, F. Couffon ; an iv, Lostic ; an vii, Le Douarec ; 1808, J. Salaün ; 1815, Y. Couffon ; 1826, J. Salaün ; 1835, F. Duval ; 1848, M. Le Guen ; 1852, P. Drillet ; 1855, F. Duval, fils.

GOMMENECH, 1,210 hab.; — bornée au N. par Trévérec ; à l'E. par Lannebert, dont elle est séparée par le Leff ; au S. par Goudelin, et à l'O. par Pommerit-le-Vicomte ; — traversée par le chemin de grande communication N° 54 et par le chemin d'intérêt commun N° 27 ; — école de garçons, 49 élèves ; de filles, 22 élèves ; —

dépend de la perception de Lanvollon ; — on parle le breton ; — faisait partie de l'ancien évêché de Tréguier. — Le sol de cette commune est généralement plat, sauf quelques monticules situés sur les bords du Leff. L'agriculture y est en progrès ; on y récolte des céréales de toute espèce et du lin de très-bonne qualité. Les pommiers y sont cultivés sur une grande échelle et leur produit fournit le cidre le plus estimé du pays. — L'église paroissiale porte la date de 1722, mais sa tour est un peu plus ancienne ; elle est dédiée à saint Guy. On y remarque un tombeau en marbre blanc, érigé à la mémoire de M. Damour, ancien recteur. — La chapelle de Notre-Dame de Douarnec, dont la fête se célèbre le 2e dimanche de septembre, mérite d'être visitée à cause de sa belle verrière ; son pardon est très-fréquenté et dure quatre jours. — Les anciennes chapelles de Saint-Pierre, de Lockrist et de Saint-Eutrope n'existent plus. — Les rivières du Leff et de Goazel sont très-poissonneuses dans la traverse de cette commune. — *Points culminants* : Le bourg, 89 m.; Kerbiblion, 75 m.; Kerbars, 70 m. — *Géologie* : Schiste modifié par le granite. — *Maires* : Ont rempli successivement ces fonctions, MM. P. Duval, Guézou, Morice, Le Bourdellès (père), G. Le Bars et Le Bourdellès (fils), maire actuel.

LANNEBERT, 819 hab.; — bornée au N. par Pludual;

à l'E. par Pléguien ; au S. par Lanvollon ; à l'O. par Gommenech et Tréméven ; — traversée par la route départementale N° 1er, le chemin vicinal de grande communication N° 54 et les chemins d'intérêt commun N°s 2 et 57 ; — école de garçons, 45 élèves ; de filles, 15 élèves ; — dépend de la perception de Lanvollon ; — on parle le breton. — Le sol de cette commune, quoique découvert, est un peu humide, mais assez fertile ; son église paroissiale est du xviiie siècle et dédiée à saint Evence, prêtre et martyr, dont la fête est célébrée le 3 mai. — De toutes les chapelles qui existaient autrefois en cette commune, il ne reste que celle de Notre-Dame de Liscorno, dont le pardon a lieu le 3e dimanche de septembre et attire un grand nombre de pèlerins. — *Points culminants* : Le bourg, 88 m. ; la Boissière, 91 m. — *Géologie* : Constitution granitique. — *Maires* : Ont rempli successivement ces fonctions, MM. Le Hénaff, Guégan, Rivoal, Challony, Le Guen, Beauverger et Le Guen, maire actuel.

LE FAOUET, 831 hab. ; — bornée au N. par Quemper-Guézennec ; à l'E. par Lanleff et Tréméven, dont elle est séparée par le Leff ; au S. par Trévérec et Saint-Gilles-les-Bois ; à l'O. par Saint-Clet ; — traversée par la route départementale N° 16 et par le chemin d'intérêt commun N° 27 ; — école de garçons, 47 élèves ; de filles, 55 élèves ; — dépend de la perception de Lanvollon ; —

on parle le breton ; — faisait partie de l'ancien évêché de Tréguier. — Le territoire du Faouët est assez boisé, bien planté de pommiers et accidenté au nord et à l'est. L'agriculture y est en progrès ; indépendamment de l'élève du bétail et des chevaux, qui y est l'objet de soins particuliers, l'agriculture y est traitée avec succès. — L'église paroissiale, dédiée à saint Hervé, possède un bel autel en bois sculpté. — La chapelle de Notre-Dame de Kergrist est une construction assez remarquable du XVe siècle ; son pardon a lieu le dernier dimanche de septembre. — On remarque, dans cette commune, les bois et le château moderne de Kervasdoué. — *Points culminants* : Kerlivan, 69 m. ; Kergrist, 83 m. ; Kervasdoué, 71 m. — *Géologie* : Schiste argileux au nord ; gneiss et ilot granitique au sud. — *Maires* : 1790, MM. Yves Boizard ; 1800, G. Menguy ; 1803, J. Boizard ; 1820, J. Le Bars ; 1824, V. Gouriou ; 1848, F. Pierre ; 1855, V. Gouriou.

LE MERZER, 975 hab. ; — bornée au N. par Pommerit-le-Vicomte ; à l'E. par Goudelin et Bringolo ; au S. par Saint-Jean-Kerdaniel ; à l'O. par Saint-Agathon ; — traversée par le chemin de grande communication No 12 et par le chemin d'intérêt commun No 21 ; — école de garçons, 54 élèves ; dépend de la perception de Lanvollon ; — on parle le breton ; — faisait partie de l'ancien évêché de Tréguier. — La commune du Merzer est très-boisée et bien plantée de pommiers ; elle offre partout, généralement, une surface plane. La culture y est en progrès depuis quelque temps. On dit que son nom, qui signifie *Le Martyre*, fut donné primitivement à l'église paroissiale par un seigneur du Trsou, qui l'avait fait construire en expiation d'un meurtre commis sur la femme d'un de ses tenanciers. Cette église, rebâtie en grande partie au xvi° siècle, est dédiée à la sainte Vierge ; son pardon a lieu le dimanche qui suit le 8 septembre. — On conserve au Merzer le souvenir d'un homme de bien, François Le Grand-Fèvre, décédé en 1821, lequel passa sa vie à rendre service à ses concitoyens, à empêcher les procès qui pouvaient s'élever entre eux, et à maintenir constamment le bon accord dans sa commune. — *Points culminants* : Le bourg, 107 m.; Pont-ar-Manach, 127 m.; Laujou, 139 m. — *Géologie* : Granite et roches amphiboliques. — *Maires* : Ont rempli successivement ces fonctions, MM. F. Le Grand-Fèvre ; Keruzec ; F. Le Goux ; J. Thiéry ; Y. Ferchal et Y. Le Pape, maire actuel.

PLÉGUIEN, 1,805 hab. ; — bornée au N. par Pludual et Plouha ; à l'E. par Plourhan et Lantic ; au S. par Tréguidel ; à l'O. par Lanvollon et Lannebert ; — traversée par le chemin de grande communication N° 12 *bis* et par le chemin d'intérêt commun N° 6 ; — école de garçons, 79 élèves ; de filles, 94 élèves ; — dépend de la perception de Lanvollon ; — on parle le breton. — Le territoire de la commune de Pléguien (paroisse blanche) est peu boisé, à l'exception de la partie centrale qui forme une sorte de concavité, ce qui la rend froide et humide. Le sol y est amélioré depuis quelques années par une culture mieux entendue. — L'église de Pléguien, dédiée à la sainte Vierge, a été reconstruite en 1833 ; on a eu soin d'y replacer deux fenêtres de l'ancienne église, l'une du xiv°, l'autre du xvi° siècle. — Les chapelles de Sainte-Anne et de Saint-Gouëno sont desservies à certains jours ; cette dernière dépend du château du Bois-de-la-Salle, vaste et régulière construction du siècle dernier, entourée de très-beaux bois. Dans l'un de ces bois existe encore une enceinte fortifiée que l'on fait remonter à l'époque romaine. — *Points culminants* : Kerhire, 90 m.; la Métairie-Neuve, 106 m.; Kergolot, 80 m.; Poul-ar-Gasse, 38 m. — *Géologie* : Schiste modifié par le granite au sud, et talqueux à l'extrême sud ; granite à l'ouest. — *Maires* : Ont rempli successivement ces fonctions, MM. F. Taton, O. Taton, O. Kerimel, N. Le Febvre, J. Le Troquer, Méhérenc de Saint-Pierre, J. Drillet, J.-M. Pérédo, maire actuel.

POMMERIT-LE-VICOMTE, 3,050 hab.; — bornée au au N. par Saint-Clet et Saint-Gilles-les-Bois ; à l'E. par Gommenech et Goudelin ; au S. par Le Merzer et Saint-Agathon ; à l'O. par Pabu, Trégonneau et Squiffiec ; — le

Trieux la sépare de ces deux dernières communes ; — traversée par la route départementale N° 5 , le chemin de grande communication N° 54 et les chemins d'intérêt commun N° 21 et N° 28 ; — école de garçons, 89 élèves ; de filles, 80 élèves ; — dépend de la perception de Lanvollon ; — résidence d'un notaire ; — on parle le breton ; — faisait partie de l'ancien évêché de Tréguier ; — foires le lundi après le 3e dimanche d'août et le lundi après le 1er dimanche d'octobre. — Cette commune est aussi appelée Pommerit-les-Bois, parce qu'elle est en effet très-couverte d'arbres. Le sol en est uni au centre et vers le sud, mais il est accidenté et très-pittoresque dans le nord. Bien qu'humide et marécageux en grande partie, il est parfaitement cultivé et donne des produits considérables en céréales de toute espèce ; beaucoup de prairies artificielles fournissent également d'abondantes récoltes fourragères. — L'église de Pommerit-le-Vicomte est dédiée à saint Pierre et à la sainte Vierge ; on y remarque une très-belle maîtresse vitre du xive siècle, veuve maintenant de sa verrière. Sa tour, surmontée d'une haute flèche en granit, date de 1712 ; le pardon de cette église commence le 1er dimanche d'octobre et dure trois jours. — La chapelle du Paradis est un bel édifice du xvie siècle ; celle du Folgoat, un peu plus ancienne, est un lieu de pèlerinage très-fréquenté. — Pommerit-le-Vicomte était autrefois le chef-lieu d'une importante seigneurie ayant le titre de vicomté ; sa juridiction s'étendait non-seulement sur cette paroisse, mais encore sur celles de Saint-Gilles, Gommenech, Le Merzer, Le Faouët, Quemper-Guézennec et Saint-Clet. Elle appartint primitivement à la maison du Châtellier et passa ensuite dans celles du Chastel, Gouyon de la Moussaye et Durfort, duc de Lorges, dont les armes, appuyées sur le bâton de maréchal de France, ornent encore le portail de l'église de Pommerit. — Près du château de Kbic, et au milieu de belles plantations, on remarque un dolmen. — Geoffroy de Coëtmoisan ou de Kmoisan, évêque de Quimper en 1358 et de Dol en 1374, et Jean Le Brun, aumônier du duc Jean IV et mort évêque de Tréguier en 1378, sont nés en cette commune. — *Points culminants* : Le bourg, 102 m. ; Kvec, 106 m. ; Klan, 117 m. — *Géologie* : Constitution granitique ; roches amphiboliques ; argile propre à la poterie. — *Maires* : 1800, Jean Le Page ; 1801, Y. Le Tanaff ; 1802, F. Ellien ; 1808, L. Marquier ; 1826, A. Floyd ; 1830, J. Mazé ; 1832, J. Le Page ; 1846, Al. Floyd ; 1852, Ad. Floyd.

TRÉGUIDEL, 855 hab. ; — bornée au N. par Pléguien ; à l'E. par Lantic ; au S. par Plélo ; à l'O. par Tressignaux ; — traversée par la route départementale N° 1er et le chemin d'intérêt commun N° 8 ; — école mixte, 111 enfants ; — dépend de la perception de Lanvollon ; — La commune de Tréguidel doit son nom au patron de son église paroissiale, saint Guénaël, 2e abbé de Landévennec ; elle est très-boisée ; le sol en est plat et humide, mais bien cultivé. — La chapelle Saint-Pabu ou Tugdual est un édifice du xv° siècle qui mérite d'être visité. — *Points culminants*: Kvitel, 101 m ; Katroua, 106 m.— *Géologie*: A l'ouest, schiste talqueux, modifié par le granite. — *Maires*: Ont successivement rempli ces fonctions, MM. Y. Médic, J.-M. Hérisson, O. Héry, Y. Gicquel, O. Héry, maire actuel.

TRÉMÉVEN, 773 hab. ; — bornée au N. par Lanleff et Pléhédel ; à l'E par Pludual ; au S. par Lannebert ; à l'O. par Trévérec et le Faouët, dont elle est séparée par le Leff ; — traversée par les routes départementales N° 1er et N° 16, et par le chemin de grande communication N° 54 ; — école mixte, 74 enfants ; — dépend de la perception de Lanvollon ; — on parle le breton ; — foires (à Saint-Jacques) le 15 janvier, le 16 avril, le 24 juillet et le 15 octobre. — Le territoire de cette commune est nu, découvert et très-accidenté, à l'exception de la partie du midi qui est légèrement plane, un peu boisée et aussi plus fertile que les autres. — Tréméven doit son nom à saint Méen ou Méven, patron de l'église paroissiale. — La chapelle Saint-Jacques, au village de ce nom, est vaste et monumentale, elle date des xv° et xvi° siècles ; près d'elle se trouve une belle fontaine décorée de la statue du saint. — On remarque dans cette commune les ruines de l'ancienne forteresse de Coëtmen, située dans une position très forte et dominant le Leff. La tour commandant l'entrée principale existe encore en partie, ainsi qu'un énorme donjon. Ces constructions remontent au commencement du xiie siècle. — *Points culminants :* Coëtmen, 86 m.; le bourg, 58 m.; la Tournée, 78 m. — *Géologie :* Granite et roches amphiboliques dans le nord-est. — *Maires :* Ont rempli successivement ces fonctions, MM. Yves Le Floch, Charles Floury, Jean Le Treust, C. Jézéquel, F. Le Floch, Y. Hello et V. Camio, maire actuel.

TRESSIGNAUX, 890 hab.; — bornée au N. par Lanvollon; à l'E. par Pléguien et Tréguidel; au S. par Plélo; à l'O. par Goudelin, dont elle est séparée par le Leff; — traversée par la route départementale N° 1er, par le chemin de grande communication N° 4 et par le chemin d'intérêt commun N° 8; — école de garçons, 45 élèves; de filles, 40 élèves; — dépend de la perception de Lanvollon; on parle le breton. — Le sol de la commune de Tressignaux est pierreux et d'une culture difficile; néanmoins l'agriculture y est en progrès; beaucoup de landes ont été défrichées depuis quelques années et rémunèrent par leurs produits les efforts des cultivateurs. — Saint Suliac ou Suliau, abbé et patron de l'église, a donné son nom à cette commune qui possède encore les chapelles dites de la Trinité, de Saint-Yves et de Saint-Antoine; cette dernière, la plus remarquable des trois, a un bas-côté et sa construction remonte au XIVe siècle. C'est un lieu de pèlerinage très-fréquenté, surtout à l'époque du pardon, qui a lieu le 1er dimanche de septembre. — On révère dans cette commune la mémoire de M. Jacques Le Friec, ancien recteur, dit le Bon-Père, mort en odeur de sainteté en 1735; beaucoup de mères conduisent leurs enfants à son tombeau. — *Points culminants* : La Lande, 100 m. ; Kloc, 99 m. — *Géologie* : Schiste modifié par le granite. — Le 30 août 1816, une femme trouva dans un champ une pépite d'or natif sur gangue de quartz blanc; elle est depuis lors déposée au musée des mines à Paris. — *Maires* : An IX, G. Monjarret; an XII, G. Artur; 1808, J. Monjarret; 1815, G. Caruel; 1816, L. Gautier; 1820, J. Monjarret; 1831, L. Gautier; 1832, F. de Kmasson; 1846, J. Monjarret; 1847, J. Hérisson; 1851, G. Le Nabour, maire actuel.

TRÉVÉREC, 529 hab.; — bornée au N. par Le Faouët; à l'E. par Tréméven, dont elle est séparée par le Leff; au S. par Gommenech; à l'O. par Saint-Gilles-les-Bois; — traversée par le chemin d'intérêt commun N° 27; — école de garçons, 41 élèves; de filles, 30 élèves; — dépend de la perception de Lanvollon; — on parle le breton; — faisait partie de l'ancien évêché de Tréguier. — Le territoire de cette commune est légèrement accidenté, boisé et planté de pommiers. Le sol y est fertile, très-bien cultivé; on n'y voit plus de landes et l'agriculture y est des mieux entendues. Ce progrès est dû principalement aux efforts de feu M. Pierre Ollivier, ancien maire, qui consacra sa vie à introduire dans sa commune les meilleures méthodes et les instruments perfectionnés. — L'église de Trévérec est dédiée à saint Véran, évêque de Vence au v{^{e}} siècle, qui a donné son nom à la commune. — L'ancienne et belle chapelle de Pont-Men n'existe plus. — Tumulus près de Lesvérec. — *Point culminant* : Le bourg, 87 m.; *Géologie* : Schiste modifié par le granite. — *Maires* : Ont exercé successivement ces fonctions, MM. Marion, Y. Loutrage, T. Bellégo, T. Le Bars, M. Le Treust, J. Artur, P. Ollivier, père, et P. Ollivier, fils, maire actuel.

Canton de Moncontour.

Le canton de Moncontour est borné au N. par les cantons de Saint-Brieuc (midi) et de Lamballe; à l'E. par les cantons de Jugon et de Collinée; au S. par le canton de Plouguenast; à l'O. par le canton de Plœuc. — Il est traversé par la route impériale N° 168 de Quiberon à Saint-Malo; la route départementale N° 6 de Moncontour à la Grève d'Yffiniac; les chemins de grande communication N° 5 de Moncontour à Corlay, N° 10 de Saint-Brieuc à Moncontour, N° 22 de Lamballe à Collinée, N° 33 de Lamballe à Quintin, N° 42 de Moncontour à Merdrignac, N° 44 de Corlay à Jugon, et par les chemins d'intérêt

— Revenu net moyen, par hectare, pour le canton. 32 fr. 39 — Valeur vénale moyenne, de l'hectare, dans le canton...... 929 fr.

COMPOSANT LE CANTON.	POPULATION.	DISTANCES en kilomètres.			NOMBRE D'HECTARES des terrains imposables produisant revenu.						Terrains non productifs et non imposés. Chemins, rivières, etc. — Hectares.	NOMBRE TOTAL D'HECTARES par commune.	REVENU CADASTRAL.	PROPORTION de rehaussement pour obtenir le revenu réel.		TAUX MOYEN de l'intérêt des fonds placés.		NOMBRE		NOMBRE	
		Du chef-lieu du département.	Du chef-lieu d'arrond.	De Moncontour (chef-lieu de canton.)	Jardins, courtils, vergers et sol des édifices.	Terres labourables.	Prés.	Bois et taillis.	Pâtures et landes.	TOTAL.				Pour les terres.	Pour les maisons, moulins et usines.	En terres.	En maisons, moulins et usines.	De maisons.	De moulins et usines.	De foires.	De cafés et cabarets.
													fr. c.	p.º/₀.	p.º/₀.						
ncontour	1,438	25	25	»	20	9	7	»	4	40	8	48	13,184 46	2.72	2.80	3.44	4.03	355	5	7	34
éband...	2,078	27	27	7	54	1,937	169	35	179	2,374	121	2,495	35,069 33	3.09	3.08	3.48	4.08	444	9	»	6
non...	3,130	25	25	6	87	2,583	407	138	668	3,883	204	4,087	74,148 76	1.82	2.23	3.52	4.09	606	22	»	8
nguily...	411	37	37	12	12	772	51	17	155	1,007	41	1,048	13,089 36	2.92	3.88	3.47	4.77	108	1	»	1
essoy...	2,965	18	18	»	54	2,177	182	74	305	2,792	131	2,923	44,987 10	2.36	2.77	3.54	3.99	646	8	»	11
Carreuc.	1,170	15	15	10	21	787	97	23	295	1,223	46	1,269	19,315 85	1.87	2.79	3.48	4.16	309	9	»	5
nt-Glen..	840	35	35	10	21	672	75	8	254	1,030	48	1,078	11,817 66	2.78	3.98	3.48	4.04	193	6	»	4
Trimoël.	638	32	32	7	8	654	57	5	72	796	39	835	11,138 17	3.34	2.72	3.48	4.33	137	6	»	»
ébry...	1,556	31	31	6	51	1,426	207	44	672	2,400	110	2,510	23,334 10	2.85	2.93	3.49	4.08	390	9	»	3
édaniel..	1,055	26	26	1	32	873	159	42	372	1,478	62	1,540	23,674 33	2.19	2.62	3.50	4.08	207	6	»	5
TOTAUX...	15,281	»	»	»	360	11,890	1144	386	2976	17,023	810	17,833	269,759 12	»	»	»	»	3,392	81	7	77

(1 et 2) Pour les notes concernant ce tableau, voir celles du tableau du canton de Saint-Brieuc (N.), pages 92 et 93.

commun N° 4 d'Yffiniac à Collinée, N° 19 de Saint-Brieuc à Plœuc et N° 64 de Saint-Trimoël aux Ponts-Neufs.

La population du canton est de 15,281 hab., sa superficie de 17,835 hect. et son revenu territorial net de 644,907 fr.

Le territoire du canton de Moncontour, arrosé par les rivières le Gouessant et l'Evron, nu et découvert dans ses parties nord et est, élevé, très-accidenté, coupé de vallées profondes, comprend une partie du versant nord des montagnes du Menez, où se trouve Bel-Air, situé à 340 mètres au-dessus du niveau de la mer et l'un des points principaux de triangulation des cartes de France de Cassini et de l'état-major. — Fertile, contenant de bonnes prairies, produisant d'excellents chevaux; bien boisé et planté de pommiers qui fournissent 13,800 hect. de cidre; il est susceptible de grandes améliorations agricoles.

Le canton de Moncontour appartient à la zône intermédiaire du département; avant la chute du commerce des toiles, il avait une certaine importance industrielle qu'il a complétement perdue, mais dont il trouvera la compensation dans les progrès de son agriculture.

Sa production s'établit ainsi : froment, 11,409 hect.; méteil, 2,587 hect.; seigle, 14,975 hect.; avoine, 26,882 hect.; sarrasin, 39,370 hect.; pommes de terre, 5,930 hect.; betteraves, 400 quint. mét. — Il possède : chevaux et juments, 2,841; taureaux, 58; vaches, 5,107; veaux, 1640; moutons, 6,844; porcs, 2,845.

MONCONTOUR, 1,458 hab.; — située par les 4° 58' 42' de longitude et par les 48° 22' 55' de latitude; — bornée au N. par Hénon; à l'E. par Trédaniel; au S. et à l'O. par Plémy; — traversée par la route impériale N° 168; — école de garçons, 248 élèves; de filles, 222 élèves; — 2 ouvroirs, 50 élèves; — chef-lieu de canton et de perception; — justice de paix; cure de 2e classe; bureau de poste et relai; brigade de gendarmerie à cheval; bureau d'enregistrement pour le canton; résidence de 5 notaires; recette des contributions indirectes; station d'étalons impériaux; subdivision de pompiers; hospice et bureau de bienfaisance; marché le lundi; foires le 1er lundi de mai, le 2e lundi de juin, les 3es lundis de juillet et de septembre, le 2e lundi d'octobre, les 1ers lundis de novembre et de décembre. — La ville de Moncontour était autrefois l'une des plus fortes places de Bretagne; en effet, sa situation au point de rencontre de deux vallées et sur un mamelon escarpé la rendait presque inexpugnable. On y pénétrait par trois portes dont on reconnaît l'emplacement, et son enceinte était, de distance en distance, protégée par des tours qui sont encore debout en partie; un donjon ou château complétait ce système de défense qui ne put être entamé par les divers siéges que la place eut à subir, notamment en 1394, 1487 et 1590. La paix lui fut plus fatale que la guerre, et le roi Louis XIII ordonna sa démolition en 1624. En revanche, Moncontour a conservé son église du xvie siècle, dédiée à saint Mathurin, et dont cinq fenêtres contiennent des verrières qui peuvent être comparées à tout ce qui existe de plus beau en ce genre; elles portent la date de 1535 et représentent des scènes de la vie de Notre-Seigneur, de saint Yves, de sainte Barbe, de saint Mathurin et un arbre de Jessé. — Parler de cette ville, c'est rappeler le pèlerinage à saint Mathurin, qui attire de si nombreux fidèles des Côtes-du-Nord et des départements voisins, ainsi que le célèbre pardon qui s'y tient à cette occasion, le lundi de la Pentecôte. Parmi les établissements publics de Moncontour, il faut surtout citer l'hospice civil tenu par les Dames de Saint-Thomas : situé sur un point culminant, remarquable par la bonne entente de ses dispositions intérieures, ses belles dépendances et son vaste enclos. — La chute de la fabrication et du commerce des toiles a grandement affecté cette ville. Elle possède maintenant une belle amidonnerie, fondée par M. Veillet; cinq tanneries, constamment occupées; quatre moulins à blé, un à tan et un à fouler. Un certain nombre de particuliers se livrent à la fabrication des cardes, elles sont très-recherchées. — Patrie de François Le Douaren, savant jurisconsulte; de Poullain de Belair, célèbre avocat, né en 1661, et de l'économiste Juignet. — *Point culminant :* La Vigne, 93 m. — *Géologie :* Constitution granitique. — *Maires :* Ont rempli successivement ces fonctions, MM. Montjarret-Kjégu, Lavergne, Monjarret Kjégu fils, Doré-Gaubichaye,

Veillet, Drouadaine, Lavergne fils, Mary, Guérin-Vilaubreil, maire actuel.

BRÉHAND, 2,078 hab.; — bornée au N. par Meslin et Landehen; à l'E. par Saint-Trimoël; au S. par Trébry et Trédaniel; à l'O. par Hénon et Quessoy; — traversée par la route impériale N° 168, par le chemin de grande communication N° 44 et par le chemin d'intérêt commun N° 4; — école de garçons, 107 élèves; de filles, 112 élèves; — dépend de la perception de Trédaniel; — subdivision de pompiers. — Cette commune est boisée et bien plantée de pommiers. L'agriculture y est en progrès; les prairies sont tenues avec beaucoup de soin; presque toutes les landes ont disparu : de là, la naissance de deux branches importantes de commerce, les cidres et les beurres qui sont très-estimés et recherchés sur les marchés voisins. — L'église de Bréhand, refaite à diverses époques, a conservé des piliers et des arcades du xiv° siècle; elle est dédiée à la sainte Vierge. — La chapelle de Saint-Malo est du xv° siècle, mais elle n'est pas desservie. — On remarque dans cette commune les châteaux de Launay, du Chêne et du Boishardy. — Les huit moulins à eau, qui se trouvent en Bréhand, disposent d'une force motrice de 42 chevaux. — Patrie du capitaine royaliste Le Bras des Forges, dit Boishardy. — *Points culminants* : Côte Rainon, 121 m.; les Landes, 119 m.; la Chenaie, 112 m. — *Géologie* : Constitution granitique au sud et schiste talqueux au nord. — *Maires :* Ont successivement rempli ces fonctions, MM. Vieuxloup, Guéguen, F. Garnier, Hercouët, J. Garnier, F. Le Grand, P. Hervé, R. de Foucaud, Dulorin, Mauvoisin, F. Poilpré, L. de Foucaud.

HÉNON, 3,130 hab. ; — bornée au N. par Plédran et Quessoy, à l'E. par Bréhand et Trédaniel ; au S. par Moncontour, Plémy et Plœuc ; à l'O. par Saint-Carreuc ; — traversée par la route départementale N° 6, les chemins de grande communication N° 10 et N° 33, et le chemin d'intérêt commun N° 19 ; — école de garçons, 101 élèves ; de filles, 63 élèves ; — dépend de la perception de Moncontour ; — compagnie de pompiers. — Le territoire de cette commune est montueux et accidenté ; de larges et profondes vallées le coupent en tous sens, néanmoins il est bien boisé. Agriculture stationnaire, les cultivateurs n'ayant pas encore abandonné leurs anciens systèmes ; grande quantité de terres incultes. — L'église de Hénon, dédiée à saint Pierre, porte la date de 1773 ; sa tour est belle pour l'époque où elle a été construite. — Les chapelles de Saint-Germain, de la Ville-Erion et du Port-Martin sont desservies à certains jours ; il existe aussi plusieurs chapelles privatives. — Cette commune possède plusieurs châteaux dignes d'être remarqués : nous citerons principalement ceux des Granges, de Catuélan, de la Nyauvais, du Colombier, de la Ville-

Chaprón et de la Braize. — Patrie de M. Dumerdy de Catuélan, 1er président du parlement de Bretagne à la fin du siècle dernier. — Les nombreux cours d'eaux qui parcourent la commune font mouvoir huit moulins dont un à fouler ; ils réunissent une force motrice de 58 chevaux. — *Points culminants* : La Haute-Braize, 254 m.; la Brouxe, 243 m.; le bourg, 156 m. — *Géologie* : Schiste talqueux au nord, et dans les autres parties, granite. — *Maires* : 1793, Boinet ; 1802, Hémery ; 1816, Visdeloup de Bédée ; 1830, J. Richecœur ; 1832, P. Richecœur ; 1849, de Catuélan ; 1850, de Belizal ; 1855, Morin ; 1859, Cte Harscouet.

PENGUILY, anciennement l'*Atle des Haies*, 411 hab.; — bornée au N. par La Malhoure ; à l'E. par Plénée-Jugon ; au S. par Le Gouray ; à l'O. par Saint-Glen et Saint-Trimoël ; le Gouessant la sépare de cette dernière commune ; — traversée par les chemins de grande communication No 22 et No 44, le premier du N. au S., le second de l'E. à l'O. ; — école de garçons, 47 élèves; de filles, 37 élèves ; — dépend de la perception de Trédaniel ; — Cette commune est formée d'une ancienne section ou trève de Saint-Glen. — Sa chapelle était dédiée à saint Théodule ; tombée en ruines, elle a été reconstruite en 1847, sous l'invocation de la sainte Vierge, aux frais et par les soins de M. Le Bel de Penguily ; c'est aujourd'hui l'église paroissiale. Cependant, depuis le concordat de 1802, cette commune a été réunie pour le spirituel à celle de Saint-Glen, dont elle s'est séparée en 1845. Elle fut alors érigée en succursale, puis agrandie en 1855 d'une section de la commune de Plénée-Jugon. — Le sol de Penguily est plat et généralement humide; il est bien boisé, mais il contient encore beaucoup de landes. — Châteaux modernes de Penguily et de la Saudraye. — *Points culminants :* La Haie-Durand, 154 m.; le Chêne, 152 m. — *Géologie :* Constitution granitique. — *Maires :* Ont rempli successivement ces fonctions, MM. F. Poilvet, G. Corbel, J. Fourchon, A. Le Bel de Penguily, F. Lucas, maire actuel.

QUESSOY, 2,965 hab.; — bornée au N. par Yffiniac; à l'E. par Pommerit, Meslin et Bréhand-Moncontour; au S. par Hénon; à l'O. par Plédran; — traversée par la route départementale N° 6 et par les chemins de grande communication N° 10 et N° 33; — école de garçons, 119 élèves; de filles, 82 élèves; — école spéciale pour les enfants assistés des deux sexes, 36 élèves; — dépend de la perception de Moncontour; — compagnie de pompiers. — Territoire élevé et très-accidenté, coupé par un grand nombre de vallées, passablement boisé et bien planté de pommiers. — Quessoy est une paroisse très-ancienne qui figure dans une charte du duc Conan IV, en 1169, à l'occasion d'un de ses villages, l'Hôpital, qui faisait primitivement partie d'une commanderie de Templiers. L'église paroissiale, dédiée à sainte Anne, reconstruite en 1858, est vaste, mais n'offre aucun intérêt. — La chapelle de l'Hôpital, dédiée à saint Jean, a quelques parties du xiv° siècle ; celle de Saint-Blaise est du xv°, et celle de Crézouar porte la date de 1769. — En dehors de leurs travaux de labour, les cultivateurs de Quessoy se livrent à la confection des chapeaux de paille qui se vendent en très-grande quantité, pendant le mois de mai, sur les marchés de Saint-Brieuc, Lamballe et Moncontour, d'où ils sont répandus dans une partie du département. — Châteaux de Bogar, remarquable par les belles plantations qui l'entourent, de Clio, de la Fontaine Saint-Père, de Beauchêne, de la Houssaye et de la Planche. — *Points culminants* : Les Touches, 149 m. ; le Pendu, 148 m. ; le bourg, 107 m. — *Géologie* : Granite au sud et à l'ouest ; au sud-ouest, schiste talqueux ; à 1 kilom. au nord du bourg, eurite. — *Maires* : Ont successivement rempli ces fonctions, MM. Dégéraut, Sort, N. Le Moine, A. de Saint-Père, P. Tréhorel, J. Gerno, J. Corduan, J. Gibet, J. Boivin, R. Le Moine, R. Duplessix de Grénédan, maire actuel.

SAINT-CARREUC, 1,170 hab. ; — bornée au N. par Plédran ; à l'E. par Hénon ; au S. par Ploeuc ; à l'O. par Plaintel ; — traversée par le chemin de grande communication N° 33 et par le chemin d'intérêt commun N° 19 ; — école de garçons, 28 élèves ; de filles, 37 élèves ; —

dépend de la perception de Moncontour. — Cette petite commune était autrefois une trève de Plédran ; elle fut érigée en paroisse en 1616, et depuis ce temps elle a conservé son autonomie. — Territoire élevé, découvert et accidenté ; agriculture en retard ; assolement triennal avec repos de trois ou six années, suivant la qualité des terres. Les nombreuses prairies qu'on y rencontre, toutes situées dans des vallées, pourraient être améliorées par un aménagement mieux entendu des cours d'eau. — L'église paroissiale, dédiée à saint Etienne, est petite et date du XVIIe siècle ; la chapelle de Saint-Guéhen est du XVIe. — Le château du Plessix-Budes, reconstruit en 1860, a vu naître, en 1602, le maréchal Budes de Guébriant. — Tumulus près de la Sencye. — *Points culminants* : Le Bas-Jouan, 250 m. ; la Ville-Degan, 214 m.; le Plessis, 205 m. — *Géologie* : Granite, schiste talqueux au sud-est ; plusieurs carrières fournissent un granite de nuance bleue, tacheté de quartz laiteux d'un très-bel effet. — *Maires* : Ont rempli successivement ces fonctions, MM. Philippe, Talibart, Colombier, Cotillard, Picot de Plédran, Le Minier, Rouxel, Morcel, Le Creurer, Cotillard.

SAINT-GLEN, 840 hab. ; — bornée au N. et à l'E. par Penguily ; au S. par le Gouray et Collinée ; à l'O. par Trébry et Saint-Trimoël, dont elle est séparée par le Gouessant ; — traversée par le chemin de grande communication N° 42 dans le S. et N° 44 dans le N., et par le chemin d'intérêt commun N° 4 du N. au S. ; — école de garçons, 44 élèves ; de filles, 60 élèves ; — dépend de la perception de Trédaniel ; — résidence d'un notaire ; — faisait partie de l'ancien évêché de Dol. — Située sur le versant nord du Menez, cette commune contient encore une grande quantité de landes et de terres incultes. Son territoire est accidenté ; on cultive le froment dans les parties basses et le seigle sur les hauteurs ; il produit en outre beaucoup de sarrasin. — L'église de Saint-Glen, sous l'invocation de saint Nicodème, n'offre rien de remarquable. — Près de la Haie-aux-Lions on voit deux tumulus assez bien conservés. — *Points culminants :* Les Trois-Croix, 316 m. ; la Ville-Angevin, 235 m. ; les Rochers, 160 m. — *Géologie :* Constitution granitique. — *Maires :* 1801, J.-M. Gaspaillard ; 1816, Frélaud-du-Cours ; 1827, de Trémaudan ; 1830, A. Corbel ; 1832, M. Loncle ; 1842, J. Fourchon ; 1843, J. Donrault ; 1849, A. Mahé ; 1855, M. Fourchon ; Loncle, maire actuel.

SAINT-TRIMOEL, 638 hab. ; — bornée au N. par Landehen ; à l'E. par Penguily et Saint-Glen, dont elle est séparée par le Gouessant ; au S. par Trébry, à l'O. par Bréhand-Moncontour ; — traversée par le chemin de grande communication N° 44 et les chemins d'intérêt commun N° 4 et N° 64 ; — école de garçons, 52 élèves ;

de filles, 22 élèves ; — dépend de la perception de Trédaniel. — Le sol de cette commune, qui doit son nom à saint Hermoël, solitaire breton au v siècle, est presque uni et offre une pente générale s'abaissant vers le nord. L'agriculture y a fait quelques progrès, mais l'assolement triennal est toujours usité. — L'église paroissiale, dédiée à la sainte Vierge, n'a rien qui mérite d'être signalé ; les anciennes chapelles de Gouvello et des Fermes ne sont plus desservies. — Le Gouessant fait tourner trois moulins à blé, réunissant une force de 32 chevaux. — *Points culminants*: La Ville-Morin, 141 m.; le bourg, 124 m. — *Géologie*: Granite. — *Maires*: Ont successivement rempli ces fonctions, MM. Halno, J. Olivier, S. Guillet, Couvé et F. Poilvet.

TRÉBRY, 1,556 hab. ; — bornée au N. par Bréhand-Moncontour et Saint-Trimoël ; à l'E. par Saint-Glen, dont elle est séparée par le Gouessant ; au S. par Collinée, Saint-Gouéno et Plessala ; à l'E. par Trédaniel ; — traversée par les chemins de grande communication N° 42 dans le S. et N° 44 dans le N. ; — école de garçons, 74 élèves ; de filles, 50 élèves ; — dépend de la perception de Trédaniel. — Le territoire de cette commune, située sur le versant nord du Menez, est très-accidenté ; boisé au centre, il est nu et découvert dans les autres parties, qui présentent de vastes étendues de terres vagues et incultes. — L'église paroissiale, reconstruite en 1860, est dédiée à saint Pierre. La chapelle Saint-Maudez a son pardon le jour de la Trinité; c'est un édifice du xvie siècle. — On remarque dans cette commune deux dolmen, l'un près de la Grignardaye, l'autre à Saint-Maudez. — L'ancien château-fort de la Touche-Trébry existe encore; une grande partie de ses constructions remonte au xve siècle. — Château de la Bécassière; les manoirs de la Ribournère, de la Ville-Gouessio, de la Roblinais et de Duault ont été convertis en fermes; ce dernier fut pillé, en 1591, par les Ligueurs. — *Points culminants* : Observatoire de Bel-Air, 340 m.; la Forêt d'Enhaut, 297 m.; l'Herbier, 281 m.; l'étang du Gouessant, 255 m. — *Géologie* : Granite; quelques amas de grès au centre et au nord de la montagne de Bel-Air. — *Maires* : Ont rempli successivement ces fonctions, MM. F. Clément, P. Tarlet, J. Lucienne, P. Tarlet, F. Le Normand, J. Ruffet, F. Hervé.

TRÉDANIEL, 1,055 hab.; — bornée au N. par Bréhand-Moncontour; à l'E. par Trébry; au S. par Plessala; à l'O. par Plémy, Moncontour et Hénon; — traversée par la route impériale N° 168 et par les chemins de grande communication N° 42 et N° 44; — réunie à Moncontour pour l'entretien des écoles de garçons et de filles : 48 garçons et 55 filles; — chef-lieu de perception. — Nu et découvert au sud, qui présente une étendue considérable de landes et de bruyères, le territoire de cette commune s'incline en pente assez forte vers le nord ; il est boisé dans cette partie. Le sol est de qualité médiocre, mais les prairies sont bonnes, grâce à l'aménagement des eaux qui descendent de tous côtés. — L'église de Trédaniel est dédiée à saint Pierre et n'offre aucun intérêt ; la chapelle de N.-D. du Haut a un pardon très-fréquenté le 15 août. — Les restes du château de la Cuve, dominant le versant nord du Menez, sont entourés d'une enceinte ou talus en terre de plus de 500 m. de circonférence, protégé par un fossé profond ; cette fortification remonte, ainsi que le château, à la dernière moitié du xvie siècle. — Châteaux modernes du Vaulorin et du Vauruellan. — *Points culminants* : N.-D. du Haut, 201 m. ; château de la Cuve, 320 m. ; la Roche, 229 m. ; la Houssaye, 284 m. — *Géologie* : Granite et schiste talqueux à l'extrême sud. — *Maires* : 1801, Jacques Clément ; 1811, J. Guérin ; 1830, P. Corbel ; 1849, J. Vaslo ; 1852, P. Gicquel.

Canton de Paimpol.

Le canton de Paimpol est borné au N. et à l'E. par la Manche ; au S. par les cantons de Plouha et de Pontrieux ; à l'O. par le canton de Lézardrieux, dont il est séparé par le Trieux. Le Leff sépare également le canton de Paimpol de celui de Pontrieux. Le canton est en outre

arrosé par le Lez-Ouen, qui se jette dans la mer à Paimpol.
— Il est traversé par les routes départementales N° 1er de Saint-Brieuc à Morlaix; N° 8 de Pontrieux à Paimpol; par le chemin de grande communication N° 1er de Saint-Brieuc à Paimpol, et par le chemin d'intérêt commun N° 57 de Lanvollon à Paimpol. — Il existe dans le canton de Paimpol un grand nombre de chemins vicinaux simples, bien entretenus, conduisant de bourg à bourg ou même à des villages importants.

La population du canton est de 20,111 hab.; sa superficie de 11,522 hect., et son revenu territorial net de 830,545 fr.

Le territoire de ce canton maritime est fort accidenté dans toutes ses parties, notamment sur ses confins ouest, formés par la rivière navigable du Trieux, et aux bords de la mer, dominés par de hautes et rapides falaises. Le littoral est hérissé d'écueils, d'îles et d'îlots, qui rendent son aspect tout à la fois grandiose et effrayant. Ce canton est peu planté de pommiers et produit seulement 5,060 h. de cidre. Il est également peu boisé, mais on tend à y étendre les plantations, malgré la violence des vents et sa situation géographique. De toutes parts on y trouve les plus beaux points de vue, les sites les plus pittoresques. Son sol, bien cultivé, le classe parmi les cantons les plus fertiles et les plus productifs du département, bien que le cinquième environ de sa superficie soit encore en landes. Il y existe beaucoup de propriétés

TERRES. — Revenu net moyen, par hectare, pour le canton... 60 fr. 30

Valeur vénale moyenne, de l'hectare, dans le canton............ 1,594 fr.

COMMUNES COMPOSANT LE CANTON.	POPULATION.	DISTANCES en kilomètres.			NOMBRE D'HECTARES des terrains imposables produisant revenu.					Terrains non productifs et non imposés. Chemins, rivières, etc. — Hectares.	NOMBRE TOTAL D'HECTARES par commune.	REVENU CADASTRAL.	PROPORTION de rehaussement pour obtenir le revenu réel.		TAUX MOYEN de l'intérêt des fonds placés.		NOMBRE		NOMBRE	
		Du chef-lieu du départem¹.	Du chef-lieu d'arrond¹.	De Paimpol (chef-lieu de canton).	Jardins, courtils, vergers et sol des édifices.	Terres labourables.	Prés.	Bois et taillis.	Pâtures et landes.	TOTAL.				Pour les terres (1).	Pour les maisons, moulins et usines (2).	En terres.	En maisons, moulins et usines.	De maisons.	De moulins et usines.	De foires.	De cafés et cabarets.
												fr. c.			p. 0/0.	p. 0/0.					
Paimpol....	2,032	45	45	»	7	71	3	»	6	87	6	93	29,535 61	2.55	2.57	4.37	5. »	383	3	6	39
Bréhat......	1,318	60	60	10	14	123	9	»	155	301	8	309	7,829 71	3.94	4. »	3.36	3.65	435	2	»	2
Kerfot......	800	37	37	6	5	455	22	»	54	538	30	568	9,011 86	3.89	3.90	4.39	4. »	187	2	2	2
Kérity	1,865	37	37	3	8	661	39	41	196	945	38	983	33,085 72	2.46	2.57	3.95	4. »	494	9	»	9
Ploubazlanec	3,412	48	48	3	14	1,086	85	23	230	1,438	66	1,504	52,465 09	2.65	3.62	3.58	3.58	829	6	»	7
Plouézec....	4,459	38	38	7	41	2,017	78	48	490	2,674	114	2,788	30,835 32	4.36	5.68	3.50	4.38	1,054	15	»	16
Plounez....	2,152	42	42	2	25	1,033	64	10	92	1,224	60	1,284	58,245 79	2.02	3.20	3.65	4.98	450	6	»	7
Plourivo....	2,473	40	40	3	22	1,427	74	182	978	2,683	152	2,835	54,537 83	2.12	3.21	4. »	4. »	630	8	»	8
Yvias.......	1,570	35	35	6	10	928	45	9	106	1,098	63	1,161	20,058 34	3.89	3.90	4.39	4. »	421	7	»	7
TOTAUX...	20,111	»	»	»	116	7,801	416	318	2304	10,985	537	11,522	295,605 27	»	»	»	»	4,880	58	8	97

(1 et 2) Pour les notes concernant ce tableau, voir celles du tableau du canton de Saint-Brieuc (N.), pages 92 et 93.

sous le régime convenancier. A ses richesses agricoles, il faut ajouter celles que lui procure la marine. Il possède plus de 100 bateaux employés à la pêche, au dragage des sables calcaires et à la récolte des varechs qui constituent un si précieux engrais. La pêche du maquereau produit environ 80,000 fr., et celle de la julienne 40,000 fr. Celle des huîtres est aussi une source d'importants bénéfices.

Le canton de Paimpol appartient à la zône du littoral ; il produit : froment, 28,154 hect.; méteil, 16,920 hect.; seigle, 5,030 h.; orge, 8,675 h.; avoine, 44,400 h.; sarrasin, 18,568 h.; pommes de terres, 166,030 h.; légumes secs, 2,046 quint. mét.; plantes fourragères, 10,000 quint. mét.; lin, 2,253 quint. mét. de filasse ; chanvre, 585 quint. mét. de filasse. — Il possède 2,062 chevaux, 25 taureaux, 5,300 vaches, 605 veaux, 27 béliers, 600 moutons, 5,360 brebis, 2,350 agneaux, 27 boucs et chèvres, 2,250 porcs.

PAIMPOL, 2,052 hab.; — bornée à l'O. et au N. par Ploubazlanec ; à l'E. par la Manche et Kérity ; au S. par Plounez ; — située par les 5° 25' 14' de longitude O. et 48° 46' 48' de latitude N.; — traversée par la route départementale N° 1er et le chemin de grande communication N° 1er ; — école de garçons, 214 élèves, de filles, 157 ; — salle d'asile, 153 enfants ; — chef-lieu de canton et de perception ; — cure de 2e classe ; — justice de paix ; bureau de poste ; brigade de gendarmerie à pied ; capitainerie et recette des douanes ; recette des contributions indirectes ; sous-commissariat de marine ; trésorier des invalides ; école d'hydrographie ; syndic des gens de mer ; maître de port ; agent secondaire des ponts et chaussées ; agent-voyer ; contrôleur des contributions directes ; bureau d'enregistrement pour le canton ; bureau télégraphique ; société de secours mutuels ; chambre littéraire ; comice agricole ; hospice et bureau de bienfaisance, tenu par les Sœurs de la Providence de Ruillersur-Loir ; station d'étalons impériaux ; courses de chevaux ; tribunal de commerce ; caisse d'épargne ; compagnie de sapeurs-pompiers (52 hommes, 3 pompes) ; résidence de 3 notaires ; — marché le mardi ; foires les mardis qui précèdent la Purification et le dimanche gras, le 1er samedi de carême, le mardi qui précède la micarême, le samedi qui précède le dimanche de la Trinité, le mardi qui précède la fête de Noël ; — on parle indifféremment le breton et le français. — Il est difficile de rencontrer un point de vue plus pittoresque que celui dont on jouit en arrivant à Paimpol par la route de Lézardrieux. On aperçoit tout d'abord cette petite ville assise au milieu de belles prairies qui, depuis quelques années, ont remplacé de vastes marécages, et que baigne la petite rivière de Lez-Ouen. Ainsi groupée à l'abri des vents d'ouest, elle occupe le centre de la baie à laquelle elle a donné son nom et que bordent les fertiles coteaux de Guilben et de Ploubazlanec. Ce tableau est rempli au fond par la mer, d'où sortent une multitude d'îlots et de rochers parmi lesquels on distingue, à 4 kilomètres au large, la petite île Saint-Rion, occupée par une exploitation agricole. — On remarque à Paimpol quelques belles habitations. Son port est très-fréquenté ; indépendamment du commerce de cabotage, consacré aux importations et exportations des diverses denrées et produits agricoles du pays, il arme un certain nombre de navires pour la grande pêche à Terre-Neuve et en Islande. Son mouvement moyen et annuel se résume à l'entrée par 405 navires, jaugeant 14,655 tonneaux, montés par 2,000 hommes ; et à la sortie par 334 navires, jaugeant 14,447 tonneaux, montés par 1,979 hommes. — D'importantes affaires sont encore traitées chaque semaine aux marchés de Paimpol, notamment sur les blés (marché régulateur) et sur les lins teillés qui s'expédient en grandes quantités vers plusieurs points de la France, principalement dans le Nord. — L'église paroissiale, dédiée à N.-D. de Bonne-Nouvelle, possède à son chevet une belle rosace du xive siècle ; elle renferme plusieurs objets dignes d'attention, notamment un tableau de Valentin, représentant la Descente de Croix ; plusieurs autres tableaux provenant de l'ancienne abbaye de Beauport, sur lesquels sont figurés des religieux en habit de Prémontrés, et un chandelier pascal, remarquablement sculpté, attribué à l'artiste Corlay. — L'ancienne église paroissiale de Lanvignec, aujourd'hui simple chapelle, a pour patron saint Vignoc, prince irlandais, abbé et martyr au v⁰ siècle; l'oratoire de Saint-Jean des Salles attire le 24 juin de chaque année un grand concours de pèlerins. — Château de Kraoul. — Patrie de Pierre Denis-Lagarde, préfet de la Sarthe en 1814 et conseiller d'Etat en 1830; de son frère René Denis-Lagarde, intrépide marin, nommé capitaine de vaisseau en 1814, à la suite de plusieurs actions d'éclat contre les Anglais; de Jean-Joseph Fromaget, professeur à l'école centrale de Saint-Brieuc, auteur de quelques ouvrages classiques; de Pierre-Napoléon Le Mesl, ancien maire, poëte et littérateur. — *Point culminant*: moulin de Kynoa, 21 m. — *Géologie*: Schiste modifié par des roches feld-spathiques. — *Maires*: 1790, Corouge-Ksaux; an IX, Vincent Nicol; an X, Duval-Boispaboul; an XII, Gabriel Bécot; 1815, J. Nicol; 1817, V. Marc; 1821, J. Nicol; 1834, J. Perrin; 1837, P. Le Mesl; 1855, S. Duval.

BRÉHAT, 1,348 hab.; — île baignée par la Manche; au N. de Ploubazlanec, dont elle est séparée par un bras de mer d'une largeur d'environ 4 kilomètres : la commune de Bréhat n'a pas de chemin carrossable; — dépendait autrefois de l'évêché de Dol; — école de garçons, 74 élèves; de filles, 60 élèves; — dépend de la perception de Paimpol; — syndic des gens de mer; maître de port ; — place de guerre de 3e classe ; — on parle le breton. — Cette ile, située à 4 kilomèt. environ de la terre ferme, est divisée en deux parties que relie une chaussée sur laquelle des piétons seulement peuvent passer. Elle comprend en outre dans sa circonscription communale huit autres îles ou îlots ; leur contenance totale est de 309 hectares dont 212 sont cultivés ; le reste est en falaises. Quoique élevé, découvert et battu des vents, le sol de ces diverses îles est très-productif ; l'une d'elles, appelée l'Ile-Verte, a été célèbre au vi^e siècle par le collège qu'y avait fondé saint Budoc ; on en voit encore l'emplacement et quelques débris.

L'île de Bréhat a été habitée dans un temps très-reculé ; elle est mentionnée dans plusieurs titres du xiiie siècle. — Son église, reconstruite à diverses reprises et sur laquelle on lit les dates de 1631, 1677, et 1700 est dédiée à la sainte Vierge ; elle est bien tenue et parmi les objets qui la décorent on distingue trois tableaux dus à un peintre guingampais nommé Hamonnic, lequel vivait en 1651. — Chapelles de N.-D. de Kamoux, de Saint-Michel et de Saint-Guénolé. — Bréhat a de tout temps été célèbre par la science et l'intrépidité de ses marins ; parmi ceux qui se sont distingués à notre époque, nous citerons les contre-amiraux P. Le Bozec et Le Cornic ; les capitaines de vaisseau Yves Obet, Le Forestier, Y. Cornic, Ch. Le Bozec et P. Le Bozec ; le capitaine de frégate Drézennec et le capitaine de corvette Corouge.

— Nous avons parlé précédemment du phare des Héaux ; nous devons ajouter que la construction de cet édifice à huit étages, l'un des plus beaux monuments de ce genre, a coûté plus d'un million et n'a duré que trois ans, de 1836 à 1839 ; l'élévation de sa lanterne est de 79 mètres, — On drague sur le banc de l'Ile-Verte un sable coquillier qui, sur 100 parties, en contient 85 de matières fertilisantes. — *Points culminants* : Kymichel, 36 m. ; moulin du Nord, 29 m. — *Géologie* : Granite amphibolique fort dur. — *Maires* : Ont rempli successivement ces fonctions, MM. J. Veillet, Castrein, Y. Le Tron, Faudacq, O. Le Bozec, Y. Cornic, J. Castrein, C. Le Bozec, Y. Cornic, C. Le Tron, chef de bataillon d'infanterie de marine, maire actuel.

KERFOT, 800 hab. ; — bornée au N. par Kyity ; à l'E. par Plouézec ; au S. par Yvias ; à l'O. par Yvias et Plourivo ; — traversée du S. au N. par la route départementale N° 1er ; — école mixte, 134 enfants ; — dépend de la perception de Paimpol ; — foires le 10 mai et le 10 août ; — on parle le breton. — La commune de Kfot a été formée en 1859 d'une section détachée d'Yvias. Son territoire est élevé et accidenté ; boisé dans les parties abritées. Le sol, de qualité médiocre, tend tous les jours à s'améliorer par l'introduction des engrais marins. — L'église paroissiale, bâtie en grande partie pendant la première moitié du XVIIe siècle, est dédiée à N.-D. de

Kfot, que les marins ont en grande vénération. — A quelque distance du bourg sont les ruines de l'ancien château-fort de Corret. — *Points culminants* : Kvouriou-Rousseau, 92 m.; Kvouriou-Naur, 89 m. — *Géologie* : grès rouge à gros grains; schiste traversé par du porphyre quartzifère. — 1er *Maire*, M. Yves Le Grand.

KÉRITY, 1,865 hab.; — bornée au N. par la Manche; à l'E. par Plouézec; au S. par Plouézec et Kfot; à l'O. par Plourivo, Plounez et Paimpol; — traversée par la route départementale No 1er et le chemin de grande communication No 1er; — dépendait autrefois de l'évêché de Dol; — école de garçons, 108 élèves; de filles, 98 élèves; — dépend de la perception de Paimpol; — on parle le breton. — L'individualité de la petite commune de Kity s'efface devant les belles ruines de l'abbaye de Beauport et le souvenir des religieux prémontrés qui y ont demeuré pendant près de six siècles. Tout encore y rappelle les anciens habitants de ce monastère dont les constructions remontent à la première moitié du XIIIe siècle. L'ancienne salle capitulaire, remarquable par sa voûte dont les arceaux retombent sur un pilier central, est affectée, ainsi que l'ancienne sacristie également voûtée, aux écoles communales. — L'église paroissiale, dédiée à saint Samson, est située à l'extrémité de la commune, au milieu de trois ou quatre maisons qui en forment le bourg. On en construit une nouvelle au village du Terron, point plus central. — La chapelle Sainte-Barbe remonte au xviii° siècle ; on jouit, du petit cimetière qui l'entoure, d'un coup-d'œil magnifique sur la baie de Paimpol et les îles dont elle est semée. — Quoique bordant la mer, le sol de cette commune est généralement peu fertile, à l'exception de quelques prairies et vergers situés dans la partie abritée ; les autres terres ne donnent que des produits médiocres ; un septième de ces terres est encore inculte. — *Points culminants :* Sainte-Barbe, 80 m. ; moulin de Lande-Blanche, 84 m. — *Géologie :* Schiste, serpentine et roches amphiboliques. — *Maires :* 1797, J. Pierre ; 1808, Y. Dauphin ; 1815, R. Guillou ; 1830, Y. Dauphin ; 1850, S. Dauphin ; 1852, F. Guillou.

PLOUBAZLANEC, 3,412 hab. ; — bornée au N. et à l'E. par la Manche ; au S. par Paimpol et Plounez ; à l'O. par le Trieux, qui la sépare de Lézardrieux ; — traversée du S. au N. par un chemin vicinal qui passe au bourg et se rend à la pointe de l'Arscoët, où il existe des bateaux de passage pour Bréhat ; — école de garçons, 157 élèves ; de filles, 60 élèves ; — dépend de la perception de Paimpol ; — on parle le breton. — Le territoire de cette commune est montagneux, accidenté, boisé seulement dans les parties basses, mais fertile et bien cultivé. — Ploubazlanec a absorbé deux anciennes paroisses, *Lannevez* et *Perros-Hamon*, dont les églises sont devenues simples oratoires ; les autres chapelles sont celles de la Trinité, de Saint-Maudez, de Loguivy et de Saint-Jean. — L'église paroissiale, reconstruite vers 1830, est convenable, mais ne possède rien qui mérite d'être cité ; elle a pour patron saint Pierre. — Châteaux de Kersa, de Kéranouarn et des Salles. — Les deux petits ports de Loguivy et de Portz-Even possèdent chacun une cinquantaine de bateaux servant à la pêche du poisson frais ; ces bateaux sont montés par quatre hommes en moyenne, et cette industrie répand l'aisance dans leurs familles qui forment près du sixième de la population. — Trois corderies occupent aussi un certain nombre de personnes. — Le banc de l'Arscoët fournit un sable coquillier renfermant 89 parties sur 100 de matières fertilisantes ; celui de la pointe de la Trinité en contient 93. — *Points culminants* : Pointe de l'Arscoët, 48 m. ; Perros-Hamon, 57 m. ; Kermenous, 58 m. ; Lannevez, 62 m. ; le bourg, 69 m. — *Géologie* : Schiste modifié par les roches feld-spathiques ; au nord, granite amphibolique et fort beau porphyre quartzifié brun et vert. — *Maires* : Ont rempli successivement ces fonctions, MM. Y. Le Bozec, P. Scolan, G. Thomas, L. Le Goff, J. Jacob, maire actuel.

PLOUÉZEC, 4,459 hab.; — bornée au N. par Kérity et la Manche ; à l'E. par la Manche ; au S. par Plouha, Lanloup et Pléhédel ; à l'O. par Kérfot ; — traversée du

S. au N. par le chemin de grande communication N° 1er ; — école de garçons, 161 élèves; de filles, 46 élèves; salle d'asile, 95 enfants; — résidence d'un notaire; — dépend de la perception de Paimpol ; — on parle le breton. — Montagneux, découvert et accidenté, le territoire de Plouézec est peu profond et sec, mais assez fertile, grâce à une culture bien entendue. On élève, sur ses falaises et sur les ilots qui les avoisinent, des moutons qui sont fort appréciés sur les marchés du voisinage. Le bourg de cette commune est situé sur une hauteur, et le clocher de son église paroissiale, qui vient d'être reconstruite sur un plan très-vaste, s'aperçoit de loin et sert d'amers aux navires qui pénètrent dans la Manche. Cette église est dédiée à N.-D. du Gavel (du Berceau); on y remarque un lutrin d'un beau travail et attribué au sculpteur Corlay. — Les trois chapelles de Saint-Rion, Saint-Paul et Saint-Loup sont en bon état et desservies à certaines fêtes. — Au hâvre de Port-Lazo sont armés plus de 80 bateaux dont les équipages s'occupent pendant un certain temps à la pêche des huîtres et, le reste de l'année, à draguer les sables calcaires qui se trouvent abondamment dans ces parages et dont ils approvisionnent une grande partie du littoral; ceux qu'ils retirent de l'Ile-Blanche et des Mâts-de-Goëllo contiennent 97 parties fertilisantes sur 100. — Patrie de l'abbé Querré, premier supérieur du petit séminaire de Tréguier. — On remarque, dans cette commune, le château de Goasfromeut. — *Points culminants* : Mâts-de-Goëllo (île), 50 m.; Billot, 60 m.; Coat-Lerien, 91 m.; moulin du Bois, 91 m.; moulin de Pen-an-Ran, 95 m.; Goas-Joulin, 100 m.; Petit-Saint-Loup, 107 m. — *Géologie* : Roches feld-spathiques entourées de schiste modifié; au roc de Craka, pierre à crayons, bonne pour le polissage. — *Maires* : Ont rempli successivement ces fonctions, MM. G. Le Trocquer, G. Le Meur, Y. Maros, J.-B. Martin, Y.-M. Le Trocquer, Y.-M. Maros, G. Mahé et P. Le Barbu.

PLOUNEZ, 2,152 hab.; — bornée au N. par Ploubazlanec et Paimpol; à l'E. par Kity; au S. par Plourivo; à l'O. par le Trieux, qui la sépare de Lézardrieux; — traversée par les routes départementales Nos 1er et 8; — école de garçons, 87 élèves; de filles, 25 élèves; — dépend de la perception de Paimpol; — on parle le breton. — Le territoire de Plounez est peu accidenté et présente de longues ondulations; il est passablement boisé et les vergers y sont nombreux. Les terres peuvent être classées en deux sortes : les unes fortes et humides dans les parties basses, les autres sèches et légères sur les hauteurs; mais toutes sont bien cultivées et très-productives. — L'église, dédiée à saint Pierre, a été reconstruite en 1818; des anciennes chapelles qui existaient autrefois dans cette paroisse, une seule est demeurée debout, N.-D. de Kygrist, qui remonte en grande partie au xve siècle et dont le principal pardon a lieu le 1er dimanche de mai. — On remarque dans cette commune les châteaux de Kaoûl, de Kgoniou, de Chef-du-Bois et de Pen-Lann. — Patrie de J.-M. Jacob, évêque constitutionnel de Saint-Brieuc en 1791. — *Points culminants* : Le bourg, 42 m.; Klo, 61 m.; Lanvignec, 61 m. — *Géologie* : Schiste argileux au sud, modifié au nord; roches amphiboliques en amas; à Traoun-Durand, non loin du pont suspendu, hémisthène; entre le bourg et la route de Tréguier, schiste caverneux. — *Maires* : Ont rempli successivement ces fonctions, MM. F. Maignou, V. Maignou, J. Le Quément, Jacques Jacob, Joseph Jacob, J.-M. Maignou, C. Lamandour, F. Guillermic, C. Lamandour, Y.-M. Maignou.

PLOURIVO, 2,473 hab.; — bornée au N. par Plounez; à l'E. par Kity, Kfot et Yvias; au S. par Quemper-Guézénec, dont elle est séparée par le Leff; à l'O. par le Trieux, qui la sépare de Ploëzal et Pleudaniel; — traversée par la route départementale N° 8 et par un chemin vicinal simple conduisant de Plourivo à Paimpol; — école de garçons, 125 élèves; de filles, 75 élèves; — dépend de la perception de Paimpol; — on parle le breton. — Elevé et très-accidenté, le territoire de Plourivo est peu boisé, mais il tend à le devenir, par suite des semis de pins et des nombreuses plantations qu'on exécute sur ses landes depuis quelques années; les terres sont légères, à sous-sol pierreux, cependant elles s'améliorent de jour en jour par une bonne culture et d'abondants engrais. — Le petit bois de l'Hermite présente une particularité digne d'être mentionnée, plus de 1 hect. de son contenu est sous essence d'arbousiers qui y sont venus naturellement ; on les coupe et on les aménage comme les taillis ordinaires. — L'église paroissiale, dédiée à saint Pierre, n'a rien de remarquable ; on lit sur un de ses murs la date de 1675 ; les chapelles de Saint-Ambroise, de Kmaria, de Saint-Jean et de Lancerf sont desservies à certaines fêtes. — Château moderne du Bourblanc. — *Points culminants* : Le bourg, 71 m ; moulin Armez, 78 m.; le Bourg-Blanc, 82 m.; Toul-Lan, 94 m. — *Géologie* : Schiste talqueux, et au sud-est, grès; poudingues roses à petits grains. — *Maires* : 1794, L.-M. Armez; an ix, Y. Richard; an x, L. Levay; 1815, V. Féger; 1820, J. Nicolas; 1821, P. Levay; 1831, P. Le Gonidec ; 1832, C. Armez, maire actuel.

YVIAS, 1,570 hab.; — bornée au N. par Kfot, à l'E. par Kfot et Plouëzec; au S. par Pléhédel, Lanleff et Quemper-Guézénec, le Leff la sépare de cette dernière commune; à l'O. par Plourivo ; — traversée par la route départementale N° 1er, par le chemin d'intérêt commun N° 57 et par des chemins vicinaux simples allant à Plourivo et à Paimpol; — école de garçons, 64 élèves ; de filles, 54 élèves; — dépend de la perception de Paimpol;

— on parle le breton. — Le côté ouest de cette commune est montagneux et stérile; mais les autres parties sont bien cultivées et produisent d'excellents lins. — L'église paroissiale, dédiée à saint Judoce, prince breton et abbé au VIIe siècle, tombe en ruine et doit être prochainement reconstruite; la fête de son patron se célèbre le 13 juillet. — Chapelles du Calvaire et de Saint-Judoce. — On remarque dans cette commune un tumulus nommé *Dosten-an-Runn*. — Patrie de l'abbé Richard, décédé en 1823 grand-vicaire de Saint-Brieuc; il avait traduit en breton l'*Evangile médité*, réduit à 4 volumes. — *Points culminants* : Boloré, 90 m.; Toalnée, 93 m.; la Tournée, 109 m. — *Géologie* : Grès roses au nord; schiste talqueux au sud. — *Maires* : Ont successivement rempli ces fonctions, MM. Pouliquen, J. Calvez, Pasquiou, G. Allain, J. Richard, F. Floch, Y.-M. Solleuz, F. Floch et F. Richard.

Canton de Pléneuf.

Le canton de Pléneuf est borné à l'O. et au N. par la Manche; à l'E. par le canton de Matignon, et au S. par le canton de Lamballe. — Il est traversé par la route départementale N° 14 de Lamballe au port de Dahouët; par les chemins de grande communication N° 3 d'Yffiniac à Matignon, N° 9 de Saint-Alban à Erquy, N° 29 de Plancoët à Erquy, N° 34 de Dahouët à Erquy, N° 35

TERRES. — Revenu net moyen, par hectare, pour le canton... 35 fr. 36   Valeur vénale moyenne, de l'hectare, dans le canton............ 1,072 fr.

COMMUNES COMPOSANT LE CANTON.	POPULATION.	DISTANCES en kilomètres.			NOMBRE D'HECTARES des terrains imposables produisant revenu.					Terrains non productifs et non imposés. Chemins, rivières, etc. — Hectares.	NOMBRE TOTAL D'HECTARES par commune.	REVENU CADASTRAL.	PROPORTION de rehaussement pour obtenir le revenu réel.		TAUX MOYEN de l'intérêt des fonds placés.		NOMBRE		NOMBRE	
		Du chef-lieu du département.	Du chef-lieu d'arrond.	De Pléneuf (chef-lieu de canton).	Jardins, courtils, vergers et sol des édifices.	Terres labourables.	Prés.	Bois et taillis.	Pâtures et landes.	TOTAL.				Pour les terres (1).	Pour les maisons, moulins et usines (2).	En terres.	En maisons, moulins et usines.	De maisons.	De moulins et usines.	De foires.	De cafés et cabarets.
													fr. c.			p. 0/0.	p. 0/0.				
Pléneuf....	1,990	26	26	»	21	1,237	93	38	250	1,639	63	1,702	48,088 88	1.66	2.64	3. »	4.03	447	5	»	8
Erquy......	2,332	35	35	9	31	1,712	112	17	663	2,565	81	2,646	45,256 19	2.19	3. »	2.95	4.05	503	7	»	14
Planguenoual	1,783	18	18	8	34	2,691	138	43	181	3,137	152	3,289	54,946 53	2.10	2.33	3.49	4.01	342	3	»	5
Plurien.....	1,308	38	38	13	29	1,789	117	6	131	2,072	93	2,165	62,229 34	1.36	2.15	3.47	4.60	276	6	»	4
St-Alban...	1,401	25	25	4	27	2,184	150	426	123	2,910	134	3,044	53,724 99	1.89	2.50	3.53	4.04	317	5	1	4
TOTAUX....	8,814	»	»	»	142	9,613	660	530	1348	12,323	523	12,846	264,245 93	»	»	»	»	1,885	26	1	35

(1 et 2) Pour les notes concernant ce tableau, voir celles du tableau du canton de Saint-Brieuc (N.), pages 92 et 93.

d'Erquy à Matignon, et par les chemins d'intérêt commun N° 5 de Plurien à Lamballe et N° 60 de Lamballe à la grève de Jospinais.

La population du canton est de 8,814 hab.; sa superficie de 12,846 hect., et son revenu territorial net de 491,653 fr.

Le territoire de ce canton maritime forme un plateau élevé, assez généralement uni. Il est cependant sillonné de quelques vallées, arrosées par des cours d'eau qui fertilisent d'assez bonnes prairies représentant à peu près le dix-neuvième du sol; prairies insuffisantes pour la nourriture du bétail et des robustes chevaux que le canton possède; aussi, y supplée-t-on par des prairies artificielles. La violence des vents s'oppose à l'extension des plantations; néanmoins, on remarque des arbres d'une belle venue dans les lieux abrités. — Le littoral est bordé de hautes falaises et de magnifiques grèves. Les terres, assez bien cultivées, produisent généralement du froment; mais quoique l'agriculture soit améliorée dans le canton, il est fort à désirer qu'on y introduise l'emploi des instruments agricoles perfectionnés et qu'on y abandonne la pratique ruineuse des jachères dites *blancs guérets*. — Le sixième du sol environ est encore sous landes, dont une bonne partie est susceptible de culture.

Le canton produit : froment, 52,542 hect.; seigle, 216 hect.; orge, 120 hect.; avoine, 4,380 hect.;

sarrasin, 3,360 héct.; pommes de terre, 42,000 hect.; betteraves, 2,400 quint. mét.; 14,600 hect. de cidre. — Il possède : chevaux, 1,870 ; taureaux, 51 ; vaches, 2,530 ; veaux, 593 ; béliers, 261 ; moutons, 2,442 ; brebis, 2,342 ; agneaux, 2,003 ; porcs, 1,607.

PLÉNEUF, 1,990 hab.; — bornée à l'O. et au N. par la Manche; à l'E. par Erquy; au S. par Saint-Alban et Planguenoual; — située par les 4° 52' 25' de longitude O. et 48° 35' 3' de latitude N.; — traversée par la route départementale N° 14 et le chemin de grande communication N° 34; — école de garçons, 148 élèves; de filles, 80 élèves; — chef-lieu de canton et de perception; justice de paix; bureau de poste; brigade de gendarmerie à pied; comice agricole; résidence d'un notaire; — au port de Dahouët : école mixte, 43 enfants; maître de port; pilotes-lamaneurs; recettes des douanes; — marché le mardi. — Le territoire de cette commune, assez uni quoique traversé par quelques vallées, est peu boisé et bordé, du côté de la mer, par des falaises élevées; l'agriculture y est en progrès. — Son église, dédiée à saint Pierre, a été presque entièrement reconstruite à la fin du siècle dernier et offre peu d'intérêt; elle est au centre d'un bourg où l'on remarque plusieurs belles habitations. — Le port de Dahouët peut recevoir des navires de 300 tonneaux; son entrée est difficile, mais il est parfaitement abrité; ses armateurs expédient pour les pêches de Terre-Neuve, d'Islande et le cabotage ; son mouvement annuel se traduit, en moyenne : à l'entrée, par 96 navires, jaugeant 3,631 tonneaux, montés par 567 hommes, et à la sortie, par 105 navires, jaugeant 4,432 tonneaux et montés par 656 hommes. — Châteaux de Nantois et du Cloître — L'ancienne forteresse du Guémadeuc n'existe plus ; elle a été le berceau de l'illustre maison de ce nom ; l'aîné des membres de la famille jouissait héréditairement, et de temps immémorial, de la charge de grand-écuyer et de chambellan des ducs de Bretagne. Cette terre fut érigée en bannière par Pierre II, en 1431, en faveur de Thomas de Guémadeuc ; l'une de ses descendantes, Françoise de Guémadeuc, a été mère du cardinal de Richelieu. — *Tumulus* à la Motte-Meurdel. — Parmi les tombeaux que renferme le cimetière, on remarque celui du général de Lourmel, tué glorieusement sous les murs de Sébastopol. — *Géologie* : Granite amphibolique ; à la pointe de Pléneuf, porphyre altéré ; au nord-est, schiste argileux et modifié. — La grève du Val-André possède un sable jaune, très-fin, homogène, mêlé d'abondants débris de coquilles, et contenant environ 29 parties sur 100 de matières fertilisantes. — *Points culminants* : Verdelet (îlot), 49 m. ; la Motte, 76 m. ; le Télégraphe, 72 m. ; Nantois, 68 m. ; Bien-y-Vient, 114 m. ; la Ville-Magdeleine, 117 m. — *Maires* : Ont rempli successivement ces fonctions, MM. Roinvy, Mulon, de Nantois, Le Dosseur, Servan,

Barbedienne, Rubin de Rays et J. Barbedienne, maire actuel.

ERQUY, 2,332 hab.; — bornée au N. par la Manche; à l'E. par Plurien et La Bouillie; au S. par Saint-Alban; à l'O. par Pléneuf et la Manche; — traversée par les chemins de grande communication Nos 9, 29 et 35; — école de garçons, 171 élèves; de filles, 129 élèves; salle d'asile, 72 enfants; ouvroir, 30 jeunes filles; — dépend de la perception de Pléneuf; — résidence d'un notaire; syndic des gens de mer; garde-maritime; capitainerie et recette des douanes. — Territoire plat, coupé de petits vallons, principalement vers le littoral, peu boisé, mais fertile en grains. — L'église d'Erquy, dédiée à saint Pierre et remaniée à diverses reprises, offre quelques parties qui peuvent remonter au XIVe siècle. Les matériaux avec lesquels elle a été construite sont beaucoup plus anciens et peuvent être, en partie, attribués à l'époque gallo-romaine. On nous a même assuré qu'il devait s'y trouver, au-dessus d'une porte, une pierre sculptée sur laquelle sont représentés Romulus et Rémus allaités par la louve traditionnelle; mais nous l'avons vainement cherchée. — Ce qu'il y a de certain, c'est que le sol de cette commune porte partout les traces d'un vaste établissement qui a dû être prospère aux IIe et IIIe siècles de notre ère; on y découvre journellement des monnaies romaines, des débris de poteries fines et d'autres objets qui attestent l'antique importance de cette localité, sur laquelle on a beaucoup disserté et dont le nom primitif de *Rheginea*, que lui attribuent quelques écrivains d'après les indications de la table dite de Peutinger, lui est maintenant sérieusement contesté. — Chapelles des Sept-Saints, de Saint-Pabu et de Saint-Michel. — Erquy a donné le jour, vers 1425, à Jean du Quelenec, qui fut plus tard amiral de Bretagne; et au mois d'août 1656, au château de Bienassis, à Claude Visdeloup de Bienassis, célèbre sinologue, évêque et vicaire apostolique de la Chine en 1708. Il a écrit un certain nombre d'ouvrages sur les Indes orientales, une histoire de la Grande-Tartarie, 2 vol. in-f°; une histoire du Japon, et des dissertations sur les cérémonies religieuses des Chinois. — Le port d'Erquy, dont la rade est défendue par deux forts, a un mouvement annuel et à l'entrée de 60 navires, montés par 198 hommes et jaugeant 1,440 tonneaux; à la sortie de 91 navires, montés par 324 hommes et jaugeant 2,677 tonneaux. — *Géologie* : Au nord, grès quartzite et grès poudingue; au sud, argile et schiste modifié par les roches amphiboliques. Les grèves de cette commune renferment un sable coquillier très-fin qui contient 53 parties sur 100 de matières fertilisantes. — *Points culminants* : Sémaphore, 68 m.; Tu-ès-Roc, 72 m.; moulin de la Ville-Gouin, 78 m.; moulin de la Vieuville, 64 m. — *Maires* : Ont rempli successivement ces fonctions, MM. M. Pasturel,

D. Baillorge, P. Rébillard, J. Beaubras, J.-P. Pasturel, R. Boutier, P. Couran, G. Quemper, F. Le Mordant, C. Renaut, G. Le Mordant de Langouriant.

PLANGUENOUAL, 1,783 hab.; — bornée au N. par Pléneuf; à l'E. par Saint-Alban et Saint-Aaron; au S. par Andel et Morieux; à l'O. par la Manche; — traversée par la route départementale N° 14, par le chemin de grande communication N° 3 et par le chemin d'intérêt commun N° 68; — école de garçons, 94 élèves; de filles, 114 élèves; — dépend de la perception de Pléneuf. — Plat et humide au centre de la commune, le sol devient plus sec sur les bords de la mer; il est bien cultivé, mais sous l'empire de l'assolement triennal; près du cinquième des terres est encore inculte. — L'église de Planguenoual, dédiée à saint Pierre, contient de beaux restes des xiiie et xive siècles. — Chapelles Saint-Marc, Sainte-Barbe et Saint-Michel; dans cette dernière a lieu, chaque année, le lendemain de la fête du patron, la bénédiction des semailles. Chaque cultivateur apporte, pour cette cérémonie, un échantillon des blés qu'il se propose de mettre en terre, et le mêle ensuite à ceux qui sont destinés aux semences. — Le chemin de grande communication N° 3, qui traverse cette commune de l'est à l'ouest, est établi sur la voie gallo-romaine de Corseul à Carhaix. — Anciens manoirs du Val, du Hourmelin, de la Hazays, de Vauvert et de la Ville-Hervé;

villa moderne du Prédéro. — Dans une des falaises qui bordent cette commune se trouve une caverne ou grotte naturelle, nommée la Salle-Margot. — *Géologie :* Roches amphiboliques au nord et gneiss modifié à l'est. La grève de Jospinais contient un sable fin et micacé, contenant 45 parties sur 100 de matières fertilisantes. — *Points culminants :* Le bourg, 80 m.; moulin de la Ville-Auvais, 104 m.; moulin de la Hautière, 127 m.; Glatinais, 98 m. — *Maires :* Ont rempli successivement ces fonctions, MM. Le Grand, Talbourdet, de la Villéon, de Lourmel et Bourgault.

PLURIEN, 1,308 hab.; — bornée au N. par la Manche; à l'E. par Pléhérel et Pléboulle; au S. par Hénanbihen; à l'O. par La Bouillie et Erquy; — traversée par le chemin de grande communication N° 35 et le chemin d'intérêt commun N° 5; — école de garçons, 82 élèves; de filles, 59 élèves; — dépend de la perception de Pléneuf. — Le territoire de cette commune est généralement plat, découvert, plutôt sec qu'humide, coupé par de petites vallées et pierreux dans beaucoup d'endroits; il est peu boisé. L'agriculture demeure stationnaire par le manque de bras, qui fait que beaucoup de terres restent en jachères. — L'église de Plurien, dédiée à saint Pierre, est en grande partie du xiiie siècle. La chapelle de Léhen dépend du château de ce nom. — Trois moulins à eau, mus par de simples ruisseaux, ont une force motrice de

13 chevaux. — *Géologie* : Granite amphibolique ; grès poudingue au nord et schiste talqueux au sud. Un rocher colossal en grès rouge, de forme conique, est isolé au milieu d'une grève que la mer couvre à l'époque des syzygies ; on l'appelle la Roche-du-Marais. Cette grève est garnie d'un sable assez fin chargé de débris de coquilles et contenant 29 parties de matières fertilisantes sur 100. — *Points culminants* : Le château de Lében, 64 m.; Beau-Pas, 63 m.; le Tertre Charbonnet, 81 m. — *Maires* : Ont successivement rempli ces fonctions, MM. Guernier, Chenu-Dubourg, L. Chenu, Fouyer, Gesrel et Téveux.

SAINT-ALBAN, 1,401 hab. ; — bornée au N. par Pléneuf et Erquy ; à l'E. par La Bouillie et Hénansal ; au S. par Saint-Aaron et Planguenoual ; à l'O. par Planguenoual ; — traversée par la route départementale N° 14 et par les chemins de grande communication N°s 3 et 9 ; — école de garçons, 60 élèves ; de filles, 55 élèves ; — dépend de la perception de Pléneuf ; — cure de 2e classe ; — foire (dite Foire-aux-Chats) le 1er lundi de septembre. — Territoire élevé, généralement uni quoique coupé par quelques vallons ; ces derniers renferment de très-bonnes prairies. — Saint Alban, premier martyr des Bretons insulaires au ve siècle, a donné son nom à cette commune. Il est le patron de l'église paroissiale ; cet édifice, retouché à diverses époques, a conservé une maîtresse vitre du xv⁰ siècle, dans laquelle brille une belle verrière représentant des scènes de la passion de Notre-Seigneur. Mais ce monument appelle une urgente réparation. — La chapelle Saint-Jacques est un des édifices les plus complets que nous ait légués le xiii⁰ siècle; son beau porche, surtout, attire l'attention; malheureusement la tour qui l'abritait est en ruines. — Cette commune a donné le jour à l'un des plus illustres prélats de Bretagne, saint Guillaume Pinchon, évêque de Saint-Brieuc en 1220. Il mourut le 29 juillet 1234 et fut placé canoniquement au nombre des saints par le pape Innocent III en 1247. — Le manoir de la Ville-Théart a vu naître, vers 1611, François de Visdeloup, mort aussi évêque de Saint-Pol de Léon en 1668. — Le bois taillis de Coron a une étendue de 426 hect. — *Géologie* : Granite amphibolique à l'ouest; gneiss amphibolique à l'est. — *Points culminants* : Le bourg, 104 m.; moulin de la Vieuville, 100 m.; la Ville-Marquée, 94 m.; Tournemine, 104 m.; la Lande-Close, 113 m. — *Maires* : 1802, J. Barbedienne; 1816, D. Helligueu; 1831, J.-M. Barbedienne; 1837, F. Barbedienne; 1840, J. Denis; 1842, M. Barbedienne; 1844, J.-L. Garoche; 1857, L. Garoche, maire actuel.

Canton de Plœuc.

Le canton de Plœuc est borné au N. par le canton de Saint-Brieuc (midi); à l'E. par les cantons de Moncontour et de Plouguenast; au S. par le canton d'Uzel; à l'O. par les cantons de Corlay et de Quintin. — Il est traversé par les routes départementales No 3 du port du Légué à Lorient, No 10 de Saint-Brieuc à Quimper, No 12 de Châtelaudren à Uzel; par les chemins de grande communication No 5 de Moncontour à Corlay, No 19 de Quintin à La Trinité, No 31 d'Yffiniac à Corlay, No 33 de Lamballe à Quintin, No 44 de Corlay à Jugon; par les chemins d'intérêt commun No 1er de Plaintel à Plouguenast, No 19 de Saint-Brieuc à Plœuc, No 52 de Mûr à Quintin.

La population du canton est de 13,603 hab.; sa superficie de 15,831 hect., et son revenu territorial net de 465,741 fr.

Territoire élevé, fort accidenté, coupé de vallées profondes; arrosé par l'Oust et le Lié, qui déversent leurs eaux dans l'Océan; sillonné de nombreux ruisseaux; occupé, sur plus d'un sixième de son étendue, par la belle forêt de Lorges. Boisé dans ses parties cultivées; nu et découvert sur les hauteurs, qui présentent de vastes landes et bruyères. — Le canton contient des gisements de minerai de fer exploités, et c'est presque le seul du

TERRES. — Revenu net moyen, par hectare, pour le canton. 27 fr. 06

Valeur vénale moyenne, de l'hectare, dans le canton........ 773 fr.

COMMUNES COMPOSANT LE CANTON.	POPULATION.	DISTANCES en kilomètres.			NOMBRE D'HECTARES des terrains imposables produisant revenu.					Terrains non productifs et non imposés. Chemins, rivières, etc. — Hectares.	NOMBRE TOTAL D'HECTARES par commune.	REVENU CADASTRAL.	PROPORTION de rehaussement pour obtenir le revenu réel.		TAUX MOYEN de l'intérêt des fonds placés.		NOMBRE		NOMBRE	
		Du chef-lieu du département.	Du chef-lieu d'arrond.	De Plœuc (chef-lieu de canton.)	Jardins, courtils, vergers et sol des édifices.	Terres labourables.	Prés.	Bois et taillis.	Pâtures et landes.	TOTAL.				Pour les terres (1).	Pour les maisons, moulins et usines (2).	En terres.	En maisons, moulins et usines.	De maisons.	De moulins et usines.	De foires.	De cafés et cabarets.
												fr. c.	p. 0/0.	p. 0/0.							
Plœuc......	5,002	24	24	»	158	3,029	524	39	506	4,256	189	4,445	136,074 75	1.21	1.09	3.47	4.11	1,291	19	7	24
La Harmoye.	1,181	26	26	18	24	1,063	227	14	371	1,699	69	1,768	32,069 15	1.28	1.25	3.50	4.45	291	4	»	5
Lanfains....	2,306	25	25	15	38	1,225	284	22	524	2,093	93	2,186	44,130 79	1.51	1.59	3.51	4.36	516	10	2	7
Le Bodéo...	743	26	26	15	22	610	155	7	164	958	39	997	17,651 53	1.57	1.73	3.50	4.06	189	1	»	3
L'Hermitage	1,223	22	22	6	13	319	183	2676	515	3,706	73	3,779	29,854 72	2.34	2.05	3.54	4.17	226	9	»	9
Plaintel...	3,145	14	14	10	48	1,750	260	41	477	2,576	100	2,676	41,369 18	2.45	2.12	3.50	4.10	780	8	2	16
TOTAUX..	13,603	»	»	»	303	7,996	1633	2799	2557	15,288	563	15,851	301,153 12	»	»	»	»	3,293	51	11	64

(1 et 2) Pour les notes concernant ce tableau, voir celles du tableau du canton de Saint-Brieuc (N.), pages 92 et 93.

département qui possède du calcaire avantageusement utilisable. Sans être stationnaire, son agriculture a encore de grands pas à faire, surtout sous le rapport de la production des fourrages. Toutefois, l'engraissement des animaux de boucherie et l'élève des bœufs forment l'une de ses principales ressources ; elle a depuis longtemps recherché les moyens d'améliorer son bétail, et c'est justice de reconnaître que ses efforts n'ont pas été infructueux. — Ainsi que dans tous les cantons du département où la culture du blé-noir est pratiquée en grand, la production du miel n'y est pas sans quelque importance. Il serait seulement à désirer que, là comme ailleurs, l'éducation des abeilles reçût des perfectionnements dont l'utilité est reconnue.

Ce canton, qui appartient à la zône intermédiaire, s'occupait beaucoup autrefois de la filature du lin et de la fabrication de la toile ; mais la chute de l'industrie toilière l'a forcément ramené à l'agriculture. Cependant, l'usine du Pas, qui le touche, l'exploitation de la forêt de Lorges, la confection des sabots, qui emploient un grand nombre d'ouvriers, lui enlèvent le caractère purement agricole.

Le canton produit : froment, 1,029 hect. ; méteil, 64 hect. ; seigle, 20,900 hect. ; avoine, 58,874 hect. ; sarrasin, 55,564 hect. ; pommes de terre, 5,940 hect. ; 9,500 hect. de cidre. — Il possède : 1,259 chevaux, 132 taureaux, 1,154 bœufs, 5,860 vaches, 2,405 veaux,

59 béliers, 480 moutons, 1,210 brebis, 880 agneaux, 57 boucs et chèvres, 1,120 porcs.

PLOEUC, 5,002 hab.; — située par 5° 5' 42' de longitude O. et 48° 21' 35' de latitude N.; — bornée au N. par Saint-Carreuc et Hénon; à l'E. par Plémy; au S. par Plouguenast et Gausson; à l'O. par la forêt de Lorges, commune de L'Hermitage; — arrosée par le Lié; — traversée par le chemin de grande communication N° 44 et par les chemins d'intérêt commun N°s 1er et 19; — école de garçons, 105 élèves; de filles, 85 élèves; — chef-lieu de canton et de perception; — cure de 1re classe; justice de paix, résidence de 2 notaires; brigade de gendarmerie à pied; bureau de distribution des lettres; bureau de bienfaisance; — marché le jeudi; foires le 1er jeudi de janvier, le 4e jeudi d'avril, les 1er et 4e jeudis de juin, le 3e jeudi d'août, les 1er et 4e jeudis de novembre. — Le territoire de cette commune est élevé et accidenté; son chef-lieu et la majeure partie de ses villages occupent des coteaux assez fertiles, dominant des prairies bien aménagées qui donnent au beurre de Plœuc une réputation méritée. L'agriculture y est en progrès, et c'est là qu'a fonctionné, en 1836, le premier comice agricole du département; il compte aujourd'hui 140 membres. — L'église paroissiale, dédiée à saint Pierre, a été reconstruite au xviiie siècle. De toutes les chapelles qui existaient autrefois en cette commune, il ne reste d'ouverte au culte que celle de Saint-Juste, dont le pardon a lieu le dernier dimanche d'août. — Plœuc était anciennement une importante seigneurie qui, en 1696, fut érigée en comté, en faveur de la famille La Rivière, dont plusieurs membres ont été gouverneurs de la ville de Saint-Brieuc pendant le siècle dernier; la fille du dernier représentant de cette famille épousa, en 1754, le père du général La Fayette. — Beau menhir au village de Bayo. — Les nombreux cours d'eau qui sillonnent cette commune font mouvoir 18 moulins réunissant une force motrice de 86 chevaux. — *Géologie :* Au sud, constitution granitique, et au nord, schiste talqueux. — *Points culminants :* La hauteur près des Trois-Chênes, 250 m.; Gouromplay, 241 m.; Petit-Saint-Brieuc, 225 m.; Hervelin, 213 m.; Paimpoul, 206 m. — *Maires :* Ont administré successivement cette commune, MM. Levêque, Souvestre, Jarnet, Damar, Berthelot de la Côte, Souvestre fils, Guépin et J. Allo.

LA HARMOYE, 1,184 hab.; — bornée au N. par Saint-Bihy; à l'E. par Lanfains et Le Bodéo; au S. par Saint-Martin-des-Prés; à l'O. par Le Haut-Corlay; — traversée par la route départementale N° 10; — faisait autrefois partie du diocèse de Quimper; — école mixte, 70 enfants; — dépend de la perception de Plœuc. — Sol généralement argileux et difficile à cultiver; il ne pourra être amélioré qu'au moyen d'engrais calcaires, que le peu d'aisance des cultivateurs ne permet pas de lui donner ; aussi la majeure partie de ces derniers s'occupent-ils aux exploitations de la forêt de Lorges. — L'église de La Harmoye, reconstruite en 1616, a pour patron saint Gildas, dont le pardon a lieu le 2e dimanche de juillet ; son patron primitif a dû être saint Armoy ou Hermoël, solitaire breton au VIe siècle, qui a laissé son nom à la paroisse. — *Géologie* : Schiste argileux au nord et au sud et souvent maclifère ; au centre, schiste talqueux ; à Cartravers, beau et précieux gisement de calcaire, exploité par les forges du Pas et par deux négociants de Rennes. Ce calcaire contient, sur 100 parties : carbonate de chaux, 98.16 ; carbonate de magnésie, charbon et humidité, 1.84 (Malagutti). — *Points culminants* : Sommet de Cartravers, 206 m.; Denoual, 258 m.; le bourg, 185 m.; Kerdrain, 216 m.; Belle-Vue, 281 m.; Kerchouan (arbre source de l'Oust), 320 m. — *Maires* : Ont rempli successivement ces fonctions, MM. L. Maffar, J. Burlot, J. Travaudan et Salmon.

LANFAINS, 2,306 hab. ; — bornée au N. par Le Fœil et Saint-Brandan ; à l'E. par Saint-Brandan ; au S. par la forêt de Lorges, en L'Hermitage et Le Bodéo ; à l'O. par La Harmoye et Saint-Biby ; — traversée par les routes départementales Nos 10 et 12, par le chemin de grande communication No 31 et par le chemin d'intérêt commun No 52 ; — école de garçons, 75 élèves ; —

dépend de la perception de Plœuc; — foires le 3e lundi après Pâques et le samedi qui précède le 1er dimanche d'octobre. — Territoire montagneux coupé par de profondes vallées, boisé dans ses parties abritées, mais nu sur les hauteurs. On y voit encore plus de 500 hect. de terres incultes. — L'église de Lanfains est dédiée à saint Hingueten, vulgairement saint Guiganton, évêque de Vannes au VIIe siècle; elle renferme une belle chaire attribuée au sculpteur Corlay. — Beaucoup d'habitants de cette commune exercent l'état de chiffonnier; ils préfèrent aussi le commerce des bestiaux à la culture des terres. — Le village de Carestiemble est habité par un certain nombre de boulangers qui approvisionnent, chaque semaine, les marchés voisins de petits pains à la levure de bière. — Nous avons donné, page 38, quelques détails sur l'importante usine du Pas. — *Géologie*: Grès quarzite; à 1 kilom. sud-ouest, schiste maclifère et argile plastique; près du cabaret de la Ruine, gisement de géodes quartzeuses. — *Points culminants*: Le signal des landes, 325 m.; Porpair, 293 m.; Merboux, 319 m.; la Ville-Ruelle, 185 m. — *Maires*: Ont rempli successivement ces fonctions, MM. Andrieux, Fraboulet, Téhet et Allo.

LE BODÉO, 745 hab.; — bornée au N. par Lanfains et la forêt de Lorges, dans L'Hermitage; à l'E. par Allineuc; au S. par Merléac et Saint-Martin-des-Prés, dont elle est séparée par l'Oust ; à l'O. par La Harmoye ; — traversée par le chemin de grande communication N° 44 et par le chemin d'intérêt commun N° 52 ; — faisait autrefois partie du diocèse de Quimper ; — école mixte, 70 enfants ; — dépend de la perception de Plœuc. — Le territoire de cette commune présente deux aspects très-différents : l'un, qui longe la vallée d'Oust, est fertile, boisé, planté de pommiers et contient de belles prairies ; l'autre, au contraire, est élevé, aride et couvert de bruyères. — Saint Théo ou Thei, solitaire au VIIe siècle, a donné son nom à cette commune, dont il est le patron ; sa fête est célébrée le dimanche qui suit le 15 juillet. L'église paroissiale, reconstruite au commencement du XVIIIe siècle, a son lambris décoré de peintures remarquables. — Une grande partie des habitants du Bodéo s'occupe au tissage des toiles. — *Géologie* : Schiste argileux et minerai de fer. — *Points culminants* : Livry, 200 m. ; Grand-Gargalideuc, 207 m. ; Pont-sur-l'Oust, 169 m. — *Maires* : 1799, C. Jouan ; 1802, F. Boscher ; 1815, J.-M. Jouan ; 1830, F. Goupy ; 1832, J.-B. Goupy ; 1843, J.-F. Pochon ; 1848, J. Marsoin, maire actuel.

L'HERMITAGE, 1,223 hab. ; — bornée au N. par Saint-Brandan et Plaintel ; à l'E. par Plœuc et Gausson ; au S. par Saint-Hervé et Uzel ; à l'O. par Allineuc, Le Bodéo et Lanfains ; — traversée par les routes départementales Nos 3 et 12, par les chemins de grande communication Nos 5, 19 et 44 ; — école de garçons, 52 élèves ; de filles, 45 élèves ; — dépend de la perception de Plœuc. — Territoire légèrement accidenté et couvert, sur les deux tiers de sa superficie, par la forêt de Lorges (2,676 hect.). L'agriculture y est en progrès, grâce aux efforts tentés, depuis plus de 25 ans, par l'honorable M. Baron-Dutaya. — L'église paroissiale est moderne et dédiée à la sainte Vierge. — Le château de Lorges n'en est éloigné que de 300 m. ; il a été construit vers 1730, par Guy de Durfort, baron de Quintin ; c'est la plus vaste habitation du département et l'une des plus remarquables. — Un grand nombre d'habitants de cette commune passent leur vie dans la forêt, où ils sont employés comme sabotiers, boisseliers, charpentiers ou bûcherons. — *Géologie* : A l'est, constitution granitique ; dans le sud-ouest, grès et schiste ; dans le nord-ouest, roches amphiboliques ; au Bas-Vallet, minerai de fer, très-riche, exploité. — *Points culminants* : Le bourg, 245 m. ; moulin de Bel-Air, 267 m. ; le Parc, 238 m. ; le bois de sapin au-dessus du Pas (route de Quintin), 264 m. ; Etoile-du-Gourlay, 259 m. ; Pas-de-Roussel, 256 m. — *Maires* : Ont successivement rempli ces fonctions, MM. P. Garnier, Y. Ollivro, F. Baron-Dutaya et J.-M. Allenou, maire actuel.

PLAINTEL, 5,145 hab. ; — bornée au N. par Saint-

Julien et Plédran ; à l'E. par Plédran et Saint-Carreuc ; au S. par la forêt de Lorges, en L'Hermitage ; à l'O. par Saint-Brandan, et par Plaine-Haute, dont elle est séparée par le Rillan et par le Gouët. — Elle est traversée par les routes départementales N°s 5 et 10, par le chemin de grande communication N° 33 et par le chemin d'intérêt commun N° 1er ; — école de garçons, 102 élèves ; de filles, 150 élèves ; — dépend de la perception de Plœuc ; — bureau de bienfaisance ; — résidence d'un notaire ; — foires les 1ers lundis de carême et d'octobre. — Territoire très-accidenté et coupé par un grand nombre de vallons ; il est boisé et planté de pommiers dans ses parties cultivées et nu dans les autres. Le sol est médiocre, sablonneux et peu propre au froment ; beaucoup de landes ne paraissent pas susceptibles de culture. — L'église paroissiale, sous l'invocation de saint Pierre, a été construite dans le siècle dernier ; sa tour, surmontée d'une flèche de granit, est de 1844. — Chapelles Saint-Gilles et de N.-D. du Chemin. — En 1832, M. et Mme Digaultray firent don à la commune de leur terre de Saint-Quihouët, avec tous ses revenus, et y établirent un orphelinat dirigé par les Sœurs de la Sagesse. Les enfants pauvres des trois communes de Plaintel, Quintin et Le Fœil, présentés par une commission administrative, participent, au nombre d'environ 80, aux bienfaits de cet établissement, qui possède en outre une salle pour les malades indigents de Plaintel. — Le manoir de Crapado a vu naître Claude Angier de Lohéac, célèbre ligueur, qui fut décapité à Rennes en 1593, quoique âgé de plus de 80 ans. — Le Gouët et trois petits affluents font tourner, dans cette commune, 6 moulins ; leur force motrice est de 44 chevaux. — *Géologie :* Constitution granitique ; au sud, schiste talqueux. — *Points culminants :* La Roche, 239 m.; Saint-Quihouët, 149 m.; Pas-des-Galons, 193 m ; les Tertres, 243 m. — *Maires :* 1790, Chandemerle ; an ɪɪ, Daulny ; 1807, Dutertre, 1808, Million ; 1814, Gallais ; 1817, Eono ; 1821, Perrin ; 1831, Pouligo ; 1832, Le Guen ; 1836, Rouault ; 1839, Tanguy ; 1847, Gicquel ; 1852, Rouault.

Canton de Plouha.

Le canton de Plouha est borné au N. par le canton de Paimpol ; à l'E. par la Manche et le canton d'Etables ; au S. par le canton de Lanvollon ; et à l'O. par les cantons de Pontrieux, dont le Leff le sépare, et de Paimpol. — Il est traversé par la route départementale N° 1er de Saint-Brieuc à Morlaix ; par les chemins de grande communication N° 1er de Saint-Brieuc à Paimpol, N° 1er *bis* de Binic à Plouha ; par les chemins d'intérêt commun N° 2 de Lannebert à la baie de Bréhec, N° 6 de Lanvollon au Port-Moguer, N° 57 de Lanvollon à Paimpol.

La population du canton est de 8,941 hab. ; sa super-

ficie de 6,618 hect., et son revenu territorial net de 348,200 fr.

Le territoire de ce canton maritime est élevé, très-accidenté et coupé par de nombreux vallons. Peu boisé à l'est, il est au contraire assez bien planté d'arbres forestiers et de pommiers à l'ouest, et l'on y trouve quelques belles futaies. L'agriculture tend à s'y améliorer et, sous le rapport de la production du cidre, on est fondé à espérer que, sous peu d'années, il suffira et au-delà à sa consommation. Le onzième du canton à peine est encore sous landes, peu susceptibles de culture, attendu qu'elles reposent sur un fonds pierreux et qu'elles sont situées sur des pentes rapides.

Ce canton appartient à la zône du littoral. Il produit : froment, 11,697 hect. ; méteil, 4,930 hect. ; seigle, 3,584 hect. ; orge, 5,040 hect. ; avoine, 25,025 hect. ; sarrasin, 10,773 hect. ; pommes de terre, 8,600 hect. ; betteraves, 1,350 quint. mét. ; lin, 140 quint. mét. ; chanvre, 44 quint. mét. ; cidre, 6,827 hect. — Il possède : chevaux, 1,307 ; taureaux, 37 ; vaches, 1,572 ; veaux, 402 ; béliers, 132 ; moutons, 107 ; brebis, 1,059 ; agneaux, 883 ; boucs et chèvres, 20 ; porcs, 1,570.

TERRES. — Revenu net moyen, par hectare, pour le canton... 46 fr. 16 Valeur vénale moyenne, de l'hectare, dans le canton........ 1,531 fr.

COMMUNES COMPOSANT LE CANTON.	POPULATION.	DISTANCES en kilomètres.			NOMBRE D'HECTARES des terrains imposables produisant revenu.					Terrains non productifs et non imposés. Chemins, rivières, etc. — Hectares.	NOMBRE TOTAL D'HECTARES par commune.	REVENU CADASTRAL.	PROPORTION de rehaussement pour obtenir le revenu réel.		TAUX MOYEN de l'intérêt des fonds placés.		NOMBRE		NOMBRE	
		Du chef-lieu du départ.	Du chef-lieu d'arrond.	De Plouha (chef-lieu de canton).	Jardins, courtils, vergers et sol des édifices.	Terres labourables.	Prés.	Bois et taillis.	Pâtures et landes.	TOTAL.				Pour les terres (1).	Pour les maisons moulins et usines (2).	En terres.	En maisons, moulins et usines.	De maisons.	De moulins et usines.	De foires.	De cafés et cabarets.
													fr. c.	p. 0/0	p. 0/0						
Plouha.....	5,215	25	25	»	49	2,875	193	125	569	3,811	187	3,998	46,836 62	4.50	4.15	3.10	3.46	1,288	22	3	19
Lanleff.....	378	30	30	13	2	178	6	»	20	206	10	216	3,579 87	3.40	3.09	2.50	3.40	90	1	»	2
Lanloup.....	544	30	30	5	5	205	8	3	10	231	14	245	6,322 14	3.03	3.07	2.65	3.35	163	3	»	7
Pléhédel....	1,696	30	30	8	15	985	45	47	73	1,165	68	1,233	22,597 16	2.90	3.08	2.80	3.02	435	6	1	8
Pludual.....	1,108	25	25	5	10	722	56	7	78	873	53	926	12,652 13	3.57	3.70	2.99	3.07	325	2	»	5
TOTAUX....	8,941	»	»	»	81	4,965	308	182	750	6,286	332	6,618	91,987 92	»	»	»	»	2,301	34	4	41

(1 et 2) Pour les notes concernant ce tableau, voir celles du tableau du canton de Saint-Brieuc (N.), pages 92 et 93.

PLOUHA, 5,215 hab.; — bornée au N.-E. par la Manche; à l'E. par Tréveneuc; au S. par Plourhan et Pléguien; à l'O. par Pludual, Pléhédel, Lanloup et Plouézec; — traversée par les chemins de grande communication Nos 1er et 1er bis et par les chemins d'intérêt commun Nos 2 et 6; — école de garçons, 277 élèves; de filles, 134 élèves; salle d'asile, 182 enfants; — chef-lieu de canton et de perception; cure de 1re classe; justice de paix; résidence de 2 notaires; brigade de gendarmerie à pied; subdivision de pompiers; bureau de distribution des lettres; comice agricole; bureau de bienfaisance; — marché le samedi; foires les 1ers mardis de juin, de juillet et d'octobre. — Le sol de cette commune est généralement très-fertile quoique offrant deux versants distincts : l'un, celui du nord, qui a des terres sèches et légères; l'autre, celui du sud, dont les terres sont au contraire argileuses et un peu humides. Ce dernier versant est très-boisé, notamment dans la partie avoisinant Lisandré. Les landes dépendantes de cette terre ont été, depuis 40 ans, ensemencées par son propriétaire, M. Curateau de Courson, principalement en arbres résineux qui ont prospéré et qui sont actuellement d'une grande ressource pour les constructions maritimes ou autres; plus d'un million de pieds d'arbres sont actuellement susceptibles d'être exploités. — Le bourg de Plouha, situé sur une élévation, est composé en grande partie de maisons commodes et bien bâties formant une vaste place, au centre de laquelle se trouve l'église paroissiale actuellement en reconstruction et qui semble devoir être plus grandiose que monumentale ; cette église est dédiée à saint Pierre. — On compte, dans cette commune, sept chapelles desservies à certaines fêtes ; ce sont celles de Sainte-Eugénie, de N.-D. de Kégal, de Saint-Jean, de Saint-Samson, de Saint-Julien, de la Trinité et de N.-D. de Kmaria, la plus remarquable de toutes. Cet édifice, des xiii⁰ et xiv⁰ siècles, en majeure partie, dont le porche et surtout les peintures murales représentent principalement une procession vulgairement connue sous le nom de *danse macabre*, dans laquelle la Mort joue le principal rôle, fixent l'attention de tous les antiquaires. Peinte au xv⁰ siècle, cette danse macabre est actuellement unique en France ; on y compte environ 40 personnages. Le gouvernement, appréciant son importance, a pris, d'accord avec l'administration préfectorale, et sous la direction de M. Geslin de Bourgogne, toutes les mesures nécessaires pour assurer sa conservation. — Châteaux de Lisandré, de Kdreux et de Saint-Georges. — Tumulus à la Motte et à la Ville-Neuve. — Les grèves de Plouha offrent les points de vue les plus accidentés et les plus pittoresques ; entre le Port-Moguer et l'anse Cochat, on remarque, dans les falaises, deux cavernes assez profondes. — Le petit port de Bréhec sert principalement à décharger les sables calcaires que des bateaux y apportent en abondance et qui de là se répandent dans tout le pays. — *Géologie :* Granite au nord ; roches amphiboliques au nord-ouest ; schiste modifié au sud et près du bourg. A la baie de Bréhec (côté sud), schistes herborisés ; ils présentent des dessins très-variés, bruns, noirs, verts et roses ; au village du Goasmeur, mine de plomb argentifère, non exploitée. L'analyse du minerai faite à la monnaie de Paris, en 1819, donne, pour 25 kilog. : en plomb, 17 kilog. ; en argent, 0 k 045 gram. ; en or, 0 k 001 gram. — Les grèves de cette commune sont couvertes d'un sable fin, micacé, homogène et sans coquilles, par conséquent presque stérile ; son analyse ne constate que 12 parties sur 100 de matières fertilisantes. — *Points culminants :* Le bourg, 98 m. ; Kboisel, 84 m. ; Lan-ar-Har, 84 m. ; Lisandré, 90 m. ; Castel-Pic, 105 m. ; Kgaro, 109 m. ; Port-Logot, 84 m. — *Maires :* 1790, Leff ; 1791, O. Saint-Cas ; 1799, G. Le Cornec ; 1802, A. Videment ; 1808, M. Le Bigot ; 1815, F. Allain ; 1816, B. de Kguenech ; 1830, C. Chaumont ; 1837, F. Allain ; 1851, C. de Courson ; 1852, Y. Guézou ; 1854, L. Le Bigot ; 1859, G. Houart.

LANLEFF, 378 hab. ; — bornée au N. par Yvias ; à l'E. par Pléhédel ; au S. par Tréméven ; à l'O. par Le Faouët et Quemper-Guézénec, dont elle est séparée par le Leff ; — école mixte, 43 élèves ; — faisait partie de l'ancien évêché de Dol et était trève de Lanloup ; —

dépend de la perception de Plouha. — Toute l'illustration de cette commune, dont le sol est accidenté et assez fertile, consiste dans le monument qu'elle possède à son chef-lieu et qui est connu de tous les archéologues sous le nom de Temple de Lanleff. Ce monument, sur lequel on a beaucoup disserté et auquel on a donné une antiquité exagérée, est tout simplement une église circulaire et chrétienne de la fin du xie siècle, et n'a jamais servi, comme on l'a publié, à aucune cérémonie païenne. L'administration s'occupe, depuis plusieurs années, à sauver de la destruction ce vénérable édifice qui sera mieux apprécié lorsque les terres qui l'entourent encore du côté de l'est auront été enlevées. — L'église paroissiale, dédiée à la sainte Vierge, a été bâtie en 1859; la chapelle du Veulch ou de Saint-Briac est du siècle dernier. — *Géologie* : Schiste talqueux et granite. — *Maires* : Ont rempli successivement ces fonctions, MM. P. Le Cain, G. Le Meur, F. Le Saux, F. Le Blaye, G. Le Blaye, V. Ollivier, F. Perret, P. Le Cain, J. Le Roy, J. Durand, maire actuel.

LANLOUP, 544 hab.; — bornée au N. par Plouézec; à l'E. et au S. par Plouha; à l'O. par Pléhédel; — traversée par la route de grande communication N° 1er et par les chemins d'intérêt commun N° 2 et de Lanloup à Pléhédel; — école de garçons, 61 élèves; de filles, 35 élèves; — faisait partie de l'ancien évêché de Dol; —

dépend de la perception de Plouha. — Territoire très-accidenté, particulièrement au nord et à l'est; mais fertile et produisant toute espèce de céréales. — L'église paroissiale est dédiée à saint Loup, évêque de Troyes, auquel la commune doit également son nom. C'est un joli édifice du xvie siècle; son porche surtout est remarquable. — Chapelles de Saint-Roch et de Sainte-Colombe. — Le manoir de la Noë-Verte date du xve siècle; ses fenêtres à meneaux en croix, ses tourelles, ses hautes cheminées hexagones et l'enceinte fortifiée qui l'entoure appellent l'attention des touristes. Le château de Lanloup est du xixe siècle. — Les nombreuses voitures qui vont, pendant la belle saison, prendre du sable à l'anse de Bréhec, située en Plouha, passent presque toutes par le bourg de Lanloup; ce mouvement lui donne un air très-animé. — *Géologie :* Schiste argileux; au nord, schiste passant à la grauwacke. — *Points culminants :* Moulin de Kjoly, 84 m.; Kdreux, 98 m. — *Maires :* Ont rempli successivement ces fonctions, MM. C. Le Cornec, J. Le Saux, J. Le Meur, J.-M. Trebouta, Billoré et P. Le Cornec.

PLÉHÉDEL, 1,696 hab.; — bornée au N. par Plouézec; à l'E. par Lanloup et Plouha; au S. par Pludual; à l'O. par Tréméven, Lanleff et Yvias; — traversée par la route départementale N° 1er et par les chemins d'intérêt commun N° 57 et de Pléhédel à Lanloup; — école de garçons, 56 élèves; de filles, 70 élèves; — dépend de la perception de Plouha; — foire (à Saint-Fiacre) le dernier jeudi d'août. — Le territoire de cette commune se partage en deux parties très-distinctes : l'une est basse, plane et humide; l'autre élevée et accidentée; il est boisé et riche en belles futaies. Sol médiocre, mais bien cultivé. — L'église de Pléhédel est moderne; elle est sous l'invocation de saint Pierre, mais sainte Philomène, dont elle possède des reliques, est la patronne de la paroisse; son pardon a lieu le 1er dimanche d'août, avec grande affluence de pèlerins. — Chapelles de Saint-Samson et de Saint-Michel. — Les châteaux du Boisgélin et du Roscoat sont remarquables par leurs dépendances et les belles plantations qui les entourent. — *Géologie* : Schiste argileux, et au sud, schiste modifié par le granite; au nord, îlot de granite amphibolique. — *Points culminants* : Kerberso, 106 m.; Kerbiquet, 80 m.; le Robiou, 98 m. — *Maires* : 1790, F. Martin; 1792, J. Auffray; 1793, F. Michel; 1796, P. Le Friec; 1800, R. Héry; 1808, F. Auffret; 1815, R. du Roscoat; 1817, J. Guillermo; 1830, Y. Richard; 1840, Y. Maurice, encore maire aujourd'hui.

PLUDUAL, 1,108 hab.; — bornée au N. par Pléhédel; à l'E. par Plouha; au S. par Pléguien et Lannebert; à l'O. par Tréméven; — traversée par les chemins d'intérêt commun Nos 2, 6 et 57; — école de garçons,

95 élèves ; de filles, 26 ; — dépend de la perception de Plouha. — Le sol de cette commune, argileux en grande partie, est bien cultivé et fertile ; il est boisé et couvert de pommiers dont les fruits produisent un cidre estimé ; un certain nombre de laboureurs se livrent avec succès à l'apiculture. — L'église de Pludual, dédiée à saint Mayeux, abbé de Cluny, et anciennement à saint Tugdual, qui avait donné son nom à la paroisse, a été remaniée à diverses reprises ; son collatéral nord a conservé deux arcades en plein ceintre appuyées sur deux piliers quadrangulaires qui doivent remonter au xiie siècle. — L'antique et célèbre forteresse de Langarzeau n'existe plus ; il n'en reste que l'emplacement situé au-dessus du ruisseau qui sépare Pludual de Pléhédel. On y voit encore quelques fondations de tours ou de courtines qui indiquent l'énorme épaisseur qu'avaient les murailles ; plus de cent maisons ont été construites avec leurs matériaux ; la maison commune, elle-même, en est sortie. — Château de Périmorvan. — *Géologie* : Constitution granitique et roches amphiboliques. — *Point culminant* : Moulin Marec, 84 m. — *Maires* : Ont rempli successivement ces fonctions, MM. J. Le Cornec, G. Hélary, P. Guillou, C. Malenfant et G. Geffroy.

NOTA. — Dans toutes les communes du canton de Plouha, on parle le breton.

Canton de Quintin.

Le canton de Quintin est borné au N. par les cantons de Châtelaudren et de Saint-Brieuc (M.); à l'E. par les cantons de Saint-Brieuc (N. et M.) et de Plœuc; au S. par les cantons de Plœuc et de Corlay; à l'O. par les cantons de Saint-Nicolas-du-Pélem et de Plouagat. — Il est traversé par les routes départementales N° 3 du Légué à Lorient, N° 10 de Saint-Brieuc à Quimper, N° 12 de Châtelaudren à Uzel; par les chemins de grande communication N° 31 d'Yffiniac à Corlay, N° 33 de Lamballe à Quintin, N° 52 de Quintin à Callac, N° 53 de Quintin à Belle-Ile; par les chemins d'intérêt commun N° 22 de Guingamp à Quintin, N° 52 de Mûr à Quintin.

La population du canton est de 12,910 hab.; sa superficie de 14,803 hect., et son revenu territorial net de 523,517 fr.

Territoire montueux, accidenté et très-varié d'aspects. Il présente alternativement des vallées fertiles et des montagnes abruptes; des landes incultes et de vastes prairies. Boisé dans tous ses vallons et nu dans ses parties élevées, le canton de Quintin est situé sur le versant nord de la chaîne de montagne qui traverse la Bretagne de l'est à l'ouest, et les rivières et ruisseaux qui l'arrosent se déversent dans la Manche. Le plus important de ces cours d'eau est le Gouët, qui reçoit

TERRES. — Revenu net moyen, par hectare, pour le canton. 32 fr. 22

Valeur vénale moyenne, de l'hectare, dans le canton........ 849 fr.

COMMUNES COMPOSANT LE CANTON.	POPULATION.	DISTANCES en kilomètres.			NOMBRE D'HECTARES des terrains imposables produisant revenu.					Terrains non productifs et non imposés. Chemins, rivières, etc. — Hectares.	NOMBRE TOTAL D'HECTARES par commune.	REVENU CADASTRAL.	PROPORTION de rehaussement pour obtenir le revenu réel.		TAUX MOYEN de l'intérêt des fonds placés.		NOMBRE		NOMBRE	
		Du chef-lieu du département.	Du chef-lieu d'arrondt.	De Quintin (chef-lieu de canton.)	Jardins, courtils, vergers et sol des édifices.	Terres labourables.	Prés.	Bois et taillis.	Pâtures et landes.	TOTAL.				Pour les terres (1).	Pour les maisons, moulins et usines (2).	En terres.	En maisons, moulins et usines.	De maisons.	De moulins et usines.	De foires.	De cafés et cabarets.
												fr. c.	p. 0/0.	p. 0/0.						
Quintin....	3,617	24	24	»	75	157	45	7	6	290	18	308	89,888 69	1.43	1.41	6. »	6. »	712	6	13	52
Le Fœil.....	1,763	17	17	3	29	1,399	211	73	265	1,977	77	2,054	30,097 17	2.79	2.81	3.32	3.32	447	6	4	12
Le Leslay...	283	25	25	5	4	293	52	29	102	480	22	502	4,729 03	3.61	3.69	3.21	3.21	67	2	»	1
Vieux-Bourg	1,452	27	27	7	22	1,623	322	10	448	2,425	87	2,512	34,418 50	2.31	2.15	4.16	4.01	301	3	1	5
Plaine-Haute	1,804	12	12	7	22	1,104	125	36	186	1,473	57	1,530	24,590 08	2.28	2.33	3.77	3.77	481	9	»	6
Saint-Bihy..	440	25	25	5	1	321	93	10	375	800	23	823	8,174 82	1.72	1.77	3.46	3.42	84	4	»	2
St-Brandan..	2,817	20	20	3	46	1,731	310	20	292	2,408	112	2,520	32,951 49	3.15	2.98	3.84	3.62	801	10	3	19
St-Gildas...	734	30	30	10	7	896	171	18	408	1,500	54	1,554	13,218 32	3.26	3.19	3.67	3.67	179	2	»	2
TOTAUX...	12,910	»	»	»	206	7,524	1329	212	2082	11,353	450	11,803	238,068 10	»	»	»	»	3,072	42	18	99

(1 et 2) Pour les notes concernant ce tableau, voir celles du tableau du canton de Saint-Brieuc (N.), pages 92 et 93.

les ruisseaux de Saint-Germain, de Quemper, de Mandoure, de Noë-Sèche, de Bodfer, de Quellenec, du Guerdic et du Rillan. — Centre du commerce des toiles; il fut pendant longtemps, après la décadence de ce commerce, stationnaire et arriéré en agriculture; mais le progrès s'y fait sentir sous ce rapport et tout porte à présager que par leurs persévérants efforts, ses habitants trouveront dans son sol l'aisance qu'autrefois ils demandaient à l'industrie.

Ce canton appartient à la zône intermédiaire du département. — Il produit : froment, 1,970 hect.; seigle, 21,843 hect.; avoine, 26,720 hect.; sarrasin, 24,208 h.; pommes de terre, 1,775 hect.; chanvre, 102 quint. mét.; cidre, 4,175 hect. — Il possède : chevaux, 1,814; taureaux, 55; bœufs, 564; vaches, 2,658; veaux, 1,219; béliers, 43; moutons, 590; brebis, 835; agneaux, 542; porcs, 750.

QUINTIN, 3,617 hab.; — bornée à l'E. par Saint-Brandan; au S., à l'O. et au N. par Le Fœil; — par les 5° 14' 46" de longitude O. et 48° 24' 16" de latitude N.; — traversée par les routes départementales N°s 10 et 12 et par le chemin de grande communication N° 52; — une école laïque et une école de frères, 370 garçons; deux écoles de filles, 155 élèves; pensionnat tenu par les Ursulines; institution libre pour l'instruction secondaire; — chef-lieu de canton et de perception; cure de

2e classe ; justice de paix ; hospice et bureau de bienfaisance ; compagnie de sapeurs-pompiers (45 hommes, 2 pompes) ; résidence de 4 notaires ; brigade de gendarmerie à cheval ; agent-voyer ; bureau d'enregistrement pour le canton et pour celui de Plœuc ; recette des contributions indirectes ; bureau de poste ; société de secours mutuels ; chambre littéraire ; comice agricole ; tribunal de commerce ; chambre consultative des arts et manufactures ; — marchés le mardi et le vendredi ; foires les 1ers mardis de janvier et de février ; les 1er et 3e mardis de mars ; les 1ers mardis d'avril, de mai et de juin ; le 13 juillet ; les 1er et dernier mardis d'août ; le 21 septembre, le 11 novembre et le 1er mardi de décembre. — La ville de Quintin, vue des hauteurs qui dominent son arrivée du côté de Saint-Brieuc, présente un coup-d'œil remarquable. Tous ses édifices, parmi lesquels on distingue le château et son antique collégiale, s'étagent en amphithéâtre et dominent un bel étang entouré de prairies ; de nombreux bosquets d'arbres forestiers semés çà et là encadrent ce tableau que semble protéger de tous côtés une ceinture de montagnes. Mais lorsqu'on pénètre dans l'intérieur de la ville, le spectacle change ; on parcourt des rues et des places dont l'alignement et le pavé laissent beaucoup à désirer, mais auxquelles une administration éclairée apporte chaque jour quelque amélioration. — Parler de Quintin c'est rappeler l'industrie des toiles dont nous avons déjà dit quelques mots, page 36, et dont cette ville a été le centre principal pendant plusieurs siècles. Bien qu'elle ne soit plus que l'ombre de ce qu'elle a été, cette industrie est encore vivante et occupe en ce moment plus de 300 tisserands qui luttent avec courage contre le travail des machines et entretiennent notamment une fabrique de linge œuvré, créée il y a 20 ans, et qui donne des produits dignes de rivaliser avec tout ce qui se fait de plus beau et de plus élégant en ce genre, même dans les pays étrangers. — On attribue la fondation de Quintin et la construction de son premier château à Geoffroy II, fils d'Alain Ier, comte de Penthièvre, qui s'y serait établi vers 1260; ses descendants continuèrent à jouir de cette seigneurie jusqu'en 1424, époque à laquelle Plézou de Quintin, dernière représentante de sa famille, épousa Geoffroy du Perrier. Cette terre passa ensuite dans la maison de Laval-Montfort par le mariage, en 1482, de Jeanne du Perrier avec Nicolas de Laval. Leur arrière-petit-fils, Henry de la Trémouille, la vendit, le 16 janvier 1638, à Amaury Gouyon de la Moussaye. Le fils de ce dernier, Henry Gouyon, l'aliéna en 1682, au profit de Guy-Alonze de Durfort de Lorges; elle passa ensuite dans la famille de Choiseul, en 1775, par le mariage de Marguerite de Durfort de Lorges, petite-fille de Guy, avec Regnauld César-François, vicomte de Choiseul. — C'est à Amaury de la Moussaye qu'on doit la fondation, en 1662, du haut pavillon qui domine l'étang, seule partie existante d'une plus vaste construction à laquelle on n'a pas donné suite ; ce qu'on appelle le château neuf, est un édifice moins important érigé au xviii° siècle. — Entre le château et une porte appelée la Porte-Neuve, seul débris des anciennes fortifications qui entouraient la ville, se trouve la collégiale de Notre-Dame, fondée en 1405 par Geoffroy V, comte de Quintin. C'est une église à trois nefs dont les parties remarquables, sont une maîtresse vitre rayonnante qu'on a aveuglée pour faire une sacristie, et une tour qui abrite un porche décoré de très-délicates sculptures du xv° siècle. — L'ancienne église paroissiale de Saint-Thurian n'existe plus ; on a établi sur son emplacement un cimetière qui contient un curieux ossuaire du xviii° siècle. — Les chapelles de Notre-Dame, de Saint-Sébastien, de la Magdeleine et de Saint-Julien ont également été démolies ou appliquées à des usages profanes ; mais la chapelle Saint-Yves a été conservée au culte. — Nous devons citer parmi les établissements les plus importants de Quintin, l'hospice civil, fondé en 1752, la communauté des Ursulines et le pensionnat des Frères des écoles chrétiennes. On y remarque encore une papeterie, trois minoteries, deux tanneries et un moulin à fouler ; le moulin à blé situé près de la chaussée de l'étang possède cinq roues qui reçoivent l'eau à diverses hauteurs et qui font tourner autant de paires de meules. — Beau menhir dit la Pierre-Longue, au-dessus de l'étang. — Patrie du littérateur Daillant de la

Touche, décédé en 1827 ; il fut collaborateur de Fréron ; du carme Toussaint Le Bigot de Saint-Luc, auteur de plusieurs dissertations historiques et d'un nobiliaire breton ; de Jean Le Rigoleur, célèbre missionnaire, décédé à Vannes, en odeur de sainteté, le 27 février 1658 ; de M. Le Breton, savant numismate, décédé en 1835 ; de M. Baron-Dutaya, chroniqueur et archéologue. — *Point culminant* : Bel-Orient (près le cimetière), 221 m. — *Géologie* : Constitution granitique. — *Maires* : Ont successivement rempli ces fonctions, MM. G. Frélaud, N. Brignon, N. Ridouël, H. Fleury, J.-B. Digaultray, Ch. Garnier, F. Perrio, G. Hervé du Penher, P. Symon de Villeneuve, F. Cornu-Buzancy, F. Mazurié, maire actuel.

LE FOEIL, 1,763 hab. ; — bornée au N. par Saint-Donan ; à l'E. par Plaine-Haute et Saint-Brandan ; au S. par Lanfains, Quintin et Saint-Bihy ; à l'O. par Le Vieux-Bourg, Le Leslay et Cohiniac ; — traversée par les routes départementales N°s 10 et 12 et par les chemins de grande communication N°s 52 et 53 ; — école de garçons, 52 élèves ; de filles, 40 élèves ; — ancienne trêve de Saint-Thurian ; — dépend de la perception de Quintin ; — foire le dernier lundi de novembre. — Le territoire de cette commune est élevé et accidenté ; les terres en sont généralement légères et soumises à l'assolement triennal avec repos sous pâture pendant 3 ou

6 ans. Par suite de la diminution de la fabrication des toiles, beaucoup de bras se portent maintenant vers l'agriculture, qui en ressentira de bons effets et abandonnera les anciennes méthodes. — L'église du Fœil est dédiée à la sainte Vierge et n'a rien qui mérite d'être signalé ; de même que les chapelles de Saint-Laurent et de Sainte-Radégonde. — Les châteaux de Robien, de Crénan et de la Noë-Sèche sont remarquables à divers titres. — Villas de la Bruyère et de la Barre. — Deux blanchisseries de toiles aux Sarrazins et à la Noë-Sèche. — Patrie du lieutenant général Pierre de Perrier, décédé en 1702 à la suite d'un coup de feu reçu à la bataille de Crémone. — *Points culminants :* La Belle-Fontaine, 213 m.; Crénan, 163 m.; Urien, 219 m.; Robien, 212 m.; la Porte, 246 m. — *Géologie :* Granite exploité. — *Maires :* 1836, G. Gallouet ; 1845, Le Fèvre ; 1854, Le Gal, maire actuel.

LE LESLAY, 283 hab. ; — bornée au N. par Bocqueho et Cohiniac ; à l'E. par Le Fœil ; au S. par Le Vieux-Bourg ; à l'O. par Saint-Gildas ; — traversée par le chemin de grande communication N° 53 ; — ancienne trève du Vieux-Bourg ; — faisait partie de l'évêché de Quimper ; — école mixte, 56 enfants ; — dépend de la perception de Quintin. — Le territoire du Leslay se compose en grande partie de montagnes arides et couvertes de bruyères ; les terres cultivées sont légères et de médiocre qualité ; mais on pourrait créer dans les nombreuses vallées dont la commune est coupée, des prairies qui seraient une source de bien-être pour ce pays. — L'église du Leslay, dédiée à Saint-Symphorien, est une simple chapelle qui a été construite vers 1721. — Le château de Beaumanoir a conservé quelques parties du xve siècle; il a vu naître deux évêques portant tous les deux le nom de Guillaume Eder; l'un, doyen de la cathédrale de Nantes, fut pourvu de l'évêché de Saint-Brieuc le 15 mars 1428; l'autre, abbé de Boquen en 1537, fut placé sur le siége de Quimper en 1541. Cette résidence a aussi appartenu au chef de ligueurs Guy Eder de la Fontenelle, célèbre par ses cruautés qui lui méritèrent, en 1602, le dernier supplice. — *Point culminant* : Lande Mazurié, 250 m. — *Géologie* : Granite. — *Maires* : Ont rempli successivement ces fonctions, MM. Le Breton, Le Méhauté, Le Corre, J. Lanoë, L. Teffu, Mazurié, J. Hervé, M. Morcel, Jaffray, M. Hervé et F. Padel, maire actuel.

LE VIEUX-BOURG, 1,452 hab.; — bornée au N. par Saint-Gildas et Le Leslay ; à l'E. par Le Fœil; au S. par Saint-Bihy et Le Haut-Corlay ; à l'O. par Canihuel, Saint-Gilles-Pligeaux et Saint-Connan ; — traversée par le chemin de grande communication N° 52 ; — faisait partie de l'évêché de Quimper ; — école de garçons, 46 élèves ; — dépend de la perception de Quintin ; —

foire le 9 août. — Le sol de cette commune, placée sur le sommet de la chaîne du Mené, est très-tourmenté ; les versants exposés au midi sont assez fertiles et les vallons bien boisés ; mais les parties hautes sont arides et couvertes de blocs de granit. — L'église paroissiale, dédiée à Notre-Dame de Bourg-Quintin, a été construite en 1724 ; elle a la forme d'une croix latine ; c'est un édifice à refaire. — Les chapelles de Saint-Michel et de Saint-Jean, toutes deux du xv⁵ siècle, sont en ruines.— On trouve çà et là, dans cette commune, des substructions romaines qui indiquent qu'une importante station y a existé autrefois. Elle est également riche en monuments celtiques ; sous l'un deux on trouva, en 1832, un certain nombre d'objets en or. — Patrie de Jean Burlot, avocat au Parlement, chanoine et théologal de Quimper, mort recteur de sa paroisse en 1686, et de Louis Raoult, docteur en théologie, vicaire capitulaire de Cornouaille en 1739. — *Points culminants* : La Ville-au-Traître, 231 m. ; la chapelle Saint-Jean, 294 m.; Bourgogne, 299 m.; Kerdalniez, 308 m.; le Roscoat, 261 m.; Kerolivier, 300 m. ; la Ville-Juhel, 275 m. — *Géologie* : Constitution granitique. — *Maires* : Ont successivement rempli ces fonctions, MM. G. Allaire, G. Bonny, J. Raoult, A. Thoraval, N. Derrien et P.-M. Loyer, maire actuel.

PLAINE-HAUTE, 1,801 hab. ; — bornée au N. par

Saint-Donan; à l'E. par le Gouët, qui la sépare de Plou-fragan, Saint-Julien et Plaintel; au S. par Saint-Brandan et Le Fœil; à l'O. par Le Fœil; — traversée par le chemin vicinal de Saint-Brieuc à Quintin; — école de garçons, 48 élèves; de filles, 30 élèves; — dépend de la perception de Quintin. — Presque plat dans sa partie sud-ouest, le sol est montagneux dans les autres parties; les terres labourables sont légères et les prairies médiocres, par défaut de soins. — L'église paroissiale, dédiée à saint Pierre, a été construite en 1839; elle n'offre aucun intérêt; on peut toutefois y remarquer la porte latérale nord, qui a appartenu à une belle chapelle dédiée à saint Méen, qu'on jugea à propos de détruire pour la faire entrer dans cette insignifiante construction. — Les chapelles de Saint-Adrien et de Saint-Eloi sont en ruines; mais celle de Sainte-Anne du Houlin, située sur les bords du Gouët, existe toujours; c'est un édifice du xvie siècle. Elle est, chaque année, le but de fréquents pèlerinages; l'affluence est considérable le jour du pardon, qui a lieu le dimanche après le 26 juillet. — Beau menhir à la Croix-Cadio. — Le manoir de la Ville-Daniel, charmante construction du xvie siècle, maintenant convertie en métairie, appelle l'attention des touristes. — Le Gouët fait tourner, dans cette commune, 6 moulins dont la force motrice est de 53 chevaux. — *Points culminants*: Bourg, 200 m.; Tertre-aux-Germains, 177 m.; les Noyers, 156 m. — *Géologie* : Granite, et au nord, roches amphiboliques. — *Maires :* Ont successivement rempli ces fonctions, MM. M. Bertrand, P. Bidan, N. Mariette, P. Quintin, A. Damar Saint-Rivily, P. Vinçot, L. Gicquel, L. André, M. Gicquel, maire actuel.

SAINT-BIHY, 440 hab.; — bornée au N. par Le Vieux-Bourg; à l'E. par Le Fœil et Lanfains; au S. par La Harmoye; à l'O. par Le Haut-Corlay; — traversée par le chemin vicinal de Saint-Bihy à Quintin; — ancienne trève du Haut-Corlay; — faisait partie de l'évêché de Quimper; — on construit une école; — dépend de la perception de Quintin. — Le territoire de cette commune est montagneux, stérile dans la partie haute et dans l'ouest, mais assez fertile dans les parties basses. Elle doit son nom à saint Bieuzy, martyr, disciple de saint Gildas au vii⁰ siècle, qu'on a transformé depuis en saint Euzèbe, évêque de Samosate, qui est maintenant le patron de l'église paroissiale; cet édifice est de 1777. — Les anciens manoirs du Cléden, de la Bouexière et de la Forêt ont été convertis en fermes; seul, le château de Grand-Ile, situé au pied de la montagne du Guercy, a conservé son caractère et ses constructions du xvi⁰ siècle. Il est entouré de douves et de bois de haute futaie, au-dessous desquels se trouve un bel étang. — Hervé de Poulmic, abbé de Daoulas en 1351, et Yves de Poulmic, abbé de Landevennec en 1399, étaient nés à Grand-Ile. — *Points culminants :* Moulin de la Garenne, 205 m.; l'étang de

Grand-Ile, 213 m.; Porte-Allinto (source du Gouët), 315 m. — *Géologie* : Constitution granitique; au bourg, amas de très-joli quartz. — *Maires* : Ont successivement rempli ces fonctions, MM. N. Clisson, Y. Jego, Le Rigoleur, P. Sangan, Le Quilleuc, maire actuel.

SAINT-BRANDAN, 2,817 hab.; — bornée au N. par Plaine-Haute; à l'E. par Plaintel, dont elle est séparée par le Rillan et par la route départementale N° 3; au S. par la forêt de Lorges, commune de L'Hermitage; à l'O. par Lanfains, Quintin et Le Fœil; — traversée par les routes départementales Nos 3, 10 et 12; par les chemins de grande communication Nos 31 et 33, et par le chemin d'intérêt commun N° 52; — ancienne trève de Plaintel; — école de garçons, 65 élèves; — dépend de la perception de Quintin; — foires le lundi de la Quasimodo, le 3e lundi de juin et le dernier lundi d'octobre. — Le sol de cette commune est assez plat vers le nord, mais au midi il est montagneux, tourmenté et profondément coupé par de nombreux vallons; les terres y sont généralement médiocres, les prairies bonnes; plus d'un dixième de sa superficie est encore inculte. — L'église paroissiale est dédiée à saint Brandan, abbé, auquel la commune doit son nom; elle n'a rien de remarquable. — Les chapelles de Saint-Germain et de Saint-Eutrope sont également sans intérêt. — Près du village du Rillan on découvre, de temps à autre, beaucoup de débris romains. — *Points culminants* : La Garenne, 205 m.; la Hutte, 211 m.; le Plessis, 253 m.; le Fretay, 221 m.; les Bouillons, 193 m.; Haut-Blenoë, 194 m. — *Géologie* : Constitution granitique; entre Quinfer et Carboureux, schiste modifié; grès entre la forêt et le bourg; schiste talqueux au sud-est. — *Maires* : Ont rempli successivement ces fonctions, MM. Edonnay, J. Morin, G. Allaire, Le Bellego, J. Provost, J. Limon, P. Gicquel, G. Limon, J. Brouté, P. Gicquel, G. Le Frotter, J. Brouté, maire actuel.

SAINT-GILDAS, 734 hab.; — bornée au N. par Bocqueho; à l'E. par Le Leslay; au S. par Le Vieux-Bourg; à l'O. par Saint-Connan, Senven-Lehart et Saint-Fiacre; — traversée par le chemin de grande communication N° 53 et par le chemin d'intérêt commun N° 22; — ancienne trève du Vieux-Bourg; — faisait partie de l'évêché de Quimper; — école de garçons, 59 élèves; — dépend de la perception de Quintin. — Le territoire de cette commune est très-accidenté et couvert de mamelons stériles et rocailleux. On n'y voit de cultivés que les terres abritées et les vallons dont les prairies sont négligées, les laboureurs n'ayant pas encore quitté leurs anciens errements; une grande partie de la population s'occupe à la fabrication des toiles. — L'église paroissiale, dédiée au saint dont la commune porte le nom, a été presque entièrement reconstruite au xix° siècle.

Les cultivateurs y vont en grand nombre prier son patron pour la guérison de leurs animaux malades. — La chapelle de Kerdenalan, dédiée à la sainte Vierge, est de 1703. — Il ne reste du château du Quélénec, détruit pendant les guerres de la Ligue, qu'une tour octogone située sur le bord d'un étang. — *Points culminants* : Le signal de Pen-Poulezy, 285 m.; Kernanhouet, 288 m.; Bout-des-Bruyères, 245 m.; Rospignal, 273 m.; Kerdroualan, 264 m. — *Géologie* : Constitution granitique. — *Maires* : 1790, J. Morvan; 1806, P. Mordellet; 1807, O. Loyer; 1815, N. Derrien; 1822, Le Bellego; 1830, I. Rault; 1835, J. Mordelet; 1848, N. Derrien; 1852, J. Morvan.

ARRONDISSEMENT DE DINAN.

L'arrondissement de Dinan se subdivise en 10 cantons, savoir : Dinan (est et ouest), Broons, Evran, Jugon, Matignon, Plancoët, Plélan-le-Petit, Ploubalay et Saint-Jouan-de-l'Isle. Ces 10 cantons comprennent 91 communes ; soit, en moyenne, 9 municipalités par circonscription cantonale. Sa population est de 116,815 hab., et sa superficie de 140,360 hect. Son revenu territorial net est de 5,456,959 fr.

Il est borné au N. par la Manche ; à l'E. par le département d'Ille-et-Vilaine ; au S. par l'arrondissement de Loudéac, et à l'O. par l'arrondissement de Saint-Brieuc.

L'arrondissement est tout entier placé sur le versant nord de la presqu'île bretonne, et ses principales rivières, le Frémur, le Guébriant, l'Arguenon et la Rance, se jettent dans la Manche. Son sol, accidenté et montueux, est sillonné par de nombreuses vallées, dont plusieurs présentent l'aspect le plus riant et le plus pittoresque. Celle de la Rance surtout provoque l'attention même des voyageurs qui ont visité les contrées renommées par leurs sites remarquables.

Le sous-sol est granitique au nord, schisteux au sud et à l'est ; dans le centre et dans l'ouest, on trouve le granite et le schiste.

Le sol de l'arrondissement de Dinan est bon et fertile dans ses parties nord, et beaucoup moins dans celles du sud et de l'ouest et particulièrement au centre, qui comprend le plateau élevé et si médiocre formé par le canton de Plélan. Il se divise, d'après le cadastre, de la manière suivante :

Jardins, courtils, vergers et sol des édifices, ci..............................	2,023 hect.
Terres labourables................	97,022
Prés.............................	8,659
Bois et taillis....................	8,279
Pâtures et landes................	18,411
Terrains improductifs et non imposés; chemins, rivières, etc............	5,936
Total........	140,360 hect.

Le revenu net moyen par hectare est, pour l'arrondissement, de........................ 34 fr. 04

La valeur vénale moyenne de l'hectare est de.............................. 1,165 »

Il possède 31,103 maisons et 317 moulins et usines. — Il compte 144 écoles primaires. — Il s'y tient, par année, 76 foires.

L'arrondissement produit : froment, 299,623 hect.; méteil, 4,610 hect.; seigle, 13,636 hect.; orge, 84,947 hect.; avoine, 162,681 hect.; sarrasin, 274,990 hect.; pommes de terre, 145,464 hect.; betteraves, 34,723 quint. mét.; légumes secs, 7,099 hect.; chanvre,

10,578 quint. mét. de filasse ; lin, 6,595 quint. mét. de filasse ; cidre, 506,644 hect. — Il possède : chevaux, 19,040 ; ânes, 497 ; taureaux, 205 ; bœufs, 11 ; vaches, 39,015 ; veaux, 7,682 ; béliers, 1,711 ; moutons, 9,592 ; brebis, 24,695 ; agneaux, 16,948 ; boucs et chèvres, 290 ; porcs, 26,234.

On rencontre encore, dans l'arrondissement de Dinan, d'assez vastes étendues de landes et de bruyères, quoique cependant il soit en général assez convenablement cultivé et que, dans plusieurs de ses parties, on ait réalisé même de sérieux progrès. Il est bien planté de pommiers et très-boisé. Il renferme deux forêts, celles de la Hunaudaye et de Coëtquen, et plusieurs bois importants. Plus qu'aucun autre du département, il fournit des bois à la menuiserie, à l'ébénisterie et pour la construction.

Les bassins de Saint-Juvat et du Quiou présentent une masse considérable de conglomérats calcaires avec fossiles, connus sous le nom de Faluns et appartenant aux terrains tertiaires, qui répandent la fertilité partout où ils pénètrent et sont appliqués à l'amendement des terres. Le littoral étendu de cet arrondissement maritime, dans lequel sont compris cinq de ses cantons, fournit aussi des engrais calcaires qui, pour être moins riches que les faluns, sont cependant précieux à l'agriculture.

Le canal d'Ille-et-Rance traverse l'arrondissement sur une longueur d'environ 20 kilom. et met en communication, par l'Ille et la Vilaine, la Manche avec l'Océan.

La population de l'arrondissement est généralement saine et vigoureuse, et donne à la marine un nombre important de matelots et de pêcheurs.

Ont exercé successivement, dans l'arrondissement de Dinan, les fonctions de Sous-Préfet : MM. an VIII, Gagon; 1806, Néel-Lavigne ; 9 septembre 1814, de Grassin; 23 mars 1822, Sevoy ; 7 août 1830, Ch. Néel-Lavigne; 15 mars 1846, Boby de la Chapelle ; 4 janvier 1847, Janvier; 3 juillet 1849, Marin; 17 juillet 1854, de Bassoncourt ; 12 août 1855, de Vaudichon.

Canton de Dinan (Est).

Le canton de Dinan (E.) est borné au N.-O. par la Rance, qui la sépare du canton de Dinan (ouest); à l'E. par le département d'Ille-et-Vilaine; au S. par le canton d'Evran, et à l'O. par le canton de Dinan (ouest). — Il est traversé par les routes impériales N° 166 de Vannes à Dinan, N° 176 de Caen à Lamballe; par les routes départementales N° 2 de Rennes à Saint-Malo et N° 18 de Dinan à Combourg; par les chemins de grande communication N° 28 de Dinan à Plouasne, N° 38 de Dinan à Lanvallay et N° 59 de Miniac Morvan à Mordreuc; par les chemins d'intérêt commun N° 18 de la route départementale N° 2 à la Marnière de Livet, N° 55 de Miniac à la Marnière de la Coquenais.

La population du canton est de 18,044 hab.; sa super-

ficie de 6,932 hect., et son revenu territorial net de 821,994 fr.

Traversé par la Rance, le canton de Dinan est généralement bien boisé, coupé de vallées profondes et pittoresques. Ses champs, parfaitement plantés de pommiers, l'une de ses richesses, sont bien cultivés et donnent les produits les plus importants et les plus variés. La marine, le commerce et la pêche lui procurent des ressources qui, jointes aux bénéfices de son agriculture, placent ses habitants au rang des plus aisés du département. Il contient peu de landes, et l'agriculture, qui chaque jour y progresse, les aura bientôt fait disparaître. — Il appartient à la zône du littoral.

Pour Dinan, comme pour les deux cantons de Saint-Brieuc, la statistique agricole n'a pas été faite séparément, et nous sommes ainsi dans la nécessité de réunir les renseignements qui se rapportent aux cantons est et ouest. — Ils produisent ensemble : froment, 60,000 hect.; méteil, 400 hect.; orge, 56,000 hect.; avoine, 15,000 hect.; sarrasin, 55,000 hect.; pommes de terre, 70,000 hect.; betteraves, 10,000 quint. mét.; chanvre, 9,000 quint. mét. de filasse; lin, 1,736 quint. m. de filasse; cidre, 276,000 hect. — Ils possèdent : chevaux, 1,884; taureaux, 34; bœufs, 11; vaches, 4,873; veaux, 1,110; béliers, 43; moutons, 599; brebis, 1,023; agneaux, 870; boucs et chèvres, 67; porcs, 4,045.

TERRES. — Revenu net moyen, par hectare, pour le canton... 71 fr. 29

Valeur vénale moyenne, de l'hectare, dans le canton............ 2,647 fr.

COMMUNES COMPOSANT LE CANTON.	POPULATION.	DISTANCES en kilomètres.			NOMBRE D'HECTARES des terrains imposables produisant revenu.					Terrains non productifs et non imposables. Chemins, rivières, etc. — Ensemble.	NOMBRE TOTAL D'HECTARES par commune.	REVENU CADASTRAL.	PROPORTION de remboursement pour obtenir le revenu réel.		TAUX MOYEN de l'intérêt des fonds placés.		NOMBRE		NOMBRE	
		Du chef-lieu du département.	Du chef-lieu d'arrond.	Du Dinan (chef-lieu de canton).	Jardins, courtils, vergers et sol des édifices.	Terres labourables.	Prés.	Bois et taillis.	Pâtures et landes.	TOTAL.				Pour les terres (1).	Pour les maisons, moulins et usines (2).	En terres.	En maisons, moulins et usines.	De maisons.	De moulins et usines.	De foires.	De cafés et cabarets.
Dinan......	3,238	60	»	»	50	246	35	9	18	358	35	393	133,293 15	2.46	2.61	2.64	4. »	1,516	15	11	116
Lanvallay...	1,259	62	2	2	31	680	49	60	58	878	48	926	41,610 13	1.76	1.71	2.66	3.64	299	4	»	9
Léhon......	1,326	59	1	1	16	331	39	43	21	450	21	471	20,665 81	1.71	1.71	2.78	4. »	191	3	»	9
Plouëbihen..	4,740	71	11	11	64	2,128	184	174	249	2,799	117	2,916	231,639 90	1.18	1.33	2.57	4. »	1,585	9	1	32
St-Hélen....	1,563	68	8	8	33	938	93	378	199	1,641	61	1,702	21,349 82	3.26	3.16	3.17	4. »	441	4	2	6
St-Solain...	486	65	5	5	6	148	17	15	28	214	9	223	5,400 97	2.92	1.89	3.57	4. »	138	1	»	3
Tressaint...	432	64	4	4	8	223	15	20	19	285	16	301	7,144 48	2.64	2.80	2.85	4. »	101	1	»	1
TOTAUX....	13,044	»	»	»	208	4,694	432	699	592	6,625	307	6,932	464,154 26	»	»	»	»	4,271	37	14	176

NOTA. — *Terrains.* — Pour connaître le revenu réel des terrains et du sol des maisons dans une commune, il y a lieu de multiplier le revenu cadastral de ces terrains par les chiffres proportionnels, indiqués dans la colonne portant le numéro (1).

Maisons. — Pour obtenir le revenu réel d'une maison, il faut ajouter à son revenu cadastral le tiers de ce revenu, et multiplier le total par les chiffres indiqués dans la colonne portant le numéro (2).

Usines et Moulins. — Pour obtenir le revenu réel d'une usine, ajouter à revenu cadastral la moitié de ce revenu, et multiplier le total par les chiffres indiqués dans la colonne portant le numéro (2).

DINAN, 8,238 hab.; — bornée au N. par Taden; à l'E. par la Rance, qui la sépare de Lanvallay; au S. par Léhon, et à l'O. par Quévert; — traversée par la route impériale No 176; — située par 4° 22′ 44″ de longitude et par 48° 27′ 15″ de latitude; — à 73 m. au-dessus du niveau de la mer (pavé de l'église Saint-Sauveur; la lanterne du clocher à 130 m.); — appartenait à l'ancien évêché de Saint-Malo; — 2 écoles de garçons recevant 338 élèves; 8 écoles de filles, 583 élèves; salle d'asile, 320 enfants; — collége communal; — petit séminaire; — chef-lieu de sous-préfecture de 3e classe. Cette ville possède deux cures cantonales de 1re classe; un tribunal de 1re instance; deux justices de paix; un hospice civil; une prison; un bureau de bienfaisance; une société de secours mutuels (3 membres honoraires, 89 membres participants); une compagnie de sapeurs-pompiers (75 hommes, 5 pompes); résidence de 4 notaires; d'un lieutenant de gendarmerie; brigades de gendarmerie à cheval et à pied; sous-commissariat de marine; trésorier des invalides et syndic des gens de mer; gendarme et garde maritime; maître de port; conducteur embrigadé de 1re classe, faisant fonctions d'ingénieur des ponts et chaussées; agent-voyer d'arrondissement et cantonal; recette particulière des finances; chef-lieu de perception; contrôleur des contributions directes; vérificateur et receveur de l'enregistrement; conservateur des hypothèques; recette et lieutenance des douanes; inspection et recette des contributions indirectes ; direction des postes ; poste aux chevaux ; bureau télégraphique ; vérificateur des poids et mesures ; conseil d'hygiène et de salubrité ; bibliothèque et musée ; inspecteur de l'enseignement primaire ; pensionnats pour les jeunes filles ; chambre littéraire ; 2 journaux ; chambre consultative d'agriculture ; caisse d'épargne ; 2 imprimeries ; 6 librairies ; — marché le jeudi ; foires le 2e jeudi de carême (dite du Liége) ; le jeudi de la mi-carême ; les derniers jeudis de mars, de mai, de juin, de juillet, d'août, de septembre, d'octobre, de novembre et de décembre. — Si ce petit livre comportait le genre descriptif, nous emprunterions aux nombreux écrivains qui se sont plu à dépeindre la situation de Dinan, ainsi que le magnifique pays qui l'entoure, quelques passages qui n'auraient rien d'exagéré, malgré l'enthousiasme avec lequel ils ont été écrits, car l'aspect de cette ville est vraiment pittoresque et son territoire présente de tous côtés d'admirables points de vue. Mais forcés de nous renfermer dans quelques indications, nous nous bornerons à dire, — laissant de côté les allégations du géographe Adrien Valois, qui assure que le nom de Dinan figure dans de très-anciens monuments écrits qu'il ne cite pas, et les affirmations de quelques auteurs qui se sont efforcés de donner à cette ville une antiquité très-reculée, — que nous ne croyons pas que son origine remonte au-delà du commencement du xie siècle. A cette époque, en effet, quelques habitations durent se joindre, ainsi que l'explique M. A. de Barthelemy, au *castrum* de Joscelin, sire de Dinan, dont les descendants, illustres à divers titres, conservèrent la suzeraineté jusqu'en 1264 que cette ville fut incorporée au domaine ducal, à la suite du traité passé entre Alain d'Avaugour, comte de Goëlo, époux de Clémence de Dinan, et le duc Jean Ier. — Construite sur un mamelon élevé qui domine de 60 m. la rivière de Rance, Dinan conserve encore une grande partie de son enceinte murée, érigée aux XIIIe et XIVe siècles. Ces imposantes fortifications, qui ont résisté aux ravages du temps et des hommes, laissent pénétrer dans la ville par quatre portes dites du Jerzual (c'est la plus ancienne), de Saint-Malo, de Brest et de Saint-Louis. Quelques-unes des nombreuses tours qui flanquaient les murailles restent toujours debout, mais leur importance s'efface en présence du magnifique donjon ou château, composé de deux tours accouplées, qui dominait autrefois l'ensemble des fortifications. Sa hauteur est de 34 m.; l'intérieur, composé de quatre étages, sert actuellement de prison. Ce monument est, ainsi que les autres édifices destinés autrefois à la défense de la ville, classé au nombre des monuments historiques et placé sous la surveillance de M. le Ministre d'Etat. — Dinan renferme plusieurs édifices religieux dignes d'être visités ; nous signalerons principalement l'église Saint-Sauveur, dont le portail principal et le mur méridional remontent à la période secondaire de l'architecture romane (xiii° siècle). Son chœur et son abside, commencés en 1507, sont remarquables par la hardiesse de leur construction et la délicatesse de leurs ornements sculptés ; sa flèche, en charpente et à plusieurs étages, s'élève à 57 m.; elle date seulement de 1778. A l'intérieur, il faut s'arrêter, dans le transept nord, devant un monument assez mesquin, mais qui renferme le cœur de l'illustre capitaine et connétable de France, Bertrand du Guesclin. Le maître-autel, érigé à la fin du xviii° siècle et dans le style dit Pompadour, mérite l'attention. — L'église Saint-Malo, que l'on achève actuellement, a été commencée en 1489, sur un plan très-vaste ; son chevet est remarquable et brille de toutes les richesses architecturales du xv° siècle. Elle renferme le mausolée de Mgr Claude de Lesquen, ancien évêque de Rennes, décédé à Dinan en 1855. — La chapelle Sainte-Anne, dans le faubourg de ce nom, est visitée chaque année, au mois de juillet, par un grand nombre de pèlerins. — Parmi les autres édifices publics de Dinan, nous signalerons la Tour de l'Horloge, construite dans le xv° siècle et qui contient une cloche donnée, en 1507, par la duchesse Anne ; l'hôtel de ville, qui renferme la bibliothèque et le musée ; l'hospice civil ; l'établissement de la Sagesse ; celui des anciens Cordeliers, maintenant occupé par un petit séminaire ; le palais de justice, achevé en 1837, et le collège communal. — On trouve encore, en parcourant l'intérieur de la ville, plusieurs rues qui ont conservé leur physionomie du moyen-âge, et dont les maisons élevées sur des piliers, forment une série de porches ou passages couverts. Deux belles places sont cependant à remarquer; l'une est alignée régulièrement et plantée en partie ; on l'appelle place Duguesclin ou du Champ, en mémoire du duel dans lequel ce vaillant capitaine fut vainqueur, en 1358 ou 1359, de l'anglais Thomas de Cantorbie, qui s'était emparé traitreusement de la personne de son frère Olivier Duguesclin ; l'autre place, située derrière l'église Saint-Sauveur, nommée place de la duchesse Anne, convertie en un délicieux jardin anglais, est appuyée sur les anciennes fortifications ; de là, le promeneur jouit d'un très-beau panorama. — Des boulevards qui entourent l'enceinte murée, le regard plonge dans des vallées profondes et pittoresques ; il est saisi en présence d'une nature si magnifique et si accidentée. Sur les coteaux qui enserrent la vallée de la Rance apparaît, au milieu du feuillage, une multitude de maisons de campagne et de villas ; mais toutes ces constructions ne semblent qu'un point dans le paysage lorsque les yeux s'arrêtent sur le gigantesque viaduc qui relie la ville au bourg de Lanvallay. Ce grandiose monument de granite a une longueur de 250 m. y compris les culées ; sa hauteur est de 40 m. au-dessus du niveau du chemin de halage, mais elle est en réalité de 50 m., en comprenant les fondations. Il est formé de 10 arches de 16 m. d'ouverture, séparées par des pieds droits de 4 m. d'épaisseur ; la largeur de la voie charretière est de 5 m. ; elle est bordée de trottoirs de 1 m. de large. — A 1 kilom. de Dinan, dans une riante vallée, se trouve la fontaine des eaux minérales ferrugineuses dont nous avons déjà dit un mot, page 10, elle est le rendez-vous de la société élégante pendant la belle saison. — L'industrie manufacturière s'exerce à Dinan principalement sur la fabrication des toiles à voiles et la préparation des cuirs. La première occupe quatre établissements qui entretiennent plus de 300 métiers manuels et 600 ouvriers, fileuses, dévideuses, trameurs, blanchisseurs, etc. ; elles produisent annuellement 250,000 mètres de toile dont le prix de vente varie de 330,000 à 425,000 fr. On se sert, pour le tissage, de fils mécaniques provenant particulièrement des filatures d'Amiens et d'Angers. — Les tanneries se divisent en trois catégories : 1° celles qui fabriquent le cuir fort ; il y a cinq établissements de ce genre, occupant 60 ouvriers et dont les produits dépassent 400,000 fr. ; 2° la molleterie ; cette branche de la tannerie est la plus étendue à Dinan et aux environs ; elle occupe à peu près 200 ouvriers et l'on évalue à un million de francs la valeur des cuirs qu'elle prépare et qui sont très-recherchés ; 3° la mégisserie n'emploie qu'un petit nombre de bras ; ses produits sont estimés des relieurs. — Nous devons aussi signaler, parmi les établissements industriels de Dinan, une fabrique de poterie fine, deux fours à chaux, deux carrières de granit, deux minoteries, un atelier de charronnage auquel est annexé une fabrique d'instruments aratoires, et plusieurs établissements d'horticulture dont les pépinières sont très-riches en arbres fruitiers. — Le port de Dinan peut recevoir, à l'époque des grandes marées, des navires de 120 tonneaux ; son mouvement moyen est, à l'entrée, de 374 navires, jaugeant 9,470 tonneaux et montés par 1,069 hommes d'équipage, et à la sortie, de 347 navires, jaugeant 8,523 tonneaux, montés par 1,170 hommes. Les importations consistent principalement en denrées coloniales, tissus, vins, savons et autres produits du midi ; ses exportations sont, indépendamment des toiles et des cuirs, en céréales de toute sorte, bois de chauffage et de construction, beurres, suifs, etc. — Parmi les personnages notables nés dans cette ville, nous citerons : Ch. Beslay, membre du Corps législatif sous le premier empire et député dans les diverses chambres électives de 1815 à 1840 ; Julien Busson, célèbre médecin du xviiie siècle ; Charles Pinot, connu sous le nom de Duclos, historiographe de France et secrétaire de l'Académie française, décédé en 1772 ; il est considéré comme l'un des premiers écrivains du siècle dernier ; Pierre Egault des Noës, ingénieur géographe auquel on doit plusieurs travaux importants, notamment le canal de l'Ourcq, le Château-d'Eau à Paris, etc. ; il est l'inventeur du niveau à bulle d'air; Guillaume Forléon, cordelier et célèbre prédicateur du xv⁰ siècle; Toussaint Gagon du Chesnay, député en 1789 aux Etats généraux; François Hingant, économiste et littérateur distingué, décédé en 1827; François Lamandé, inspecteur général des ponts et chaussées, mort en 1819, auteur du plan général, et maintenant exécuté, des quais du port du Hâvre; Pierre Le Hardy, né en 1758, savant médecin, député à la Convention et enveloppé dans l'arrêt de mort des Girondins qu'il subit avec eux; Anselme Michel, membre de l'Assemblée nationale en 1848 et qui a attaché son nom à tous les grands travaux qui ont été exécutés à Dinan depuis 40 ans; Charles Néel de la Vigne, ancien député, décédé en 1851, après avoir été longtemps sous-préfet de cette ville, à laquelle il a légué presque toute sa fortune pour être employée en œuvres de bienfaisance; Henri Potier de la Germondaye, avocat au Parlement de Bretagne, auteur de plusieurs ouvrages de jurisprudence; etc. — *Points culminants* : Le cimetière, 73 m. — *Géologie* : Granit exploité. — *Maires* : 1791, Le Coq; 1792, Leconte, Delille, Reslou; 1793, Le Bourguignon; 1794, Berthelot, aîné; 1801, Ch. Néel; 1807, Le Chevalier; 1815, Denian; 1829, de la Noüe; 1830, Saint-Pern-Couellan; 1835, Egault; 1837, Leconte; 1847, J. Le Sage; 1849, Belêtre-Viel; 1857, Leconte.

LANVALLAY, 1,259 hab.; — bornée au N. par Saint-

Hélen ; à l'E. par Saint-Hélen et Saint-Solain; au S par Tressaint ; à l'O. par la Rance, qui la sépare de Léhon, Dinan et Taden ; — traversée par la route impériale No 176, les routes départementales Nos 2 et 18 et le chemin de grande communication No 38 ; — faisait partie de l'ancien évêché de Dol ; — réunie à Dinan pour l'instruction de ses garçons ; — dépend de la perception de Dinan. — Territoire fort accidenté aux abords de la Rance, assez uni dans les autres parties. Bien boisé dans son ensemble et parfaitement planté de pommiers. Terres bien cultivées et productives ; prairies naturelles de bonne qualité et nombreuses prairies artificielles. Peu de landes. Agriculture en progrès. — Deux tanneries ayant 72 m. de cuves ; deux fours à chaux ; une fabrique de toile réunissant 40 métiers. — La paroisse de Lanvallay tire son nom de saint Vallay, qui fut religieux de Landevenec. Pendant longtemps elle fut desservie par les moines de Saint-Florent de Saumur, et depuis sa sécularisation jusqu'en 1790, leur abbé conserva son droit de présentation à la cure. — L'église paroissiale, dédiée à saint Méen, a été reconstruite, en 1845, sur le bord de la route impériale, et a formé le noyau du nouveau bourg où se trouvent maintenant la maison commune, l'école des filles et le presbytère. — La seigneurie de Lanvallay, après l'extinction des seigneurs de ce nom, passa successivement aux familles de Coëtquen et de Duras. — Patrie de Hubert de la Massue, compagnon d'armes de Duguesclin, né au village de Saint-Piat. — *Points culminants* : Le bourg, 74 m.; les Champs-Hingant, 94 m. — *Géologie* : Granite; roches amphiboliques au sud. — *Maires* : 1826, de Serisay ; 1830, Le Breton ; 1831, Bouesnard, maire actuel.

LÉHON, 1,326 hab.; — bornée au N. par Quévert et Dinan ; à l'E. par la Rance, qui la sépare de Lanvallay, et Tressaint ; au S. par Saint-Carné ; à l'O. par Trélivan ; — traversée par la route impériale N° 166 et par le chemin de grande communication N° 28 ; — ancien prieuré ; — réunie à Dinan pour l'instruction de ses garçons ; — dépend de la perception de Dinan. — Territoire accidenté, coupé par des vallons profonds, bien boisé et planté de pommiers. Agriculture en progrès. Des prairies artificielles suppléent à l'insuffisance des prairies naturelles. — Il existe à Léhon une tannerie ayant 10 m. de cuves ; une fabrique de toile réunissant 60 métiers, et une filature comptant 208 broches. — Le bourg, sur les bords de la Rance, est intéressant à visiter pour les ruines de son ancien château, détruit à la fin du xv° siècle, et celles de son abbaye, dédiée autrefois à saint Magloire. — L'église, dont la porte remonte à la fin du xii° siècle, a eu plusieurs de ses parties édifiées au xiv° siècle et à des époques plus modernes. On y remarque un très-ancien bénitier. Elle a pour patronne la sainte Vierge. — Nous avons parlé ailleurs (page 54) de l'asile des aliénés fondé en 1836, et desservi par 60 religieux de Saint-Jean de Dieu. Il est bâti au village du Saint-Esprit. Ses vastes constructions et son immense enclos présentent un ensemble des plus imposants et toutes les ressources possibles pour le traitement des 500 infortunés qui s'y trouvent placés. — Non loin de l'asile, on remarque un beau calvaire en granite, dit du Saint-Esprit, malheureusement mutilé. — *Points culminants* : Les Hautes-Gatinais, 107 m. — *Géologie* : Granite; roches amphiboliques dans le nord-ouest. — *Maires* : 1826, J.-P. Amiot; 1848, J.-M. Amiot; 1860, Duponcel, maire actuel.

PLEUDIHEN, 4,740 hab.; — bornée au N. et à l'E. par le département d'Ille-et-Vilaine; au S. par Saint-Hélen; à l'O. par la Rance, qui la sépare de Saint-Samson, et Plouër; — traversée par la route impériale N° 176, par les routes départementales N°s 2 et 18, par le chemin de grande communication N° 59, et par les chemins d'intérêt commun N°s 18 et 55; — faisait partie de l'ancien évêché de Dol; — une école de garçons, 212 élèves; deux écoles de filles, 225 élèves; — dépend de la perception de Dinan; — résidence d'un notaire; — bureau de bienfaisance; — syndic des gens de mer; — bureau de distribution des lettres; — foire le 15 octobre. — Le territoire de Pleudihen, sur les bords de la Rance, est accidenté, boisé et peut-être trop planté de pommiers. La propriété y est très-divisée. Le sol, fertile, est parfaitement amendé. Son agriculture est prospère : elle possède beaucoup de prairies artificielles et peu de naturelles. Sa population importante fournit de nombreux marins employés à la grande pêche, au cabotage et à la pêche fluviale. Elle fait, sur la Rance, au village de Mordreuc, de grandes expéditions de bois, principalement pour l'approvisionnement de Saint-Malo. — L'église, peu remarquable et remaniée à diverses époques, a conservé quelques piliers du xve siècle; elle est sous le patronage de la sainte Vierge. La chapelle de la Vicomté, dédiée à sainte Anne, est desservie. — Le château de la Bellière mérite l'attention par son imposante architecture du xive siècle. Il appartint à Duguesclin, du chef de sa femme Tiphaine Raguenel, qui pendant longtemps y fit sa résidence. — On prétend qu'à Saint-Meleuc il existait jadis une maison de Templiers. — Tumulus à la Motte-Pillandel. — Dom Briand, auteur de la *Senonio-Sacra* (mense ecclésiastique) et collaborateur e dom Morice pour l'histoire de Bretagne, est né à leudihen en 1716; ainsi que M. l'amiral Bouvet, écédé en 1832, et M. Hippolyte-Michel Morvonnais, ittérateur et poète distingué, mort en 1853. — *Points ulminants* : Le bourg, 63 m.; Beauvais, 62 m. — *Géoogie* : Granite; schiste micacé au nord-est; porphyre u sud du bourg. — *Maires* : Ont rempli successivement ces fonctions : MM. Bernard, Vannier, de la

Bellière, Angot, Michel-Villeblanche, Louel et Roger, maire actuel.

SAINT-HÉLEN, 1,563 hab.; — bornée au N. par Pleudihen; à l'E. par l'Ille-et-Vilaine; au S. par Evran et Saint-Solain; à l'O. par Lanvallay et la Rance; — traversée par la route impériale N° 176, la route départementale N° 2 et le chemin d'intérêt commun N° 18; — école de garçons, 59 élèves; de filles, 63 élèves; — perception de Dinan; — foires à Coëtquen le 5 juillet et le 10 novembre. — Territoire montueux et boisé, bien planté de pommiers. L'agriculture en progrès. Le bois de Coëtquen, qui s'y trouve, est assez étendu. — La commune tire son nom de saint Hélen, son patron, dont la fête se célèbre le 16 juillet; elle dépendait de l'ancien évêché de Dol. La maîtresse vitre de l'église paroissiale possède une verrière du xvi° siècle, dans laquelle sont représentés Raoul de Coëtquen et plusieurs autres membres de cette famille, célèbre dans les annales de la Bretagne, laquelle résidait dans le château situé non loin du bourg et dont les belles ruines sont encore debout. — Près du lieu dit la Villais se trouve un cromlec'h. — La chapelle du Plessis, dédiée à saint Yves, est nouvellement bâtie et desservie à certains jours. — *Points culminants* : Le bourg, 64 m. — *Géologie* : Granite; roches amphiboliques nord-est. — Ont été Maires : MM. Le Meur, 1792; G. Gravot, 1798; Duval, 1806;

Lorre, 1815 ; d'Arfeuille, 1818 ; P. Davy, 1825 ; d'Arfeuille, 1830 ; Chouin, 1832 ; de la Morvonnais, 1836 ; J. Prié, 1839 ; P. Guillot, maire actuel.

SAINT-SOLAIN. 486 hab. ; — bornée au N. par Saint-Hélen ; à l'E. et au S. par Evran ; à l'O. par Tressaint et Lanvallay ; — traversée par la route départementale N° 18 et par le chemin d'intérêt commun N° 18 ; — faisait partie de l'ancien évêché de Dol ; — école de garçons, 96 élèves ; de filles, 58 élèves ; — dépend de la perception de Dinan. — Territoire généralement assez plat, boisé et planté de pommiers. Agriculture en progrès. Peu de prairies, beaucoup de trèfle. — Cette commune fournit un assez grand nombre de maçons et de piqueurs de pierre. — L'église, dédiée à Saint-Solain, évêque de Chartres, dont la fête se célèbre le dernier dimanche de septembre, appartient au XVIIe siècle et au commencement de celui-ci. Le pignon oriental a été construit en 1821, par les soins du digne recteur M. Pierre Ravaudet, qui fut pasteur de Saint-Solain pendant 41 ans. Son dévouement et sa charité sans bornes sont encore dans la mémoire de tous, et ses paroissiens reconnaissants lui ont érigé après sa mort, arrivée en 1859, un tombeau destiné à perpétuer son souvenir. — La tour de l'église n'a rien de remarquable ; elle renferme une cloche datée de 1509. — L'if qui se voit dans le cimetière mérite l'attention. — Château moderne de la Vairie. — *Géolo-*

gie : Granite ; schiste modifié au sud. — *Maires* :
MM. 1790, Collin ; 1794, Houitte ; 1798, Hamoniau ;
1803, Heuzé ; 1804, Ferron ; 1813, Ferron ; 1816,
J. Ferron ; 1818, J. Heuzé ; 1821, Lorre ; 1825,
L. Ferron ; 1830, J. Hamoniau ; 1835, Gabillard ; 1837,
Hamoniau ; 1860, Gabillard, maire actuel.

TRESSAINT, 432 hab. ; — bornée au N. par Lanvallay et Saint-Solain ; à l'O. par Evran ; au S. par la Rance, qui la sépare de Calorguen et de Saint-Carné ; à l'O. par Lanvallay ; — traversée par la route départementale N° 2 ; — faisait partie de l'ancien évêché de Dol ; — école de garçons, 34 élèves ; — dépend de la perception de Dinan. — Territoire inégal, coupé de vallées profondes, boisé et planté de pommiers. Bonnes prairies naturelles et artificielles. Agriculture en progrès. — Bien que cultivateurs en général, les habitants se livrent à un grand commerce de bestiaux. — L'église est sous le patronage de saint Jacques et de saint Philippe, dont la fête se célèbre le 1er dimanche de mai. — Château moderne de la Grand-Cour. — *Point culminant* : La Buttelaine, 19 m. — *Géologie* : Schiste micacé, et sur la rive gauche de la Rance, vis-à-vis du bourg, schiste quartzeux modifié. — *Maires* : Ont rempli successivement ces fonctions, MM. Rouxel, Bezard, Labbé, Thomas et Couplier, maire actuel.

Canton de Dinan (Ouest).

Le canton de Dinan (O.) est borné au N. par le canton de Ploubalay ; à l'E. par la Rance, qui le sépare de l'Ille-et-Vilaine et du canton de Dinan (E.); au S. par les cantons d'Evran et de Saint-Jouan-de-l'Isle; à l'O. par les cantons de Plélan-le-Petit et de Plancoët. — Il est traversé par les routes impériales N° 166 de Vannes à Dinan et N° 176 de Caën à Lamballe ; par la route départementale N° 17 de Dinan au Port-à-la-Duc ; par les chemins de grande communication N° 24 de Dinan à Broons, N° 25 de Dinan à Pleurtuit, N° 26 de Dinan à Ploubalay, N° 28 de Dinan à Plouasne, N° 37 de Plancoët à Plouër ; par les chemins d'intérêt commun N° 9 de Saint-Buc à Dinan, N° 10 de Dinan à Saint-Jacut, N° 11 de Languédias à Dinan, N° 12 de Trébédan à Saint-Juval, N° 17 du chemin de grande communication N° 26 à la Marnière de Lessard, N° 66 de Bobital au chemin de grande communication N° 28.

La population du canton est de 12,464 hab.; sa superficie de 12,283 hect., et son revenu territorial net de 603,446 fr.

Ce canton se compose de deux parties distinctes et bien différentes. Celle qui borde la rivière de Rance, à l'est, et se prolonge au sud et vers l'ouest, est bien boisée, montueuse et très-accidentée. Dans cette région,

TERRES. — Revenu net moyen, par hectare, pour le canton... 45 fr. 82   Valeur vénale moyenne, de l'hectare, dans le canton........ 1,634 fr.

COMMUNES COMPOSANT LE CANTON.	POPULATION.	DISTANCES en kilomètres.			NOMBRE D'HECTARES des terrains imposables produisant revenu.					Terrains non productifs et non imposés. Chemins, rivières, etc. Hectares.	NOMBRE TOTAL D'HECTARES par commune.	REVENU CADASTRAL.	PROPORTION de rehaussement pour obtenir le revenu réel.		TAUX MOYEN de l'intérêt des fonds placés.		NOMBRE			NOMBRE
		Du chef-lieu du départem'.	Du chef-lieu d'arrond'.	De Dinan (chef-lieu de canton).	Jardins, courtils, vergers et sol des édifices.	Terres labourables.	Prés.	Bois et taillis.	Pâtures et landes.	TOTAL.				Pour les terres (1).	Pour les maisons, moulins et usines (2).	En terres.	En maisons, moulins et usines.	De maisons.	De moulins et usines.	De foires.	De cafés et cabarets.
													fr. c.	F. 0/0.	P. 0/0.						
Aucaleuc....	431	54	7	7	9	464	15	5	112	605	33	638	7,127 50	3.58	3.41	3.64	4. »	142	1	»	1
Bobital.....	282	58	7	7	4	315	16	18	126	479	20	499	4,154 60	2.66	3.56	3.51	4. »	80	1	»	2
Brusvily....	745	57	11	11	10	694	54	81	295	1,134	49	1,183	11,539 46	2.46	2.03	3.52	4. »	224	3	»	4
Calorguen..	870	61	6	6	20	659	53	40	44	816	32	848	25,895 04	1.65	1.77	3.06	4. »	265	2	»	1
Le Hinglé..	262	61	8	8	6	182	13	18	105	324	13	337	6,225 89	1.63	1.62	3.50	4. »	67	2	»	1
Ploaër......	3,910	71	11	11	60	1,533	69	105	149	1,916	73	1,989	111,382 39	1.74	1.96	2.54	4. »	1,039	3	4	12
Quévert....	1,218	58	4	4	20	1,003	47	26	96	1,192	55	1,247	34,097 72	2.02	1.49	3.07	4. »	339	2	»	7
St-Carné...	809	60	5	5	20	624	39	63	59	802	34	836	15,782 10	2.43	2.07	3.07	4. »	214	»	»	1
St-Samson..	673	66	6	6	12	441	21	69	63	606	21	627	20,840 46	1.68	1.63	2.72	3.83	127	1	»	1
Taden......	1,530	62	4	4	33	1,385	118	176	218	1,930	83	2,013	62,133 51	1.52	1.50	2.51	3.86	331	8	»	5
Trélivan...	797	55	6	6	12	758	45	50	197	1,062	46	1,108	9,544 87	2.76	2.26	3.07	4. »	173	»	»	5
Trévron....	937	62	9	9	17	786	64	21	38	924	36	960	29,509 57	1.34	1.23	3.28	4. »	303	»	»	2
TOTAUX....	12,464	»	»	»	223	8,844	552	672	1502	11,790	495	12,285	335,233 11	»	»	»	»	3,304	28	4	42

(1 et 2) Pour les notes concernant ce tableau, voir celles du tableau du canton de Dinan (E.), pages 276 et 277.

les cultures diverses sont supérieures à celles de l'autre partie du canton. Celle-ci est plane, peu boisée et contient encore beaucoup de landes. Elle comprend la partie centrale et celle du nord, vers la limite ouest.

Moins riche et moins avancé que le canton Est, il a cependant subi, dans quelques-unes de ses parties, l'influence du progrès agricole.

AUCALEUC, 431 hab.; — bornée au N. par Corseul; à l'E. par Quévert; au S. par Trélivan et Vildé-Guingalan, dont elle est séparée par la route impériale No 176; à l'O. par La Landec; — école mixte, 41 enf.; — dépend de la perception de Saint-Carné; — appartenait à l'ancien évêché de Dol. — Territoire plat, assez boisé dans la partie nord. Sol médiocre; peu de prairies, beaucoup de landes, dont quelques-unes sont mises maintenant en culture. — L'église est dédiée à saint Symphorien, dont la fête se célèbre le dimanche après le 15 août; on l'invoque pour être délivré de la goutte. — *Points culminants* : Moulin Bonnié, dans lequel on a installé une minoterie suivant le système anglais, 126 m.; les Hautes-Croix, 93 m. — *Géologie* : Constitution granitique; schiste modifié dans le nord. — Ont été Maires successivement : MM. Davis, Robert, H. Mahaut, Hervé, Mahaut, Cousin, de Saint-Méloir et Mahaut, maire actuel.

BOBITAL, 282 hab.; — bornée au N. par Trélivan; à l'E. par Saint-Carné; au S. par Le Hinglé, et à l'O. par Brusvily; — traversée par la route impériale N° 166, par le chemin de grande communication N° 24 et par le chemin d'intérêt commun N° 66; — école mixte, 27 enfants; — dépend de la perception de Saint-Carné; — appartenait à l'ancien évêché de Dol. — Territoire assez plat et peu boisé; beaucoup de landes défrichables. L'agriculture y laisse à désirer. — L'aspect du pays est assez pittoresque; on remarque surtout la vallée du Guinefort, qui forme la limite entre Bobital et Brusvily. — L'église, reconstruite nouvellement, est dédiée à saint Samson, dont la fête a lieu le dimanche le plus près du 28 juillet. Elle fut désignée, en 1450, pour recevoir la visite que devait faire, une fois dans sa vie, l'archevêque de Tours dans le diocèse de Dol. — *Point culminant :* Le bourg, 91 m. — *Géologie :* Granite; roches amphiboliques au nord. — *Maires :* MM. Briand, Bouëxière, Saland, Le Sauvage, Perrot et Le Rouillier, maire actuel.

BRUSVILY, 745 hab.; — bornée au N. par Trélivan; à l'E. par Bobital, Le Hinglé et Trévron; au S. par Plumaudan; à l'O. par Yvignac et Trébédan; — traversée par la route impériale N° 166, par le chemin de grande communication N° 24 et le chemin d'intérêt commun N° 12; — sans école; — dépend de la perception de Saint-Carné; — appartenait à l'ancien évêché de Saint-

Malo. — Territoire accidenté et assez bien boisé. Beaucoup de landes facilement utilisables. — L'église, dédiée à saint Malo, n'a de remarquable qu'une partie de sa maçonnerie en forme d'arrêtes de poisson, qui indique une antiquité qu'on ne peut bien préciser. — *Points culminants* : Le bourg, 114 m.; le Bosreux, 111 m ; l'étang du Bosreux, 96 m. — *Géologie* : Granite ; schiste modifié et quartz au sud ; à 1 kilom du bourg, route de Dinan, eurite. — *Maires* : 1826, MM. Arot ; 1854, Morin, maire actuel.

CALORGUEN, 870 hab. ; — bornée au N. et à l'E. par la Rance, qui la sépare de Tressaint et d'Evran ; au S. par Evran, Saint-André-des-Eaux et Saint-Juval ; à l'O. par Trévron et Saint-Carné ; — traversée par le chemin de grande communication N° 28 ; — école mixte, 77 enf.; — appartenait à l'ancien évêché de Saint-Malo ; — dépend de la perception de Saint-Carné. — Territoire plat, uni, coupé cependant de quelques vallées peu profondes. Terres et prairies de bonne qualité. Agriculture en progrès. — Saint Hubert de Liége, dont la fête se célèbre le 3 novembre, est patron de l'église, qui a été reconstruite en 1838, par M. Le Clerc, recteur, à la place de l'ancienne église qui datait de 1584. — La commune possède trois moulins, dont l'un à trois paires de meules, monté à l'anglaise. — Le manoir de la Ferronais a été converti en ferme. — *Point culminant* : Le Bos, 80 m.

— *Géologie :* Schiste talqueux ; schiste modifié dans l'est, et à l'ouest, des roches amphiboliques. — *Maires :* Ont exercé successivement ces fonctions, MM. Amelot, Beslay du Saudray, Percevaux, Fouéré, Grignard, Ouice et Bernard, maire actuel.

LE HINGLÉ, 262 hab.; — bornée au N. par Bobital; à l'E. par Trévron; au S. et à l'O. par Brusvily; — traversée par la route impériale N° 166 et par le chemin d'intérêt commun N° 66 ; — école mixte, 39 enfants; — appartenait à l'ancien évêché de Dol ; — dépend de la perception de Saint-Carné. — Territoire accidenté dans l'ouest, plat et uni dans les autres parties de la commune, peu boisé; traversé par le Guinefort. Peu de prairies naturelles, quelques prairies artificielles, beaucoup de landes difficiles à mettre en culture, mais utilisables par la plantation des résineux. — Eglise moderne, dédiée à saint Barthélémy, maison d'école et presbytère tis sous l'administration du maire actuel. — Les habitations de la Pyrie, du Pont-Ruffier ainsi que le pont qui orte ce dernier nom, méritent d'être visités. — Riches arrières d'un très-beau granit et de moëllons d'échantillons qui, par suite des travaux du chemin de fer, ccupent plus de 200 ouvriers. — Fontaine d'eaux ferrugineuses, parfaitement accessible aux voitures; elle se rouve à 1 kilom. du bourg, près de l'ancien manoir du halonge. — *Points culminants :* La Pyrie, 105 m.;

Belair, 113 m.; Bellevue, 95 m. — *Géologie :* Granite; schiste micacé; schiste talqueux dans le sud-est. — *Maires :* Ont rempli successivement ces fonctions, MM. Rouault, Bouton, J. Avril (maire pendant 33 ans), comte de Querhoënt, maire actuel.

PLOUÉR, 3,910 hab.; — bornée au N. par Langrolay; à l'E. par la Rance, qui la sépare de Pleudihen; au S. par Saint-Samson et Taden; à l'O. par Pleslin; — traversée par le chemin de grande communication N° 37 et par le chemin d'intérêt commun N° 9; — école de garçons, 125 élèves; de filles, 130 élèves; — appartenait à l'ancien évêché de Saint-Malo; — dépend de la perception de Saint-Carné; — bureau de bienfaisance; résidence d'un notaire; syndic des gens de mer; recette des douanes; garde-maritime à Port-Saint-Hubert; bureau de distribution des lettres; — foires le 7 février, le 6 mai, le 6 août et le 1er décembre. — Le territoire de cette commune maritime est fort accidenté, bien boisé et planté de pommiers fournissant un cidre de bonne qualité. Les terres très-divisées, quoique travaillées par des femmes dont les maris, presque tous marins, font de longues absences, sont parfaitement cultivées et ont atteint un prix élevé. On supplée à l'insuffisance des prairies naturelles par la culture bien entendue des plantes et racines fourragères. Autrefois la vigne était cultivée dans cette commune, toujours active et industrieuse au plus haut point. — Le port Saint-Hubert est le point de départ d'environ 20 bateaux qui s'occupent d'un cabotage assez actif, ayant pour objet le transport des bois, des pommes et du cidre. Son mouvement se traduit en moyenne : à l'entrée, par 150 navires, jaugeant 3,489 tonneaux et montés par 544 hommes, et à la sortie, par 195 navires, jaugeant 4,443 tonneaux et montés par 690 hommes. — La commune possède, en outre de quatre moulins dont un à vent, une minoterie à cinq paires de meules. — L'église, nouvellement réparée, est dédiée à saint Pierre. — Près du Chêne-Vert, on trouve quelques vestiges de fortifications remontant au moyen-âge. — Châteaux de Plouër et de la Roche. — Patrie de Mathurin Le Lionnais, abbé de Saint-Melaine en 1448 ; de M. Guillaume Bourdet, capitaine de vaisseau ; de M. Louis Bigeon, médecin, décédé à Dinan, auteur de plusieurs brochures sur l'art médical. — *Points culminants* : Le bourg, 61 m. ; La Hautière, 78 m. ; Laismonts (signal), 103 m. — *Géologie* : Schiste talqueux ; roches amphiboliques dans le sud ; schiste modifié à l'est. — *Maires* : Ont rempli ces fonctions en 1826, MM. Brignon de Léhen ; 1830, Desserville ; 1831, Bourdé ; 1841, Le Moine ; 1846, P. Brignon de Léhen ; 1848, Roger, maire actuel.

QUÉVERT, 1,218 hab. ; — bornée au N. par Corseul ; à l'E. par Taden ; au S. par Dinan et Trélivan ; à l'O.

par Aucaleuc et Corseul; — traversée par la route impériale N° 176, la route départementale N° 17 et les chemins d'intérêt commun N°s 10 et 11; — école de garçons, 56 élèves; de filles, 35 élèves; — dépend de la perception de Saint-Carné; — appartenait à l'ancien évêché de Saint-Malo. — Le territoire de cette commune est uni et boisé. Les terres, d'assez bonne qualité, y sont bien cultivées, et l'on y trouve peu de landes. Les prairies naturelles et artificielles sont nombreuses. — Les habitants se livrent au commerce de bestiaux. — L'église, nouvellement reconstruite, a pour patron saint Laurent, dont la fête se célèbre le 10 août. — Chapelles de Notre-Dame du Rocher et de Sainte-Anne. Nous avons parlé de cette dernière à l'article de Dinan. Sa fondation est très-ancienne; elle reçut, en 1448, la dépouille mortelle de Mathurin Le Lionnais, abbé de Saint-Melaine de Rennes. — Le château de la Brosse, aujourd'hui complétement en ruine, appartenait à la famille du Bois-Riou, dont les membres occupèrent près de nos ducs des postes importants. — Château moderne du Bois-Riou. — Près de la Maison-Blanche, aux Charrières, on jouit d'un point de vue très-étendu. — *Points culminants*: Malaunay, 122 m. — *Géologie*: Granite; schiste modifié au nord. — *Maires*: Ont rempli ces fonctions, en 1826, MM. Aubry de la Lande; Fleury; 1834, Rault; Bellard; 1848, Rault; 1857, Bénoist, maire actuel.

SAINT-CARNE, 809 hab.; — bornée au N. par Léhon; à l'E. par la Rance, qui la sépare de Tressaint, et par Calorguen; au S. par Trévron et Le Hinglé; à l'O. par Bobital; — traversée par le chemin de grande communication N° 28; — école mixte, 50 enfants; — chef-lieu de perception; — appartenait à l'ancien évêché de Dol. — De profondes vallées coupent le territoire de cette commune, montueux, accidenté et couvert d'arbres. Les terres, soumises à l'assolement quatriennal, sont bonnes et présentent, bien qu'en quantités restreintes, des prairies naturelles et artificielles. — Cette commune doit son nom à saint Hernin, appelé en breton Karn ou Carné; mais l'église paroissiale est sous le patronage de saint Pierre. C'est un édifice reconstruit presqu'entièrement en 1845. — Chapelle au Chêne-Ferron, dédiée à sainte Emérance. — Le château du Chêne-Ferron est une habitation remarquable; sa situation est très-pittoresque; il a conservé quelques parties du xiii° siècle. — *Point culminant* : Les Loges, 72 m. — *Géologie* : Granite; schiste modifié dans le sud-est. — *Maires* : Ont rempli successivement ces fonctions, MM. Charpentier, J. Boschel, Egault, Le Coublet, J. Boschel (pendant 29 ans), Ferron du Chesne, F. Boschel, J. Boschel, Le Forestier et Foutel, maire actuel.

SAINT-SAMSON, 673 hab.; — bornée au N. par Plouër; à l'E. par la Rance, qui la sépare de Pleudihen;

au S. et à l'O. par Taden ; — traversée par le chemin de grande communication N° 25 et par les chemins d'intérêt commun Nos 9 et 17 ; — école mixte, 138 enfants ; — dépend de la perception de Saint-Carné ; — appartenait à l'ancien évêché de Dol. — Sol accidenté à l'est, assez plat dans les autres parties ; bien boisé et parfaitement planté de pommiers. Terres bonnes et productives. La culture des plantes et racines fourragères supplée à l'insuffisance des prairies naturelles. — La commune fournit quelques marins. — L'église est dédiée à saint Samson et date du siècle dernier. — Port et écluse sur le canal d'Ille-et-Rance, au village du Livet. — Beau menhir à la Tremblaye. — Château de Carheil. — *Point culminant :* Beauséjour, 58 m. — *Géologie :* Granite ; schiste micacé à l'ouest. — *Maires :* 1826, MM. de Launay de Carheil ; 1829, de Péan ; 1834, Anger ; 1837, de Cadaran ; 1841, H. Ferron ; 1848, de Cadaran, père ; 1852, de Cadaran, fils, maire actuel.

TADEN, 1,550 hab. ; — bornée au N. par Pleslin, Plouër et Saint-Samson ; à l'E. par la Rance, qui la sépare de Saint-Hélen et de Lanvallay ; au S. par Dinan ; à l'O. par Quévert, Corseul et Languenan ; — traversée par les chemins de grande communication Nos 25 et 26 et par les chemins d'intérêt commun Nos 10 et 17 ; — réunie à Saint-Samson pour l'instruction primaire ; — à Trélat, école mixte, 59 élèves ; — dépend de la perception de Saint-Carné ; — appartenait à l'ancien évêché de Saint-Malo ; — bureau de bienfaisance ; — capitainerie des douanes à la Richardais. — Comme toutes les communes du canton, celle de Taden est plantée de pommiers ; son territoire accidenté est assez boisé et ses terres, soigneusement cultivées, sont productives, quoique de moyenne qualité. La population, bien qu'agricole, se livre au commerce des bois de chauffage et de construction et à l'exploitation du granit. — L'église paroissiale, sous le patronage de saint Pierre et de saint Paul, remonte au xve siècle ; elle a une succursale à Trélat, village éloigné du chef-lieu de la commune. — Ruines très-belles et très-remarquables du château de la Garaye, dont le dernier propriétaire fut Claude-Toussaint Marot, comte de la Garaye, mousquetaire, puis conseiller au Parlement, connu principalement par des œuvres de dévouement et d'ingénieuse charité qui se sont perpétuées jusqu'à nous. Cet homme de bien mourut le 7 juillet 1755, à l'âge de 80 ans. — Le jurisconsulte Yves Boisgelin, auteur de plusieurs ouvrages de jurisprudence, imprimés à Dinan en 1594 et 1597, est né à la Toise. — Le château de la Garaye a vu naître aussi Mme Marie de la Garaye, veuve en 1710 du comte du Breil de Pontbriant. Elle rivalisa de bienfaisance avec son frère Claude-Toussaint et mourut, en 1732, directrice de l'hôtel-dieu de Josselin. — Château remarquable de la Conninais. — *Points culminants :* Moulin du Mottay,

75 m.; la Ville-Appolaire, 77 m. — *Géologie* : Granite. — *Maires* : Ont rempli ces fonctions, en 1826, MM. Jourdain de Coutances ; 1830, Corseul ; 1852, Chas ; 1848, de Saint-Méloir, maire actuel.

TRÉLIVAN, 727 hab ; — bornée au N. par Aucaleuc et Quévert ; à l'E. par Léhon et Bobital ; au S. par Bobital et Brusvily ; à l'O. par Vildé-Guingalan ; — traversée par la route impériale N° 176, le chemin de grande communication N° 24 et le chemin d'intérêt commun N° 11 ; — école mixte, 60 enfants ; — dépend de la perception de Saint-Carné ; — appartenait à l'ancien évêché de Saint-Malo. — Le sol de cette commune, plat dans le nord, un peu plus accidenté au sud, assez bien boisé, est parfois marécageux. Il présente beaucoup de landes, que l'on commence à défricher ; mais les procédés de culture employés ne permettent pas de grands résultats. — L'église est sous le vocable de saint Magloire, dont la fête se célèbre le 12 juillet. — *Points culminants* : La Chaine, 105 m.; le Moulin, 118 m. — *Géologie* : Granite. — *Maires* : 1826, MM. J. Hallouët ; 1848, Giblaine ; 1852, Le Roy, maire actuel.

TRÉVRON, 957 hab.; — bornée au N. par Saint-Carné ; à l'E. par Calorguen ; au S. par Saint-Juval, et à l'O. par Plumaudan, Brusvily et Le Hinglé ; — traversée par la route impériale N° 166, le chemin de grande communication N° 28 et le chemin d'intérêt commun N° 66 ; — école mixte, 81 enfants ; — dépend de la perception de Saint-Carné ; — appartenait à l'ancien évêché de Saint-Malo. — L'agriculture, en progrès dans cette commune, tire bon parti des terres, bien qu'elles soient de qualité moyenne. Le territoire est accidenté et bien boisé ; il présente de nombreuses prairies naturelles qu'un bon système d'irrigation rendrait très-productives. — La commune produit en abondance des fruits qui s'écoulent sur les marchés de Dinan. — L'église, sous le patronage de Saint-Laurent, offre un ensemble assez curieux de constructions qui se rapportent au style de transition des xiie et xiiie siècles. — Fragments de la voie romaine partant de Corseul et se dirigeant vers Dol. — Ruines d'un ancien prieuré dépendant autrefois de celui de Léhon. — Les manoirs de la Gibonnais et de Pestivien ont été convertis en fermes. — *Point culminant* : Le bourg, 63 m. — *Géologie* : Schiste talqueux ; schiste modifié au sud-ouest ; amas de roches amphiboliques. — *Maires* : Ont rempli successivement ces fonctions, MM. Jigou, Trumel, Chavigné, J. Jigou, J. Fety, Morin, Trumel, P. Le Bigot, Miriel, F. Cillard, F. Le Bigot, Legros, Duponcel, Cillard et Beaumanoir, maire actuel.

Canton de Broons.

Le canton de Broons est borné au N. par le canton de Plélan-le-Petit ; à l'E. par les cantons de Dinan (O.) et de Saint-Jouan-de-l'Isle ; au S. par le canton de Merdrignac ; à l'O. par les cantons de Collinée et de Jugon. — Il est traversé du sud-est au nord-ouest par le chemin de fer ; par la route impériale N° 12 de Paris à Brest ; par les chemins de grande communication N° 24 de Dinan à Broons, N° 40 de Merdrignac à Plancoët ; par les chemins d'intérêt commun N° 13 de Guenroc à la Grange-aux-Moines, N° 48 de Collinée à Saint-Jouan-de-l'Isle, N° 58 de Broons à Saint-Méen, N° 62 de Mégrit à Jugon.

La population du canton est de 13,913 hab.; sa superficie de 22,642 hect., et son revenu territorial net de 569,280 fr.

Territoire montueux et accidenté au nord et dans une partie du sud ; plat, uni ou à coteaux onduleux au centre, dans l'autre partie du sud, à l'est et dans les communes d'Eréac, Yvignac, Broons et Sévignac. Il est coupé par de nombreuses vallées arrosées d'une infinité de cours d'eau dont quelques-uns reçoivent la dénomination de rivières. Les principales sont : la Rance, la Rosette, le Clerget, la Poideland, la Vallée, la Rosée, le Frémeur, le Val, le Gouëff et le Bochereuil. — Le canton est assez boisé et le pommier s'y cultive avec succès. Il contient de vastes prairies qui pourraient être facilement améliorées et les terres incultes qui composent encore le cinquième de son territoire, seraient susceptibles d'être avantageusement défrichées ou plantées. Son agriculture est peu avancée et a grand besoin de se défaire des méthodes routinières qu'elle applique. Comme dans quelques autres cantons de Dinan, on n'y possède que très-peu de juments ; les labours sont faits par des chevaux entiers achetés jeunes et revendus à l'âge de à 4 ans. C'est pour ainsi dire le seul commerce que les habitants fassent sur les bestiaux.

Le canton de Broons appartient à la zône intermédiaire. Il produit : froment, 33,183 hect.; méteil, 990 hect.; seigle, 4,928 hect.; orge, 800 hect.; avoine, 39,093 h.; sarrasin, 33,592 hect.; pommes de terre, 3,030 hect.; betteraves, 600 quint. mét.; chanvre, 280 quint. mét.; lin, 160 quint. mét.; cidre, 23,300 hect. — Il possède : chevaux, 3,131 ; taureaux, 28; vaches, 8,197; veaux, 1,397 ; béliers, 550 ; moutons, 908 ; brebis, 5,480 ; gueaux, 4,110 ; boucs et chèvres, 88 ; porcs, 3,650.

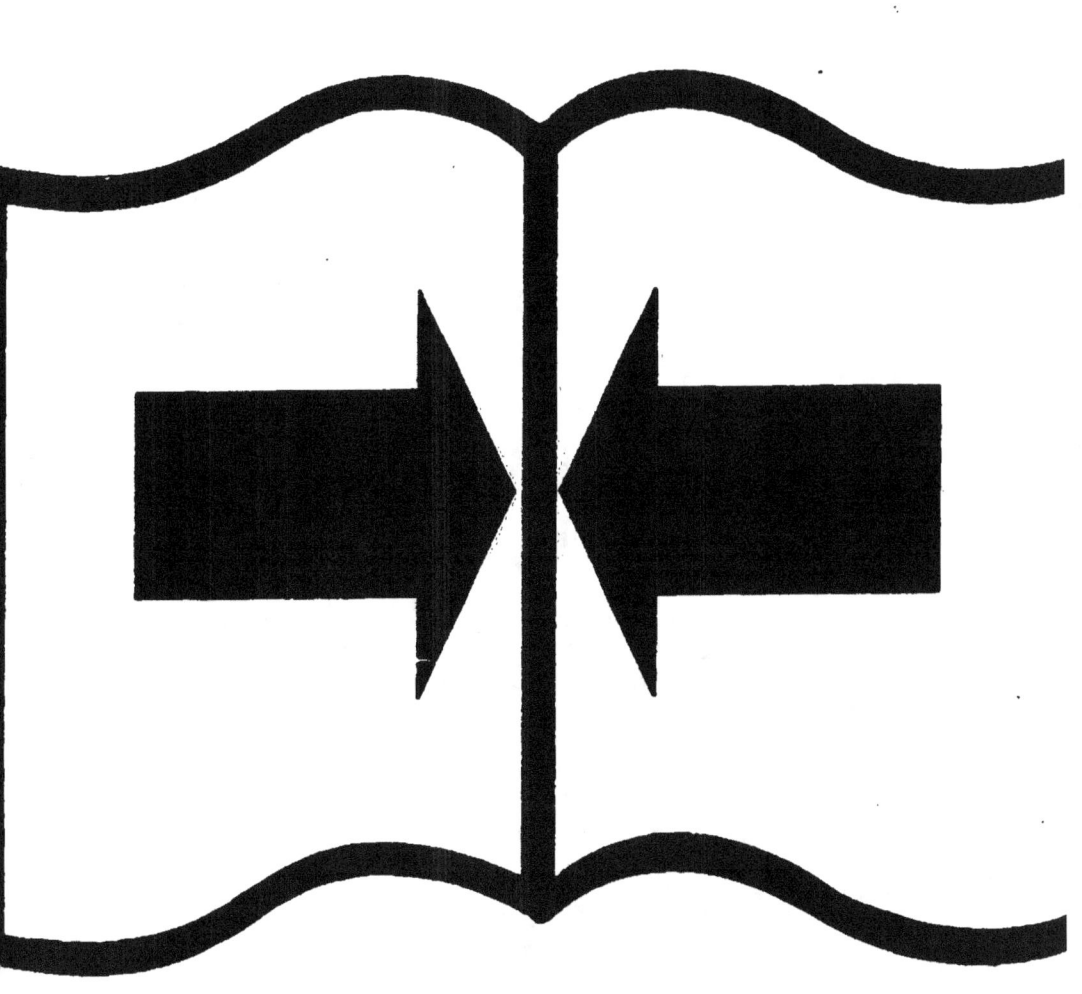

Reliure serrée

TERRES. — Revenu net moyen, par hectare, pour le canton. 22 fr. 87. Valeur vénale moyenne, de l'hectare, dans le canton........ 729 fr.

COMMUNES COMPOSANT LE CANTON.	POPULATION.	DISTANCES en kilomètres.		NOMBRE D'HECTARES des terrains imposables produisant revenu.					Terrains non productifs et non imposables. Chemins, rivières, etc. — Hectares.	NOMBRE TOTAL D'HECTARES par commune.	REVENU CADASTRAL.	PROPORTION de rehaussement pour obtenir le revenu réel.		TAUX MOYEN de l'intérêt des fonds placés.		NOMBRE		NOMBRE	
		Du chef-lieu de département.	Du chef-lieu d'arrondt.	De Broons (chef-lieu de canton.)	Jardins, courtils, vergers et sol des édifices.	Terres labourables.	Prés.	Bois et taillis.	Pâtures et landes.	TOTAL.			fr. c.	Pour les terres (1).	Pour les maisons, moulins et usines (2).	En terres.	En maisons, moulins et usines.	De maisons.	De moulins et usines.	De foires.	De cafés et cabarets.
Broons.....	2,643	48	26	»	35	2,412	343	166	428	3,384	138	3,522	28,232 63	3.86	4.49	2.96	2.47	751	5	4	27
Éréac.......	1,327	48	35	9	40	1,305	208	33	438	2,024	97	2,121	21,465 93	1 95	1.91	3.43	3.45	393	4	1	6
Laurelas...	1,767	61	36	10	10	1,837	247	88	616	2,798	142	2,940	18,544 55	3.47	3.92	4. »	4. »	486	4	»	3
Mégrit.....	1,352	50	20	9	17	1,506	145	22	288	1,978	85	2,063	23,521 13	2.48	2.50	2.95	2.96	425	2	1	3
Rouillac....	855	50	30	10	17	769	151	195	380	1,515	60	1,575	6,362 46	3.85	3.60	3.02	3.62	250	2	»	3
Sévignac....	2,597	44	33	7	63	2,743	394	91	845	4,136	189	4,325	23,733 61	4 81	4.21	3. »	2.94	758	8	1	6
Trédias.....	697	48	22	7	12	891	60	9	86	1,058	43	1,101	8,095 87	2.88	3.05	3.05	2.94	215	4	»	1
Trémeur....	918	45	25	4	24	1,080	128	8	149	1,389	67	1,456	9,903 91	4.77	4.60	2.72	2.57	364	3	»	2
Yvignac.....	1,907	53	17	9	24	2,021	244	294	800	3,383	156	3 539	24,692 21	3.83	3.79	2.96	2.93	661	4	1	5
TOTAUX...	13,918	»	»	»	242	14,564	1923	906	4030	21,665	977	22,642	164,552 30	»	»	»	»	4,303	36	8	56

(1 et 2) Pour les notes concernant ce tableau, voir celles du tableau du canton de Dinan (E.), pages 276 et 277.

BROONS, 2,643 hab.; — située par les 4° 86' 00' de longitude O. et par les 48° 19' 5' de latitude N.; — bornée au N. par Trémeur et Trédias; à l'E. par Yvignac et Caulnes; au S. par Plumaugat; à l'O. par Sévignac; — traversée par le chemin de fer sur une longueur de 3,790 m.; par la route impériale N° 12; par les chemins de grande communication N°s 24 et 40, et par le chemin d'intérêt commun N° 58; — école de garçons, 117 élèves; de filles, 130 élèves; salle d'asile, 43 enfants; — chef-lieu de canton et de perception; — cure de 2e classe; justice de paix; résidence de deux notaires; subdivision de pompiers; bureau de bienfaisance; brigade de gendarmerie à cheval; station et gare du chemin de fer; bureau d'enregistrement pour le canton et pour celui de Saint-Jouan-de-l'Isle; recette des contributions indirectes; direction des postes et poste aux chevaux; comice agricole; — marché le mercredi; foires le 1er mercredi de juin, le 10 août, le 1er mercredi d'octobre et le mardi d'après la Toussaint; — faisait partie de l'ancien évêché de Saint-Malo. — La petite ville de Broons, bien placée sur la route impériale de Paris à Brest, n'est pas sans importance. Sa population se compose de propriétaires, de marchands en détail et de laboureurs. — Le sol de la commune, bien boisé, présente de longues ondulations en pentes douces. Il se partage à peu près également en terrains humides et en terrains secs. Il contient encore beaucoup de landes et des prairies dont la culture trop négligée serait améliorée à peu de frais. Le bois dit de Broons a 160 hectares. Le ruisseau de Rosette, qui traverse cette commune, fait tourner quatre moulins. — Il existe à Broons une tannerie ayant 25 mèt. de cuves. — L'église, sous le patronage de saint Pierre, n'offre de remarquable que son portail occidental qui remonte au xv° siècle. — Chapelles de Sainte-Madelaine et de Saint-Laurent. — Cette ville possède la maison principale des Sœurs dites de Sainte-Marie de Broons, congrégation fondée le 30 août 1839 et qui se livre à l'enseignement. — Bertrand Duguesclin, connétable de France sous le roi Charles V et l'une de nos plus grandes gloires nationales, naquit au château de la Motte-Broons, entre 1314 et 1320. Il mourut en 1380. Son corps fut inhumé à Saint-Denis, sépulture des rois de France, et son cœur déposé dans l'église des Jacobins de Dinan, où sa famille avait un enfeu. En 1810, le monument qui renfermait cette précieuse relique fut transféré dans l'église Saint-Sauveur de la même ville. Le château dans lequel Duguesclin est né existait encore en 1616; il fut, à cette époque, détruit par ordre des états de Bretagne. Sur son emplacement on a érigé, en 1840, une colonne de granite, destinée à perpétuer son souvenir. — Broons a aussi donné le jour, au commencement du xv° siècle, à Bertrand Millon, né à la Ville-Morel, habile diplomate, deux fois ambassadeur des ducs de Bretagne près la cour de Rome, fondateur, en 1459, de l'Université de Nantes; et à

M. Jean Miriel, chirurgien de marine et médecin distingué, auteur de plusieurs mémoires sur certaines opérations chirurgicales, décédé à Brest en 1829. — *Points culminants* : Le bourg, 182 m.; la Ville-Galoppet, 102 m.; Buhen, 132 m.; Cambel, 125 m.; la Ville-ès-Sébille, 138 m. — *Géologie* : Schiste talqueux; roches amphiboliques; minerai de fer; grès et schiste ardoisier en exploitation. — *Maires* : 1826, MM. Miriel; 1846, Bouvier; 1848, Rochefort; 1852, Le Breton, maire actuel.

ÉRÉAC, 1,327 hab.; — bornée au N. par Sévignac; à l'E. par Lanrelas; au S. par Saint-Launeuc et Mérillac; à l'O. par Langourla et Rouillac; — traversée par le chemin de grande communication N° 40 et par le chemin d'intérêt commun N° 48; — école de garçons, 52 élèves; de filles, 55 élèves; — dépend de la perception de Broons; — faisait partie de l'ancien évêché de Saint-Malo; — foire le 3e jeudi de septembre. — Le bourg est situé sur un long coteau qui traverse la commune dont le territoire, plat et découvert, est sillonné par la Rance et par de nombreux ruisseaux au nombre desquels on remarque ceux du Clergel, de Rosette et de Froidalou. Ces cours d'eau font tourner quatre moulins. — La commune possède encore des landes dont on pourrait tirer parti. — L'église paroissiale est sans intérêt; mais le vieux château de Coibicor mérite d'être visité. — *Points culminants* : Le bourg, 144 m.; Haut-Launay, 161 m.;

la chapelle des Rotoirs, 160 m.; Sainte-Marie du Bois, 156 m. — *Géologie* : Schiste talqueux ; grès et schiste argileux au nord. — *Maires* : 1826, MM. Duval ; 1832, Kersanté ; 1835, Bédel ; 1848, Duval ; 1852, Pilorget, maire actuel.

LANRELAS, 1,767 hab.; — bornée au N. par Sévignac ; à l'E. par Plumaugat ; au S. par Trémorel ; à l'O. Saint-Launeuc et Éréac ; — traversée par le chemin d'intérêt commun N° 48 ; — école de garçons, 70 élèves ; de filles, 47 élèves ; — dépend de la perception de Broons ; — faisait partie de l'ancien évêché de Saint-Malo ; — résidence d'un notaire. — Sol montueux et accidenté, humide et exposé à la gelée dans les parties basses, et médiocre dans les parties élevées, couvert encore d'une grande étendue de landes faciles à cultiver et à planter. — Carrières de granit en exploitation. — L'église, sous le patronage de saint Jean-Baptiste, n'a rien de remarquable. — La chapelle de Saint-Malo est du XVIIIe siècle. — Sur les bords de la Rance, qui traverse cette commune et non loin du bourg, on trouve des pierres réunies nommées le Rocher, qu'on croit être un monument druidique. — Robinault de Saint-Régent, à qui l'affaire de la machine infernale (24 décembre 1800) a valu une triste célébrité, est né dans cette commune. — Ruines des anciens châteaux de Branxien et Guillerien. — *Points culminants* : Le Rocher, 113 m ; la Piaudiau,

116 m.; Beaumont, 139 m.; Saint-Régent, 116 m.; la Gravelle, 128 m. — *Géologie :* Granite et schiste talqueux. — *Maires :* Ont exercé successivement ces fonctions, MM. Percheloche, Davy, Tournatory, Chicoine, Lemoine et Gérard, maire actuel.

MÉGRIT, 1,352 hab.; — bornée au N. par Lescouët et Plélan-le-Petit; à l'E. par Languedias et Trédias; au S. par Trémeur et Sévignac; à l'O. par le grand étang de Jugon, qui la sépare de Dolo; — traversée par le chemin de grande communication N° 40 et par le chemin d'intérêt commun N° 62; — école de garçons, 41 élèves; de filles, 33 élèves; — dépend de la perception de Broons; — faisait partie de l'ancien évêché de Saint-Malo; — foire le lundi d'après la mi-août. — Territoire accidenté, inégal, coupé par des collines et des vallées qui se croisent en tous sens. Landes pierreuses et propres seulement à la plantation des résineux. Les prairies, rares, ne permettent d'alimenter qu'un bétail insuffisant pour obtenir le fumier nécessaire à l'agriculture. Il en résulte que les terres ne sont ensemencées qu'une année sur deux. — Carrières dites de Kerinan, dont la pierre est recherchée pour la facilité avec laquelle elle se travaille. — L'église est sous l'invocation de saint Pierre et et saint Paul. — Les châteaux de Kergu et des Vaux possèdent des chapelles dédiées à la sainte Vierge. — Du lieu dit Forte-Terre, on découvre une vaste étendue de pays. — Etang de Rocherelle entre Mégrit et Trédias. Sur la limitte de Dolo se trouve le grand étang de Jugon, dans lequel se jette le ruisseau de Rosette. — *Points culminants* : Le bourg, 92 m. ; Forte-Terre (signal), 135 m. ; Tertre-Pifaut, 124 m. ; Saint-Maudez, 76 m. — *Géologie :* Schiste micacé au sud; granite au nord. — *Maires :* Ont rempli successivement ces fonctions, MM. Fourré, C. OEillet, Plesse de Saint-Mirel, de Kergu, C. OEillet, J. OEillet, Chantrel et de Couessin, maire actuel.

ROUILLAC, 855 hab. ; — bornée au N. et à l'E. par Sévignac ; au S. par Éréac ; à l'O. par Langourla et Plénée-Jugon ; — n'est traversée que par des chemins de petite vicinalité ; — école mixte, 66 enfants ; — dépend de la perception de Broons ; — faisait partie de l'ancien évêché de Saint-Malo. — Le territoire de cette commune, arrosée par le ruisseau de Quinhin, est très-accidenté et montueux surtout aux environs du bourg. Les terres sont de médiocre qualité et la majeure partie n'en peut être ensemencée qu'une fois en deux années. — Les bois de Bougueneuf et celui des Touchelles sont assez importants. — L'église est dédiée à saint Sébastien, dont la fête se célèbre le 20 janvier. — *Points culminants* : Le Gelussais, 145 m. ; Champ-Dupuis, 146 m. ; bois de Bougueneuf, 160 m. ; Champ-Beaulieu, 145 m. ; la Vieille-Haie, 187 m. — *Géologie :* Grès quartzite ;

schiste argileux. — *Maires :* Ont rempli successivement ces fonctions, MM. J. Basset, Guitton et Préauchat, maire actuel.

SÉVIGNAC, 2,597 hab.; — bornée au N. par Dolo et Mégrit; à l'E. par Trémeur et Broons; au S. par Éréac et Rouillac; à l'O. par Plénée-Jugon; — traversée par le chemin de fer sur une longueur de 2.515 m.; par la route impériale N° 12; par le chemin de grande communication N° 40, et par le chemin d'intérêt commun N° 13; — école de garçons, 27 élèves; de filles, 49 élèves; — dépend de la perception de Broons; — faisait partie de l'ancien évêché de Saint-Malo; — foire le 15 juin. — Le sol bon et productif de Sévignac présente des coteaux peu élevés à longues ondulations. L'agriculture y est en progrès. — Les ruisseaux de Bochereuil et du Gouëff font tourner plusieurs moulins. — L'église n'offre rien de remarquable; elle est sous le patronage de saint Pierre. — Châteaux de Limoëlan et de Brondineuf. — Patrie de Raoul Rousselet, né à Limoëlan, clerc et conseiller du roi de France Philippe-le-Bel, en 1308, évêque de Saint-Malo en 1310 et de Laon en 1317; de René de Saint-Pern, né à Brondineuf, commandant d'une des divisions qui chassèrent et défirent les Anglais à Saint-Cast, en 1758; de Mgr Auguste Le Mintier, dernier évêque de Tréguier, décédé à Londres en 1801; de Louis de Chappedelaine, né à Limoëlan, lieutenant, en 1842, au 8e bataillon des chasseurs d'Orléans cantonnés en Afrique, l'un des héros de l'affaire de Sidi-Brahim (26 septembre 1845), où il fut tué après être resté seul contre une des hordes nombreuses d'Abd-el-Kader, dans un défilé, avec 40 braves, dont 26 furent massacrés en défendant le corps de leur lieutenant. — *Points culminants* : Le bourg, 88 m.; la Ville-Baron, 84 m.; Psenil, 147 m.; château de Limoëlan, 128 m.; Coquité, 135 m. — *Géologie* : Schiste talqueux. — *Maires* : Ont rempli ces fonctions, en 1826, MM. de Chappedelaine; 1829, Lécuyer; 1830, Gauven; 1832, Lécuyer; 1834, Méheut; 1852, Le Mazier; 1855, Frélaut-du-Cours; 1860, de Carné de Coëtlogon, maire actuel.

TRÉDIAS, 697 hab.; — bornée au N. par Languédias; à l'E. par Yvignac; au S. par Broons et Trémeur; à l'O. par Trémeur et Mégrit; — traversée par le chemin d'intérêt commun N° 13; — école mixte, 34 élèves; — dépend de la perception de Broons; — faisait partie de l'ancien évêché de Saint-Malo. — Le territoire de la commune est accidenté dans un tiers de son étendue, le reste est assez uni. Il est peu productif et présente, suivant sa configuration, des terres ou froides et humides, ou légères, sèches et pierreuses. Il est traversé par les ruisseaux de la Rosée et de la Vallée, qui font tourner plusieurs moulins. — L'église, dédiée à saint Pierre, est assez vaste; elle a été bâtie en 1839. — Chapelle du

Fougeray, en ruines. — L'ancienne paroisse de Saint-Urielle, absorbée par celle de Trédias, dépendait de l'évêché de Dol. — *Points culminants :* Le bourg, 71 m.; Chesnay-Villebart, 90 m. — *Géologie :* Schiste talqueux. — *Maires :* MM. Renouvel, Robert, Pinson, et depuis 1815, M. René Guillemot, maire actuel.

TRÉMEUR, 948 hab.; — bornée au N. par Mégrit; à l'E. par Trédias et Broons; au S. et à l'O. par Sévignac; — traversée par le chemin de fer sur une longueur de 2,700 m.; par la route impériale N° 12; par le chemin de grande communication N° 40, et par le chemin d'intérêt commun N° 15; — sans école; — dépend de la perception de Broons; — faisait partie de l'ancien évêché de Saint-Malo. — Le sol de cette commune, bien cultivé et productif, est assez boisé et présente quelques accidents de terrains. — L'église, dédiée à saint Pierre, est en majeure partie du xvie siècle. — Ruines du château du Noday. — En 1346, Geoffroy Le Voyer de Trégomar et Jeanne Rouxel, sa femme, fondèrent, au bout de la chaussée de Trédien, un prieuré et un hospice dans lequel tous les pauvres qui venaient à passer devaient être nourris et soignés, quels qu'ils fussent. Cet établissement subsista ainsi jusqu'en 1760; et sa suppression fut prononcée par Louis XV, le 14 octobre de cette année. Il fut annexé plus tard, en 1778, avec ses riches revenus, au collége de Dinan. — *Points cul-*

minants : Kerbeurec, 80 m. ; le Menu-Bois, 84 m. — *Géologie :* Schiste talqueux. — *Maires :* 1826, MM. Cauvin ; 1848, Perriniaux ; 1858, Oly, maire actuel.

YVIGNAC, 1,907 hab.; — bornée au N. par Languédias et Trébédan ; à l'E. par Brusvily et Plumaudan ; au S. par Caulnes ; à l'O. par Broons et Trédias ; — traversée par le chemin de fer sur une longueur de 2,092 m.; par le chemin de grande communication N° 24 ; et par le chemin d'intérêt commun N° 13 ; — école de garçons, 80 élèves; de filles, 64 élèves ; — dépend de la perception de Broons ; — faisait partie de l'ancien évêché de Saint-Malo ; — foire le dernier lundi de septembre. — Territoire généralement uni et bien boisé. L'agriculture est en progrès et l'assolement triennal tend à s'y modifier. Il s'y trouve néanmoins beaucoup de landes et des prairies, trop négligées, qu'un bon système d'irrigation améliorerait promptement, si l'on utilisait les nombreux cours d'eau qui traversent la commune, parmi lesquels nous citerons le ruisseau du Tremeur. — Bois d'Yvignac peuplé jadis de nombreux sangliers. — L'église, qui a pour patron saint Malo, dont la fête se célèbre le 15 novembre, appartient au style roman et remonte au XII° siècle. La tradition l'attribue aux Templiers, qui possédaient, en cette commune, un fief annexé à la commanderie de Carentoir. — Chapelle dédiée à saint Firmin, invoqué contre la goutte. Fête le 26 septembre.

— L'ancien château d'Yvignac, aujourd'hui en ruine, fut assailli, en 1788, par une bande de partisans. — Châteaux modernes de Couascouvran et de Kermaria; ce dernier est entouré de vastes terres cultivées avec soin; il a été construit sur les ruines du château de la Bégassière. — Patrie de François Allain, éloquent prédicateur, représentant du clergé de son diocèse aux Etats généraux de 1789, curé de Josselin; nommé, en 1801, à l'évêché de Tournay, qu'il refusa, et décédé en 1809, chanoine et vicaire général de Vannes. — *Points culminants* : Le bourg, 99 m.; Croix-du-Goulet, 118 m.; Croix-Neuve, 116 m. — *Géologie* : A l'est et au nord, schiste talqueux; à l'ouest, îlot de granite, et au sud du bourg, ainsi qu'à 1 kilom. à l'est, gneiss. — *Maires* : Ont rempli successivement ces fonctions, MM. H. Picquet, Ferrier, Rabastjoye, Le Roy, Bougis, J. Dutertre et Y. Dutertre.

Canton d'Evran.

Le canton d'Evran est borné au N. par le canton de Dinan (E.); à l'E. et au S. par le département d'Ille-et-Vilaine; à l'O. par les cantons de Saint-Jouan-de-l'Isle et de Dinan (O.). — Il est traversé par le canal d'Ille-et-Rance; par les routes départementales N° 2 de Rennes à Saint-Malo, N° 18 de Dinan à Combourg; par les chemins de grande communication N° 27 d'Evran à la route impériale No 176, No 27 *bis* d'Evran à Broons, No 28 de Dinan à Plouasne, No 39 de Saint-Méen à Bécherel ; par les chemins d'intérêt commun No 12 de Trébédan à Saint-Juval, No 18 de la route départementale No 2 à la Marnière de Livet et No 66 de Bobital au chemin de grande communication No 28.

La population du canton est de 10,757 hab. ; sa superficie de 11,096 hect., et son revenu territorial net de 544,035 fr.

Le territoire du canton d'Evran est généralement plat et peu accidenté, et ce n'est que dans les communes de Saint-Juval et de Plouasne qu'on rencontre quelques éminences ou coteaux élevés. — Son sol est fertile et produit en abondance toutes les espèces de céréales ainsi que les autres produits d'une agriculture avancée, et qui depuis longtemps a su tirer parti des amendements calcaires fossiles qui se trouvent dans le canton même, ainsi que des engrais marins qu'elle peut également se procurer avec facilité. — Ses prairies sont magnifiques sur tout le parcours de la Rance canalisée, dont les débordements les fertilisent. — Enfin, ce canton doit être placé au rang des plus riches du département, sous le rapport des produits agricoles. — Il appartient à la zône du littoral et produit, savoir : froment, 55,000 hect.; orge, 16,000 hect.; avoine, 18,500 hect.; sarrasin, 18,000 h.; pommes de terre, 5,520 hect.; betteraves, 2,500 quint. mét.; lin (en filasse), 1,629 quint. m.; cidre, 25,300 h.

TERRES. — Revenu net moyen, par hectare, pour le canton... 42 fr. 41   Valeur vénale moyenne, de l'hectare, dans le canton............ 1,416 fr.

COMMUNES COMPOSANT LE CANTON.	POPULATION.	DISTANCES en kilomètres.			NOMBRE D'HECTARES des terrains imposables produisant revenu.					Terrains non productifs et non imposés. Chemins, rivières, etc. — Hectares.	NOMBRE TOTAL D'HECTARES par commune.	REVENU CADASTRAL.	PROPORTION de rehaussement pour obtenir le revenu réel.		TAUX MOYEN de l'intérêt des fonds placés.		NOMBRE		NOMBRE	
		Du chef-lieu du département.	Du chef-lieu d'arrondt.	De Evran (chef-lieu de canton).	Jardins, courtils, vergers et sol des édifices.	Terres labourables.	Prés.	Bois et taillis.	Pâtures et Landes.	TOTAL.				Pour les terres (1).	Pour les maisons, moulins et usines (2).	En terres.	En maisons, moulins et usines.	De maisons.	De moulins et usines.	De foires.	De cafés et cabarets.
													fr. c.			p. 0/0.	p. 0/0.				
Evran......	4,486	71	11	»	78	3,035	261	329	392	4,095	170	4,265	80,686 09	2.68	2.75	2.96	4. »	1,313	11	1	16
Le Quiou....	489	75	15	5	6	370	45	18	47	486	20	506	11,602 75	2.39	2.45	3.02	4. »	162	1	»	3
Plouasne....	2,570	80	22	11	60	2,640	240	102	192	3,234	127	3,361	74,715 38	1.84	1.86	3.01	4. »	768	8	1	5
Saint-André-des-Eaux..	487	70	11	3	7	347	81	4	56	495	29	524	7,675 91	2.71	2.57	3.04	4. »	177	1	»	»
St-Judoce...	875	73	13	2	19	740	94	19	105	987	32	1,019	24,965 87	1.71	1.72	2.96	4. »	225	1	»	1
Saint-Juvat.	1,475	63	12	7	18	1,339	140	14	158	1,669	72	1,741	31,951 26	2.21	2.12	3.04	4. »	493	3	»	5
Tréfumel....	375	66	15	7	11	435	59	5	45	555	25	580	12,159 70	2.56	2.40	3.07	4. »	150	2	»	2
TOTAUX...	10,757	»	»	»	199	8,915	920	491	995	11,521	475	11,996	243,756 96	»	»	»	»	3,288	27	2	32

(1 et 2) Pour les notes concernant ce tableau, voir celles du tableau du canton de Dinan (E.), pages 276 et 277.

— Il possède : chevaux, 1,053 ; taureaux, 59 ; vaches, 4,773 ; veaux, 582 ; béliers, 18 ; moutons, 792 ; brebis, 1,845 ; agneaux, 1,473 ; porcs, 1,742.

ÉVRAN, 4,486 hab. ; — par les 4° 19′ 4″ de longitude O. et par les 48° 25′ 3″ de latitude N. ; — bornée au N. par Saint-Solain et Saint-Hélen ; à l'E. par le département d'Ille-et-Vilaine ; au S. par Saint-Judoce et par Plouasne ; à l'O par Le Quiou, Saint-André-des-Eaux, Calorguen et Tressaint ; — traversée par le canal d'Ille-et-Rance ; par les routes départementales Nos 2 et 18 ; par les chemins de grande communication Nos 27 et 27 bis ; par le chemin d'intérêt commun N° 18 ; — école de garçons, 155 élèves ; de filles, 180 élèves ; — chef-lieu de canton et de perception ; — cure de 2e classe ; — justice de paix ; résidence d'un notaire ; subdivision de pompiers ; bureau de bienfaisance ; brigade de gendarmerie à cheval ; bureau d'enregistrement pour le canton ; recette des contributions indirectes ; direction des postes ; — foire le 22 juillet ; — faisait partie de l'ancien évêché de Saint-Malo. — Le territoire de cette vaste et belle commune est uni et bien boisé ; il contient au nord une partie importante de la forêt de Coëtquen. L'agriculture est en progrès à Evran, et, depuis 25 ans, ses champs, parfaitement plantés de pommiers, ont doublé de valeur par suite de l'emploi des amendements calcaires. Ses prairies, bonnes et nombreuses, sont arrosées et fertilisées par la Rance, qui quelquefois les inonde. — Le bourg, situé sur la route de Rennes à Saint-Malo et non loin du canal d'Ille-et-Rance, présente une agglomération assez importante composée de propriétaires, de marchands en détail, d'artisans et de cultivateurs. La profession dominante est l'agriculture ; cependant Evran fournit beaucoup de maçons, de menuisiers et de tisserands. — Cette commune est traversée par les rivières canalisées de la Rance et du Linon. — L'église, sous le vocable de Saint-Pierre et Saint-Paul, a été nouvellement rebâtie sur un plan très-convenable. C'est sans contredit l'une des belles églises du pays. De même que l'autel principal, orné de trois statues sorties de l'atelier de M. Barré, de Rennes, ses transepts contiennent deux autels qui attirent l'attention. — La chapelle du Champ-Géraux, dédiée à la sainte Vierge, est desservie. — Nous citerons, en outre, la chapelle du Mottay, patron saint Maudez ; celle de la Touche, dédiée à la sainte Vierge, et celle de Saint-René. — Le château de Beaumanoir, dont le portail sculpté attire l'attention ainsi que les belles plantations qui l'entourent, est moderne en grande partie et n'est point celui qui appartint, en 1472, à Hervé de Beaumanoir, auteur d'un ouvrage de jurisprudence intitulé les *Codes romains*. Les ruines de ce dernier château gisent à 400 mètres de là. — Châteaux du Mottay, de Pont-Cadeuc et du Vau-Gré. — Evran a donné le jour à l'abbé Le Borgne, ancien vicaire-général du diocèse, décédé en 1847. — *Points culminants* : Le canal, 9 m.; Beaumanoir, 31 m.; le Mottay, 26 m.; moulin de la Croix-Chemin, 65 m.; moulin du château de la Chesnaye, 90 m. — *Géologie* : Schiste avec cailloux roulés au nord et à l'ouest, et gisements amphiboliques. — Ont été Maires d'Evran : MM. Vannier, Le Forestier, Nouazé, Piedevache, Fouéré, Michel, Hardy du Bignon, J.-M. Chauchart, J.-P. Chauchart du Mottay, Royer de Linclays, Marteville, Sevoy, Arribart, Ganachas, de Langle, Royer de Linclays, de Lavié, maire actuel.

LE QUIOU, 489 hab.; — bornée au N. par Saint-André-des-Eaux; à l'E. par Evran; au S. par Plouasne; à l'O. par Tréfumel et Saint-Juval; — traversée par le chemin de grande communication N° 27 *bis*; — école mixte, 47 élèves; — dépend de la perception d'Evran; — faisait partie de l'ancien évêché de Saint-Malo. — Le territoire de cette commune, plat et uni, offre peu de prairies; il est bien planté de pommiers. — La commune possède l'un des dépôts de conglomérats calcaires avec fossiles, dits faluns, dont nous avons parlé à l'article de l'arrondissement. Ce dépôt appartient aux terrains tertiaires et sa substance contient 73.1 p. 0/0 de principes fertilisants. Il est l'objet d'une exploitation assez active et une source de richesses pour le pays. — L'église est sous le patronage de sainte Marie, dont la fête a lieu le

2 juillet. On y invoque saint Lunaire pour les maux d'yeux. — Chapelle à Treveleuc. — L'ancien manoir du Hac est transformé maintenant en métairie. — *Points culminants* : La Ville-Mahé, 45 m.; le Hac, 49 m. — *Géologie* : Schiste talqueux ; conglomérats calcaires. — Ont été Maires : MM. Cormao, Y. de la Rocheaulion, Homo et P. de la Rocheaulion, maire actuel.

PLOUASNE, 2,570 hab. ; — bornée au N. par Tréfumel, Le Quiou et Evran ; à l'E. et au S. par le département d'Ille-et-Vilaine ; à l'O. par Guitté, Guenroc et Saint-Maden ; — traversée par la route départementale N° 2, par les chemins de grande communication N°s 27 bis, 28 et 39 ; — école de garçons, 101 élèves ; de filles, 84 élèves ; — dépend de la perception d'Evran ; — faisait partie de l'ancien évêché de Saint-Malo ; — foire le 3e mardi de mai. — Le sol de cette commune est très-élevé, peu accidenté et bien boisé. Il est limité par la Rance et traversé par de nombreux cours d'eau. — L'assolement triennal y est exclusivement en usage. — L'église, dédiée à saint Jacques et saint Philippe, fut donnée, en 1086, aux moines de Marmoutiers par Benoît, surnommé Judicaël, évêque de Saint-Malo. Elle tombe de vétusté. Construite à diverses époques, sa partie la plus remarquable remonte au xiiie siècle, qui y a laissé une belle rosace et quatre autres fenêtres dignes d'attention, notamment celle placée derrière l'autel de la Vierge. — Dans le cimetière, on voit trois tombeaux de la famille La Chalottais, à laquelle appartenait le célèbre procureur général de ce nom au Parlement de Bretagne, dont l'arrière-petite-fille, mariée à M. le comte de Falloux, possède le château de Caradeuc, la plus belle habitation de cette commune. — Chapelles de la Cessonais, dédiée à sainte Anne, et de Lantran, dédiée à saint Pierre; elles sont desservies régulièrement. Celle du Val ne l'est que quelquefois seulement pendant l'année. Les chapelles du Vau-Ruffier, de Launay-Bertrand, de la Boullaye et de Saint-Maur ne le sont plus; cette dernière est en ruines. — On voit encore les ruines des manoirs nommés le Plessix-Augat, le Vau-Ruffier et Launay-Bertrand. — Les étangs de la Boullaye et de Néal sont poissonneux et couverts en hiver d'oiseaux de passage. — Les bois de Caradeuc et du Boisferron ont une certaine étendue. — Tumulus au bourg, dans l'étang de la Boulaye et dans un champ voisin. — Les bords du ruisseau du Néal présentent des sites pittoresques. — *Points culminants* : Lanjuinais, 60 m.; Lantran, 108 m. et 114 m. — *Géologie* : Schiste talqueux, et au nord, granite; au sud, îlot granitique. — *Maires* : MM. 1793, Brindejonc; an III, P. Le Tellier (Abraham); an IV, Garnier; an VII, Le Breton; 1810, Le Marchand; 1815, Haouisée; 1831, F. Le Tellier, maire actuel.

SAINT-ANDRÉ-DES-EAUX, 487 hab.; — bornée au

N. par Calorguen et Evran; à l'E. par Evran; au S. par Le Quiou, et à l'O. par Saint-Juvat; — le Guinefort lui sert de limite au N. et la Rance à l'E.; — école mixte, 28 élèves; faisait partie de l'ancien évêché de Dol; — dépend de la perception d'Evran. — Le territoire est plat et marécageux, et l'air de la commune humide et peu salubre, par suite des inondations de la Rance qui occasionnent souvent des dégâts. — On y trouve de bonnes prairies, et l'agriculture y est active et en progrès. — L'église, sous le vocable de saint André, dont la fête a lieu le 30 novembre, est du XIIe siècle, bien caractérisé par ses fenêtres en lancettes à plein ceintre et très-évasées à l'intérieur; mais son porche gothique porte la date de 1418. — Les ruines du château et de la chapelle du Besso méritent d'être visitées. — *Point culminant* : Le bourg, 9 m. — *Géologie* : Schiste talqueux et cailloux roulés. — Ont été Maires : MM. Adam (père), Brandily, G. Homo, Menage, P. Homo, Fouéré et Adam (fils), maire actuel.

SAINT-JUDOCE, 875 hab.; — bornée au N. par Evran, dont elle est séparée par le canal; à l'E. et au S. par le département d'Ille-et-Vilaine; à l'O. par la route départementale N° 2, qui la sépare d'Évran; — école mixte, 60 élèves; — dépend de la perception d'Evran; — faisait partie de l'ancien évêché de Dol. — Territoire plat et uni, assez boisé et bien planté de pommiers, mais exposé aux inondations de la Rance. — L'agriculture de cette commune est en progrès. Les prairies sont bonnes et étendues, beaucoup de landes s'y défrichent. — L'église, dédiée à saint Judoce, prince breton et solitaire du VIIe siècle, offre quelques détails du style ogival tertiaire.— On remarque, dans cette commune, quelques retranchements en terre qui furent élevés, dit-on, à l'époque de la guerre de succession entre Jean de Montfort et Charles de Blois. — Patrie de Jean Troussier, ambassadeur, en 1486, du duc François II près du roi d'Angleterre. — *Point culminant* : Harouard, 36 m. — *Géologie* : Schiste talqueux à Cabrac ; indices de minerai de plomb. — Ont été Maires : 1826, P. Frin ; 1855, L. Rosé ; 1860, Th. Frin, maire actuel.

SAINT-JUVAT, 1,475 hab.; — bornée au N. par Trévron et Calorguen ; à l'E. par Saint-André-des-Eaux, Le Quiou et Tréfumel; au S. par Saint-Maden; à l'O. par Plumaudan et Trévron ; — traversée par le chemin de grande communication N° 28 et par les chemins d'intérêt commun N°s 12 et 66 ; — école de garçons, 62 élèves ; de filles, 97 élèves ;— dépend de la perception d'Evran ; — faisait partie de l'ancien évêché de Saint-Malo. — Le sol de la commune est généralement plat, très-fertile, plus humide que sec, sans être marécageux. Les terres, bien cultivées et largement amendées, sont productives, et les prairies le seraient davantage, si elles étaient soumises à un bon système d'irrigation. — L'église, sous le patronage de saint Juval, prêtre et martyr au IVe siècle, dont la fête se célèbre le 21 octobre, est irrégulière dans ses constructions, qui appartiennent à diverses époques, notamment au XIVe siècle. On y invoque saint Jean-Baptiste contre les épizooties, et les pèlerins déposent sur son autel des produits agricoles. — La chapelle de La Gaudière, dédiée à la sainte Vierge, est desservie à certains jours. — Fragments de la voie romaine allant de Corseul à Rennes. — Les carrières du Bernard, de Picouays et de Biffard, en pleine exploitation, fournissent des amendements calcaires en masses considérables et qui contiennent de 71.7 à 84 8 p. 0/0 de matières fertilisantes. On y trouve beaucoup de débris d'animaux fossiles, et dans certaines parties, elles présentent des sablons tellement agrégés, qu'ils servent de pierres à bâtir. — *Points culminants :* Les Trois-Chênes, 48 m. ; la Ville-près-le-Bourg, 64 m. — *Géologie :* Schiste talqueux, conglomérats calcaires; au sud, roches amphiboliques. — *Maires :* MM. 1793, Sevestre; an VIII, Le Moine de Launay ; 1809, Le Corvaisier ; 1830, Beslay-Desforgerays ; 1837, Maudet ; 1840, Michel; 1853, Moucet, maire actuel.

TRÉFUMEL, 575 hab ; — bornée au N. par Saint-Juval, dont la Rance la sépare; à l'E. par Le Quiou ; au S. par Plouasne ; à l'O. par Saint-Maden ; — traversée par les chemins de grande communication Nos 27 *bis* et N° 28 ; — réunie à Saint-Juval pour l'instruction primaire ; — dépend de la perception d'Evran ; — faisait partie de l'ancien évêché de Saint-Malo ; — résidence d'un notaire. — Le sol de la commune de Tréfumel est fertile et peu accidenté. Son agriculture progresse, sous l'influence des amendements calcaires qu'elle puise largement dans ses carrières, en tout analogues à celles de Saint-Juval. — L'église, qui porte la date de 1760, est dédiée à sainte Agnès, dont la fête se célèbre le 21 janvier. — *Points culminants :* Les Forges, 28 m. ; les Marcs, 34 m. — *Géologie :* Schiste talqueux ; conglomérats calcaires, et roches amphiboliques au nord. — Ont été Maires : MM. Brindejonc, Brandily et Aubry, maire actuel.

Canton de Jugon.

Le canton de Jugon est borné au N. par les cantons de Matignon et de Plancoët ; à l'E. par les cantons de Plélan-le-Petit et de Broons ; au S. par le canton de Collinée ; à l'O. par les cantons de Collinée, Moncontour et Lamballe. — La rivière principale qui l'arrose est celle de l'Arguenon. — Il est traversé du S.-E. au N.-O. par le chemin de fer et par la route impériale N° 12 de Paris à Brest ; dans le N., par la route impériale N° 176 de Caën à Lamballe ; par les chemins de grande communication N° 8 de Lamballe à Plancoët, N° 41 de Loudéac à Plancoët, N° 44 de Corlay à Jugon ; par les chemins d'intérêt commun N° 15 de Jugon à Pléboulle, N° 20 de Plestan au chemin N° 15, N° 54 de Merdrignac à Plénée-Jugon, N° 61 de Saint-Pôtan à Lamballe, N° 62 de Mégrit à Jugon.

La population du canton est de 12,175 hab. ; sa superficie de 19,318 hect., et son revenu territorial net de 564,726 fr.

Le territoire du canton de Jugon est en général élevé et accidenté, mais plus particulièrement aux abords de l'Arguenon, qui traverse sa partie centrale. Il est bien boisé dans ses parties cultivées, nu et découvert dans celles qui ne le sont pas. Il comprend une grande partie de la forêt de la Hunaudaye et moitié environ de celle de Boquen. Ses terres, de qualité médiocre, sont cultivées d'une manière imparfaite. — Les bois forment un huitième environ de la superficie du canton, et les landes et bruyères un peu plus d'un sixième. — Des progrès sont à désirer dans ce canton, sous le rapport agricole.

Il appartient à la zône intermédiaire, et produit : froment, 27,880 hect. ; méteil, 2,560 hect. ; seigle, 4,016 hect. ; avoine, 17,124 hect. ; sarrasin, 55,467 h.; pommes de terre, 2,196 hect. ; betteraves, 520 quint. mét. ; lin, 54 quint. mét. de filasse ; chanvre, 424 quint. mét. de filasse ; cidre, 15,824 hect. — Il possède : chevaux, 1,795 ; taureaux, 58 ; vaches, 5,685 ; veaux, 934 ; béliers, 571 ; brebis, 2,456 ; moutons, 2,081 ; agneaux, 1,799 ; boucs et chèvres, 51 ; porcs, 2,800.

TERRES. — Revenu net moyen, par hectare, pour le canton... 26 fr. 77

Valeur vénale moyenne, de l'hectare, dans le canton... 876 fr.

COMMUNES COMPOSANT LE CANTON.	POPULATION.	DISTANCES en kilomètres.			NOMBRE D'HECTARES des terrains imposables produisant revenu.					Terrains non productifs et non imposés. Chemins, rivières, etc. Hectares.	NOMBRE TOTAL D'HECTARES par commune.	REVENU CADASTRAL.	PROPORTION de rehaussement pour obtenir le revenu réel.		TAUX MOYEN de l'intérêt des fonds placés.		NOMBRE		NOMBRE	
		Du chef-lieu du département.	Du chef-lieu d'arrond'.	De Jugon (chef-lieu de canton).	Jardins, courtils, vergers et sol des édifices.	Terres labourables.	Prés.	Bois et taillis.	Pâtures et landes.	TOTAL.				Pour les terres (1).	Pour les maisons, moulins et usines (2).	En terres.	En maisons, moulins et usines.	De maisons.	De moulins et usines.	De foires.	De cafés et cabarets.
													fr. c.			p. 0/0.	p. 0/0.				
Jugon......	571	38	22	»	9	7	2	1	83	102	5	107	4,285 66	3.66	4. »	2.82	3.61	123	8	8	17
Dolo........	910	38	25	3	8	930	86	21	85	1,130	58	1,188	14,747 12	2 99	2.58	3.44	4. »	248	4	1	5
Lescouët....	820	39	21	1	14	819	59	95	259	1,246	54	1,300	18,744 47	1.68	1.67	3.08	4. »	201	2	»	5
Plédéliac...	2,054	32	29	7	51	1,658	163	2104	1070	5,046	129	5,175	24,730 97	4.62	3.92	3.36	4. »	525	2	»	7
Plénée-Jugon	4,386	35	31	9	46	4,068	468	312	987	5,881	256	6,137	75,443 52	2.46	2.41	3.07	4. »	1.023	19	4	22
Plestan.....	2,117	27	32	10	30	2,208	172	101	622	3,133	149	3,282	30,036 67	3 61	2.91	2.93	4. »	460	4	»	5
St-Igneuc...	633	37	25	3	28	795	72	92	167	1,154	52	1,206	22,160 52	1.67	1.69	3.04	4. »	160	3	»	3
Tramain....	684	31	28	6	12	554	49	3	261	879	44	923	6,612 95	3.93	2.88	3.35	4. »	184	»	»	4
TOTAUX....	12,175	»	»	»	198	11,039	1071	2729	3534	18,571	747	19,318	196,761 88	»	»	»	»	2.927	42	13	68

(1 et 2) Pour les notes concernant ce tableau, voir celles du tableau du canton de Dinan (E.), pages 276 et 277.

JUGON, 571 hab.; — par les 4° 39' 32" de longitude O. et par les 48° 23' 3" de latitude N.; — bornée au N. et à l'E. par Lescouët; au S. par Dolo, et à l'O. par Saint-Igneuc; — traversée par la route impériale N° 176 et par les chemins de grande communication N°s 41 et 44; — école de garçons, 46 élèves; de filles, 49 élèves; — chef-lieu de canton et de perception; cure de 2e classe; justice de paix; résidence d'un notaire; subdivision de pompiers; bureau de bienfaisance; brigade de gendarmerie à cheval; bureau d'enregistrement pour le canton et pour celui de Plélan-le-Petit; recette des contributions indirectes; direction des postes et poste aux chevaux; agent-voyer; — marché le mardi; foires le 2e mardi de janvier, le 4e mardi de février, le 25 avril, le 3e mardi de mai, le dernier mardi de juillet, le dernier mardi de septembre, le 3e mardi d'octobre et le dernier mardi de décembre. — Le territoire de Jugon, arrosé par l'Arguenon, occupe en grande partie le fond d'une vallée et consiste pour les 8/10es en étangs poissonneux, qui font mouvoir plusieurs moulins et une minoterie. Il est fertile et bien planté d'arbres fruitiers. — La petite ville de Jugon, située dans une vallée pittoresque, doit son existence et sa célébrité, en Bretagne, au château fort qui pendant longtemps la domina. Ce château, existant déjà en 1034 entre les deux étangs, et qui fut démantelé en 1420 par ordre du duc Jean V, eut une grande importance pendant la guerre entre Charles de Blois et Jean de Montfort. Il fut pris, en 1342, par le maréchal de Beaumanoir, en 1364, par Jean de Montfort, et en 1373, par Duguesclin. Cette forteresse, dont le Parlement, par arrêt du 17 mars 1616, ordonna l'entière destruction, avait une telle réputation, qu'on disait jadis, comme chacun le sait : « Qui a Bretagne sans Jugon, a chape sans chaperon. » — Olivier, comte de Dinan, fonda, vers 1109, le prieuré de Notre-Dame, bénéfice dont les titulaires furent dans la suite nommés par le roi. — La voie romaine de Vannes à Corseul traverse la commune, et on trouve au village du Marchix, dans le Champ-Basset, des traces d'un camp retranché. — Aujourd'hui, Jugon ne s'occupe plus de guerre, et ses paisibles habitants profitent de sa situation quelque peu éloignée de centres importants pour se livrer à un commerce assez actif de grains, de mercerie, de fer, d'épiceries et d'engrais pulvérulents Ses marchés sont suivis et ses foires importantes. Elle possède trois tanneries réunissant 52 m 12 de cuves et une importante minoterie. — Patrie de François-Hyacinthe Sévoy, eudiste, auteur d'un ouvrage intitulé : *Devoirs ecclésiastiques*; il naquit à Jugon en 1707 ; de Pierre du Prévert, chef hardi de partisans pendant les guerres de la Ligue. — L'église, moderne et qui a conservé son ancienne tour, est dédiée à la sainte Vierge. Non loin de cet édifice, au nord, on trouve une fontaine d'eaux ferrugineuses. — Le petit étang de Jugon est à 9 m. au-dessus du niveau de la mer.

On y pêche des anguilles très-estimées. — *Géologie :* Schiste micacé ; à Kynoro, schiste légèrement modifié par le granite ; amas de quartz. — *Maires :* MM. 1790, Ribault ; 1791, Chaumont ; 1800, Houée ; 1807, Hamonic ; 1816, Le Clerc ; 1817, Coulombel ; 1831, Trotard ; 1834, Frétray ; 1861, Orieux.

DOLO, 910 hab. ; — bornée au N. par Saint-Igneuc et Jugon ; à l'E. par le grand étang de Jugon, qui la sépare de Lescouët et de Mégrit, et par Sévignac ; au S. par Plénée-Jugon ; à l'O. par Plénée-Jugon et Tramain ; — traversée par le chemin de fer de Paris à Brest sur un parcours de 2,759 m., par la route impériale N° 12 et par le chemin de grande communication N° 41 ; — réunie à Jugon pour l'instruction primaire ; — dépend de la perception de Jugon ; — foire le 29 août. — Le territoire est accidenté et assez boisé. L'agriculture est stationnaire et le bétail insuffisant. On y pratique l'assolement triennal avec jachère après six années. — Le nom de cette commune vient, d'après une charte de Saint-Aubin, des mots *Dulcis locus*, lieu agréable. — L'église est dédiée à saint Lezin, évêque d'Angers au vi° siècle et dont la fête a lieu le dernier dimanche de janvier. — La voie romaine de Vannes à Corseul traversait Dolo, les traces en sont visibles. — *Point culminant :* Le Bouquet, 79 m. — *Géologie :* Granite et schiste micacé, et au sud, amas de roches amphiboliques. — Ont été Maires :

MM. Houée, Colas, Gautier, Henri, Bazin ; Henri, maire actuel.

LESCOUET, 820 hab. ; — bornée au N. par Plorec ; à l'E. par Bourseul et Saint-Méloir ; au S. par Mégrit ; à l'O. par les étangs de Jugon, Jugon et Saint-Igneuc, dont elle est séparée par l'Arguenon ; — traversée par la route impériale N° 176, le chemin de grande communication N° 41 et le chemin d'intérêt commun N° 62 ; — école mixte, 38 élèves ; — dépend de la perception de Jugon ; — ancienne trève de Plorec. — Territoire élevé, boisé et bien planté de pommiers, accidenté dans les parties ouest, nord et sud, et assez plat dans celle de l'est, où il est découvert. Terres de médiocre qualité ; rares prairies. — Le nom de Lescouët signifie en breton *près* ou *cour du bois*. — La paroisse de Lescouët fut fondée et l'église bâtie en 1380 par l'écuyer Godefroy du Parga, en vertu d'un bref qui lui fut délivré par le souverain pontife Clément VII, à Avignon, le 6 mai 1380. — L'ancienne église, détruite en 1794, était, à son origine, dédiée à saint Malo ; elle a été mise sous le vocable de saint Jean-Baptiste à une époque qu'on ignore. Sa reconstruction date de 1822. On y voit un autel et des fonts baptismaux en marbre. — Chapelles du Parga et de Lorgeril-Lambert. — La voie romaine de Vannes à Corseul traverse cette commune sous le nom de chemin de l'*Etra*. — *Points culminants :* Vauvert, 83 m.;

la Croix-Rouge, 89 m.; l'Hôtel-Gautier, 96 m.; la Quinvedais, 112 m. — *Géologie :* Schiste micacé. — ***Maires :*** MM. Hingant, Bourgneuf, Simon et Brexel, maire actuel.

PLÉDÉLIAC, 2,054 hab.; — bornée au N. par Quintenic, Saint-Dénoual et Landébia; à l'E. par Pléven, Plorec et Lescouët; l'Arguenon la sépare de ces deux dernières communes; au S. par Saint-Igneuc et Plestan; à l'O. par Saint-Ricul et Trégomar; — traversée par le chemin de grande communication N° 8, par les chemins d'intérêt commun N°s 15, 20 et 61; — école de garçons, 48 élèves; de filles, 47 élèves; — dépend de la perception de Jugon; — résidence d'un notaire. — Territoire élevé, onduleux, très-accidenté à l'est et au sud-est, bien planté de pommiers, couvert pour les 2/5es par une forêt contenant 2,512 hect. qui pourrait être mieux aménagée. — Les terres de la commune sont de médiocre qualité et occupées pour 1/5e par des landes. — L'église, dédiée à saint Malo, tombe de vétusté. — Les ruines de l'ancien château de la Hunaudaye méritent d'être visitées; elles occupent une superficie d'environ 60 ares. La construction de cette forteresse, célèbre à plusieurs époques de notre histoire bretonne, remonte au xive siècle. Elle avait, ainsi qu'on peut encore s'en assurer, la forme d'un pentagone irrégulier dont chaque angle était couronné par une tour massive. Celle du nord-ouest ou donjon était plus considérable que les autres et commandait tout le système de défense, qui était aussi protégé par de vastes douves enveloppant circulairement l'enceinte murée. — L'ancienne abbaye de Saint-Aubin-des-Bois est aussi en ruines ; elle n'offre guères d'intéressant que le chœur de sa chapelle, reconstruit à la fin du xve siècle et dans lequel on remarque le tombeau d'un abbé. On ne connait pas d'une manière précise le fondateur de cette communauté, qui fut occupée dans la première moitié du xiie siècle par un certain nombre de religieux détachés de Bégard et vraisemblablement installés au centre de l'ancienne forêt de Lanmor par Geoffroy Botherel, comte de Lamballe, vers 1137. Après diverses vicissitudes et la destruction des ordres religieux, elle devint propriété particulière. Acquise par l'évêque Groing de la Romagère, il l'affecta à l'établissement d'un asile d'aliénés, sous la direction des Frères de Saint-Jean-de-Dieu. C'est en quittant cette maison que ces religieux ont acquis et fondé l'asile actuel dit des Sacrés-Cœurs, en la commune de Léhon. — La chapelle de l'ancien prieuré du Saint-Esprit existe toujours ; elle est desservie chaque dimanche. — Châteaux du Guillier, de la Vicomté et de la Villezrouet. — *Points culminants* : Les Marcs, 92 m. ; Chef-du-Bois, 100 m. ; la Laiserie, 81 m. — *Géologie* : Constitution granitique au nord et au sud ; schiste talqueux au centre, et aux environs de Saint-Aubin, cailloux roulés. — *Maires* : MM. 1826, F. Brunet du Guillier ; 1828, Th. Brunet du Guillier ;

1830, Perret ; 1839, Bécherel ; 1840, Delanoë-Des Salles ; 1855, Baudet ; 1860, Brunet, comte du Guillier, maire actuel.

PLÉNÉE-JUGON, 4,586 hab. ; — bornée au N. par Plestan et Tramain ; à l'E. par Dolo et Sévignac ; au S. par Rouillac et Langourla ; à l'O. par Le Gouray, Penguily et La Malhoure ; — traversée par l'Arguenon, par le chemin de fer sur un parcours de 2,886 m., par la route impériale N° 12, par les chemins de grande communication N°s 41 et 44, par le chemin d'intérêt commun N° 54 ; — école de garçons, 98 élèves ; de filles, 112 élèves ; — dépend de la perception de Jugon ; — résidence d'un notaire ; — station d'étalons impériaux ; — à Langouhèdre, station du chemin de fer ; brigade de gendarmerie à cheval ; bureau de distribution et poste aux chevaux ; — marché le samedi ; foires le 9 mai (à Langouhèdre), le 1er lundi de juillet, le 9 septembre et le 1er décembre (à Langouhèdre). — Le territoire de cette grande commune est traversé du sud-ouest au nord-est par la rivière de l'Arguenon. Il est bien boisé, planté de pommiers, assez fertile et en général peu accidenté. — L'agriculture y a fait des progrès sous l'influence de l'emploi des engrais artificiels. — Le bourg de Plénée-Jugon a de l'importance, et bien qu'habité en majorité par une population agricole, il possède néanmoins un assez grand nombre d'ouvriers appartenant à toutes les professions habituellement exercées dans les localités de ce genre. — L'église, toute moderne, est assez remarquable. Elle est dédiée à saint Pierre. Son maître-autel et sa chaire, tous deux en chêne sculpté, méritent de fixer l'attention.—La commune a possédé jusqu'à quatorze chapelles. Il lui en reste six qui sont desservies avec plus ou moins de régularité.—A 3 kilom. du bourg, on rencontre les ruines assez bien conservées du château fort de la Moussaye, dont les seigneurs jouèrent un grand rôle dans l'histoire de la province. Les bâtiments actuels ont été construits au commencement du xvi⁰ siècle. Placé dans un site sauvage, il domine des bois, des rochers et des étangs. Son nom rappelle le mouvement calviniste qu'essaya de propager, à la fin du xvii⁰ siècle, sa châtelaine, Henriette de la Tour d'Auvergne, mouvement qui n'eut pas de durée. — A l'entrée de la forêt de Boquen, qui contient 850 hectares, se trouvent les ruines de l'ancienne abbaye de ce nom, de l'ordre de Citeaux, fondée en 1137 par Olivier II, sire de Dinan. Parmi ces ruines, on distingue surtout celles de l'église et de la salle capitulaire dont le caractère architectural accuse l'époque romano-bysantine. Le chœur seulement de l'église est plus moderne et ne remonte qu'au xiv⁰ siècle. C'est en avant de ce chœur que fut déposé, en 1450, le corps du prince Gilles de Bretagne, décédé de mort violente au château de la Hardouinaye. — La voie romaine de Vannes à Corseul, dite l'Etra, traverse la commune du midi au nord-est. — Près de la chapelle Saint-Mirel, deux menhirs. — Patrie du jésuite Plesse de Saint-Mirel, l'un des rédacteurs des *Mémoires de Trévoux*. — *Points culminants* : Le Plessix, 79 m.; la Moussaye, 147 m.; Vieuxbourg-les-Douves, 85 m.; Saint-Meleu, 157 m.; Boquen, 122 m.; Rochenoire, 214 m. — *Géologie* : Schiste talqueux; grès à Saint-Meleu; ardoisière (exploitée) à Boquen. — *Maires* : 1826, P. Gourdet; 1857, E. Labbé, maire actuel.

PLESTAN, 2,117 hab.; — bornée au N. par Noyal et Saint-Rieul; à l'E. par Plédéliac et Tramain; au S. par Plénée-Jugon; à l'O. par La Malhoure et Maroué; — traversée par le chemin de fer sur un parcours de 5,340 m., par les routes impériales Nos 12 et 176, et par le chemin d'intérêt commun No 20; — école de garçons, 39 élèves; de filles, 50 élèves; — dépend de la perception de Jugon. — Territoire généralement plat et à ondulations en pentes légères, boisé et bien planté de pommiers. Un dixième environ consacré à des prairies assez bonnes. Le cinquième en landes que l'on commence à défricher. — On se livre, avec beaucoup de succès, à l'élève du bétail. — L'église, reconstruite à diverses époques, est sous le patronage de saint Pierre. — La commune possédait autrefois deux châteaux forts, Carcouët et Cardisseul, dont il ne reste plus que des ruines. — Châteaux modernes du Créhu, du Val, de la Villa-Moussaye et du

Bohéas. — Patrie de Mathurin Le Provost, né à la Touche, lieutenant-colonel d'infanterie et surnommé, pendant le xviiie siècle, le Héros des Indes, où il se couvrit de gloire de 1744 à 1755, au siége de Madras, à l'affaire d'Amours, à Arriaucoupan et surtout à la défense de Pondichéry. — *Points culminants* : Le bourg, 101 m.; le Tertre, 100 m.; la Cour-d'Abas, 142 m. — *Géologie* : Constitution granitique. — *Maires* : 1792, Jean Cauret; 1794, M. Glorieux; 1795, M. Jan; 1796, G. Gorvel; 1797, J. Morisseau; 1800, G. Gorvel; 1804, G. Gorvel, fils; 1808, C. De la Noë; 1826, C. Urvoy du Bohéas; 1831, M. Hervé des Perrières; 1843, J. Ricard; 1848, F. Mellet; 1852, A. de la Moussaye.

SAINT-IGNEUC, 653 hab.; — bornée au N.-O. par Plédéliac; à l'E. par Lescouët et Jugon, dont elle est séparée par l'Arguenon; au S. par Dolo et à l'O. par Tramain; — traversée par la route impériale N° 176, par le chemin de grande communication N° 44 et par le chemin d'intérêt commun N° 15; — école mixte, 41 él.; dépend de la perception de Jugon. — Territoire très-accidenté à l'est et au nord, et assez uni dans les autres parties. Il est boisé et bien planté de pommiers. Les terres sont d'assez médiocre qualité. — L'église, de construction récente et encore inachevée, est dédiée à saint Ignace, dont la fête se célèbre le 1er février. Saint Ignoroc ou Igneuc, solitaire irlandais au vie siècle, en a été le patron primitif. — Quelques châteaux modernes se trouvent dans la commune; celui de Lorgeril est dans une situation pittoresque. — Les bords de l'Arguenon présentent des sites remarquables. — *Points culminants :* Hautes-Touches, 87 m.; moulin de Lorgeril, 68 m.; moulin du Guillier, 92 m. — *Géologie :* Granite; dans le sud-est, schiste micacé. — *Maires :* MM. 1789, Le Mée; 1805, Hamon; 1816, du Baëtier; 1820, Le Hardy; 1826, de Lorgeril, maire actuel.

TRAMAIN, 648 hab.; — bornée à l'O. et au N. par Plestan; à l'E. par Saint-Igneuc et Dolo; au S. par Plénée-Jugon; — traversée par le chemin de fer sur un parcours de 3,440 m., par la route impériale N° 12 et par le chemin de grande communication N° 44; — école mixte, 59 élèves; — dépend de la perception de Jugon. — Territoire assez plat, peu boisé mais bien planté de pommiers. Beaucoup de landes incultes; peu de prairies. — L'église, formée d'une nef et d'un bas côté seulement, a conservé plusieurs piliers avec chapiteaux et arcades de l'époque romane; on y remarque des fonts baptismaux en granit qui remontent au commencement du XIII° siècle. Dans le cimetière est une curieuse croix, aussi en granit, de forme aplatie avec branches pattées. L'église a pour patrons saint Etienne et la sainte Vierge. Il y a un pardon le jour de l'Assomption. — *Points culminants :* L'Epine, 120 m; le bourg, 114 m.;

Beau-Touchard, 105 m. — *Géologie :* Granite ; dans le sud et le sud-est, schiste micacé. — *Maires :* MM. Botrel, Cochin, N. Rabasté, J. Déjoué, N. Rabasté, P. Déjoué, maire actuel.

Canton de Matignon.

Le canton de Matignon est borné au N. par la Manche; à l'E. par le canton de Plancoët ; au S. par les cantons de Jugon et de Lamballe, et à l'O. par le canton de Pléneuf. — Il est traversé par la route impériale N° 168 de Quiberon à Saint-Malo; par les routes départementales N° 13 de Lamballe à Dinard et N° 17 de Dinan au Port-à-la-Duc; par les chemins de grande communication N° 3 d'Yffiniac à Matignon, N° 29 de Plancoët à Erquy, N° 35 d'Erquy à Matignon, N° 36 de Lamballe à lande du cap Fréhel, et par les chemins d'intérêt commun N° 5 de Plurien à Lamballe, N° 15 de Jugon à Pléboulle, N° 61 de Saint-Pôtan à Lamballe.

La population du canton est de 15,319 hab. ; sa superficie de 19,593 hect., et son revenu territorial net de 708,149 fr.

Le territoire de ce canton maritime, bien que contenant quelques parties unies, est montueux en général. Vers son centre, sur les deux rives de la rivière du Frémur; à l'est, sur les bords de l'Arguenon; enfin au nord, sur le rivage de la Manche, il présente de nom-

TERRES. — Revenu net moyen, par hectare, pour le canton. 33 fr. 65

Valeur vénale moyenne, de l'hectare, dans le canton........ 1,173 fr.

COMMUNES COMPOSANT LE CANTON.	POPULATION.	DISTANCES en kilomètres.			NOMBRE D'HECTARES des terrains imposables produisant revenu.					Terrains non productifs et non imposés. Chemins, rivières, etc. — Hectares.	NOMBRE TOTAL D'HECTARES par commune.	REVENU CADASTRAL.	PROPORTION de rehaussement pour obtenir le revenu réel.		TAUX MOYEN de l'intérêt des fonds placés.		NOMBRE			NOMBRE	
		Du chef-lieu du département.	Du chef-lieu d'arrond¹.	De Matignon (chef-lieu de canton.)	Jardins, courtils, vergers et sol des édifices.	Terres labourables.	Prés.	Bois et taillis.	Pâtures et landes.	TOTAL.				Pour les terres (1).	Pour les maisons, moulins et usines (2).	En terres.	En maisons, moulins et usines.	De maisons.	De moulins et usines.	De foires.	De cafés et cabarets.
													fr. c.			F. 0/0	p. 0/0				
Matignon...	1,365	44	28	»	14	1.208	87	33	35	1,377	76	1,453	29,362 »	2.50	2.70	2.74	4. »	301	4	3	16
Hénanbihen.	1,770	37	30	7	44	2,457	195	77	264	3,037	128	3,165	49,865 06	2.11	2.06	2.92	4. »	380	6	»	10
Hénansal....	1,223	30	33	13	27	2,196	208	55	267	2,753	146	2,899	29,981 32	2.52	2.83	2.88	3.76	285	5	»	5
La Bouillie..	759	30	36	11	16	892	87	9	20	1,024	67	1,091	15,666 66	2.53	3.23	2.22	3.77	202	4	9	3
Notre-Dame-du-Guildo.	813	48	25	6	10	850	45	24	57	986	44	1,030	12,914 21	3.13	3.83	2.77	4. »	231	5	»	4
Pléboulle...	1,148	40	32	4	18	1,150	86	13	72	1,339	67	1,406	17,997 06	3.88	4.22	2.88	4. »	263	4	1	6
Pléhérel...	1,054	44	38	10	19	1,346	77	30	344	1,816	79	1,895	19,463 52	3.77	4.63	2.90	4. »	254	2	»	5
Plévenon...	1,160	45	37	9	16	835	43	6	427	1,327	46	1,373	14,313 21	3.30	4.07	2.92	4. »	293	4	»	7
Ruca......	815	42	36	6	18	920	82	77	58	1,155	57	1,212	11,209 39	3.63	3.54	2.96	4. »	195	2	»	1
St-Cast....	1.358	48	32	4	14	919	35	6	192	1,166	54	1,220	16,785 51	2.68	2.69	2.73	4. »	360	3	»	12
St-Denoual..	593	37	31	12	12	485	54	136	141	828	33	861	6,406 57	3.56	2.50	3.15	4. »	133	2	»	2
St-Pôtan...	1,261	44	24	6	28	1,535	113	61	165	1,902	86	1,988	22,574 42	3.13	3.83	2.77	4. »	261	3	»	2
TOTAUX....	13,319	»	»	»	236	14,793	1112	527	2042	18,710	883	19,593	246,538 96	»	»	»	»	3,158	44	13	73

(1 et 2) Pour les notes concernant ce tableau, voir celles du tableau du canton de Dinan (E.), pages 276 et 277.

breux accidents de terrain. Son littoral est profondément découpé par un grand nombre de baies, d'anses et de pointes, dont les plus remarquables sont la baie de la Fresnaye, l'anse de Saint-Cast et le cap Fréhel. A l'exception de la partie voisine de la mer, le canton est bien boisé et planté de pommiers. — Les landes forment le onzième environ de la surface du sol, généralement bon et bien cultivé. — Il serait susceptible d'un plus grand produit si, abandonnant un préjugé que les habitants du canton de Pléneuf partagent à peu près seuls avec eux, ses cultivateurs renonçaient au système de jachère, connu sous le nom de *blancs guérets*. — Le canton possède une magnifique race de chevaux de trait et, par ailleurs, des bestiaux améliorés et maintenus généralement en bon état. Il appartient à la zône du littoral et produit : froment, 77,070 hect.; avoine, 19,932 hect.; sarrasin, 16,848 hect.; pommes de terre, 53,600 hect.; betteraves, 13,846 quint. mét.; lin, 600 quint. mét. de filasse; chanvre, 84 quint. mét. de filasse; cidre, 47,150 hect. — Il possède : chevaux, 2,762; taureaux, 61; vaches, 4,127; veaux, 1,244; béliers, 485; brebis, 7,983; moutons, 2,525; agneaux, 5,404; porcs, 5,192.

MATIGNON, 1,565 hab.; — située par les 4° 37′ 56′ de longitude O. et par les 48° 35′ 46′ de latitude N.; — bornée au N. par la manche; à l'E. par Saint-Cast; au S. par Saint-Pôtan, et à l'O. par Plébóulle; — traversée par les routes départementales Nos 15 et 17, et par le chemin de grande communication No 5 ; — école de garçons, 90 élèves ; de filles, 75 élèves ; — chef-lieu de canton et de perception ; — cure de 2e classe ; justice de paix ; résidence d'un notaire ; bureau de bienfaisance ; station d'étalons impériaux ; brigade de gendarmerie à pied ; bureau d'enregistrement pour le canton ; recette des contributions indirectes ; direction des postes ; agent-voyer ; comice agricole ; — marché le mercredi ; foires le 2e mercredi de mai, le 1er août et le 1er octobre. — On trouve sur le littoral des sables calcaires et des marnes contenant de 31.3 à 45.4 p. 0/0 de matières fertilisantes. — Le territoire de cette commune est assez plat à l'est et au nord ; au sud et à l'ouest, il présente des ondulations en pentes douces. Il est bien boisé et planté de pommiers. Son sol est fertile et généralement cultivé. Les landes n'entrent que pour 1/26e seulement dans l'étendue de cette commune. — La petite ville de Matignon, située sur un point élevé, est assez populeuse ; sa place, plantée de quelques arbres, est bordée de maisons de bonne apparence, offrant des magasins où l'on trouve les choses les plus essentielles. — L'église paroissiale, dont la première pierre fut posée en 1843, est bâtie dans le style du XIIIe siècle et promet, lorsqu'elle sera achevée, un édifice digne d'intérêt. Elle est sous l'invocation de la sainte Vierge. — Pendant longtemps, Saint-Germain-de-la-Mer, très-ancienne église, fut la paroisse de Matignon ; elle n'a cessé de l'être qu'au moment où, par décret du 14 pluviose an XI, l'ancienne collégiale, fondée en 1414 par N. Goyon pour six chanoines, fut supprimée et érigée en église paroissiale. Le dimanche qui suit le 31 juillet, un pardon a lieu à Saint-Germain-de-la-mer. — Pendant des siècles, la ville et seigneurie de Matignon fut possédée par la famille Goyon dite de Matignon, dont les membres ont toujours compté parmi les plus puissants seigneurs de la province. Le premier que l'on connaisse et l'un des bannerets de Bretagne les plus distingués pour les services par eux rendus aux princes Alain II, dit Barbe-Torte, et Juhel-Bérenger, comte de Rennes, dans leurs guerres contre les Normands, fit bâtir, en 937, pour protéger le pays contre les incursions de ces barbares, sur un rocher dominant la baie de la Fresnaye, un château qu'il nomma Roche-Goyon. Ce château, augmenté sous Louis XIV, qui en fit l'acquisition en 1689, et réparé par un des sous-ingénieurs de Vauban, prit depuis le nom de fort Lalatte, du lieu où il est situé. — Châteaux modernes de la Ronxière et de la Chênaie. — A l'entrée de la ville, du côté de l'est, existe une motte sur laquelle on croit qu'était situé le *castrum* primitif de Matignon. — Patrie de M. Rioust des Villes-Audrens, qui, à la tête de cent braves de bonne volonté, empêcha, le 8 septembre 1758, l'armée anglaise de franchir le gué du Guildo et la tint en échec une partie du jour suivant. — *Points culminants :* Moulin de la Vigne, 53 m.; le Placis, 41 m.; Saint-Jean, 56 m. — *Géologie :* Gneiss au nord; schiste talqueux et quelques gisements amphiboliques. — Ont été Maires : MM. Le Masson, Avenier, Lequyer, Veillet, Morin, Quintin, Le Vavasseur, Sommard, Le Vavasseur, Vissenaire, Cordon, Vittu de Keraoul, maire actuel.

HÉNANBIHEN, 1,770 hab.; — bornée au N. par Plurien; à l'E. par Pléboulle et Ruca; au S. par Saint-Dénoual; à l'O. par Hénansal et La Bouillie; — traversée par la route impériale N° 168, par la route départementale N° 13, par les chemins de grande communication N°s 3, 29 et 36; — école de garçons, 101 élèves; de filles, 68 élèves; — résidence d'un notaire; — dépend de la perception de Matignon. — Territoire élevé et accidenté dans quelques-unes de ses parties, dont 1/14e seulement en landes. Terres et prés de bonne qualité. — L'église présente des parties anciennes rappelant l'époque romane, et sous le sanctuaire existe une crypte; elle est sous le patronage de saint Nicolas. — La chapelle de Saint-Jean est située sur un point élevé d'où l'on jouit d'un beau coup-d'œil; près de cette chapelle se trouve un point de remarque pour la triangulation des cartes de Cassini. — Châteaux modernes de la Villeaumaître, de la Ville-Josse, du Reposoir, de la Follinaie, de la Ville-Heleuc, de la Guérande et de Lorgeril. — Près de cette dernière habitation se trouve un dolmen ou allée couverte à demi-renversée. — Ruines du manoir de la Ville-Maupetit. — Le château de la Guérande fut pendant 27 ans la résidence de feu l'honorable M. Cohan qui, dévoué au progrès agricole de son canton, lui a rendu des services qui ne s'oublieront pas de sitôt. — *Points culminants* : Les Trois-Oranges, 68 m.; Saint-Samson, 86 m.; le Rocher, 62 m.; moulin de Saint-Jean (observatoire), 98 m.; moulin du Tertre-Heleuc, 94 m. — *Géologie* : Schiste talqueux; un îlot granitique existe au milieu de ce schiste. — Ont été Maires : MM. Daniel, de Floyd, Carfantan, Derrien et de Coattarel, maire actuel.

HÉNANSAL, 1,223 hab.; — bornée au N. par La Bouillie; à l'E. par Hénanbihen, Saint-Dénoual et Quintenic; au S. par Saint-Aaron; à l'O. par Saint-Alban; — traversée par la route impériale Nº 168, la route départementale Nº 13, le chemin de grande communication Nº 3, qui la sépare de La Bouillie, et le chemin d'intérêt commun Nº 5; — école de garçons, 59 élèves; de filles, 48 élèves; — dépend de la perception de Matignon. — — Le territoire de la commune est élevé, accidenté à l'est et assez plat dans les autres parties. Il est bien boisé et planté de pommiers. Le Frémur le traverse. — Terres médiocres, prés de moyenne qualité. Landes occupant le onzième du sol. — La paroisse de Hénansal était un prieuré-cure qui dépendait de l'abbaye de Saint-Jacut.

— L'église, dédiée à saint Jean-Baptiste et à saint Pierre, et presque entièrement reconstruite depuis peu d'années, possède un autel remarquable. — La croix du cimetière est du xve siècle. — Il existe dans le bourg une maison dont la façade est en poudingue ferrugineux taillé, dit *renard*. — Chapelle dédiée à sainte Anne. — Château moderne de la Motte-Rouge. — A peu de distance du bourg, au village de Sourtoué, on trouve deux tumulus et une enceinte naturelle de ravins profonds que l'on a cru longtemps avoir été faite de main d'homme ; elle porte le nom de Duretal. — La voie romaine de Carhaix à Corseul forme la limite nord de la commune. — *Points culminants* : Saint-Gueltas, 45 m. ; la Ville-Saulnier, 99 m. ; l'Hôtel-Petit, 114 m. ; la Ville-Coupé, 120 m. — *Géologie* : au sud, schiste talqueux ; au nord-ouest, gneiss amphibolique. — *Maires* : 1790, Rouxel ; 1794, Rouget ; 1795, Favrel ; 1800, Rouxel, jusqu'en 1845, et fait à cette époque chevalier de la Légion-d'Honneur ; 1845, Baudet ; 1855, Rouxel ; 1859, Le Mercier, maire actuel.

LA BOUILLIE, 759 hab. ; — bornée au N.-O. par Erquy ; au N.-E. par Plurien ; au S. par Hénanbihen et Hénansal, et à l'O. par Saint-Alban ; — traversée par les chemins de grande communication Nos 3 et 29, et par le chemin d'intérêt commun No 5 ; — école de garçons, 42 élèves ; de filles, 42 élèves ; — station d'étalons impériaux au Chemin-Chaussée ; — dépend de la perception de Matignon ; — foires tous les vendredis des mois de janvier et de décembre, au Chemin-Chaussée. — Territoire élevé et accidenté à l'est, assez plat dans ses autres parties. Bien boisé et planté de pommiers. — Les terres sont de moyenne qualité, mais les prairies en général très-productives. On ne rencontre dans cette commune que quelques hectares de landes. — La fabrication et la vente de gâteaux communs dits *craquelins* est une industrie spéciale à La Bouillie. — L'église paroissiale, dédiée à saint Pierre, a été reconstruite en 1832. — Dans le cimetière, on voit une croix de pierre fort ancienne, et le tombeau de M. Isidore de la Villethéard, commandeur de l'ordre de Malte, inhumé le 28 mars 1850. — Chapelle dédiée à saint Laurent, au bas de laquelle on remarquait, il y a encore peu de temps, une cheminée. On suppose qu'étant autrefois fréquentée par de nombreux pèlerins qui y faisaient des neuvaines, elle avait été établie pour leur commodité. — La voie romaine de Carhaix à Corseul limite la commune dans le sud, en traversant le village du Chemin-Chaussée, où l'on découvre, sur une certaine étendue, de nombreuses substructions gallo-romaines qui indiquent qu'une importante station y était établie aux IIIe et IVe siècles. — Manoir de la Villethéard. — Tumulus à la Motte-Pugneix. — *Points culminants* : Le Tertre, 103 m.; Chemin-Chaussée, 107 m. — *Géologie* : Granite amphibolique ; gneiss au sud. — *Maires* : Chatellier, Le Monnier,

H. Robinot, G. Robinot, Hulbert, G. Robinot, maire actuel.

NOTRE-DAME-DU-GUILDO, 813 hab.; — bornée au N. par Saint-Cast; à l'E. par la Manche; au S. par Pluduno; à l'O. par Saint-Pôtan; — traversée par la route départementale N° 13; — école de garçons, 40 élèves; de filles, 40 élèves; — recette et capitainerie des douanes; — maître de port; — garde-maritime; — dépend de la perception de Matignon. — Cette commune, érigée par la loi du 14 mai 1856, a été formée aux dépens de celles de Saint-Cast (197 hect. 41 a. 40 c.) et de Saint-Pôtan (837 hect. 58 a. 80 c.). — Son territoire fertile, bien cultivé et planté de pommiers, est fort accidenté au nord et à l'est, sur les bords de la mer et de l'Arguenon. — L'église, toute moderne, commencée en 1849, est gracieuse et d'un bon style; elle est sous le vocable de Notre-Dame, et sa fête patronale a lieu le 8 septembre. — Le cimetière renferme le tombeau du fondateur de la commune, M. H. Michel de la Morvonnais, plus remarquable encore par les qualités du cœur que par sa profonde érudition, et qui fut enlevé à l'affection des habitants du Guildo, avant d'avoir vu son œuvre terminée. — Chapelle de Sainte-Brigitte. — L'ancienne chapelle de Sainte-Barbe fut brûlée par les Anglais à l'époque de la bataille de Saint-Cast. — Le port du Guildo, sur l'Arguenon, est fréquenté par des caboteurs qui chargent principalement des grains et des bois pour Saint-Malo et l'Angleterre. Son mouvement annuel est, à l'entrée, de 71 navires, jaugeant 1,768 tonneaux et montés par 249 hommes, et à la sortie, de 118 navires, jaugeant 3,072 tonneaux et montés par 397 hommes. — *Point culminant :* Moulin de la Lande-Basse, 81 m. — *Géologie :* Constitution granitique ; gneiss et roches amphiboliques à l'ouest ; près du Val, tourmaline. — 1er *Maire :* M. Nicolas.

PLÉBOULLE, 1,148 hab.; — bornée au N. par la Manche ; à l'E. par Matignon ; au S. par Saint-Pôtan et Ruca ; à l'O. par Hénanbihen, Plurien et Pléhérel ; — traversée par la route départementale No 17, par les chemins de grande communication Nos 3, 33 et 36, et le chemin d'intérêt commun No 15 ; — école mixte, 98 él.; — dépend de la perception de Matignon. — Au Clysoir, marne contenant 45.6 p. 0/0 de matières fertilisantes. — Son territoire, composé de terres et de prés de bonne qualité, renferme peu de landes. Il est accidenté et peu boisé au nord ; mais il en est autrement du sud, où les pommiers réussissent bien. — Sa population se divise en 2/3 de cultivateurs et en 1/3 de marins. — Le bourg est situé sur une colline qui s'avance dans la baie de la Fresnaye et son église a saint Paul pour patron. — Les Templiers avaient un établissement au village du Temple, où se trouve une chapelle qui mérite d'être visitée. On leur attribue la construction de la tour octogone dont les ruines se voient encore à Montbran, lieu où se tient, le 14 septembre, une foire renommée dans le pays et qui dure huit jours. On considère comme très-ancien l'établissement de cette foire, qui donne lieu à des transactions considérables, dont une partie se fait en nature, notamment en ce qui concerne les potiers des environs de Lamballe, qui y apportent des masses énormes de leurs produits qu'ils échangent contre des denrées de toute espèce. — Belles villas de Launay-Mottays et de la Reigneraye. — *Points culminants* : Moulin de Rocheland, 64 m.; tour de Montbran, 50 m. — *Géologie* : Schiste talqueux, et au nord-ouest, granite amphibolique; amas de quartz bleu aux environs de Port-à-la-Duc. — Ont été Maires : MM. Even, Fouyer, D'hôtel, Lerestif de la Motte-Colas, de Thomas de la Reigneraye, Gaspaillard, Briend, maire actuel.

PLÉHÉREL, 1,054 hab.; — bornée au N. par la Manche; à l'E. par Plévenon; au S. par Pléboulle, et à l'O. par Plurien; — traversée par les chemins de grande communication Nos 53 et 56; — école de garçons, 36 élèves; de filles, 52 élèves; — résidence d'un notaire; — dépend de la perception de Matignon. — Les sables des dunes contiennent 25.5 p. 0/0 de matières fertilisantes et les marnes du Port-à-la-Duc de 41.6 à 58.6 p. 0/0. — Territoire élevé et accidenté, surtout dans la partie nord. Il est peu boisé, et s'il présente des terres et des prés de bonne qualité, il contient encore des landes pour 1/11e au moins de sa superficie. Il faut toutefois remarquer que ses dunes, où paissent de nombreux moutons, très-estimés pour leur chair, sont comprises dans cette évaluation. — Les habitants de la commune sont cultivateurs pour 2/3 ou marins pour 1/3. — La côte est poissonneuse et les riverains se livrent à la pêche. — Le petit hâvre de Port-à-la-Duc, situé dans la baie de la Fresnaye, à l'embouchure du Frémur, expédie des grains pour l'Angleterre et les principaux ports de la Manche. — L'église, dédiée à saint Hilaire, est située sur les bords de la mer. On croit, dans le pays, qu'autrefois elle occupait le centre de la paroisse et que ce n'est qu'à la submersion d'une moitié du territoire qu'elle doit aujourd'hui sa situation toute spéciale. D'après des titres déposés à la mairie, on peut conjecturer qu'elle daterait du xive ou du xve siècle. On y trouve une cloche portant le millésime de 1577. — La chapelle de Saint-Fabien et de Saint-Sébastien possède des vitraux du xiiie siècle représentant le martyre de ces bienheureux. — Châteaux du Vau-Rouault et de la Ville-Roger. Ce dernier appartenait à M. le marquis de la Moussaye, ambassadeur et pair de France, décédé en 1851. — On voit aussi en cette commune les maisons de campagne du Papeu, de Carrien, de la Villouas, du Manoir, de Clairvue et de Lasalle. — Du Tertre-Morgan, on jouit d'un magnifique coup-d'œil. — *Points culminants* : Moulin du bourg, 60 m.; l'Abbaye, 72 m.; la Vicomté, 47 m. — *Géologie* : Grès poudingue et grès quartzite, roche dominante; au sud, syénite et roches amphiboliques. — Ont été Maires : MM. Fenice, de Hauteville, Le Métaër de la Ravillais, le marquis de la Moussaye, Le Mordan-Villecochard, F. Faramus, A. Faramus, Samson, Thoreux et Guérin, maire actuel.

PLÉVENON, 1,160 hab.; — bornée au N. et à l'E. par la Manche; à l'O. par Pléhérel; — traversée par le chemin de grande communication N° 36; — école de garçons, 43 él.; de filles, 54 él.; — dépend de la perception de Matignon; — garde-maritime. — A Port-Nieux se trouve une jetée où se font les embarquements lorsque la mer ne permet pas aux navires d'arriver au Port-à-la-Duc, qui en est distant de 3 kilom. — La marne de ce lieu contient 48.2 p. 0/0 de matières fertilisantes. — Le territoire de Plévenon est élevé et accidenté sur le littoral et plat au centre; il est peu boisé et quoique contenant des landes pour 1/3 de sa superficie, ses terres, qui sont de bonne qualité, produisent un froment connu sous le nom de *blé du cap*. — C'est à l'extrémité de ces vastes steppes que se trouve le beau phare de Fréhel, feu de 1er ordre dont nous avons déjà parlé page 55, dominant le cap de ce nom. L'immensité de la mer et une grande étendue de littoral se présentent à la vue lorsqu'on est sur cette pointe, entourée de rochers formidables, taillés à pic et crevassés par de profondes grottes dont quelques-unes peuvent prendre le nom de cavernes. Nous citerons, à l'ouest du cap, celle de *Toul-i-Fer* ou *Toul-an-Ifern*, dans laquelle la mer se précipite avec un bruit effrayant. Le phare actuel, terminé en 1846, a remplacé un phare plus ancien qui avait été érigé en 1695. — Le port Saint-Jean-de-l'Hôpital, ancienne maladrerie, donne un abri à quelques pêcheurs. — Des dunes de sable qui existent à la Villemain causent, par certains vents, des dommages aux récoltes. — Le fort Lalatte, place de guerre de 3e classe, occupant l'ancien château de la Roche-Goyon, bâti, comme nous l'avons dit à l'article de Matignon, par le premier membre connu de la famille Goyon, défend l'entrée de la baie de la Fresnaye et mérite l'attention des touristes. Il fut vainement assiégé, en 1490 et en 1689, par les Anglais. Cependant quatre jeunes gens le prirent par surprise en 1815, mais ne purent le conserver longtemps. — L'église paroissiale est dédiée à saint Pierre. — On compte, dans cette commune, trois chapelles : celles du Meurtel, de la Roche et du Cap. Cette dernière est sous le patronage de Notre-Dame de la Garde. — Château du Meurtel, placé sur les bords de la baie de la Fresnaye, dans un site remarquable. — *Points culminants* : Puits-Coupard, 41 m.; phare du cap Fréhel, 79 m.; Télégraphe, 73 m.; la Ville-Boutier, 85 m. — *Géologie* : Granite amphibolique au sud; au nord, grès de belle qualité exploité. — Ont été Maires : MM. Le Méc, Treguy, Gueguen, Margeot, Droguet, Boullé, Ballan, Fromont, Grout du Meurtel (25 ans), Hervé, Morel et Menard, maire actuel.

RUCA, 815 hab.; — bornée au N. par Pléboulle; à l'E. par Saint-Pôtan, et à l'O. par Hénanbihen; — traversée par la route départementale N° 13, le chemin de grande communication N° 29 et le chemin d'intérêt commun N° 15; — école mixte, 74 élèves; — dépend de la perception de Matignon. — Territoire à ondulations en pente légère; bien boisé; terres de qualité moyenne; landes susceptibles d'être en partie livrées à la culture et formant le seizième de la superficie. — L'église paroissiale, construite en 1844, est sous le vocable de saint Pierre et de saint Paul. — La chapelle de Notre-Dame de Hirel est une jolie construction des xv° et xvi° siècle, et mérite d'être visitée. — On trouve, sur la route de Plancoët à Erquy, des traces de la voie romaine du Chemin-Chaussée à Corseul. — Le taillis du Bois-Gerbault, ancienne maison seigneuriale, contient plus de 100 hectares. — *Points culminants* : Le bourg, 50 m.; moulin du Marchix, 76 m. — *Géologie* : Schiste talqueux. — Ont été Maires : MM. P. Belfert, Douxamy, Salmon, L. Belfert, Brion, Gouret, P. Belfert, Benoist; 1861, Vaupré, maire actuel.

SAINT-CAST, 1,358 hab.; — bornée au N. et à l'E. par la Manche; au S. par Notre-Dame-du-Guildo; à l'O. par Matignon; — traversée par la route départementale N° 13; — école de garçons, 88 élèves; de filles, 75 él.; — pilotes-lamaneurs; — dépend de la perception de Matignon. — Territoire plat au sud et très-accidenté au nord; peu boisé; terres d'une qualité moyenne, mais produisant beaucoup de froment. — La population fournit un grand nombre de marins et de pêcheurs. — L'église paroissiale, dédiée à saint Cast ou Cado, missionnaire breton au vi° siècle, fêté le dimanche qui suit la solennité de saint Pierre, n'offre rien de remarquable, si ce n'est toutefois une ancienne cuve baptismale qui doit remonter au xii° siècle. — La commune de Saint-Cast a attaché son nom à la célèbre bataille qui fut livrée sur sa plage le 11 septembre 1758. On se rappelle que nous étions alors au milieu de la guerre de sept ans, pendant laquelle nos armées avaient eu à subir de cruels revers. Au moment où ils crurent que la France était épuisée par la multiplicité des luttes engagées principalement dans l'Inde, au Sénégal et au Canada, les Anglais osèrent diriger leurs incursions sur le sol même de notre patrie. Après avoir, pendant les mois de juin et d'août 1758, fait d'inutiles descentes aux environs de Saint-Malo et de Cherbourg, où ils se signalèrent par des cruautés de toutes sortes, sans pouvoir tenir au-delà de quelques jours, ils tentèrent une troisième fois de s'établir sur notre littoral. Le 5 septembre de cette même année, leur flotte revenait donc mouiller dans la rade de Saint-Malo et débarquait, sur la côte de Saint-Briac, des troupes qui y établirent leur camp et dont l'avant-garde, dirigée sur Lamballe, arrivait le 7 au Guildo, où l'arrêtaient, pendant vingt-quatre heures, des volontaires de Matignon commandés par M. Rioust des Villeaudrains. Pendant ce temps, quelques bataillons et compagnies de troupes françaises, les milices locales et d'autres volontaires venus de toutes parts à l'appel du tocsin qui ne cessait de se faire entendre des clochers de la côte, se rassemblaient en toute hâte et se préparaient activement aux plus foudroyantes représailles. En effet, quatre jours après, le 11, l'ennemi, auquel on avait laissé le temps de prendre position, ayant eu connaissance des forces qui se réunissaient contre lui sous le commandement du duc d'Aiguillon, prenait le parti de quitter la place, lorsqu'il fut atteint par nos troupes au moment où il allait regagner ses vaisseaux. Notre petite armée, encore haletante de la route, se précipite alors du haut des falaises, malgré le feu de la flotte ennemie embossée près du rivage, et au bout de trois heures et demie de combat et de prodiges de valeur, il ne reste plus de l'armée anglaise, composée de l'élite de la garde royale et de la jeunesse de la Grande-Bretagne, que quelques blessés et quelques prisonniers qui demandent grâce en rendant leurs armes. On compta environ 3,000 hommes abandonnés sur la plage, dont 1,400 étaient morts ou dangereusement blessés et parmi ceux-ci 4 colonels, 3 lieutenants-colonels et 4 capitaines de vaisseau. De notre côté, la perte n'avait été, grâce à l'impétuosité de l'attaque, que de 7 officiers tués et 57 blessés, 148 soldats et sous-officiers tués et 283 blessés. — Le 11 septembre 1858, jour du centième anniversaire de ce brillant fait d'armes, une colonne commémorative en granit, élevée au moyen d'une souscription ouverte dans le département, a été solennellement inaugurée au centre de la baie où s'est passée l'action. Ce monument, dont l'érection avait été autorisée par décret impérial du 21 avril précédent, a 18 m. de hauteur et 1 m 20 de diamètre; il est surmonté d'un groupe en fonte représentant le léopard britannique terrassé par un lévrier, emblème de la Bretagne. — La commune de Saint-Cast a été ravagée par des épidémies en 1630 et 1833; cette dernière décima surtout le village de l'Isle. — Entre ce dernier lieu et le bourg, se trouvent les carrières de schiste micacé qui fournissent les belles et larges pierres employées pour dallages dans une grande partie du pays. — Le hâvre de Saint-Cast compte 30 bateaux pêcheurs, jaugeant ensemble 83 tonneaux et montés par 160 marins, qui s'occupent, en hiver, à la pêche des huîtres, et en été, à celle du poisson frais. Sur le rivage existent 4 parcs et 7 dépôts d'huîtres, autorisés. — La marne de cette grève contient environ 45 p. 0/0 de matières fertilisantes. — *Points culminants* : Moulin d'Anne (historique), 60 m.; la Fresnaye, 65 m.; la Lande-Moisan, 72 m. — *Géologie* : Schiste talqueux, et au nord, gneiss et amas de roches amphiboliques. — *Maires* : Ont rempli successivement ces fonctions, MM. du Bourgtourneuf, Poignant, Lamballais, de Lesquen et Quéma, maire actuel.

SAINT-DÉNOUAL, 593 hab.; — bornée au N. par Hénanbihen; à l'E. par Landébia; au S. par Plédéliac; à l'O. par Quintenic et Hénansal; — traversée par la route impériale N° 168 et par le chemin d'intérêt commun N° 61; — école mixte, 44 élèves; — dépend de la perception de Matignon; — brigade de gendarmerie à pied. — Territoire assez uni ou à ondulations en pente légère, très-boisé et bien planté de pommiers. — Les terres et les prés sont de moyenne qualité, et les landes, qui forment le sixième de la commune, seraient susceptibles d'être livrées à la culture. — Bois assez important, dit de Saint-Dénoual, contenant 125 hectares. — L'église a pour patron saint Etienne, dont la fête a lieu le 1er dimanche d'août. On voit sculptées, sur la grande porte au couchant, la date de 1766 et les armes de la maison de la Moussaye. — L'ancien château de la Touche-à-Loup est en ruines. — Le célèbre agitateur Tuffin de la Rouairie mourut en 1793, au château de la Guyomarais; cette mort fut, pour la famille qui l'habitait, une cause de malheurs. — On a trouvé en 1821 et 1825, au Châtelet, des médailles gauloises. — *Points culminants :* Le Coudray, 99 m.; le Beaulait, 91 m. — *Géologie :* Schiste. — Ont été Maires : MM. Rébillard, Berret, Gauté, de la Motte-Guyomarais, Nabucet (père), Nabucet (fils), de la Motte-Guyomarais (fils), maire actuel.

SAINT-POTAN, 1,261 hab.; — bornée au N. par Pléboulle et Matignon; à l'E. par Notre-Dame-du-Guildo et Pluduno; au S. par Pluduno et à l'O. par Ruca; — traversée par la route impériale N° 168; au S., par la route départementale N° 17; du S. au N., par le chemin de grande communication N° 29 et le chemin d'intérêt commun N° 15; — école mixte, 84 élèves; — dépend de la perception de Matignon. — Le territoire de cette commune est très-accidenté, particulièrement sur les bords du Guébriand. Il est bien boisé et planté de pommiers. — Les terres et les prés sont de qualité moyenne. L'agriculture est en progrès et l'élève du cheval est bien entendu ; mais il se trouve encore, dans la partie ouest, plus de 200 hectares de terres incultes et susceptibles d'être mises en rapport. — L'église est dédiée à saint Pierre et n'offre aucun intérêt. — Les anciens manoirs du Vaumeloysel, du Chesne, de Dieudy et de Launay-Gouyon, sont devenus de simples fermes; les châteaux de la Brouze-Briantaye, de la Hauguemorais, de Galinée, de la Ville-Even, de la Barre, des Froides-Fontaines, du Prémorvan et de l'Isle-Aval, sont encore habités par leurs propriétaires. — Le chemin de grande communication N° 29 est établi sur l'ancienne voie romaine des Ponts-Neufs à Corseul; on en retrouve des traces au village du Maupas. — *Points culminants :* La Noë-Verte, 80 m.; la Tellière, 70 m ; le Pré-Bicu, 72 m. — *Géologie :* Granite. — *Maires :* 1790, MM. Berthelot; 1804, Le Clerc; 1815, de la Caunelaye; 1830, de la Morvonnais; 1836, J. Chotard; 1848, L. Dubreil de la Hauguemorais; 1852, F. Chotard, maire actuel.

Canton de Plancoët.

Le canton de Plancoët est borné au N.-O. par le canton de Matignon; au N.-E. par le canton de Ploubalay; à l'E. par le canton de Dinan (O.); au S. par le canton de Plélan-le-Petit; à l'O. par les cantons de Jugon, Lamballe et Matignon. — Il est arrosé par l'Arguenon et le Guébriand, et traversé par les routes impériales N° 168 de Quiberon à Saint-Malo, N° 176 de Caën à Lamballe; par les routes départementales N° 13 de Lamballe à Dinard et N° 17 de Dinan au Port-à-la-Duc; par les chemins de grande communication N° 8 de Lamballe à Plancoët par Pléven, N° 37 de Plancoët à Plouër, N° 40 de Merdrignac à Plancoët, N° 41 de Loudéac à Plancoët; par les chemins d'intérêt commun N° 10 de Dinan à Saint-Jacut, N° 14 de Corseul à Tréhédan, N° 15 de Jugon à Pléboulle, N° 16 de Jugon à Languenan.

TERRES. — Revenu net moyen, par hectare, pour le canton. 34 fr. 87

Valeur vénale moyenne, de l'hectare, dans le canton......... 1,228 fr.

COMMUNES COMPOSANT LE CANTON.	POPULATION.	DISTANCES en kilomètres.			NOMBRE D'HECTARES des terrains imposables produisant revenu.					Terrains non productifs et non imposés. Chemins, rivières, etc. — Hectares.	NOMBRE TOTAL D'HECTARES par commune.	REVENU CADASTRAL.	PROPORTION de rehaussement pour obtenir le revenu réel.		TAUX MOYEN de l'intérêt des fonds placés.		NOMBRE			NOMBRE	
		Du chef-lieu du département.	Du chef-lieu d'arrond.	De Plancoët (chef-lieu de canton.)	Jardins, courtils, vergers et sol des édifices.	Terres labourables.	Prés.	Bois et taillis.	Pâtures et landes.	TOTAL.				Pour les terres (1).	Pour les maisons, moulins et usines (2).	En terres.	En maisons, moulins et usines.	De maisons.	De moulins et usines.	De foires.	De cafés et cabarets.
												fr. c.			p. 0/0.	p. 0/0.					
Plancoët...	1,925	50	18	»	95	766	33	14	181	1,089	5	1,094	30,519 73	2.49	4.07	2.72	3.50	430	5	4	28
Bourseul...	1,440	50	18	6	32	1.581	105	155	244	2,117	109	2,226	22,550 21	2.81	2.60	3.05	4. »	386	6	1	3
Corseul....	3,234	56	11	7	66	3,540	215	101	360	4,282	241	4,523	70,774 82	2.33	2.34	2.50	4. »	887	19	1	10
Créhen.....	1,722	55	23	5	34	1,491	76	52	64	1,717	103	1,820	28,389 44	2.66	3.23	2.79	4. »	424	8	1	5
Landébia...	253	42	26	8	2	205	19	35	73	334	21	355	2,783 21	2.62	2.52	3.99	4. »	68	»	»	1
Languenan..	1,036	58	11	8	15	1,359	57	34	70	1,535	59	1,594	22,400 75	3.01	2.89	3.34	4. »	310	1	»	2
Plessix-Balisson...	208	57	14	7	2	3	2	»	»	7	1	8	638 39	2.01	3.54	2.71	4. »	59	»	»	4
Pléven.....	634	40	25	7	12	566	59	82	206	925	49	974	14,468 92	1.82	1.69	3.96	4. »	163	1	»	1
Pluduno...	2,335	48	20	2	53	2,569	189	176	261	3,248	148	3,396	49,669 66	2.34	2.45	2.80	4. »	539	6	»	8
Quintenic...	331	35	33	15	9	442	49	38	182	720	30	750	7,718 13	2.63	3.65	3.54	4. »	90	»	»	1
St-Lormel..	376	51	19	10	1	346	22	11	3	383	25	408	7,102 79	2.47	2.45	2.77	4. »	93	»	1	2
TOTAUX....	13,514	»	»	»	321	12,868	826	698	1644	16,357	791	17,148	257,076 05	»	»	»	»	3,449	46	8	65

(1 et 2) Pour les notes concernant ce tableau, voir celles du tableau du canton de Dinan (E), pages 276 et 277.

La population du canton est de 13,514 hab.; sa superficie de 17,148 hect., et son revenu territorial net de 643,513 fr.

Le territoire du canton de Plancoët est uni ou à ondulations en pente légère vers sa circonférence; mais il est très-accidenté dans sa partie nord-ouest, sur les bords du Guébriand, et dans sa partie centrale, sur ceux de l'Arguenon. — L'agriculture est en progrès dans ce canton, qui depuis longtemps emploie les amendements calcaires que la mer produit et qui pénètrent presque jusque dans son centre par le port de Plancoët. Il possède une belle race de chevaux, et les agriculteurs conservent, pour leurs travaux, de magnifiques juments poulinières de l'espèce de trait. — Il appartient à la zône du littoral et produit : froment, 42,600 hect.; orge, 2,025 hect.; avoine, 11,200 hect.; sarrasin, 41,910 hect.; pommes de terre, 4,350 hect.; betteraves, 1,000 quint. mét.; lin, 780 quint. mét.; chanvre, 456 quint. mét.; cidre, 38,410 hect. — Il possède : chevaux et juments, 3,144; taureaux, 36; vaches, 5,000; veaux, 870; béliers, 102; brebis, 3,000; moutons, 1,750; agneaux, 2,000; porcs, 4,500.

PLANCOET, 1,925 hab.; — située par les 4° 34′ 30′ de longitude O. et par les 48° 31′ 24′ de latitude N.; — bornée au N. par Saint-Lormel; à l'E. par Créhen et Corseul; au S. par Corseul; à l'O. par Bourseul et Pluduno ; — traversée par l'Arguenon, par la route impériale N° 168, par la route départementale N° 17 et par le chemin de grande communication N° 37 ; — école de garçons, 109 él.; école et pensionnat de filles, 135 él.; — chef-lieu de canton et de perception; cure de 2° classe; justice de paix ; résidence de 2 notaires ; subdivision de pompiers; bureau de bienfaisance; station d'étalons impériaux ; brigade de gendarmerie à cheval ; bureau d'enregistrement pour le canton et pour celui de Ploubalay; recettes des douanes et des contributions indirectes ; direction des postes ; employé secondaire des ponts et chaussées; comice agricole; chambre littéraire; — marché le samedi; foires les 4 mai et 4 août, les derniers samedis d'août et de novembre. — Le territoire de la commune est accidenté à l'est et sur les bords de l'Arguenon, mais assez uni à l'ouest. Il est planté de pommiers et bien boisé. Le sol est fertile, soigneusement cultivé et productif. — La ville est bâtie en amphithéâtre, dans une situation très-pittoresque, sur les rives de l'Arguenon, qui la sépare en deux parties. Sa population est active et commerçante, et les nombreuses voitures qui la traversent lui donnent un aspect assez animé.—Son port, sur l'Arguenon, reçoit actuellement des chasse-marées de 60 tonneaux, et est susceptible d'acquérir, avec quelques travaux d'amélioration, une importance réelle. Il donne lieu, à l'entrée, à un mouvement annuel de 118 navires, jaugeant 1,897 tonneaux, montés par

302 hommes, et à la sortie, de 126 navires, jaugeant 2,112 tonneaux, montés par 382 hommes. Il sert à l'exportation, pour Saint-Malo principalement, des bois de chauffage et de construction et de tous les produits agricoles de la contrée, et il reçoit les engrais de mer qui vont répandre la fertilité dans l'intérieur du canton. — Plancoët possède 6 tanneries, ayant plus de 50 m. de cuves ; 1 four à chaux, 1 usine à raffiner le sel et 4 moulins. — L'église curiale est sous le patronage du Saint-Sauveur, dont la fête a lieu le jour de la Trinité, et celle de Nazareth est dédiée à la sainte Vierge. — Un pardon, qui a lieu le 8 septembre près de cette dernière, attire un grand nombre de pèlerins qui viennent honorer une statue miraculeuse de la sainte Vierge, trouvée, en 1644, dans une fontaine située en face de l'église. La vénération que la population portait à cette statue donna lieu, en 1647, à l'établissement d'un couvent de Dominicains, dont la chapelle de Nazareth devint une dépendance. Le faubourg de ce nom, qui était situé en Corseul, fut annexé à Plancoët en 1842 ; son église avait été érigée en succursale le 9 mai 1821. — La seigneurie de Plancoët appartenait, en 1247, à Guy de l'Argentaie ; Geoffroy de Montfort, son frère utérin, lui succéda vers 1252, et Jeanne de Montfort, héritière de ce dernier, épousa Pierre Duguesclin. Tiphaine Duguesclin, fille de celui-ci, épousa en secondes noces Pierre Tournemine qui, en 1390, vit son château rasé par ordre du duc. En 1420,

Robert de Dinan était seigneur de Plancoët; Françoise de Dinan, sa fille, épouse en premières noces du prince Gilles de Bretagne et en secondes de Guy de Laval, transmit ce fief à ses descendants, François et Jean de Laval. En 1540, Françoise Tournemine, dame de la Hunaudaye et épouse de Claude d'Annebaud, en fit l'acquisition; son fils et les héritiers collatéraux de ce dernier la possédèrent après elle; parmi eux se trouvait, en 1630, Catherine de Rosmadec, épouse de Guy de Rieux, dont les descendants jouissaient encore de cette seigneurie en 1770. — Patrie de M. René Bienvenue, décédé président du tribunal de Saint-Brieuc, auteur de plusieurs ouvrages sur l'instruction publique; de M. Launay de Bois-ès-Lucas, littérateur; de M. Auguste Maréchal, biographe. — *Point culminant* : Tertre de Brandfer, 91 m.; de son sommet, l'on jouit d'un magnifique panorama. — *Géologie* : Granite; au tertre de Brandfer, quartz lamellaire micacé. — *Maires* : Ont successivement rempli ces fonctions, MM. Moucet, Vitu, Morel, Cocheril, Salmon et Martin, maire actuel.

BOURSEUL, 1,440 hab.; — bornée au N.-O. par Pluduno, dont elle est séparée par l'Arguenon; à l'E. par Plancoët, Corseul et Saint-Méloir; au S. par Saint-Méloir et Lescouët; à l'O. par Lescouët et Plorec; — traversée par la route impériale N° 176 et par les chemins de grande communication N°s 40 et 41; — école de garçons, 57 élèves ; de filles, 53 élèves ; — dépend de la perception de Plélan ; — faisait partie de l'ancien évêché de Saint-Malo ; — foire le 10 août. — Territoire accidenté à l'ouest, sur l'Arguenon, et au sud ; le reste, plat ou à longues ondulations en pentes douces. Le sol de la commune est médiocre, mais planté de pommiers et bien boisé. — L'église paroissiale, de construction récente, est sous le patronage de saint Nicodème, dont la fête se célèbre le 1er dimanche de juin. On a conservé, dans cette nouvelle construction, une porte romano-byzantine du xiie siècle. — Trois chapelles existent en Bourseul, à la Bouëtardaye, à l'Hotellerie et à Saint-Méen. — L'ancien château de Bois-Adam, qui a donné son nom à plusieurs personnages historiques, n'existe plus ; ceux de Beaubois et de la Bouëtardaye sont modernes. — *Point culminant* : La Louvelais, 63 m. — *Géologie* : Constitution granitique. — *Maires* : Ont successivement rempli ces fonctions, MM. Buard, Moisan, Cahurel, Cocheril et Le Pouliquen, maire actuel.

CORSEUL, 3,234 hab. ; — bornée au N. par Créhen et Languenan ; à l'E. par Taden et Quévert ; au S. par Aucalleuc, La Landec, Saint-Maudez et Plélan ; à l'O. par Saint-Michel, Saint-Méloir, Bourseul et Plancoët ; — traversée par la route départementale N° 17 ; par les chemins d'intérêt commun Nos 10, 14 et 16 ; — école de garçons, 79 élèves ; de filles, 87 élèves ; — résidence d'un notaire ; — bureau de bienfaisance ; — dépend de la perception de Plélan ; — faisait partie de l'ancien évêché de Saint-Malo ; — foire le 20 avril. — Le territoire de Corseul est généralement accidenté dans le sud et plat dans les autres parties ; ses terres sont bonnes et ses prés productifs. Le quinzième de la superficie est couvert de landes dont seulement une petite étendue pourrait être livrée à la culture. — L'église, sous le patronage de saint Pierre, renferme le tombeau de M. Piedvache, recteur, qui la rebâtit en 1836. — La chapelle de Sainte-Eugénie, à 4 kilom. du bourg, est desservie tous les dimanches. — Le nom de Corseul éveille les plus douces émotions de l'archéologue ; pourtant l'étranger ne se douterait guères, en parcourant ce joli petit bourg formé de blanches et coquettes maisons, qu'il foule l'emplacement d'une cité gallo-romaine, et selon toute apparence, l'antique *Civitas curiosolitarum* de l'itinéraire d'Antonin. Cinq voies ou routes, encore visibles en quelques endroits, partaient de cette ville dans la direction de Carhaix, Vannes, Gaël, Dol et Saint-Servan. En fouillant le sol, depuis peu d'années on y a fait, en plusieurs endroits, des découvertes d'un grand intérêt. Indépendamment de substructions d'une vaste étendue, on a mis à jour des mosaïques, des poteries, des fragments de marbre, et l'on a recueilli un grand nombre d'objets en bronze, notamment des armes, des monnaies ou médailles, des anneaux, des bracelets et des statuettes qui rappellent la plus belle époque de l'art romain. Les musées de Dinan et de Saint-Brieuc contiennent quelques-uns de ces objets. Parmi les monuments que l'on peut tout d'abord visiter sur les lieux, nous citerons les restes de la tour octogone du Haut-Bécherel, construite en moyen appareil et située à 1 kilom. sud-est du bourg, et l'inscription tumulaire encastrée dans un des murs du transept sud de l'église. Tout fait espérer que de nouvelles richesses archéologiques viendront s'ajouter à celles qu'on a déjà découvertes dans ce Pompéi breton. — A 2 kilom. ouest de Corseul, on remarque, dans un site très-pittoresque et dominant la rivière l'Arguenon, les ruines de l'ancienne citadelle de Montafilant, propriété, pendant plusieurs siècles, des vicomtes de Dinan. — *Points culminants :* Le bourg, 80 m.; la Ville-Orieux, 102 m.; château de Montafilant, 60 m. — *Géologie :* Granite au nord; amas de roches amphiboliques au sud-est; schiste dans la plus grande partie. — *Maires :* Ont rempli successivement ces fonctions, MM. Le Métayer, Guillemot, Allain, Dubreil, Besret, Salmon et Allory, maire actuel.

CRÉHEN, 1,722 hab.; — bornée au N. par Saint-Jacut et Trégon; à l'E. par Ploubalay et Languenan; au S. par Corseul; à l'O. par Plancoët, Saint-Lormel et Pluduno; l'Arguenon la sépare de ces deux dernières communes et le ruisseau de Montafilant de la première; — traversée par la route impériale N° 168 et par le chemin de grande communication N° 37; — école de garçons, 85 élèves; de filles, 90 élèves; — bureau de bienfaisance; — dépend de la perception de Plancoët; — faisait partie de l'ancien évêché de Saint-Malo; — foire le 2 novembre. — Territoire plat, à l'exception des bords de la rivière de l'Arguenon, qui sont escarpés et accidentés. Il est bien boisé et planté de pommiers au sud seulement, car la partie nord est nue et découverte. — Les terres et les prés sont de bonne qualité. — L'église, reconstruite en 1829, avait été pillée en 1758 par les Anglais. Elle est sous le patronage de saint Pierre. — Une communauté religieuse, connue sous le nom de Filles de la divine Providence et devenue maison-mère de cet ordre, qui compte un certain nombre de succursales, a été fondée près du bourg, en 1832, par M. Homery, recteur. On y donne des retraites, et les sœurs qui en dépendent ont pour mission de soigner les malades et donner l'instruction aux enfants des campagnes. — Créhen partage, avec Notre-Dame-du-Guildo, le port de ce nom, près duquel se remarquent les belles ruines du château rendu célèbre par les infortunes de Gilles de Bretagne. — On voit encore quelques vestiges de l'antique château de la Touche-à-la-Vache. — Le bâtiment conventuel des Carmes du Guildo existe toujours; c'est une assez vaste construction de la fin du xviiie siècle. — Tumulus près du bourg et dolmen à la Ville-Genouan formé de 21 pierres colossales. — *Points culminants*: Le moulin de la Vieuville, 78 m.; le Froc, 50 m. — *Géologie* : Granite ; au nord, roches amphiboliques. — *Maires* : Ont successivement rempli ces fonctions, MM. Berlin, Bernard de Courville, de Botherel, Allée, Le Bouétoux de Bréjerac, Oléron, Le Bouétoux de Bréjerac, maire actuel.

LANDÉBIA, 253 hab. ; — bornée au N. par Saint-Dénoual ; à l'E. par Pluduno ; au S. par Pléven et Plédéliac ; à l'O. par Saint-Dénoual ; — traversée par la route impériale N° 168 et par le chemin d'intérêt commun N° 15 ; — école mixte, 44 élèves ; — dépend de la perception de Plancoët ; — faisait anciennement partie de l'évêché de Saint-Brieuc ; puis, en 1698, elle fut incorporée, on ne sait pourquoi, à celui de Dol. — Territoire assez plat avec une légère pente au nord ; très-boisé. Terres médiocres et prés de bonne qualité. — L'église n'est évidemment qu'une partie d'une construction plus importante. Le beau portail du xv° siècle, placé en avant de cet édifice comme un arc-de-triomphe, s'en est trouvé séparé à la suite d'un incendie survenu pendant les guerres de la Ligue ; il serait bien désirable que le bas de la nef fût ramené jusqu'à ce portail, qui compléterait ainsi cette église qui jouit déjà d'un chevet remarquable et d'une porte latérale de la même époque. Saint Éloi, après discussion, a été reconnu, par décision de l'évêque de Saint-Brieuc, en 1837, patron titulaire de l'église, et sa fête se célèbre le dimanche qui précède le 1er dimanche de l'Avent. — Les fontaines de Saint-Éloi et de Saint-David attirent les pèlerins qui viennent, les uns, baigner leurs chevaux dans le réservoir assez vaste qui se trouve près de la première; les autres, plonger leurs jeunes enfants dans les eaux de la seconde pour leur donner des forces. Près de chacune de ces fontaines se trouve un beau calvaire en granit.—Ruines du château du Plessix-Tréhen. — *Géologie :* Granite. — *Maires :* Ont rempli successivement ces fonctions, MM. Leconte, Basmeule, Macé, D'Ambroise, Revel, Rollier et Richeux, maire actuel.

LANGUENAN, 1,036 hab.; —bornée au N. par Ploubalay; à l'E. par Trigavou et Taden; au S. par Corseul; à l'O. par Créhen; — traversée par le chemin de grande communication N° 37 et par les chemins d'intérêt commun Nos 10 et 16; — école de garçons, 43 élèves; de filles, 40 élèves; — bureau de bienfaisance; — dépend de la perception de Plancoët; — faisait partie de l'ancien évêché de Dol. — Le territoire de cette commune est assez plat et en pente légère vers le nord; il est bien boisé et planté de pommiers. Les terres et les prés sont d'assez bonne qualité. — L'église, reconstruite en 1846, avait anciennement pour patron saint Jacques; elle est aujourd'hui dédiée à la sainte Vierge. — Chapelle récemment édifiée au Bois-Jan. — *Points culminants :*

L'Epinay, 109 m. ; moulin de la Tourelle, 116 m. ; Croix-des-Rues, 124 m. — *Géologie :* Schiste talqueux au sud ; granite au nord. — *Maires :* Ont successivement rempli ces fonctions, MM. Lapie, Viel, de Rouillac, Gaillard, Rault, maire actuel.

PLESSIX-BALISSON, 203 hab. ; — bornée de tous côtés par la commune de Ploubalay, dans laquelle elle est enclavée ; — traversée par le chemin d'intérêt commun N° 10 ; — école mixte, 58 élèves ; — dépend de la perception de Plancoët ; — faisait partie de l'ancien évêché de Saint-Malo. — Le territoire très-peu étendu de cette commune, puisqu'il n'est que de 8 hectares, consiste en un mamelon entouré de ruisseaux ; il est bien boisé et bien planté ; son sol est de qualité supérieure.— L'église est sous le patronage de saint Pierre. — On remarque, dans le cimetière, 3 ifs de dimensions peu ordinaires. — La châtellenie du Plessix-Balisson paraît avoir eu pour fondateur Geoffroy Baluçon, qui y construisit un château fort, détruit vers 1390. Cette terre passa, au XVe siècle, entre les mains de Jean du Perrier, sire de de Quintin ; elle fut ensuite acquise, en 1520, par Alain Marec, sieur de Monbarrot, et en 1612, par Guy du Breil, qui obtint pour elle le titre de comté de Rais ; Charles du Breil, petit-fils de ce dernier, l'aliéna le 29 novembre 1747, en faveur de Henri Baude, baron de Pont-Labbé, pour la somme de 300,000 livres. —

Point culminant : Le Moulin, 61 m. — *Géologie :* Granite et amphibolite au nord-ouest. — *Maires :* Ont rempli successivement ces fonctions, MM. Venette, Le Saichot et Le Breton, maire actuel.

PLÉVEN, 654 hab.; — bornée au N. par Landébia et Pluduno; à l'E. par Plorec, dont elle est séparée par l'Arguenon; au S. et à l'O. par Plédéliac; — traversée par le chemin de grande communication N° 8; — école mixte, 78 élèves; — dépend de la perception de Plancoët. — Le territoire de cette commune est assez élevé; sa partie ouest seule est plane, les autres sont très-accidentées. Il est boisé et bien planté de pommiers. — L'église, sous le patronage de saint Pierre, renferme la statue et les reliques de saint Symphorien, précédemment déposées dans une chapelle qui n'existe plus. Elle contient une maîtresse vitre avec verrière du xvi° siècle. — Château du Vau-Madeuc, du xv° siècle, à 1 kilom. duquel on trouve un retranchement celtique renfermant 5 tumulus et nommés *Bourg heu saos*. — *Points culminants :* Vau-Madeuc, 88 m.; la Ville-Gicquel, 56 m. — *Géologie :* Granite; au sud-est, schiste micacé. — *Maires :* Ont rempli successivement ces fonctions, MM. Puel, Le Crubier, P. Chenu, F. Chenu, Beauvallet, Brion, Guyomard, Thébault et de Closmadeuc, maire actuel.

PLUDUNO, 2,335 hab.; — bornée au N. par Notre-

Dame-du-Guildo; à l'E. par Créhen, dont l'Arguenon la sépare, Saint-Lormel, Plancoët et Bourseul; au S. par Plorec; à l'O. par Pléven, Landébia et Saint-Pôtan; — traversée par la route impériale N° 168, la route départementale N° 17 et par les chemins de grande communication N°s 8 et 40; — école de garçons, 64 élèves; de filles, 103 élèves; — dépend de la perception de Plancoët; — subdivision de pompiers. — Territoire plat et uni au centre; mais au nord, sur les bords de la rivière du Guébriand; à l'est, sur ceux de l'Arguenon et dans toute sa circonférence, il est accidenté et même assez tourmenté. — Le sol de la commune est bon et bien planté. — L'église paroissiale, sous le patronage de saint Pierre, a été plusieurs fois remaniée; elle a conservé une maîtresse vitre de 1470. — Le cimetière renferme le tombeau du colonel Dubreil de Pontbriand et celui de M. H. du Boishamon, ancien officier supérieur et ancien sous-préfet. — La chapelle de la Ville-Robert est desservie régulièrement; celle de la Ville-Guérin quelquefois. — On voit encore, en Pluduno, les restes des anciens châteaux de Boisfeuillet et de Guébriand. Ce dernier était une place d'une certaine force, dont un vaste étang et des douves profondes défendaient l'approche. Dans le bois contigu à ce château, on remarque un chêne d'une grosseur énorme. — Châteaux modernes de Monchoix, de la Ville-Robert, de la Ville-Mencuc, de la Ville-Guérin, du Bignon et du Plessix-Méen. — Les rives de l'Arguenon et celles du Guébriand sont très-pittoresques. — On embarque, sur l'Arguenon, au Petit-Marais et à la Nouette, des grains pour être exportés par le port du Guildo. — Patrie de M. Margeot de la Ville-Meneuc, auteur de divers ouvrages de philosophie, décédé en 1835. — *Points culminants :* Le bourg, 59 m.; métairie Martin, 68 m.; la Chapelette, 107 m. — *Géologie :* Granite; au sud-ouest, roches amphiboliques. — *Maires :* Ont rempli successivement ces fonctions, MM. 1793, Civele; 1795, O'Murphy; 1796, J. Samson; 1797, Le Métayer; 1798, J. Samson; 1799, Salmon; 1800, J. Samson; 1801, Moucet; 1803, Salmon; 1808, L. Brouard; 1816, Rioust; 1823, Margeot de la Ville-Meneuc; 1825, Rioust de l'Argentaye; 1830, L. Brouard; 1847, Fourré; 1852, Ch. du Boishamon, maire actuel.

QUINTENIC, 331 hab.; — bornée au N.-O. par Hénansal; au N.-E. par Saint-Denoual; au S. par Plédéliac, Trégomar et La Poterie; — école mixte, 35 élèves; — dépend de la perception de Plancoët; — cette commune ne touche pas aux autres communes du canton. — Le territoire, généralement plat ou à ondulations en pente légère, est très-boisé dans ses parties productives et découvert dans celles qui ne le sont pas. — L'église, dédiée à saint Pierre, est ancienne et contient les tombeaux de MM. de la Fruglaye et de la Motte-Guyomarais.

— Château moderne de la Vallée, entouré de belles plantations. — *Point culminant* : Candic, 104 m. — *Géologie* : Schiste micacé au nord; schiste talqueux, et granite dans le sod. — *Maires* : Ont successivement rempli ces fonctions, MM. J. Hurfier, F. Hurfier, Gallery des Granges, Nioche, A. Gallery des Granges, maire actuel.

SAINT-LORMEL, 376 hab.; — bornée au N. et à l'O. par Pluduno; à l'E. par Créhen et Plancoët, dont l'Arguenon la sépare; au S. par Plancoët et Pluduno, dont elle est séparée par la route impériale N° 168; — école mixte, 30 élèves; — dépend de la perception de Plancoët; — foire le 1er lundi de juillet. — Territoire très-accidenté dans toutes ses parties et particulièrement sur les bords de l'Arguenon. Il est bien boisé et planté de pommiers. — Terres très-productives et prés de bonne qualité. — L'église, sous le patronage de saint Lunaire, d'où la paroisse tire son nom (Lormel ou Lunaire), a conservé trois portes élégantes du xiie siècle; on voit, dans l'intérieur, un puits placé sous la chaire. Les pèlerins qui viennent invoquer le saint patron de l'église, pour la guérison des maux d'yeux, se lavent avec l'eau de ce puits. La fête de saint Lunaire se célèbre le 1er dimanche de juillet. — Nous devons particulièrement signaler le magnifique château de l'Argentaye, construit en 1840 par l'honorable M. Rioust de l'Argentaye, député à l'Assemblée législative et conseiller général, décédé en 1856. On y remarque une galerie de tableaux et d'armures de diverses époques, une bibliothèque très-riche en éditions elzéviriennes, et surtout une nombreuse collection d'objets de l'époque gallo-romaine, dont la majeure partie provient de découvertes faites à Corseul. La chapelle du château, bâtie en 1854, sous le patronage de saint René, est un délicieux édifice dans le style du xiii° siècle. Elle renferme plusieurs statues et sculptures dues à l'habile ciseau de M. Ogé, de Saint-Brieuc. — *Points culminants* : La Ville-Orient, 46 m.; le Guen-Boscq, 54 m. — *Géologie* : Granite, et au nord, roches amphiboliques; à l'Argentaye, petit filon de plombagine sous la chapelle. — *Maires* : Ont rempli successivement ces fonctions, MM. Rouillé, J. Le Maire, Rioust de l'Argentaye, maire actuel.

Canton de Plélan-le-Petit.

Le canton de Plélan-le-Petit est borné au N. par le canton de Plancoët, à l'E. par le canton de Dinan (O.); au S. par le canton de Broons, et à l'O. par les cantons de Jugon et de Plancoët. — Il est traversé de l'O. à l'E. par la route impériale N° 176 de Caën à Lamballe; par le chemin de grande communication N° 40 de Merdrignac à Plancoët; par les chemins d'intérêt commun N° 11 de Languédias à Dinan, N° 12 de Trébédan à Saint-Juval,

TERRES. — Revenu net moyen, par hectare, pour le canton... 91 fr. 60   Valeur vénale moyenne, de l'hectare, dans le canton........ 689 fr.

COMMUNES COMPOSANT LE CANTON.	POPULATION.	DISTANCES en kilomètres.			NOMBRE D'HECTARES des terrains imposables produisant revenu.						Terrains non productifs et non imposé. Chemins, rivières, etc. Hectares.	NOMBRE TOTAL D'HECTARES par commune.	REVENU CADASTRAL.	PROPORTION de rehaussement pour obtenir le revenu réel.		TAUX MOYEN de l'intérêt des fonds placés.		NOMBRE		NOMBRE	
		Du chef-lieu du département.	Du chef-lieu d'arrond'.	De Plélan (chef-lieu de canton).	Jardins, courtils, vergers et sol des édifices.	Terres labourables.	Prés.	Bois et taillis.	Pâtures et landes.	TOTAL.				Pour les terres (1).	Pour les maisons, moulins et usines (2).	En terres.	En maisons, moulins et usines.	De maisons.	De moulins et usines.	De foires.	De cafés et cabarets.
Plélan-le-Petit..	1,116	46	11	»	14	1,253	89	89	600	2,045	72	2,117	21,478 48	2.07	2.13	2.63	4. »	312	1	»	5
La Landec..	362	49	11	3	12	482	10	6	187	727	30	757	8,430 31	2 02	2.19	3.60	4.03	115	2	»	1
Languedias.	501	50	16	5	3	517	48	9	243	820	40	860	8,227 41	2.03	2.05	3.45	4. »	149	2	»	2
Plorec......	841	40	21	8	15	926	77	77	154	1,309	51	1,360	10,881 27	2.03	1.97	3.27	4. »	234	3	»	2
St-Maudez..	350	49	12	4	0	431	25	14	34	510	16	526	6,787 88	2.56	2.19	3.22	4. »	111	1	»	1
St-Méloir....	307	45	19	5	8	309	19	21	153	591	22	523	4,614 99	2.70	1.99	3.81	4. »	65	»	»	2
St-Michel-de-Plélan.	338	49	15	5	5	429	25	11	66	536	20	556	5,831 42	2.76	2.57	3.06	4. »	116	1	»	2
Trébédan..	422	51	11	7	18	510	58	88	386	1,060	35	1,095	9,292 61	2 03	2.06	3.21	4. »	115	2	»	2
Vildé-Guingalan.....	597	51	9	5	3	531	33	9	127	703	32	735	5,509 91	3.30	2.55	3.28	4. »	171	1	»	4
TOTAUX...	4,834	»	»	»	81	5,439	414	324	1950	8,211	318	8,529	87,087 34	»	»	»	»	1,388	13	»	21

(1 et 2) Pour les notes concernant ce tableau, voir celles du tableau du canton de Dinan (E), pages 276 et 277.

N° 14 de Corseul à Trébédan, N° 16 de Jugon à Languenan.

La population du canton est de 4,834 hab.; sa superficie de 8,529 hect., et son revenu territorial net de 194,076 fr.

Le territoire du canton de Plélan occupe en grande partie un plateau élevé, situé entre les rivières de la Rance et de l'Arguenon. Il est généralement plat ou à ondulations en pente légère, à l'exception de ses extrémités nord-ouest et sud-est. Il est assez bien boisé; mais il contient de vastes landes et des bruyères qui forment environ le cinquième de sa superficie. Son sol médiocre, argileux, froid et humide, exigerait l'emploi des amendements calcaires pour devenir productif. Cette culture améliorante, mais assez coûteuse, ne peut être mise en pratique par les agriculteurs de ce canton qui se classe au rang des moins aisés du département. — Il appartient à la zône intermédiaire, et produit : froment, 3,515 hect.; seigle, 2,724 hect.; avoine, 5,360 hect.; sarrasin, 9,139 hect.; pommes de terre, 1,925 hect.; lin, 30 quint. mét.; chanvre, 45 quint. mét.; cidre, 4,600 hect. — Il possède : chevaux, 3,144; taureaux, 13; vaches, 2,100; veaux, 393; béliers, 78; brebis, 1,395; moutons, 595; agneaux, 652; boucs et chèvres, 22; porcs, 1,004.

PLÉLAN-LE-PETIT, 1,116 hab.; — située par les 4° 53' 32" de longitude O. et par les 48° 26' 16" de latitude N.; — bornée au N. par Saint-Michel et Corseul; à l'E. par Saint-Maudez et La Landec; au S. par Languédias et Mégrit; à l'O. par Saint-Méloir; — traversée par la route impériale N° 176, par le chemin de grande communication N° 40 et par le chemin d'intérêt commun N° 16; — école de garçons, 35 élèves; de filles, 60 él.; — chef-lieu de canton et de perception; — cure de 2e classe; justice de paix; résidence d'un notaire; brigade de gendarmerie à pied, résidant à Dinan; bureau de distribution; bureau de bienfaisance; faisait partie de l'ancien évêché de Saint-Malo. — Le territoire de cette commune est élevé, plat ou à ondulations en pente légère. Il est bien boisé dans sa circonférence; mais sa partie centrale est nue et découverte. Ses terres sont médiocres, et le tiers de sa superficie est composé de landes à sous-sol argileux, difficiles à rendre productives. — Le bourg n'a que très-peu d'importance et ne possède qu'un petit nombre de maisons. — L'église paroissiale, nouvellement reconstruite, est sous le patronage de saint Pierre-ès-Liens, dont la fête se célèbre le 1er dimanche d'août. — La voie romaine de Vannes à Corseul traverse la commune. — Châteaux anciens de Legoman, Desfossés et de la Bordelais. — Sur la route impériale, à 2 kilom. Est du bourg, on remarque les bases de sept croix en granite que l'on dit avoir été élevées, dans cet endroit, en expiation de sept meurtres qui y furent commis pendant une nuit de Noël. — *Points culminants* : La Fosse-aux-Loups, 107 m.; la Croix-Leux, 107 m.; le moulin du Breil, 109 m.; la Ville-Minart, 128 m. — *Géologie* : Schiste micacé au nord; à 1 kilom. sud-est du bourg, granite avec pegmatite. — *Maires* : Ont rempli successivement ces fonctions depuis 1826, MM. Menard; 1851, Thébault; 1848, Duclos, maire actuel.

LA LANDEC, 362 hab.; — bornée au N. par Saint-Maudez; à l'E. par Vildé-Guingalan; au S. par Trébédan et Languédias; à l'O. par Plélan; — traversée par la route impériale N° 176 et par le chemin d'intérêt commun N° 14; — école mixte, 24 élèves; — bureau de bienfaisance; — dépend de la perception de Plélan; — faisait partie de l'ancien évêché de Dol. — Territoire élevé, assez plat et à longues ondulations; bien boisé et convenablement planté de pommiers. Terres médiocres. Des landes froides et humides occupent environ 1/4 de la surface de la commune. — L'église, nouvellement reconstruite, est sous le patronage de sainte Agnès, dont la fête a lieu le 21 janvier. — A l'extrémité Est se trouve une roche dite des Trois-Paroisses et qui limite les communes de La Landec, Trébédan et Vildé. — *Points culminants* : La Tombe, 100 m.; Beau-Vent, 103 m. — *Géologie* : Granite au nord; schiste modifié. — *Maires* : Ont rempli successivement ces fonctions,

MM. Hée, Robert (père), Derouillac, Robert (fils), Ménard, Derouillac, Dutertre et Orieux, maire actuel.

LANGUÉDIAS, 501 hab.; — bornée au N. par Plélan et La Landec; à l'E. par Trébédan; au S. par Yvignac et Trédias; à l'O. par Mégrit; — traversée par le chemin de grande communication N° 40 et le chemin d'intérêt commun N° 11; — école mixte, 30 élèves; — dépend de la perception de Plélan; — faisait partie de l'ancien évêché de Saint-Malo. — Territoire élevé, assez plat ou à longues ondulations dont les pentes sont légères. Il est bien boisé. — Près d'un quart de la superficie de la commune se compose de landes argileuses et humides. Les terres sont de médiocre qualité. — La paroisse est formée de l'ancienne trève de Mégrit; son église, dédiée à saint Armel, n'a rien de remarquable. — Ruines ou plutôt emplacement de l'ancienne abbaye de Beaulieu, fondée en 1166 par Rolland, sire de Dinan, en faveur de la congrégation des chanoines réguliers de Saint-Victor de Paris. Ces ruines dominent un magnifique étang. — Chapelle de Saint-René. — Carrières d'un beau granite exploité depuis longtemps et qui a servi à la construction de divers édifices importants, notamment des tours de la cathédrale de Rennes. — *Points culminants* : Le bourg, 111 m.; la Devallée, 98 m.; la Fontaine, 94 m. — *Géologie* : Granite. — *Maires* : MM. 1826, Michel; 1845, Cocheril; 1860, Le Hardy, maire actuel.

PLOREC, 841 hab.; — bornée au N. par Pléven et Pluduno; à l'E. par Bourseul; au S. par Lescouët, et à l'O. par Plédéliac; — l'Arguenon la sépare des communes de Pléven, Pluduno et Plédéliac; — école de garçons, 31 élèves; de filles, 38 élèves; — dépend de la perception de Plélan; — faisait partie de l'ancien évêché de St-Malo. — Territoire assez accidenté à l'ouest et au nord, assez plat dans les autres parties, généralement boisé et planté de pommiers. Terres et prés médiocres. Les landes forment la onzième partie de la superficie de la commune. — L'église paroissiale est sous le patronage de saint Pierre. — Chapelle de Sainte-Marguerite. — Les châteaux anciens de Bois-Adam, du Plessix-Boëxière, de Carriguet et du Bois-Billy sont devenus de simples fermes. — *Points culminants*: Le bourg, 85 m.; le Bois-Adam, 81 m. — *Géologie*: Constitution granitique. — Ont été Maires: MM. Journaux, Haquin, Cocheril, P. Rohan, Aillet, Le Jiemble, P. Rohan et Gouret, maire actuel.

SAINT-MAUDEZ, 350 hab.; — bornée au N.-O. et au N.-E. par Corseul; au S. par Vildé et La Landec; à l'O. par Plélan; — traversée par les chemins d'intérêt commun N°s 14 et 16; — école mixte, 32 élèves; — dépend de la perception de Plélan; — faisait partie de l'ancien évêché de Saint-Malo. — Territoire élevé, assez plat ou à ondulations en pente légère vers le nord; boisé et planté de pommiers. Terres et prés de médiocre qualité. Peu de landes. — L'église, sous le patronage de saint Maudez, abbé breton au vi⁰ siècle, est un joli édifice du xviii⁰ siècle. Elle fut construite sur l'emplacement et avec les matériaux de l'ancienne église. — On remarque dans le cimetière deux belles croix de granit, l'une est très-élevée et l'autre est ornée de bas-reliefs. — Le château de Thaumatz est moderne et attire l'attention. — *Points culminants :* Le bourg, 102 m.; Thaumatz, 106 m. — *Géologie :* Schiste talqueux ; au sud, schiste modifié. — *Maires :* MM. 1792, Chehu; 1794, de la Noë; 1816, de Gouyon-Thaumatz; 1830, J. de la Noë; 1848, Picot; 1851, Granville; 1854, de Lourmel, maire actuel.

SAINT-MÉLOIR, 307 hab.; — bornée au N. par Bourseul; à l'E. par Corseul, Saint-Michel et Plélan; au S. par Mégrit; à l'O. par Lescouët et Bourseul; — traversée par la route impériale N⁰ 176, par le chemin de grande communication N⁰ 40 et par le chemin d'intérêt commun N⁰ 16; — école mixte, 50 élèves; — dépend de la perception de Plélan; — faisait partie de l'évêché de Dol. — Territoire accidenté au sud-ouest, uni et plat au nord-est; bien boisé dans ses parties cultivées. — Un tiers en landes. Terres et prés de médiocre qualité. — Saint Méloir, fils de Théodoric, comte de Cornouaille, qui mourut assassiné en 577, par son tuteur, est le patron de l'église. Sa fête se célèbre le 1ᵉʳ dimanche de mai. —

La voie romaine de Corseul à Vannes traverse la commune. — On voit dans le bourg trois fragments de colonnes, que l'on fait remonter à l'époque gallo-romaine; l'une d'elles porte quelques mots à demi-effacés et semble être une borne milliaire. — *Points culminants* : Belle-Vue, 98 m.; la Chesnais, 85 m. — *Géologie* : Granite. — *Maires* : MM. J. Marchix, Leroy, Robert, Portier, Richard, J. Marchix et Briand, maire actuel.

SAINT-MICHEL-DE-PLÉLAN, 338 hab.; — bornée au N. et à l'E. par Corseul; au S. par Plélan, et à l'O. par Saint-Méloir; — traversée par le chemin de grande communication N° 40; — école mixte, 37 élèves; — dépend de la perception de Plélan; — ancienne trève de Plélan. — Territoire assez uni, bien planté de pommiers et de chênes. — Terres et prés de médiocre qualité. 1/10e environ de la superficie est en landes. — L'église, de construction moderne, est sous le patronage de saint Michel. — La voie romaine de Vannes à Corseul limite la commune du côté de Plélan, sur une longueur de 130 m. environ. — *Point culminant* : Les Perlaux, 77 m. — *Géologie* : Granite; au sud-est, schiste modifié. — *Maires* : MM. Gautier, Rouault, Ferté, Jacques Meffray, Jean Meffray et Briand, maire actuel.

TRÉBÉDAN, 422 hab.; — bornée au N. par La Landec; à l'E. par Vildé, Trélivan et Brusvily; au S. par Yvignac; à l'O. par Languédias; — traversée par les chemins d'intérêt commun Nos 11, 12 et 14; — école mixte, 30 élèves; — dépend de la perception de Pléan; — faisait partie de l'évêché de Dol. — Territoire élevé, assez plat ou à longues ondulations en pente légère. Il est bien boisé et planté de pommiers au sud; mais sa partie nord est découverte et présente beaucoup de landes, argileuses et froides, difficiles à mettre en culture. — L'église paroissiale, sous le patronage de saint Petrock, abbé de la Cornouaille insulaire, et de saint Germain, n'offre rien d'intéressant; mais le château du Chalonge est une remarquable et vaste construction du xviiie siècle. Il est entouré de belles plantations; sa chapelle a sainte Anne pour patronne. — *Points culminants* : La Haute-Ville, 96 m.; le Fouriau, 108 m. — *Géologie* : Granite. — Ont été Maires : MM. Forgeart, Villalon, Bouëssière, Raulois, Frélaut du Cours, de Lorgeril, Jamet, H. de Lorgeril, A. Frélaut du Cours, A. de Lorgeril, J.-M. Frélaut du Cours et A. de Lorgeril, maire actuel.

VILDÉ-GUINGALAN, 597 hab.; — bornée au N. par Corseul; à l'E. par Aucalleuc et Trélivan; au S. par Trélivan; à l'O. par La Landec et Saint-Maudez; — traversée par la route impériale No 176; — école de garçons, 30 élèves; de filles, 40 élèves; — dépend de la perception de Plélan; — faisait partie de l'évêché de Saint-Malo. — Territoire élevé, plat ou à longues ondulations en pente légère ; peu boisé. Terres et prés de médiocre qualité. — L'église, sous le patronage de saint Jean-Baptiste, a été édifiée en 1824. — Le moulin à vent de Vaucouleurs est une très-ancienne construction. — *Points culminants* : Moulin à vent, 118 m.; Coavou, 105 m.; Tréfou, 91 m. — *Géologie* : Granite. — *Maires* : Ont rempli successivement ces fonctions, MM. Brieuc, Pepin, Le Normand, Le Roy, Lefort (père), Lefort (fils), Thomas et Lefort, maire actuel.

Canton de Ploubalay.

Le canton de Ploubalay est borné au N. par la Manche; au N.-E. par le canton de Pleurtuit (Ille-et-Vilaine); à l'E. par la Rance et par le canton de Dinan (O.); au S. par les cantons de Dinan (O.) et de Plancoët; à l'O. par le canton de Plancoët et par la Manche. — Il est traversé par la route impériale N° 168 de Quiberon à Saint-Malo; par la route départementale N° 13 de Lamballe à Dinard; par les chemins de grande communication N° 25 de Dinan à Pleurtuit, N° 26 de Dinan à Ploubalay, N° 37 de Plancoët à Plouër, et par les chemins d'intérêt commun N° 9 de Saint-Buc à Dinan et N° 10 de Dinan à Saint-Jacut.

La population du canton est de 8,870 hab.; sa superficie de 8,247 hect., et son revenu territorial net de 402,999 fr.

Le territoire de ce canton maritime est généralement accidenté, tant à l'est, sur les bords de la rivière de la Rance, qu'au nord et à l'ouest. Son littoral, fortement découpé, forme des presqu'îles, des baies et des anses. Il est bien planté de pommiers et parfaitement boisé, à l'exception de la commune de Saint-Jacut et des rives de la mer. Ses terres sont bonnes, bien travaillées et présentent un ensemble de culture qu'on ne rencontre peut-être pas ailleurs dans le département. — Beaucoup d'habitations rurales, plus vastes et mieux aérées que dans d'autres cantons, donnent à celui de Ploubalay un aspect d'aisance qui n'est pas démenti par les faits.

Le canton de Ploubalay appartient à la zône du littoral. Il produit : froment, 29,525 hect.; orge, 7,373 h.; avoine, 10,613 hect.; sarrasin, 23,817 hect.; pommes de terre, 5,713 hect.; betteraves, 1,257 quint. mét.; lin, 486 quint. mét.; chanvre, 125 quint. mét.; cidre, 28,060 hect. — Il possède : chevaux et juments, 1,134; taureaux, 13; vaches, 2,777; veaux, 374; béliers, 24; brebis, 789; moutons, 267; agneaux, 120; boucs et chèvres, 33; porcs, 2,000.

TERRES. — Revenu net moyen, par hectare, pour le canton... 44 fr. 30

Valeur vénale moyenne, de l'hectare, dans le canton............ 1,555 fr.

COMMUNES COMPOSANT LE CANTON.	POPULATION.	DISTANCES en kilomètres.			NOMBRE D'HECTARES des terrains imposables produisant revenu.					Terrains non productifs et non imposés. Chemins, rivières, etc. — Hectares.	NOMBRE TOTAL D'HECTARES par commune.	REVENU CADASTRAL.	PROPORTION de rehaussement pour obtenir le revenu réel.		TAUX MOYEN de l'intérêt des fonds placés.		NOMBRE		NOMBRE	
		Du chef-lieu du département.	Du chef-lieu d'arrond.	De Plonbalay (chef-lieu de canton).	Jardins, courtils, vergers et sol des édifices.	Terres labourables.	Prés.	Bois et taillis.	Pâtures et landes.	TOTAL.				Pour les terres (1).	Pour les maisons, moulins et usines (2).	En terres.	En maisons, moulins et usines.	De maisons.	De moulins et usines.	De foires.	De cafés et cabarets.
Plonbalay..	2,671	61	18	»	39	2,016	211	118	136	3,420	123	3,543	75,051 81	2.36	2.32	3.04	4. »	595	4	2	19
Lancieux....	844	58	22	4	»	516	10	»	91	617	22	669	12,537 39	3.34	2.32	2.76	4. »	244	3	»	5
Langrolay...	800	68	15	13	11	434	10	8	46	509	19	528	11,039 49	2.80	2.73	2.55	4. »	215	2	»	13
Pleslin......	1,407	65	11	10	22	1,033	48	26	56	1,185	70	1,255	20,584 17	2.78	2.86	2.54	4. »	402	2	»	6
Saint-Jacut.	1,009	60	24	6	3	229	1	»	47	280	12	292	5,107 64	3.21	3.18	2.58	4. »	258	3	»	6
Trégon......	352	57	21	4	10	456	44	14	50	574	49	623	16,344 55	1.87	1.67	2.99	4. »	67	1	»	4
Tréméreuc..	541	62	14	7	8	322	8	3	52	393	22	415	6,080 22	2.18	2.40	2 56	4. »	146	1	1	4
Trigavou...	1,186	61	11	8	23	751	28	55	13	870	52	922	16,604 84	2.27	2.25	3.02	4. »	339	2	»	9
TOTAUX....	8,870	»	»	»	116	6,687	360	224	491	7,878	369	8,247	163,373 11	»	»	»	»	2,266	18	3	66

(1 et 2) Pour les notes concernant ce tableau, voir celles du tableau du canton de Dinan (E.), pages 276 et 277.

PLOUBALAY, 2,671 hab. ; — par les 4° 28′ 45″ de longitude O. et par les 48° 35′ 3″ de latitude N. ; — bornée au N. par Lancieux ; à l'E. par le Frémur, qui la sépare de l'Ille-et-Vilaine, et par Trémércuc ; au S. par Trigavou et Languenan ; à l'O. par Créhen, Trégon et la Manche ; — traversée par la route impériale N° 168, le chemin de grande communication N° 26 et le chemin d'intérêt commun N° 10 ; — école de garçons, 106 élév.; de filles, 120 élèves ; — chef-lieu de canton et de perception ; — cure de 2ᵉ classe ; justice de paix ; résidence d'un notaire ; bureau de bienfaisance ; brigade de gendarmerie à pied ; bureau de distribution des lettres ; comice agricole ; — faisait partie de l'ancien évêché de Saint-Malo ; — marché le lundi ; foires le 26 janvier et le 21 septembre. — Le territoire de cette commune, arrosé par le Frémur et le Frou-Balay, est accidenté, particulièrement à l'ouest. Il est bien boisé et bien cultivé. — Son chef-lieu a peu d'importance ; mais il réunit cependant toutes les professions que possèdent habituellement les localités de ce genre. — L'église, en partie démolie, et qu'on s'occupe de remplacer par une construction assez élégante, est sous le patronage de saint Pierre et de saint Paul. — Chapelles de la Coudraye, de la Ville-Briand, de la Crochais et de la Gaunais. — Châteaux : de la Mallerie, qui a vu naître l'abbé Briot de la Mallerie, décédé curé de Saint-Philippe-du-Roule, à Paris ; de la Ravillais et de la Crochais. Près de ce dernier on trouve les ruines intéressantes de l'ancien manoir du même nom. — On voit deux vastes tumulus près de la Mottillais et du Tertre-Bannier. Des fouilles effectuées récemment dans le premier ont fait recueillir des haches en silex d'une grande finesse de travail. — Des substructions romaines ont aussi été mises à découvert dans un champ près de la ferme de la Ville-Bague. — Patrie de M. Le Moine de Carimée, né à la Ville-au-Rondel, auteur d'un volume imprimé à Saint-Malo en 1730, intitulé : *Les gais divertissements de la mer*. — *Points culminants* : La Haute-Motte, 59 m. ; la Ville-ès-Prevost, 44 m ; la Ville-ès-Collins, 59 m. — *Géologie* : Constitution granitique. — *Maires* : MM. 1792, Lecuyer ; 1792, Débris ; 1793, Josselin ; an II, Hingant ; an IV, Cunat ; an IV, Homery ; an VI, Josselin ; an VI, Guguen ; an VII, Mabille ; an VIII, Guguen ; an IX, Dubois ; 1808, Le Boulanger ; 1815, O'Murphy ; 1817, Mabille ; 1818, Lemaire ; 1823, Le Métaër de la Ravillais ; 1823, Josselin (fils) ; 1835, Dubois ; 1848, de Gratien ; 1854, Chevalier, maire actuel.

LANCIEUX, 844 hab. ; — bornée à l'O. et au N. par la Manche ; à l'E. par le Frémur, qui la sépare de l'Ille-et-Vilaine ; au S. par Ploubalay ; — traversée par un chemin vicinal simple conduisant de Ploubalay au bourg ; — école de garçons, 55 élèves ; de filles, 65 élèves ; — dépend de la perception de Ploubalay ; — faisait partie de l'ancien évêché de Saint-Malo. — Territoire accidenté et en général peu boisé et peu planté d'arbres fruitiers. Les terres sont bonnes et bien cultivées, quoique cependant dans cette commune, essentiellement maritime, l'agriculture ne soit en quelque sorte que l'industrie secondaire. — Chaque jour les habitants font quelques conquêtes sur la mer, et les dessèchements effectués promettent de bons résultats. — L'église paroissiale, qui porte sur sa tour la date de 1740, est un joli édifice. Elle a pour patron saint Cieu, disciple de saint Brieuc, dont la fête se célèbre le dimanche le plus rapproché du 29 juillet. — Du lieu dit le Tertre-du-Moulin-de-la-Roche, on jouit d'un coup-d'œil fort étendu. — *Points culminants* : La Ville-Neuve, 32 m.; la Nouvellais, 49 m.; la Ville-Gatargo, 22 m. — *Géologie* : Granite avec roches amphiboliques dans le nord et le sud. — Ont été Maires : MM. P. Ouanson, J. Ouanson, Hingant, R. Besret, Dagorne, Olivier, J. Ouanson, Samson, Besret (père), Besret (fils), Juhel, L. L'Hôtellier et P. L'Hôtellier, maire actuel.

LANGROLAY, 800 hab.; — bornée à l'O. et au N. par Pleurtuit (Ille-et-Vilaine); à l'E. par la Rance; au S. par Plouër; — traversée par le chemin d'intérêt commun N° 9; — école de garçons, 59 élèves; de filles, 67 élèves; — dépend de la perception de Ploubalay; — faisait partie de l'ancien évêché de Saint-Malo; — bureau de bienfaisance. — Territoire très-accidenté, bien boisé et bien planté. Terres de bonne qualité, convenablement cultivées. — Cette commune, située sur la Rance, fournit un certain nombre de marins. — L'église paroissiale est sous le patronage de saint Laurent. — Château moderne de Beauchêne. — Sur les bords de la Rance, au lieu dit le Châtelet, on trouve des traces d'anciennes fortifications. — Une croix dite des Quatre-Recteurs est située au point séparatif des communes de Langrolay, Pleslin, Pleurtuit et Plouër. — *Géologie :* Schiste talqueux. — Ont été Maires : MM. Pihan, Sevestre, Richard et S. Sevestre, maire actuel.

PLESLIN, 1,467 hab.; — bornée au N. par Trémereuc; à l'E. par Pleurtuit (Ille-et-Vilaine) et Plouër; au S. par Taden; à l'O. par Trigavou; — traversée par les chemins de grande communication Nos 25 et 37; — école de garçons, 80 élèves; de filles, 39 élèves; — résidence d'un notaire; — dépend de la perception de Ploubalay; — faisait partie de l'ancien évêché de Saint-Malo. — Territoire très-accidenté, bien boisé et bien planté de pommiers. Les terres sont assez bonnes et l'agriculture progresse dans cette commune. — L'église paroissiale est dédiée à saint Pierre. — On remarque, dans cette commune, la chapelle des Quinze-Croix et les châteaux de la Roche et de la Motte-Olivet. — Près du village de Carnier, curieux alignement de menhirs en quartz blanc se dirigeant de l'est à l'ouest. — *Point culminant :* Château de la Motte, 71 m. — *Géologie :* Schiste micacé. — *Maires :* Ont rempli successivement ces fonctions, MM. de Lesquen, Pelerin, Le Moine, Henry, Le Saichot, Homery et Henry, maire actuel.

SAINT-JACUT-DE-LA-MER, 1,009 hab. ; — presqu'île entourée par la Manche à l'O., au N. et à l'E. ; — bornée au S. par Trégon et Créhen ; — traversée par la route départementale Nº 13 et par le chemin d'intérêt commun Nº 10 ; — école de garçons, 62 élèves ; de filles, 73 élèves ; — inspecteur des pêches ; — syndic des gens de mer ; — garde-maritime ; — dépend de la perception de Ploubalay ; — faisait partie de l'ancien évêché de Dol. — Sables calcaires contenant de 36.3 à 46 p. 0/0 de matières fertilisantes. — Le territoire de cette commune forme une presqu'île qui s'avance dans la mer, entre la baie de Beaucey et celle de l'Arguenon. — Les rochers des Ebihens, situés à 1,000 m. de la côte et environnés par la mer à chaque marée, sont dominés par une tour cylindrique construite en 1697 et destinée à servir de phare. — Sur l'extrémité de la presqu'île fut construite, au Vᵉ siècle, une célèbre abbaye détruite pendant la période révolutionnaire et dont il est difficile aujourd'hui de retrouver les traces. Jacut, fils de Fracan, fut le premier abbé de ce monastère, auquel il donna le nom de N.-Dame de Lan-Doüar, attribué aussi pendant des siècles à l'église paroissiale, qui est encore aujourd'hui sous l'invocation de la sainte Vierge. Dom Guy-Alexis Lobineau, auteur d'une histoire de Bretagne, y mourut en 1727. Son dernier abbé, Philippe d'Andrezel, émigré en 1792 et rentré en France en 1803, fut nommé, en 1809, inspecteur général de l'Université. — La population toute maritime de cette commune fournit d'habiles et hardis marins à la pêche côtière, à celle de Terre-Neuve et à la grande navigation. — *Points culminants* : Moulin de l'Ile, 36 m. ; la Ville-ès-Maçons, 31 m. — *Géologie* : Granite ; gisements de roches amphiboliques au sud. — *Maires* : Ont rempli successivement ces fonctions, MM. Hervé, Hervé de Langerais, Alain Duot, de Nercy de Vestu, maire actuel.

TRÉGON, 352 hab. ; — bornée au N. par Saint-Jacut et la Manche ; à l'E. par Ploubalay ; au S. et à l'O. par Créhen ; — traversée par la route impériale N° 168, la route départementale N° 13 et le chemin d'intérêt commun N° 10 ; — école mixte, 36 élèves ; — dépend de la perception de Ploubalay ; — faisait partie de l'ancien évêché de Saint-Malo. — Le territoire de cette commune, qui renferme une population mélangée de marins et de laboureurs, est assez plat, bien boisé et bien planté de pommiers, à l'exception des extrémités ouest et sud. — Les terres, très-divisées, sont bonnes et bien cultivées. — La sainte Vierge est maintenant la patronne de l'église paroissiale, qui était autrefois sous le vocable de saint Pétrock. — On trouve, en cette commune, deux beaux dolmens. — Du presbytère et du village de Beaucey, on jouit de points de vue étendus. — Patrie de Mgr Claude-Louis de Lesquen, évêque de Beauvais en 1823, de Rennes en 1825 et décédé à Dinan en 1855. — *Points culminants* : Le bourg, 23 m.; moulin de la Ville-Gautier, 50 m. — *Géologie* : Granite, et dans le nord, roches amphiboliques — *Maires* : MM. 1791, Rouault; 1793, Bourget; 1798, Le Maitre; 1800, Nicolas; 1801, Nicolas; 1804, Le Boulanger; 1814, de la Choue; 1830, J. Le Boulanger; 1834, F. Le Boulanger; 1848, Dubreil de Pontbriand; 1860, Le Boulanger, maire actuel.

TRÉMÉREUC, 541 hab.; — bornée au N. et à l'E. par Pleurtuit (Ille-et-Vilaine); au S. par Pleslin; à l'O. par Ploubalay, dont elle est séparée par le Frémur; — traversée par le chemin de grande communication N° 25; — école mixte, 64 élèves; — dépend de la perception de Ploubalay; — faisait partie de l'ancien évêché de Saint-Malo; — foire le lundi après le 10 août. — Territoire assez plat, à l'exception de la partie ouest, qui est très-accidentée. Il renferme encore des landes pour 1/8e environ de sa superficie; mais elles sont susceptibles d'être livrées à la culture. Les terres sont de médiocre qualité. — L'église paroissiale, bâtie à diverses époques, est sous le patronage de saint Laurent. — Tumulus près du Champ-du-Colombier. — *Point culminant* : Saint-Hervé, 67 m. — *Géologie* : Granite, et dans le sud-ouest, schiste modifié. — *Maires* : Ont rempli successivement ces fonctions, MM. Casseriau, Bugaud, Belfer, Piand, Viel et Briand, maire actuel.

TRIGAVOU, 1,186 hab. ; — bornée au N. par Ploubalay ; à l'E. et au S. par Pleslin ; à l'O. par Languenan ; — traversée par les chemins de grande communication Nos 26 et 37 ; — école mixte, 69 élèves ; — dépend de la perception de Ploubalay ; — faisait partie de l'ancien évêché de Saint-Malo. — Territoire assez plat au nord, mais accidenté dans les autres parties. Il est bien boisé et peu planté de pommiers. L'agriculture y est en progrès.— Sainte Brigide est la patronne de l'église paroissiale, qui a été remaniée à diverses reprises et qui a conservé quelques parties du xvie siècle. — Le château du Bois-de-la-Motte a donné le jour au célèbre Avaugour Saint-Laurent, l'un des principaux lieutenants du duc de Mercœur à l'époque de la Ligue : au xve siècle, il appartenait à la famille Beaumanoir, dont un des membres avait figuré à la bataille des Trente. — Manoir de la Rougeraye. — Meulnir à Kinoas. — Les chapelles des Vaux-Garou et du Bois-de-la-Motte sont desservies à certaines fêtes. — On compte à Trigavou beaucoup de tisserands et de charpentiers ; ainsi que quelques fabriques d'étoffes dites mi-laines, de flanelles, de craquelins et de cimeraux. — *Point culminant* : La Ville-Thassetz, 82 m. — *Géologie* : Granite au nord ; schiste micacé au sud. — *Maires* : Ont rempli successivement ces fonctions, MM. Cobic, Chevalier, Vincent, Le Court de la Ville-Thassetz, d'Orléans, Aubert, Charetier, Briot du Bois-de-la-Motte, H. Vincent, Le Lionnais, H. Vincent et Gicquel, maire actuel.

Canton de Saint-Jouan-de-l'Isle.

Le canton de Saint-Jouan-de-l'Isle est borné au N. par le canton de Dinan (O.) et par celui d'Evran ; à l'E. par le canton d'Evran et par le département d'Ille-et-Vilaine ; au S. par le département d'Ille-et-Vilaine et par le canton de Merdrignac ; à l'O. par le canton de Broons. — Il est arrosé par la Rance et traversé par le chemin de fer de Rennes à Brest, les routes impériales N° 12 de Paris à Brest et N° 166 de Vannes à Dinan ; par les chemins de grande communication N° 24 de Dinan à Broons, N° 27 d'Évran aux routes impériales N°s 166 et 176, N° 27 *bis* de Caulnes à Recouvrance, N° 39 de Saint-Méen à Bécherel ; par les chemins d'intérêt commun N° 13 de Guenroc à la Grange-aux-Moines, N° 48 de Collinée à Saint-Jouan-de-l'Isle, N° 58 de Broons à Saint-Méen, N° 65 de Dinan à Montauban.

La population du canton est de 8,920 hab. ; sa superficie de 13,670 hect. et son revenu territorial net de 404,731 fr.

Le territoire de ce canton est généralement plat et uni, et les reliefs de son sol ne consistent que dans quelques coteaux peu élevés et de forme allongée et onduleuse. Il est toutefois accidenté dans sa partie Est, de Saint-Jouan à sa limite nord. — L'agriculture y a fait de grands progrès, par l'usage des amendements calcaires extraits dans le canton d'Evran et par l'abandon de quelques méthodes routinières. — Les prairies y sont bonnes et nombreuses, et pourraient encore devenir meilleures par un bon système d'irrigation. — On n'élève pas de chevaux dans ce canton, et ceux dont on se sert pour les travaux, achetés poulains, sont revendus lorsqu'ils ont 3 à 4 ans. En revanche, l'espèce bovine, assez forte, est l'objet d'une certaine attention et fournit beaucoup d'élèves.

Le canton de Saint-Jouan appartient à la zône intermédiaire. Il produit : froment, 19,650 hect.; méteil, 660 hect.; seigle, 1,968 hect.; orge, 4,774 hect.; avoine, 25,856 hect.; sarrasin, 19,217 hect.; pommes de terre, 5,480 hect.; betteraves, 5,000 quint. mét.; chanvre, 164 quint. mét.; lin, 1,120 quint. mét.; cidre, 46,000 hect. — Il possède : chevaux et juments, 1,013; taureaux, 35; vaches, 3,480; veaux, 776; béliers, 40; moutons, 175; brebis, 744; agneaux, 520; boucs et chèvres, 49; porcs, 1,321.

TERRES. — Revenu net moyen, par hectare, pour le canton... 27 fr. 52   Valeur vénale moyenne, de l'hectare, dans le canton........ 883 fr.

COMMUNES COMPOSANT LE CANTON.	POPULATION.	DISTANCES en kilomètres.			NOMBRE D'HECTARES des terrains imposables produisant revenu.					Terrains non productifs et non imposés.	NOMBRE TOTAL D'HECTARES par commune.	REVENU CADASTRAL.	PROPORTION de rehaussement pour obtenir le revenu réel.		TAUX MOYEN de l'intérêt des fonds placés.		NOMBRE		NOMBRE	
		Du chef-lieu du département.	Du chef-lieu d'arrond.	De Saint-Jouan (chef-lieu de canton).	Jardins, courtils, vergers et sol des édifices.	Terres labourables.	Prés.	Bois et taillis.	Pâtures et landes.	TOTAL.				Pour les terres (1).	Pour les maisons, moulins et usines (2).	En terres.	En maisons, moulins et usines.	De maisons.	De moulins et usines.	De foires.	De cafés et cabarets.
													fr. c.			p. 0/0.	p. 0/0.				
Saint-Jouan-de-l'Isle...	748	57	24	»	19	534	62	91	62	768		808	6,455 35	4.50	6.14	3. »	3.02	192	1	2	12
Caulnes.....	1,991	57	21	3	40	2,239	293	91	318	2,981		3,136	20,506 10	4 62	5.97	3. »	2.79	676	6	2	10
Guenroc......	568	66	18	10	14	443	40	87	125	709		739	7,345 57	2.87	3. »	2.97	3.07	158	4	4	4
Guitté.......	960	66	22	8	26	981	89	126	175	1,397		1,453	23,750 47	1.76	1.83	3. »	3.09	303	4	»	3
La Chapelle-Blanche...	512	58	25	4	13	592	57	46	51	759		792	2,994 95	9.34	5.95	3.03	3.04	149	1	»	3
Plumaudan...	1,203	58	13	12	27	1,270	153	39	294	1,783		1,861	19,409 44	2.75	3.69	3.01	3. »	501	1	2	6
Plumaugat...	2,453	56	32	8	43	2,611	299	510	519	4,042		4,226	27,035 88	3.82	4.96	3.49	3.52	636	6	1	5
St-Maden...	485	61	16	11	14	482	56	19	56	627		655	11,884 91	2 33	2.20	2.99	2.95	133	3	»	2
TOTAUX...	8,920	»	»	»	196	9,182	1049	1009	1630	13,066		9,670	119,382 76	»	»	»	»	2,748	26	11	45

(1 et 2) Pour les notes concernant ce tableau, voir celles du tableau du canton de Dinan (E.), pages 276 et 277.

SAINT-JOUAN-DE-L'ISLE, 748 hab.; — par les 4° 19' 48' de longitude O. et par les 48° 34' 52' de latitude N.; — bornée au N. par Caulnes; à l'E. par la Chapelle-Blanche; au S.-E. par Quédillac (Ille-et-Vilaine) dont la Rance la sépare; au S.-O. et à l'O. par Plumaugat; — traversée par le chemin de fer sur une longueur de 1,507 m., par les routes impériales Nos 12 et 166 et par le chemin d'intérêt commun No 48; — école de garçons, 45 élèves; de filles, 67 élèves; — chef-lieu de canton et de perception; — cure de 2e classe; justice de paix; résidence d'un notaire; brigade de gendarmerie à cheval; direction des postes; comice agricole; — faisant partie de l'ancien évêché de Saint-Malo; — marché le vendredi; foires le 26 juin et le 28 décembre. — Territoire peu accidenté, à coteaux onduleux et coupé par quelques larges vallées. Il est bien boisé et planté de pommiers. — Le sol de cette commune est bon, l'agriculture y progresse. — Le bourg, quoique bien placé sur la route de Paris à Brest, a peu d'importance et les cultivateurs préfèrent aux marchés qui s'y tiennent, ceux de Saint-Méen et de Dinan. — La commune doit son nom à saint Jean-Baptiste, patron de l'église paroissiale, et à l'ancien château de l'Isle, construit autrefois sur une petite île formée par la Rance, 300 m. du bourg; on n'aperçoit plus de vestiges de château, si ce n'est l'emplacement marqué par des douves. — L'église présente des constructions de diverses époques

Sur le côté midi, on voit une pierre portant la date de 1623. — Saint-Jouan possède 2 tanneries et 1 papeterie. — Du lieu dit la Roche, sur les bords de la Rance, on jouit d'un magnifique panorama. — Le bois de Kerouët a une étendue de 90 hectares. — Fragment de la voie romaine de Corseul à Gaël, visible au Pont-Rimbert. — *Points culminants*: Le bourg, 92 m.; Belair, 105 m.; la Fontelais, 115 m. — *Géologie*: Schiste talqueux, et grès au nord. — *Maires*: Ont rempli successivement ces fonctions, MM. Orinel, Janvier, Mauxion, Sotinel, Rioche, J.-M Gurval-Robert, Le Marchand, J. Robert, Janvier, J.-M. Gurval-Robert et Colas, maire actuel.

CAULNES, 1,991 hab.; — bornée au N. par Yvignac et Plumaudan; à l'E. par Guenroc, Guitté et La Chapelle-Blanche; la Rance la sépare de ces deux dernières communes; au S. par Saint-Jouan et Plumaugat; à l'O. par Broons; — traversée par le chemin de fer sur une longueur de 4,558 m., par les routes impériales Nos 12 et 166 et par les chemins de grande communication Nos 27 et 27 *bis*; — école de garçons, 80 él.; de filles, 75 él.; — dépend de la perception de Saint-Jouan; — station et gare du chemin de fer; — résidence d'un agent-voyer; — faisait partie de l'ancien évêché de Saint-Malo; — foires le 1er mai et le 1er août. — Territoire généralement peu accidenté, à l'exception de ses parties nord et est. Il est bien boisé et contient beaucoup de pommiers. — La culture des terres progresse à Caulnes ; mais celle des prairies laisse à désirer. — Cette commune, à laquelle la station du chemin de fer donnera de l'importance, fut chef-lieu de canton de 1790 à 1794. Elle possède 1 minoterie et 4 tanneries réunissant 63 m. de cuves, dont l'une contient un moulin à tan, mu par une machine à vapeur. — L'église paroissiale a pour patrons saint Brieuc et saint Guillaume ; son clocher date du siècle dernier. — Patrie de Mathieu Ory, docteur en théologie, nommé, par le pape Jules III, grand inquisiteur et pénitencier apostolique, auteur de plusieurs ouvrages théologiques, décédé à Paris en 1557. — *Points culminants* : Le bourg, 79 m. ; l'Ecoublière, 119 m. ; la Ville-ès-Ferrés, 118 m. ; la Haute-Metterie, 81 m. — *Géologie* : Schiste talqueux ; grès dans le sud-ouest. — Ont été Maires : MM. Allouët, Texier, de la Guyomarais, P. Barbé et J.-B. Barbé, maire actuel.

GUENROC, 568 hab. ; — bornée au N. par Saint-Maden ; à l'E. par Plouasne ; au S. par Guitté ; la Rance la sépare de ces deux communes ; à l'O. par Caulnes et Plumaudan ; — traversée par le chemin de grande communication N° 27 et par les chemins d'intérêt commun Nos 13 et 63 ; — école de garçons, 34 élèves ; de filles, 50 élèves ; — dépend de la perception de Saint-Jouan ; — résidence d'un notaire ; — faisait partie de l'ancien évêché de Saint-Malo ; — marché le mercredi ; foires le dernier mercredi d'avril, le 2e mercredi de juin, le dernier mercredi de juillet et le 1er mercredi de décembre. — Territoire fort accidenté dans ses parties sud et est; très-boisé à l'exception du nord. On y rencontre encore beaucoup de landes susceptibles d'être défrichées. — Guenroc se traduit du celtique par *blanc-rocher*. Une énorme masse de quartz blanc, qui domine le bourg, a probablement motivé la dénomination imposée à la commune. — L'église paroissiale date du xvie siècle; elle est sous le patronage de saint Gervais et saint Protais, dont la fête a lieu le dimanche qui suit le 15 mai. — Châteaux du Lattay et de la Roche. Le premier a appartenu à Bertrand de Saint-Pern, parrain du connétable Duguesclin. — Cette commune possède 2 moulins à blé et 2 à foulons; on y exploite quelques ardoisières de médiocre qualité. — *Points culminants* : Le bourg, 90 m.; le Lattay, 56 m.; Beau-Soleil, 92 m. — *Géologie* : Schiste talqueux et granite à l'est; minerai de fer très-riche au nord-est. — *Maires* : Ont rempli successivement ces fonctions, MM. Pellan, Martel, Forcouëffe, Ramard, des Salles, de Bénazé, Robinot Saint-Cyr, maire actuel.

GUITTÉ, 960 hab.; — bornée au N. par Guenroc; à l'E. par Plouasne et Médréac (Ille-et-Vilaine); au S. par La Chapelle-Blanche; à l'O. par Caulnes; la Rance la sépare de Guenroc et de Caulnes; — traversée par le chemin d'intérêt commun No 65; — école de filles, 50 élèves; — dépend de la perception de Saint-Jouan; — faisait partie de l'ancien évêché de Saint-Malo. — Territoire bien boisé, formant un des côtés du bassin de la Rance et un coteau fort élevé, d'où l'on jouit d'une vue magnifique. — L'église paroissiale est sous le patronage de saint Pierre et n'offre aucun intérêt. — Château moderne de Couëllan; celui de Beaumont est en ruines. — La commune possède quelques ardoisières dont les produits sont assez médiocres. — *Points culminants*: La Lande, 109 m.; les Rochers, 122 m.; Trabaillac, 121 m. — *Géologie*: Schiste talqueux; à l'ouest du bourg, grès; granite à l'est. On trouve à Guitté de beaux blocs de quartz hyalin bien cristallisés, de 3 et 4 centim. de haut et de forme pyramidale. Près du bourg, une masse très-remarquable de quartz. — *Maires*: MM. 1828, J. Sablé; 1832, M. Sablé; 1846, J.-B. Dartois, maire actuel.

LA CHAPELLE-BLANCHE, 512 hab.; — bornée au N. par Guitté; à l'E. par Médréac (Ille-et-Vilaine); au S. par Quédillac (Ille-et-Vilaine); à l'O. par Saint-Jouan, dont la Rance la sépare; — traversée par le chemin de fer sur une longueur de 376 m. et par la route impériale N° 12; — réunie à Saint-Jouan pour l'instruction des garçons; — dépend de la perception de Saint-Jouan; — faisait partie de l'ancien évêché de Saint-Malo. — Le territoire de cette commune est inégal, montueux, coupé par des vallées et bien boisé en arbres forestiers et en pommiers. Les terres sont de moyenne qualité; mais les prairies sont fort bonnes dans la vallée de la Rance. — Cette commune n'est paroisse que depuis 1822, et son église est sous le patronage de la sainte Vierge. — *Points culminants :* Le Perret, 105 m.; Beau-Soleil, 117 m. — *Géologie :* Grès talqueux; schiste argileux; quelques ardoisières, jadis exploitées. — *Maires :* MM. 1826, Sotinel; 1834, Davy; 1848, Huet, maire actuel.

PLUMAUDAN, 1,203 hab.; — bornée au N. par Brusvily et Trévron; à l'E. par Saint-Juval, Saint-Maden et Guenroc; au S. par Caulnes; à l'O. par Yvignac; — traversée par la route impériale N° 166, par les chemins de grande communication N°s 24 et 27; — école de garçons, 58 élèves; de filles, 47 élèves; — dépend de la perception de Saint-Jouan; — faisait partie de l'ancien évêché de Saint-Malo; — foires le 14 septembre et le 3 novembre. — Le nom de cette commune rappelle celui de saint Maudan, son patron. Son territoire, assez plat, est bien boisé et planté de pommiers. Les landes s'y défrichent et l'on y fait quelques prairies artificielles. — L'église paroissiale est de construction récente; sa fête patronale se célèbre le 14 septembre. — La chapelle du château moderne la Vallée est dédiée à saint Meleuc, et celle de Quehebec a pour patronne sainte Appoline.— On remarque, dans cette commune, le château et le bois de la Ville-Bouchard. — Patrie d'Alain de la Roche, célèbre prédicateur du xve siècle. — *Points culminants :* Le bourg, 88 m.; la Ville-Jacquet, 85 m.; la Croix-du-Merle, 72 m. — *Géologie :* Schiste talqueux ; granite à la Vallée. — Ont été Maires : MM. Houël, Briand, Mousset, J. Le Branchu, J.-F.-M. Le Branchu, Le Gallais et J.-M. Le Branchu, maire actuel.

PLUMAUGAT, 2,435 hab.; — bornée au N. par Broons et Caulnes; à l'E. par Saint-Jouan et le département d'Ille-et-Vilaine; au S. par l'Ille-et-Vilaine et Trémorel; à l'O. par Lanrelas; — traversée par les chemins d'intérêt commun Nos 48 et 58, et de l'O. à l'E. par la Rance; — école de garçons, 87 élèves; de filles, 61 élèves ; — dépend de la perception de Saint-Jouan; — faisait partie de l'ancien évêché de Saint-Malo; — foire le 3e lundi de mai. — Le territoire de Plumaugat occupe le sommet des deux grands versants de la Bretagne. En effet, le ruisseau des Loges porte ses eaux au sud, dans le Meu, qui se jette dans la Vilaine, dont l'embouchure est dans l'Océan; tandis que le ruisseau de Losier porte ses eaux dans la Rance, qui va se perdre dans la Manche. — Les terres sont fortes, les défrichements se développent et l'agriculture progresse sensiblement — L'église paroissiale est sous le patronage de saint Pierre et n'offre aucun intérêt. — Patrie de Jacques de la Lande, colonel au 80e régiment d'infanterie, décédé dans sa commune natale, à la Gaudaisière, le 17 juin 1828; et de Guillaume Picaud de Morfouace, célèbre par la bravoure avec laquelle il défendit, en 1378, la ville de Saint-Malo, assiégée par les Anglais, commandés par le duc de Lancastre, qu'il obligea à lever le siége. — *Points culminants :* Le bourg, 118 m.; le Grippel, 125 m.; le Mottay, 131 m.; la Ville-Allouët, 146 m. — *Géologie :* Schiste talqueux; au sud-ouest du bourg, à l'Epinay, îlot granitique. — *Maires :* MM. 1826, P. Orinel; 1830, Lorin; 1836, G. Orinel; 1837, Thomas; 1845, Davy; 1848, Orinel; 1854, Houssaye, maire actuel.

SAINT-MADEN, 483 hab.; — bornée au N. par Saint-Juval; à l'E. par la Rance, qui la sépare de Tréfumel et de Plouasne; au S. par Guenroc; à l'O. par Plumaudan; — traversée par le chemin de grande communication N° 27 et par le chemin d'intérêt commun N° 65; — école mixte, 48 élèves; — dépend de la perception de Saint-Jouan; — faisait partie de l'ancien évêché de Saint-Malo. — Les terres de cette commune sont de bonne qualité, mais un peu humides; elle est boisée et plantée de pommiers. — L'église paroissiale a pour patron saint Jean-Porte-Latine, dont la fête se célèbre le 6 mai. Elle contient, assure-t-on, le tombeau d'Eustache de la Houssaye, compagnon d'armes du connétable Duguesclin et qui posséda le château de la Houssaye dont on voit encore les ruines. — Saint-Maden, précédemment succursale de Guenroc, n'est devenue paroisse qu'en 1824. — *Point culminant* : Lè Brehaudais, 48 m. — *Géologie* : Schiste talqueux. — *Maires* : MM. 1790, Coulombel ; 1792, M. Le Gallais ; 1793, Le Forestier ; 1794, Le Corvaisier ; 1801, M. Le Gallais ; 1816, J. Coulombel ; 1830, M. Le Gallais ; 1845, Brindejonc ; 1848, F. Le Gallais, maire actuel.

ARRONDISSEMENT DE GUINGAMP.

Cet arrondissement comprend 10 cantons, savoir : Guingamp, Bégard, Belle-Ile-en-Terre, Bourbriac, Callac, Maël-Carhaix, Plouagat, Pontrieux, Rostrenen et Saint-Nicolas-du-Pélem. Ces 10 cantons se subdivisent eux-mêmes en 74 communes, ce qui donne, en moyenne, un peu plus de 7 communes par canton. Sa population est de 122,743 hab. et sa superficie de 173,142 hectares. Son revenu territorial net est de 5,736,303 fr.

Il est borné au N. par les arrondissements de Lannion et de Saint-Brieuc; à l'E. par les arrondissements de Saint-Brieuc et de Loudéac; au S. par le Morbihan; à l'O. par le Finistère et l'arrondissement de Lannion. Le canal de Nantes à Brest le parcourt sur une étendue de 25 kilom.

Cet arrondissement est accidenté dans sa partie nord, montueux et élevé dans le sud. Les cantons de Belle-Ile-en-Terre, Bourbriac, Callac, Maël-Carhaix et Saint-Nicolas-du-Pélem, qui sont le prolongement des montagnes Noires et d'Arréz, présentent de tous côtés des points élevés quelquefois de plus de 300 m. au-dessus du niveau de la mer, de nombreux coteaux et des vallées profondes. Il appartient aux deux versants des montagnes dont nous venons de parler, et les principales rivières qui le sillonnent coulent, les unes au nord, vers la Manche ; ce sont le Guer, le Guindy, le Jaudy et le Trieux ; les autres au sud, vers l'Océan, ce sont le Blavet, l'Aven ou Hière.

L'arrondissement, pour indiquer seulement ses grandes divisions géologiques, est granitique au sud et schisteux au nord. La première de ces constitutions est plus étendue que la seconde, et le sol qu'elle forme est plus tourmenté, plus sablonneux et moins fertile que celui du nord. — Il renferme en outre quelques forêts assez étendues, notamment celles de Coat-an-Nos, de Coat-an-Nay, de Malaunay, d'Avaugour, de Kergrist et de Duault.

Il se divise, d'après le cadastre, de la manière suivante :

Jardins, courtils, vergers et sol des édifices, ci...............	2,548 hect.
Terres labourables...............	102,818
Prés...............	17,867
Bois et taillis...............	8,019
Pâtures et landes...............	34,849
Terrains improductifs et non imposés ; chemins, rivières, etc...............	7,041
TOTAL...............	173,142 hect.

Le revenu net moyen par hectare est, pour l'arrondissement, de............... 29 fr. 96

La valeur vénale moyenne de l'hectare est de............... 715 »

Il possède 25,511 maisons et 406 moulins et usines. — Il compte 113 écoles primaires. — Il s'y tient, par année, 116 foires.

L'arrondissement de Guingamp produit : froment, 81,940 hect.; méteil, 30,978 hect.; seigle, 193,344 h.; orge, 53,058 hect.; avoine, 467,187 hect.; sarrasin, 293,158 hect.; pommes de terre, 66,821 hect.; betteraves, 13,644 quint. mét.; chanvre, 3,480 quint. mét. de filasse ; lin, 4,284 quint. mét. de filasse ; cidre, 43,785 hect. — Il possède : chevaux, juments, poulains et pouliches, 21,865; taureaux, 2,695; bœufs, 13,373; vaches, 36,634; veaux, 20,159; béliers, 1,217; moutons, 4,483; brebis, 10,498; agneaux, 9,381; boucs et chèvres, 1,631; porcs, 23,049.

Au point de vue agricole, cet arrondissement appartient aux trois zônes culturales qui caractérisent le département, et il présente ainsi les cultures les plus variées. Le canton de Pontrieux, qui fait partie de la zône du littoral, est fertile, bien cultivé et productif à un haut point. Les cantons de Bégard, Belle-Ile, Guingamp, Bourbriac et Plouagat se rangent dans la zône intermédiaire, enfin ceux de Callac, Maël-Carhaix et Saint-Nicolas appartiennent à la zône pastorale et se livrent tout spécialement à l'élève du bétail et des chevaux légers dits de la Montagne, qui rappellent la race arabe, de laquelle ils procèdent, par leur force, leur énergie et leur sobriété.

L'arrondissement est l'un de ceux dans lesquels l'organisation des comices agricoles a été la plus complète et la plus rapide. De grands efforts y ont été faits et de sérieux progrès s'y sont réalisés, tant sous le rapport de la culture des terres, de l'usage des amendements calcaires et marins, de l'emploi des instruments aratoires nouveaux, que de l'amélioration du bétail. Il compte encore, dans sa partie sud surtout, de vastes landes ou bruyères ; mais chaque jour la charrue en attaque quelques parcelles, et l'heure viendra où tout ce qui aura pu être cultivé ou planté le sera.

Dans tout l'arrondissement de Guingamp on parle le breton, et c'est, particulièrement dans ses montagnes, l'ancienne race celtique qui l'habite. Ce fait indique suffisamment le caractère physique et moral de sa population. Nous ajouterons qu'elle est généralement appliquée à l'agriculture.

Ont successivement exercé, dans l'arrondissement de Guingamp, les fonctions de Sous-Préfet : MM. an VIII, Mauviel ; 1816, de Quélen ; 26 février 1821, Geoffroy de Ville-Blanche ; 20 août 1830, Brunot ; 20 mars 1848, Gélard ; octobre 1849, Gengoult ; 1852, de Matharel ; mai 1853, Caffin ; 16 octobre 1858, baron de Viefville des Essards.

Canton de Guingamp.

Le canton de Guingamp est borné au N. par les cantons de Bégard et de Lanvollon ; à l'E. par le canton de Plouagat ; au S. par le canton de Bourbriac ; à l'O. par les cantons de Belle-Ile et de Bégard. — Le Trieux partage en deux ce canton et l'arrose du sud au nord. — Il est traversé par le chemin de fer de Rennes à Brest ; par les routes impériales No 12 de Paris à Brest, No 167 de Vannes à Lannion ; par les routes départementales No 5 de Guingamp à Tréguier, No 9 de Guingamp à Carhaix ; par les chemins de grande communication No 12 de Guingamp à Lanvollon, No 20 de Tréguier au canal de Nantes à Brest, No 54 de Guingamp à la tournée de Paimpol, et par le chemin d'intérêt commun No 22 de Guingamp à Quintin.

La population du canton est de 16,011 hab. ; sa superficie de 11,956 hect., et son revenu territorial net de 765,518 fr.

Arrosé par le Trieux et par d'autres cours d'eau moins importants, le canton de Guingamp présente un aspect montueux et accidenté, principalement à l'ouest et au sud ; il est bien boisé et les pommiers n'y réussissent pas mal. Son sol, qu'une agriculture en progrès enrichit et amende chaque jour, se fertilise de plus en plus, et la culture du froment tend à s'y généraliser autant qu'il est

TERRES. — Revenu net moyen, par hectare, pour le canton, 45 fr.

Valeur vénale moyenne, de l'hectare, dans le canton........ 1,180 fr.

COMMUNES COMPOSANT LE CANTON.	POPULATION.	DISTANCES en kilomètres.			NOMBRE D'HECTARES des terrains imposables produisant revenu.					Terrains non productifs et non imposables	NOMBRE TOTAL D'HECTARES par commune.	REVENU CADASTRAL.	PROPORTION de rehaussement pour obtenir le revenu réel.		TAUX MOYEN de l'intérêt des fonds placés.		NOMBRE		NOMBRE	
		Du chef-lieu du département	Du chef-lieu d'arrond.t	De Guingamp (chef-lieu de canton.)	Jardins, courtils, vergers et sol des édifices.	Terres labourables.	Prés.	Bois et taillis.	Pâtures et landes.	TOTAL.				Pour les terres (1).	Pour les maisons, moulins et usines (2).	En terres.	En maisons, moulins et usines.	De maisons.	De moulins et usines.	De foires.	De cafés et cabarets.
Guingamp..	6,893	32	»	»	55	147	39	»	10	253		296	fr. c 70,192 23	3.55	3.53	p. 0/0 4.98	p. 0/0 5.11	1,076	7	11	104
Coadout.....	538	38	6	6	1	547	84	238	101	971		975	6,770 40	5.40	6.10	4.05	4.05	133	2	»	3
Grâces.....	1,334	36	4	4	2	965	143	130	106	1,346		1,116	22,223 70	3.49	3.35	3.11	3.90	287	5	»	10
Moustéru...	1,116	41	9	9	1	846	153	120	245	1,365		1,428	13,477 79	4.60	4.25	3.67	3.68	234	3	»	5
Pabu........	1,084	36	4	4	2	521	80	43	87	733		781	15,835 59	3.06	3.04	3.67	3.65	283	4	»	7
Plouisy......	1,929	36	4	4	4	1,579	199	105	392	2,270		2,396	42,474 38	2.35	2.35	3.63	3.65	450	6	»	8
Ploumagoar.	2,096	39	3	3	2	2,031	285	323	403	3,044		3,205	40,895 10	3.13	2.91	4.20	4.20	506	7	»	8
St-Agathon..	1,021	30	3	3	1	852	118	183	226	1,380		1,456	16,265 65	4.15	4.07	4.»	4.03	233	4	»	7
TOTAUX....	16,011	»	»	»	68	7,488	1092	1114	1570	11,332		11,956	228,134 84	»	»	»	»	3,203	38	11	152

NOTA. — *Terrains.* — Pour connaître le revenu réel des terrains et des maisons dans une commune, il y a lieu de multiplier le revenu cadastral ces terrains par les chiffres proportionnels, indiqués dans la colonne portant le numéro (1).

Maisons. — Pour obtenir le revenu réel d'une maison, il faut ajouter au revenu cadastral le tiers de ce revenu, et multiplier le total par les chiffres indiqués dans la colonne portant le numéro (2).

Usines et Moulins. — Pour obtenir le revenu réel d'une usine, ajouter au revenu cadastral la moitié de ce revenu, et multiplier le total par les chiffres indiqués dans la colonne portant le numéro (2).

possible. Ses prairies sont bonnes et leur produit se vend aisément. Il serait à désirer que les landes, qui forment encore environ le cinquième de ce canton, fussent, sinon cultivées, au moins plantées d'arbres résineux.

Sans être, à proprement parler, un centre d'élève du bétail, le canton de Guingamp tire cependant une grande ressource de l'élève des vaches et de chevaux forts et vigoureux propres au trait et à l'artillerie. — Il appartient à la zône intermédiaire et produit : froment, 16,888 h.; méteil, 989 hect.; seigle, 18,450 hect.; orge, 6,707 h.; avoine, 60,021 hect.; sarrasin, 31,525 hect.; pommes de terre, 4,800 hect.; betteraves, 1,400 quint. mét.; lin, 288 quint. mét. de filasse; chanvre, 459 quint. mét. de filasse; cidre, 19,875 hect. — Il possède : chevaux, 1,862; taureaux, 51; vaches, 4,148; veaux, 656; béliers, 47; brebis, 1,136; moutons, 116; agneaux, 982; boucs et chèvres, 104; porcs, 2,450.

GUINGAMP, 6,893 hab.; — située par les 5° 29′ 18′ de longitude O. et par les 48° 33′ 43′ de latitude N.; — bornée au N. par Plouisy et Pabu; à l'E. par Saint-Agathon; au S. par Ploumagoar; à l'O. par Grâce; — traversée par le chemin de fer sur un parcours de 1,525 m.; par les routes impériales Nos 12 et 167; par les routes départementales Nos 5 et 9, et par le chemin de grande communication N° 20; — appartenait à l'ancien évêché de Tréguier; — 5 écoles de garçons recevant

713 élèves ; 6 écoles de filles fréquentées par 635 élèves; cours professionnel communal; ouvroir pour les jeunes filles ; institution secondaire libre ; — chef-lieu de sous-préfecture de 3e classe ; — cure de 1re classe; tribunal de 1re instance ; justice de paix ; prison ; hospice civil et bureau de bienfaisance ; compagnie de sapeurs-pompiers (90 hommes, 4 pompes) ; société de secours mutuels sous le patronage de saint Yves (15 membres honoraires, 60 membres participants) ; société pour l'extinction de la mendicité ; bureau télégraphique ; bibliothèque, 2,000 volumes ; chambre littéraire ; société philharmonique ; stations d'étalons impériaux ; dépôt de remonte ; capitaine et brigade de gendarmerie à cheval ; résidence de 5 notaires ; recette particulière des finances ; chef-lieu de perception ; contrôleur des contributions directes ; vérificateur de l'enregistrement ; receveur de l'enregistrement pour le canton et pour celui de Plouagat ; conservateur des hypothèques ; inspection et recette des contributions indirectes ; direction des postes ; poste aux chevaux ; gare et station du chemin de fer ; conducteur des ponts et chaussées ; agent-voyer d'arrondissement et cantonal ; comice agricole ; chambre consultative d'agriculture ; vérificateur des poids et mesures ; caisse d'épargne ; 3 journaux ; 2 imprimeries et 3 librairies ; — on parle le breton ; — marché le samedi ; foires le 1er samedi de janvier et les samedis suivants jusqu'au carnaval, le samedi qui suit la mi-carême, le sa-

medi des Rameaux, le 1er samedi de mai, le lendemain des courses de Guingamp, le samedi avant le 1er dimanche de juillet, le samedi après le 15 août, les 2es samedis de septembre et d'octobre, le 4e samedi de novembre et le 24 décembre. — Située au centre d'une vaste et riche vallée que bornent les montagnes de Bré, de Bourbriac, de Moustérus et les hauteurs de Saint-Léonard, de Montbareil et de Castel-Pic, la ville de Guingamp s'incline vers l'ouest, sur les bords du Trieux, et présente, de quelque point qu'on l'aperçoive, un coup-d'œil très-pittoresque avec ses maisons diversement groupées que domine de sa masse imposante l'église Notre-Dame. Des bosquets disséminés çà et là et de belles plantations entourent la ville d'une ceinture de feuillage au travers de laquelle sortent, dans diverses directions, huit ou dix faubourgs qu'embellissent de fraîches maisons de campagne. — Cette ville, célèbre dans les annales militaires de notre province et dont le nom est inscrit sur des monnaies qui y furent frappées de 1091 à 1143, a vu disparaître, depuis cent ans, une grande partie de ses fortifications; on n'y voit plus que la base de son château, reconstruit au milieu du xve siècle. — Plusieurs de ses édifices religieux ont aussi disparu, notamment les églises paroissiales de la Trinité, de Saint-Sauveur et de Saint-Michel, de sorte qu'il serait difficile de se rendre compte de l'ancienne physionomie de Guingamp, si M. S. Ropartz, dans la remar-

quable histoire de cette ville, qu'il vient de publier,
n'avoit eu soin d'en conserver le plan. Guingamp se
dédommage cependant de ses pertes par la conservation
de sa belle église de Notre-Dame, qu'il se plait à restaurer et à embellir. La construction de ce monument,
commencé à la fin du xiie siècle, n'a fini qu'avec le xvie.
Il présente, dans ses tours, son portail, sa nef et son
abside, des beautés de premier ordre dans le détail
desquelles nous ne pouvons entrer; le département ne
compte pas trois autres édifices qui puissent lui être
comparés. Son pardon, célèbre dans toute la Bretagne,
attire chaque année, le samedi qui précède le 1er dimanche de juillet, un nombre considérable de pèlerins;
il se termine par une procession aux flambeaux, qui sort
de l'église à neuf heures du soir et pendant laquelle plusieurs feux de joie sont allumés. — Nous citerons, parmi
les autres édifices religieux de Guingamp, la remarquable
chapelle, maintenant abandonnée, de l'ancienne abbaye
de Sainte-Croix, qui remonte au xiiie siècle et qu'il
serait facile de restituer au culte; celles de Saint-
Léonard, dont quelques parties sont de l'époque romane;
de l'Hôpital (1699) et des Ursulines (1666), dont les
façades méritent l'attention. — Le palais de justice,
l'hospice civil, le collége communal, sont de beaux
édifices; la place dite du Centre est plantée et forme
une agréable promenade : au haut de cette place on
remarque la Pompe; c'est une élégante fontaine jaillis-

sante, en plomb et granite, due au talent du célèbre sculpteur de Châtelaudren, Corlay, qui l'exécuta en 1743. Les eaux qui alimentent cette fontaine proviennent d'une source située à plus de 1 kilom., d'où elles sont amenées au moyen d'un aqueduc supporté par des arcades en plein cintre. — C'est en 1821 qu'a été établi le dépôt de remonte, dans les bâtiments de l'ancien couvent des Ursulines; il fournit annuellement, à l'armée, environ 450 chevaux. — Outre l'hospice civil et la société de secours mutuels dont nous avons parlé, nous citerons encore, parmi les établissements de charité de Guingamp, le bureau de bienfaisance, fondé en 1832 par M. Daguenet, et l'ouvroir des orphelines, dirigé par les Dames de la Sagesse. — L'industrie proprement dite se résume à Guingamp, en 5 moulins à blé et 1 minoterie, sur le Trieux, 2 brasseries, 6 tanneries, 2 mégisseries, 4 fabriques de fils retors, 1 d'instruments aratoires, 1 de chapeaux et 1 de carton; le nombre des ouvriers employés dans ces divers établissements est d'environ 350. Les toiles de lin et de chanvre tissées et blanchies dans les environs de cette ville donnent lieu, chaque samedi, à des transactions importantes. — Châteaux modernes des Salles, de Sainte-Anne, de Saint-Léonard et de Cadolan. — Patrie de Auvré le Géant, connétable, en 1028, de Robert, duc de Normandie; du jésuite Jean Jégou, né en 1613, auteur de plusieurs ouvrages ascétiques; de François Valentin, peintre distingué, né en 1757 : plusieurs de ses tableaux sont au musée du Louvre ; de Charles Hello, procureur général à Rennes, décédé conseiller à la cour de cassation, auteur de plusieurs écrits sur le droit et la jurisprudence ; de MM. Le Normand de Kergré, Joseph, capitaine de frégate, et Alexandre, maréchal de camp, décédés tous les deux en 1841 ; d'Yves Le Mat, subdélégué de l'intendance de Bretagne en 1780, et de Esprit Le Mat, son fils, hérault d'armes de France, membre de l'Académie celtique, décédé à Paris en 1834 ; du général de brigade Pastol, tué au siége de Lutzen ; de M. Richard de Pontblas, auteur d'une histoire de Bretagne manuscrite, etc. — *Points culminants* : Sommet du clocher de Notre-Dame, 133 m. ; la Madeleine, 76 m. — *Géologie* : Constitution granitique. — *Maires* : Ont rempli successivement ces fonctions, MM. Le Mat, Robeau, Desjars, Depasse, Guyomar, de Carné, de la Chapelle, Ollivier, Le Calvez, de Botmiliau, Buhot et Le Calvez.

COADOUT, 538 hab. ; — bornée au N. par Grâces ; à l'E. par le Trieux, qui la sépare de Ploumagoar ; au S. par Saint-Adrien et Bourbriac ; à l'O. par Bourbriac et Moustérus ; — traversée du N. au S. par le chemin de grande communication N° 20 et par un chemin d'intérêt commun ; — sans école ; — dépend de la perception de Guingamp ; — faisait partie de l'ancien évêché de Dol ; — on parle le breton. — Territoire élevé, accidenté et coupé de vallées profondes, bien boisé et planté de pommiers ; arrosé par le Trieux et le Dourlan. Terres légères ; prés assez bons. — L'agriculture y fait des progrès et se sert des amendements calcaires marins. — L'église, sous le patronage de saint Iltut, dont la fête a lieu le 2e dimanche de juillet, n'offre de remarquable que son maître-autel, dont le rétable est bien sculpté. — A 1 kilom. Est du bourg, on voit le château fort du Bois-de-la-Roche, dont l'aspect encore imposant est digne de la visite des touristes. Ce château appartenait, en 1480, à Pierre de Roscerff, dont le fils fut chambellan du duc de Bretagne François II. — Dolmen à Penpoul-ar-Hus ; c'est une pierre plate, longue de 5 m., large de 4 m., supportée sur trois autres pierres et sur laquelle, d'après la tradition locale, saint Iltut et saint Briac se réunissaient pour prier. — *Points culminants* : Le Bois-de-la-Roche, 153 m. ; Parc-Lan, 175 m. — *Géologie* : Granite ; roches amphiboliques. — *Maires* : Ont successivement rempli ces fonctions, MM. Dunou, Deréat, Le Jannic, L. Michel, Landay, J. Le Drulennec et J. Michel, maire actuel.

GRACES, 1,331 hab. ; — bornée au N. par Plouisy ; à l'E. par Guingamp et par le Trieux, qui la sépare de Ploumagoar ; au S. par Coadout ; à l'O. par Moustérus et par Plouisy ; — traversée par le chemin de fer sur une longueur de 2,341 m.; par la route impériale N° 12, la route départementale N° 9 et un chemin d'intérêt commun conduisant à Bourbriac; — sans école; — dépend de la perception de Guingamp; — ancienne trève de Plouisy; — on parle le breton. — Territoire peu accidenté, à l'exception de la partie sud-ouest, qui est élevée et montueuse; assez boisé et planté de pommiers. Sol de bonne qualité, bien cultivé et donnant de bons produits. Arrosé par le Trieux. — L'église, sous le patronage de Notre-Dame de Grâces, dont la fête a lieu le 15 août, est, par son architecture, l'une des plus remarquables du département. Elle fut au xviie siècle, donnée aux Cordeliers de Guingamp, qui y apportèrent les restes de Charles de Blois, tué en 1364 à la bataille d'Auray. Un reliquaire placé près de l'autel principal, du côté de l'évangile, contient encore le cœur de ce prince. — Chapelle de Saint-Jean. — Château de Keranno, habité pendant quelque temps par le roi d'Angleterre Jacques II, en 1692, après sa deuxième défaite. — Manoirs de Kerurien et de Kéribot. — *Points culminants :* Pen-an-Crec'h, 154 m.; Pors-Coz, 152 m. — *Géologie :* Constitution granitique et roches amphiboliques. — *Maires :* Ont successivement rempli ces fonctions, MM. Ch. Martin, Menguy, Riou, Labia, Riou, de Cargoët, maire actuel.

MOUSTÉRUS, 1,116 hab.; — bornée au N. par Tréglamus et Plouisy; à l'E. par Grâces; au S. par Bourbriac; à l'O. par Gurunhuel et Tréglamus; — traversée par la route départementale No 9 ; — école de garçons, 75 élèves ; — dépend de la perception de Guingamp ; — ancienne trève de Pédernec ; — on parle le breton. — Territoire élevé, accidenté et bien boisé à l'est et au nord ; assez plat et découvert dans les autres parties ; arrosé par les ruisseaux de l'Isle, du Groesquer et du Dourdu. Terres légères, de qualité médiocre. Les prés sont bons, et la majeure partie des landes qui existent encore est susceptible de culture. — Le nom de la commune (en breton, *Moustérus*, monastère rouge), semble venir avec quelque certitude de celui donné par le peuple aux Templiers, qu'il qualifie encore aujourd'hui de Moines rouges, et qui, d'après la tradition, auraient possédé un établissement à 1/2 kilom. du bourg, au hameau de Cozmouster ou vieux Monastère. — L'église paroissiale, sous le patronage de la sainte Vierge, était autrefois la chapelle du château de l'Isle. Elle a été augmentée et restaurée d'une manière très-convenable. Le château dont elle dépendait n'offre plus que quelques ruines. — Manoir de Groesquer. — Moustérus est la patrie de Vincent de Kerlau, qui fut évêque et ambassadeur sous les ducs de Bretagne Pierre II et François II. — *Points culminants* : Bahulos, 191 m. ; Kerlongard, 216 m. — *Géologie* : Granite ; au nord, roches amphiboliques et gneiss. — *Maires* : Ont rempli successivement ces fonctions, MM. Le Beguer, Guégan, Magoarou, Le Cornic, de Coëtlogon et H. Magoarou, maire actuel.

PABU, 1,084 hab.; — bornée au N.-E. par Pommerit-le-Vicomte ; à l'E. par Saint-Agathon ; au S. par Guingamp ; à l'O. par le Trieux, qui la sépare de Plouisy et de Trégonneau ; — traversée du S. au N. par la route départementale No 5, et par le chemin de grande communication No 54 dans sa partie N.; — école mixte, 54 élèves; — dépend de la perception de Guingamp; — ancienne trève de Ploumagoar ; — on parle le breton. — Territoire bien boisé et planté de pommiers, assez uni et assez plat, à l'exception de la partie ouest, aux abords de la rivière le Trieux. — Le sol de cette commune est bon et fertile, et les cultivateurs qui ont adopté l'emploi des instruments perfectionnés et des amendements marins le rendent très-productif. Elle est arrosée par le ruisseau le Frout. — On y fabrique des poteries communes et des tuyaux de drainage dont le produit annuel peut être évalué à 6,000 fr. environ. La terre dont on se sert pour ces objets provient de Kervenou, dans la commune limitrophe de Pommerit-le-Vicomte. — Saint Pabu ou Tugdual, évêque de Tréguier, est le patron de cette paroisse et lui a donné son nom; sa fête se célèbre le dernier dimanche d'août. — L'église paroissiale est du XVIIIe siècle et n'offre rien de remarquable. — La chapelle de Runevarech est dédiée à saint Loup, dont la fête et le pardon ont lieu le 1er septembre. De nombreux pèlerins se rendent à cette cérémonie ; mais son caractère purement religieux tend à disparaître devant les fêtes populaires données par la ville de Guingamp, chaque année, pendant deux jours, à cette époque et près de la chapelle. — Cette villa de Runevarech a remplacé le vieux château du même nom ; ceux de Munehore et de Keruel sont habités. — *Points culminants* : Le bourg, 90 m.; Fautaniau, 131 m.— *Géologie* : Constitution granitique. — *Maires* : Ont successivement rempli ces fonctions, MM. Clouin, Guyonnic, Toudic, Le Bouété, Menguy, Lorgeré, Le Noan, Jézéquel et J. Le Bonniec, maire actuel.

PLOUISY, 1,929 hab. ; — bornée au N. par Saint-Laurent, Kermoroch et Trégonneau ; à l'E. par le Trieux, qui la sépare de Pabu ; au S. par Guingamp, Grâces et Moustérus ; à l'O. par Tréglamus et Pédernec ; — traversée par le chemin de fer sur un parcours de 2,562 m.; par les routes impériales Nos 12 et 167, et par le chemin de grande communication No 20; — école de garçons, 75 élèves ; de filles, 55 élèves ; — dépend de la perception de Guingamp ; — faisait partie de l'ancien évêché de Tréguier ; — on parle le breton. — Territoire peu boisé, très-accidenté à l'est, généralement plat et uni dans ses autres parties. Les cultures sont assez soignées dans cette commune, dont les terres, légères et médiocres dans l'est, sont fertiles dans le sud. — L'église de Plouisy a pour patrons saint Pierre et saint Paul ; elle a été construite à diverses époques et porte les dates de 1566, de 1640 et de 1660. — Une chapelle, dédiée à saint Antoine, est située près des ruines du vieux manoir de Kerisac. — Le château de Carnaba est remarquable par sa construction et par ses jardins dessinés par le célèbre Le Nôtre; ceux du Roudouroux et de Kermelven ont été convenablement restaurés; les manoirs de Goas-Hamon et de Kernilien sont devenus de simples fermes. — *Points culminants* : Signal, 156 m.; Kerjagu, 154 m.; les Quatrevents, 134 m. — *Géologie* : Constitution granitique. — *Maires* : MM. an 1er, Le Pape; an III, Colas; an VIII, Perrot; an IX, Le Calvez; 1815, J. de Coaridouc; 1822, Kernivinen ; 1848 , M. de Coaridouc, maire actuel.

PLOUMAGOAR, 2,096 hab.; — bornée au N. par Saint-Agathon; à l'E. par Saint-Jean-Kerdaniel et Lanrodec; au S. par Saint-Péver; à l'O. par le Trieux, qui la sépare de Saint-Adrien, Coadout et Grâces, et par Guingamp; — traversée par le chemin de fer sur une longueur de 1,862 m.; par les routes impériales Nos 12 et 167, et par le chemin d'intérêt commun No 22; — école de garçons, 51 élèves; de filles, 30 élèves; — dépend de la perception de Guingamp; — faisait partie de l'évêché de Tréguier; — on parle le breton. — Territoire peu accidenté et à longues ondulations, à l'exception des bords du Trieux; boisé dans quelques-unes de ses parties. — Le sol, assez fertile dans le nord-ouest, l'est moins sur ses autres points. Les terres sont légères, et l'on trouve, dans cette commune, beaucoup de landes qui seraient susceptibles d'être rendues productives. — L'église, en granite et d'une construction moderne, a pour patron saint Pierre. — Sainte Brigide est patronne de la chapelle de Berhet ; c'est un édifice du xviie siècle. Le château de Locmaria est une remarquable construction qui date de 1720. C'est dans le manoir qu'il a remplacé que naquit le brave chevalier Rolland de Coetgourheden, qui reçut de Charles de Blois, vers l'an 1346, comme récompense de son courage et de ses vertus, le titre de sénéchal universel de Bretagne. — *Points culminants* : Roglanou, 116 m. ; Saint-Hernin, 131 m. ; rue Saint-Nevin, 142 m. ; Sainte-Brigide, 189 m. — *Géologie* : Granite, et au nord, roches amphiboliques. — *Maires* : Ont successivement rempli ces fonctions, MM. Mahé, Jouin, Botcazou, Salaün, Derrien, Homo, Le Bouédec, Huon et Guillosson, maire actuel.

SAINT-AGATHON, 1,024 hab. ; — bornée au N. par Pommerit-le-Vicomte et Le Merzer ; à l'E. par Le Merzer, Saint-Jean-Kerdaniel et Ploumagoar ; au S. par Ploumagoar ; à l'O. par Guingamp et Pabu ; — traversée par le chemin de fer sur une longueur de 4,424 m. ; par la route impériale N° 12, et par le chemin de grande communication N° 12 ; — sans école ; — dépend de la perception de Guingamp ; — ancienne trêve de Ploumagoar ; —

on parle le breton. — Territoire bien boisé et planté de pommiers; il est peu accidenté; le ruisseau le Frout l'arrose. Les terres sont de bonne qualité et les prairies naturelles productives. En somme, l'agriculture est en progrès dans cette commune; mais on y voit encore des landes trop étendues. — La commune, appelée pendant plusieurs siècles Saint-Néganton, doit son nom à saint Agathon, élu pape en 678 et décédé à Rome en 702, dont la fête se célèbre le 4e dimanche après Pâques. Son église paroissiale, élevée en 1856 et 1857, dans le style gothique et en granit de l'Ile-Grande, est fort jolie. Elle est sous le vocable de l'Immaculée-Conception et renferme un maître-autel en bois délicatement sculpté par M. Le Merer, artiste de Lannion. — La forêt de Malaunay couvre une partie de cette commune, sur une étendue de 128 hectares. On y trouve une chapelle dédiée à la sainte Vierge et qui fut construite en 1702, comme souvenir expiatoire des forfaits commis par une famille de brigands nommés les Courqueux, qui désolèrent pendant longtemps le pays environnant et dont le repaire était situé près de cet endroit. — *Points culminants* : Kerévez, 129 m.; Kernoble, 136 m.; le Bel-Orme, 129 m. — *Géologie :* Constitution granitique et roches amphiboliques. — *Maires :* MM. Riou, 1790; Godest, 1793; Le Peuch, 1793; J. Lorgéré, 1796; Guevellou, 1799; J. Lorgéré, 1800; Desjars, 1816; J.-M. Lorgéré, depuis 1830.

Canton de Bégard.

Le canton de Bégard est borné au N. par les cantons de La Roche-Derrien et de Pontrieux ; à l'E. par le Trieux, qui le sépare du canton de Lanvollon ; au S. par les cantons de Guingamp et de Belle-Ile ; à l'O. par les cantons de Belle-Ile et de Plouaret. — Il est arrosé du S. au N. par le Jaudy ; il est traversé par le chemin de fer de Rennes à Brest ; par les routes impériales N° 12 de Paris à Brest, N° 167 de Vannes à L'annion ; par la route départementale N° 15 de Pontrieux à Belle-Ile ; par les chemins de grande communication N° 20 de Tréguier au canal de Nantes à Brest, N° 56 de Bégard à Saint-Michel-en-Grève ; par les chemins d'intérêt commun N° 24 de Pontrieux à Carhaix, N° 28 de Lanvollon à Bégard.

La population du canton est de 10,774 hab. ; sa superficie de 10,213 hect., et son revenu territorial net de 483,738 fr.

Le canton de Bégard, très-accidenté au nord et à l'est, vers ses limites formées par le Trieux et dans sa partie ouest, est assez uni dans sa partie centrale. Il est arrosé par quelques cours d'eau, dont le Jaudy est le plus important. Son sol, de qualité moyenne, est en général cultivé avec soin et amélioré au moyen des amendements marins dont l'usage se répand de plus en plus. Ses prairies ne suffiraient pas à l'élève des bestiaux et des forts chevaux qu'il possède, si l'on n'y suppléait par des prairies artificielles, des plantes fourragères et surtout par l'ajonc que les landes fournissent.

Le canton appartient à la zône intermédiaire. Il produit : froment, 19,000 hect.; méteil, 7,375 hect.; seigle, 3,300 hect.; orge, 12,480 h.; avoine, 59,150 hect.; sarrasin, 24,950 hect.; pommes de terre, 6,000 hect.; betteraves, 1,750 quint. mét.; lin, 1,120 quint. mét. de filasse; chanvre, 40 quint. mét. de filasse; cidre, 8,280 hect. — Il possède : chevaux, 2,430 ; taureaux, 120; vaches, 3,800; veaux, 900; béliers, 80; moutons, 1,020; brebis, 1,580; agneaux, 1,920; boucs et chèvres, 120; porcs, 4,200.

TERRES. — Revenu net moyen, par hectare, pour le canton... 45 fr. 02

Valeur vénale moyenne, de l'hectare, dans le canton............ 1,008 fr.

COMMUNES COMPOSANT LE CANTON.	POPULATION.	DISTANCES en kilomètres.			NOMBRE D'HECTARES des terrains imposables produisant revenu.					Terrains non productifs et non imposés. Chemins, rivières, etc. — Hectares.	NOMBRE TOTAL D'HECTARES par commune.	REVENU CADASTRAL.	PROPORTION de rehaussement pour obtenir le revenu réel.		TAUX MOYEN de l'intérêt des fonds placés.		NOMBRE		NOMBRE	
		Du chef-lieu du département.	Du chef-lieu d'arrond.	De Bégard (chef-lieu de canton).	Jardins, courtils, vergers et sol des édifices.	Terres labourables.	Prés.	Bois et taillis.	Pâtures et landes.	TOTAL.				Pour les terres (1).	Pour les maisons, moulins et usines (2).	En terres.	En maisons, moulins et usines.	De maisons.	De moulins et usines.	De foires.	De cafés et cabarets.
													fr. c.	p. 0/0.	p. 0/0.						
Bégard....	3,960	47	15	»	40	2,712	232	151	339	3,504	138	3,642	62,991 28	2.50	2.53	5.08	5.09	770	12	7	20
Kermoroch..	509	40	8	10	8	494	43	8	40	593	23	616	14,124 41	2. »	2. »	3.57	3.50	119	1	»	2
Landébaëron	660	42	10	8	7	468	49	55	40	619	25	644	12,444 28	2.22	2.21	4.10	4.33	131	1	»	4
Pédernec...	3,005	42	10	5	33	2,000	268	41	247	2,589	114	2,703	70,733 87	1.93	1.96	4.48	4.50	591	9	3	13
St-Laurent..	864	42	10	7	9	645	70	27	106	857	39	896	23,902 53	1.70	1.70	4.80	4.79	164	3	»	5
Squiffier...	1,058	41	9	14	8	839	49	23	111	1,030	50	1,080	27,002 23	2. »	1.98	4.26	4.23	216	3	»	4
Trégonneau.	618	39	7	12	6	471	38	17	74	606	26	632	8,591 47	4.51	4.58	3 49	3.50	115	1	»	3
TOTAUX....	10,774	»	»	»	111	7,659	749	322	957	9,798	415	10,213	219,550 07	»	»	»	»	2,136	30	10	51

(1 et 2) Pour les notes concernant ce tableau, voir celles du tableau du canton de Guingamp, pages 430 et 431.

BÉGARD, 3,960 hab.; — située par les 5° 38′ 6′ de longitude O. et par les 48° 37′ 46′ de latitude N.; — bornée au N. par Prat et Coatascorn; à l'E. par le Jaudy, qui la sépare de Brélidy et de Saint-Laurent; au S. par Saint-Laurent et Pédernec; à l'O. par Louargat et Pluzunet; — traversée par la route impériale N° 167, la route départementale N° 15, le chemin de grande communication N° 56 et le chemin d'intérêt commun N° 28; — école de garçons, 100 élèves; pensionnat et école de filles, 90 élèves; — chef-lieu de canton et de perception; — cure de 2° classe; bureau de bienfaisance et asile pour les aliénées; brigade de gendarmerie à cheval; justice de paix; résidence d'un notaire; bureau de distribution des lettres; comice agricole; — on parle le breton; — marché le vendredi; foires les 1ers vendredis de mars, mai, juin, juillet, septembre, octobre et décembre. — Son territoire, peu boisé et accidenté au sud, plat au nord, mais un peu humide, est fertile, grâce aux amendements marins. Parmi les céréales qu'on y cultive, le froment et l'avoine dominent. — Quatre moines de l'ordre de Cîteaux, venant de l'abbaye de L'Aumône (diocèse de Chartres), fondèrent, en 1130, celle de Bégard, du mot *Beggar*, en anglo-saxon *mendiant*, désignation sous laquelle était connu, dans la contrée, un ermite qui habitait le lieu dit Pluscoat, sur lequel la communauté fut édifiée. Cette abbaye, dont la juridiction était fort étendue et qui dépendait de l'évêché de Tréguier, a compté 92 abbés depuis sa fondation ; elle se maintint florissante jusqu'à la Révolution. A cette époque, Bégard devint chef-lieu d'une commune formée par l'annexion des paroisses de Trézélan, de Bolézan, de Guénézan, et des trèves de Lanneven et de Saint-Norvez. — Au Concordat, la chapelle de l'abbaye devint église curiale; elle remonte aux premiers temps de sa fondation. On y voit un tombeau qu'on croit être celui de Conan IV, duc de Bretagne. Ses boiseries, ses balustrades et sa chaire méritent l'attention. Elle est placée sous le patronage de Notre-Dame et de saint Bernard. — La commune compte, en outre de l'église succursale de Trézélan, qui porte la date de 1620, les anciennes églises, devenues simples chapelles, de Bolézan, de Guénézan, de Lanneven, de la Trinité, de Saint-Nicolas, de Saint-Evant et de Saint-Norvez ; celle dernière est en ruines. — On va prier saint Nicolas pour la guérison des rhumatismes. Autrefois les lépreux se recommandaient à saint Méen, patron de Lanneven. — L'abbaye de Bégard, déclarée bien de la Nation, fut vendue, en 1791, à M. Le Boutteux de Monceau, de Paris. Pendant longtemps, elle a été pour ainsi dire l'unique habitation du bourg, administrateurs, administrés y demeuraient tous. — L'achat qui, depuis 4 ans, vient d'en être fait par la communauté du Bon-Sauveur de Caen, a changé cet état de choses. L'abbaye, réparée, agrandie, occupée par des religieuses de cette congrégation, contient un asile

privé pour les femmes aliénées et une maison d'éducation
pour les jeunes filles, où sont reçues des pensionnaires.
— Les locataires de l'abbaye, expulsés, n'ont point quitté
la place; ils ont bâti de jolies maisons, et augmenté ainsi
le bourg de Bégard. Placé sur un magnifique plateau,
possédant un air pur et de bonnes eaux, il ne peut manquer de se développer encore. — Du lieu dit la Croix-de-
Santé, près du bourg, on jouit d'une vue très-étendue.
— On remarque un menhir de 10 m. de haut à Kerguezennec. — Une voie romaine, dont les restes se retrouvent
sur une longueur de 4 kilom., limite Bégard du côté de
Pluzunet. — Patrie de Guillaume Kérambrun, littérateur
distingué, ancien collaborateur de MM. Buchez et Bastide, à la *Revue nationale*; rédacteur du *Français de
l'Ouest* en 1841 et 1842; fondateur principal du prix
Le Grand au lycée de Saint-Brieuc; décédé à Guingamp
en 1852. — *Points culminants* : Le bourg, 132 m.;
Tavéac, 150 m.; Saint-Evenec, 100 m.; Kerho, 120 m.;
Corvezou, 148 m. — *Géologie* : Granite. — Ont été
Maires depuis 1790 : MM. Le Tiec, Scolan, Le Gac,
Calvez, Pennanhoat, Person, Le Tiec et Tassel.

KERMOROCH, 509 hab.; — bornée au N. par Landébaëron; à l'E. par le chemin de grande communication
N° 20, qui la sépare de Squiffiec et de Trégonneau; au
S. par Plouisy; à l'O. par Saint-Laurent; — traversée
par le chemin d'intérêt commun N° 28; — réunie à

Landébaëron pour l'instruction primaire; — dépend de la perception de Bégard; — résidence d'un notaire; — ancienne trève de Squiffiec; — on parle le breton. — Le territoire de cette commune, très-boisé et accidenté dans l'est, est assez fertile. Il fournit des froments estimés et beaucoup de cidre. — Reconstruite en 1856 par les soins de M. l'abbé Ollivier, l'église de Kermoroch est un joli monument qui rappelle le style du xiv° siècle. Elle est dédiée à sainte Brigide, abbesse et patronne de l'Irlande, dont la fête se célèbre le dernier dimanche de septembre. — Chapelle de Langoërat, remarquable par ses vitraux, son maître-autel et les peintures de son lambris; elle fut fondée en 1373; une aile y a été ajoutée en 1645. — Le château du Poirier ou du Perrier, dont on remarque les ruines, dominant un vaste étang, fut détruit à la fin du xiv° siècle. Son propriétaire, Alain du Perrier, s'était à cette époque signalé sur les champs de bataille et dans les conseils du duc, qui l'avait nommé maréchal de Bretagne; mais il avait pour ennemi Olivier de Clisson, qui commandait alors pour le roi de France et qui dévasta ses domaines. — Le château de Leshorz est également en ruines. — *Point culminant :* Le Vieux-Poirier, 123 m. — *Géologie :* Constitution granitique.— Ont été Maires : MM. René Le Bail, Louis Le Cam, François Raoul, Ollivier, J.-M. Le Cozic, M. Derrienne, Pierre Derrienne et, en 1850, Jacques Le Ticc.

LANDÉBAERON, 660 hab.; — bornée au N. par Plouëc; à l'E. par le chemin de grande communication N° 20, qui la sépare de Squiffiec; au S. par Kermoroch et Saint-Laurent; à l'O. par Brélidy; — école de garçons, 47 élèves; de filles, 75 élèves; — dépend de la perception de Bégard; — faisait partie de l'ancien évêché de Tréguier; — on parle le breton. — Le territoire de cette commune est très-boisé, bien planté de pommiers et accidenté dans sa partie nord-est. Le sol est bon et fertile. — L'église, dont la construction remonte en grande partie au XVIe siècle, a pour patron saint Maudez. — L'ancien château du Boismeur est en ruines. — *Points culminants* : Poulfang, 98 m.; le Grenet, 104 m. — *Géologie* : Granite; eaux ferrugineuses. — Ont été Maires : MM. Le Leizour, Roger, Bouget, Dollo, Le Ménager, Coquillon, Le Leizour, Sebille, Le Bever, Geffroy et F. Le Bever, maire actuel.

PÉDERNEC, 3,005 hab.; — bornée au N. par Bégard et Saint-Laurent; à l'E. par Plouisy; au S. par Tréglamus et Louargat; à l'O. par Louargat; — traversée par le chemin de fer sur une longueur de 5,941 m.; par les routes impériales N°[s] 12 et 167; par la route départementale N° 15 et par le chemin d'intérêt commun N° 24; — école de garçons, 58 élèves; de filles, 40 élèves; — dépend de la perception de Bégard; faisait partie de l'ancien évêché de Tréguier; — on parle le breton ; — foires (sur la montagne du *Menez-Bré*) les 17 juin, 2 août et 22 septembre. — Son territoire, généralement fertile, traversé par le Jaudy, produit des céréales, du foin et du lin. Il est plat et humide, sauf la montagne de Bré, qui forme un cône isolé, élevé de 302 m. au-dessus du niveau de la mer. — L'église, sous l'invocation de saint Pierre, dont la fête se célèbre exceptionnellement le 3e dimanche d'août, a été agrandie en 1847 ; elle est convenable et renferme de jolies sculptures ; sa sacristie porte la date de 1657. — La commune possède en outre huit chapelles, dont l'une, sous le patronage de saint Hervé, couronne le Menez-Bré. On s'y rend en pèlerinage pour être délivré des maux de tête. Les autres chapelles sont dédiées à Notre-Dame de Lorette, à sainte Anne, à Notre-Dame du Loc, à saint Maudez, à saint Jude, à saint Nicodème et à saint Efflam. — On trouve encore, en Pédernec, les restes des châteaux de Runangoff et de Tropont, et tout près de celui-ci, le manoir de Kermathaman, bien conservé. — Un menhir haut de 8 m., large de 4, épais de 1 m 33, existe au village de ce nom. — On prétend avoir trouvé quelques vestiges de voie romaine près de Kermathaman. — Du sommet du Menez-Bré, la vue s'étend à 40 kilom. On découvre la Manche et une étendue considérable de côtes. — Le barde Guinclan résida, dit-on, sur cette montagne, et la légende y place la réunion des évêques qui prononcèrent, au vie siècle, l'anathème contre Comor le maudit. — Patrie de Le Clerc, Yves, né en 1776; parti volontaire en 1793, mort en Espagne en 1811, sous-inspecteur aux revues et chevalier de la Légion-d'Honneur. — Pédernec compte plusieurs fabriques de toiles; on y exploite des carrières de granite dont les produits sont employés aux constructions particulières dans un rayon assez étendu. — *Points culminants :* Notre-Dame de Lorette, 116 m.; Goas-Léo, 142 m.; Coat-ar-Gluche, 181 m.; Bourdonnec, 255 m. — *Géologie* : Granite; roches amphiboliques au sud-ouest et à la montagne de Bré. — Ont été Maires : 1790, MM. Le Bihan; 1794, Coupin; 1796, Louis Le Dret; 1798, Henri Pastol; 1799, Yves Clech; 1803, J. Ansquer; 1808, Rolland; 1809, Pastol; 1814, Henri Le Quemener; 1815, Charles Le Baudour; 1830, Yves Pasquiou; 1831, François Bellec; 1846, Jean Le Baudour, maire actuel.

SAINT-LAURENT, 864 hab.; — bornée au N. par Brélidy et Landébaëron; à l'E. par Kermoroch; au S. par Pédernec; à l'O par Bégard, dont le Jaudy la sépare — traversée par les chemins d'intérêt commun Nos 24 et 28; — école de garçons, 24 élèves; — dépend de la perception de Bégard; — faisait partie de l'ancien évêché de Tréguier; — on parle le breton. — Territoire peu boisé, plat et humide; les terres sont de qualité médiocre; mais l'agriculture est en progrès. — L'église a pour patron saint Laurent et n'a de remarquable que son porche et les anciennes peintures qui décorent son lambris. — Chapelle de Sainte-Placide. — Le Palacret, dont il reste encore quelques ruines, était le chef-lieu d'une commanderie considérable de l'ordre de Malte. — *Points culminants :* Palacret, 116 m.; Kerboens, 123 m.; Rumadec, 124 m. — *Géologie :* Granite. — *Maires :* Ont rempli successivement ces fonctions, MM. Geffroy, Clech, Moisan, J. Geffroy, Le Ribault, Derriennic, Godest, Ansquer, Le Louarec, Tanguy, Le Calvez, Le Brigand, J.-M. Le Ribaul, Le Gaudu, Y. Le Clech et J.-F. Le Calvez.

SQUIFFIEC, 1,058 hab.; — bornée au N. par Plouëc; à l'E. par le Trieux, qui la sépare de Saint-Clet et de Pommerit-le-Vicomte; au S. par Trégonneau; à l'O. par la route de grande communication N° 20, qui la sépare de Kermoroch et de Landébaéron; — traversée par le chemin d'intérêt commun N° 28; — école de garçons, 55 élèves; de filles, 30 élèves; — dépend de la perception de Bégard; — faisait partie de l'ancien évêché de Tréguier; — on parle le breton. — Le sol de cette commune est très-boisé et très-accidenté sur les bords du Trieux. Il est plat et un peu trop humide au nord et au sud; néanmoins, il est productif et bien cultivé. — L'église est sous le patronage de saint Pierre; son collatéral nord est séparé de la nef par des piliers et d'élégantes arcades du xive siècle. — Chapelles de la Vierge, bâtie en 1854; de Saint-Gildas, de Kermaria et de Saint-Jean-Baptiste; cette dernière en ruines. — Patrie de M. du Bourgblanc, Saturnin, conseiller au Parlement de Bretagne et plus tard conseiller d'Etat, né au château de Kermanach, le 26 novembre 1759, décédé le 19 septembre 1819. — *Point culminant :* Kermorvan, 114 m. — *Géologie :* Granite, et amas de roches amphiboliques. — Ont été Maires : MM. Connan, J. Le Boulbin, G. Le Boulbin, Billiou, Le Saint, Le Pape, Bothoa, J. Le Guyader, Le Boulbin, L. Le Guyader, F. Le Saint et Lorgéré, maire actuel.

TRÉGONNEAU, 618 hab.; — bornée au N. par Squiffiec; à l'E. par le Trieux, qui la sépare de Pommerit-le-Vicomte et de Pabu; au S. par Plouisy; à l'O. par Kermoroch, dont le chemin de grande communication N° 20 la sépare en partie; — école de garçons, 42 élèv.; — dépend de la perception de Bégard; — faisait partie de l'ancien évêché de Tréguier; — on parle le breton. — Territoire bien boisé, et très-accidenté, particulièrement sur les bords du Trieux; les terres sont légères, mais bien cultivées; elles produisent de très-bonnes avoines. — L'église, que l'on reconstruit en ce moment, est sous le patronage de Notre-Dame de Trégonneau, dont la fête se célèbre le 2e dimanche de septembre. — Chapelle de Saint-Yves, bâtie en 1846. — Menhir au village de Kerbourg et dolmen au village de Beuzi Bras. — M. Vistorte-Boisléon, membre du Corps législatif sous la première République, président du tribunal civil de Guingamp, et M. Ribaut, premier supérieur du petit séminaire de Plouguernével, sont nés en Trégonneau. — *Point culminant* : Keredern, 110 m. — *Géologie* : Granite. — Ont été Maires : MM. Le Pape, Y. Ribaut, O. Ribaut, Connan, M. Ribaut, O. Connan, Nicolas et Y.-M. Ribaut, maire actuel.

Canton de Belle-Ile-en-Terre.

Le canton de Belle-Ile est borné au N. par les cantons de Plouaret et de Bégard; à l'E. par le canton de Guingamp; au S. par les cantons de Bourbriac et de Callac; à l'O. par les cantons de Callac et de Plouaret; — traversé par le chemin de fer de Rennes à Brest; par la route impériale N° 12 de Paris à Brest; par les routes départementales N° 9 de Guingamp à Carhaix, N° 15 de Pontrieux à Belle-Ile; par les chemins de grande communication N° 13 de Belle-Ile au canal, N° 15 de Louargat à Lannion, N° 53 de Quintin à Belle-Ile, N° 56 de Bégard à Saint-Michel-en-Grève ; par les chemins d'intérêt commun N° 23 de Gurunhuel à Louargat, N° 24 de Pontrieux à Carhaix, N° 59 de Belle-Ile à Pluzunet.

La population du canton est de 15,078 hab.; sa superficie de 17,243 hect., et son revenu territorial net de 597,707 fr.

TERRES. — Revenu net moyen, par hectare, pour le canton... 31 fr. 69

Valeur vénale moyenne, de l'hectare, dans le canton... 857 fr.

COMMUNES COMPOSANT LE CANTON.	POPULATION.	DISTANCES en kilomètres.			NOMBRE D'HECTARES des terrains imposables produisant revenu.					Terrains non productifs et non imposés. Chemins, rivières, etc. Hectares.	NOMBRE TOTAL D'HECTARES par commune.	REVENU CADASTRAL.	PROPORTION de rehaussement pour obtenir le revenu réel.		TAUX MOYEN de l'intérêt des fonds placés.		NOMBRE		NOMBRE	
		Du chef-lieu du départem¹.	Du chef-lieu d'arrond¹.	De Belle-Ile (chef-lieu de canton).	Jardins, courtils, vergers et sol des édifices.	Terres labourables.	Prés.	Bois et taillis.	Pâtures et landes.	TOTAL.				Pour les terres (1).	Pour les maisons, moulins et usines (2).	En terres.	En maisons, moulins et usines.	De maisons.	De moulins et usines.	De foires.	De cafés et cabarets.
													fr. c.			p. 0/0.	p. 0/0.				
Belle-Ile-en-Terre......	1,602	52	20	»	10	500	106	530	214	1,360	47	1,407	24,560 30	3.01	3.16	3.75	4. »	314	13	7	31
Gurunhuel..	1,320	48	16	9	16	950	232	37	636	1,871	87	1,958	17,669 34	2.85	3.46	3.50	3.78	312	4	»	8
Locquenvel.	360	56	24	4	5	114	26	34	143	322	14	336	4,686 44	2.49	2.60	3.75	4. »	98	6	»	5
Louargat...	4,277	46	14	6	40	3,191	616	769	874	5,490	228	5,718	39,329 07	2.50	2.63	3.75	4. »	902	11	1	14
Plougonver.	4,010	54	22	9	173	3,345	880	253	1081	5,732	212	5,944	83,869 76	2.04	2.02	3.75	4. »	872	20	»	12
Tréglamus..	1,509	43	11	11	16	1,163	240	72	311	1,802	78	1,880	21,542 80	3.22	2.95	3.50	4. »	301	6	»	5
TOTAUX...	13,078	»	»	»	260	9,263	2100	1695	3259	16,577	666	17,213	241,657 71	»	»	»	»	2,799	60	8	75

(1 et 2) Pour les notes concernant ce tableau, voir celles du tableau du canton de Guingamp, pages 430 et 431.

Le territoire du canton de Belle-Ile fait partie des montagnes d'Arrèz ; il est élevé et très-accidenté. Comme tous les pays montagneux, de nombreux cours d'eau l'arrosent, et les principaux sont le Guic, le Jaudy et le Guer. Il est encore, dans plusieurs de ses parties, couvert de landes et de bruyères, et en général ses terres sont légères et de qualité médiocre. L'agriculture y fait néanmoins des progrès. Bien qu'il appartienne à la zône intermédiaire, l'élève du bétail forme une de ses principales ressources, et les bœufs y servent au trait et au labour. — Le sol du canton, tourbeux dans certaines de ses parties, renferme quelques richesses minéralogiques, et l'on y a exploité des gisements de plomb-argentifère et des minerais de fer. — Admirablement boisé autrefois, il ne présente plus que des taillis, restes de la belle forêt de Coat-an-Nos. — Il produit : froment, 3,158 hect.; méteil, 5,049 hect.; seigle, 21,400 hect.; orge, 8,645 hect.; avoine, 63,690 hect.; sarrasin, 30,864 hect.; pommes de terre, 6,860 hect.; betteraves, 800 quint. mét.; lin, 264 quint. mét.; chanvre, 760 quint. mét.; cidre, 4,110 hect. — Il possède : chevaux, 2,561 ; taureaux, 93 ; bœufs, 150 ; vaches, 4,234 ; veaux, 1,467 ; béliers, 139 ; brebis, 1,072 ; moutons, 341 ; agneaux, 883 ; boucs et chèvres, 22 ; porcs, 1,682.

BELLE-ILE-EN-TERRE, 1,602 hab.; — située par les 5° 43' 57" de longitude O. et par les 48° 32' 42" de latitude; N.; — bornée au N. par Trégrom; à l'E. par Louargat; au S. par Plougonver; à l'O. par Locquenvel et par Plounévez-Moëdec; — traversée par la route impériale N° 12; par les chemins de grande communication N°s 13 et 53, et par le chemin d'intérêt commun N° 59; — école de garçons, 115 élèves; de filles, 85 él.; — chef-lieu de canton et de perception; — cure de 2e classe; bureau de bienfaisance; subdivision de pompiers; brigade de gendarmerie à cheval; justice de paix; résidence d'un notaire; bureau d'enregistrement; recette des contributions indirectes; bureau de direction des postes et relai; comice agricole; — faisait partie de l'ancien évêché de Tréguier; — on parle le breton; — marché le jeudi; foires les 2es jeudis de février, d'avril et de juin, le 1er jeudi de juillet, les 2es jeudis d'août, d'octobre et de décembre. — Territoire très-montueux et très-accidenté, bien boisé au sud seulement; mais possédant beaucoup de taillis assez médiocres et fort peu de pommiers. Les terres sont légères et produisent peu de froment; mais les prairies naturelles sont bonnes. Il se trouve encore, en Belle-Ile, des landes peu susceptibles de culture. — Cette petite ville, située sur la route impériale de Paris à Brest, est coupée par le Guer et le Guic, rivières poissonneuses, fréquentées par les saumons. Sa population se compose comme toutes celles des chefs-lieux de canton, de propriétaires, de fonctionnaires, d'artisans et de marchands. Elle est assez commerçante; ses marchés ne sont pas sans importance, et elle sert d'entrepôt au commerce d'exportation du beurre de Bretagne. — Il existe, en Belle-Ile, 2 tanneries ayant 73 m. de cuves, 1 moulin à tan, 1 fabrique de carton et 5 moulins à blé. — L'église paroissiale est sous le patronage de saint Jacques-le-Majeur. — La chapelle de Locmaria possède un jubé remarquable du XVIe siècle; elle est entourée par le cimetière de la commune, qui possède aussi la chapelle du Bois. — La forêt de Coat-an-Nos (bois de la nuit) couvre une partie du territoire de Belle-Ile, sur une superficie de 500 hectares. Elle est assez peuplée de bêtes fauves et renferme des grottes qui inspirent encore une terreur superstitieuse aux paysans. — Château moderne de la Bosse. — Patrie de Grégoire des Aulnays, savant naturaliste, né en 1739 et décédé à Lannion en 1810; de l'abbé Quéméner, né en 1802, auteur de divers ouvrages composés dans la langue bretonne et d'une histoire ecclésiastique de Bretagne manuscrite. — *Points culminants* : Kerbot-an-Sec'h, 157 m.; Pen-an-Nec'h, 161 m.; forêt de Coat-an-Nos (point le plus élevé), 275 m.; Pen-Bleiz, 208 m. — *Géologie* : Constitution granitique au nord et à l'est; gneiss au sud. — *Maires* : MM. 1793, Le Gorju; 1795, Thirot; 1802, Guillaume; 1814, L'Official; 1822, Le Gouzouguec; 1834, Yvon; 1849, Desjars; 1855, Le Coarer; 1860, Desjars, maire actuel.

GURUNHUEL, 1,320 hab.; — bornée au N. par Louargat et Tréglamus; à l'E. par Moustérus et Bourbriac; au S. par Pont-Melvez; à l'O. par Plougonver; — traversée par la route départementale N° 9, par le chemin de grande communication N° 53 et les chemins d'intérêt commun N°s 23 et 24; — école de garçons, 67 élèves; — dépend de la perception de Belle-Ile; — faisait partie de l'ancien évêché de Tréguier; — on parle le breton. — Le territoire de cette commune, qui occupe, comme son nom l'indique (haute couronne), quelques-uns des points les plus élevés du département, est accidenté et présente deux pentes au nord et au sud. Il est peu boisé. Ses terres sont légères et médiocres; mais elles tendent à s'améliorer par l'emploi des amendements calcaires. Il est arrosé par le Guer, le Dourdu et le Jaudy, qui prend sa source en cette commune. — L'église paroissiale, sous le patronage de Notre-Dame de Gurunhuel, dont la fête a lieu le 1er dimanche d'octobre, n'offre de remarquable que l'écusson des Trobodec, placé au-dessus de la fenêtre du maître-autel. — Il existe, dans le cimetière, un calvaire en granite, orné de statuettes. — Chapelles de Saint-Fiacre, du xiiie siècle, et de Saint-Jean, du xvie siècle; cette dernière renferme quelques vitraux coloriés. — On voit encore les vestiges des châteaux de Trobodec et de Kerdaniel. — *Points culminants :* Kerhenry, 290 m.; Pors-an-Dréo (signal), 305 m.; Guerfestou, 257 m.; le Fau, 291 m. — *Géologie :*

Roches amphiboliques et gneiss. — *Maires :* Ont rempli successivement ces fonctions, MM. Cotty, Le Floch, Ropert, Le Lagadec, Le Camus, Kermarquer, Le Brun, Le Quemener, P.-M. Le Camus, Raoult, Le Guyonnic, Y.-M. Le Lagadec ; Loliérou, maire actuel.

LOCQUENVEL, 360 hab. ; — bornée au N. par Plounévez-Moëdec ; à l'E. par Belle-Ile et Plougonver ; au S. par Plougonver ; à l'O. par Loguivy-Plougras ; — école de garçons, 24 élèves ; — dépend de la perception de Belle-Ile ; — faisait partie de l'ancien évêché de Tréguier ; — on parle le breton. — Territoire accidenté, avec pentes au nord et au sud ; bien boisé et peu planté de pommiers ; fertile ; arrosé par les rivières le Guic et le Scalon et par les ruisseaux de Goascol et de Saint-Sébastien ; couvert en partie par la forêt de Coat-an-Nos. — Le nom de cette commune vient de celui de son patron, Envel, saint abbé qui vivait vers le vi^e siècle. — L'église, bâtie sur l'emplacement de l'ermitage de ce bienheureux, appartient au xve siècle et renferme un jubé, des frises sculptées et surtout de curieux vitraux coloriés représentant la légende de son patron ; elle possède les reliques de saint Envel, dont la fête a lieu le 11 décembre. — Chapelle en ruines dédiée à saint Sébastien et dépendant du manoir de Lanvic, converti en ferme. — *Point culminant :* Le Punton, 159 m. — *Géologie :* Roches amphiboliques, et au nord, gneiss ; minerai de fer. — *Maires* : Ont successivement rempli ces fonctions, MM. F. Blanchard, Y. Blanchard, H. Guerson, G. Cadec, Y. Cadec, H. Guerson, J. Cadec; J.-F. Guerson, maire actuel.

LOUARGAT, 4,277 hab ; — bornée au N. par Pluzunet; à l'E. par Bégard, Pédernec et Tréglamus; au S. par Gurunhuel et Plougonver; à l'O. par Belle-Ile, Plounévez-Moëdec et Trégrom; — traversée par le chemin de fer sur une longueur de 5,750 m.; par la route impériale No 12; par la route départementale No 15; par les chemins de grande communication Nos 15, 53 et 55; par les chemins d'intérêt commun Nos 25 et 59; — école de garçons, 100 élèves; de filles, 50 élèves; — dépend de la perception de Belle-Ile; — résidence d'un notaire; — faisait partie de l'ancien évêché de Tréguier; — on parle le breton; — station du chemin de fer près de la chapelle Sainte-Anne (Belle-Ile-Bégard); — foire le lundi après le 1er dimanche de juillet. — Territoire autrefois couvert de forêts, accidenté et montueux dans les parties sud-est et est, assez plat au nord et à l'ouest. Il est encore boisé et renferme une partie de la forêt de Coat-an-Nay (bois du ciel). — Les terres de cette vaste commune sont médiocres et ses prairies peu nombreuses; on y compte 11 moulins que font tourner les cours d'eau le Jaudy, Kermelin, Kero et le Guer. — Le bourg de Louargat est l'un des plus jolis du département; son église, sous le patronage de Notre-Dame de Louargat, dont la fête a lieu le 1er dimanche d'août, n'offre de remarquable que son maître-autel en marbre. — Cette commune possède les chapelles de Saint-Eloi, de Catic, du Paradis, de Saint-Michel, de Saint-Paul et du Christ. Il y a des pardons près de ces chapelles; mais le plus fréquenté est celui de Saint-Eloi, qui a lieu le 1er dimanche de juillet et où l'on conduit un nombre considérable de chevaux. — On voit, à Perga, un menhir de 10 m 50 de hauteur, et au village de Pen-an-Stang, un tumulus ayant 100 m. de circonférence à sa base. — Restes de la voie romaine de Carhaix à Tréguier, près de Coat-an-Bescont. — Patrie de Raoul du Largez, l'un des principaux capitaines qui secondèrent Guillaume-le-Bâtard dans la conquête de l'Angleterre, en 1066. — *Points culminants* : Le Golet, 213 m.; Saint-Eloi, 150 m.; chapelle du Christ, 276 m. — *Géologie* : Constitution granitique; roches amphiboliques à Menez-Bré et dans la forêt; minerai de fer au sud. — Ont été Maires : MM. Coatantiec, Brignonen, Diouris, Lohenet, J. Scolan, V. Scolan, J. Le Calvez, Mahé; Y.-M. Stéphan, maire actuel.

PLOUGONVER, 4,010 hab.; — bornée au N. par Locquenvel, Belle-Ile et Louargat; à l'E. par Gurunhuel et Pont-Melvez; au S. par Pestivien, Callac et Calanhel; à l'O. par Lohuec et Loguivy-Plougras; — traversée par le chemin de grande communication N° 13 et le chemin d'intérêt commun N° 24; — école de garçons, 78 élév.; de filles, 40 élèves; — dépend de la perception de Belle-Ile; — résidence d'un notaire; — faisait partie de l'ancien évêché de Tréguier; — on parle le breton. — Le territoire de cette commune est très-accidenté et pour ainsi dire montagneux; il est peu boisé. Les terres sont légères, et les prairies auraient besoin d'être améliorées. Quant aux landes nombreuses dont la commune est couverte, leur situation élevée et la qualité rocailleuse du sol ne permettent pas de la défricher fructueusement. — Il y a, en Plougonver, 20 moulins mus par divers ruisseaux et par le Guer; ils représentent une force motrice de 141 chevaux. On y trouve aussi 3 étangs dont le plus important, celui de Kynevez, est le rendez-vous de nombreux oiseaux de passage dans les hivers rigoureux; cette commune est, par ailleurs, très-giboyeuse. — L'église, placée sous le patronage de saint Pierre, depuis peu d'années seulement, ne présente de remarquable que sa flèche assez élégante; on lit sur l'un de ses piliers intérieurs le millésime de 1666. — Chapelles de Saint-Tugdual et Chapelle-Neuve. Cette dernière mérite l'attention; elle date des xiiie et xive siècle, et fut, dit-on, longtemps l'église paroissiale, qui portait autrefois le nom de Chapel-Nevez. Elle a été de nouveau érigée en succursale en 1860. — Ruines des châteaux de Cludon et de Kermeno. — On reconnaît, sur le territoire de cette commune, deux fragments de voie romaine. — *Points culminants* : Kergaguen, 241 m.; Télégraphe, 284 m.; An-Goyat, 248 m.; Kergalaon, 250 m.; Menez-Fauten, 314 m.; Menez-Kerspers, 321 m. — *Géologie* : Schiste talqueux au nord et roches amphiboliques ; minerai de fer ; au sud, gneiss et schiste talqueux. — *Maires* : Ont successivement rempli ces fonctions, MM. Le Bon, Le Guillou, Quenec'hdu, Grimault, Colin, Le Houérou, L.-M. Le Guillou, Le Bouëtté et Le Gac, maire actuel.

TRÉGLAMUS, 1,509 hab.; — bornée au N. par Pédernec ; à l'O. par Plouisy ; au S. par Moustérus et Gurunhuel ; à l'O. par Louargat ; — traversée par le chemin de fer sur une longueur de 2,824 m.; par la route impériale N° 12, et par le chemin d'intérêt commun N° 24 ; — école de garçons, 47 élèves ; de filles, 50 élèves ; — dépend de la perception de Belle-Ile ; — ancienne trève de Pédernec ; — on parle le breton. — Territoire assez plat, à l'exception de la partie nord-ouest, aux abords du Jaudy ; boisé et planté de pommiers. Les terres sont d'assez bonne qualité et contiennent, au sud-est, beaucoup de landes humides elles sont sillonnées par les cours d'eau le Jaudy, Kerinon, Dubreil et du Rumin. — L'église paroissiale est sous le patronage de saint Blaise, dont la fête a lieu le 3 février. Son clocher date de 1844 et sa sacristie de 1856. Elle n'a rien de remarquable. — Chapelles de Sainte-Anne et de Nazareth ; oratoire de Saint-Trémeur. — Vestiges d'un château fort qu'on dit avoir été celui de ce Comore le maudit, dont nous avons parlé à l'article Pédernec. — *Points culminants* : Le bourg, 189 m. ; Kervezo, 176 m. ; Kendet, 227 m. — *Géologie* : Granite et roches amphiboliques. — *Maires* : MM. 1793, Omnès ; 1797, Cornic ; 1799, Bartz ; 1800, Mahé ; 1804, Cornic ; 1806, Bartz ; 1809, Le Crafer ; 1816, Belin ; 1821, Stéphan ; 1830, Savidan ; 1834, Le Minoux ; 1840, Penven ; 1853, Le Bescont ; 1856, Thoinen, maire actuel.

Canton de Bourbriac.

Le canton de Bourbriac est borné au N. par les cantons de Belle-Ile et de Guingamp ; à l'E. par les cantons de Plouagat et de Quintin ; au S. par le canton de Saint-Nicolas-du-Pélem ; à l'O. par les cantons de Callac et de Belle-Ile. — Il est traversé par la route impériale N° 167 de Vannes à Lannion ; par la route départementale N° 9 de Guingamp à Carhaix ; par les chemins de grande communication N° 2 *bis* de Châtelaudren à Callac, N° 6 *bis* de Bocqueho à Bourbriac, N° 11 de Guingamp à Rostrenen, N° 20 de Tréguier au canal de Nantes à Brest, N° 46 de Guingamp à Guémené, N° 52 de Quintin à Callac, N° 53 de Quintin à Belle-Ile ; par les chemins

ERRES. — Revenu net moyen, par hectare, pour le canton... 25 fr. 93

Valeur vénale moyenne, de l'hectare, dans le canton............ 585 fr.

COMMUNES COMPOSANT LE CANTON.	POPULATION.	DISTANCES en kilomètres.		NOMBRE D'HECTARES des terrains imposables produisant revenu.					Terrains non productifs et non imposés. Chemins, rivières, etc. — Hectares.	NOMBRE TOTAL D'HECTARES par commune.	REVENU CADASTRAL.	PROPORTION de rehaussement pour obtenir le revenu réel.		TAUX MOYEN de l'intérêt des fonds placés.		NOMBRE		NOMBRE	
		Du chef-lieu du département.	Du chef-lieu d'arrondt. De Bourbriac (chef-lieu de canton).	Jardins, courtils, vergers et sol des édifices.	Terres labourables.	Prés.	Bois et taillis.	Pâtures et landes.	TOTAL.				Pour les terres (1).	Pour les maisons, moulins et usines (2).	En terres.	En maisons, moulins et usines.	De maisons.	De moulins et usines.	De foires.	De cafés et cabarets.
Bourbriac...	4,205	38	11 »	43	3,825	703	318	2060	6,949	237	7,186	72,237 27	2.46	2.50	p. 0/0. 4.20	p. 0/0. 3.79	860	17	4	14
Kérien......	996	44	22 11	15	1,487	297	2	326	2,127	60	2,187	15,573 27	3.71	4.59	5.01	3.68	189	3	»	2
Magoar......	436	42	20 9	2	507	123	4	118	754	25	779	5,174 09	4.38	3.37	4.53	3.80	76	1	»	1
Pléidy......	1,638	38	14 7	47	1,605	289	26	520	2,487	93	2,580	20,506 06	3.37	3.76	5. »	3.65	377	6	2	4
Pont-Melvez	1,488	48	16 10	61	1,369	247	9	521	2,207	91	2,298	19,279 74	3.19	3.07	4. »	3.57	320	3	1	3
St-Adrien...	625	40	9 5	5	564	118	58	205	950	42	992	13,376 48	3.09	2.76	4.07	3.63	147	1	»	3
Senven-Léhart......	809	34	20 11	16	811	132	36	213	1,208	42	1,250	13,780 80	2.79	3.80	4.99	3.82	206	5	1	4
TOTAUX...	10,197	»	» »	189	10,168	1909	453	3963	16,682	590	17,272	159,927 71	»	»	»	»	2,175	36	8	31

(1 et 2) Pour les notes concernant ce tableau, voir celles du tableau du canton de Guingamp, pages 430 et 431.

d'intérêt commun N° 25 de Saint-Nicolas à Châtelaudren, et de Bourbriac aux routes impériales N°s 164 *bis* et 164.

La population du canton est de 10,197 hab.; sa superficie de 17,272 hect., et son revenu territorial net de 470,747 fr.

Le canton de Bourbriac, traversé de l'est à l'ouest dans ses parties nord et sud, par deux chaînes de montagnes faisant suite à celles d'Arrèz, est élevé, très-accidenté, coupé de vallées profondes et arrosé par divers cours d'eau dont le principal est le Trieux. — Les prés naturels forment 1/9e environ de sa superficie et les landes y comptent pour 1/4. Il est peu boisé; tourbeux dans certains vallons. Les terres, granitiques et légères, sauf en quelques parties, sont peu propres à la culture du froment. — L'élève et le commerce du bétail constituent l'une des principales ressources du canton, qui se range dans la zône intermédiaire du département. Un grand nombre de propriétés sont encore sous le régime convenancier ou du domaine congéable. — Il produit : froment, 750 hect.; seigle, 25,560 hect.; avoine, 34,100 hect.; sarrasin, 21,584 hect.; pommes de terre, 600 hect.; chanvre, 792 quint. mét. de filasse; cidre, 1,196 hect. — Il possède : chevaux, 2,911; taureaux, 286; bœufs, 752; vaches, 3.318; veaux, 1,702; béliers, 142; moutons, 522; brebis, 284; agneaux, 887; boucs et chèvres, 45; porcs, 1,653.

BOURBRIAC, 4,205 hab.; — située par les 5° 31′ 27″ de longitude O. et par les 48° 27′ 56″ de latitude N.; — bornée au N. par Moustérus et Coadout; à l'E. par Saint-Adrien et Plésidy; au S. par Magoar et Kérien; à l'O. par Maël-Pestivien, Pont-Melvez et Gurunhuel; — traversée par les chemins de grande communication N° 2 *bis*, N° 6 *bis*, N° 20 et N° 53, et du nord au sud par un chemin d'intérêt commun; — école de garçons, 130 élèves; de filles, 70 élèves; — chef-lieu de canton et de perception; — cure de 2° classe; bureau de bienfaisance, brigade de gendarmerie à cheval; justice de paix; résidence d'un notaire; bureau d'enregistrement; comice agricole; — faisait partie de l'ancien évêché de Tréguier; — on parle le breton; — marché le mardi; foires le 3° mardi de janvier, le 1er lundi de juin, le 3° mardi de juillet et le 22 septembre. — Territoire élevé, formant l'un des points culminants de la Bretagne, très-accidenté, coupé dans le nord et dans le sud par deux chaînes de montagnes, suite de celle d'Arrèz, qui le traversent de l'est à l'ouest. Il est peu boisé dans ses parties productives, nu et découvert dans celles qui ne le sont pas. Ses terres, à l'exception de la partie sud, qui est argileuse, sont légères et peu propres à la culture du froment; on y remarque encore une grande étendue de landes dont une partie seulement est susceptible de culture. — Le Guer prend sa source au village dit Pen-Leguer et se rend (au nord) à Lannion, et le Blavet, qui se déverse (au sud) dans l'Océan, a son point de départ au village de Felban. — Saint Briac, quittant l'Angleterre vers la fin du vi^e siècle, vint s'établir au lieu où est le bourg, qui a gardé son nom, car il en fut le fondateur et il en est resté le patron. Sa fête se célèbre le 3e dimanche de juillet, et de nombreux pèlerins viennent l'invoquer contre la folie et l'épilepsie. — Bourbriac acquit promptement de l'importance et fut ravagé, dit-on, par les Normands vers 878. — L'église paroissiale est sans contredit l'une des plus remarquables de la contrée ; elle présente quelques parties romanes qui dépassent par leurs dimensions tout ce que l'architecture de cette époque a produit dans le pays. Ses transsepts éclairés par de vastes verrières du xve siècle, le porche qui s'ouvre sur le collatéral nord, la crypte qui règne sous le chœur et surtout la magnifique tour construite en 1501 offrent le plus grand intérêt et appellent sur cet édifice l'attention de tous ceux qui s'occupent de l'étude de l'art religieux en Bretagne à diverses époques. Cette église renferme aussi un mausolée élevé au xvie siècle à la mémoire de saint Briac ; mais son vrai tombeau est une auge de granit en forme de bière qui, pendant plusieurs siècles, avait été reléguée dans le cimetière et qui a été pieusement placée près de ce mausolée par les soins de M. Pinçon, curé actuel. — Le bourg est bâti en entier autour de l'église et forme une vaste place bordée de belles maisons. Il a des artisans et des marchands détaillants en quantité suffisante pour satisfaire aux besoins assez restreints de la consommation locale.. — Sur sept chapelles que la paroisse possédait avant la Révolution, il n'en reste plus que quatre, celles de Notre-Dame du Danouët, Le Penity-Briac, Saint-Houarno ou Saint-Hervé et Pimpinot. La chapelle de Notre-Dame du Bodfo, qui a disparu, fut dit-on fondée, ainsi que celle de Penity-Briac, par saint Briac lui-même. — Nous citerons, au nombre des usages traditionnels de Bourbriac, la procession de *Leodro* (une lieue de tour), instituée par son patron et qui se continue, depuis plus de 1200 ans, le jour de l'Ascension. — On trouve, près du village de Guerzanguerite, une énorme pierre branlante; près de celui de Tanouédou, un tumulus, et, non loin du bourg, on aperçoit les traces d'anciennes fortifications que les habitants nomment le vieux château. — Du sommet du Ruliou, on découvre une immense étendue de pays. — *Points culminants* : Le bourg, 202 m.; signal du bois de Coatliou, 270 m.; Télégraphe, 282 m.; Kerlosquer, 278 m.; Landevet (source du Blavet), 306 m.; Kerdavidou, 312 m. — *Géologie* : Constitution granitique; schiste talqueux au nord; minerai de fer; au hameau des Forges, gneiss du terrain primitif. — *Maires* : MM. an VIII, Le Guillou-Kergoat; an IX, de Kerliviou; 1809, Thoraval; 1812, Le Pallier; 1830, Le Roy; 1839, Le Coq; 1848, Lozahic; 1852, Hillion; 1859, Le Men, maire actuel.

KÉRIEN, 996 hab.; — bornée au N. par Bourbriac; à l'E. par Magoar; au S. par Lanrivain; à l'O. par Peumerit-Quintin et Maël-Pestivien; — traversée par le chemin de grande communication N° 52, et du N. au S. par un chemin d'intérêt commun; — sans école; — dépend de la perception de Bourbriac; — ancienne trève de Bothoa; — on parle le breton. — Territoire très-élevé, accidenté dans toutes ses parties; peu boisé. Terres sablonneuses, légères et de médiocre qualité. Les prairies sont bonnes et les landes forment encore le sixième de la superficie de la commune. — L'église, sous le patronage de saint Pierre, est de construction récente. — Chapelle du Penity, dédiée à saint Jean. — Il y a trois menhirs en Kérien : l'un au village de Kerlegan, l'autre à Cosquer-Janien, et le troisième à Menez-Crec'h-an-Arc'hant ; ce lieu est indiqué à tort, dans plusieurs auteurs, comme appartenant à Bourbriac. — La moitié de l'étang du Blavet est en cette commune. — *Points culminants* : La Salle, 294 m.; la Ville-Neuve, 291 m.; Saint-Jean, 303 m. — *Géologie* : Granite. — Ont été Maires : MM. Le Pourhiet, Le Cam, Le Bahezre, Le Coent, maire actuel.

MAGOAR, 436 hab.; — bornée au N. par Bourbriac; à l'E. par Plésidy et Kerpert; au S. par Lanrivain, et à l'O. par Kérien; — traversée par des chemins de petite vicinalité ; — école de filles, 30 élèves ; — dépend de la perception de Bourbriac ; — succursale formée de la paroisse de Coadout, dont elle était trève ; — on parle le breton. — Territoire peu boisé et peu accidenté, mais très-élevé. Terres légères et médiocres; 1/6e en prairies assez bonnes ; 1/6e en landes, dont une partie seulement est susceptible d'être cultivée. — L'église est sous le patronage de saint Gildas, dont la fête a lieu le 31 janvier. C'est un édifice du xvie siècle, qui présente quelques détails intéressants parmi lesquels nous citerons la verrière bien conservée de sa maîtresse vitre et un sacraire, sorte de niche en pierre décorée de sculptures et dans laquelle on renfermait autrefois les hosties consacrées, avant l'adoption des tabernacles. Sous la corniche de la sacristie, construite en 1717, on lit ce distique : *Hoc pietatis opus pietas dedit alma piorum; Sic pia dona dabis si pius esse cupis.* — Au mois d'octobre 1842, quelques Sœurs de la Croix se détachèrent du couvent de Montbareil de Guingamp et vinrent à Coatpicquet y fonder un établissement d'éducation, qui depuis ce temps rend de grands services aux jeunes filles de cette contrée. — *Points culminants* : Coatpicquet, 279 m.; Keriou, 298 m. — *Géologie :* Granite. — *Maires :* Ont rempli successivement ces fonctions, MM. Le Roux, Magadou, Mordelet, Raoul, maire actuel.

PLÉSIDY, 1,638 hab. ; — bornée au N. par Saint-

Adrien ; à l'E. par Saint-Péver et Senven-Léhart; au S. par Saint-Connan et Kerpert; à l'O. par Magoar et Bourbriac; — traversée par la route impériale N° 167, du S. au N. par les chemins de grande communication N°s 46 et 53; — école de garçons, 49 élèves; de filles, 15 él.; — dépend de la perception de Bourbriac; — résidence d'un notaire; — bureau de distribution des lettres; — faisait partie de l'ancien évêché de Tréguier; — on parle le breton; — foires le 28 juin et le 2 novembre. — Territoire élevé, très-accidenté, très-montueux dans toutes ses parties; il est peu boisé et peu planté de pommiers. Terres légères et sablonneuses de médiocre qualité. Près de 1/8e de sa contenance est en assez bonnes prairies; les landes, peu susceptibles d'être cultivées, en forment 1/5e. — Le Trieux limite cette commune dans l'est. — L'église, sous le patronage de saint Pierre et de saint Paul, n'offre de remarquable qu'une verrière du xvie siècle, masquée par la sacristie. — Chapelles de Saint-Yves, de Sainte-Anne, de la Trinité et de Saint-Alor. — Ruines du château du Medic, longtemps habité par la famille Le Merdy du Medic. — Près du village de Caélouan, on voit un menhir de 2m 60, et non loin de là, sur une hauteur, on retrouve les vestiges de ce que l'on croit être un camp romain. — *Points culminants :* La Trinité, 223 m.; Kerzié (signal), 252 m.; Lan-Menguy, 272 m. — *Géologie :* Granite. — *Maires :* Ont rempli successivement ces fonctions, P. Le Ny; Menguy, Le

Diouron, Y. Le Ny (père), Y. Le Ny (fils), Huon, Le Graët, maire actuel.

PONT-MELVEZ, 1,483 hab.; — bornée au N. par Gurunhuel; à l'E. par Bourbriac; au S. par Maël-Pestivien et Pestivien; à l'O. par Plougonver; — traversée par la route départementale N° 9, par les chemins de grande communication N°s 2 *bis* et 11; — école mixte, 99 élèves; — dépend de la perception de Bourbriac; — faisait partie de l'ancien évêché de Tréguier; — on parle le breton; — foire le lendemain de l'Ascension. — Territoire élevé, très-montueux, très-accidenté, peu boisé, mais ayant quelques plantations de pommiers. Terres sablonneuses, légères et médiocres, mais cultivées pour la plupart avec intelligence. Près de 1/5e de la commune est encore en landes, et nous citerons entr'autres celle de Parg-Mestre; mais les défrichements en diminuent chaque jour l'étendue. Le sable coquillier s'introduit dans cette commune, malgré son éloignement de la mer, et le progrès agricole s'y manifeste d'une manière sensible. — Pont-Melvez possède de bonnes prairies sur les bords du Guer, qui la sépare de Pestivien. Plusieurs de ses habitants se livrent à un important commerce de bestiaux. — L'église, sous le patronage de saint Jean-Baptiste, a été presqu'intégralement réédifiée, il y a quelques années, par M. Galerne, recteur de la paroisse, dans son style primitif et avec une rare intelligence. On y remarque une chaire et une tribune dues au ciseau du sculpteur Le Merer, de Lannion. — Le cimetière est entouré d'une ceinture de frênes d'une grosseur et d'une élévation remarquables. — Une commanderie de Malte, très-importante, avait autrefois son siége principal au lieu dit encore la Commanderie et qui n'est plus aujourd'hui qu'une simple ferme; elle était elle-même une dépendance d'une commanderie plus considérable dite de la Feuillée. La chapelle qui dépendait de cet établissement, près duquel existait une fontaine miraculeuse, vient d'être restaurée; elle a pour patron, comme tous les anciens établissements de Malte, saint Jean l'évangéliste. — *Points culminants*: Kernon, 262 m.; Guerduel, 280 m.; le Gars, 139 m.; la Villeneuve, 249 m. — *Géologie*: Constitution granitique; à l'ouest, gneiss; tourbe dans beaucoup de vallons. — *Maires*: Ont successivement rempli ces fonctions, MM. Le Meur, Allain (Julien), Allain (Jacques), Guegan, Fercoq, Le Bris, Romand, L. Prigent, Salaün, J.-M. Prigent, maire actuel.

SAINT-ADRIEN, 625 hab.; — bornée au N. par Coadout; à l'E. par le Trieux, qui la sépare des communes de Ploumagoar et de Saint-Péver; au S. par Plésidy; à l'O. par Bourbriac; — traversée par la route impériale N° 167 du N. au S. et par le chemin de grande communication N° 6 *bis*; — réunie à Bourbriac pour l'instruction des garçons; école de filles, 20 élèves; — dépend de la perception de Bourbriac ; — ancienne trève de Bourbriac ; — on parle le breton. — Territoire très-accidenté dans toutes ses parties, assez boisé dans ses parties cultivées et ayant quelques plantations de pommiers. Terres d'assez bonne qualité. — L'église est sous le patronage de saint Adrien, abbé de Cantorbery au VIIIe siècle. — Château de Kerauffret, entouré de plantations remarquables. — *Point culminant :* Parc-Lan, 211 m. — *Géologie :* Constitution granitique. — *Maires :* MM. 1826, R. Cadoudal ; 1829, Y. Cadoudal ; 1845, Lorgeré ; 1853, Y. Cadoudal ; 1855, Henry, maire actuel.

SENVEN-LÉHART, 809 hab. ; — bornée au N. par Saint-Fiacre ; à l'E. par Saint-Gildas ; au S. par Saint-Connan ; à l'O. par le Trieux, qui la sépare de Plésidy ; — traversée par le chemin de grande communication N° 53 et par le chemin d'intérêt commun N° 25 ; — réunie à Saint-Connan pour l'instruction des garçons ; école de filles, 30 élèves ; — dépend de la perception de Plésidy ; — on parle le breton ; — foire le 24 août. — Territoire élevé, très-accidenté, très-montueux dans toute son étendue, peu boisé, peu planté de pommiers. Terres légères, sablonneuses et de médiocre qualité. Prairies excellentes, arrosées principalement par le Trieux et le ruisseau de Pont-Senven. 1/6e du territoire est encore en landes, dont une grande partie peut être cultivée. — L'église est sous l'invocation de Notre-

Dame de Senven ; elle est entourée d'un cimetière dans lequel on remarque un calvaire en granit décoré de dix-neuf personnages dont deux sont à cheval. La couleur dont on les a recouverts leur donne un aspect bizarre.— Chapelle de Saint-Tugdual. — Manoirs de Goashamon et Kervoazou, maintenant convertis en fermes. —On n'est pas d'accord sur l'étymologie du nom de cette commune ; les registres de paroisse de Saint-Gilles-Pligeaux, du xvie siècle, la nomment Saint-Guen-Lehart ; d'autres pensent au contraire qu'on doit dire Saint-Yves-Léhart. Ce qui paraît plus certain, c'est que la vaste forêt de Léhart, mentionnée dans des chartes du xiiie siècle, couvrait une partie de son territoire. — *Points culminants* : Pen-Lehart, 239 m. ; Goas-Hamon, 219 m. ; Ler'gamp, 248 m. — *Géologie* : Granite. — Ont été Maires : MM. Loyer, Porcheron, J.-M. Pioger, Alain Pioger, Tallec et Rouzic, maire actuel.

Canton de Callac.

Le canton de Callac est borné au N. par les cantons de Plouaret et de Belle-Ile ; à l'E. par les cantons de Bourbriac et de Saint-Nicolas ; au S. par les cantons de Rostrenen et de Maël-Carhaix ; à l'O. par le département du Finistère. —Il est traversé par la route départementale N° 9 de Guingamp à Carhaix ; par les chemins de grande communication N° 11 de Guingamp à Rostrenen,

No 13 de Belle-Ile au canal de Nantes à Brest, No 50 de Saint-Nicolas à Callac, No 51 de Callac à Morlaix, No 52 de Quintin à Callac ; par les chemins d'intérêt commun No 24 de Pontrieux à Carhaix, No 29 de Callac au Guerlesquin, No 30 de Saint-Nicolas à Belle-Ile, No 31 de Carhaix au chemin de grande communication No 11.

La population du canton est de 15,557 hab.; sa superficie de 29,347 hect., et son revenu territorial net de 758,524 fr.

Le territoire du canton de Callac, arrosé par l'Aven et par d'autres cours d'eau moins importants, présente des vallées profondes et boisées, et des mamelons élevés et nus. Il fait partie de la chaîne des montagnes d'Arrèz, qui le traversent de l'est à l'ouest, et il appartient à la Cornouaille proprement dite, ainsi qu'à la zône pastorale ou du midi du département. Ses terres, en partie granitiques et sablonneuses, en partie semi-argileuses, ne produisent point de froment ; cependant celles de la seconde catégorie sont susceptibles d'une grande amélioration par une culture bien entendue. Les landes et les bruyères composent plus du quart de la superficie de ce canton. Les prés naturels y sont de bonne qualité. L'élève du bétail forme la branche la plus importante de son industrie rurale, qui se livre aussi à la production des chevaux légers. Il y existe encore beaucoup de biens soumis à la coutume convenancière ou congéable. — Il produit : seigle, 31,680 hect.; avoine,

TERRES. — Revenu net moyen, par hectare, pour le canton... 24 fr. 17   Valeur vénale moyenne, de l'hectare, dans le canton........ 511 fr.

COMMUNES COMPOSANT LE CANTON.	POPULATION.	DISTANCES en kilomètres.			NOMBRE D'HECTARES des terrains imposables produisant revenu.					Terrains non productifs et non imposés. Chemins, rivières, etc. Hectares.	NOMBRE TOTAL D'HECTARES par commune.	REVENU CADASTRAL.	PROPORTION de rehaussement pour obtenir le revenu réel.		TAUX MOYEN de l'intérêt des fonds placés.		NOMBRE		NOMBRE	
		Du chef-lieu du département.	Du chef-lieu d'arrond'.	De Callac (chef-lieu de canton).	Jardins, courtils, vergers et sol des édifices.	Terres labourables.	Prés.	Bois et taillis.	Pâtures et landes.	TOTAL.				Pour les terres (1).	Pour les maisons, moulins et usines (2).	En terres.	En maisons, moulins et usines.	De maisons.	De moulins et usines.	De foires.	De cafés et cabarets.
													fr. c.	p. 0/0	p. 0/0						
Callac......	3,184	62	30	»	62	2,458	458	160	566	3,704	143	3,847	63,902 02	2.12	2.96	4.53	4.28	636	12	16	47
Calanhel....	891	66	34	7	22	921	150	13	276	1,383	48	1,431	10,458 77	2 49	2.96	4.84	4.07	199	3	2	2
Carnoët....	2 048	72	40	10	30	2,288	475	74	1114	3,981	133	4,114	44,321 03	2.08	3.23	4.87	3.57	407	6	1	9
Duault......	2,832	66	36	6	113	2,839	698	532	1817	5,999	140	6,139	61,063 80	2.23	2.86	4.84	3.84	531	17	»	7
Lohuec.....	974	67	35	12	20	937	219	15	467	1,658	60	1,718	18,485 16	2.20	2.17	4.69	3.64	211	2	»	5
Maël-Pestivien.......	1,403	48	26	12	38	1,790	474	10	722	3,034	95	3,129	23,928 02	3.23	2.64	4.84	3.67	292	5	»	4
Pestivien...	1,478	54	24	9	32	1,858	380	33	721	3,024	99	3,123	27,936 44	2.53	3.08	4.54	3.64	342	6	4	4
Plourach...	1,312	74	44	11	48	1,434	396	11	1239	3,128	87	3,215	35,482 38	1.77	4.91	4.87	3.57	291	3	»	2
Plusquellec..	1,432	68	36	6	67	1,527	305	65	584	2,548	83	2,631	33,343 63	2.38	2.24	4.54	3.73	295	4	»	7
TOTAUX...	15,557	»	»	»	433	16,052	3555	913	7506	28,458	888	29,347	327,921 85	»	»	»	»	3,204	58	23	87

(1 et 2) Pour les notes concernant ce tableau, voir celles du tableau du canton de Guingamp, pages 430 et 431.

57,176 hect.; sarrassin, 31,240 hect.; pommes de terre, 3,600 hect.; chanvre, 101 quint. mét. de filasse; cidre, 1,711 hect. — Il possède : chevaux, 2,795; taureaux, 1,562; bœufs, 2,785; vaches, 5,809; veaux, 2,036; béliers, 428; moutons, 556; brebis, 1,639; agneaux, 1,357; boucs et chèvres, 165; porcs, 1,633.

CALLAC, 3,184 hab.; — située par les 5° 5' 48' de longitude O. et par les 48° 4' 18' de latitude N.; — bornée au N. par Plougonver; à l'E. par Pestivien et Duault; au S. par Duault; à l'O. par Plusquellec et Calanhel; — traversée par la route départementale N° 9; par les chemins de grande communication Nos 13, 51 et 52, et par le chemin d'intérêt commun N° 29; — école de garçons, 124 élèves; de filles, 120 élèves; — chef-lieu de canton et de perception; — cure de 2e classe; bureau de bienfaisance; subdivision de pompiers; brigade de gendarmerie à pied; justice de paix; résidence de 3 notaires; bureau d'enregistrement; recette des contributions indirectes; bureau de direction des postes; agent-voyer; comice agricole; — ancienne trève de Plusquellec, qui faisait partie de l'évêché de Quimper; — on parle le breton; — marché le mercredi; foires le 3e mercredi de janvier, le mercredi qui suit la Septuagésime, le 3e mercredi de février, le mercredi qui suit le 15 avril, le 2e mercredi après Pâques, le mercredi qui suit la Trinité, les 1er et 4e mercredis de juillet, le dernier mercredi d'août, le mercredi qui suit le 29 septembre, le 3e mercredi d'octobre, les 1er, 3e et 4e mercredis de novembre, le mercredi qui précède et celui qui suit Noël — Territoire très-accidenté et très-montueux, boisé dans ses parties basses, nu et découvert dans ses parties élevées. Des prairies assez bonnes en forment le huitième; les landes et les bruyères peuvent en composer le septième. Les terres arables sont de moyenne qualité. Il est arrosé par les rivières l'Aven, l'Aulne et l'Ilière. Les deux premières prennent leur source dans la commune. — Cette petite ville possède de belles habitations et un commerce de détail assez étendu. Ses foires, très-importantes, forment souvent la plus magnifique exhibition de bœufs gras de la Bretagne. Il s'y fait de nombreuses transactions agricoles, notamment sur les animaux de boucherie, sur le beurre, ainsi que sur une espèce de poulardes recherchées et expédiées au loin. — On voit encore, près de cette ville, le fossé du château fort qui longtemps la défendit et auquel elle dut son origine. Il fut démoli en 1393. — L'église paroissiale, sous le patronage de saint Laurent, dont la fête a lieu le dimanche le plus voisin du 10 août, plusieurs fois restaurée, appartient au XVIIe siècle; elle n'offre rien de remarquable et est située au village de Botmel, à 1/2 kilom. de l'agglomération. — Chapelles de Sainte-Catherine, à Callac même; Saint-Nicolas : toutes deux régulièrement desservies; de Sainte-Barbe, de Saint-

Pierre et de Landugen, où il existait un prieuré de l'ordre réformé de Saint-Benoît. — Bois de Marouz, de Kallenant et du Launay, fréquentés par les loups. — Le pays est très-giboyeux. — *Points culminants :* Botmel, 205 m.; Kerveguen, 273 m.; les Quatrevents, 245 m.; Kerguillermet, 294 m.; Pestelou, 180 m. — *Géologie :* Au nord, schiste argileux ; à Botmel, roches feldspathiques ; à 5 kilom. sud, près de Kerlenouarn, Grauwack du terrain de transition. — *Maires :* Ont successivement rempli ces fonctions, MM. Guillou, Guiot, J. Even, de la Fargue, Desjars, Fercoq, J.-M. Joret, Capitaine, P.-M. Guiot, Philippe et P.-M. Joret, maire actuel.

CALANHEL, 891 hab.; — bornée au N. par Plougonver ; à l'E. par Callac ; au S. par Plusquellec ; à l'O. par Plourach et Lohuec ; — traversée par les chemins d'intérêt commun N°s 24 et 29 ; — école de garçons, 40 élèves ; — dépend de la perception de Callac ; — ancienne trève de Plusquellec ; — on parle le breton ; — foires nouvellement établies les 2es jeudi de juillet et de septembre, à la suite d'importantes transactions qui s'y faisaient sur les bestiaux gras, entre les habitants du pays et les marchands étrangers qui s'y donnaient rendez-vous près d'une chapelle. — Territoire fort montueux et accidenté dans toutes ses parties, pierreux, élevé, peu boisé, absolument nu dans l'ouest. Il est traversé par le Guer, qui prendrait, dit-on, sa source dans la fontaine située près de la chapelle Saint-Maur. Les terres de la commune sont légères ; ses prés et pâtures médiocres, et les landes comptent pour 1/6e environ dans sa superficie. — L'église a pour patron saint Vincent, dont la fête se célèbre le 4e dimanche après Pâques. — Chapelles de Saint-Maur, de Saint-Yves et de Saint-Grégoire. Les deux premières attirent un grand nombre de paralytiques et la dernière de fiévreux. — Calanhel est limité au nord-ouest par la voie romaine de Carhaix à Lannion. — *Points culminants :* Le bourg, 250 m.; Kercadoret, 281 m.; la Hayedouar, 299 m.; Kernal, 285 m.; Ranveur, 292 m. — *Géologie :* Roches amphiboliques et schiste argileux. — *Maires :* Ont successivement rempli ces fonctions, MM. Le Guillou, Cordgat, Guyader, Le Perron, Bosquet, L'Hélias (père), L'Hélias (fils), J. L'Hélias, maire actuel.

CARNOET, 2,048 hab.; — bornée au N. par Plourach; au N.-E. par Plusquellec; à l'E. et au S.-E. par l'Aven, qui la sépare des communes de Plusquellec, Duault, Locarn, Trébrivan et Treffrin ; à l'O. par le département du Finistère; — traversée par la route départementale N° 9 et par le chemin d'intérêt commun N° 24; — école de garçons, 25 élèves; — dépend de la perception de Callac; — résidence d'un notaire; — faisait partie de l'évêché de Quimper; — on parle le breton; — foire le lundi après le 1er dimanche de septembre. — Territoire très-accidenté, mais plus particulièrement dans la partie sud; peu boisé dans ses parties basses et tout-à-fait découvert dans ses parties élevées; traversé dans l'est par l'Hière. 1/4 environ de la superficie de la commune est encore en landes. — L'église paroissiale est dédiée à saint Pierre. Son architecture appartient au xvie siècle; mais est inférieure à celle de la chapelle de Saint-Gildas, qui est de la même époque et qui possède dans une crypte le tombeau de son patron, que de nombreux pèlerins viennent de loin honorer le 1er dimanche de septembre. — Nous citerons aussi les chapelles de Pehity, de Saint-Corentin et de Saint-Cadou. — Sur le mamelon de Saint-Gildas, on voit les traces d'un camp romain circulaire, dont les fossés ont 7 m. de profondeur. — On trouve encore les traces de la voie romaine de Carhaix à Lannion, et ces traces sont surtout très-apparentes près du vieux château de Rospellem. — Au village de Lincarnoët, menhir d'environ 5 m. de hauteur. — *Points culminants :* Le bourg, 211 m.; Saint-Gildas (signal), 238 m.; Kernanvel, 188 m. — *Géologie :* Schiste argileux et modifié; îlot de grès à 1 kilom. ouest du bourg et roches amphiboliques. — *Maires :* Ont rempli successivement ces fonctions, MM. Le Corre, Henry, Le Roux, Jouan, Le Quemener, J. Blanchard, Lozach, Conan, Blanchard, Vauchel, Trémel et Henry, maire actuel.

DUAULT, 2,832 hab.; — bornée au N.-O. par Callac;

au N.-E. par Pestivien ; à l'E. par Maël-Pestivien, Peumerit-Quintin et Trémargat ; au S. par Kergrist-Moëllou et Locarn ; à l'O. par Carnoët et Plusquellec ; — traversée par les chemins de grande communication Nos 11, 13 et 52, et par le chemin d'intérêt commun No 31 ; — école de garçons, 50 élèves ; de filles, 18 élèves ; — dépend de la perception de Callac ; — faisait partie de l'évêché de Quimper ; — on parle le breton. — Territoire élevé, accidenté et montueux dans toutes ses parties ; peu boisé dans quelques-unes et beaucoup dans d'autres. Il est sillonné par de nombreux cours d'eau qui se jettent dans l'Hière. Les terres, généralement légères ou semi-argileuses, sont susceptibles d'être améliorées. Les prairies forment le septième de la contenance totale, dont près de 1/4 est encore couvert de landes et de bruyères. — La forêt de Duault, qui contient environ 500 hectares, appartenait jadis aux ducs de Bretagne, qui y avaient un rendez-vous de chasse et y entretenaient un haras. Peut-être faut-il faire remonter jusqu'à eux l'enceinte murée dont on voit encore des traces au centre même de la forêt et qui portait le nom de Parc de Duault. C'était autrefois l'une des plus importantes forêts de notre province, et elle a fait, jusqu'en 1831, partie du domaine royal. — Cette commune est divisée en trois succursales : Duault, Saint-Nicodème et Saint-Servais. La première est sous le patronage de saint Maudez, dont la fête a lieu le 3e dimanche de novembre ; la deuxième a pour patron saint Nicodème, que l'église honore le 1er dimanche d'août; enfin la troisième est sous l'invocation de saint Servais, dont la fête et le pardon ont lieu les 12 et 13 mai. Il se rend à ce dernier pardon plus de dix mille pèlerins, non-seulement du pays, mais encore du Morbihan et du Finistère, et ceux-ci, pendant longtemps, se sont livrés, régulièrement le 12 mai, après la procession, de véritables combats pour conquérir la bannière de saint Servais, dont la possession assurait de bonnes récoltes au vainqueur. Cet usage, auquel l'autorité a dû mettre fin, a souvent occasionné de graves accidents. — L'église de Duault présente sur l'une de ses portes la date de 1589, et sur son clocher, celles de 1770 et 1721. Celle de Saint-Servais, beaucoup plus remarquable, appartient également au xvie siècle; de même que les chapelles de Burtulet et de Saint-Yves. — On voit, en Duault, neuf menhirs, dont trois près du village du Clajou et six dans la forêt; plus deux dolmens, l'un près du village de Kerpinson et l'autre, plus intéressant, en face du château de Rosviliou. La partie la plus ancienne de ce château remonte au xvie siècle; il a été restauré par Fleuriot de Langle, l'un des compagnons de La Peyrouse. — Les manoirs de Krivoallen, Kerfichant, Lezmabon, Coas-an-Amon sont convertis en fermes. — On a trouvé, il y a quelques années, en Duault, plusieurs pièces de monnaie celtiques (ossismiennes). — Cette commune est très-giboyeuse, surtout dans le voisinage de la forêt;

ses rivières sont aussi très-poissonneuses. Elle possède une scierie mécanique. — *Points culminants :* Kerviou, 192 m.; Saint-Michel, 273 m.; Guerlevanou, 296 m.; menhir dans le bois, 294 m.; Saint-Nicodème, 279 m.; Quinquistilis, 288 m. — *Géologie :* Schiste argileux ; entre Duault et Landugen, porphyre quartzifère. — *Maires :* MM. 1790, Vauchel ; 1794, Quenec'hdu ; 1796, Le Bonhomme ; 1798, Le Moine ; 1798, Le Lostec ; 1800, J. Conan ; 1806, Y. Conan ; 1808, Le Lostec ; 1846, Bercot ; 1853, Thomas ; 1855, Courtois, maire actuel.

LOHUEC, 974 hab. ; — bornée au N. par Loguivy-Plougras ; à l'E. par Plougonver et Calanhel ; au S. par Plourach ; à l'O. par le Finistère ; au N.-O. par Plougras ; — traversée par le chemin de grande communication N° 51 et par le chemin d'intérêt commun N° 29 ; — école de garçons, 33 élèves ; — dépend de la perception de Callac ; — ancienne trève de Plougras ; — on parle le breton. — Territoire élevé et très-accidenté, boisé dans ses parties basses, nu et découvert dans ses parties élevées ; arrosé par un cours d'eau nommé le Sterhon. Terres légères. 1/8e en prairies ; 1/4 environ sous landes pierreuses et élevées. L'agriculture y est très-arriérée et presque exclusivement laissée aux soins des femmes, presque tous les hommes s'occupant du commerce des bestiaux et fréquentant les foires de la contrée. —

L'église, sous le patronage de saint Judoce, dont la fête a lieu le dimanche après le 29 juin, n'offre de remarquable que le vitrail du grand autel. — Voie romaine de Carhaix à Lannion. — Dolmen à Kernescop. — *Points culminants* : Cosquer, 259 m.; Gollo, 296 m.; Trovern, 295 m.; le D.evers, 249 m. — *Géologie* : Roches amphiboliques; au sud-ouest, schiste talqueux; à Kernon, plateau de granite amphibolique. — *Maires* : MM. 1790, Fercoq; 1799, Guinamant; 1805, Le Goff; 1809, Léron; 1852, Le Barbier, maire actuel.

MAEL-PESTIVIEN, 1,406 hab.; — bornée au N.-O. par Pestivien; au N. par Pont-Melvez; à l'E. par Bourbriac et Kerien; au S. par Peumerit-Quintin; à l'O. par Duault; — traversée par les chemins de grande communication Nos 50 et 52, et par le chemin d'intérêt commun No 30; — école de garçons, 29 élèves; de filles, 15 él.; — dépend de la perception de Callac; — faisait partie de l'évêché de Quimper; — on parle le breton. — Territoire très-accidenté, nu et découvert. Terres légères et sablonneuses. 1/6e environ en prairies assez bonnes; 1/4 en landes. Limité par le Blavet à l'est. — L'église a pour patron saint Laurent; elle appartient à l'architecture du xvie siècle, et l'on y remarque de beaux vitraux représentant des scènes de la Passion et les figures de seigneurs et dames de Goatgoureuden, fondateurs de l'église. — Chapelles de Locmaria (en ruines), de Saint-

Isidore; de Saint-Pierre et de Saint-Gildas. La deuxième et la troisième sont du xve siècle; celle de Saint-Gildas de 1832. — Au village de Kerohou, dolmen, nommé dans le pays Chaire-des-Druides. — Etang du Blavet, d'une superficie d'environ 50 hectares. — Près de Coatmel, amas de pierres énormes superposées. — *Points culminants* : Kerbrat, 291 m.; chapelle de Saint-Pierre, 287 m.; Kerbalen, 281 m.; Coatmel, 264 m.; le bourg, 278 m. — *Géologie* : Constitution granitique. — *Maires* : MM. 1790, Lostys de Kerhor; 1807, Le Graët; 1831, Courtois; 1851, Guillaume, maire actuel.

PESTIVIEN, 1,478 hab ; — bornée au N. par Plougonver et Pont-Melvez; à l'E. par Maël-Pestivien; au S.-O. par Duault, et à l'O. par Callac; — traversée par la route départementale No 9, par le chemin de grande communication No 11 et par le chemin d'intérêt commun No 30; — école de garçons, 38 élèves; de filles, 10 él.; — dépend de la perception de Callac; — faisait partie de l'évêché de Quimper; — on parle le breton; — foires le 26 mars, le 16 août, le lundi qui suit le dimanche après la Nativité de la Vierge, le 9 décembre. — Territoire très-accidenté dans toutes ses parties, nu et découvert; coupé en tous sens de vallées profondes, occupées par de nombreux ruisseaux qui se jettent dans le Guer et dans l'Hière; terres légères et sablonneuses. 1/8e de la commune en prairies ; 1/4 sous landes. — L'église de Notre-Dame de Bulat, autrefois simple chapelle, construite aux xv⁰ et xvi⁰ siècle, est devenue l'église paroissiale. Elle en était digne par la beauté de ses proportions, l'élégance de son architecture et le fini des sculptures qui la décorent dans toutes ses parties. Le porche du sud est un des plus élégants que la Renaissance ait édifié en Bretagne ; sa tour, qui porte la date de 1552, abrite une sacristie des plus remarquables et qui est à elle seule un monument ; elle s'élance à une hauteur de 30 m., prête à supporter une flèche de même élévation, que les habitants de la commune, secondés par leur digne recteur, M. l'abbé Daniel, s'apprêtent à ériger pour que rien ne manque à ce bel édifice. Notre-Dame de Bulat est l'objet d'une dévotion particulière et qui s'étend au loin. Elle attire surtout une affluence considérable de pèlerins de tous les points de la Basse-Bretagne, à l'époque du pardon du 8 septembre, fête de la Nativité. — L'église de Pestivien, sous l'invocation de saint Blaise, n'est desservie que tous les 2ᵉˢ dimanches du mois et à certains jours ; on voit, dans son cimetière, un beau calvaire en granite. — Chapelle de Sainte-Anne. — On garde encore, dans le pays, le souvenir du château de Pestivien, détruit de fond en comble par le connétable Du Guesclin, en 1364, et dont l'emplacement est actuellement difficile à déterminer. — *Points culminants* : Le bourg, 251 m. ; la Garenne,

292 m.; Kermarc'h, 300 m.; Stanqué, 309 m. — *Géologie* : Granite; tourbe dans les vallons; gneiss au nord et au nord-ouest. — *Maires* : MM. 1793, Le Borgne; an VIII, Derrien; an XII, J. Le Moigne; 1813, J.-B. Le Moigne; 1815, Desjars; 1817, Keranflech; 1821, J.-B. Le Moigne; 1834, Le Cam; 1840, J.-B. Le Moigne; 1851, Daniel; 1859, L.-M. Le Moigne, maire actuel.

PLOURACH, 1,312 hab.; — bornée au N. par Lohuec; à l'E. par Calanhel et Plusquellec; au S. par Carnoët, et à l'O. par le Finistère; — traversée par le chemin de grande communication N° 51 et par le chemin d'intérêt commun N° 24; — école de garçons, 20 élèves; de filles, 40 élèves; — dépend de la perception de Callac; — faisait partie de l'évêché de Quimper; — on parle le breton. — Territoire très-montueux et très-accidenté, peu boisé et peu planté de pommiers; terres semi-argileuses, assez médiocres; 1/8ᵉ en prairies, 1/3 environ en landes, dont une partie pourrait être cultivée. — Le portail de l'église paroissiale, placée sous le patronage de saint Jean-Baptiste, est assez remarquable. Cette église possède un calice de grandes dimensions, en argent doré et dont les principales ciselures représentent les douze Apôtres; il fut, dit-on, donné à la paroisse par la duchesse Anne. — *Points culminants* : Saint-Guignolé, 230 m.; le bourg, 225 m. — *Géologie* : Schiste argileux;

au sud-est, roches amphiboliques et quartz ; grès au nord-ouest, et îlot de granit entre ce dernier gisement et le bourg ; dépôts de tourbe. — *Maires :* MM. 1826, J. Guillou ; 1830, J.-F. Guillou ; 1837, Duchesne, maire actuel.

PLUSQUELLEC, 1,432 hab. ; — bornée au N. par Calanhel ; à l'E. par Callac et Duault ; au S. par Duault ; à l'O. par Carnoët et Plourach ; — traversée par la route départementale N° 9 et par le chemin de grande communication N° 51 ; — école de garçons, 19 élèves ; de filles, 10 élèves ; — dépend de la perception de Callac ; — faisait partie de l'évêché de Quimper ; — on parle le breton. — Territoire boisé, très-accidenté et très-montueux au nord et au sud, et un peu moins à l'est et à l'ouest ; traversé par l'Hière. Terres de bonne qualité ; 1/8e en prairies assez bonnes, 1/4 à peu près en landes pierreuses et élevées. — L'église, sous le patronage de Notre-Dame de Plusquellec, dont la fête a lieu le 2e dimanche de juillet, possède une chaire à prêcher, un autel et des vitraux qui attirent l'attention. — Les comtes de Poher possédaient, en cette commune, un château dont on aperçoit à peine les vestiges. — Traces de la voie romaine de Carhaix à Lannion. — Patrie de Charles-Hercule de Kéranflech, auteur de plusieurs ouvrages philosophiques imprimés à Rennes de 1761 à 1785. — *Points culminants :* Le bourg, 171 m. ; Kerliviou, 222 m.; l'Iffernec, 272 m. — *Géologie* : Au nord-est et au sud, roches feldspathiques; ancien gisement de plomb à Guerfaut (exploité jadis par Poullaouën), et schiste passant au grauwach. — *Maires* : MM. 1790, Deholen; 1795, Le Norellec; 1808, Le Cam; 1819, Fercoq; 1835, Le Bars; 1844, Henry; 1848, Guenegou; 1855, Le Follezou, maire actuel.

Canton de Maël-Carhaix.

Le canton de Maël-Carhaix est borné au N. par le canton de Callac; à l'E. par le canton de Rostrenen; au S. et à l'O. par le département du Morbihan. — Il est traversé de l'E. à l'O. par le canal de Nantes à Brest; par la route impériale N° 164 *bis* de Rennes à Brest; par les chemins de grande communication N° 13 de Belle-Ile au canal de Nantes à Brest, N° 48 de Rostrenen à Quimper, N° 49 de Saint-Nicolas à Carhaix; par le chemin d'intérêt commun N° 51 de Carhaix au chemin de grande communication N° 11.

La population du canton est de 9,295 hab.; sa superficie de 18,630 hect., et son revenu territorial net de 448,599 fr.

Le canton de Maël-Carhaix appartient à la partie de la Bretagne connue sous le nom de Cornouaille. La race bretonne s'y retrouve pour ainsi dire à son état primitif: mœurs, langage, habitudes, costumes y sont tels qu'aux

TERRES. — Revenu net moyen, par hectare, pour le canton. 23 fr. 37

Valeur vénale moyenne, de l'hectare, dans le canton........ 480 fr.

COMMUNES COMPOSANT LE CANTON.	POPULATION.	DISTANCES en kilomètres.			NOMBRE D'HECTARES des terrains imposables produisant revenu.					Terrains non productifs et non imposés. Chemins, rivières, etc. — Hectares.	NOMBRE TOTAL D'HECTARES par commune.	REVENU CADASTRAL.	PROPORTION de rehaussement pour obtenir le revenu réel.		TAUX MOYEN de l'intérêt des fonds placés.		NOMBRE		NOMBRE	
		Du chef-lieu du département.	Du chef-lieu d'arrond'.	De Maël-Carhaix (chef-lieu de canton.)	Jardins, courtils, vergers et sol des édifices.	Terres labourables.	Prés.	Bois et taillis.	Pâtures et landes.	TOTAL.				Pour les terres (1).	Pour les maisons, moulins et usines (2).	En terres.	En maisons, moulins et usines.	De maisons.	De moulins et usines.	De foires.	De cafés et cabarets.
Maël-Carhaix......	2,066	64	44	»	124	2,435	391	25	532	3,507	150	3,657	53,535 03	1.91	2.04	4.81	3.55	430	11	»	5
Locarn......	1,740	70	39	5	72	1,774	282	139	842	3,109	127	3,236	34,060 90	2.10	1.76	5. »	3.70	310	8	1	5
Le Moustoir.	862	74	51	10	58	991	146	7	221	1,423	67	1,490	24,466 94	1.87	2.08	4.49	3.64	198	3	»	3
Paule.....	1,537	70	51	7	84	2,020	439	260	816	3,619	139	3,758	36,896 34	2.19	2.08	4.07	3.67	317	3	1	4
Plévin.....	1,264	73	62	12	59	1,499	263	63	709	2,593	135	2,728	36,949 90	1.78	2.06	4.94	3.82	222	8	1	4
Trébrivan...	1,205	68	49	6	60	1,316	221	118	494	2,209	87	2,296	30,296 09	1.77	2.09	4.99	3.70	228	5	»	3
Treffrin.....	332	72	57	9	24	409	75	56	144	708	38	746	8,520 94	1.91	2.84	4.98	3.77	58	1	»	1
Tréogan...	289	75	64	26	19	284	72	12	306	693	26	719	4,759 08	2.33	3.35	5. »	3.81	59	1	»	1
TOTAUX...	9,295	»	»	«	500	10,728	1889	680	4064	17,861	769	18,630	229,485 25	»	»	»	»	1,822	40	3	26

(1 et 2) Pour les notes concernant ce tableau, voir celles du tableau du canton de Guingamp, pages 430 et 431.

siècles passés, et rien n'a pu encore effacer le caractère national de sa population, néanmoins soumise aux lois et respectueuse à l'autorité. — Son territoire fait partie de la chaîne des Montagnes-Noires (*Menez-Dû*); il est très-accidenté, assez bien boisé dans ses parties cultivées, nu et découvert dans les autres, qui sont à peu près stériles et qui forment un peu plus du quart de sa superficie. La rivière de l'Aulne, canalisée, le traverse au sud: Ses terres sont semi-argileuses ou légères et ne produisent qu'exceptionnellement du froment. Des progrès agricoles s'y produisent cependant, et tout fait présager que l'introduction de l'élément calcaire dans ce canton, comme dans ceux qui lui sont limitrophes, changera promptement la nature du sol en développant sa puissance productrice. L'élève du bétail et des chevaux légers forme la principale ressource agricole du canton, compris dans la zône pastorale ou du midi du département. — Il produit : seigle, 24,922 hect.; avoine, 24,900 hect.; sarrasin, 29,320 h.; chanvre, 1,702 quint. mét. de filasse. — Il possède : chevaux, 1,200 ; taureaux, 50 ; bœufs, 4,800; vaches, 2,800 ; veaux, 3,930 ; béliers, 31 ; moutons, 360; brebis, 244; agneaux, 220; boucs et chèvres, 100; porcs, 1,600.

MAEL-CARHAIX, 2,066 hab.; — par les 5° 45' 45" de longitude O. et par les 48° 17' 40" de latitude N.; — bornée au N. par Locarn ; à l'E. par Kergrist-Moëllou ;

au S. par Glomel et Paule; à l'O. par Le Moustoir et Trébrivan ; — traversée par les chemins de grande communication Nos 13 et 49, et par le chemin d'intérêt commun No 31 ; — école de garçons, 47 élèves ; de filles (en construction) ; — chef-lieu de canton et de perception ; — cure de 2e classe ; bureau de bienfaisance ; brigade de gendarmerie à pied ; justice de paix ; résidence d'un notaire ; bureau de distribution des lettres ; comice agricole ; — faisait partie de l'évêché de Quimper ; — on parle le breton ; — marché le jeudi. — Territoire accidenté, montueux, peu boisé, coupé de nombreux ruisseaux qui se jettent dans l'Aulne ; terres légères, médiocres ; 1/10e en prairies assez bonnes, 1/7e en landes et bruyères. — Le bourg, éloigné de grandes voies de communication, ne compte qu'un très-petit nombre d'habitations. Son église a pour patron saint Pierre ; elle n'offre rien de bien remarquable et porte, au bas de sa tour, la date de 1630. — Près du cimetière, qui est fermé d'une grille en fer, on voit une pierre de forme cylindrique, de 2 m. environ, qu'on croit être une borne milliaire gallo-romaine. — La chapelle de la Trinité est du XVIe siècle. — Au village de Krouguel, on trouve une grotte profonde de laquelle jaillissent des eaux excellentes, que les romains, paraît-il, faisaient arriver à Carhaix au moyen d'un aqueduc dont on voit encore les restes. — Il existait, à Kerléan, un prieuré qui n'a disparu qu'à l'époque de la Révolution. — *Points cul-*

minants : Un arbre près du bourg, 213 m.; la forêt, 222 m.; moulin de la Lande, 175 m.; Gouevrach, 226 m. — *Géologie :* Schiste argileux; à 2 kilom. nordouest, grauwach du terrain de transition; étage silurien. — *Maires :* Ont rempli successivement ces fonctions, MM. Rolland, Kersaliou-Hamon, Henry, Le Dily, Duquellenec, Le Moine, Lescoat et Le Moine, maire actuel.

LOCARN, 1,740 hab.; — bornée au N. par Duault; à l'E. par Kergrist-Moëllou; au S. par Maël-Carhaix et Trébrivan; à l'O. par Carnoët; — traversée par le chemin de grande communication N° 13 et par le chemin d'intérêt commun N° 31; — école de garçons, 26 élèves; — dé d de la perception de Maël-Carhaix; — résidence d'un notaire; — ancienne trève de Duault; — on parle le breton; — foire le 1er lundi de mai. — Territoire très-accidenté, très-montueux, peu boisé, mais ayant quelques vergers; sol argileux et pierreux, terres médiocres; 1/10e de la contenance est en prairies naturelles assez bonnes; 1/4 environ est sous landes et bruyères, peu susceptibles d'être mises en culture. — Le nom de Locarn vient de saint Harn, Hernin ou Carné, qui mourut en 530 dans un ermitage sur l'emplacement duquel l'église est aujourd'hui bâtie et placée sous son patronage. Cette église, qui possède le tombeau et les reliques de son patron, dont la fête se célèbre le 1er dimanche de mai, est située dans une position pittoresque, sur la pente rapide d'un mamelon entouré d'arbres. Elle est fort ancienne, et sa grande fenêtre flamboyante en granite présente quelques restes de vitraux qui ne sont pas sans intérêt. Saint Harn est invoqué pour le soulagement des maux de tête. — Chapelles de Sainte-Barbe, Saint-Conidy, Notre-Dame de Loquetour et Notre-Dame de Bleuen. — Ruines des châteaux de Quelen et de Loguevel. — Menhir près de Quellenec. — Le petit ruisseau de Kersaoul est très-poissonneux. — *Points culminants* : Le bourg, 217 m.; Crec'h-an-Vulzen, 217 m.; Menhir-Quellenec, 271 m.; Follezou, 282 m. — *Géologie* : Schiste argileux et ardoisières exploitées qui produisent environ 200 milliers d'ardoises. — Ont été Maires : MM. Geffroy, Bonhomme, Le Bihan, Quéméner, Le Moign, Guillerm, L'Hélias, Guillou et Guillou, maire actuel.

LE MOUSTOIR, 862 hab.; — bornée au N. par Treffrin et Trébrivan; à l'E. par Maël-Carhaix; au S. par Paule et Plévin; à l'O. par le département du Finistère; — traversée par la route impériale No 164 *bis* et par le chemin de grande communication No 49, qui lui sert de limite dans le N.; — sans école; — dépend de la perception de Maël-Carhaix; — ancienne trêve de Trébrivan; — on parle le breton. — Territoire composé presqu'uniquement d'une vallée orientée est et ouest; il est bien boisé. Terres assez fortes et susceptibles d'une grande fertilité, si elles étaient bien labourées; il y en a près de 1/10e en prairies et 1/7e en landes, dont une partie peut être mise en culture. — Le nom de cette commune, qui signifie en breton monastère, lui vient, dit-on, d'une communauté de Moines de Saint-Augustin, dont on voit encore les ruines auprès du bourg. — L'église est sous le patronage de saint Juvenal, dont la fête se célèbre le dimanche qui suit le 3 mai. Elle est du xvie siècle et intéressante à visiter. Sa maîtresse vitre représente diverses scènes de la vie de Notre Seigneur. — Il existe, dans le cimetière, deux pierres tombales qui ont pu être celles d'abbés du monastère auquel le bourg a dû son existence. — Au village de Pors-en-Place, on voit un tumulus, et non loin de là, les traces visibles d'un aqueduc romain destiné à fournir des eaux à l'ancienne station romaine de Carhaix. Au hameau de Sibinel, quelques ardoisières produisent environ 200 milliers d'ardoises de qualité inférieure. — *Points culminants :* Le bourg, 104 m.; Sibinel, 161 m.; Tynevez, 167 m. — *Géologie :* Schiste argileux. — *Maires :* Ont rempli successivement ces fonctions, MM. Le Bail, L. Thomas, Ch. Le Foll, Le Bail, Couteller, Menguy, J.-L. Huruguen, P. Huruguen, maire actuel.

PAULE, 1,537 hab.; — bornée au N. par Le Moustoir et Maël-Carhaix; à l'E. par Maël-Carhaix et Glomel; au S. par le département du Morbihan; à l'O. par Plévin;

— traversée par le canal de Nantes à Brest, par la route impériale N° 164 *bis*, par les chemins de grande communication N°s 13 et 18; — école de garçons, 40 élèves; — dépend de la perception de Maël-Carhaix; — faisait partie de l'évêché de Quimper; — on parle le breton; — foire le 25 avril. — Territoire très-accidenté et montueux dans toutes ses parties; il est traversé par une chaîne de montagnes qui fait suite à celle des Montagnes-Noires; ses parties basses sont boisées, les points élevés sont nus et découverts. L'une des sources du Doré se trouve en cette commune. Il serait facile de rendre les terres de Paule productives par les engrais et une bonne culture dont l'exemple est donné par la ferme-école de Castellaouënan, créée en 1849. Une trentaine de jeunes gens de divers points du département reçoivent, dans cet établissement, une instruction agricole pratique dont le pays devra retirer des avantages. — L'église paroissiale, sous le patronage de sainte Paule, n'offre rien de remarquable. — Les chapelles de Saint-Eloi, Lan-Salaun, Saint-Amand et de Saint-Symphorien sont des XVe et XVIe siècle. Cette dernière, en ruines, possédait une cloche hexagonale, aujourd'hui à Paule, d'un modèle très-rare et qu'on fait remonter au Ve ou VIe siècle. De nombreux pèlerins se rendent, chaque fête de Vierge, près de la belle chapelle de Lan-Salaun ou terre de Salomon, dont la légende se rattache à celle du pieux fou du Folgoat. — La commune possède d'intéressants vestiges de la domination romaine, et nous indiquerons, comme remontant à cette époque, l'enceinte circulaire de Bressilien, le quadrilatère de Castellodic et la voie de Carhaix à Vannes. Nous citerons aussi la fortification féodale semi-circulaire de Castellaouënan et la motte de Kerjan. Près de ce dernier lieu existe une forêt du même nom, au milieu de laquelle on voit un monument en l'honneur du comte du Botderu, célèbre chasseur. Il y avait, au xve et au xvie siècles, sur les bords de cette forêt, un établissement de gentilshommes verriers. Aujourd'hui, la seule industrie de Paule consiste dans l'exploitation de quelques carrières d'ardoises assez médiocres. — Châteaux modernes de Keranguevel et de Castellaouënan. Non loin de ce dernier, on jouit de la vue magnifique du bassin de Carhaix. — Paule est l'une des communes du département où l'on remarque le type celtique le plus pur et où l'on garde avec le plus de ténacité les vieilles superstitions bretonnes. La légende de Leiz-Breiz, citée dans les chants populaires bretons de M. de La Ville-Marqué, s'y trouve encore dans toutes les mémoires. — *Points culminants* : Keranquevel, 259 m.; Bressilien, 213 m.; Rufiliou, 275 m.; Toulhallec, 298 m. — *Géologie* : Schiste argileux et ardoisières. — *Maires* : Ont rempli successivement ces fonctions, MM. Cadiou, Le Moigne, Le Borgne, du Leslay, Le Du, Le Guern et le vicomte de Saisy, maire actuel.

PLÉVIN, 1,264 hab.; — bornée au N. par le canal de Nantes à Brest, qui la sépare du Finistère et du Moustoir; à l'E. par Paule; au S. par le Morbihan; à l'O. par Tréogan et par le Finistère; — traversée par le chemin de grande communication N° 48 et par un chemin vicinal simple conduisant à Carhaix; — école de garçons, 21 él.; de filles, 10 élèves; — dépend de la perception de Maël-Carhaix; — faisait partie de l'évêché de Quimper; — on parle le breton; — foire le 25 juin. — Territoire généralement accidenté et montueux; bien boisé dans ses parties cultivées, nu et découvert dans celles qui ne le sont pas. Terres susceptibles de donner de bons produits, si elles étaient convenablement cultivées. 1/10e de la contenance en bonnes prairies; 1/3 environ en landes et bruyères. — L'église, sous le patronage de Notre-Dame de Plévin, porte la date de 1663; elle renferme le tombeau, en marbre blanc, du célèbre missionnaire le père Julien Maunoir, décédé au presbytère de cette paroisse le 28 janvier 1683. Ce tombeau porte une indication de laquelle il résulterait qu'il a été fait par un artiste de Saint-Brieuc, du nom de Briand. Nous citerons aussi le vitrail, parfaitement restauré, qui éclaire le maître-autel. — Dans le cimetière, on remarque un obélisque surmonté d'une croix et destiné à la sépulture de la famille de Roquefeuille qui habitait le château de Kerlouët. — Chapelles de Saint-Jean, de Saint-Abibon et de Saint-Thurian. — *Points culminants*: Saint-Abibon, 151 m.; les Barrières,

215 m.; le Mont-Noir (signal), 304 m.; Pengen, 175 m. — *Géologie :* Schiste argileux ; grès. — *Maires :* Ont successivement rempli ces fonctions, MM. Tanguy, Conan, J. Le Couteller, Lanezval, Le Huérou-Kerisel, Le Berre ; Le Foll, maire actuel.

TRÉBRIVAN, 1,205 hab.; — bornée au N. par Duault; à l'E. par Maël-Carhaix ; au S. par Le Moustoir, dont le chemin de grande communication N° 49 la sépare; à l'O. par Treffrin et Carnoët ; — traversée par le chemin d'intérêt commun N° 51 ; — école de garçons, 25 élèves ; — dépend de la perception de Maël-Carhaix ; — faisait partie de l'évêché de Quimper ; — on parle le breton. — Territoire très-accidenté, très-montueux dans toutes ses parties et peu boisé, mais passablement planté de pommiers. Son sol, argileux et pierreux, est cependant, avec une culture intelligente, susceptible de fertilité ; près d'un tiers est encore en landes. — L'église est sous le patronage de Notre-Dame de Pitié, dont la fête a lieu le vendredi qui précède le dimanche des Rameaux. — Sur cinq chapelles que possédait la commune, il n'en existe plus que trois : Sainte-Anne, Notre-Dame de Clarté et Saint-Tugdual ; celles de Saint-Sébastien et de Saint-Adrien ont disparu. — Ruines du château de l'Etang et vestiges d'un camp romain situé entre les villages de Bourgerel et de Kerhalvez et connu dans le pays sous le nom de Castelhuel. — Trébrivan revendique avec Carhaix l'honneur d'être le lieu de naissance de l'illustre Corret de la Tour d'Auvergne, qui serait venu au monde dans cette commune en 1743 et aurait seulement été baptisé et élevé à Carhaix. — *Points culminants* : Le bourg, 180 m.; Pen-an-Nec'h, 167 m.; Kergus, 178 m.; Guenaric, 177 m. — *Géologie* : Schiste ; grauwach. — Ont été Maires : MM. Y. Le Hire, J.-L. Le Hire, Foucat, Philippe, Pinson, Le Naour, J.-C. Philippe, Le Noan, Kergroas, Y.-G. Le Hire, Kerhervé, F. Marzin, J. Le Hire, F. Marzin, Le Jar, J. Le Hire et J. Coutellec, maire actuel.

TREFFRIN, 332 hab.; — bornée du S.-O. au N.-O. par le Finistère ; à l'E. par Trébrivan ; au S. par Le Moustoir, dont le chemin de grande communication N° 49 la sépare ; — traversée par le chemin d'intérêt commun N° 31; — sans école ; — dépend de la perception de Maël-Carhaix ; — ancienne trève de Plouguer-Carhaix, qui fait partie de l'évêché de Quimper ; — on parle le breton. — Territoire très-montueux, très-accidenté dans toutes ses parties et bien boisé ; sol semi-argileux, pouvant devenir fertile par une bonne culture et d'abondants engrais. 1/10e de la contenance en assez bonnes prairies ; 1/7e environ en landes peu susceptibles d'être cultivées, à cause de leurs pentes rapides. — L'église est sous le patronage de Notre-Dame et porte la date de 1580. Son porche est de la même époque ; il est richement décoré de sculptures et de niches qui abritent les figures des douze Apôtres. — *Points culminants :* Le bourg, 169 m.; Rerc'halvé, 187 m ; Coat-Cliviou, 157 m. — *Géologie :* Schiste et grauwach.— *Maires :* MM. 1826, Le Manach ; 1830, Bercot; 1832, Le Manach ; 1837, J.-M. Caillebot; 1845, S. Bercot; 1846, F. Caillebot, maire actuel.

TRÉOGAN, 289 hab.; — bornée à l'O. et au N. par le Finistère; à l'E. par Plévin; au S. par le Morbihan; — traversée par le chemin de grande communication N° 48; — dépend de la perception de Maël-Carhaix; — faisait partie de l'évêché de Quimper ; — on parle le breton. — Le territoire de cette commune est renfermé pour ainsi dire entre deux chaînes de montagnes; il est bien boisé dans ses parties cultivées, mais nu et découvert dans la moitié de sa superficie, qui se compose de landes non susceptibles d'être défrichées. Terres légères et médiocres; 1/10e environ en assez bons prés. — L'église est sous le patronage de saint Conogan, évêque de Quimper au v® siècle. — *Points culminants :* Kerpezec, 217 m.; Halleguein, 220 m.; Moulin-Blanc, 198 m. — *Géologie :* Schiste argileux; amphibole à Kernon. — *Maires :* MM. 1826, Godart; 1837, Lauzet; 1848, Briand ; 1854, Le Guillerm, maire actuel.

Canton de Plouagat.

Le canton de Plouagat est borné au N. par le canton de Lanvollon ; à l'E. par les cantons de Lanvollon, Châtelaudren et Quintin : le Leff le sépare des deux premiers cantons ; au S. par le canton de Bourbriac ; à l'O. par les cantons de Bourbriac, Guingamp et Lanvollon. — Il est traversé par le chemin de fer de Rennes à Brest ; par la route impériale No 12 de Paris à Brest ; par la route départementale No 12 de Châtelaudren à Uzel ; par les chemins de grande communication No 2 *bis* de Châtelaudren à Callac, No 4 de Lanvollon à Châtelaudren, No 6 *bis* de Bocqueho à Bourbriac et à Callac, No 12 de Guingamp à Lanvollon ; par les chemins d'intérêt commun No 21 de Pontrieux à Châtelaudren, No 22 de Guingamp à Quintin, No 25 de Saint-Nicolas à Châtelaudren, No 27 de la route départementale No 16 à Châtelaudren, No 28 de Lanvollon à Bégard.

La population du canton est de 9,340 hab. ; sa superficie de 15,019 hect., et son revenu territorial net de 446,801 fr.

Le territoire de ce canton, de forme très-allongée, est accidenté au nord, assez plat dans sa partie centrale, et très-montueux et élevé au sud ; il est boisé et planté de pommiers dans ses parties productives. La qualité et la fertilité du sol présentent des différences notables :

TERRES. — Revenu net moyen, par hectare, pour le canton. 33 fr. 06

Valeur vénale moyenne, de l'hectare, dans le canton........ 933 fr.

COMMUNES COMPOSANT LE CANTON.	POPULATION.	DISTANCES en kilomètres.			NOMBRE D'HECTARES des terrains imposables produisant revenu.						Terrains non productifs et non imposés, Chemins, rivières, etc. — Hectares.	NOMBRE TOTAL D'HECTARES par commune.	REVENU CADASTRAL.	PROPORTION de rehaussement pour obtenir le revenu réel.		TAUX MOYEN de l'intérêt des fonds placés.		NOMBRE		NOMBRE	
		Du chef-lieu du départem¹.	Du chef-lieu d'arrond¹.	De Plouagat (chef-lieu de canton.)	Jardins, courtils, vergers et sol des édifices.	Terres labourables.	Prés.	Bois et taillis.	Pâtures et landes.	TOTAL.				Pour les terres (1).	Pour les maisons, moulins et usines (2).	En terres.	En maisons, moulins et usines.	De maisons.	De moulins et usines.	De foires.	De cafés et cabarets.
													fr. c.			F. %	p. %				
Plouagat....	2,476	20	11	»	2	2,172	220	59	521	2,983	214	3,197	33,903 12	3.70	4.07	3.30	2.90	561	3	»	11
Bringolo....	847	22	12	9	»	726	58	28	68	880	58	938	18,937 26	2.44	2.45	3.71	3.91	206	3	»	4
Goudelin....	2,424	24	11	11	15	1.803	144	51	115	2,128	170	2,298	32,552 32	3.55	3.47	3.39	3.42	561	9	»	12
Lanrodec....	1,616	24	11	4	2	1,382	226	394	1023	3,027	170	3,197	27,165 »	2.41	2.84	3.56	3.65	319	9	»	5
St-Fiacre...	596	25	11	12	20	512	90	37	270	929	35	964	12 590 »	5. »	4.60	4.64	4.60	137	3	1	4
Saint-Jean-Kerdaniel..	776	22	11	5	1	611	62	205	174	1,053	59	1,112	14,937 98	3.74	3.31	4.22	4.68	181	1	»	2
St-Péver....	601	30	11	11	»	507	76	297	387	1,267	46	1,313	10,852 01	2.48	3.11	3.30	3.31	142	1	»	4
TOTAUX....	9,340	»	»	»	40	7,713	885	1071	2558	12,267	752	13,019	150,937 69	»	»	»	»	2,137	29	1	42

(1 et 2) Pour les notes concernant ce tableau, voir celles du tableau du canton de Guingamp, pages 430 et 431.

en effet, au nord, les terres sont bonnes; au centre, elles diminuent de valeur; enfin, à l'extrémité sud, elles deviennent plus que médiocres. Le progrès agricole se fait cependant sentir dans quelques communes de ce canton, où l'emploi des engrais de mer donne les plus heureux résultats. Les landes, dont une partie pourrait être cultivée et l'autre boisée, entrent encore pour 1/5e dans sa superficie totale. Il appartient à la zône intermédiaire et produit : froment, 11,207 hect.; méteil, 9,565 hect.; seigle, 6,273 hect.; orge, 1,526 hect.; avoine, 35,109 hect.; sarrasin, 25,439 hect.; pommes de terre, 5,477 hect ; betteraves, 124 quint. mét.; chanvre, 79 quint. mét. (filasse); lin, 137 quint. mét. (filasse); cidre, 2,875 hect. — Il possède : chevaux, 2,147; taureaux, 49; bœufs, 9; vaches, 3,580; veaux, 952; béliers, 76; moutons, 60; brebis, 1,128; agneaux, 835; boucs et chèvres, 33; porcs, 2,416.

PLOUAGAT, 2,476 hab.; — par les 5' 20' 4" de longitude O. et par les 48° 32' 22" de latitude N.; — bornée au N. par Bringolo; à l'E. par le Leff, qui la sépare de Plélo, Châtelaudren et Plouvara; au S. par Bocqueho; à l'O. par Lanrodec et Saint-Jean-Kerdaniel; — traversée par le chemin de fer sur une longueur de 5,620 m 50, par la route impériale No 12, la route départementale No 12, les chemins de grande communication Nos 2 *bis* et 4, et par les chemins d'intérêt commun Nos 21 et 27 :

— école de garçons, 112 élèves ; de filles, 55 élèves ; — chef-lieu de canton et de perception ; — cure de 2e classe; bureau de bienfaisance ; brigade de gendarmerie à pied ; justice de paix ; résidence d'un notaire ; comice agricole; — faisait partie de l'ancien évêché de Tréguier ; — on parle le breton. — Le territoire de Plouagat, arrosé par les ruisseaux de la Ville-Chevalier et de Kerbarbo, qui font tourner trois moulins, est peu accidenté et à grandes ondulations ; il n'est guère boisé, mais il contient beaucoup de pommiers. Son sol est bon et l'agriculture y progresse ; cependant, les landes comptent encore pour 1/6e environ de sa superficie. — Le bourg est l'un des chefs-lieux de canton les moins importants du département; l'explication de ce peu de développement se trouve dans le voisinage de la ville de Châtelaudren. — L'église, sous le patronage de saint Pierre, n'a rien de remarquable. Son cimetière renferme deux ifs d'une grosseur énorme et un petit menhir sur lequel est gravé une inscription qui n'a pu encore être déchiffrée. — Il existe, dans la commune, deux chapelles : l'une sous le nom de Saint-Jacques, près Kerusano, et l'autre, située au village de Pabu, est sous l'invocation de Saint-Emilion. — Château de la Ville-Chevalier, où est né Mgr de Quelen, décédé archevêque de Paris. — *Points culminants* : Le bourg, 143 m. ; le Rumeur, 159 m.; Runio, 220 m.; la Rue-Neuve, 158 m. — *Géologie* : Granite et roches amphiboliques. — *Maires* : MM. 1826, de Kergariou;

1830, Varquer; 1837, H. Le Corvaisier; 1856, Rault, maire actuel.

BRINGOLO, 847 hab.; — bornée au N. par Goudelin; à l'E. par le Leff, qui la sépare de Tressignaux et de Plélo; au S. par Plouagat et Saint-Jean-Kerdaniel: à l'O. par Le Merzer; — traversée par le chemin de grande communication N° 4 et par le chemin d'intérêt commun N° 27; — école de garçons, 76 élèves; de filles, 65 él.; — dépend de la perception de Plouagat; — ancienne trève de Goudelin; — on parle le breton. — Territoire plat, à l'exception de la partie ouest; assez boisé et très-fertile; bien planté de pommiers qui produisent du cidre de bonne qualité. — L'église de Bringolo, sous l'invocation de la sainte Vierge, porte la date de 1664; son porche, qui appartient à l'architecture du xve siècle, est assez remarquable. — Le cimetière contient une élégante croix en granite et les tombeaux de MM. Guillaume Dinan-Dubreil, chevalier et comte de Rays, seigneur de Goudelin et de Bringolo, décédé en 1664, et de M. le comte Joseph de Kergariou de la Grandville, ancien préfet, puis chambellan de l'empereur Napoléon 1er et pair de France, décédé en 1849. Il avait fait de son château de la Grandville un véritable sanctuaire scientifique, en y créant une bibliothèque remarquable et en y amassant des documents historiques d'un haut intérêt, des collections archéologiques importantes, et surtout une série de monnaies

gauloises, la plus complète peut-être qui existe en France.
— Il se trouve, en Bringolo, une chapelle dédiée à saint
Melard. — Les manoirs de Kistilly, Kervisio, Kerdaniel-
Taillard et de Bringolo, sont convertis en fermes ; mais
quelques-uns conservent encore des restes de leur ancienne origine. — Il existait à Kymber, au confluent des
rivières du Leff et de Coatandon, une forteresse dont on
n'aperçoit plus que les vestiges. — *Points culminants :*
La Grandville (château), 101 m. ; le bourg, 120 m. —
Géologie : Granite ; roches amphiboliques ; porphyre
vert ; amphibole à gros grains. — *Maires :* Ont successivement rempli ces fonctions, MM. Le Creurer, Le Chéc,
Monjaret, Marquer ; J.-B. Le Ternisien, maire actuel.

GOUDELIN, 2,424 hab ; — bornée au N. par Gommenech ; à l'E. par le Leff, qui la sépare de Lannebert,
Lanvollon et Tressignaux ; au S. par Bringolo ; à l'O. par
Le Merzer et Pommerit-le-Vicomte ; — traversée par le
chemin de grande communication N° 12 et par les chemins d'intérêt commun Nos 27 et 28 ; — école de garçons,
116 élèves ; de filles, 85 élèves ; — dépend de la perception de Plouagat ; — résidence d'un notaire ; — faisait
partie de l'ancien évêché de Tréguier ; — on parle le
breton. — Territoire accidenté à l'est, assez uni dans les
autres parties ; sol bon et fertile, bien cultivé et productif ; abondamment couvert de pommiers ; arrosé par
la rivière du Leff et le ruisseau de l'Isle. — L'église de

Goudelin, bien que portant la date de 1̃7̃1̃7̃, est de construction toute moderne ; elle est sous le patronage de saint Pierre-ès-Liens. Elle renferme une belle pierre tombale du xv⁰ siècle, sur laquelle est sculptée, en haut relief, une femme couchée les mains jointes, près d'un cercueil faisant une saillie égale. On donne à cette figure le nom de Marie de Goudelin, qui se serait ainsi fait représenter près du cercueil de son époux, mis à mort, ajoute-t-on, pour s'être révolté contre son suzerain. — La chapelle de l'Isle, parfaitement restaurée dans son style primitif et qui appartient aux xiii⁰ et xiv⁰ siècle, mérite l'attention. Elle formait le centre d'une petite circonscription paroissiale dont le titulaire était nommé par l'évêque de Tréguier, tandis que celui de Goudelin était un religieux de Beauport nommé par le chef de cette abbaye ; il s'en suivait que Goudelin avait deux recteurs que l'on appelait blanc ou noir, suivant la couleur de leur robe. — Le pardon de Notre-Dame de l'Isle a lieu avec grande affluence le 2⁰ dimanche de juillet. Les cultivateurs viennent baigner leurs chevaux dans la pièce d'eau voisine de la chapelle, en les plaçant sous la protection de saint Eloi. — M. Desbois, ancien soldat de l'Empire et curé de cette paroisse pendant 38 ans, chevalier de la Légion-d'Honneur, y a laissé d'excellents souvenirs. — Montjoie et Kergoff sont d'anciens manoirs. On voit encore les douves de l'ancien château de Pontrevenou. — *Points culminants :* Le bourg, 99 m.; Gouervilly, 100 m.; Kervaudry, 108 m. — *Géologie :* Schiste modifié au nord-est ; au sud et à l'ouest, granite et roches amphiboliques. — *Maires :* Ont successivement rempli ces fonctions, MM. Gautier (père), Gautier (fils), Le Garfi, de Botmiliau, Turquet de Beauregard, Brient, Morice, Guervilly (père), Guervilly (fils) et Montfort, maire actuel.

LANRODEC, 1,616 hab.; — bornée au N. par la route impériale N° 12, qui la sépare de Saint-Jean-Kerdaniel ; à l'E. par Plouagat et Bocqueho ; au S. par Saint-Fiacre ; à l'O. par Saint-Péver et Ploumagoar ; — traversée par les chemins de grande communication N°s *2 bis* et *6 bis* ; — école de garçons, 57 élèves ; — dépend de la perception de Plouagat ; — ancienne trève de Plouagat ; — on parle le breton. — Territoire couvert de taillis au sud et à l'ouest et comprenant les bois de Boismeur, de Coëtando, de Goudmail et une partie de la forêt de Malaunay ; très-accidenté et élevé ; il est assez plat à l'est et au nord. Le sol de cette commune est bien cultivé, mais les landes en composent encore environ le tiers et sont d'assez médiocre qualité. Il est arrosé par les ruisseaux de Perrien, de Kergoust, de Kerbal et de Guerglas. — L'église, de construction moderne, est sous l'invocation de la sainte Vierge. — Chapelles de Saint-Jean-Baptiste, de Sainte-Marguerite et de Saint-Méen.— Les châteaux de Goudmail et de Coëtando sont dignes d'être signalés. On voit encore les restes des châteaux forts de Perrien, de Castel-Tanguy et de Castel-Vally. — *Points culminants* : Coëtando, 165 m.; Télégraphe, 241 m ; Tour-Fromentel, 262 m. — *Géologie* : Granite, et dans le sud et le nord-ouest, amas de roches amphiboliques. — *Maires* : MM. 1793, Jannic ; 1796, Gorégués ; 1797, Le Gourières ; 1798, Ch. Le Belleguic ; 1800, Le Gall ; 1832, Gorégués ; 1851, J. B. Le Gall ; 1856, J.-M. Le Belleguic, maire actuel.

SAINT-FIACRE, 596 hab.; — bornée au N. par Saint-Péver et Lanrodec ; à l'E. par Bocqueho et Saint-Gildas ; au S. par Senven-Lehart ; à l'O. par Plésidy, dont le Trieux la sépare, et par Saint-Péver ; — traversée par les chemins d'intérêt commun Nos 22 et 25 ; — école mixte, 43 élèves ; — dépend de la perception de Plouagat ; ancienne trève de Plésidy ; — on parle le breton ; — foire au village de Crech-Métern, le dernier mercredi d'avril. — Territoire élevé, montueux et accidenté ; peu boisé, à l'exception des parties productives. Près du tiers de la commune est encore en landes susceptibles d'être cultivées et plantées. — L'église, convenablement restaurée par les soins de son ancien recteur, M. Marquer, est assez remarquable. Elle est sous l'invocation de saint Fiacre, dont la fête et le pardon ont lieu le dernier dimanche d'août. La grande fenêtre de cette église, dans le style flamboyant, est garnie de vitraux portant les armes de la famille Le Gouzlec de Tressan. — Le cimetière renferme un if de 7 m 52 de circonférence. — Manoir de Kergroas. — Au sud-est, à 1 kilom. du bourg, on trouve un tumulus nommé Motten-Hudolo, placé près de l'ancienne chapelle du Cloître, sous l'invocation de saint Nicolas, où l'on prétend que les Templiers avaient autrefois un établissement. — Au milieu d'un étang situé sur les limites de Saint-Péver et Lanrodec, on voit un monticule de 32 m. de diamètre et 5 m. de hauteur, qu'on suppose aussi être un tumulus. — Nous citerons enfin la chapelle de Crech-Metern. — M. Lucas, prêtre et député à l'Assemblée nationale, est né en cette commune. — *Points culminants* : Le Bouillolec, 220 m.; Minguen, 200 m. — *Géologie* : Granite et roches amphiboliques. — Ont été Maires : MM. Henry, Lozach, F. Penglau, G. Penglau, Derrien et Perro, maire actuel.

SAINT-JEAN-KERDANIEL, 776 hab.; — bornée au N. par Le Merzer et Bringolo; à l'E. par Plouagat; au S. par la route impériale N° 12, qui la sépare de Lanrodec; à l'O. par Ploumagoar et Saint-Agathon; — traversée par le chemin de fer sur une longueur de 2,686 m. et par le chemin d'intérêt commun N° 21; — on construit une école de garçons; école de filles, 60 él.; dépend de la perception de Plouagat; — ancienne trêve de Plouagat; — on parle le breton. — Territoire onduleux, assez plat, bien boisé et renfermant une partie de la forêt de Malaunay; bien planté de pommiers. Sol bon et fertile, bien cultivé et très-productif. — L'église est sous le patronage de saint Jean. — La chapelle de Saint-Guignan est du xive siècle. Elle renferme un autel dédié à saint Eloi, près duquel les cultivateurs viennent en pèlerinage, avec leurs chevaux, le 24 juin. On y voit quelques restes d'une ancienne verrière. — Le château de Saint-Jean-Kerdaniel, nouvellement construit, est sans contredit, par son style comme par son importance, l'une des plus magnifiques habitations du département. Ses dépendances, qui chaque jour s'étendent et s'embellissent, lui donneront en peu d'années l'aspect d'une résidence princière. Il renferme une belle bibliothèque, et une curieuse galerie de tableaux dont la majeure partie se compose de portraits des membres de la famille Budes de Guébriant. — *Points culminants*: Château de Kerdaniel, 115 m.; Poul-Spern, 147 m. — *Géologie*: Granite; gneiss et roches amphiboliques. — *Maires*: Ont rempli successivement ces fonctions, MM. Jego, Lecoqu, Le Creurer, Le Belleguy, Taton, Y. Quero, J. Lecoqu, J. Berthelot et G. Lecoqu, maire actuel.

SAINT-PÉVER, 601 hab.; — bornée au N. par Ploumagoar; à l'E. par Lanrodec; au S. par Saint-Fiacre; à l'O. par le Trieux, qui la sépare de Plésidy et de Saint-Adrien; — traversée par le chemin de grande communication N° 6 *bis* et par le chemin d'intérêt commun N° 22; — école de garçons, 35 élèves; — dépend de la perception de Plouagat ; — ancienne trève de Plésidy ; — on parle le breton. — Territoire élevé, accidenté, montueux et boisé seulement dans ses parties productives. Terres légères ; landes très-étendues et formant le tiers environ de la superficie de la commune. — L'église, sous l'invocation de saint Péver, ou Bever, prêtre et solitaire breton qui vivait au vi^e siècle, est très-délabrée ; elle renferme les tombes d'un certain nombre de membres de la famille Chatton de Keriwal. — La commune possède deux chapelles, celles de Roscudon et d'Avaugour ; toutes deux sont du xve siècle et remarquables autant par le grandiose de leur construction que par leurs détails architectoniques. — Anciens châteaux de Keriwal et de Toulborzo. On ne voit plus que quelques vestiges du château d'Avaugour, sur une hauteur non loin du Trieux. Ce château fut le siége de l'une des premières baronnies de Bretagne, dont l'écu portait d'argent au chef de gueules. — Les bois d'Avaugour et de Coatmeur sont très-peuplés de gibier à poil. — Etang d'Avaugour assez étendu. — *Points culminants* : Kernaour, 182 m.; chapelle d'Avaugour, 157 m.; le Reste, 201 m. — *Géologie* : Granite ; quartz à la montagne de Fromantel. — *Maires* : Ont successivement rempli ces fonctions, MM. Chatton, Yubas, F. Le Diouron, Le Gall, G. Le Diouron, Gautier, Le Page et Guillou, maire actuel.

Canton de Pontrieux.

Le canton de Pontrieux est borné au N. par le canton de Lézardrieux ; au N.-E. par le canton de Paimpol ; à l'E. par le canton de Lanvollon ; au S. par les cantons de Lanvollon et de Bégard ; à l'O. par le canton de La Roche-Derrien. — Il est traversé par les routes départementales No 5 de Guingamp à Tréguier, No 8 de Pontrieux à Paimpol, No 15 de Pontrieux à Belle-Ile, No 16 de Tréméven à Pontrieux ; par les chemins de grande communication No 18 de Pleubian à Pontrieux, No 20 de Tréguier au canal de Nantes à Brest ; par les chemins d'intérêt commun No 21 de Pontrieux à Châtelaudren, No 24 de Pontrieux à Carhaix, No 26 de Pontrieux à Lannion, No 27 de la route départementale No 16 à Chatelaudren ; No 40 de Pouldouran à Ploézal.

La population du canton est de 14,546 hab.; sa superficie de 10,580 hect., et son revenu territorial net de 711,146 fr.

Le territoire de ce canton, arrosé non-seulement par les rivières le Leff, le Jaudy et le Trieux, mais encore par d'autres cours d'eau moins importants, est très-montueux au nord-est, au sud-ouest et au centre ; ses autres parties présentent des plateaux étendus. En général, il est assez bien boisé, et la plantation des pommiers commence à s'y répandre. Le voisinage de la mer, indépendamment des avantages qu'il procure à la population par le commerce et la navigation, est aussi très-utile aux cultivateurs, qui en tirent parti pour se procurer des engrais marins de diverses natures. — Le sol du canton est généralement bon et bien cultivé, et les prairies artificielles suppléent avec les ajoncs à l'insuffisance des prés naturels qui ne comptent guère que pour 1/25e dans sa superficie totale. — Le lin se cultive avec succès dans le canton et l'élève du bétail y a de l'importance, mais il se fait surtout remarquer par la production de chevaux de trait recherchés pour leur bonne qualité. — On y trouve encore beaucoup de propriétés soumises au régime convenancier ou du domaine congéable. — Il appartient à la zône du littoral et produit : froment, 30,740 hect.; méteil, 8,000 hect.; seigle, 2,750 hect.; orge, 23,680 h.; avoine, 67,620 hect.; sarrasin, 28,340 hect.; pommes de terre, 9,075 hect.; betteraves, 9,400 quint. mét ; chanvre, 150 quint. mét.; lin, 2,475 quint. mét.; cidre, 2,300 hect. — Il possède : chevaux, 2,323; taureaux, 70; bœufs, 18; vaches, 2,892; veaux, 875; béliers, 189; moutons, 61 ; brebis, 1,090; agneaux, 1,068; boucs et chèvres, 106 ; porcs, 2,614.

ERRES. — Revenu net moyen, par hectare, pour le canton... 60 fr. 90

COMMUNES COMPOSANT LE CANTON.	POPULATION.	DISTANCES en kilomètres.			NOMBRE D'HECTARES des terrains imposables produisant revenu.					Terrains non productifs et non imposés, Chemins, rivières, etc. — Hectares.
		Du chef-lieu du département.	Du chef-lieu d'arrond.	De Pontrieux (chef-lieu de canton).	Jardins, courtils, vergers et sol des édifices.	Terres labourables.	Prés.	Bois et taillis.	Pâtures et landes.	TOTAL
ntrieux...	2,190	45	18	»	10	51	12	»	18	91	11
rélidy......	768	46	15	7	8	632	56	17	70	783	30
oëzal......	3,209	49	20	4	25	2,243	93	66	72	2,499	129
ouëc......	2,110	49	15	4	11	1,418	88	23	170	1,713	114
Quemper-uézênec...	2,752	40	20	5	27	1,813	77	40	210	2,167	141
nan.....	737	49	17	4	5	392	22	10	55	484	28
int-Clet...	1,749	40	13	5	9	1,098	60	48	142	1,357	88
St-Gilles-s-Bois.....	1,031	38	12	8	6	808	25	8	38	885	60
TOTAUX...	14.546	»	»	»	101	8,455	433	212	775	9,979	601

(1 et 2) Pour les notes concernant ce tableau, voir celles du tableau du canton de Guingamp, pages 430 et 431.

Valeur vénale moyenne, de l'hectare, dans le canton......... 1,634 fr.

NOMBRE TOTAL D'HECTARES par commune.	REVENU CADASTRAL.	PROPORTION de rehaussement pour obtenir le revenu réel.		TAUX MOYEN de l'intérêt des fonds placés.		NOMBRE		NOMBRE	
		Pour les terres (1).	Pour les maisons, moulins et usines (2).	En terres.	En maisons, moulins et usines.	De maisons.	De moulins et usines.	De foires.	De cafés et cabarets.
	fr. c.	p. 0/0.		p. 0/0.					
102	15,939 62	4.47	4.49	4.97	4.99	271	2	6	16
813	17,661 01	2 50	2.43	5.41	5.42	167	2	»	4
2,628	69,753 96	2.53	2.39	4. »	4. »	610	5	3	13
1,827	36,611 70	3.24	3.17	4.14	4.13	526	4	»	7
2,308	55,319 80	2.45	2.91	3.18	3.11	672	5	»	7
512	17,286 62	1.78	1.77	4. »	4.01	158	1	7	5
1,445	34,961 01	2.20	2.57	3.01	3.56	393	7	»	12
915	21,050 36	2.83	2.78	4.04	4.02	264	1	»	3
10,580	268,617 11	»	»	»	»	3,061	27	16	97

PONTRIEUX, 2,190 hab.; — située par les 5° 29' 48" de longitude O. et par les 48° 41' 50" de latitude N.; — bornée à l'O. et au N. par Ploézal; à l'E. par Quemper-Guézénec; au S. par Saint-Clet et Plouëc; — traversée par les routes départementales Nos 5, 8, 15 et 16; par le chemin de grande communication N° 18 et par le chemin d'intérêt commun N° 26; — deux écoles de garçons, 204 élèves; trois écoles de filles, 195 élèves; une salle d'asile, 155 enfants; — chef-lieu de canton et de perception; — cure de 2e classe; bureau de bienfaisance; compagnie de sapeurs-pompiers (51 hommes, 2 pompes); société de secours mutuels (7 membres honoraires, 51 participants); société pour l'extinction de la mendicité; bureau télégraphique; cercle littéraire; brigade de gendarmerie à cheval; syndic des gens de mer; justice de paix; résidence de deux notaires; bureau d'enregistrement pour le canton et pour celui de Bégard; recette des douanes et des contributions indirectes; bureau de direction des postes; conducteur des ponts et chaussées; maître de port; comice agricole; vice-consul de Suède et de Norwége; — ancienne trève de Quemper-Guézénec, qui dépendait de l'évêché de Tréguier; — on parle le breton; — marché le lundi; foires le 1er lundi d'avril, le lundi de la Pentecôte, le lundi après le 3e dimanche de juillet, les 2es lundis de septembre et d'octobre, le dernier lundi de novembre. — Le territoire de cette commune, située dans la vallée très-profonde du

Trieux, est peu étendu, mais il est boisé, productif et bien cultivé. — La ville de Pontrieux, située sur cette rivière, à 19 kil. environ de la Manche, n'est pas très-considérable, mais elle présente une importance commerciale réelle et sert d'entrepôt à un grand nombre de communes. Elle possède toutes les ressources de localités plus importantes et fournit à sa population, dont une partie se compose de riches bourgeois, de commerçants actifs et d'artisans aisés, à peu près tout ce dont ils peuvent avoir besoin. Sa population, remarquablement énergique et intelligente, sait tirer parti de sa situation exceptionnelle. Pontrieux, en effet, est le seul port de l'arrondissement de Guingamp. Il reçoit des épices, des vins, des alcools, de la houille, du sel, du fer, du bois du nord, des ardoises, des graines de lin et en général tous les articles d'importation. Il s'y fait des exportations considérables en froment, orge, avoine, lin, fil, graisse, beurre, etc. Chaque année, il y est déposé par 25 gabarres, qui ne sont pas comprises dans le mouvement de la navigation, plus de 1,200 tonneaux de varech et de 2 à 3,000 tonneaux de sablon calcaire marin que les cultivateurs viennent chercher de 25 kilom. L'activité de ce port, qui peut recevoir des navires de 250 tonneaux, se traduit, année moyenne, par un mouvement, à la sortie, de 268 navires, montés par 1,238 hommes et jaugeant 12,151 tonneaux, et à l'entrée, de 270 navires, jaugeant 38,308 tonneaux et montés par 1,206 hommes. En outre

de ce mouvement commercial, sur le Trieux et non loin de la ville, on se livre à la pêche du saumon d'une manière tellement fructueuse, qu'on expédie annuellement sur la ligne de Paris pour 80,000 fr. de ce poisson.
— Cette ville n'occupait pas anciennement sa position actuelle ; elle était groupée sous la protection du château fort de Châteaulin, dans la charmante vallée où se trouve aujourd'hui l'usine à serancer le lin qui en porte le nom. Pendant le xiv° siècle, ce château et la ville furent pris deux fois par les Anglais, à l'époque des guerres de Jean de Montfort et Charles de Blois, puis pillés et détruits par eux. Cette seigneurie a appartenu, pendant plusieurs siècles, aux comtes de Penthièvre; à l'époque de la Révolution de 1789, elle était entre les mains du prince de Soubise. — Pontrieux, dans l'emplacement qu'elle occupe, n'a été longtemps qu'une petite agglomération composée d'habitations sans importance; mais, depuis 30 ans, tout a changé d'aspect, et de belles places plantées, des fontaines publiques, des rues pavées et alignées, de jolis édifices lui donnent l'aspect d'une ville bien habitée et fait augurer favorablement de son avenir. Elle possède une brasserie à deux chaudières, une tannerie ayant 76 m. de cuves et trois moulins perfectionnés. Son église, construite en 1837-1838, est dédiée à Notre-Dame des Fontaines, dont la fête se célèbre le 3e dimanche de juillet et donne lieu à deux processions qui se font de temps immémorial, l'une, la veille, aux

flambeaux, et l'autre, le jour de la fête, qui est aussi celui du pardon de la ville. La Saint-Yves est également l'occasion de réjouissances publiques, mais qui n'ont pas, que nous le sachions, de caractère religieux. — Cette ville a donné le jour à de nombreux personnages qui se sont distingués à divers titres, et il est peu de localités, dans le département, qui puissent dresser une liste aussi complète de notabilités. Si nous citions tous ceux qui, morts ou vivants, pourraient être dignes de l'être, nous formerions une nomenclature en dehors des limites que nous nous sommes imposées. Nous ne mentionnerons donc que les noms suivants, qui sont inscrits sur des tombes : Le Brigand, savant philologue, auteur des *Origines de la langue celtique*, ami de La Tour d'Auvergne; Gaultier-Porteneuve, avocat, député à la Convention nationale; Le Gorrec (Guillaume), député au conseil des Cinq-Cents, procureur impérial à Saint-Brieuc; Le Gorrec (Claude), secrétaire général de la préfecture des Côtes-du-Nord, député pendant les Cent-Jours; Pouhaër, président du tribunal civil de Saint-Brieuc; Le Provost, président de l'administration centrale de Saint-Brieuc; Le Provost (Pierre), député sous le gouvernement de juillet; Le Provost (Auguste), préfet sous le même gouvernement; Bastiou (Yves), auteur d'une grammaire française, ancien prieur de l'abbaye de Sainte-Geneviève de Paris. — *Géologie* : Schiste; granite et gneiss au sud, et au nord, roches amphiboliques. —

Ont été Maires : MM. Y. Bernard, C. Gaultier, C. Le Gorrec, Y. Le Guiot et Y. Le Gorrec, maire actuel.

BRÉLIDY, 768 hab.; — bornée au N. par Runan; à l'E. par Plouëc et Landébaëron; au S. par Saint-Laurent; à l'O. par Bégard et Coatascorn; — traversée par la route départementale N° 15 et par le chemin d'intérêt commun N° 24; — école de garçons, 29 élèves; — dépend de la perception de Pontrieux; — faisait partie de l'ancien évêché de Tréguier; — on parle le breton. — Territoire plat et uni, à l'exception de ses extrémités est et ouest, que bordent le Theoulas et le Jaudy; il est boisé et ses terres, quoique marécageuses, sont bien cultivées et productives. — L'église paroissiale, sous le patronage de saint Colomban, dont la fête arrive le 21 novembre, porte la date de 1720. Sous son porche, on remarque les tombeaux d'un maire et de deux recteurs.. — L'on voit encore, au nord de l'habitation nommée Porz-an-Parc, les vestiges d'un château fort dont dépendait la chapelle de Kerbiguet, dédiée à saint Tugdual, et qui en est voisine. — Près du hameau de la Chavraie, dans une parcelle nommée Loquel-ar-Hastel (parcelle du château), on croit retrouver les traces d'un camp romain. Une voie romaine semble aussi avoir occupé le terrain actuellement parcouru par le chemin d'intérêt commun N° 24. — *Points culminants* : Kerbiguet, 107 m; Traou-Brelidy, 67 m. — *Géologie* : Constitution granitique. — *Maires* :

Ont successivement rempli ces fonctions, MM. Queret, Le Coz, Le Pennec, J. Cariou, J.-M. Cariou, maire actuel.

PLOËZAL, 3,209 hab.; — bornée au N. par Hengoat et Pleudaniel; à l'E. par le Trieux, qui la sépare de Plourivo et de Quemper-Guézénec, et par Pontrieux; au S. par Plouëc et Runan; à l'O. par Pommerit-Jaudy; — traversée par la route départementale N° 5; par les chemins de grande communication N°s 18 et 20, et par les chemins d'intérêt commun N°s 26 et 40; — école de garçons, 81 élèves; de filles, 90 élèves; — dépend de la perception de Pontrieux; — faisait partie de l'ancien évêché de Tréguier; — on parle le breton; — foires le 8 avril, le 5 juillet et le 5 novembre. — Territoire assez uni, occupant un plateau élevé. Il est boisé; ses prairies sont productives et ses terres fertiles et bien cultivées. Il est accidenté dans sa partie est, sur les bords du Trieux. Depuis 1838, Ploëzal n'a plus de landes. Sa vaste église, reconstruite en 1842, est sous le patronage de saint Pierre. — On compte sept chapelles en cette commune : celles de Saint-Blaise, de Saint-Jean, de Saint-Paul, de Saint-Roch, de Saint-Quay, de Notre-Dame et de Saint-Louis. Près de chacune d'elles ont lieu des pardons le jour de la fête du patron. — Il y a, en Ploëzal, deux fours à chaux produisant annuellement 9,000 hect. — Nous appellerons l'attention sur les restes intéressants du château fort de la Roche-Jagu, qui dominent encore les rives du Trieux et près desquels se trouve un petit port. Ce château, dont la sombre histoire donne matière à bien des légendes, appartenait, à la fin du xiii° siècle, à Richard Péan de la Roche-Jagu, dont la famille s'est fondue dans celle d'Acigné. Il passa ensuite dans les maisons de Richelieu et Le Gonidec de Tressan; aujourd'hui, il appartient à la famille d'Argentré. — Près du bourg, on remarque deux tumulus. — *Points culminants* : Le bourg, 78 m.; Kerlaziou, 88 m.; Khoearn, 85 m. — *Géologie* : Schiste argileux. — *Maires* : Ont rempli successivement ces fonctions, MM. Le Duc, A. Le Breton, J.-R. Le Breton, Geoffroy, Y. Pasquiou, et depuis 1826, Le Goff, maire actuel.

PLOUEC, 2,110 hab.; — bornée au N. par Runan et Ploézal; à l'E. par le Trieux, qui la sépare de Saint-Clet; au S. par Squiffiec et Landébaëron; à l'O. par Brélidy et Runan; — traversée par la route départementale N° 15 et par le chemin de grande communication N° 20; — école de garçons, 70 élèves; de filles, 20 él.; — résidence d'un notaire; — dépend de la perception de Pontrieux; — faisait partie de l'ancien évêché de Tréguier; — on parle le breton. — Territoire plat et uni dans la partie centrale, montueux et accidenté au sud et à l'est. Son sol est bon et bien cultivé; il est encore couvert de landes pour 1/12° de sa superficie. — L'église, sous le patronage de saint Pierre, n'offre rien de remarquable. Il n'en est pas ainsi de la chapelle de la Trinité, dite la belle église, dédiée à saint Jorand, dont l'architecture appartient en grande partie au xvie siècle et qui montre peinte sur ses murs la légende de son patron dont elle possède aussi le tombeau. Au bas de la nef de cette chapelle et du côté de l'Evangile, se trouve une cheminée dans le genre de celle dont nous avons parlé à l'article La Bouillie. Nous citerons aussi la chapelle de Notre-Dame des Neiges, du xive siècle. — Le château fort de Châteaulin-sur-Tref, qui pendant longtemps protégea Pontrieux, était situé en Plouëc. Kercarbin, autre forteresse, ancienne propriété des comtes de Lannion, offre encore de belles ruines. — A Kamarel, on voit un menhir d'environ 3 m., nommé la Roche-Bago. — Nous ne terminerons pas cet article sans citer de nouveau la belle usine de Châteaulin, occupant 120 ouvriers, si bien placée et si utile dans un canton qui, comme celui de Pontrieux, produit des lins en abondance. — *Points culminants* : Le Pradou, 85 m.; Penanguer, 100 m.; Ty-Losquet, 98 m. — *Géologie* : Constitution granitique. — Ont été Maires : MM. Le Tacon, Le Gallou, Le Guern, Le Merle, Le Calvé, Allanou, Le Garlès, Le Huerou et L'Hostellier, maire actuel.

QUEMPER-GUÉZÉNEC, 2,752 hab.; — bornée au N. par Plourivo; à l'E. par Yvias et Lanleff : le Leff la sépare de ces trois communes ; au S. par Le Faouët et Saint-Clet ; à l'O. par Saint-Clet, Pontrieux et le Trieux, qui la sépare de Ploëzal ; — traversée par les routes départementales N°s 5, 8 et 16 ; — école de garçons, 108 élèves ; de filles, 95 élèves ; — dépend de la perception de Pontrieux ; — faisait partie de l'ancien évêché de Tréguier ; — on parle le breton. — Le nom de cette commune (*Quemper*, en breton confluent), est significatif et se trouve porté par plusieurs autres localités qui, comme elle, sont placées au confluent de cours d'eau. Celle-ci est située entre le Trieux et le Leff, qui se réunissent au point nommé Frinandour (*Fri an daou dour*, qui se traduit par nez des deux eaux). Son territoire, fort accidenté dans toutes ses parties, particulièrement à l'est, sur les bords du Leff, et à l'ouest, sur ceux du Trieux, est boisé, fertile et bien cultivé. — L'église, sous le patronage de saint Pierre, n'a de remarquable que la rosace de sa maitresse vitre. — Chapelle de Saint-Maudez. — Le château de Frinandour, place fortifiée, dont on ne voit plus que les ruines, fut pris, en 1393, par le connétable Olivier de Clisson, qui le conserva pendant plusieurs années. — Au manoir de Kerlouët, est né, en 1742, Jérôme-Charlemagne Fleuriot de Langle, auteur de plusieurs ouvrages philosophiques et littéraires ; et, en 1747, Paul-Antoine Fleuriot de Langle, son frère, qui accompagnait La Peyrouse dans son voyage autour du monde. Il commandait la frégate *l'Astrolabe* et fut, avec son équipage, massacré par les sauvages, le 10 décembre 1787, dans l'île de Maouna (Polynésie). — *Points culminants* : Rivalan, 80 m.; Pors-an-Yfenn, 97 m.; Kergadic, 93 m. — *Maires* : MM. 1790, Guézou; 1793, Jegou; an IV, Berroche; an VI, Ollivier; an IX, Brasic; an XI, Gouriou; 1808, Tanguy; 1835, Y. Ollivier; 1845, Dannic; 1846, Le Meur, maire actuel.

RUNAN, 737 hab.; — bornée au N. par Pommerit-Jaudy et Ploëzal; à l'E. par Plouëc; au S. par Brélidy; à l'O. par Coatascorn, dont le Jaudy la sépare; — traversée par le chemin de grande communication N° 20 et par le chemin d'intérêt commun N° 26; — école de garçons, 22 élèves; de filles, 30 élèves; — dépend de la perception de Pontrieux; — ancienne trêve de Plouëc; — on parle le breton; — foires le 26 mars, le 11 juin, le dernier samedi de juillet, le 1er samedi d'août, le 9 septembre, le 18 octobre et le 27 décembre. — Territoire accidenté à l'ouest, sur les bords du Jaudy, et partout ailleurs assez plat. Les terres de cette commune sont fertiles, bien cultivées et convenablement boisées. — L'église, dédiée à Notre-Dame, est un édifice remarquable de la fin du XVe siècle. On y distingue surtout une belle verrière, restaurée dernièrement par les soins de M. l'inspecteur des monuments historiques du département et de M. le recteur de la paroisse; un rétable d'autel en pierre, divisé en plusieurs compartiments sculptés et représentant des scènes de la vie de la sainte Vierge ; les tombeaux des familles de Leztrézec et de Boisboissel, et plusieurs piliers prismatiques décorés de feuillages très-délicatement travaillés. Son porche méridionnal abrite les statues des Apôtres et est décoré extérieurement, ainsi que la façade méridionale de l'église, d'un certain nombre d'écussons à supports variés et dont le champ a été malheureusement martelé. — Dans le cimetière, un calvaire composé de trois croix en granite et dont la base a la forme d'une chaire à prêcher, laisse aussi apercevoir des sculptures grandement mutilées. — Chapelle de Saint-Vincent. — Ruines des châteaux de Leztrezec et de Kerbellec. — Olivier de Monteville, écuyer, l'un des héros du combat des Trente, était natif de Runan. — *Points culminants :* Le bourg, 104 m.; Kermapellou, 99 m. — *Géologie :* Schiste argileux au nord ; au sud, constitution granitique. — *Maires :* Ont rempli successivement ces fonctions, MM. Le Roux, F. Pasquiou, Le Berre, L. Pasquiou, P. Le Berre, Le Borgne, Coualan, Y. Pasquiou, G. Le Gac, J. Le Gac et Coz, maire actuel.

SAINT-CLET, 1,749 hab.; — bornée au N. par Pontrieux et Quemper-Guézenec ; à l'E. par Le Faouët et Saint-Gilles-les-Bois ; au S. par Pommerit-le-Vicomte ; à l'O. par le Trieux, qui la sépare de Squiffiec et de Plouëc ; — traversée par la route départementale N° 5 et par le chemin d'intérêt commun N° 21; — école de garçons, 61 élèves; de filles, 50 élèves; — dépend de la perception de Pontrieux; — ancienne trève de Quemper-Guézénec; — on parle le breton. — Territoire plat et uni, à l'exception de l'ouest; limité par le Trieux. Les terres sont bonnes, bien cultivées et boisées; 1/11e est encore en landes. — L'église a pour patron saint Clet ou Anaclet, qui a donné son nom à la commune et dont la fête a lieu le 2e dimanche de juillet. Elle est ancienne et possède un vitrail assez remarquable. — Chapelles de Saint-Yves, datant de 1856, et de Notre-Dame de Clérin, du XVIe siècle. Celle-ci, qui a pour deuxième patron saint Cado, est l'objet d'une dévotion qui attire dans le mois de mai des pèlerins venant d'assez loin pour obtenir la guérison des maladies des yeux et des ulcères. — Ruines des châteaux de Beauregard et de Kernavalet. — *Points culminants*: Kerveret, 91 m.; les Quatrevents, 79 m.; Kergavet, 92 m. — *Géologie*: Au sud, roches amphiboliques et granite; au nord, schiste modifié. — Ont été Maires: MM. 1790, F. Etienne; 1797, Goff; 1807, J.-P. Philippe; 1814, de Trogoff; 1824, Le Tynevez; 1827, Connen; 1830, J.-P. Philippe; 1832, Lecain; 1847, Menguy; 1849, Le Bouder; 1851, Tanguy; 1860, Menguy, maire actuel.

SAINT-GILLES-LES-BOIS ou le VICOMTE, 1,031 h.; — bornée au N. par Le Faouët; à l'E. par Trévérec et

Gommenech ; au S. par Pommerit-le-Vicomte ; à l'O. par Saint-Clet ; — traversée par les chemins d'intérêt commun Nos 21 et 27 ; — école de garçons, 69 élèves ; de filles, 30 élèves ; — dépend de la perception de Pontrieux ; — faisait partie de l'ancien évêché de Tréguier ; — on parle le breton. — Territoire plat et uni, à l'exception de la partie ouest, bordée par le Trieux. Il est boisé, et son sol, bien cultivé, est productif quoique très-humide. Le peu de prairies que possède la commune oblige les cultivateurs à cultiver les plantes et racines fourragères. — L'église paroissiale a pour patrons saint Gilles et saint Loup. Le clocher porte la date de 1680 ; le corps principal celle de 1757, et les porches celle de 1782. — La commune doit son nom à saint Gilles, son patron, et sa désignation les Bois ou le Vicomte, à la paroisse de Pommerit-le-Vicomte, dont elle dépendit jusqu'en 1711. Elle prit, en 1793, pour quelque temps, le nom de Bellevue. — Chapelles de Saint-Jean et de Sainte-Anne ; celle-ci sur le cimetière. — Au village de Kerdanet, on trouve un souterrain voûté et construit en pierres de taille, d'une longueur d'environ 160 m., communiquant avec le manoir de la Garde. — Geffroy de Kermoisan, abbé de la Couture, évêque de Cornouaille en 1358, transféré à Dol en 1373, est né en Saint-Gilles-les-Bois. — Voie romaine sur une longueur de 2,100 m., du nord-ouest au sud-est. — *Points culminants* : La Madeleine, 94 m. ; Lantrévérec, 91 m. —

Géologie : Granite et roches amphiboliques ; au nord-est, schiste modifié. — *Maires* : MM. 1793, G. Le Page ; an VII, Geffroy ; an VIII, J. Daniel ; G. Le Page ; 1816, Ch. Le Calvez ; 1832, Olivier ; 1834, Ch. Le Calvez ; 1849, Perennès ; 1855, Ch. Le Calvez ; 1858, J.-M. Le Calvez, maire actuel.

Canton de Rostrenen.

Le canton de Rostrenen est borné au N. par les cantons de Callac et de Saint-Nicolas-du-Pélem ; à l'E. par les cantons de Saint-Nicolas-du-Pélem et de Gouarec ; au S. par le canton de Gouarec et par le département du Morbihan ; à l'O. par le canton de Maël-Carhaix. Le canton est limité dans l'E. par le Blavet. — Il est traversé par le canal de Nantes à Brest ; par les routes impériales N° 164 d'Angers à Brest et N° 164 *bis* de Rennes à Brest ; par la route départementale N° 10 de Saint-Brieuc à Quimper ; par les chemins de grande communication N° 11 de Guingamp à Rostrenen, N° 47 de Rostrenen au Guémené, N° 48 de Rostrenen à Quimper, N° 49 de Saint-Nicolas à Carhaix ; par le chemin d'intérêt commun de Guingamp à la route impériale N° 164 et au canal.

La population du canton est de 13,331 hab. ; sa superficie de 25,759 hect., et son revenu territorial net de 588,822 fr.

TERRES. — Revenu net moyen, par hectare, pour le canton. 21 fr. 07

Valeur vénale moyenne, de l'hectare, dans le canton........ 462 fr.

COMMUNES COMPOSANT LE CANTON.	POPULATION.	DISTANCES en kilomètres.			NOMBRE D'HECTARES des terrains imposables produisant revenu.						Terrains non productifs et non imposés. Chemins, rivières, etc. — Hectares.	NOMBRE TOTAL D'HECTARES par commune.	REVENU CADASTRAL.	PROPORTION de rehaussement pour obtenir le revenu réel.		TAUX MOYEN de l'intérêt des fonds placés.		NOMBRE		NOMBRE	
		Du chef-lieu du département.	Du chef-lieu d'arrondt.	De Rostrenen (chef-lieu de canton.)	Jardins, courtils, vergers et sol des édifices.	Terres labourables.	Prés.	Bois et taillis.	Pâtures et landes.	TOTAL.				Pour les terres (1).	Pour les maisons, moulins et usines (2).	En terres.	En maisons, moulins et usines.	De maisons.	De moulins et usines.	De foires.	De cafés et cabarets.
Rostrenen...	1,403	57	45	»	16	115	40	7	50	258	14	272	fr. c. 9,160 96	3.94	3.51	F °/₀ 3.96	P. °/₀ 4.51	249	1	26	34
Glomel......	3,322	67	53	7	179	3,464	1049	391	2918	8,031	370	8,401	61,967 »	2.61	1.98	4.33	3.65	669	11	2	8
Kergrist-Moëllou..	2,308	56	37	9	164	2,757	656	284	1372	5,233	237	5,470	59,135 63	2.11	1.98	4.89	3.71	493	9	»	6
Plouguer-névél......	3,403	54	43	6	175	3,260	674	185	1396	5,690	243	5,933	62,693 40	2.38	1.51	4.29	3.81	669	9	»	9
Plounévez-Quintin.....	2,464	50	36	10	17	2,833	499	117	617	4,083	171	4,254	38,519 87	2.90	2.66	4.99	3.67	488	9	»	16
Trémargat..	626	51	31	15	4	672	148	12	508	1,344	85	1,429	9,160 72	2.43	2.33	4.76	3.63	118	3	»	3
TOTAUX...	13,531	»	»	»	555	13,131	3066	996	6891	24,639	1120	25,759	240,637 58	»	»	»	»	2,686	42	28	76

(1 et 2) Pour les notes concernant ce tableau, voir celles du tableau du canton de Guingamp, pages 430 et 431.

Le canton de Rostrenen appartient à l'ancienne Cornouaille, et nous pouvons dire que, comme celui de Maël-Carhaix, ses habitants ont conservé presque sans altération, avec le type de leur race, les usages, la langue et les mœurs de leurs pères. Son territoire est fort élevé, très-accidenté et montueux; ses parties cultivées sont boisées, mais il est nu et découvert dans les landes beaucoup trop vastes qui en occupent environ le tiers. Ses prairies nombreuses, situées dans des vallons frais et humides, donnent de bons produits, appliqués à l'engraissement du bétail qui, avec l'élève des chevaux légers, constitue la principale richesse agricole du canton. Le sol est médiocre et ne produit que peu de froment et de plantes fourragères. Les amendements calcaires augmenteront certainement sa fertilité aussitôt qu'ils pourront être livrés à bas prix aux cultivateurs. Le canal de Nantes à Brest, qui traverse le canton, est la voie par laquelle ils seront facilement introduits. — Le canton de Rostrenen, classé dans la zône pastorale ou du midi du département, produit : froment, 197 hect.; seigle, 34,000 h.; avoine, 50,923 hect.; sarrasin, 37,400 hect.; pommes de terre, 403 hect.; betteraves, 170 quint. mét.; chanvre, 762 quint. mét. de filasse; cidre, 2,300 hect. — Il possède : chevaux, 1,942; taureaux, 270; bœufs, 2,586; vaches, 3,011; veaux, 4,880; béliers, 51; moutons, 747; brebis, 600; agneaux, 635; boucs et chèvres, 590; porcs, 3,452.

ROSTRENEN, 1,408 hab.; — située par les 5° 39' 18'' de longitude O. et par les 48° 14' 12'' de latitude N.; — bornée au N. par Kergrist-Moëllou; à l'E. et au S.-E. par Plouguernevel; au S.-O. et à l'O. par Glomel; — traversée par les routes impériales Nos 164 et 164 *bis*, la route départementale No 10 et les chemins de grande communication Nos 11 et 47; — 2 écoles de garçons avec pensionnats, 300 élèves; école de filles et pensionnat, 220 élèves; — chef-lieu de canton et de perception; — cure de 2e classe; justice de paix; résidence de deux notaires; subdivision de pompiers, formant une société de secours mutuels (17 membres honoraires, 49 membres participants); station d'étalons impériaux; brigade de gendarmerie à cheval; bureau d'enregistrement pour le canton et pour celui de Maël-Carhaix; recette des contributions indirectes; bureau de poste; conducteur des ponts et chaussées et agent-voyer; comice agricole; bureau de bienfaisance; — dépendait de l'évêché de Quimper; — on parle le breton; — marché le mardi; foires le 1er mardi de janvier, le mardi qui suit le 13 janvier, le 1er mardi de février, le mardi d'avant le Carnaval, le 2e mardi de carême, le mardi d'après la mi-carême, le mardi de la Passion, le mardi d'avant et le mardi d'après Pâques, le mardi d'après le 15 mai, le mardi d'avant l'Ascension, le mardi d'après la Pentecôte, les 2e et 4e mardis de juin, les 1er, 3e et 4e mardis de juillet, le 16 août, le dernier mardi d'août, le mardi après le 14 septembre, le mardi après le 29 septembre, le mardi après le 15 octobre, le dernier mardi d'octobre, le mardi d'après la Toussaint, le 1er mardi de décembre et le mardi qui suit la Nativité. — Territoire élevé, très-accidenté et montagneux, traversé par le ruisseau de Saint-Jacques; il est boisé dans ses parties basses, nu et découvert sur les hauteurs et les mamelons. Les terres de la commune sont très-légères, mais bien cultivées avec l'assolement triennal ; ses prairies, excellentes, forment le cinquième de sa superficie, et les landes, dont il est possible de tirer parti, sont dans la même proportion. — La ville de Rostrenen, située sur le versant ouest d'une haute colline, est petite, et l'on y remarque encore beaucoup de maisons anciennes. Elle s'abaisse vers la route impériale N° 164 *bis*, qui la traverse ; aussi tous les voyageurs qui prennent cette voie pour aller de Rennes à Brest s'y arrêtent, et c'est pour elle un avantage. On s'y livre à un commerce de détail important, activé par les 26 foires dont elle jouit et qui donnent lieu à de nombreuses transactions sur le bétail. — Sans avoir rien de très-remarquable au point de vue architectonique, quoiqu'elle offre notamment dans son porche méridionnal de jolis détails du XVIe siècle, l'église paroissiale présente une masse assez imposante. Elle a pour patronne Notre-Dame du Roncier, désignation spéciale qui se rattache à l'origine même du nom de la commune, *Roz-dreinen*, tertre des ronces, sous lesquelles une statue miraculeuse de la sainte Vierge aurait autrefois été découverte. Sa fête patronale se célèbre le 15 août et attire une affluence considérable. Elle possède un tableau dû à Olivier Perrin, peintre distingué, qui en a fait hommage à sa ville natale. On y remarque aussi un tableau donné par le roi Louis-Philippe en 1846. Cette église avait autrefois le titre de collégiale, qui lui fut donné en 1295 par Pierre du Quellenec, seigneur de Rostrenen, lequel y joignit 6 canonicats dont les titulaires se sont succédé jusqu'en 1790. — A l'entrée du cimetière existe une petite chapelle dédiée à saint Jacques, autrefois sous le patronage de saint Antoine, on remarque sur l'un de ses côtés un bas-relief représentant la Passion. Elle a remplacé, dit-on, une commanderie de Templiers. — Il ne reste plus rien du vieux donjon de Rostrenen, appartenant aux comtes de ce nom dès le xe siècle et qui fut détruit pendant les guerres de la Ligue. Le château construit sur son emplacement est moderne et domine l'étang qui protégeait autrefois les abords de la forteresse; il est occupé par l'établissement des Filles du Saint-Esprit et par la mairie. — La famille de Rostrenen appartient à la cité dont elle portait le nom; elle a été célèbre et a fourni notamment un sénéchal de Bretagne, Rivoalon de Rostrenen, en 1068; un croisé, Geoffroy de Rostrenen, en 1270, et un chambellan au roi Charles VII, Pierre de Rostrenen, en 1438. — Le père Grégoire, auteur d'une grammaire et d'un dictionnaire breton, ainsi que le peintre Perrin que nous avons déjà cité, sont nés à Rostrenen. — Au-dessus du moulin de Kerbescond, on voit les traces d'un camp retranché. Non loin de ce lieu se trouve un bois taillis qui, fréquemment en hiver, sert de repaire à de nombreuses bêtes fauves. Celui de Sainte-Hélène, plus près de la ville, renferme une fontaine consacrée à cette sainte; c'est un joli lieu de promenade. — *Points culminants :* Sainte-Barbe, 264 m.; Porsmoulou, 195 m. — *Géologie :* Granite; au sud, schiste modifié, et maclifère au nord. — *Maires* : Ont successivement rempli ces fonctions, MM. Courtois, Royer, Laurent, Tily-Kerveno et Trévennec, maire actuel.

GLOMEL, 3,322 hab.; — bornée au N. par Maël-Carhaix; à l'E. par Kergrist-Moëllou, Rostrenen, Plouguernével et Mellionnec; au S. par le Morbihan et à l'O. par Paule; — traversée par la route impériale N° 164 *bis* et par le chemin de grande communication N° 43; — école de garçons, 50 élèves; — dépend de la perception de Rostrenen; — résidence d'un notaire; — faisait partie de l'évêché de Quimper; — on parle le breton; — foires le 28 mai et le 1er août. — Territoire très-étendu, très-accidenté et très-montueux dans toutes ses parties, dont les plus élevées sont nues et découvertes. Terres légères, prairies étendues et assez bonnes. Près d'un tiers de ce territoire est encore en landes, dont une partie peut être cultivée et l'autre plantée. — La commune se divise en trois paroisses, celle de Glomel et les trèves de Trégornan et de Saint-Michel. La première est sous le patronage de saint Germain-l'Auxerrois, honoré le 1er dimanche de juillet; la seconde est dédiée à Notre-Dame de Pitié, dont la fête se célèbre le 2e dimanche de septembre, et la troisième sous le vocable de saint Michel. Un pardon a lieu le jour de ces trois fêtes patronales. — Il existe encore, en Glomel, deux chapelles : celles de Saint-Conogan et de Sainte-Christine, desservies à certains jours. — Le canal de Nantes à Brest traverse cette commune de l'est à l'ouest, sur une longueur de 11 kilom.; il est coupé dans ce parcours par 23 écluses. — Le seuil de Glomel a été déterminé pour point de partage des bassins de l'Ilière et du Blavet; il est établi sur une dépression de la chaîne qui réunit les Montagnes-Noires aux montagnes d'Arrèz. Ce point de partage est situé à 1 kilom. au nord du bourg et forme une tranchée à ciel ouvert de 4 kilom. de longueur et d'une profondeur de 17 m. à sa partie culminante. La tranchée reçoit les eaux du réservoir du Coron, formé par l'étang de ce nom, dont l'étendue est de 76 hectares, dans lequel se trouve une réserve de 2,770,000 m. cubes d'eau. Au nord de la tranchée dont nous venons de parler, on trouve une source d'eaux ferrugineuses d'une grande puissance. — La commune possède un certain nombre d'étangs dont les plus importants sont celui du Grand-

Moulin et de Coron. Ils sont poissonneux et souvent couverts de gibier d'eau. — Nous citerons les châteaux anciens de Coat-Couraval et de Saint-Peran, l'un intact et l'autre restauré ; de Rodenou, converti en habitation ; enfin celui de Kersaint-Eloy, dont le propriétaire, M. le comte de Saisy, a trop fait en vue de développer le progrès agricole dans son pays, pour que nous ne rappelions pas ici ses efforts et les immenses défrichements auxquels il s'est livré. — La voie romaine de Vannes à Carhaix traverse Glomel. — Au village du Menhir, sur un point élevé d'où l'on jouit d'un beau coup-d'œil, on voit une pierre druidique d'une hauteur de 8 m 60, dont le poids est calculé à 85,000 kilogrammes — Au Faouédic, on retrouve les traces d'un camp romain. — *Points culminants* : Le Coron (étang), 228 m.; Kersaint-Eloy, 255 m.; le Faouédic, 228 m.; le camp de Glomel, 184 m.; le bourg, 241 m.; Kerenoué, 258 m.— *Géologie* : Roches amphiboliques au bourg ; à Trégornan, granite ; au sud-est, schiste maclifère ; au nord, schiste ; à l'ouest, schiste et deux îlots de grès argileux. — Ont été Maires : MM. Le Du, Mahé, Y. Gueguen, de Saisy, Carère, Gautier, de Breban et L. Gueguen, maire actuel.

KERGRIST-MOELLOU, 2,503 hab.; — bornée au N. par Duault ; à l'E. par Trémargat, Plounévez-Quintin et Plouguernével ; au S. par Rostrenen et Glomel ; à l'O.

par Maël-Carhaix; — traversée par la route départementale N° 10 et par les chemins de grande communication N°s 11 et 49; — école de garçons, 30 élèves; — dépend de la perception de Rostrenen; — faisait partie de l'évêché de Quimper; — on parle le breton; — Territoire accidenté au nord et assez plat au sud. Sol schisteux, faisant exception dans ce canton granitique. Terres semi-argileuses assez bonnes. Les landes, qui forment encore le quart environ de la superficie de la commune, sont susceptibles d'être défrichées et plantées.—L'église, sous le patronage de la Ste-Trinité, offre le type le plus complet de l'architecture usitée au xvie siècle dans cette partie de la Cornouaille et qui semble avoir été limitée à un certain rayon. C'est du reste un édifice remarquable dans toutes ses parties; les gables ou pignons de ses deux transepts portent, ainsi que son chevet, des fenêtres géminées très-élégantes, couronnées extérieurement par des accolades décorées de feuillages. La tour dans laquelle s'ouvre la porte principale, encadrée d'innombrables sculptures, s'élève à 25 m. et supporte une flèche en granite dont les arrêtes sont ornées de crochets. Ce beau monument porte la date de 1554, et nous avons cru lire sur l'un de ses murs les noms des entrepreneurs G. et P. Jézéquel, des fabriciens Bory et Calvez et du curé ou recteur Courtais. — On voit dans le cimetière, qu'entoure une ceinture d'ifs énormes et sans doute contemporains de la fondation de l'église, des débris mutilés d'une grande quantité de statues qui étaient groupées autrefois autour d'un calvaire. — Chapelle de l'Isle, près du village d'Illismoëlou. — Le bois dit la forêt de Kergrist est dans cette commune. — *Points culminants :* Crec'h-Moëllou (observatoire), 303 m.; Kerlopin, 301 m.; le bourg, 262 m.; chapelle Saint-Jean, 234 m. — *Géologie :* Au nord, granite, et schiste argileux dans le sud ; ardoisière exploitée. — *Maires :* MM. 1826, Le Minter ; 1830, Loyer ; 1831, Connan ; 1848, Le Huérou-Kerisel, maire actuel.

PLOUGUERNÉVEL, 3,405 hab.; — bornée au N. par Plounévez-Quintin ; à l'E. par Sainte-Tréphine, dont elle est séparée par le Blavet, et par Gouarec ; au S.-E. par Plélauff, dont elle est séparée par le canal de Nantes à Brest ; au S. par Mellionnec ; à l'O. par Glomel, Rostrenen et Kergrist-Moëllou ; — traversée par les routes impériales Nos 164 et 164 *bis,* et par un chemin d'intérêt commun conduisant au canal ; — école de garçons, 86 élèves ; — dépend de la perception de Rostrenen ; — faisait partie de l'évêché de Quimper ; — on parle le breton. — Territoire accidenté, montueux, à mamelons fort élevés ; boisé dans ses parties productives, découvert dans celles qui ne le sont pas. Terres de médiocre qualité. Environ 1/8e en prés et 1/4 en landes, dont une portion est susceptible d'être livrée à la culture et le reste aux plantations. — L'église, sous le patronage de Notre-Dame, renferme quatre fonts baptismaux, bizarrerie qui s'explique par cette circonstance que cette paroisse, très-étendue, était anciennement administrée par quatre recteurs, qui célébraient chaque dimanche la grand'messe alternativement. — Dans le cimetière, on voit encore le tombeau armorié du recteur Picot de Coethual qui, le 9 janvier 1669, fonda le petit séminaire encore existant et qui a été rétabli en 1815. — Il existe une succursale à Bonen, l'une des anciennes églises tréviales; la chapelle de Locmaria était aussi une ancienne trêve. Celle-ci porte la date de 1720; elle possède un clocher très-élégant et renferme la tombe armoriée d'un sire de Quenec'h-Quevillic. La troisième trêve était Saint-Gilles, aujourd'hui église paroissiale de Gouarec. — On voit les vestiges d'une vieille forteresse près du château moderne de Coethual. La famille de ce nom fournit à Duguesclin un compagnon d'armes. — Nous citerons aussi l'ancien château de Kerhingant. — Entre les deux villages de Bodeleo, on retrouve un vaste camp romain, et d'autres moins bien conservés près des villages de Kerauffret, Kervelou, Keruel, Kerivelas et Faoëdic. — Il existe un menhir dans chacun des villages de Keringant, Kerauffret et Keralain. — *Points culminants :* Le bourg, 218 m.; Coethual, 214 m.; Kergrist (chapelle), 223 m. — *Géologie :* Granite, et au nord, schiste modifié par le granite. — *Maires :* MM. 1826; Le Moigne; 1830, Boscher; 1844, Le Pennec; 1848, J.-M. Boscher, maire actuel.

PLOUNÉVEZ-QUINTIN, 2,464 hab.; — bornée au N. par Kergrist-Moëllou, Trémargat et Saint-Nicolas; à l'E. par Saint-Nicolas et Sainte-Tréphine : le Blavet la sépare de ces deux dernières communes; au S. par Plouguernével; à l'O. par Kergrist-Moëllou; — traversée par la route départementale N° 10, par le chemin de grande communication N° 49 et par un chemin d'intérêt commun conduisant au canal; — école de garçons, 42 élèves; de filles, 17 élèves; — dépend de la perception de Rostrenen; — résidence d'un notaire; — faisait partie de l'ancien évêché de Quimper; — on parle le breton. — Territoire très-élevé, fort accidenté au nord, où il est granitique et moins montueux qu'au sud où il devient argileux. Dans cette partie, il est boisé et couvert de quelques vergers. Terres légères et médiocres.—L'église, nouvellement restaurée, est placée sous le patronage de saint Pierre. — La commune possède quatre chapelles : celles de Notre-Dame de Kerhir, qui est belle et porte la date de 1596; de Saint-Colomban, de Saint-Roch et de Saint-Bonaventure. — Châteaux modernes de Trovran, de Keranborgne et de Kergantrary. — A 2 kilom. du bourg, on retrouve les traces de la voie romaine de Carhaix à Corseul. — Tumulus près du château de Trovran. — *Points culminants :* Signal près du bourg, 214 m ; le Collodic, 221 m.; Quenecouar'ch, 223 m.— *Géologie :* Granite au nord, à 1 kilom. du bourg; au sud, schiste modifié et souvent maclifère, au contact du granite. — *Maires* : Ont successivement rempli ces fonctions, MM. Ruban, Feillet, Ruellan du Créhu, Berthelot et Merrien, maire actuel.

TRÉMARGAT, 626 hab.; — bornée au N. par Peumerit-Quintin; à l'E. par le Blavet, qui la sépare de Lanrivain; au S. par Plounévez-Quintin; à l'O. par Kergrist-Moëllou et Duault; — dépend de la perception de Rostrenen; — ancienne trève de Plounévez-Quintin; — sans école; — on parle le breton. — Territoire très-élevé et très-accidenté, peu boisé, mais couvert d'un certain nombre de pommiers. Les terres sont assez bonnes. Les prés sont productifs; mais les landes qui composent le tiers environ de la commune sont de médiocre qualité. — Trémargat a été distraite du territoire de Plounévez-Quintin par la loi du 18 août 1851. Son église a Notre-Dame pour patronne. — La voie romaine signalée dans la commune précédente se retrouve en Trémargat.—A Toul-Goulic, le Blavet, encore à l'état de fort ruisseau, disparaît sous des rochers dans un espace de 25 à 30 m. — Nous citerons le manoir de Lampoul, qui appartient aux héritiers du célèbre de la Tour d'Auvergne. On y conserve le lit et l'armoire dont il usait lorsqu'il y faisait sa résidence. — *Points culminants* : Le bourg, 266 m.; Bijoly, 247 m.; Quinquis-Auffret, 271 m. — *Géologie* : Granite. — *Maires* : MM. 1832, Loison: 1855, Le Brun, maire actuel.

Canton de Saint-Nicolas-du-Pélem.

Le canton de Saint-Nicolas-du-Pélem est borné au N. par les cantons de Callac et de Bourbriac; à l'E. par les cantons de Quintin et de Corlay; au S.-E. par le canton de Gouarec, dont il est séparé par le Sulon; à l'O. par le canton de Rostrenen, dont il est séparé par le Blavet, et par le canton de Callac. — Il est traversé du S. au N. par la route impériale N° 167 de Vannes à Lannion; par la route départementale N° 10 de Saint-Brieuc à Quimper; par les chemins de grande communication N° 46 de Guingamp à Saint-Roch, N° 50 de Saint-Nicolas à Callac, N° 52 de Quintin à Callac; par les chemins d'intérêt commun N° 25 de Saint-Nicolas à Châtelaudren, N° 31 de Mûr à Saint-Nicolas, et par un chemin conduisant de Guingamp au Canal et à la route impériale N° 164.

La population du canton est de 10,414 hab.; sa superficie de 19,123 hect., et son revenu territorial net de 473,701 fr.

Le canton de Saint-Nicolas-du-Pélem appartient à l'ancienne Cornouaille. Son territoire est traversé de l'est à l'ouest par une chaîne de montagnes granitiques, continuation de celles d'Arrez. Il est généralement très-élevé et accidenté, et il s'abaisse seulement au sud. Dans cette partie, son sol cesse d'être granitique pour devenir argilo-schisteux et susceptible de produire le froment. Partout ailleurs, ses terres légères sont d'une médiocre fertilité. Des vallées profondes, dont quelques-unes récèlent de la tourbe combustible, sillonnées de nombreux cours d'eau, sont occupées par des prairies de bonne qualité. Les landes comptent pour 1/3e au moins dans sa superficie. Les propriétés soumises au régime convenancier s'y retrouvent encore en assez grand nombre. — Ce canton, qui appartient à la zône pastorale du département, se livre tout spécialement à l'engraissement du bétail; il élève aussi des chevaux légers. — Il produit : seigle, 25,229 hect.; avoine, 31,476 hect.; sarrasin, 26,496 hect.; chanvre, 167 quint. mét. de filasse; cidre, 1,150 hect. — Il possède : chevaux, 1,684; taureaux, 142; bœufs, 2,270; vaches, 3,025; veaux, 2,741; béliers, 34; moutons, 700; brebis, 725; agneaux, 574; boucs et chèvres, 566; porcs, 1,344.

TERRES. — Revenu net moyen, par hectare, pour le canton... 23 fr. 25

Valeur vénale moyenne, de l'hectare, dans le canton........ 504 fr.

COMMUNES COMPOSANT LE CANTON.	POPULATION.	DISTANCES en kilomètres.			NOMBRE D'HECTARES des terrains imposables produisant revenu.					Terrains non productifs et non imposés. Chemins, rivières, etc... Hectares.	NOMBRE TOTAL D'HECTARES par commune.	REVENU CADASTRAL.	PROPORTION de rehaussement pour obtenir le revenu réel.		TAUX MOYEN de l'intérêt des fonds placés.		NOMBRE		NOMBRE	
		Du chef-lieu du département.	Du chef-lieu d'arrond.	De Saint-Nicolas (chef-lieu de canton).	Jardins, courtils, vergers et sol des édifices.	Terres labourables.	Prés.	Bois et taillis.	Pâtures et landes.	TOTAL.				Pour les terres (1).	Pour les maisons, moulins et usines (2).	En terres.	En maisons, moulins et usines.	De maisons.	De moulins et usines.	De foires.	De cafés et cabarets.
												fr. c.	p.0/0.	p.0/0.							
St-Nicolas-du-Pélem...	2,614	43	32	»	107	2,654	445	191	573	3,970	131	4,104	71,408 85	1.48	1.56	4.70	4.30	597	15	2	18
Canihuel....	1,591	38	30	6	31	1,979	349	152	595	3,106	108	3,214	38,771 65	2. »	2.09	4.54	4.16	309	8	»	6
Kerpert.....	1,233	36	23	8	18	1,298	223	123	373	2,035	65	2,100	14,319 08	3.64	3.66	4.56	4.07	266	3	»	2
Laurivain...	1,656	48	30	7	57	2,262	458	28	767	3,572	102	3,674	27,631 08	3.24	2.45	4.69	3.11	345	4	4	5
Peumerit-Quintin....	583	50	30	16	16	878	186	13	346	1,439	41	1,480	9,842 05	3.21	3.81	4.56	4.26	125	3	»	1
St-Connan..	902	32	21	16	8	831	168	34	262	1,303	51	1,354	9,289 72	3.47	4.02	4.67	4.37	213	7	»	3
St-Gilles-Pligeaux...	1,088	33	23	11	22	1,239	237	16	367	1,881	64	1,945	14,009 80	3.46	3.82	4.53	3.81	270	4	2	4
e-Tréphine	747	46	37	5	29	1,020	123	6	23	1,201	51	1,252	26,480 37	1.30	1.61	4.45	3.67	164	2	»	2
TOTAUX...	10,414	»	»	»	288	12,161	2189	563	3306	18,507	616	19,123	211,752 60	»	»	»	»	2,289	46	8	41

(1 et 2) Pour les notes concernant ce tableau, voir celles du tableau du canton de Guingamp, pages 430 et 431.

SAINT-NICOLAS-DU-PÉLEM, 2,614 hab.; — par les 5° 30' 16" de longitude O. et par les 48° 18' 54" de latitude N.; — bornée au N. par Kerpert; à l'E. par Canihuel; au S. par Saint-Igeaux, dont elle est séparée par le Sulon, et par Sainte-Tréphine; à l'O. par le Blavet, qui la sépare de Plounévez-Quintin, et par Lanrivain à l'O. et au N.-O.; — traversée par la route départementale N° 10, par les chemins de grande communication N°s 46 et 50, et par le chemin d'intérêt commun N° 23; — école de garçons, 118 élèves; de filles, 80 élèves; — chef-lieu de canton et de perception; — cure de 2e classe; justice de paix; résidence de deux notaires; brigade de gendarmerie à pied; bureau d'enregistrement pour le canton; recette des contributions indirectes; bureau de distribution des lettres; comice agricole; bureau de bienfaisance; — Saint-Nicolas n'était autrefois qu'un village de Bothoa, paroisse qui dépendait de l'évêché de Quimper; — on parle le breton; — marché le lundi; foires le 2e lundi de mai et le 3e lundi de septembre. — Territoire très-accidenté et découvert dans la partie nord, traversée par une chaîne de montagnes. Dans le sud, il est bien boisé, assez uni et planté de pommiers. Les terres sont légères et médiocres au nord, semi-argileuses au sud et dans cette partie beaucoup plus productives. — Le bourg n'a que peu d'importance; il possède quelques habitations bourgeoises et, par ailleurs, les marchands en détail et les artisans que l'on retrouve dans toutes localités de son genre; en somme, il est essentiellement rural et sa population se compose en majeure partie de cultivateurs. — Bothoa fut chef-lieu de canton jusqu'en 1836 et cure cantonale jusqu'en 1861. Dépossédée complètement de ses titres, elle n'est plus qu'un village et une simple succursale de Saint-Nicolas. — L'église paroissiale fut pendant longtemps une chapelle privative dépendant de la seigneurie de Loz de Beaucours. Elle appartient encore à la famille de ce nom qui, par bail emphytéotique, l'a louée pour 99 ans à la fabrique, au prix, dit-on, de 5 fr. par an et une pelotte de fil. Comme seigneurs de la paroisse, les Loz de Beaucours avaient droit à la redevance de cette pelotte, en breton *pellenn*, d'où la commune tire une partie de son nom. L'église est un joli monument de la fin du xv° siècle, et l'on y remarque un magnifique vitrail représentant entre autres sujets l'histoire de saint Nicolas, son patron, dont la fête a lieu le 3° dimanche de septembre. — L'église de Bothoa a pour patron saint Pierre; elle n'offre de remarquable que sa maîtresse vitre du xiv° siècle; mais il n'en est pas ainsi de la chapelle de Saint-Eloy, dont l'élégant clocher de granite mérite l'attention. Il s'y tient, le 24 juin de chaque année, un pardon avec grande affluence, où les éleveurs conduisent leurs chevaux. Nous citerons aussi la chapelle du Roliou. — Du nord-est au sud-ouest, on retrouve les traces de la voie romaine de Carhaix à Corseul. — On voit un menhir près du Rosset et des dolmens non loin du Danoudel et de Kerarscouët. — *Points culminants :* Bothoa, 268 m.; Signal, 292 m.; Canac'h-Cleron, 281 m. — *Géologie :* Granite; au sud, schiste modifié et maclifère. — *Maires :* MM. 1790, Le Huerou; 1808, Thierry; 1830, Huchet; 1848, Daniel; 1852, Bahezre de Lanlay; 1860, Huchet du Guermeur, maire actuel.

CANIHUEL, 1,591 hab.; — bornée au N par Kerpert et Saint-Gilles Pligeaux; à l'E. par Le Vieux-Bourg et Le Haut-Corlay; au S. par Corlay, Plussulien et Saint-Igeaux, dont le Sulon la sépare; à l'O. par Saint-Nicolas; — traversée par la route impériale N° 167, par la route départementale N° 10 et par le chemin d'intérêt commun N° 23; — école de garçons, 30 élèves; — dépend de la perception de Saint-Nicolas; — ancienne trève de Bothoa; — on parle le breton. — Territoire élevé, très-accidenté et montueux, plus particulièrement au nord-ouest. Bien qu'il possède une grande étendue de taillis, il est nu et découvert dans ses parties non cultivées. Terres sablonneuses et légères; prairies de bonne qualité; landes formant 1/6° de la superficie, peu susceptibles en général de culture. — L'église, sous le patronage de Notre-Dame, est en grande partie du xv° siècle; elle fut incendiée pendant les guerres de la Ligue, en 1595; mais rétablie en 1598 par messire Le Nendre, curé de la paroisse, dont on lit le nom sur la frise sculptée à l'intérieur. Sa maîtresse vitre est remarquable et dans de grandes dimensions ; mais elle est déparée par une tour et un clocher de mauvais goût construits en 1839. — Au lieu dit le Vieux-Resto, on trouve un menhir de 7 m. de hauteur. Au Pelinec, on remarque une plateforme de 60 m. de diamètre sur 51, entourée d'un large fossé qui semble indiquer l'emplacement d'un camp retranché. — Châteaux du Bois-Berthelot et du Glazan. — *Points culminants* : Kersalio, 269 m.; Limosquen, 283 m. — *Géologie* : Schiste argileux ; roches amphiboliques au sud ; au nord, granite. — *Maires* : MM. 1826, P. Le Pomellec ; 1835, J.-M. Le Pomellec ; 1848, Le Breton ; 1855, comte du Bois-Berthelot, maire actuel.

KERPERT, 1,233 hab.; — bornée au N. par Plésidy ; à l'E. par Saint-Connan et Saint-Gilles-Pligeaux ; au S. par Canihuel et Saint-Nicolas ; à l'O. par Lanrivain et Magoar ; — traversée par les chemins de grande communication Nos 46 et 52 ; — école de garçons, 18 élèves ; — dépend de la perception de Saint-Nicolas ; — ancienne trêve de Saint-Gilles-Pligeaux ; — on parle le breton — Territoire très-élevé, fort accidenté et plus particulièrement au nord ; nu et découvert. Terres légères, sablonneuses et médiocres ; prairies bonnes ; 1/6e de la commune en landes, dont une faible partie est susceptible de culture. — L'église, sous le patronage de saint Pierre, possède un vitrail assez complet de la fin du xvie siècle.

— L'abbaye de Coëtmaloën, dont on ne voit plus que les ruines à 300 m. de la route impériale, fut fondée en 1142 par Alain Le Noir, comte de Penthièvre. Elle était habitée par des moines de l'ordre de Citeaux. — Non loin du bourg se trouve la principale source du Trieux. — *Points culminants* : Le bourg (source du Trieux), 264 m.; Saint-Urnan (arbre), 300 m.; Kerscouedec, 283 m. — *Géologie* : Constitution granitique. — *Maires* : Ont successivement rempli ces fonctions, MM. Le Chevillier, Thoraval, Le Goff, Le Provost, Y. Le Chevillier, B. Le Chevillier, maire actuel.

LANRIVAIN, 1,656 hab.; — bornée au N. par Kérien et Magoar; à l'E. par Kerpert et Saint-Nicolas; au S. et à l'O. par le Blavet, qui la sépare de Plounévez-Quintin, Trémargat et Peumerit-Quintin; — traversée par les chemins de grande communication N°s 46, 50 et 52, et par un chemin d'intérêt commun conduisant de Guingamp au canal; — école de garçons, 48 élèves; — dépend de la perception de Saint-Nicolas; — ancienne trève de Bothoa; — on parle le breton; — foires le 12 juin, les 1ers lundis de juillet et de septembre, les 9 et 10 octobre. — Territoire très-élevé, accidenté, montueux, particulièrement au sud; peu boisé dans ses parties cultivées et découvert dans celles qui sont stériles. Terres légères, sablonneuses et médiocres; prairies de moyenne qualité. Les landes, formant le cinquième de la commune, sont en général peu susceptibles de culture. — L'église paroissiale, sous l'invocation de saint Grégoire, dont la fête a lieu le jour de la Fête-Dieu, a été reconstruite en 1849 et décorée, en 1860, d'autels, d'une chaire et d'une tribune dont les ornements sont d'un goût très-douteux. — Dans le cimetière, qui est entouré de beaux ifs, on voit les restes d'un calvaire en granite sur lequel on lit la date de 1548. — La chapelle du Guéodet ou Guyaudet, dédiée à la sainte Vierge, richement ornée à l'intérieur, est une construction du XVII° siècle. De nombreux pèlerins s'y rendent et s'agenouillent sur une pierre qui en est voisine, et sur laquelle fut déposée, en 1692, la statue miraculeuse de la sainte Vierge, trouvée en cet endroit, événement qui motiva la construction de l'édifice que nous signalons. — Il existe encore deux autres chapelles en Lanrivain : celles de Lanegan et de Saint-Antoine. — Le manoir de Kerbastard a été converti en habitation rurale. — *Points culminants* : Kerbrun, 266 m.; Pen-an-Nec'h (arbre), 275 m.; Guerlosquet, 258 m. — *Géologie* : Granite. — *Maires* : Ont successivement rempli ces fonctions, MM. Savean, Y. Bellom, Tervé, Y. Bellom (fils), P.-L. Le Goff, A. Bellom et Le Goff, maire actuel.

PEUMERIT-QUINTIN, 583 hab.; — bornée au N. par Maël-Pestivien; à l'E. par Lanrivain, dont le Blavet la sépare; au S. par Trémargat; à l'O. par Duault; — traversée par le chemin de grande communication N° 50 ; — sans école ; — dépend de la perception de Saint-Nicolas ; — faisait partie de l'évêché de Quimper ; — on parle le breton. — Territoire très-élevé, très-accidenté dans toute son étendue ; peu boisé ; traversé par le Loch et le Blavet. Terres légères, sablonneuses et médiocres. Prairies de moyenne qualité ; 1/4 environ en landes, dont la moindre partie pourrait être livrée à la culture. — L'église paroissiale, restaurée et agrandie à diverses époques, est sous le patronage de la sainte Vierge. — Curieuse chapelle de Saint-Jean du Loch, près de l'étang de ce nom ; ses autels en pierre, sur lesquels existent des bas-reliefs, sont dignes de remarque ; on lit sur l'un de ses murs la date de 1446. — Près Pempoul, on voit un dolmen de 10 m. de longueur. — Deux tumulus existent aussi dans cette commune. — *Points culminants* : Le bourg, 254 m.; Kersallec, 250 m. — *Géologie* : Constitution granitique. — *Maires* : Ont rempli successivement ces fonctions, MM. Doniau, Guennic, Savean, Goardun, Babezre, Le Cam, maire actuel.

SAINT-CONNAN, 902 hab.; — bornée au N. par Plésidy et Senven-Léhart ; à l'E. par Saint-Gildas et Le Vieux-Bourg ; au S. par Saint-Gilles-Pligeaux ; à l'O. par Kerpert ; — traversée par la route impériale N° 167 et le chemin d'intérêt commun N° 25 ; — école de garçons, 53 élèves ; réunie à Senven-Léhart pour l'instruction des filles ; — dépend de la perception de Saint-Nicolas ; — ancienne trêve de Saint-Gilles-Pligeaux ; — on parle le breton. — Territoire élevé, très-accidenté dans toutes ses parties, fort peu boisé ; traversé par le Trieux. Terres légères, sablonneuses et médiocres. Prairies de moyenne qualité. 1/5e en landes, peu susceptibles en général d'être mises en culture. — L'église, dédiée à saint Corentin, dont la fête a lieu le 12 décembre, est de construction moderne. Le pardon de la paroisse se tient le 15 août. — Chapelle moderne de Notre-Dame du Logo. — Etangs dits de Saint-Conan et l'Étang-Neuf (traversé par le Trieux), couverts à certaines époques d'oiseaux aquatiques. — Vestiges du château fort de la Ville-Neuve. — Château moderne de Sainte-Marie, entouré de bois et voisin des ruines de l'abbaye de Coëtmaloen. — La commune possède un moulin à fouler. — *Points culminants :* Pradou, 253 m.; Grandgall-Bouan, 217 m. — *Géologie :* Granite. — *Maires :* Ont successivement rempli ces fonctions, MM. Serandour, Bahezre, G. Le Rudulier, Melou, Ch. Le Rudulier, maire actuel.

SAINT-GILLES-PLIGEAUX, 1,088 hab.; — bornée au N. par Saint-Connan ; à l'E. par Le Vieux-Bourg ; au S. par Canihuel, et à l'O. par Kerpert ; — traversée par la route impériale N° 167, par le chemin de grande communication N° 52 et par le chemin d'intérêt commun N° 25 ; — école de garçons, 48 élèves ; de filles, 60 él. ;

— dépend de la perception de Saint-Nicolas ; — faisait partie de l'évêché de Quimper ; — résidence d'un notaire; — on parle le breton ; — foires le 3 mai et le 6 décembre. — Territoire élevé, très-accidenté et très-montueux et plus particulièrement dans le sud et à l'est ; peu boisé. Arrosé par de nombreux ruisseaux qui coulent, les uns vers le nord, les autres au sud, la commune formant un des points culminants des montagnes d'Arrèz. Terres légères, sablonneuses et médiocres ; prairies de qualité moyenne. 1/5e en landes, dont une faible partie susceptible d'être cultivée. — L'église paroissiale, dédiée à saint Gilles, ancienne et assez remarquable, est surmontée d'une tour en granite fort élevée et qui s'aperçoit de loin. Cette tour porte la date de 1644. — La chapelle Saint-Laurent, dans le cimetière, mérite l'attention à cause du groupe de statues qu'elle renferme et qui figurent l'ensevelissement du Christ. Il existe, en Saint-Gilles, deux autres chapelles, celles de Notre-Dame de la Clarté et de Saint-Gildas des Prés. — Nous citerons les deux fontaines du bourg et surtout celle placée au sud de l'église qui a un caractère monumental ; elles présentent cette particularité, qu'elles coulent, l'une vers l'Océan, l'autre vers la Manche. — Deux menhirs, dont l'un de 7 m. de haut au village de Kergornec. — Près du village de Kertanguy, on voit une caverne qui, d'après les légendes locales, aurait été habitée par une sibylle. — Les manoirs de Kervilio et de Kergornec n'existent plus qu'à l'état de fermes. — La commune a donné naissance à Claude Jegou de Kervilio, qui fut président au Parlement de Bretagne en 1672; à Olivier Jegou, évêque de Tréguier, en 1698. La même famille a fourni deux chevaliers à l'ordre de Malte. — *Points culminants* : Le bourg, 271 m.; Colleredo, 275 m.; Garenne-Chevance, 299 m.; Notre-Dame de Clarté, 260 m. — *Géologie* : Granite; dans le nord, roches amphiboliques; au sud et au sud-est, schiste modifié. — *Maires* : Ont successivement rempli ces fonctions, P. Jan, Le Provost, Prigent, Pérennès, A. Le Ny, Y. Coatrieux, A. Le Ny, Y. Coatrieux et Thoraval, maire actuel.

SAINTE-TRÉPHINE, 747 hab.; — bornée au N. par Saint-Nicolas; à l'E. et au S.-E. par le Sulon, qui la sépare de Saint-Igeaux et de Laniscat; au S.-O. et à l'O. par le Blavet, qui la sépare de Gouarec, Plouguernével et Plounévez-Quintin; — traversée par le chemin de grande communication N° 46 et par le chemin d'intérêt commun N° 51; — école mixte, 59 élèves; — dépend de la perception de Saint-Nicolas; — ancienne trève de Bothoa; — on parle le breton. — La commune de Sainte-Tréphine doit son nom à sa patronne, mère de saint Trémeur, épouse de Comore le maudit, mise à mort par ce dernier et ressuscitée par saint Gildas. Son territoire est généralement assez uni, à l'exception des extrémités nord-ouest et sud-ouest; il est bien boisé et arrosé par le Blavet et le Sulon. Son sol, argilo-schisteux, est assez fertile. On n'y trouve presque plus de landes. — L'église date du xv° siècle ; elle a été réparée et elle conserve les reliques de sainte Tréphine et de saint Trémeur depuis le vi° siècle. — Dans le cimetière, fermé d'une élégante grille de fer, on trouve une fosse assez profonde garnie de pierres plates ; on l'appelle le tombeau de saint Trémeur ; une autre pierre creusée est désignée comme ayant été la tombe de sainte Tréphine. — Chapelles de Saint-Trémeur et de la Sainte-Vierge. — Sur la place du bourg, on voit une pierre carrée et percée d'un trou à son sommet ; on la nomme *men pebre* (pierre au poivre). C'était, selon toute apparence, une mesure destinée à recevoir en nature, à certaine époque de l'année, la redevance de cette épice. — Château moderne de Kerauter. — Carrière d'ardoises en exploitation. — *Points culminants* : Kerauter, 185 m.; Parc-Barès, 183 m.; Coat-Parquet, 185 m. — *Géologie* : Schiste argileux. — *Maires* : Ont rempli successivement ces fonctions, MM. Fraval, A. Le Bourhis, Le Chaux, Grandvarlet, E. Le Bourhis et de Lesguern, maire actuel.

ARRONDISSEMENT DE LANNION.

L'arrondissement de Lannion se subdivise en 7 cantons, savoir : Lannion, La Roche-Derrien, Lézardrieux, Perros-Guirec, Plestin, Plouaret et Tréguier. Ces 7 cantons comprennent 64 communes; soit, en moyenne, 9 municipalités par circonscription cantonale. Sa population est de 114,191 hab., et sa superficie de 90,649 hect. Son revenu territorial net est de 5,797,613 fr.

Il est borné au N. par la Manche; à l'E. par les arrondissements de Saint-Brieuc et de Guingamp; au S. par l'arrondissement de Guingamp, et à l'O. par l'arrondissement de Morlaix (Finistère) et par la Manche.

L'arrondissement de Lannion appartient tout entier au versant nord de la Bretagne et forme une partie importante du littoral du département. Son territoire est, en général, accidenté; mais il devient élevé et montagneux dans ses parties sud et sud-ouest. Il est coupé de nombreux cours d'eau qui parcourent de charmantes vallées et dont les principaux sont les rivières le Guer et le Jaudy. Son sol est généralement bon, fertile et parfaitement cultivé. La partie sud, plus éloignée des engrais calcaires et autres que la mer produit, est inférieure à celles qui bordent ou avoisinent les côtes. Les terres y sont sablonneuses et légères, et les points élevés couverts de bruyères. Le bois vient bien dans cet arrondissement; mais il n'est pas commun dans la partie nord, où l'on plante peu, afin de ne pas nuire aux récoltes. On y supplée pour le chauffage au moyen des ajoncs qui servent à utiliser les landes qu'on ne pourrait cultiver autrement avec avantage. On ne compte, dans cet arrondissement, qu'une forêt, celle de Beffou, située dans le sud.

L'arrondissement se divise, d'après le cadastre, de la manière suivante :

Jardins, courtils, vergers et sol des édifices, ci..	763 hect.
Terres labourables...................	61,867
Prés...............................	6,025
Bois et taillis......................	3,551
Pâtures et landes....................	14,005
Terrains improductifs et non imposés; chemins, rivières, etc............	4,438
TOTAL.........	90,649 hect.

Le revenu net moyen par hectare est, pour l'arrondissement, de........................... 57 fr. 36

La valeur vénale moyenne de l'hectare est de.. 1,683 »

Il possède 24,930 maisons et 419 moulins et usines. — Il compte 107 écoles primaires. — Il s'y tient, par année, 66 foires.

L'arrondissement produit : froment, 215,464 hect.; méteil, 58,758 hect.; seigle, 42,685 hect.; orge, 186,221 hect.; avoine, 567,990 h.; sarrasin, 84,038 h.; pommes de terre, 251,877 hect.; betteraves, 87,256 quint. mét.; chanvre, 6,031 quint. mét. de filasse; lin, 11,782 quint. mét. de filasse; cidre, 9,154 hect. — Il possède : chevaux, juments, poulains et pouliches, 22,269; taureaux, 1,518; bœufs, 876; vaches, 33,457; veaux, 7,559; béliers, 1,574; moutons, 3,302; brebis, 10,624; agneaux, 9,407; boucs et chèvres, 745; porcs, 19,591.

En résumé, l'arrondissement de Lannion, bien que le moins grand des cinq qui composent le département, peut en être considéré comme le plus riche. En effet, à une agriculture avancée, qui produit d'excellents et forts chevaux, des céréales de premier ordre en abondance, des lins égaux en qualité à ceux de la Flandre, des chanvres qui, bien préparés, peuvent rivaliser avec les meilleurs de France, des colzas, etc., il joint le commerce, la marine et la pêche côtière. — Tous les habitants de son littoral, hérissé de roches, découpé de baies profondes, bordé d'îles et d'îlots, sont marins et les cultivateurs le deviennent aux époques de la coupe des varechs, qui croissent si abondants sur ses côtes, que l'agriculture, après en avoir employé d'énormes masses, laisse encore à l'industrie des quantités notables de ces plantes marines pour l'incinération en vue de l'extraction de la soude qu'elles contiennent. — Ses rivières, le Guer particulièrement, sont poissonneuses, et ses rivages, fréquentés par les poissons voyageurs, abondent en crustacés et mollusques qui, comme les huîtres de Tréguier, par exemple, sont une source de bénéfice pour les riverains. L'industrie même n'y est pas négligée, et les toiles dites de Tréguier, fabriquées dans le canton de ce nom et dans ceux qui le limitent, ont trouvé et trouvent toujours des débouchés faciles. — La population de l'arrondissement de Lannion est généralement vigoureuse et présente des types énergiques de la race bretonne, qui la compose en immense majorité.

Ont successivement exercé les fonctions de Sous-Préfet, dans l'arrondissement de Lannion, MM. an VIII, Le Grontec; 9 septembre 1814, Billiard; 4 mai 1815, Rivoallan; 2 août 1815, Le Breton du Plessis; 16 avril 1817, Angellier de Québriac; 21 août 1822, de Troguindy; 19 août 1830, Loton; 20 mars 1848, Le Dru; 11 novembre 1848, de Rivière; 8 avril 1853, de Peybère; 29 mai 1855, Hastron; 24 janvier 1860, marquis de Montmort; 1er mai 1860, Bréhier, sous-préfet actuel.

Canton de Lannion.

Le canton de Lannion est borné au N. par le canton de Perros-Guirec; à l'E. par les cantons de Tréguier et de La Roche-Derrien; au S. par le canton de Plouaret; à l'O. par le canton de Plestin et par la Manche ; il est arrosé par le Guer et limité dans l'E. par le Guindy. — Il est traversé par la route impériale N° 167 de Vannes à Lannion ; par les routes départementales N° 1er de Saint-Brieuc à Morlaix, N° 11 de la rade de Perros au port d Lorient ; par les chemins vicinaux de grande communication N° 15 de Louargat à Lannion, N° 58 de Lannion au Guerlesquin ; par les chemins d'intérêt commun N° 26 de Pontrieux à Lannion, N° 34 de Lannion à Trélévern, N° 35 de Lannion au Port-Blanc, N° 37 de Lannion à Pontrieux.

La population du canton est de 18,558 hab.; sa superficie de 10,719 hect., et son revenu territorial net de 980,797 fr.

Le territoire de ce canton, qui appartient à la zône du littoral, est généralement accidenté et coupé, dans sa partie centrale, d'une large et profonde vallée formée par la rivière navigable du Guer ; à l'est, il est sillonné par la vallée du Guindy et par celle du ruisseau de Kerniffet ; en outre, de nombreux cours d'eau moins importants l'arrosent. Les terres du canton sont de bonne qualité ; elles sont boisées et plantées de pommiers dans les parties sud et est, et une agriculture en progrès sait en tirer parti en leur demandant des récoltes productives, telles que le froment et le lin. C'est à la belle race bretonne qu'appartiennent les chevaux du canton, qui sont recherchés par les acheteurs étrangers et l'artillerie.

TERRES. — Revenu net moyen, par hectare, pour le canton. 73 fr. 32

Valeur vénale moyenne, de l'hectare, dans le canton........ 2,472 fr.

COMMUNES COMPOSANT LE CANTON.	POPULATION.	DISTANCES en kilomètres.		NOMBRE D'HECTARES des terrains imposables produisant revenu.						Terrains non productifs et non imposés. Chemins, rivières, etc. — Hectares.	NOMBRE TOTAL D'HECTARES par commune.	REVENU CADASTRAL.	PROPORTION de rehaussement pour obtenir le revenu réel.		TAUX MOYEN de l'intérêt des fonds placés.		NOMBRE		NOMBRE	
		Du chef-lieu du départem¹.	Du chef-lieu d'arrond¹. De Lannion (chef-lieu de canton.)	Jardins, courtils, vergers et sol des édifices.	Terres labourables.	Prés.	Bois et taillis.	Pâtures et landes.	TOTAL.				Pour les terres (1).	Pour les maisons, moulins et usines (2).	En terres.	En maisons, moulins et usines.	De maisons.	De moulins et usines.	De foires.	De cafés et cabarets.
												fr. c.			F ⁰⁄₁₀	p. ⁰⁄₁₀				
Lannion....	6,642	65	» »	13	255	20	17	8	293	56	349	53,755 54	3.98	4. »	2.50	5. »	1,036	10	10	71
Brélévenez..	1,763	67	2 2	11	1,125	92	72	91	1,391	72	1,463	46,984 56	2.65	4.01	3. »	4.02	423	3	»	11
Buhulien....	1,125	60	5 5	6	668	56	42	50	822	47	869	27,193 02	2.80	2.71	3. »	4. »	260	4	»	9
Caouennec..	618	57	8 8	1	416	41	7	58	523	28	551	11,484 81	2.95	2.63	3. »	4. »	116	4	»	4
Loguivy-lez-Lannion..	395	67	2 2	1	225	19	2	25	272	30	302	9,872 93	2.79	3.99	3. »	4. »	98	1	»	3
Ploubezre..	3,490	73	5 5	27	2,261	253	227	168	2,936	176	3,112	87,612 »	2.54	2.02	3. »	4. »	768	19	»	10
Ploulech. ...	1,120	65	5 5	6	725	73	30	95	929	86	1,015	31,063 72	2.30	4.90	3. »	4. »	287	5	»	8
Rospez......	1,516	70	8 8	2	1,078	91	24	60	1,255	70	1,325	36,532 16	2.46	4.86	3. »	4. »	361	1	»	9
Servel.......	1,839	70	5 5	9	1,195	119	31	250	1,604	129	1,733	36,204 77	3.30	3.02	3. »	4. »	470	11	»	9
TOTAUX....	18,538	»	» »	76	7,928	764	452	805	10,025	694	10,719	340,703 51	»	»	»	»	3,849	58	10	133

NOTA. — *Terrains.* — Pour connaître le revenu réel des terrains et du sol des maisons dans une commune, il y a lieu de multiplier le revenu cadastral de ces terrains par les chiffres proportionnels, indiqués dans la colonne portant le numéro (1).

Maisons. — Pour obtenir le revenu réel d'une maison, il faut ajouter à son revenu cadastral le tiers de ce revenu, et multiplier le total par les chiffres indiqués dans la colonne portant le numéro (2):

Usines et Moulins. — Pour obtenir le revenu réel d'une usine, ajouter à son revenu cadastral la moitié de ce revenu, et multiplier le total par les chiffres indiqués dans la colonne portant le numéro (2).

— On peut considérer le canton de Lannion comme maritime, et la navigation ainsi que la pêche du Guer, où le flot de la mer se fait sentir depuis son embouchure jusqu'au chef-lieu, est un avantage sérieux pour ses riverains. La proximité du port et de la ville de Lannion sont aussi une source d'aisance dont tout le canton ne peut manquer de se ressentir. — Il produit : froment, 40,660 h.; méteil, 1,750 hect.; seigle, 2,600 hect.; orge, 34,328 h.; avoine, 60,880 hect.; sarrasin, 9,600 hect.; pommes de terre, 13,944 hect.; betteraves, 12,000 quint. mét.; chanvre, 712 quint. mét. de filasse; lin, 2,264 quint. mét. de filasse; cidre, 5,347 hect. — Il possède : chevaux, juments, poulains et pouliches, 3,350; taureaux, 191; bœufs, 20; vaches, 3,659; veaux, 710; béliers, 257; moutons, 577; brebis, 2,465; agneaux, 2,440; boucs et chèvres, 100; porcs, 3,300.

LANNION, 6,642 hab.; — située par les 5° 48′ 1″ de longitude O. et par les 48° 44′ 7″ de latitude N.; — bornée au N. par Brélévenez; à l'E. par Buhulien; au S. par Ploubezre; à l'O. par Loguivy-lez-Lannion; — le sommet du clocher de l'église est à 50 m. au-dessus du niveau de la mer et à 23 m 4 au-dessus du sol; — appartenait à l'ancien évêché de Tréguier; — trois écoles de garçons recevant 478 élèves; cinq écoles de filles, 556 élèves; une salle d'asile, 134 enfants; collége communal; pensionnats pour les jeunes filles; à Sainte-Anne, cours préparatoire pour les institutrices ; — chef-lieu de sous-préfecture de 3ᵉ classe. — Cette ville possède une cure de 1ʳᵉ classe, un tribunal de 1ʳᵉ instance, une justice de paix, un hospice civil, un bureau de bienfaisance, une prison, une compagnie de sapeurs-pompiers (56 hommes, 4 pompes), un bureau télégraphique, deux journaux, deux imprimeries, deux librairies, un cercle littéraire. Brigade de gendarmerie à cheval, résidence d'un lieutenant de gendarmerie, d'un aide-commissaire de marine, d'un trésorier des invalides et d'un syndic des gens de mer ; quatre notaires ; recette particulière des finances ; chef-lieu de perception ; contrôleur des contributions directes ; vérificateur de l'enregistrement ; receveur de l'enregistrement pour le canton et pour celui de Perros-Guirec et hypothèques ; recette et capitainerie des douanes ; inspection et recette des contributions indirectes ; direction des postes et poste aux chevaux ; résidence d'un inspecteur de l'instruction primaire pour les arrondissements de Lannion et de Guingamp, d'un ingénieur ordinaire, d'un maître de port, d'un agent-voyer principal ; comice agricole ; chambre consultative d'agriculture ; vice-consul de Suède et de Norwège ; vérificateur des poids et mesures ; caisse d'épargne ; — marché le jeudi ; foires le jeudi d'avant le dimanche des gras, le jeudi de la mi-carême, le jeudi de la Semaine-Sainte, le 5ᵉ jeudi après Pâques, le jeudi de la Fête-Dieu, le 23 juin, le 1ᵉʳ août, le 22 septembre (3 jours),

le 31 octobre et le 24 décembre ; — on parle le breton.
— On cite beaucoup de points de vue qui sont bien inférieurs au panorama que présente la ville de Lannion, du sommet de la côte où passait naguère la route de Morlaix. Assise au fond d'un délicieux vallon tapissé de prairies, de jardins et de plantureux vergers, elle étend en amphithéâtre ses faubourgs sur les coteaux qui, de toutes parts, encadrent le paysage. Le regard se porte, tout d'abord, sur l'antique église de Brélévenez, dont le bourg ne fait qu'un avec la ville ; puis descendant sur la tour de Saint-Jean du Baly, il s'arrête sur les principaux établissements de la cité, pour se reposer ensuite sur le port et les navires qui y sont amarrés et se fixer enfin sur les belles plantations des quais, de l'Allée-Verte et du presbytère, qui mêlent leur fraîche verdure aux massifs des maisons. Cette heureuse position a toutefois l'inconvénient de rendre les rues de la ville tortueuses et rapides ; mais il est permis d'espérer, grâce à l'activité et à la vigilance d'une administration qui a déjà tant fait pour leur amélioration, qu'une grande partie de cet inconvénient disparaîtra avec le temps. — Quoiqu'on ait beaucoup discuté sur l'étymologie du nom de cette ville, nous oserons émettre à notre tour une opinion. Nous croyons que Lannyon, ainsi qu'on l'écrivait en 1283, a dû se dire dans le principe Lann-Ian, église de Jean. Ce saint précurseur est encore aujourd'hui le patron de la paroisse, qui fut dans l'origine la chapelle du château

primitivement construit, lequel a peut-être fait partie de l'antique commanderie de Brélévenez. De plus les armoiries de la ville représentent l'agneau de saint Jean, ou pour parler héraldiquement, portent « d'azur à l'agneau couché d'argent tenant de ses pieds de devant une croix de triomphe d'or sur la croisée de laquelle il y a un guidon de gueules. Devise : *Laus Deo.* » — Nous livrons du reste cette opinion pour ce qu'elle peut valoir, sans prétendre aucunement résoudre une question qui demeurera encore longtemps indécise. — Nous venons parler de l'église de Saint-Jean du Baly (1); cet édifice, sur la tour duquel on lit la date de 1509, ne devint paroissiale, paraît-il, qu'à la fin du xiv° siècle. C'est un vaisseau à cinq nefs, sans transepts, avec un chevet polygonal et qui porte tous les caractères de l'époque à laquelle il fut construit. — On compte, à Lannion, plusieurs communautés religieuses parmi lesquelles nous citerons : 1° celle de Sainte-Anne, occupée par des dames Hospitalières de Saint-Augustin qui, indépendamment de l'hospice civil, tiennent, ainsi qu'il a été dit plus haut, un pensionnat de jeunes personnes et dirigent, depuis plusieurs années, un cours normal pour les institutrices qui a produit des sujets très-distingués ; 2° la Retraite, habitée par des religieuses qui ont pris le nom de leur maison, placée dans

---

(1) De *Ballium*, *Baesle*, en français du xvi° siècle, qui signifiait enceinte ou défense extérieure du château.

une position très-pittoresque sur la colline de C'hrec-Aven, au milieu d'un parc parfaitement planté : de même que les dames de Saint-Augustin, les dames de la Retraite tiennent un pensionnat de demoiselles ; 3° la Providence, dirigée par les sœurs du Saint-Esprit, qui tiennent une école primaire pour les filles et la salle d'asile. — Lannion a aussi un collége communal qui conduit les élèves jusqu'à la quatrième inclusivement ; à ce collége est annexée une école primaire supérieure. Quant aux écoles primaires de garçons, elles sont tenues par les Frères des écoles chrétiennes. — Les établissements industriels ou manufactures de Lannion sont en petit nombre ; on y trouve une scierie à deux lames, trois fabriques de chandelles, une de produits chimiques, deux brasseries ayant trois cuves contenant 52 hectolitres, un four à chaux, quatre tanneries ayant 173 m. cubes de cuves et deux fabriques de chapeaux communs. Cependant le port de cette ville offre une certaine animation. Indépendamment du commerce des sables calcaires qui donne lieu à des transactions importantes et occupe un grand nombre de bateaux, les exportations des céréales et des graines oléagineuses aussi bien que les importations de bois du Nord, de houille, de fers et de produit du Midi, fournissent au commerce maritime un mouvement qui se traduit annuellement et en moyenne par 252 navires jaugeant 11,558 tonneaux, montés par 1,160 hommes à l'entrée ; et à la sortie, par 279 navires jaugeant 13,916 tonneaux et montés par 1,295 hommes. — Au village de la Corderie, source d'eau ferrugineuse. — Patrie de M. Baudouin de la Maison-Blanche, savant jurisconsulte du xviiie siècle; de M. le comte de Kergariou, dont nous avons parlé à l'article Bringolo; de Grégoire-Desaunays, bibliophile et bibliographe distingué; de Callouet de Kerbrat, avocat général à la Chambre des Comptes de Bretagne en 1642, auteur de plusieurs ouvrages d'économie rurale; de Mathieu Roëdère, évêque de Tréguier en 1407; etc. — *Géologie* : Schiste talqueux. — *Points culminants* : Sommet de la tour Saint-Jean, 50 m.; croix Saint-Patrice, 104 m.; le cimetière, 50 m. — Ont rempli successivement les fonctions de Maire à Lannion : MM. Couppé, Baudouin, Daniel, Bobony, Le Goaziou, de Minirac, P. de Kerninon, J.-M. de Troguindy, E. Depasse, J.-M. Huon, J.-M. Raoul, E. Depasse, maire actuel.

BRÉLÉVENEZ, 1,763 hab.; — bornée au N. par Saint-Quay et Louannec; à l'E. par Trézeny; au S. par Buhulien et Lannion; à l'O. par Servel; — traversée par les routes départementales Nos 1er et 11, et par les chemins d'intérêt commun Nos 34 et 35; — réunie à Lannion pour l'instruction de ses garçons; — dépend de la perception de Lannion; — faisait partie de l'ancien évêché de Tréguier; — on parle le breton. — Territoire accidenté dans l'ouest et assez plat dans les autres parties; boisé et bien planté d'arbres fruitiers au sud, moins au nord. Ses terres et ses prairies sont bonnes, productives et bien cultivées ; — arrosé par les ruisseaux de Maudez et de Goasven. — L'église paroissiale, située sur une hauteur qui domine la ville de Lannion, se présente de la manière la plus pittoresque à l'œil du voyageur ; elle est dédiée à Notre-Dame des Neiges. Cet édifice est fort remarquable, et sa fondation, comme celle de tous les monuments anciens, est attribuée aux Templiers. Il offre, dans son ensemble, tous les caractères de l'architecture romano-byzantine du commencement du XIIe siècle ; on n'en trouve pas de plus complet et de mieux conservé de cette époque dans le département. Sous le chœur, une crypte renferme le tombeau de l'un des anciens recteurs de la paroisse et un sépulcre composé de plusieurs personnages de grandeur naturelle. — La commune possède deux chapelles : celle de Saint-Roch, du XVe siècle, et celle de Saint-Pierre, du XVIIe siècle. — Nous citerons les châteaux modernes de Cruguil et la Ville-Neuve. — Patrie de Huon de Saint-Yon, l'un des champions du combat des Trente, en 1351. — *Points culminants :* Le bourg, 33 m.; Lelan, 94 m.; Lefod, 101 m.; Saint-Rigeon, 71 m. — *Géologie :* Schiste talqueux. — *Maires :* Ont rempli successivement ces fonctions, MM. Le Morvan, Meudic (père), Meudic (fils) et Salaün, maire actuel.

BUHULIEN, 1,125 hab.; — bornée au N. par Brélévenez; à l'E. par Rospez et Caouennec; au S. par Tonquédec; au S.-O. par Ploubezre; à l'O. par Lannion; — traversée par la route impériale N° 167; par la route départementale N° 1er; par le chemin de grande communication N° 15, et par le chemin d'intérêt commun N° 37; — école de garçons, 51 élèves; de filles, 20 élèves; — dépend de la perception de Lannion; — faisait partie de l'ancien évêché de Tréguier; — on parle le breton. — Territoire plat et uni au nord, accidenté au sud et à l'ouest; bien boisé et planté de pommiers. Terres fortes, cultivées avec soin et très-productives. Prairies soignées et abondantes en excellents fourrages. Limité à l'ouest par la rivière le Guer, à l'est par le Guindy; arrosé par le ruisseau du Pen-an-Bié. — L'église paroissiale, de construction moderne, est sous l'invocation de sainte Marguerite, dont la fête se célèbre le 20 juillet. — On remarque dans le cimetière, outre un calvaire portant la date de 1679, le tombeau de M. le comte de Carcaradec, ancien maire de la commune. — Chapelle de Saint-Elivet, dédiée à saint Yves. — Château moderne de Keryvon, remarquable par ses étangs, ses beaux jardins et ses magnifiques bois. — *Points culminants*: Le bourg, 83 m.; Keryvon, 78 m. — *Géologie*: Au nord, schiste talqueux; au sud, granite. — *Maires*: Ont successivement rempli ces fonctions, MM. Le Gorrec, Nicolas, F. Meudic, Le Roux, de Carcaradec, Y.-M. Le Gac, Y. Meudic, Ropers, Y.-M. Le Gac, maire actuel.

CAOUENNEC, 648 hab.; — bornée à l'O. et au N. par le Guindy, qui la sépare de Tonquédec, Buhulien et Rospez; à l'E. par Lanvézéac; au S. par Cavan; — traversée par la route impériale N°.167 et par le chemin d'intérêt commun N° 26; — école mixte, 54 élèves; — dépend de la perception de Lannion; — ancienne trêve de Cavan; — on parle le breton. — Le territoire de cette commune est élevé, accidenté et médiocrement boisé; ses terres, assez bien cultivées, sont productives quoique peu fortes. Sur les bords du Guindy, on trouve de bonnes prairies. — L'église paroissiale, dédiée à la sainte Vierge, porte la date de 1760; située sur une hauteur, elle s'aperçoit de très-loin. — Des lieux de Croec'h-Cadec et de Croec'h-ar-Gosquer, on jouit d'une vue très-étendue. — *Points culminants* : Le bourg, 95 m.; le Colun, 103 m.; Kerliou, 107 m. — *Géologie* : Constitution granitique. — Ont été Maires : MM. Le Guillou, Daniel, Le Bihan, Le Cloarec, F. Le Fiblec, Le Gros, Y. Le Bonniec, J. Le Bonniec, S. Le Fiblec, Martin et Brichet, maire actuel.

LOGUIVY-LEZ-LANNION, 393 hab.; — bornée au N. par le Guer, qui la sépare de Servel; à l'E. par Lannion; au S. et à l'O. par Ploulech; — traversée par la route départementale N° 1er; — sans école; — dépend de la perception de Lannion; — faisait partie de l'ancien évêché de Dol; — on parle le breton. — Territoire élevé, accidenté et en pente vers le nord, où il borde la rivière navigable du Guer. Il est assez boisé, mais possède peu d'arbres fruitiers; ses terres, de qualité moyenne, sont bien cultivées. Les habitants se livrent principalement à l'agriculture; mais cependant ils fournissent des marins, et la pêche côtière les forme à cette profession. — Un petit atterage, possédant une quarantaine de bateaux de pêche, se trouve dans cette commune. — L'église paroissiale, sous le patronage de saint Avit ou Ivy, dont la fête a lieu le 1er dimanche de mai, est un édifice très-complet de la moitié du xvie siècle et digne, par ses proportions, de servir de modèle pour beaucoup d'églises modernes qui pourraient, sans grandes dépenses, acquérir, en imitant cette architecture, un caractère monumental qui leur manque presque toujours. — Près du portail sud du cimetière existe une charmante fontaine de la Renaissance, dont la vasque est maintenant à sec, l'eau qui l'alimentait n'y arrivant plus depuis longtemps. — Patrie de Claude de Kerguezec, sieur de Kergomar, l'un des principaux chefs de l'armée de Henri IV, pendant la Ligue en Bretagne. — *Points culminants :* Kerhouss, 90 m.; Ros-an-Moul, 94 m. — *Géologie :* Constitution granitique à l'ouest, et schiste modifié près du Guer; au centre, roches feldspathiques. — *Maires :* Ont successivement rempli ces fonctions, MM. Y. Briand, M. de Ploesquellec, P. Briand, LeGruyec, J.-F. Briand, Conan, Le Moullec et J.-M. Perro, maire actuel.

PLOUBEZRE, 3,490 hab.; — bornée au N. et à l'E. par le Guer, qui la sépare de Lannion, Buhulien et Tonquédec; au S. par Plouaret; à l'O. par Ploumilliau et Ploulech; — traversée du S. au N. par la route départementale N° 11; — école de garçons, 71 élèves; de filles, 50 élèves; — dépend de la perception de Lannion; — faisait partie de l'ancien évêché de Tréguier; — on parle le breton. — Territoire assez plat et assez uni, coupé cependant par quelques vallons. La limite Est, formée par le Guer, est élevée et accidentée. Il est bien boisé et planté de pommiers. Ses terres sont bonnes, soigneusement cultivées, fertiles; ses prairies naturelles, bien soignées, donnent aussi de bons produits. — L'église paroissiale a pour patron saint Pierre; elle est plus ancienne que son clocher en granite, très-élevé et d'un bon style, qui porte la date de 1577. On y remarque l'autel du Rosaire et les statues de saint Pierre et saint Paul. — Le cimetière contient un calvaire en granite dû au ciseau fécond du sculpteur Hernot. — A 1 kilom. environ de l'église, on voit le monument des Cinq-Croix, qui aurait été élevé, d'après la légende locale, en commémoration d'un combat dans lequel les Anglais furent vaincus par les habitants. — La commune possède quatre chapelles: celles de Runfaou, dédiée à saint Fiacre; de Guirec, dédiée à saint Jacques et saint Philippe; de Sainte-Thècle et de Kerfaouès. Cette dernière attire l'attention par sa belle construction qui date de 1559;

elle renferme un jubé très-remarquable en bois sculpté. Il y a plusieurs pardons dans la commune, dont le plus important, celui du dimanche après la Fête-Dieu, amène un grand concours. Ce jour, le beau parc dépendant du château moderne de Coatiliau est ouvert au public. — On trouve encore, en Ploubezre, le château de Kergrist, dont les constructions de divers styles forment cependant un ensemble imposant. — Les anciennes forteresses de Runfaou et de Coatfrec, devant lesquelles se sont passés de nombreux faits d'armes du XIIIe au XVIe siècle, ne présentent plus que des ruines qui méritent l'attention de l'archéologue et du touriste. — *Points culminants :* Le bourg, 94 m.; Prat-Guen, 105 m.; Kerhervé, 120 m. — *Géologie :* Constitution granitique, et au nord-est, schiste talqueux. — Ont été Maires : MM. Rouzault, O. Derrien, Grall, Le Loarer, marquis de Kergariou (père), J.-M. Allain, Aurégan, L. Allain et J.-M. Derrien, maire actuel.

PLOULECH, 1,120 hab.; — bornée au N. par le Guer, qui la sépare de Servel; à l'E. par Loguivy-lez-Lannion, Lannion et Ploubezre; au S. et à l'O. par Ploumilliau; — traversée par la route départementale N° 1er et par le chemin de grande communication N° 58; — école de filles, 30 élèves; — dépend de la perception de Lannion; — agent sanitaire au Yeaudet; — faisait partie de l'ancien évêché de Tréguier; — on parle le breton. — Territoire peu accidenté dans sa partie centrale, mais tourmenté et montueux vers sa circonférence et surtout sur les bords du Guer. Il est peu boisé et arrosé par le Yeaudet et le Minzam. Ses terres sont bonnes au sud et à l'ouest; inférieures au nord et à l'est. — L'église paroissiale est sous le patronage de saint Pierre. Son abside à trois pans est du xvi° siècle. Elle renferme le tombeau du père Nault, missionnaire, docteur en Sorbonne, décédé en 1709 et né à Ploulech. — La commune possède les chapelles de Saint-Lavant, de Saint-Herbaud et de Notre-Dame. Cette dernière est très-vénérée dans le pays. — La population est agricole et maritime et se livre à la pêche côtière. — On recueille, sur la plage, un sable peu fertilisant, puisqu'il ne contient qu'à peine 10 p. 0/0 de principes actifs. — Près de cette grève et sur la falaise qui la domine, s'étend le village de Coz-Yeaudet, bâti sur l'emplacement d'une ville gallo-romaine, laquelle, à en juger par les débris dont le sol est couvert et les anciennes voies qui y conduisent, a dû être très-importante aux ii°, iii° et iv° siècles de notre ère. Le nom de ce village, en effet, indique qu'une ancienne cité a existé là, et jusque dans ces derniers temps, tous les auteurs qui s'en sont occupés ont admis sans conteste, sur la foi de quelques légendaires, qu'elle s'est appelée Lexobie et qu'elle a même été le siége d'un évêché jusqu'à la fin du ix° siècle, époque à laquelle elle aurait été prise d'assaut et saccagée par les Normands. Mais devant le manque absolu de documents certains, la critique historique moderne rejette tous ces récits, pour se borner à constater l'antique importance de Coz-Yeaudet et appeler en même temps les investigations des savants sur le peu qui reste actuellement de constructions gallo-romaines, réduites à quelques pans de murailles, bâties en moyen appareil. Nous ajouterons que, dans notre pensée, la destruction de cette ville doit être bien antérieure au IXe siècle; car parmi les nombreuses monnaies romaines qui ont été trouvées dans le pays environnant, aucune n'est postérieure, du moins à notre connaissance, à Julius Valens, qui parvint à l'empire en l'année 317. — Naguère existait, au milieu du village de Coz-Yeaudet, une assez vaste chapelle du XVIe siècle, dédiée à la sainte Vierge; elle était à deux nefs, très-délabrée, mais ne manquait pas de caractère. Au lieu de la réparer et consolider telle qu'elle était, on a préféré la détruire pour ériger à sa place un édifice tout neuf, mais qui ne vaudra jamais l'ancien. — *Points culminants* : Crec'h-Lan, 96 m.; Elez-Ganilet, 103 m. — *Géologie* : Constitution granitique. — *Maires* : Ont rempli successivement ces fonctions ; MM. Dohollou, Nicolas, Le Berre, Derrien, J. Le Querrec, Le Roux de Kerninon, F. Le Querrec, Le Barzic, Le Callennec, Pasquiou et Le Roux de Kerninon, maire actuel.

ROSPEZ, 1,516 hab.; — bornée au N. par Trézény;

à l'E. par Lanmérin, Quemperven et Lanvézéac; au S. par Caouennec : le Guindy la sépare de ces trois communes; à l'O. par Buhulien et Brélévenez; — traversée par la route départementale No 1er, qui lui sert de limite au N., et par le chemin d'intérêt commun No 37; — école de garçons, 59 élèves; de filles, 45 élèves; — dépend de la perception de Lannion; — faisait partie de l'ancien évêché de Tréguier; — on parle le breton. — Territoire généralement boisé et assez plat, à l'exception de la partie sud. Les terres de cette commune sont de bonne qualité, fertiles et soigneusement cultivées; ses prairies sur les bords du Guindy, qui l'arrose avec le Penanbié, sont productives et convenablement irriguées. — L'église, remaniée à plusieurs reprises et dont la tour a été rebâtie en 1836, a pour patrons les apôtres saints Pierre et Paul. — Il y a deux chapelles en Rospez : l'une, dédiée à saint Dogmaël, est du xviie siècle et bien bâtie, et l'autre est sous le vocable de saint André. — *Points culminants :* Le bourg, 60 m.; Pen-an-Feunten, 107 m.; Poulfanc, 77 m. — *Géologie :* Schiste talqueux et amas de roches amphiboliques. — *Maires :* MM. 1790, Martret; 1808, Y. Daniel; 1817, P. Daniel; 1832, Perrot; 1837, J. Queffeulou; 1846, Y. Queffeulou; 1850, J. Queffeulou; Congard; 1851, Le Caër, maire actuel.

SERVEL, 1,839 hab.; — bornée au N. par Trébeurden et Pleumeur-Bodou; à l'E. par Saint-Quay et Brélévenez ; au S. par le Guer, qui la sépare de Loguivy-lez-Lannion, Ploulech et Ploumilliau ; à l'O. par la Manche ; — traversée par des chemins vicinaux simples, dont le principal conduit de Lannion à Trébeurden ; — école de garçons, 69 élèves ; de filles, 27 élèves ; — dépend de la perception de Lannion ; — faisait partie de l'ancien évêché de Tréguier ; — on parle le breton. — Territoire accidenté, surtout aux abords de la rivière du Guer. Terres peu boisées, parfaitement cultivées et productives. Il en est ainsi des prairies, qui sont soumises à un bon système d'irrigation. — L'église, restaurée et agrandie à diverses époques, porte sur son clocher la date de 1660, sur sa façade celle de 1758 et sur la sacristie celle de 1812. Elle est sous l'invocation de saint Pierre, dont la fête se célèbre exceptionnellement le 2e dimanche de mai. — Le cimetière, entouré de sept grottes où l'on voit des statues représentant la Passion et la mort de Jésus-Christ, renferme le tombeau de M. Maurice Le Gall de Kerdu, docteur en théologie, membre de la faculté de la Sapience de Rome, mort recteur de cette paroisse le 8 janvier 1694 et dont la mémoire est vénérée dans le pays. — Chapelles de Saint-Urien, de Saint-Nicodème et des Cinq-Plaies. Cette dernière date de 1544 et possède encore quelques vitraux coloriés de cette époque et des peintures à fresque qui attirent l'attention. — Servel qui, d'après d'anciens titres, s'écrivait autrefois Seluel ou Siluel, qui signifie en breton, *voit ou regarde de haut*, justifie cette étymologie par la situation élevée de son bourg, d'où l'on jouit d'un coup-d'œil fort étendu. — Château moderne du Launay. — Au lieu dit Crec'h-Alia, on trouve un dolmen, et dans un champ près du Carbon, un tumulus. — Patrie de l'abbé Lagain, célèbre missionnaire, décédé curé de Guingamp en 1804; de pierre Huet, élu abbé de Beauport en 1442; etc. — *Points culminants* : Le bourg, 116 m.; Launay, 103 m.; Crec'h-Gouliven, 108 m.; Corps-de-Garde, 63 m. — *Géologie* : Au sud, roches feldspathiques; au nord-est, schiste modifié, et granite dans l'ouest. — *Maires* : Ont successivement rempli ces fonctions, MM. Person, Omnès, Pezron, Lissillour, P. Le Barzic, Menou; J. Le Bricquir, P.-V. Le Barzic et J.-M. Le Bricquir, maire actuel.

Canton de La Roche-Derrien.

Le canton de La Roche-Derrien est borné au N. par les cantons de Tréguier et de Lézardrieux; à l'E. par le canton de Pontrieux; au S. par le canton de Bégard; à l'O. par les cantons de Plouaret et de Lannion. Il est arrosé par le Jaudy et limité dans l'O. par le Guindy. — Il est traversé par la route impériale Nº 167 de Vannes à Lannion; par la route départementale Nº 5 de Guingamp à Tréguier; par les chemins de grande communication Nº 20 de Tréguier au canal de Nantes à Brest, Nº 55 de Tréguier à Belle-Ile-en-Terre; par les chemins d'intérêt commun N° 26 de Pontrieux à Lannion, N° 36 de Lézardrieux à Pouldouran, N° 37 de Lannion à Pontrieux, N° 40 de Pouldouran à Ploézal.

La population du canton est de 13,244 hab.; sa superficie de 9,467 hect., et son revenu territorial net de 613,768 fr.

Le territoire de ce canton est accidenté et coupé de vallons. Divers ruisseaux et la rivière du Jaudy l'arrosent. Les bords de celle-ci sont fort tourmentés. Les bois de chauffage et de construction suffisent, et au-delà même, aux besoins du canton. Son sol est bon, fertile et productif dans son ensemble, et les landes n'en forment que le dix-neuvième. La culture du lin y est généralement pratiquée avec succès et y forme une des bonnes ressources de l'agriculture. Ce canton est bien situé et à proximité de ports qui lui rendent facile l'exportation de ses grains ; enfin, la rivière du Jaudy, navigable depuis son embouchure jusqu'à La Roche, permet d'introduire aisément, assez loin de la mer, les amendements calcaires et les varechs. On remarque que le cinquième au moins des propriétés de ce canton est encore sous le régime du domaine congéable.—Il produit : froment, 26,720 h.; méteil, 6,000 hect.; seigle, 3,600 hect.; orge, 18,000 h.; avoine, 12,000 hect.; sarrasin, 9,600 hect.; pommes de terre, 1,200 hect.; betteraves, 28,800 quint. mét.; chanvre, 160 quint. mét. de filasse; lin, 1,600 quint. mét. de filasse; cidre, 460 hect. — Il possède : chevaux,

TERRES. — Revenu net moyen, par hectare, pour le canton... 58 fr. 29

Valeur vénale moyenne, de l'hectare, dans le canton........ 1,465 fr.

COMMUNES COMPOSANT LE CANTON.	POPULATION.	DISTANCES en kilomètres.		NOMBRE D'HECTARES des terrains imposables produisant revenu.						Terrains non productifs et non imposés. Chemins, rivières, etc. — Hectare.	NOMBRE TOTAL D'HECTARES par commune.	REVENU CADASTRAL.		PROPORTION de rehaussement pour obtenir le revenu réel.		TAUX MOYEN de l'intérêt des fonds placés.		NOMBRE		NOMBRE	
		Du chef-lieu du département.	Du chef-lieu d'arrond. De La Roche-Derrien (chef-lieu de canton).	Jardins, courtils, vergers et sol des édifices.	Terres labourables.	Prés.	Bois et taillis.	Pâtures et landes.	TOTAL.				fr. c.	Pour les terres (1).	Pour les maisons, moulins et usines (2).	En terres.	En maisons, moulins et usines.	De maisons.	De moulins et usines.	De foires.	De cafés et cabarets.
La Roche-Derrien.....	1,770	60	20	»	5	147	2	»	6	160	23	183	12,910 95	3.53	3.67	3.90	5. »	341	1	2	20
Berhet.......	448	60	15	8	3	274	8	3	19	307	16	323	7,148 11	2 51	2.67	4.06	3.65	91	1	»	4
Caven.......	1,962	60	15	13	25	1,324	106	29	91	1,575	63	1,638	34,200 47	2.56	2.37	4.13	3.76	478	7	»	7
Coatascorn..	814	53	23	10	5	600	34	50	84	773	33	806	13,684 71	2.84	3.06	4.22	4. »	230	3	»	4
Hengoat.....	823	55	28	5	6	509	20	7	49	591	28	619	15,029 14	3.44	3.40	3.81	4.05	203	4	»	2
Lanvézéac...	186	63	13	10	1	130	6	2	20	159	8	167	3,886 06	1.95	1.80	3.66	4. »	33	3	»	1
Mantallot...	314	60	15	6	3	240	9	2	8	263	14	276	8,778 66	1.90	1.83	4.01	4. »	89	3	»	2
Pommerit-Jaudy.....	2,679	55	23	3	13	1,652	88	49	133	1,935	102	2,037	47,807 97	2.75	2.89	4.05	3.98	606	11	»	12
Pouldouran.	355	58	25	8	2	81	3	»	1	87	15	402	3,939 81	2.98	2.84	3.75	4. »	83	1	»	4
Prat........	2,280	50	18	10	13	1,768	121	38	158	2,098	88	2,186	40,512 92	2.96	2.83	4.22	4.01	478	7	»	10
Quemperven	966	65	13	8	3	630	48	4	44	729	40	769	27,246 10	2.04	1.90	3.53	4.01	214	3	»	6
Troguéry...	617	55	25	8	4	295	4	»	4	307	54	361	12,159 29	2.65	2.68	3.41	4.31	143	2	»	3
TOTAUX...	13,244	»	»	83	7,647	449	184	620	8,983	484	9,467	227,334 19	»	»	»	»	2,992	46	2	75

(1 et 2) Pour les notes concernant ce tableau, voir celles du tableau du canton de Lannion, pages 580 et 581.

2,920 ; taureaux, 241 ; bœufs, 120 ; vaches, 4,000 ; veaux, 1,140 ; béliers, 162 ; moutons, 208 ; brebis, 1,530 ; agneaux, 612 ; boucs et chèvres, 120 ; porcs, 1,200.

LA ROCHE-DERRIEN, 1,770 hab.; — par les 5° 36′ 8′ de longitude O. et par les 48° 45′ 3′ de latitude N.; — bornée à l'O. et au N. par le Jaudy, qui la sépare de Langoat et de Minihy-Tréguier; à l'E. et au S. par Pommerit-Jaudy; — traversée par la route départementale N° 5 et par le chemin de grande communication N° 55; — école de garçons, 138 élèves; de filles, 140 élèves; salle d'asile, 132 enfants; — chef-lieu de canton et de perception; — cure de 2ᵉ classe; bureau de poste; justice de paix; résidence d'un notaire; brigade de gendarmerie à cheval; subdivision de sapeurs-pompiers; recette des contributions indirectes; station d'étalons impériaux; bureau de bienfaisance; comice agricole; — faisait partie de l'ancien évêché de Tréguier; — on parle le breton; — marché le vendredi; foires le dernier vendredi de mai et le 24 août. — Le territoire de la commune de La Roche-Derrien est accidenté, peu étendu, mais de qualité supérieure. Les habitants du chef-lieu cultivent le sol et n'ont guères d'autres industries. Malgré sa spécialité agricole, et bien qu'il ne reste qu'une partie de l'emplacement du château et des fortifications qui l'entourèrent au moyen-âge et qui lui ont valu des annales remplies d'incidents dramatiques. La Roche garde encore l'aspect d'une petite ville. Elle possède tous les établissements qu'on rencontre dans les agglomérations de ce genre, et le Jaudy, qui la met en communication avec la mer, lui amène une certaine quantité de barques destinées au transport des grains. Elle dut son nom à sa situation topographique et à son fondateur Derrien, comte de Penthièvre, qui y fit bâtir un château fort en 1070. Au xive siècle, pendant la guerre de la succession entre Montfort et de Blois, ce château et la ville furent pris et pillés à plusieurs reprises par les parties belligérantes, et Charles de Blois, qui l'assiégeait en 1347, y fut blessé et fait prisonnier. Enfin, après avoir subi encore d'autres assauts, la place fut définitivement rasée, en 1394, par les ordres du duc de Bretagne. Cette seigneurie a été pendant quelque temps la propriété du connétable Duguesclin. — L'église de La Roche, sous le vocable de sainte Catherine de Suède, compagne de sainte Brigide, offre un exemple intéressant du style de transition en Bretagne aux xiie et xiiie siècles, et qui, sous ce rapport, mérite d'être étudié; son transept méridionnal est du xive siècle; son maître-autel, en chêne sculpté, est un chef-d'œuvre de l'époque de la Renaissance; il est décoré de torsades, niches, statuettes et rinceaux exécutés avec un art merveilleux. — Les chapelles de Saint-Eutrope, de Notre-Dame de Pitié et de Saint-Jean existent; mais la première seule appartient à la commune. — On exploite, près de La Roche, deux petites ardoisières dont les produits, assez médiocres, sont évalués annuellement à 250 milliers environ. C'est, avec le commerce des chiffons et quelques tanneries sans grande importance, la seule industrie de cette localité. — *Point culminant* : Le bourg, 32 m. — *Géologie* : Schiste argileux ; schiste ardoisier exploité. — *Maires* : Ont rempli successivement ces fonctions depuis 1826, P. Gicquel; A. Guyomard; P.-M. Kerroux; Tilly; Savidan; Marion, et P.-L. Kerroux, maire actuel.

BERHET, 443 hab.; — bornée au N. par Mantallot; à l'E. et au S. par Prat; à l'O. par Cavan; — traversée par le chemin de grande communication No 55; — école de garçons, 21 élèves; — dépend de la perception de Prat; — faisait partie de l'ancien évêché de Tréguier; — on parle le breton. — Territoire plat et uni, peu boisé, arrosé par de petits ruisseaux. Ses terres et ses prairies sont de bonne qualité. Il existe à peine quelques landes en cette commune. — L'église a pour patronne sainte Brigide, dont la fête se célèbre le 1er février. Elle a été bâtie en 1850 et n'offre rien de remarquable. Il n'en est pas ainsi de la chapelle de Notre-Dame de Confort, dont la fondation est due à Jehan du Perrier, sire de Quintin, qui la fit construire en l'année 1523. C'est un des plus curieux édifices religieux du pays. Elle renferme un remarquable rétable d'autel en bois sculpté, et l'on y voit une statue singulière dite le saint à la roue (*santerod*), qui fait, au moyen d'un mécanisme caché, mouvoir, au moment de l'élévation, un cercle en bois garni de clochettes. Le pardon de Notre-Dame de Confort attire un grand nombre de pèlerins ; il se célèbre le dernier dimanche de septembre. — *Points culminants* : Notre-Dame de Confort, 75 m.; Croas-an-Goff, 96 m. — *Géologie* : Constitution granitique. — *Maires* : MM. 1790, F. Kerambrun ; 1792, Y. Le Clech ; 1795, P. Savidan ; 1797, F. Kérambrun ; 1800, Le Duc ; 1808, F. Kerambrun; 1813, J. Le Huérou ; 1816, M. Geffroy ; 1822, F. Kerambrun ; 1831, Le Bonniec ; 1845, J.-M. Le Huérou ; 1847, M. Geffroy ; 1848, Le Huérou ; 1851, Geffroy ; 1852, Tily ; 1855, Le Montréer, maire actuel.

CAVAN, 1,962 hab.; — bornée au N. par Caouennec, Lanvézéac et Quemperven ; à l'E. par Berhet et Prat ; au S. par Pluzunet ; à l'O. par Tonquédec, dont le Guindy la sépare ; — traversée par la route impériale Nº 167, par le chemin de grande communication Nº 55 et par le chemin d'intérêt commun Nº 26 ; — école de garçons, 61 élèves ; de filles, 40 élèves ; — dépend de la perception de Prat ; — résidence d'un notaire ; — faisait partie de l'ancien évêché de Tréguier ; — on parle le breton. — Territoire accidenté vers sa circonférence, mais assez uni dans sa partie centrale. Ses terres, bien boisées et plantées de pommiers, sont bonnes, et ses prairies pourraient devenir excellentes par un meilleur système d'irrigation. — L'église a pour patron saint Chéron, martyr dans les Gaules au ve siècle, dont la fête se célèbre le 28 mai. Elle appartient en grande partie au xve siècle. Ses piliers prismatiques portent sous leurs chapiteaux des inscriptions de cette époque et servent de point d'appui à des arcades ogivales. Sa tour, surmontée d'une flèche élancée et flanquée de deux tourelles couronnées en dôme, porte la date de 1684. — Des pardons ont lieu près de chacune des chapelles de Saint-Trémeur, Saint-Laurent, Notre-Dame des Anges, Notre-Dame de Pitié, Saint-Mémoire et Saint-Herbaut. — On remarque, dans cette commune, quatre tumulus et deux menhirs. Le tumulus de Placen-Guern, à 500 m. nord-est du bourg, a 12 à 15 m. d'élévation. — *Points culminants :* Kerstéphan, 94 m.; Lan-Cavan, 103 m.; Doisriou, 106 m.; Kerveven, 113 m. — *Géologie :* Granite. — *Maires :* Ont successivement rempli ces fonctions, MM. Le Bonniec, Trémel et Le Razavet, maire actuel.

COATASCORN, 814 hab.; — bornée au N. par Prat; à l'E. par Runan et Brélidy, dont elle est séparée par le Jaudy; au S. et à l'O. par Bégard; — traversée par des chemins vicinaux simples; — école mixte, 35 élèves; — dépend de la perception de Prat; — faisait partie de l'ancien évêché de Tréguier; — on parle le breton. — Territoire assez accidenté et coupé de vallons arrosés par des ruisseaux assez nombreux. Les terres, bien boisées et plantées de pommiers, sont bonnes, et les prés peuvent devenir d'excellente qualité par un bon système d'irrigation. — L'église de cette paroisse, dont le nom se traduit par bois des ossements, est sous le patronage de saint Maudez, dont la fête a lieu le 18 décembre; elle porte la date de 1717. — Chapelle de Saint-Émilion. — *Points culminants :* Balthazar, 91 m.; Kergrenn, 98 m. — *Géologie :* Granite. — Ont été Maires : MM. an IV, J. Huonic; an VI, Menguy; an VIII, J. Huonic; an XIII, Y. Le Roux; 1808, Guillou; 1837, Y. Le Roux; 1858, Le Calvez, maire actuel.

HENGOAT, 823 hab.; — bornée au N. par Troguéry et Pouldouran; à l'E. par Pleudaniel; au S. par Ploëzal; à l'O. par Pommerit-Jaudy et Troguéry; — traversée du S. au N. par le chemin d'intérêt commun N° 40; — école de garçons, 40 élèves; de filles, 50 élèves; — dépend de la perception de La Roche-Derrien; — faisait partie de l'ancien évêché de Tréguier; — on parle le breton. — Territoire généralement assez plat, bien boisé et garni d'arbres fruitiers. Terres et prairies de bonne qualité; excellents pâturages. — L'église a pour patron saint Maudez. — Even de Begaignon, évêque de Tréguier en 1362, naquit en cette paroisse, au château du Rumain. Il fut nommé cardinal par le pape Urbain V, en 1371, et mourut à Rome en 1378. — *Points culminants :* Le bourg, 66 m.; Pen-Lan-Raoul, 90 m. — *Géologie :*

Schiste argileux, et au nord-ouest du bourg, diorite.
— *Maires :* Ont successivement rempli ces fonctions, MM. P. Le Cozannet, Le Goff, Cathou, Le Duc, Menguy, Y.-M. Le Cozannet, maire actuel.

LANVÉZÉAC, 186 hab.; — bornée au N. par Quemperven; à l'E. par Cavan; au S. par Caouennec; à l'O. par Caouennec et Rospez : le Guindy la sépare de cette dernière commune; — traversée par des chemins vicinaux simples; — réunie à Quemperven pour l'instruction primaire; — dépend de la perception de Prat; — faisait partie de l'ancien évêché de Tréguier; — on parle le breton. — Territoire accidenté, surtout au nord-ouest et au sud-est; peu d'arbres forestiers et fruitiers. Terres médiocres; prairies fort bonnes. 1/9e en landes susceptibles d'être cultivées. — L'église paroissiale est sous le patronage de saint Ezéchiel, dont la fête a lieu le lundi de la Pentecôte. — *Points culminants :* Le bourg, 66 m.; hauteur près du bourg, 104 m. — *Géologie :* Constitution granitique. — *Maires :* MM. 1790, Le Duz; 1810, Savidan; 1838, Le Thouilin; 1848, Le Chaffotec; 1859, Le Thouilin, maire actuel.

MANTALLOT, 344 hab.; — bornée à l'O. et au N. par Langoat; à l'E. par Pommerit-Jaudy, dont le Jaudy la sépare; au S. par Prat et Berhet; — traversée par le chemin de grande communication N° 55 et par le chemin d'intérêt commun N° 37 ; — école de garçons, 28 élèves ; — dépend de la perception de Prat ; — faisait partie de l'ancien évêché de Tréguier ; — on parle le breton. — Territoire accidenté et coupé par beaucoup de petits ruisseaux ; il est bien boisé et garni d'arbres fruitiers. Terres assez bonnes et prairies susceptibles de notables améliorations. — L'église paroissiale, sous le patronage de saint Médéric ou Merry, abbé dont la fête se célèbre le 3e dimanche après Pâques, porte sur son clocher la date de 1732. — Chapelle dédiée à Notre-Dame des Vertus. — M. Cl. Le Gorrec, ancien secrétaire général des Côtes-du-Nord et membre de la Chambre législative en 1815, est né à Mantallot le 21 août 1768. — Voie romaine de Tréguier à Carhaix, occupée par le chemin vicinal N° 55. — *Point culminant* : Pertu, 82 m. — *Géologie* : Constitution granitique. — *Maires* : MM. 1790, Le Bihan ; 1795, P. Ropers ; 1796, Y. Le Fichant ; 1797, Le Gac ; 1801, A. Le Fichant ; 1807, Plozunet ; 1817, Loyer ; 1823, Le Droumaguet ; 1828, André ; 1831, J. Le Fichant ; 1832, L. Ropers ; 1838, Le Tynevez ; 1843, Le Merer ; 1847, Le Tynevez ; 1852, L'Outrage, maire actuel.

POMMERIT-JAUDY, 2,679 hab. ; — bornée au N. par Troguéry ; à l'E. par Hengoat et Ploézal ; au S. par Runan ; à l'O. par Prat, Mantallot, Langoat ; au N.-O. par La Roche-Derrien et Minihy-Tréguier ; le Jaudy la sépare des communes de Prat, Mantallot, Langoat et Minihy; — traversée par la route départementale N° 5; par les chemins de grande communication N°s 20 et 55, et par le chemin d'intérêt commun N° 57; — école de garçons, 85 élèves; de filles, 50 élèves; — dépend de la perception de La Roche-Derrien; — résidence d'un notaire; — faisait partie de l'ancien évêché de Tréguier; — on parle le breton. — Territoire accidenté, surtout dans la partie sud-ouest, sur les bords du Jaudy. Terres et prairies de bonne qualité et bien cultivées; excellents pâturages. 1/17e de la commune est encore en landes. — L'église paroissiale, reconstruite en 1845, est placée sous l'invocation de saint Pierre-ès-Liens, dont la fête se célèbre le 2e dimanche d'août. — La commune possède les chapelles de Sainte-Anne de Kermezen, de 1638; de Saint-Antoine, de Notre-Dame du Folgoat, de Kozeth, de Saint-Pabu, du Folgoat-Brûlé et de Saint-Adrien. Il y a des pardons près de toutes ces chapelles. — Non loin de l'ancien château de Coat-Nevenez existe un tumulus entouré de douves. — Château de Kermezen, fort ancien, mais restauré à diverses dates et qui a maintenant le caractère des constructions du xviie siècle. La famille de Kermel-Kermezen, qui habitait ce château dès l'année 1479, a fourni des hommes distingués, entr'autres Gilles de Kermel, qui fut choisi pour participer à la réformation de la coutume de Bretagne. — On voit encore les restes du château du Plessix, où naquit la dame Azo du Plessix, épouse d'Élory et mère de saint Yves qui même, dit-on, serait né dans ce manoir. — Les maisons de Kericuff, de Roc-Melen, de Kersaliou et de Kervezault sont devenues des habitations rurales. — Du champ dit Parco-an-Justis, où l'on retrouve les restes des fourches patibulaires des seigneurs de Kermezen, on jouit d'un magnifique panorama. — Bien que l'agriculture soit l'industrie principale de la commune, on y fabrique cependant, en quantités assez notables, des toiles dites de Tréguier. — *Points culminants* : Poulpry, 84 m.; moulin de Saint-Paul, 84 m.; Chefdubois, 61 m. — *Géologie* : Schiste argileux. — *Maires* : 1792, Loyer; 1793, Corlouër; an ix, Le Saint; 1808, Le Caër; 1815, Y. Beauverger; 1830, Adam; 1832, Henry; 1842, Le Goaziou; 1843, Y. Beauverger; 1859, comte de Kermel, maire actuel.

POULDOURAN, 355 hab.; — bornée au N. par Trédarzec; à l'E. et au S. par Hengoat; à l'O. par Troguéry; — traversée par les chemins de grande communication N° 55 et par le chemin d'intérêt commun N° 40; — école mixte, 48 élèves; — dépend de la perception de La Roche-Derrien; — ancienne trève de Hengoat; — on parle le breton. — Territoire excellent, bien cultivé et productif, couvert d'arbres forestiers et fruitiers, consistant à peu près en un seul vallon, occupé par le ruisseau le Bizien, dans lequel la mer remonte jusqu'au bourg. Un petit embarcadère existe en cette commune ; il sert aux habitants pour décharger les engrais de mer et les varechs dont ils font le commerce. — Pouldouran fut ravagée par le choléra en 1849. — L'église, moderne, a pour patron saint Pergat, disciple de saint Tugdual et dont la fête se célèbre le 1er dimanche d'août. — Ruines du château de Poul-an-Coadout. Le manoir de Pouldouran est converti en ferme. — *Point culminant* : Sainte-Anne, 15 m. — *Géologie* : Schiste. — *Maires* : Ont rempli successivement ces fonctions, MM. C. Le Tynevez, M. Le Tynevez, Le Goff, Riou, Jézéquel, Jacob, maire actuel.

PRAT, 2,280 hab.; — bornée au N. par Berhet, Mantallot et Pommerit-Jaudy; à l'E. par Runan et Coatascorn; au S. par Bégard et Pluzunet; à l'O. par Cavan; le Jaudy la sépare de Pommerit et de Runan ; — traversée par le chemin de grande communication N° 55 et par le chemin d'intérêt commun N° 26 ; — école de garçons, 52 élèves; de filles, 50 élèves ; — chef-lieu de perception ; — résidence d'un notaire ; — dépendait de l'évêché de Tréguier; — on parle le breton. — Territoire montueux et accidenté au nord et à l'est, assez plat et assez uni dans les autres parties; bien planté d'arbres forestiers et de pommiers. Les terres, d'assez bonne qualité, sont cultivées avec soin, et les prairies fournissent des fourrages abondants et de bons pâturages. — L'église, sous le patronage de saint Pierre, porte sur son clocher la date de 1622. Elle est vaste et vient d'être nouvellement réparée. — Chapelles de Sainte-Anne, de Saint-Jean et de Saint-Maudez. La première, bâtie en 1772 par la famille Cillard de la Villeneuve, est très-fréquentée par les pèlerins. Celle de Saint-Jean, dite de Trévouazan, est du xve siècle et mérite d'être visitée. — Nous citerons le château de Coatelan, du xve siècle, jadis fortifié et maintenant dans un bon état de conservation. Il a appartenu, du chef de sa femme, au trop fameux ligueur Eder de Beaumanoir, dit La Fontenelle, dont la mémoire s'est conservée dans des chants populaires. — Il existe, en Prat, deux tumulus : l'un dit Torez-Ruguezec, près du village de ce nom, et l'autre Tosen-Kergourognon, à Trévouazan ; enfin, un menhir à Coatelan. — Voie romaine de Tréguier à Carhaix. Près de cette voie, au village de Bé-Aër, se trouve une grosse pierre de granite que l'on nomme Bé-ar-Groac'h (tombeau de la vieille). — M. Le Huérou, professeur d'histoire à la Faculté de Rennes, auteur de plusieurs ouvrages remarquables et notamment d'une histoire ayant pour titre *les Mérovingiens*, mort à Nantes en 1844, est né au village de Kernigoual le 22 février 1807. — *Points culminants* : Kerguidy, 102 m.; Troadeguez, 102 m.; Amourel, 91 m. — *Géologie* : Constitution granitique (granite en exploitation). — *Maires* : MM. 1792, P. Le Huerou ; 1793, Rouxel ; an iv, Longeart ; an v, J. Anthoine ; Y. Le Huerou ;

an vi, Merrien; an vii, Y. Le Huerou; an viii, Herviou; 1806, Le Pennec; 1808, J.-M. Le Huerou; 1815, F. Savidan; 1826, J. Anthoine; 1830, Nayrod; 1832, Kernau; 1834, J. Longeart; 1840, Y. Le Huerou; 1846, J. Le Pennec; 1852, Riou; 1859, J.-B. Kerambrun, maire actuel.

QUEMPERVEN, 966 hab.; — bornée au N. et a l'E. par Langoat; au S. par Cavan et Lanvézéac; à l'O. par le Guindy, qui la sépare de Rospez et de Lanmérin; — traversée par le chemin d'intérêt commun N° 37; — école de garçons, 60 élèves; — dépend de la perception de Prat; — faisait partie de l'ancien évêché de Tréguier; — on parle le breton. — Territoire accidenté, coupé par de nombreux vallons et très-tourmenté à l'ouest, sur les bords du Jaudy. Il est peu boisé. Les terres, fort bonnes, sont bien cultivées; on y voit peu de prairies. — L'église a pour patron saint Hervé, dont la fête a lieu le 17 juin. — Dans le cimetière, on remarque le tombeau de dom Maudez Le Cozannet, mort vicaire de cette paroisse le 20 avril 1720; de nombreux pèlerins se rendent à ce tombeau. — Il y a, en Quemperven, deux chapelles : l'une dédiée à saint Maudez et l'autre à la sainte Vierge. — *Points culminants* : Kerbrido, 91 m.; Haut-Troguindy, 60 m. — *Géologie* : Schiste talqueux au sud et argileux au nord. — *Maires* : MM. 1790, Le Roy; 1796, A. Rannou; 1800, J. Rannou; 1821, J.-M. Kerambrun; 1828,

C. Lucas; 1830, Salpin; 1837, J. Rannou; 1848, Y.-M. Lucas, maire actuel.

TROGUÉRY, 617 hab.; — bornée au N. par Trédarzec; à l'E. par Pouldouran et Hengoat; au S. par Pommerit-Jaudy; à l'O. par le Jaudy, qui la sépare de Minihy-Tréguier; — traversée par le chemin de grande communication N° 55; — école de garçons, 36 élèves; — dépend de la perception de La Roche-Derrien; — faisait partie de l'ancien évêché de Tréguier; — on parle le breton. — Territoire assez uni, avec pente à l'ouest vers la rivière du Jaudy, où il devient accidenté. Les terres sont bonnes, productives et bien cultivées, et les prés donnent du foin en abondance et d'excellents pâturages. — L'église, sous le patronage de saint Iltut, est fort ancienne, et les dates de 1633, qui se voient sur son clocher, et 1729 auprès de l'autel, n'indiquent vraisemblablement que des réparations. Son pardon se célèbre le jour de la Sainte-Trinité, et des pèlerins s'y rendent la nuit, dans un silence absolu, pour obtenir les guérisons de leurs infirmités ou celles de leurs parents. — Il existe, en Troguéry, une petite chapelle dédiée à sainte Anne. — *Point culminant* : Mabo, 42 m. — *Géologie* : Schiste argileux. — *Maires* : MM. 1793, Tily; an IV, Y. Le Tynevez; an IX, Cavan; an XIII, Le Callennec; 1808, Le Goff; 1825, Corlouër; 1830, Tigcon; 1832, Guillou; 1835, Tigcon; 1843, Y. Le

Tynevez; 1846, André; 1847, Goarin; 1848, Gayic; 1852, Conan, maire actuel.

Canton de Lézardrieux.

Le canton de Lézardrieux est borné au N. par la Manche; à l'E. par la Manche et par le Trieux, qui la sépare du canton de Paimpol; au S. par le canton de Pontrieux; à l'O. par le canton de La Roche-Derrien et par la rivière de Tréguier, qui la sépare du canton du même nom. — Il est traversé par la route départementale N° 1er de Saint-Brieuc à Morlaix; par les chemins de grande communication N° 14 de Pleumeur-Gautier à Tréguier, N° 18 de Pleubian à Pontrieux, N° 55 de Tréguier à Belle-Ile, et par les chemins d'intérêt commun N° 36 de Lézardrieux à Pouldouran, N° 39 de Lézardrieux à Pleumeur, N° 40 de Pouldouran à Ploézal.

Sa population est de 13,774 hab., sa superficie de 9,238 hect., et son revenu territorial net de 725,004 fr.

Le territoire de ce canton maritime, accidenté et coupé par des vallons dans les parties sud et ouest, est généralement plat au nord et à l'est, à l'exception cependant des bords des rivières le Trieux et le Jaudy qui, le limitant l'une à l'est et l'autre à l'ouest, lui ont valu la désignation de *presqu'île*. Les terres sont en général de très-bonne qualité et cultivées d'une manière supérieure; elles donnent de riches produits. 1/14e de la contenance est encore en landes peu susceptibles d'être défrichées, mais qui donnent des ajoncs pour le chauffage des habitants et pour la nourriture du bétail. A ses importants produits en céréales et en lin, le canton peut ajouter ceux que lui procure l'élève de forts beaux chevaux de trait très-recherchés et achetés à un haut prix. L'agriculture n'est pas la seule branche de revenus des habitants de cette riche circonscription, ils s'adonnent aussi à la marine, à la pêche du poisson et à celle des amendements et engrais de mer, et l'on peut dire qu'en dehors des marins de profession qu'il fournit en grand nombre, personne n'est complètement étranger à la navigation. — Il produit : 38,716 hect.; méteil, 3,243 hect.; seigle, 1,794 h.; orge, 28,152 hect.; avoine, 51,596 hect.; sarrasin, 10,520 hect.; pommes de terre, 15,600 hect.; betteraves, 18,600 quint. mét.; chanvre, 1,867 quint. mét.; lin, 2,502 quint. mét.; cidre, 460 hect. — Il possède : chevaux, 2,044; taureaux, 56; bœufs, 15; vaches, 4,027; veaux, 836; béliers, 205; moutons, 317; brebis, 462; agneaux, 1,006; boucs et chèvres, 34; porcs, 3,385.

TERRES. — Revenu net moyen, par hectare, pour le canton... 76 fr. 20

Valeur vénale moyenne, de l'hectare, dans le canton............ 2,042 fr.

COMMUNES COMPOSANT LE CANTON.	POPULATION.	DISTANCES en kilomètres.			NOMBRE D'HECTARES des terrains imposables produisant revenu.					Terrains non productifs et non imposés. Chemins, rivières, etc. — Hectares.	NOMBRE TOTAL D'HECTARES par commune.	REVENU CADASTRAL.	PROPORTION de rehaussement pour obtenir le revenu réel.		TAUX MOYEN de l'intérêt des fonds placés.		NOMBRE		NOMBRE	
		Du chef-lieu du département.	Du chef-lieu d'arrond.	De Lézardrieux (chef-lieu de canton).	Jardins, courtils, vergers et sol des édifices.	Terres labourables.	Prés.	Bois et taillis.	Pâtures et landes.	TOTAL.				Pour les terres (1).	Pour les maisons, moulins et usines (2).	En terres.	En maisons, moulins et usines.	De maisons.	De moulins et usines.	De foires.	De cafés et cabarets.
													fr. c.	p. 0/0.	p. 0/0.	p. 0/0.	p. 0/0.				
Lézardrieux	2,209	53	33	»	9	949	25	7	122	1,112	79	1,191	41,045 90	2.70	2.68	3.75	5. »	526	6	4	15
Kerbors.....	1,062	62	33	9	1	572	35	»	30	638	55	693	27,689 91	2.05	2.05	3.69	3.67	185	7	»	3
Lanmodez...	622	60	38	10	1	306	9	3	83	402	30	432	17,219 61	1.95	2.07	3.44	3.66	134	6	»	3
Pleubian...	3,386	63	35	13	2	1,533	72	»	212	1,819	195	2,014	75,799 45	2.05	2.05	3.69	3.67	757	14	1	22
Pleudaniel...	2,486	50	30	3	5	1,471	39	27	183	1,728	115	1,843	46,229 66	3.01	2.89	3.81	4.03	557	11	»	9
Pleumeur-Gautier......	2,456	58	30	8	16	1,566	80	7	114	1,783	116	1,899	72,091 36	1.98	1.96	3.59	3.56	644	8	2	11
Trédarzec...	1.553	60	25	10	1	902	37	27	101	1,068	98	1,166	47,488 16	1.89	1.79	4.02	3.75	367	6	1	8
TOTAUX...	13,774	»	»	»	35	7,302	297	71	845	8,550	688	9,238	327,564 05	»	»	»	»	3,170	58	8	71

(1 et 2) Pour les notes concernant ce tableau, voir celles du tableau du canton de Lannion, pages 580 et 581.

LÉZARDRIEUX, 2,209 hab.; — par les 5° 26' 52' de longitude O. et par les 48° 47' 15' de latitude N.; — bornée au N. par Lanmodez et la Manche; à l'E. par le Trieux, qui la sépare de Ploubazlanec et de Plounez; au S. par Pleudaniel; à l'O. par Pleumeur-Gautier; — traversée par la route départementale N° 1er et par les chemins d'intérêt commun N°s 36 et 39; — école de garçons, 116 élèves; de filles, 85 élèves; — chef-lieu de canton et de perception; — justice de paix; résidence d'un notaire; bureau de poste; brigade de gendarmerie à pied; receveur de l'enregistrement; recette et lieutenance des douanes; bureau de bienfaisance; comice agricole; ancienne trève de Pleumeur-Gautier; — on parle le breton; — marché le jeudi; foires le 3e jeudi de mars, le 4e jeudi de juin, le dernier jeudi de septembre, le 2e jeudi de novembre. — Le territoire de cette commune est montueux vers les bords du Trieux et assez uni dans ses autres parties; il est fertile, bien cultivé, très-productif, mais peu boisé. Il ne possède que 25 hect. de prés naturels. — Le bourg de Lézardrieux, l'un des plus beaux du département, se compose à peu près en totalité d'une vaste place rectangulaire entourée de maisons de bonne apparence. Son église forme l'un des petits côtés de cette place.— Lézardrieux ne possède que peu d'industries et même le commerce de détail n'y a qu'une médiocre activité, la proximité de Paimpol, de Pontrieux et de Tréguier rendant sans importance les marchés de ce chef-lieu de canton. — L'église paroissiale, ancien prieuré dépendant de l'abbaye de Saint-Jacut, date de 1580, mais sa tour n'a été construite qu'en 1749. Elle est sous le patronage de saint Jean-Baptiste. — On remarque, dans cette paroisse, quatre chapelles : celles de Kermouster, de Kermaria, de Notre-Dame des Fontaines et de Saint-Christophe, près du pont suspendu; celle-ci renferme une statue colossale de son patron. — Nous venons de citer le pont suspendu; c'est, sans contredit, l'un des beaux monuments que la France possède en ce genre; d'une hardiesse étonnante et d'une élégance parfaite, il excite l'admiration par sa hauteur, qui permet aux navires de 200 tonneaux de passer sous son tablier à pleines voiles. D'une rive à l'autre, il mesure 154 m., et ses cables, scellés dans le roc, reposent sur quatre pyramides en granite, établies sur des piles colossales. Son élévation au-dessus des marées ordinaires est de 30 m. Construit par une compagnie particulière, moyennant un péage d'une durée de 26 ans, à partir du 10 juin 1840, il sera sous peu rendu à la libre circulation. Rien n'est plus splendide que le coup-d'œil dont on jouit lorsqu'on s'arrête au milieu de ce pont. La vue s'étend au loin sur le cours du Trieux ou plutôt sur le bras de mer qui s'avance dans le lit de cette rivière et qui permettrait aux plus forts navires de guerre de flotter au lieu même où le pont est construit, à l'abri des insultes de l'ennemi et des plus puissants projectiles qu'on pourrait lancer de la haute mer. La sollicitude du gouvernement est, dit-on, éveillée sur ce point important qui réunit tant d'avantages divers; peut-être la génération actuelle verra-t-elle, par la création d'un port de guerre et de refuge à Lézardrieux, réaliser une des idées du célèbre ingénieur Vauban. — Lézardrieux possède un petit port qui sert plus particulièrement à l'embarquement des grains. Il peut recevoir des navires de 300 tonneaux. — On trouve quelques vestiges du château de Lézardré au lieu dit Ar-Castel. — Olivier Arrel, né dans la maison noble de Kermarquer, aujourd'hui reconstruite, fut un des héros du combat des Trente. Un manoir de cette paroisse a aussi vu naître Alain de Lezhardrieu, qui fut évêque de Tréguier en 1266. Enfin, un enfant de cette commune, G. Jouan, blessé devant Sébastopol, décoré pour sa belle conduite de la croix de la Légion-d'Honneur, est mort en mars 1858. — *Points culminants :* Kermaria, 76 m.; Kernu, 39 m.; Tour-Bodic, 54 m. — *Géologie :* Schiste modifié par des roches feldspathiques; granite amphibolique. — Ont été Maires : MM. Guyot, Ch. Le Troadec, Le Gal, Moreau, Le Guevel, Menguy, Loas, Savidan, Nédellec, Riquier, Guillou-Penanguer, R. Guillou-Mézillis, Guillou-Tynio, Y.-M. Guillou-Mézillis, Henry, Le Berre, P. Le Troadec, Kerleau et Le Flem, maire actuel.

KERBORS, 1,062 hab.; — bornée au N. par la Manche;

à l'E. par Pleubian et Pleumeur-Gautier; au S. par Trédarzec; à l'O. par la rivière de Tréguier, qui la sépare de Plouguiel; — traversée par des chemins vicinaux simples; — école de garçons, 55 élèves; — dépend de la perception de Lézardrieux; — ancienne trève de Pleubian; — on parle le breton. — Le territoire de cette commune forme un plateau élevé au-dessus de la rivière de Tréguier et de la mer; il est fort accidenté à l'ouest et au nord. Les terres, bien cultivées, sont fertiles et donnent d'abondantes récoltes. — La circonscription de Kerbors, prise sur celle de Pleubian, a été érigée en commune par la loi du 17 mai 1856. — L'église, récemment reconstruite, présente un assez gracieux aspect. On y remarque des vitraux coloriés provenant de l'ancien oratoire. Elle est dédiée à Notre-Dame des Neiges, dont la fête se célèbre le 1er dimanche d'août. — Kerbors possède en outre une chapelle qui porte sur ses murs la date de 1719. Elle a pour patron saint Aubin. — Sous le portail de la nouvelle église, on a déposé la pierre tombale d'un chevalier de Bonaban, extraite de l'église démolie, dans laquelle ce seigneur avait été inhumé. — Sur la côte, vis-à-vis de l'Ile-à-Poule, on trouve trois dolmen, connus dans le pays sous le nom de *Men-ar-Rompet* (pierres des druides), et non loin de ces monuments, les débris d'un cromlec'h. — Château de Kerhos, dont la reconstruction remonte à une époque reculée. — *Points culminants :* Le bourg, 41 m.; Kernevez, 45 m. — *Géologie* : Granite amphibolique. — *Maire* : M. Benjamin André.

LANMODEZ, 622 hab.; — bornée à l'O. et au N. par Pleubian; à l'E. par la Manche; au S. par Lézardrieux et Pleumeur-Gautier; — traversée par des chemins vicinaux simples; — école de garçons, 65 élèves; de filles, 22 élèves; — dépend de la perception de Lézardrieux; — faisait partie de l'ancien évêché de Dol; — on parle le breton. — Territoire plat et uni, à l'exception de la partie nord-est; peu boisé. L'île Modez, qui contient une métairie et un corps-de-garde, en dépend, ainsi que les îlots de Coalin et de Castelgar. Les terres sont bonnes, bien cultivées et grandement productives; mais les prés ne comptent que pour 9 hectares dans la superficie de la commune. — Lanmodez tire son nom de son patron, saint Maudez, dont la fête se célèbre le 2e dimanche de septembre. Le pardon qui se tient à cette occasion attire une grande affluence de pèlerins. — Nous citerons la chapelle de Kermassac'h, dédiée à la sainte Vierge et reconstruite en 1750. Elle fut érigée sur le champ d'un combat qui eut lieu en 1591, entre les Anglais joints aux huguenots et les catholiques, pour servir à la sépulture du sire Derval, chef de ces derniers, tué pendant l'action. Le capitaine des huguenots, Simono, périt également dans cette affaire et fut enterré dans un champ qui porte depuis le nom de *Beret-Simono*. En démolissant l'enfeu du sire Derval, on a retrouvé une lance avec une hampe décorée d'ivoire, d'une longueur de 1 = 33. — Le cimetière renferme le tombeau de M. A. Le Provost de Launay, ancien préfet sous Louis-Philippe, mort conseiller général des Côtes-du-Nord. Les restes de son frère M. P. Le Provost, ancien député sous la Restauration et sous le gouvernement de juillet, reposent dans la chapelle de Kermassac'h, qui appartient à sa veuve. Il provoqua d'immenses progrès agricoles dans sa commune, dont il fut maire pendant longtemps, et même dans le canton, qui le considère encore comme l'un de ses bienfaiteurs. — Château de la Villeneuve. — *Points culminants* : Le bourg, 53 m ; Mezguen, 42 m. — *Géologie* : Granite amphibolique. — Ont été Maires : MM. Saux, Le Meur, Thomas, Fay, P. Le Provost, Borgne et Tanguy, maire actuel.

PLEUBIAN, 3,386 hab. ; — bornée au N. par la Manche ; à l'E. par Lanmodez ; au S. par Pleumeur-Gautier et à l'O. par Kerbors ; — traversée par le chemin nde communication N° 18 ; — école de garçons, 108 élèves ; deux écoles de filles, 180 élèves ; — dépend de la perception de Lézardrieux ; — faisait partie de l'ancien évêché de Tréguier ; — résidence d'un notaire ; — on parle le breton ; — marché le samedi ; foire le 29 avril. — Sable calcaire au lieu dit Ar-Banc-Ru, contenant 51.2 p. 0/0 de matières fertilisantes. — Sol généralement plat et assez uni, médiocrement boisé et ayant peu de pommiers. Terres bonnes, parfaitement cultivées et très-productives. Le territoire de la commune est prolongé au nord-est par une espèce de grève dite de Talbert. C'est une chaussée naturelle formée d'un amas de galets, large de 30 m. en moyenne ; elle s'avance à plusieurs kilomètres en mer et se termine par une masse de rochers. Son aspect est très-pittoresque. — Comme tout le littoral du canton, celui de Pleubian est couvert de varechs précieux pour l'agriculture et dont la pêche est tout à la fois une source de profits et de dangers pour les riverains ; mais indépendamment de l'usage général qui s'en fait pour les terres, plusieurs fourneaux établis sur les plages de la commune servent à incinérer des masses considérables de ces varechs, en vue de l'extraction de la soude qu'ils contiennent. — L'église a pour patron saint Pierre. — Le cimetière renferme une chaire à prêcher en granite, élevée de 2 m 30, et dont les faces extérieures représentent les scènes de la Passion. Elle est octogone et de son centre s'élève une croix aussi en granite. Sa construction doit être du XV° siècle, comme celle de Runan, avec laquelle elle a beaucoup de rapport. — Non loin de cette croix, on voit les tombeaux de M. de Boisgelin de Kerdu, dont nous avons parlé à l'article de Plélo, page 133, et de sa sœur, ancienne chanoinesse ; de MM. Le Collin, ancien capitaine de grenadiers, et Y. Le Goff, décédés tous deux chevaliers de la Légion-d'Honneur. — Chapelles Saint-Antoine, Saint-Jean, Rojadou et de Brutan ; celle de

Saint-Laurent est en ruines. Des pardons ont lieu près de ces chapelles ; mais les plus vénérées sont celles de Rojadou, de Brutan et de Saint-Laurent. — Un petit port naturel existe en Pleubian, au lieu dit Port-Béni ; il y vient quelques caboteurs. — Au château du Launay se trouve un hospice et un bureau de bienfaisance fondés et dotés par la famille de Boisgelin. — *Points culminants :* Le bourg, 56 m.; Kervellen, 45 m.; Crec'h-an-Dinet, 47 m. — *Géologie :* Granite amphibolique. — Ont été Maires : MM. Quemarec, Minoux, A. Gouronnec, Pommelec, F. Discord, Doné, Y. Discord, Chevanton, P. Gouronnec et A. Discord, maire actuel.

PLEUDANIEL, 2,486 hab.; — bornée au N. par Pleumeur-Gautier et Lézardrieux ; à l'E. par le Trieux, qui la sépare de Plourivo ; au S. par Ploëzal ; à l'O. par Hengoat, Pouldouran et Trédarzec ; — traversée par la route départementale N° 1er ; par les chemins de grande communication Nos 18 et 55, et par le chemin d'intérêt commun N° 36 ; — école de garçons, 69 élèves ; de filles, 50 élèves ; — dépend de la perception de Lézardrieux ; — faisait partie de l'ancien évêché de Tréguier ; — résidence d'un notaire ; — on parle le breton. — Territoire assez uni, à l'exception des bords du Trieux qui sont très-accidentés. Il est boisé et possède quelques pommiers. Les terres sont bonnes, bien cultivées et productives. 1/10e de la superficie de la commune est encore en landes dont la majeure partie est sur un sol pierreux et difficile à cultiver. — L'église, sous le patronage de saint Pierre, appartient au xviiie siècle; elle porte, au-dessus de son porche, la date de 1705, et près de sa sacristie, celle de 1772. — On voit, dans le cimetière, l'un des plus beaux calvaires en granite qui soient sortis des ateliers du sculpteur Hernot. — Chapelles de Saint-Antoine, du Calvaire, de Saint-Isidore, de Pen-ar-Lan, de Keraoül, de la Vieille-Eglise; cette dernière, dédiée à la sainte Vierge, est l'objet de la vénération particulière des marins. — On voit encore, sur les bords du Trieux, les ruines du château fort de Botloi, démantelé en 1692; il a été la propriété du maréchal de Richelieu. — *Points culminants* : Le bourg, 46 m.; Kerangoff, 53 m.; Pilladel, 52 m. — *Géologie* : Schiste au sud, et au nord, schiste modifié; à l'extrême sud, grès rose. — *Maires* : Ont successivement rempli ces fonctions, MM. J. Le Troadec, F. Le Vaillant, C. Le Vaillant, J. Le Troadec, Le Borgne, Le Cozannet, Le Callennec, J.-M. Le Troadec et Etienne, maire actuel.

PLEUMEUR-GAUTIER, 2,436 hab.; — bornée au N. par Pleubian et Lanmodez; à l'E. par Lézardrieux; au S. par Pleudaniel; à l'O. par Trédarzec et Kerbors; limitée dans le S. par la route départementale No 1er; — traversée par les chemins de grande communication Nos 14 et 18, et par le chemin d'intérêt commun No 39;

— école de garçons, 83 élèves; de filles, 70 élèves; — cure de 2e classe; — dépend de la perception de Lézardrieux; — faisait partie de l'ancien évêché de Tréguier; — résidence d'un notaire; — on parle le breton; — foires le mardi avant le carnaval et le jeudi avant la Nativité. — Territoire placé sur un plateau assez élevé. Accidenté dans sa partie de l'ouest, il n'est ni boisé ni planté de pommiers; mais les terres sont fertiles et bien cultivées. — Le bourg de Pleumeur-Gautier est l'un des plus beaux et des plus commerçants du canton. Son église a pour patron saint Pierre; elle est en grande partie du XIVe siècle et a été augmentée en 1731. On y remarque une chaire à prêcher et un christ dont l'expression de tristesse est devenue proverbiale dans le canton, où l'on dit quelquefois *Trist vel Doué Pleumeur.* — La paroisse possède quatre chapelles : celles de Saint-Aaron, de Saint-Maudez, de Saint-Adrien et de Plomor. La première appartient au XVe siècle; les trois autres sont modernes. Celle de Plomor renferme deux anciennes statues qui se trouvaient primitivement dans une église plus vaste qui, dit-on, existait sur l'emplacement où elle a été construite. — Motte féodale près du Launay. — L'abbé Le Brouster, mort le 23 mai 1847, âgé de 53 ans, auteur estimé de nombreux ouvrages destinés à l'instruction de la jeunesse et professeur au petit séminaire de Tréguier, est né en Pleumeur-Gautier. — Du lieu dit la Croix-du-Salut, on découvre un magnifique horison. —

Points culminants : Le bourg, 84 m.; moulin de Poul-Glaou, 82 m.; Pors-ar-Groas, 64 m. — *Géologie* : Au nord, granite amphibolique; au sud, roches feldspathiques et surtout schiste modifié. — *Maires* : MM. 1790, Y. Galbon; 1793, L'Hostellier; 1794, Corlouer; 1795, Le Quellec; 1797, Moreau; 1799, Y. Corlouer; 1808, Kerroux; 1816, Paranthoën; 1830, Le Callennec; 1837, F. Kerroux; 1848, F. Paranthoën; 1852, F. Kerroux, maire actuel.

TRÉDARZEC, 1,553 hab.; — bornée au N. par Kerbors; à l'E. par Pleumeur-Gautier et Pleudaniel; au S. par Pouldouran; à l'O. par la rivière de Tréguier, qui la sépare de Minihy-Tréguier, de Tréguier et de Plouguiel; — traversée par la route départementale N° 1er et par les chemins de grande communication N°s 14 et 55; — école de garçons, 68 élèves; de filles, 20 élèves; — dépend de la perception de Lézardrieux; — faisait partie de l'ancien évêché de Tréguier; — on parle le breton; foire le samedi avant le 3e dimanche de septembre. — Territoire accidenté dans les parties sud et ouest, plat et uni au nord et à l'est. Il est assez bien boisé et planté de pommiers; ses terres sont bonnes, bien cultivées et productives. Les prairies ne comptent que pour 37 hectares dans la division du sol. — L'église, sous le vocable de saint Pierre, a été reconstruite en 1837. — Il existe sept chapelles en Trédarzec, toutes modernes, à l'exception de celle de Saint-Nicolas, qui dépendait du château de Kerhir, le seul de tous les anciens manoirs de la commune qui ait été restauré et ait conservé son caractère primitif. — Le P. Le Saint, savant bénédictin, est né à Trédarzec. — Par lettres-patentes du mois d'avril 1579, le roi de France Henri III accorda au sieur de Kerousi, avec les privilèges ordinaires, une foire qui se tient encore à la date que nous avons ci-dessus indiquée près de la chapelle Saint-Nicolas. — En outre de cinq moulins à blé ordinaires, il existe, dans la vallée pittoresque de Traoumeur, une minoterie très-importante. — *Points culminants* : Le bourg, 59 m.; Kervern, 68 m.; Crec'h-Choupot, 73 m. — *Géologie* : Au sud, roches feldspathiques, et dans le reste de la commune, schiste modifié. — *Maires* : MM. 1790, Le Du-Dubot; 1792, Corlouër; 1793, Le Berre; 1808, C. Le Bever; 1815, Lannier; 1824, F.-M. Le Bever; 1829, Y. Feutren; 1830, C. Le Bever; 1843, Le Guevel; 1847, Y. Le Bever, maire actuel.

Canton de Perros-Guirec.

Le canton de Perros-Guirec est borné à l'O. et au N. par la Manche; à l'E. par le canton de Tréguier, et au S. par le canton de Lannion. — Il est traversé du N. au S. par la route départementale N° 11 de la rade de Perros à Lorient; par le chemin de grande communication N° 16 de Perros au Pont-Losquet; par les chemins d'intérêt commun N° 33 de Tréguier à Saint-Guignolé, N° 34 de Lannion à Trélévern, N° 35 de Lannion au Port-Blanc, N° 38 de Saint-Julien à Trélévern, N° 43 de Trélévern à Penvenan, N° 44 de la rade de Perros à la rade de Milliau.

La population du canton est de 13,394 hab.; sa superficie de 10,222 hect., et son revenu territorial net de 682,329 fr.

Le littoral de ce canton, essentiellement maritime, bordé d'îles nombreuses, est littéralement hérissé de rochers et d'écueils. Heureusement aussi, il présente des rades qui reçoivent les navires surpris par le mauvais temps dans ces dangereux parages, si voisins de l'entrée de la Manche. Son territoire est généralement accidenté, mais sans vallées profondes; toutefois la partie centrale et celle de l'est présentent quelques plateaux. La violence des vents s'oppose au succès des plantations, aussi le canton est-il peu couvert de bois. Les terres sont bonnes aux abords de la mer et médiocres à l'intérieur; néanmoins elles donnent d'abondantes récoltes, travaillées qu'elles sont avec soin et intelligence et puissamment fumées et amendées. Le lin et le chanvre y réussissent parfaitement, et la culture de ce dernier textile, dirigée par les enseignements d'ouvriers angevins, que M. le préfet Rivaud de la Raffinière a, plusieurs années de suite, d'accord avec le Conseil général, fait venir à Perros, y a atteint un degré si réel de perfection, que le placement des filasses qu'il fournit est désormais assuré dans l'arsenal de Brest. L'élève de la belle race de chevaux de trait breton et celui du bétail sont aussi pratiqués avec succès dans ce canton. — Nous pouvons dire ici, et avec plus de raison encore, ce que nous disions du canton de Lézardrieux, que tout le monde est, à proprement parler, marin dans le canton de Perros. — Il produit : froment, 19,770 hect.; méteil, 4,710 hect.; seigle, 2,720 hect.; orge, 29,024 h.; avoine, 24,936 hect.; sarrasin, 6,006 hect.; pommes de terre, 75,960 hect.; betteraves, 8,000 quint. mét.; chanvre, 1,854 quint. mét. de filasse; lin, 716 quint. mét. de filasse; cidre, 322 hect. — Il possède : chevaux, 4,942; taureaux, 51; vaches, 2,364; veaux, 609; béliers, 270; moutons, 326; brebis, 1,637; agneaux, 855; boucs et chèvres, 40; porcs, 1,892.

TERRES. — Revenu net moyen, par hectare, pour le canton... 60 fr. 73   Valeur vénale moyenne, de l'hectare, dans le canton........ 1,912 fr.

COMMUNES COMPOSANT LE CANTON.	POPULATION.	DISTANCES en kilomètres.		NOMBRE D'HECTARES des terrains imposables produisant revenu.					Terrains non productifs et non imposés. Chemins, rivières, etc. — Hectares.	NOMBRE TOTAL D'HECTARES par commune.	REVENU CADASTRAL.	PROPORTION de rehaussement pour obtenir le revenu réel.		TAUX MOYEN de l'intérêt des fonds placés.		NOMBRE			NOMBRE	
		Du chef-lieu de département.	Du chef-lieu d'arrondt.	Du Perros-Guirec (chef-lieu de canton).	Jardins, courtils, vergers et sol des édifices.	Terres labourables.	Prés.	Bois et taillis.	Pâtures et landes.	TOTAL.				Pour les terres (1).	Pour les maisons, moulins et usines (2).	En terres.	En maisons, moulins et usines.	De maisons.	De moulins et usines.	De foires.	De cafés et cabarets.
Perros-Guirec......	2,035	85	10	»	4	830	52	8	441	1,335	67	1,402	fr. c. 35,268 20	2.73	4.02	2.96	4. »	663	5	2	25
Kermaria-Sulard......	974	75	10	8	1	654	68	30	99	853	44	902	28,102 37	2.22	3.99	3.50	3.99	224	3	»	4
Louannec...	1,720	80	10	5	2	922	77	64	259	1,323	68	1,391	34,053 25	2.87	4. »	3. »	3.94	384	8	»	10
Pleumeur-Bodou......	2,737	83	8	8	4	1,333	134	136	919	2,526	146	2,672	53,268 79	2.93	3.99	3. »	3.91	594	6	»	11
St-Quay.....	599	75	8	3	1	347	38	13	42	441	27	468	14,358 07	2.67	3.99	3.50	4. »	131	4	»	5
Trébeurden.	1,742	85	10	10	1	604	53	4	619	1,281	59	1,340	23,987 87	3.13	4. »	3.50	3.63	444	6	»	7
Trégastel...	1,036	88	13	5	»	386	50	1	219	656	44	700	16,290 46	2.98	3.99	3. »	4. »	281	6	»	6
Trélévern..	1,014	75	13	8	1	484	31	4	129	649	45	694	15,946 13	2.83	3.99	3.50	4.02	246	5	»	6
Trévou-Tréguignec..	937	78	15	10	1	402	38	19	156	616	37	653	15,803 76	2.35	3.99	3.50	4. »	199	4	»	4
TOTAUX...	13,394	»	»	»	15	5,961	541	285	2883	9,685	537	10,222	237,078 90	»	»	»	»	3,166	47	2	78

(1 et 2) Pour les notes concernant ce tableau, voir celles du tableau du canton de Lannion, pages 580 et 581.

PERROS-GUIREC, 2,635 hab ; — par les 5° 46′ 55′ de longitude O. et par les 48° 48′ 50′ de latitude N.; — bornée au N. et à l'E. par la Manche ; au S. par Saint-Quay et Pleumeur-Bodou ; à l'O. par Trégastel ; — traversée par la route départementale N° 11 et par le chemin d'intérêt commun N° 44 ; — école de garçons, 123 élèv.; de filles, 150 élèves ; — chef-lieu de canton et de perception ; — cure de 2ᵉ classe ; justice de paix ; résidence d'un notaire ; brigade de gendarmerie à pied ; station télégraphique ; syndic des gens de mer ; recette et lieutenance des douanes ; direction des postes ; maître de port ; bureau de bienfaisance ; comice agricole ; agent sanitaire ; — dépendait de l'ancien évêché de Dol ; — on parle le breton ; — marché le lundi ; foires le 11 janvier et le 11 juillet. — Territoire très-accidenté à l'est et au nord, c'est-à-dire dans le voisinage de la mer. Il est peu boisé. Ses terres sont bonnes sur le littoral, médiocres dans les autres parties, mais généralement bien cultivées. 1/4 de la superficie de la commune est encore en landes rocailleuses que l'on commence à utiliser. — Le petit archipel des Sept-Iles fait partie de Perros. L'une de ces îles, dite l'Ile-au-Moine, contient une caserne et un phare de 3ᵉ ordre, à éclipses. Celles qui ne sont pas habitées sont le rendez-vous de quantités considérables d'oiseaux de mer. — La rade de Perros est sûre et fréquentée ; plusieurs batteries la défendent, et pendant la nuit des feux variés en assurent l'entrée. — Deux ports se trouvent en cette commune, à Perros et à Ploumanach. Le premier donne lieu, à l'entrée, à un mouvement moyen annuel de 68 navires, montés par 283 hommes et jaugeant 2,673 tonneaux, et à la sortie, par 65 navires, montés par 278 hommes et jaugeant 2,696 tonneaux. Le second est plutôt un hâvre de pêcheurs qu'un port proprement dit ; cependant on y expédie des chargements assez importants de poissons frais et de maquereaux salés. Nulle localité n'est plus digne d'intérêt et d'attention que ce singulier village, bâti presque dans la mer, au milieu de rochers qui présentent les formes les plus singulières; aussi est-il chaque été visité par de nombreux touristes. — Le bourg de Perros est situé sur une hauteur; son agglomération est moins importante que celle qui se trouve au fond de la rade et qui forme le village de ce nom. — Le sol de la commune est couvert par endroits d'énormes pierres erratiques et arrondies semées sur le sol; quelques-unes sont posées de manière à être mues sous la plus faible impulsion. On en cite une de 14 m. de longueur sur 6 de largeur, que sans efforts un homme seul met en mouvement. — Non loin du bourg, près d'une croix en granite, on jouit d'un splendide coup-d'œil. — Les Sept-Iles, dont nous avons parlé à la page 5, se distinguent nettement, et les roches blanches qui ferment la rade prennent, suivant les jeux de la lumière, surtout au soleil couchant, les aspects les plus bizarres.— C'est à saint Jacques et à saint

Kirec qu'est dédiée l'église, l'une des plus curieuses du pays et qui présente à l'archéologue d'intéressants sujets d'études. Elle est construite en granite poudingue rose, qu'on exploite dans la commune même et qui ressemble beaucoup à celui d'Egypte. Elle date en grande partie du commencement du XII² siècle. — La chapelle de Notre-Dame de la Clarté est un bel édifice bâti en 1530. Sa tour, surmontée d'une flèche en granite très-élevée, est placée diagonalement sur l'angle nord de son pignon ouest, à l'imitation des pilastres que l'on prit l'habitude de placer ainsi au XVI² siècle. — Le petit oratoire de Saint-Kirec, à Ploumanach, est soutenu par des colonnes romanes.—
Points culminants : Notre-Dame de la Clarté, 70 m.; Runguillegan, 79 m.; Parco-Nargof, 80 m.; Chrec'h-er-Gal, 100 m. — *Géologie* : Constitution granitique; granite rose et rouge; poudingue granitique à Ploumanach; à l'ouest, amas de roches amphiboliques. — Ont rempli les fonctions de Maires de Perros : MM. Y. Allain, J. Le Corre, J. Jouran, Y. Le Corre, Y. Guiomar, J. Perrot, F. Riou, Y. Le Bivic et J. Kergrohen, maire actuel.

KERMARIA-SULARD, 974 hab.; —bornée au N. par Louannec et Trélévern; à l'E. par Camlez et Coatréven; au S. par Trézény et Rospez; à l'O. par Louannec; — traversée par le chemin de grande communication N° 16 et par les chemins d'intérêt commun N°s 33 et 38; — école de garçons, 31 élèves; — dépend de la perception de Perros ; — ancienne trève de Louannec ; — on parle le breton. — Territoire accidenté, peu boisé et peu planté de pommiers. Les terres sont bonnes et bien cultivées ; mais les prairies, peu étendues, ne donnent que de médiocres produits. — Le nom de cette commune pourrait avoir une signification assez précise, si, comme on est porté à le penser, le dernier mot qui le compose avait été altéré et se trouverait être Julard au lieu de Sulard. Il se traduirait alors par « lieu dédié à *Marie de toute joie.* » — L'église paroissiale, au surplus, à la sainte Vierge pour patronne. Cet édifice, assez remarquable, paraît appartenir en partie au XIIe ou XIIIe siècle. Sous le porche, on aperçoit en entrant un mausolée en granite érigé à la mémoire de M. Le Roux, ancien recteur de la paroisse. — Il se trouve, dans le cimetière, une croix en pierre qui porte la date de 1654. — Le château de Kerimel a vu naître Geoffroy de Kerimel, maréchal de Bretagne et qui fut l'un des fidèles et glorieux compagnons de Duguesclin. — *Points culminants* : Parc-Mainguy, 106 m. ; Kerdanio, 93 m. — *Géologie* : Constitution granitique. — *Maires* : Ont successivement rempli ces fonctions, MM. Y. Lissilour, M. Lissilour, Froper, M. Lissilour, de Trogoff, Dagorn, Prat, Le Gruyec, Huerou, F. Lissilour, Salliou, Y. Lissilour, F. Le Houérou, M. Le Saint et Y. Lissilour, maire actuel.

LOUANNEC, 1,720 hab. ; — bornée au N. par la

Manche; à l'E. par Trélévern; au S.-E. par Kermaria; au S. par Brélévenez, et à l'O. par Saint-Quay; — traversée par le chemin de grande communication N° 16 et par le chemin d'intérêt commun N° 34; — école de garçons, 71 élèves; — dépend de la perception de Perros; — résidence d'un notaire; — faisait partie de l'ancien évêché de Tréguier; — on parle le breton. — Territoire assez plat et assez uni, à l'exception des bords de la mer, où il est élevé et très-accidenté. Il est boisé et arrosé par les ruisseaux du Grugul, du Truzugal et du Dourdu. Les terres sont fertiles et bien cultivées; mais les prairies sont médiocres et les landes forment le sixième de la superficie de la commune. — L'église a pour patron saint Yves, dont la fête se célèbre le 19 mai; elle est ancienne et appartient principalement au xiv° siècle, bien que la tradition la fasse remonter au temps même de ce saint. — On voit, dans cette paroisse, deux chapelles : celles de Kerallain et de Guernabacon. — Saint Yves, l'avocat des pauvres, est mort recteur de Louannec le 19 mai 1303. Son souvenir est vivace dans la population, qui rappelle en toutes circonstances les moindres actes et les miracles de son recteur. On garde, dans la sacristie, une curieuse chasuble dont, assure-t-on, il fit usage et qui semble en effet remonter à l'époque où il vivait, et l'on montre, sur le chemin de Barach à Lannion, désigné sous le nom de *garant sant Hervoan* (sentier de saint Yves), un dolmen qui, dit-on, lui servit souvent de lit. Il serait impossible le rappeler ici, même très-sommairement, tout ce qui se rapporte à la vie de ce saint, vénéré des Bretons ; plusieurs ouvrages ont été écrits en son honneur ; le plus récent est dû à la plume élégante de M. Sigismond Ropartz. — Le cimetière renferme une croix de 1634. — Manoirs de Barach, Guernabacon et Coatgourhant, maintenant convertis en fermes. S'il n'existe plus de châteaux en Louannec, on y trouve en revanche de charmantes habitations modernes : celles de la Ville-Neuve, de Rosmaphamon et de Kerespert, situées sur le bord de la mer, dans les sites les plus pittoresques et d'où l'on jouit de la vue de la belle rade de Perros. — Un port naturel, nommé Le Len, est très-fréquenté par les bateaux qui font la pêche du goëmon et du sable de mer. — *Points culminants* : Barac'h, 88 m.; Coat-Guezennec, 109 m. — *Géologie* : Granite et roches amphiboliques. — *Maires* : MM. 1792, Tily; 1793, Le Goff; 1797, Le Brozec; 1798, P. Le Bricquir; 1799, Denis; 1800, P. Le Bricquir; 1808, Daniel; 1813, Pasquiou; 1817, F. Tily; 1821, Le Poncin; 1823, Perrot; 1830, F. Tily; 1831, Y. Tassel; 1836, L. Le Bricquir; 1844, Y. Tassel; 1848, Le Scornet; 1850, Y. Le Bricquir; 1852, Riou, maire actuel.

PLEUMEUR-BODOU, 2,737 hab.; — bornée au N. par Trégastel et Perros-Guirec ; à l'E. par Saint-Quay et Servel ; au S. par Servel ; à l'O. par Trébeurden et la Manche ; — traversée par le chemin d'intérêt commun

No 44 ; — école de garçons, 75 élèves ; de filles, 145 él.; dépend de la perception de Perros ; — résidence d'un notaire ; — faisait partie de l'ancien évêché de Tréguier ; — on parle le breton. — A Chat-Voten, à Com-ar-Valance et à Toul-ar-Chef, on trouve des sables calcaires contenant de 65.2 à 85 p. 0/0 de matières fertilisantes. — Territoire élevé, accidenté, quelque peu boisé, mais sans pommiers. Les terres, excellentes sur la côte, sont moins bonnes dans l'intérieur; toutes en général sont bien cultivées; mais les prairies laissent à désirer. Des landes à sous-sol argileux, que l'on commence à défricher, comptaient, il y a encore peu de temps, pour plus du quart dans la superficie de la commune. — Les îles Grande, aux Renards, Bolennec, Saint-Sauveur et Nitigo forment une des sections de Pleumeur-Bodou. Cinq autres plus petites sont entre la terre ferme et l'Ile-Grande. Cette dernière, qui contient environ 500 habitants, possède d'inépuisables carrières d'un magnifique granite gris clair, qui s'exporte en grandes quantités, même pour des points très-éloignés. — L'église, construite en 1844, est spacieuse et placée sous le patronage de saint Pierre. On y remarque un autel gothique et une chaire à prêcher soutenue par une statue assez bizarre. — La commune possède trois chapelles : celles de Saint-Uzec, du xive siècle, qui renferme une fenêtre en style rayonnant d'une grande hauteur; celle de Saint-Samson, du xviie siècle, et celle de Saint-Sauveur, à l'Ile-Grande;

celle-ci ne se recommande que par son ancienneté. Nous ajouterons à cette liste les chapelles particulières : 1° de Saint-Antoine, rebâtie avec goût en 1844 et dans laquelle on a placé des vitraux peints ; 2° celle de Sainte-Anne, dépendant du château de Kerduel, habitation délicieuse, environnée de bois magnifiques et dont les dépendances, admirablement disposées et entretenues, ne laissent rien à désirer de ce que peut procurer la fortune jointe au bon goût. — C'est au lieu où existe aujourd'hui ce château de Kerduel, que la légende place le séjour du roi Arthur et de sa cour splendide ; elle indique aussi l'île Agathon comme recélant le tombeau de ce héros de nos âges fabuleux. — Sur la route du bourg à l'Ile-Grande, on trouve un menhir de 8 m. de hauteur environ, surmonté d'une croix de pierre et sur lequel on a peint les attributs de la Passion. — On remarque aussi, à l'Ile-Grande, un dolmen bien conservé, entouré d'un cercle de pierres, et deux autres au village de Bringuiller. — La maison de Kerduel a fourni plusieurs personnages marquants, entr'autres l'abbé J.-B. Hingant de Kerizac, fondateur des Ursulines de Lannion, décédé en odeur de sainteté en 1678. — Du clocher de Pleumeur-Bodou, qui sert d'amers aux navires, on découvre un immense horizon. — *Points culminants* : Le bourg, 100 m. ; l'Ile-Grande, 34 m. ; Goaradeur (moulin), 105 m. ; le Quevès, 109 m. — *Géologie* : Constitution granitique ; amas amphiboliques ; granite exploité à l'Ile-

Grande. — Ont été Maires : MM. Lissilour, P. Salaun, Le Coz, Riou, J.-M. Salaun et Le Yaouanc, maire actuel.

SAINT-QUAY, 599 hab.; — bornée au N. par Perros; à l'E. par Louannec; au S. par Brélévenez; à l'O. par Servel et Pleumeur-Bodou; — traversée du S. au N. par la route départementale N° 11; — école de garçons, 38 élèves; — dépend de la perception de Perros; — faisait partie de l'ancien évêché de Tréguier; — on parle le breton. — Territoire généralement plat, à l'exception d'une vallée traversée par un ruisseau; il est boisé et l'on y compte quelques vergers. Les ruisseaux du Faou et de Kerduel le limitent; ses terres sont de bonne qualité; bien cultivées, un dixième du sol est en prairies soignées intelligemment. — L'église, sous le patronage de saint Quay, auquel la commune doit son nom, célèbre sa fête patronale le 3° dimanche de juillet. — Il y a, en outre, en Saint-Quay, une chapelle du XVI° siècle, dédiée à saint Méen. — Château de Kerhingant. — Au point où se touchent les limites des communes de Pleumeur-Bodou, Servel, Perros et Saint-Quay, se trouve, sur le Kerduel, un pont dit des Quatre-Recteurs. — *Points culminants* : Kerhingant, 88 m.; Kerlanguy, 55 m. — *Géologie* : Granite amphibolique. — *Maires* : Ont successivement rempli ces fonctions, MM. Thery, Menou, J. Le Goffic, Keraudren, Nicolas, Arzur, Le Coz, Le Guyon, Le Roux,

P.-J. Le Goffic, Guélou, Le Houérou, Le Gall et P.-J. Le Goffic, maire actuel.

TRÉBEURDEN, 1,742 hab.; — bornée à l'O. et au N. par la Manche; à l'E. par Pleumeur-Bodou et au S. par Servel; — traversée par le chemin d'intérêt commun N° 44; — école de garçons, 66 élèves; — dépend de la perception de Perros; — faisait partie de l'ancien évêché de Tréguier; — on parle le breton. — Sur les rivages de cette commune et dans les îles qui en dépendent, on trouve des sables calcaires contenant de 53.6 jusqu'à 97.1 p. 0/0 de matières fertilisantes. — Territoire élevé, généralement assez plat et s'abaissant à l'ouest vers la mer. Il est peu boisé. Les îles Molène et Milliau en dépendent. Le sous-sol, argileux à l'est et au sud, rend les terres froides et nuit à leur fertilité. Celles de la côte sont meilleures. Des landes, difficiles à mettre en culture par la nature du sous-sol, occupent près de la moitié de la commune. Elles fournissent au surplus des ajoncs pour le chauffage des habitants et pour la nourriture des bestiaux. — L'église, reconstruite en 1835, est sous l'invocation de la sainte Trinité. — On compte trois chapelles dans cette commune : celle du Christ, fort ancienne; celle de Notre-Dame de Cîteaux-Penvern, et enfin celle de Notre-Dame de Bonne-Nouvelle, près de laquelle on remarque une très-belle fontaine du XVIIe siècle. — Tumulus à Kéraliou. Dolmens à Treuzoul et à Prajou

Menhir; celui-ci a 11 m. de long. Dans l'île Milliau, il en existe également, ainsi que d'énormes pierres branlantes. — Trébeurden possède un petit port fréquenté par les pêcheurs de goëmon, nombreux sur toute la côte. — En 1832, cette commune fut ravagée, pendant plusieurs mois, par le choléra et sa population littéralement décimée. M. Le Luyer, son recteur depuis 1829, accomplit à cette occasion des prodiges de charité et de dévouement. Ce n'est pas, du reste, la seule circonstance dans laquelle ce digne pasteur ait risqué sa vie pour son troupeau, et entre autres actions, il put, le 14 février 1838, sauver d'une mort certaine plus de 200 personnes occupées à la pêche du goëmon et qui, réfugiées sur l'île Molène, y eussent péri de froid, s'il ne leur avait, sur un frêle esquif, accompagné seulement d'un vieux marin et au milieu d'une affreuse tempête, porté des vivres, des vêtements, des cordiaux et surtout l'appui de sa présence et l'exemple de son courage. La croix de la Légion d'Honneur récompensa, le 21 août 1838, le digne prêtre qui, sans ambition aucune, est resté le recteur et l'ami des habitants de Trébeurden. — *Points culminants* : La chapelle du Christ, 76 m.; île Milliau, 60 m.; Lez-Heno, 104 m. — *Géologie* : Constitution granitique; granite rose; syénite rouge; à l'île Milliau, schiste enchassé dans le granite, brèche quartzifère, agates, cornalines, jaspe blond à cailloux roulés sur une étendue de 1 kilom. de grève. — *Maires* : Ont successivement rempli ces fonctions, MM. J. Laroué, Le Licon (maire pendant 50 ans et décoré de la croix de la Légion-d'Honneur), Le Moal et Le Bail, maire actuel.

TRÉGASTEL, 1,036 hab.; — bornée au N. par la Manche; à l'E. par Perros; au S. et à l'O. par Pleumeur-Bodou; — traversée par des chemins vicinaux simples; — école de garçons, 61 élèves; de filles, 15 élèves; — dépend de la perception de Perros; — faisait partie de l'évêché de Tréguier; — on parle le breton. — Territoire très-accidenté à l'est et au sud, plat et uni au nord et à l'ouest, aux bords de la mer. Point de bois, à l'exception de quelques arbres rabougris. Les terres voisines de la mer sont bonnes; ailleurs, elles sont de moindre qualité; mais les prairies sont bien soignées; cependant des landes couvertes d'ajoncs forment le tiers environ de la superficie de la commune. — Les îles Tanguy, Renot et Cast-Aërès dépendent de cette commune. — Son église, dédiée à sainte Anne, est d'une architecture qui offre tous les caractères du style de transition du XIIe au XIIIe siècle. — Il existe en outre, dans la paroisse, deux chapelles : celles de Notre-Dame des Roches et de Saint-Golgon. — Le nom de Trégastel signifie, en langue bretonne, territoire du château. En effet, il se trouvait un château fort à Poulmanac'h, qui fut pris en 1594 par le maréchal d'Aumont, sur les troupes de Mercœur. On n'en trouve plus de vestiges. — Ruines du manoir de Kerlavoz, habitées par des fermiers. — Dolmen de 7 m. de haut et de 3 m 30 de circonférence. A la côte, pierres tremblantes de très-grandes dimensions, notamment celle de Coz-Castel. Une roche de 2 à 3 m. d'épaisseur, surnommée Cazech-ar-Roc'h, ayant 22 m. carrés, est superposée sur d'autres pierres également volumineuses. On trouve, en outre, des menhirs sur divers points de la commune. — *Points culminants* : Le bourg, 58 m.; Kerougan, 71 m. — *Géologie* : Granite et roches amphiboliques. — *Maires* : Ont successivement rempli ces fonctions, MM. Laguen, Thomas, F. Le Bivic, Stéphany, Riou, Le Guillouzer, Salliou, Keraudren, Quemper, Y. Le Bivic et Keraudren, maire actuel.

TRÉLÉVERN, 1,014 hab.; — bornée au N. par la Manche; à l'E. par Trévou-Tréguignec et Camlez; au S. par Kermaria-Sulard; à l'O. par Louannec et la Manche; — traversée par les chemins d'intérêt commun Nos 34, 38 et 43; — école de garçons, 61 élèves; de filles, 40 él.; — dépend de la perception de Perros; — faisait partie de l'ancien évêché de Tréguier; — on parle le breton. — Le territoire forme un plateau élevé, nu et découvert; mais les terres, quoique bien cultivées, sont médiocres. Peu de prairies. Landes plantées d'ajoncs formant le sixième de la superficie. — L'église est dédiée à sainte Éléonore et à sainte Anne; cette dernière est l'objet de la vénération spéciale des marins. — Chapelle de Saint-

Adrien, bâtie en 1857. — A l'angle nord-ouest du littoral, vis-à-vis de l'île Thomé, distante d'environ 21 kilom., il existe une batterie qui fait partie du système de défense de la rade de Perros. — Une portion de l'ancien manoir de Kergouanton est habitée; c'était un bel édifice du XVIe siècle. — *Points culminants* : Le bourg (d'où l'on jouit d'un beau coup-d'œil), 81 m.; Kerbost, 90 m.; Plac-Teven, 91 m. — *Géologie* : Granite amphibolique. — Ont été Maires : MM. Pasquiou, Le Corre, Le Perchec, Le Therry, Ropers, Lissilour, V. Therry, F. Therry, Allain, Omnès, F. Le Corre, Goaziou, P. Ropers, Guelou et Potin, maire actuel.

TRÉVOU-TRÉGUIGNEC, 957 hab.; — bornée au N. par la Manche; à l'E. par Penvenan; au S. par Camlez; à l'O. par Trélévern; — traversée par les chemins d'intérêt commun Nos 35 et 43; — réunie à Trélévern pour l'instruction primaire; — dépend de la perception de Perros; — faisait partie de l'ancien évêché de Dol; — on parle le breton. — Territoire accidenté, coupé par des vallons, nu et découvert. Les terres, de médiocre qualité, sont bien cultivées. Très-peu de prairies. 1/4 de la superficie en landes. — L'église a été construite en 1848, dans le style gothique, et possède une sonnerie de cloches citée dans le pays. Elle a pour patron saint Samson, dont la fête se célèbre le dimanche de l'octave de la Fête-Dieu. — Château du Bois-Riou, qui possède une chapelle privative sous l'invocation de saint Nicolas. — La plage de Trévou-Tréguignec recèle une forêt sous-marine, que les habitants exploitent. — A l'île Balannec, près du port Legoff, à la ferme de Coatmez et à Rucolie, on voit des menhirs. — *Points culminants* : Kerarvoy, 72 m.; Kerblouche, 92 m. — *Géologie* : Granite amphibolique. — Ont été Maires : MM. Le Bellec, Pasquiou, Le Blouche, Riou, R. Pasquiou, P. Pasquiou, L. Pasquiou, P. Pasquiou, Broudic, A. Le Borgne de Boisriou, Dagorne, Perrin, H. Le Borgne de Boisriou et Lourec, maire actuel.

Canton de Plestin.

Le canton de Plestin est borné au N. par la Manche; à l'E. par les cantons de Lannion et de Plouaret; au S. par le canton de Plouaret; à l'O. par le département du Finistère, dont la rivière le Douron le sépare. — Il est traversé par le chemin de fer de Rennes à Brest; par la route départementale N° 1er de Saint-Brieuc à Morlaix; par les chemins de grande communication N° 17 de Toul-an-Héry au Ponthou, N° 56 de Bégard à Saint-Michel-en-Grève, N° 57 de la route impériale N° 12 à la grève de Saint-Michel, N° 58 de Lannion au Guerlesquin, et par le chemin d'intérêt commun N° 41 de Pluzunet à Ploumilliau.

La population du canton est de 15,857 hab.; sa super-

ficie de 14,553 hect., et son revenu territorial net de 904,578 fr.

Ce canton maritime, accidenté dans toutes ses parties, à l'exception de celle de l'est qui est plane et presqu'unie, s'incline par une pente assez prononcée vers le nord. Il est peu boisé dans cette partie qui borde la mer; mais dans le reste du territoire, on trouve des bouquets d'arbres en futaie et quelques vergers plantés de pommiers. Les sables coquilliers et les varechs, que son littoral lui fournit en abondance; et qui se répandent même assez avant vers le centre du pays, ont beaucoup contribué à fertiliser ses terres, de bonne qualité déjà, bien cultivées et productives en céréales de premier ordre. Les plantes fourragères sont aussi cultivées dans ce canton, qui cependant néglige un peu ses prairies. Quoiqu'il en soit, l'élève des chevaux et du bétail y réussit et fournit de beaux revenus à ceux qui s'y livrent. Il y existe encore beaucoup d'exploitations rurales sous le régime du domaine congéable. — Le canton de Plestin fournit à la marine un nombreux contingent de vigoureux matelots formés à leur pénible profession par la pêche du poisson, celle des sables coquilliers et la récolte des varechs. — Il produit : froment, 26,640 hect.; méteil, 4,836 hect.; seigle, 5,920 hect.; orge, 28,270 hect.; avoine, 42,245 hect.; sarrasin, 5,460 hect.; pommes de terre, 15,624 hect.; betteraves, 4,000 quint. mét.; chanvre, 308 quint. mét. de filasse; lin, 4,500 quint.

TERRES. — Revenu net moyen, par hectare, pour le canton, 56 fr. 24.

Valeur vénale moyenne, de l'hectare, dans le canton........ 1,638 fr.

COMMUNES COMPOSANT LE CANTON.	POPULATION.	DISTANCES en kilomètres.			NOMBRE D'HECTARES des terrains imposables produisant revenu.					Terrains non productifs et non imposés. Chemins, rivières, etc. — Hectares.	NOMBRE TOTAL D'HECTARES par commune.	REVENU CADASTRAL.	PROPORTION de rehaussement pour obtenir le revenu réel.		TAUX MOYEN de l'intérêt des fonds placés.		NOMBRE		NOMBRE
		Du chef-lieu du département.	Du chef-lieu d'arrond'.	De Plestin (chef-lieu de canton.)	Jardins, courtils, vergers et sol des édifices.	Terres labourables.	Prés.	Bois et taillis.	Pâtures et landes.	TOTAL.				Pour les terres (1).	Pour les maisons, moulins et usines (2).	En terres.	En maisons, moulins et usines.	De maisons.	De moulins et usines.	De foires.
													fr. c.			F 0/10	p. 0/10			
Plestin......	4,626	90	20	»	60	2,304	143	188	631	3,326	126	3,452	87,660 01	2.55	4.53	3.25	4.54	978	23	5
Lanvellec...	1,943	75	23	10	24	1,264	158	70	309	1,825	67	1,892	39,363 67	2.49	3.99	3.50	3.99	301	4	»
Plouaret.....	3,553	78	8	10	41	2.524	256	65	464	3,350	119	3,469	54,776 49	4.28	4. »	3.50	3.99	787	9	2
Plouzélambre	792	75	13	9	7	543	63	27	117	757	27	784	20,863 42	2.39	3.79	3.50	3.99	173	3	1
Plufur........	1,640	78	20	10	27	1,110	139	149	271	1,696	53	1,749	33,693 20	2.87	3.99	3.49	3.99	358	7	1
St-Michel-en-Grève...	638	80	13	8	7	297	24	43	81	452	17	469	9,038 81	3.18	2.40	3.50	4. »	128	4	2
Trédrez....	1,088	83	13	10	12	666	19	14	324	1,035	30	1,065	13,835 12	4.30	4.03	3.50	3.99	225	1	»
Tréduder....	519	80	15	8	6	312	29	40	76	463	17	480	9,466 56	3.32	4. »	3.50	3.99	124	4	»
Trémel......	1,058	90	27	7	15	684	57	165	235	1,156	37	1,193	18,225 41	3.18	3.99	3.50	4.07	226	7	»
TOTAUX....	15,857	»	»	»	199	9,704	888	761	2508	14,060	493	14,553	286,922 69	»	»	»	»	3,300	62	11

(1 et 2) Pour les notes concernant ce tableau, voir celles du tableau du canton de Lannion, pages 580 et 581.

mét. de filasse. — Il possède : chevaux, 1,189; taureaux, 205; bœufs, 350; vaches, 6,525; veaux, 1,225; béliers, 172; moutons, 470; brebis, 920; agneaux, 1,200; porcs, 1,560.

PLESTIN, 4,626 hab.; — par les 5° 58′ 8″ de longitude O. et par les 48° 40′ 12″ de latitude N.; — bornée au N. par la Manche; à l'E. par Tréduder et Plufur; au S. par Trémel; à l'O. par le département du Finistère; — traversée par la route départementale N° 1er et par le chemin de grande communication N° 17; — école de garçons, 139 élèves; deux écoles de filles, 140 élèves; — chef-lieu de canton et de perception; — cure de 1re classe; justice de paix; résidence de deux notaires; brigade de gendarmerie à pied; bureau d'enregistrement; recette des contributions indirectes; bureau de poste; agence sanitaire à Toul-an-Héry; bureau de bienfaisance; comice agricole; — dépendait de l'ancien évêché de Tréguier; — on parle le breton; — marché le mercredi; foires les 1ers mercredis de février et de juillet, le 3e mercredi de mai, le 2e mercredi de novembre et le 28 décembre. — A Toul-an-Héry, à Pormelles et à Saint-Efflam, sables calcaires contenant de 50 à 82,3 p. 0/0 de matières fertilisantes. — Territoire accidenté, en pente au nord, vers la mer, et au sud-ouest, vers la limite du Finistère, formée par la rivière le Douron, qui prend sa source à Scrignac. Arrosé par les ruisseaux du Don-Relegon, du Dourmeur et du Launay. Il est assez boisé et planté de pommiers ; ses terres sont généralement bonnes et bien cultivées, et il y a progrès dans la culture des prairies peu nombreuses de la commune. Les landes, qui forment moins du sixième de la superficie, situées sur des pentes rapides au bord de la mer, ne peuvent être livrées à la culture. — Le bourg de Plestin a de l'importance par sa population agglomérée, par son marché, ses foires et son commerce de détail des denrées de consommation journalière. Sa population cependant ne peut y être considérée comme riche, car elle ne se compose que de débitants, d'aubergistes, de marchands en détail, de journaliers et de quelques laboureurs. On y trouve aussi nécessairement tous les fonctionnaires qu'un chef-lieu cantonal aussi important comporte. — L'église paroissiale a pour patrons saint Gestin et saint Efflam. La fête du premier a lieu le 4e dimanche après Pâques, et celle du second le dimanche de la Trinité. L'église, récemment restaurée dans son style primitif, est très-vaste ; elle porte sur sa façade la date de 1576. Sous son porche principal, on voit les statues du Christ et des douze Apôtres. Elle renferme le tombeau de saint Efflam, prince d'Hibernie ; c'est un monument du XVIe siècle, qui en a remplacé un autre béni le 6 novembre 999 par l'évêque de Tréguier. Saint Efflam est l'un des saints les plus vénérés des Bas-Bretons. Il quitta sa patrie en 480 et débarqua dans la grève de Saint-Michel, à l'endroit, dit-on, où se trouve la croix que la mer recouvre à chaque marée. Après avoir évangélisé le pays, il mourut le 6 novembre 512, dans l'ermitage qu'il s'était construit près de la chapelle qui porte aujourd'hui son nom et qui domine la mer. — Non loin de cette chapelle, sur la grève même, il existe une fontaine, objet de la dévotion de nombreux pèlerins qui viennent demander à ses eaux, les uns leur guérison, les autres des indications propres à faire reconnaître les auteurs d'objets volés. — En outre de la chapelle communale de Saint-Efflam, nous citerons celles de Saint-Sébastien, de Sainte-Barbe et de Saint-Garaud, et enfin les chapelles privatives de Saint-Roch, Sainte-Geneviève, Sainte-Anne et Saint-Jacut. Cette dernière, située près de l'ancien château de Lezormel, en partie détruit, contient des fragments de verrières. — Pour arriver de Saint-Michel-en-Grève à Saint-Efflam, on suit une belle chaussée nommée, dans le pays, la lieue-de grève, au milieu de laquelle s'élève majestueusement, au-dessus de la falaise, un amas de rochers nommé Roc'h-Karlaz. — Vis-à-vis de la pointe de l'Armorique, à 1 kilom. de la terre, est un autre rocher nommé Roc'h-Ru (roche rouge), où, dit-on, un serpent combattu par saint Efflam se retira devant son vainqueur et se précipita dans la mer. — Dans une pièce de terre nommée Ar-Hastel, il existe un tumulus; au levant de celui-ci, on en retrouve un autre dans un taillis, et au village du Peulven, on voit un menhir renversé. Enfin, des traces d'une voie romaine partant du Yeaudet, en Ploulec'h, se retrouvent près du village du Traon. La tradition place, en ce lieu, un camp romain, et des médailles qui y ont été recueillies donnent quelque vraisemblance à ce dire. — Le port de Toul-an-Héry, à 2 kilom. au nord de Plestin, donne lieu à un certain mouvement pour l'exportation des céréales et pour l'importation des produits divers, tels que vins et épiceries. Il y existe une petite agglomération et l'on y exploite une machine à confectionner les drains. Le succès de cette entreprise est fort à désirer dans l'intérêt général. — Le château de Lesmais est remarquable. — *Points culminants* : Toul-an-Lan, 99 m.; Saint-Sébastien, 114 m.; Toul-y-Guen, 117 m.; Saint-Gestin, 123 m. — *Géologie* : Schiste talqueux, et dans le sud-est, roches amphiboliques; à 2 kilom. nord, rive droite du Douron, schiste imprégné de calcaire; à Saint-Efflam, ardoisière exploitée. — *Maires* : MM. 1791, Delisle; 1792, Brigant; an III, Le Bot; an IV, Berthou; Lhénoret; 1807, L. Berthou; 1812, Gaverand; 1817, Moriou; 1821, Rochelan; 1830, Cotty; 1854, Auger de Fleury; 1862, Cotty, maire actuel.

LANVELLEC, 1,943 hab.; — bornée au N. par Tréduder et Plouzélambre; à l'E. par Plouaret; au S. par Plounérin; à l'O. par Plufur; — traversée par le chemin de fer sur une longueur de 2,874 m. et par les chemins de grande communication Nos 57 et 58; — école de garçons, 71 élèves; de filles, 70 élèves; — dépend de la perception de Plestin; — bureau de bienfaisance; — faisait partie de l'ancien évêché de Dol; — on parle le breton. — Territoire plat et uni, à l'exception de la partie sud-est, où il est accidenté. Il est peu planté, sauf au nord-est, où l'on trouve des pommiers. Ses terres, en général, sont bonnes, bien cultivées et productives; mais les prés ne donnent que de médiocres produits. Les landes comptent pour 4/10e dans la superficie. Deux cours d'eau, le Roudour, Saint-Connay et un autre ruisseau, arrosent la commune. — L'église paroissiale est dédiée à saint Brandan, dont la fête se célèbre le 16 mai; elle est de 1852 et a été construite sur les plans du sculpteur Hernot; dans l'intérieur, quelques bonnes sculptures de Le Merer attirent l'attention. Dans le cimetière, on remarque un bel ossuaire en granite et de style gothique flamboyant. — Cette commune possède cinq chapelles : celles de Saint-Goulven, de Saint-Loup, de Saint-Gonnery, de Saint-Maudez et de Saint-Carré. La dernière, qui date de 1696, est digne d'être visitée à cause des peintures de son lambris et du rétable de son maître-autel. — Les manoirs de Goas-Ru, Lesneyez et Kernescop sont convertis en fermes; mais le château moderne de Rosambo domine la vallée de ce nom, qui présente un grand nombre de sites très-pittoresques. — *Points culminants* : Le bourg, 113 m.; Saint-Connay, 167 m.; Menez-Crec'h, près Saint-Carré, 197 m. — *Géologie*

Constitution granitique; très-beau granit pour les constructions. — *Maires :* MM. 1771, P. Le Gall; 1795, Lavoy : Lebec'h; 1796, Lavoy; 1808, P. Le Gall; 1815, Le Barzic; 1821, P. Le Gall; 1826, Le Parquier; 1830, Y. Richard; 1844, P.-M. Le Gall; 1846, Le Barzic; 1852, J. Richard; 1860, Lebec'h, maire actuel.

PLOUMILLIAU, 3,553 hab.; — bornée au N. par la Manche (embouchure du Guer) et Ploulech; à l'E. par Ploubezre; au S. par Plouaret; à l'O. par Plouzélambre, Saint-Michel et Trédrez; — traversée par la route départementale N° 1er; par les chemins de grande communication Nos 56 et 58, et par le chemin d'intérêt commun N° 42; — école de garçons, 90 élèves; de filles, 85 él.; — dépend de la perception de Plestin; — résidence d'un notaire; — faisait partie de l'ancien évêché de Tréguier; — on parle le breton; — succursale à Keraudy; — foires à Keraudy, le samedi après l'Ascension et le 2e lundi de juillet. — Le territoire, arrosé par plusieurs cours d'eau, est généralement assez uni, à l'exception de la partie nord-ouest qui touche la mer. Il est boisé et planté de pommiers. Terres bonnes, bien cultivées et productives. Prairies peu étendues, mais donnant d'excellents fourrages. Des landes formant environ le sixième de la commune sont susceptibles d'être améliorées. — L'église paroissiale, qui date de 1602 et porte aussi les dates de 1608 et 1617, est un monument très-intéressant de la dernière période du style gothique flamboyant. Elle est dédiée à saint Milliau, roi d'Armorique, assassiné par son frère Rivod, et sa fête se célèbre le 5 novembre; c'est à son patron que la commune doit son nom. — A Keraudy, il existe une succursale dont l'église est du XVIe siècle et dédiée à la sainte Vierge. — Chapelles de Saint-Joseph, de Christ, de Saint-Cado et de Saint-Vincent, la plupart modernes. — Les châteaux de Lanascol et de Keranglas sont en ruines. On retrouve à peine les traces de celui de Kersenon. — Dans les landes de Saint-Jean-Brezéan, il existe un menhir. — *Points culminants* : Le bourg, 101 m.; Gollot, 115 m.; Lan-Karvren, 117 m.; Glorenec, 122 m. — *Géologie* : Schiste modifié par le granite à l'ouest, et constitution granitique au nord et à l'est. — *Maires* : MM. 1790, J. Riou; 1795, Le Rolland; 1799, G. Riou; 1801, Le Rolland; 1808, Le Bihan; 1816, Le Scornet; 1829, Perrot; 1832, Découvrant; 1843, Allain; 1848, Bourdonnec; 1860, Scolan, maire actuel.

PLOUZÉLAMBRE, 792 hab.; — bornée au N. par Saint-Michel et Ploumilliau; à l'E. par Ploumilliau et Plouaret; au S. par Lanvellec; à l'O. par Tréduder et la Manche; — traversée par le chemin de grande communication No 58; — école de garçons, 28 élèves; — dépend de la perception de Plestin; — faisait partie de l'ancien évêché de Tréguier; — on parle le breton; — foire le

1er lundi d'août. — Territoire arrosé par plusieurs cours d'eau poissonneux, assez plat et uni dans les parties sud et est; mais très-accidenté et coupé par de nombreux vallons dans celles du nord et de l'ouest. Il est boisé et possède de beaux vergers. Les terres sont bonnes et bien cultivées; les prairies nombreuses et convenablement soignées. — L'église, avec collatéraux sans transepts, est un édifice du xv° siècle; on y remarque les restes d'un beau rétable de la Renaissance; elle a pour patron saint Sylvestre. — Dans le cimetière, on voit un beau calvaire en granite et de la même époque que l'église. — La chapelle de Runan-Belard, dédiée à saint Melard, a été construite en 1625. — Nous citerons la fontaine Saint-Sylvestre, dont les eaux passaient autrefois pour avoir la vertu de guérir les lépreux. — *Points culminants :* Le bourg, 105 m.; Run-an-Gazel, 126 m. — *Géologie :* Constitution granitique. — *Maires :* Ont successivement rempli ces fonctions, MM. L. Gourbren, et son gendre C.-L. Le Dourdonnec, maire actuel.

PLUFUR, 1,640 hab.; — bornée au N.-E. par Tréduder; à l'E. par Lanvellec; au S. par Plounérin; à l'O. par Trémel et Plestin; — traversée par le chemin de fer sur une longueur de 310 m 40 et par des chemins vicinaux simples; — école de garçons, 48 élèves; de filles, 60 élèves; — dépend de la perception de Plestin; — résidence d'un notaire; — faisait partie de l'ancien évêché de Tréguier ; — on parle le breton ; — marché le vendredi ; foire le 23 juillet. — Territoire très-accidenté, coupé de quelques vallons assez profonds ; il est bien boisé et présente quelques bons vergers. Terres fertiles, cultures soignées. Une partie des landes, qui forment encore le septième environ de la superficie de la commune, est susceptible d'être rendue productive. — L'église, sous le patronage de la sainte Vierge, appartient au XVIII° siècle et n'offre rien de remarquable, si ce n'est un autel en bois sculpté. — Dans cette commune, on rencontre quatre chapelles : celles de Saint-Adrien, de Christ, de Saint-Nicolas et de Saint-Yves ; ces deux dernières sont du xv° siècle. — A 2 kilom. Est du bourg, se trouvent les ruines de l'ancien château fort du Plessix. — *Points culminants* : Le Merdy, 152 m.; Manachty, 178 m. — *Géologie* : Constitution granitique ; schiste micacé dans le nord-ouest ; au nord, carbure de fer ou plombagine propre à la fabrication des crayons. — *Maires* : Ont successivement rempli ces fonctions, MM. Ansqoer, Gars, Vizien, G.-F. Geffroy, Quesseveur, J. Meuric, J.-M. Quesseveur et J. Meuric, maire actuel.

SAINT-MICHEL-EN-GRÈVE, 638 hab.; — bornée au N. par Trédrez ; à l'E. par Ploumilliau ; au S. par Plouzélambre et à l'O. par la Manche ; — traversée par la route départementale N° 1er et par le chemin de grande communication N° 56 ; — école de garçons, 44 élèves ;

— dépend de la perception de Plestin ; — lieutenance des douanes ; — faisait partie de l'ancien évêché de Tréguier ; — on parle le breton ; — foires le 14 septembre, les 17 et 18 novembre. — Territoire peu étendu, élevé et s'inclinant à l'ouest, c'est-à-dire vers la mer, sur les bords de laquelle on trouve des pentes rapides couvertes de rochers. Il est peu boisé. Les terres sont bien cultivées et d'un bon rapport ; mais les landes qu'on y rencontre ne sont pas susceptibles d'être rendues productives. — L'église, dédiée à saint Michel, est, contrairement aux oratoires consacrés à cet archange lesquels sont toujours érigés sur des hauteurs, située dans un bas-fonds presqu'au bord de la grève, et les flots viennent battre, lorsque la mer est haute, les murs du cimetière qui l'entoure. Elle porte, sur différentes parties, les dates de 1614, 1695 et 1743. — Chapelle de Sainte-Geneviève, dans laquelle une boiserie placée récemment masque un autel que certaines personnes font remonter au XIIIe siècle. — La grève de Saint-Michel était jadis une vaste forêt détruite, dit-on, en 709, par les envahissements de la mer. Quelquefois après de fortes tempêtes, la vase remuée laisse apercevoir des débris de gros arbres. — L'on indique à l'est du bourg, sur la nouvelle route de Ploumilliau, des traces qui semblent être celles d'un camp romain formé de deux enceintes circulaires. — *Géologie* : Schiste modifié par le gneiss et ordinairement maclifère ; au nord, grès, quartz granite ; à 1 kilom.

est-sud-est du bourg, grès quartzite. — *Maires :* Ont successivement rempli ces fonctions, MM. Bahic, J. Aurégan, Le Masson, J. Aurégan, Guégan, Geffroy, Fountas, Le Meur, Y. Aurégan, maire actuel.

TRÉDREZ, 1,088 hab.; — bornée à l'O. et au N. par la Manche; à l'E. par Ploumilliau; au S. par Ploumilliau et Saint-Michel; — traversée dans le sud par la route départementale N° 1er; — école de garçons, 40 élèves; — dépend de la perception de Plestin; — faisait partie de l'ancien évêché de Tréguier; — on parle le breton.— Territoire assez uni, si ce n'est au nord-ouest, sur les bords de la mer, où il est accidenté et présente des pentes rapides. Il est très-peu boisé. Les terres sont bonnes, bien cultivées et productives; les prairies traitées avec soin; mais les landes, qui composent environ le cinquième de la superficie de la commune, ne sont guères susceptibles d'être mises en culture. — L'église, dédiée à Notre-Dame de Trédrez et à saint Yves, qui fut recteur de cette paroisse, porte une inscription bretonne constatant qu'elle a été renouvelée en 1500. C'est, en effet, un charmant édifice du XVIe siècle, qui vient d'être restauré avec beaucoup de soin par son recteur, M. l'abbé Le Hégarat. Ses frises élégantes, un tryptique renfermant un arbre de Jessé en bois sculpté, qui représente la sainte Vierge entourée des rois de Juda, ses ancêtres; un baptistère surmonté d'un baldaquin également en bois parfaitement fouillé, des restes de verrières, etc., appellent l'attention du touriste et de l'archéologue. La fête de saint Yves s'y célèbre le 19 mai et se garde comme un jour de fête solennelle. — La chapelle de Loquemau, qui doit son nom à saint Quémau, son patron, a été autrefois une trêve; elle mérite aussi d'être visitée. — Habitations modernes de Coat-Trédrez, de Kerbuzic et de Kerdepot. — Traces de voie romaine à Toul-an-Wennic. — *Points culminants :* Haut-Kersallic, 102 m.; Pen-ar-Men, 86 m. — *Géologie :* Granite. — *Maires :* Ont rempli successivement ces fonctions, MM. Rovarch, Le Tensorer, Le Bivic, Hullot, J.-M. Le Person et M. Le Person, maire actuel.

TRÉDUDER, 519 hab.; — bornée au N. par la Manche; à l'E. par Plouzélambre; au S. par Lanfellec; à l'O. par Plufur et Plestin; — traversée par la route départementale N° 1er et par le chemin de grande communication N° 57; — école mixte, 28 élèves; — dépend de la perception de Plestin; — faisait partie de l'ancien évêché de Tréguier; — on parle le breton. — Territoire accidenté et coupé par un vallon très-profond; il est boisé et planté de pommiers. Terres de bonne qualité, bien cultivées et productives. Prairies nombreuses, mais susceptibles d'être améliorées. 1/6e environ de la contenance est en landes qui ne peuvent être avantageusement défrichées. — L'église, sous le patronage de saint Théodore, est du xv⁰ siècle. — *Points culminants* : Kerarmel, 95 m.; Toul-an-Né, 107 m. — *Géologie* : Schiste micacé ou modifié; au sud de Korvan, sur la route neuve de la grève, très-curieux schiste maclifère. — *Maires* : Ont successivement rempli ces fonctions, MM. Le Gars, Geffroy et Le Brigand, maire actuel.

TRÉMEL, 1,058 hab.; — bornée au N. par Plestin; à l'E. par Plufur et Plounérin; au S. et à l'O. par le département du Finistère; — traversée du S. au N. par le chemin de grande communication N° 17; — école de garçons, 44 élèves; — dépend de la perception de Plestin; — commune formée d'une section de Plestin; — on parle le breton. — Territoire accidenté à l'est et à l'ouest, plat et uni dans les autres parties; il est boisé et renferme des vergers. Terres de bonne qualité, bien cultivées, surtout dans l'est. Quelques-unes des landes qui forment le septième de la contenance sont susceptibles d'être défrichées. — Cette ancienne trêve forme, depuis 1839, avec quelques parties du territoire de Plestin, la commune actuelle de Trémel. Son église, dédiée à la sainte Vierge, entièrement en granite, est du xvi⁰ siècle; mais son porche n'est que du siècle suivant. On remarque, dans son intérieur, de curieuses frises sculptées, quatre labbes couronnées d'archivoltes en accolade, et dans le mur du chœur, du côté de l'évangile, un sacraire ou armoire eucharistique. — Chapelle de Saint-Maurice. — Un menhir de 5 m 25 de hauteur et de 8 m 25 de circonférence, se voit, ainsi qu'un dolmen, à Kerguiniou. — Ruines des châteaux de Kermerzic et de Trebriant. — Ricou (Guillaume), connu par une traduction en vers bretons des fables d'Esope et de plusieurs poésies satiriques et populaires également en breton, est né à Trémel le 17 février 1778. — *Points culminants :* Landrevez, 126 m.; Kersenant, 140 m. — *Géologie :* Schiste talqueux modifié au nord et roches amphiboliques; granite au sud. — *Maires :* MM. 1839, T. Le Gars; 1841, Kergoat; 1852, F. Le Gars; 1859, Augé de Fleury, maire actuel.

Canton de Plouaret.

Le canton de Plouaret est borné au N. par le canton de Lannion; à l'E. par les cantons de La Roche-Derrien, de Bégard et de Belle-Ile; au S. par le canton de Callac; à l'O. par le département du Finistère et par le canton de Plestin. — Il est traversé par le chemin de fer de Rennes à Brest; par la route impériale N° 12 de Paris à Brest; par la route départementale N° 11 de Perros à Lorient; par les chemins de grande communication N° 15 de Louargat à Lannion; N° 55 de Tréguier à Belle-Ile; N° 56 de Bégard à Saint-Michel-en-Grève; N° 57 de la route impériale N° 12 à la grève de Saint-Michel; N° 58 de Lannion au Guerlesquin; par les chemins d'intérêt commun N° 29 de Callac au Guerlesquin, N° 32 de Plounévez-Moëdec à Saint-Michel-en-Grève, N° 42 de Pluzunet à Ploumilliau et de Belle-Ile au chemin N° 50.

La population du canton est de 20,904 hab.; sa superficie de 24,976 hect., et son revenu territorial net de 994,382 fr.

Le territoire, plat et assez uni dans sa plus grande partie, est fort accidenté et coupé de nombreux vallons au nord et au sud, mais surtout dans cette dernière partie, où il s'élève beaucoup et devient montagneux et tourmenté. On y observe quelques mamelons élevés de 300 m. au-dessus du niveau de la mer. Ses terres sont de moyenne qualité et le classent parfaitement dans la zône intermédiaire du département; elles sont assez bien cultivées et l'agriculture est en voie de progrès dans ce canton.

L'élève du bétail est l'une de ses importantes ressources, et il est regrettable que les prairies, qui pourraient être excellentes, soient l'objet d'aussi peu d'intérêt et d'attention. Les chevaux qu'il fournit sont forts, vigoureux et appartiennent à la race puissante que nous avons signalée sur le littoral.

Le canton de Plouaret, bien qu'éloigné de la mer dans quelques-unes de ses parties, se sert des amendements calcaires marins et en obtient les meilleurs résultats. Il est coupé de bonnes voies de communication et arrosé de nombreux ruisseaux.

Le chemin de fer le traverse, et il est dans le cas, avec un peu de bonne volonté de la part de ses habitants, de réaliser de grands progrès. Beaucoup de propriétés sont sous le régime congéable ou convenancier.

Le canton de Plouaret appartient à la zône intermédiaire et produit : froment, 16,497 hect.; méteil, 13,861 hect.; seigle, 22,635 hect.; orge, 23,287 hect.; avoine, 97,993 hect.; sarrasin, 21,522 hect.; pommes de terre, 15,049 hect.; betteraves, 10,656 quint. mét.; chanvre, 650 quint. mét. de filasse; lin, 1,400 quint. mét. de filasse; cidre, 1,944 hect.

Il possède, chevaux, 5,804; taureaux, 625; bœufs, 271; vaches, 9,882; veaux, 2,549; béliers, 298; moutons, 454; brebis, 2,150; agneaux, 1,194; boucs et chèvres, 161; porcs, 3,034.

(Voir d'autre part les renseignements statistiques relatifs au Canton.)

— 670 — — 671 —

TERRES. — Revenu net moyen, par hectare, pour le canton... 37 fr. 39   Valeur vénale moyenne, de l'hectare, dans le canton... 1,007 fr.

COMMUNES COMPOSANT LE CANTON.	POPULATION.	DISTANCES en kilomètres.			NOMBRE D'HECTARES des terrains imposables produisant revenu.					Terrains non productifs et non imposés. Chemins, rivières, etc. — Hectares.	NOMBRE TOTAL D'HECTARES par commune.	REVENU CADASTRAL.	PROPORTION de rehaussement pour obtenir le revenu réel.		TAUX MOYEN de l'intérêt des fonds placés.		NOMBRE		NOMBRE	
		Du chef-lieu de département.	Du chef-lieu d'arrond.	De Plouaret (chef-lieu de canton).	Jardins, courtils, vergers et sol des édifices.	Terres labourables.	Prés.	Bois et taillis.	Pâtures et landes.	TOTAL.				Pour les terres (1).	Pour les maisons, moulins et usines (2).	En terres.	En maisons, moulins et usines.	De maisons.	De moulins et usines.	De foires.	De cafés et cabarets.
													fr. c.	p. 0/10.	p. 0/10.						
Plouaret....	5,280	75	20	»	38	3,558	499	129	763	4,987	200	5,187	99,846 85	2 80	2.84	3.50	4. »	1,237	18	12	40
Loguivy-Plougras	3,278	75	30	15	102	2,124	490	1037	1078	4,821	143	4,961	48,518 95	2.89	2.57	4. »	4. »	666	18	2	13
Plougras....	1,177	83	40	20	25	1,169	282	47	838	2,361	90	2,451	26,551 06	3.23	1.64	4. »	4. »	305	1	»	5
Plounérin...	1,700	80	28	13	12	1,259	291	68	863	2,493	96	2,589	32,070 39	3.24	1.90	4. »	4. »	357	10	1	12
Plounévez-Moëdec	3,585	70	25	8	4	2,308	423	207	940	3,881	155	4,036	56,027 80	3.05	2.96	4. »	4. »	699	24	»	22
Lanvellec...	2,399	65	15	10	14	1,720	159	43	251	2,187	88	2,235	37,603 28	3.09	3.09	3.50	4. »	533	13	3	7
Plouzélambre	3,658	70	13	10	13	1,365	116	43	172	1,714	85	1,799	63,301 45	1.64	1.70	3.50	4. »	434	5	1	6
Trégrom.....	1,427	65	25	6	12	1,103	132	47	308	1,602	63	1,665	23,867 44	2.91	2.51	3.50	4. »	325	7	»	5
TOTAUX.....	20,004	»	»	»	220	14,606	2391	1616	5213	24,046	930	24,976	387,787 22	(m..)	(m..)	(m..)	»	4,606	96	19	110

(1 et 2) Pour les notes concernant ce tableau, voir celles du tableau du canton de Lannion; pages 580 et 581.

PLOUARET, 5,280 hab.; — par les 6° 48' 44' de longitude O. et par les 48° 36' 41' de latitude N.; — bornée au N. par Ploumilliau et Ploubezre; à l'E. par le Guer, qui la sépare de Pluzunet, Tonquédec et Trégrom; au S. par Plounévez-Moëdec; à l'O. par Lanvellec et Plouzélambre; — traversée par le chemin de fer sur une longueur de 7,024 m 10; par la route départementale N° 11, le chemin de grande communication N° 56, et par les chemins d'intérêt commun N°s 32 et 42; — école de garçons, 189 élèves; de filles, 103 élèves; — chef-lieu de canton et de perception; — cure de 1re classe; justice de paix; résidence de deux notaires; brigade de gendarmerie à pied; bureau d'enregistrement; recette des contributions indirectes; bureau de distribution des lettres; station du chemin de fer; agent-voyer principal; bureau de bienfaisance; comice agricole; station d'étalons impériaux; — dépendait de l'ancien évêché de Tréguier; — on parle le breton; — marché le mercredi; foires (au Vieux-Marché) les 3es mercredis de janvier, de février et de mars; les 4es mercredis d'avril et de mai; les 3es mercredis de juin, de juillet, d'août et de septembre; le 6 octobre; les 3es mercredis de novembre et de décembre : celle du mois de juillet a lieu au bourg de Plouaret. — Territoire plat et uni au nord et à l'ouest, accidenté et montueux au sud et surtout à l'est, aux abords de la rivière du Guer; il est boisé et assez bien planté de pommiers, principalement dans les parties nord et ouest. Les terres sont de bonne qualité, assez bien cultivées ; les prairies, très-nombreuses, pourraient, par de bons soins, devenir plus productives. Ce qui reste en landes est peu susceptible d'être mis en culture. — Le bourg de Plouaret est presqu'exclusivement habité par des cultivateurs ; on y trouve cependant beaucoup de petits marchands et de débitants de boissons. Toutefois, il ne compose pas la seule agglomération de la commune : en effet, le Vieux-Marché rivalise d'importance avec lui et l'emporte même à certains égards, puisque c'est sur les places de cette localité que se tiennent, moins une, toutes les foires dont Plouaret est doté. Le Vieux-Marché compte une longue existence, et l'on trouve son nom cité dans les plus anciennes chartes de la province. Sa chapelle, du XVIe siècle et dédiée à Notre-Dame, a été érigée en paroisse pendant l'année 1860. — L'église de Plouaret, dédiée aussi à la sainte Vierge et dont le pardon a lieu le 2e dimanche de juillet, est une assez belle construction du XVIe siècle ; sa tour porte la date de 1554. Elle possède, au-dessus de son maître-autel, une très-grande et élégante rosace de la Renaissance. — Plouaret possédait autrefois vingt-quatre chapelles, mais le nombre en est réduit à sept. La plus intéressante est celle des Sept-Saints, bien qu'elle ne date que de 1720. — Au nombre des champions du combat des Trente, on cite deux sires du Pontblanc et celui de Keranrais, dont les manoirs existaient dans la commune. Guillaume de Coëtmohan, sieur de Guernachannay, grand-chantre de l'église cathédrale de Tréguier, directeur régent en droit de la faculté de Paris, né au château de Guernachannay, fonda, par dispositions testamentaires du 20 avril 1325, le collége de Tréguier à Paris, aujourd'hui collége de France. — Les manoirs que nous venons de citer, et bien d'autres encore, n'ont laissé que peu de traces, et ceux qui subsistent sont devenus des habitations rurales. — On croit reconnaître, sous la chapelle des Sept-Saints, un dolmen, et près du village de Coat-Roué, un tumulus. — *Points culminants* : La Garenne, 193 m.; Kerguil, 165 m.; Kerouel, 152 m. — *Géologie* : Granite; au Vieux-Marché, schiste talqueux et très-beau quartz amethiste. — Ont été Maires : MM. André, Le Morvan, J. Aurégan, J.-L. Clech, J. Aurégan, Le Guyon, Clech, maire actuel.

LOGUIVY-PLOUGRAS, 3,278 hab ; — bornée au N. par Plounérin et Plounévez-Moëdec; à l'E. par Locquenvel; au S. par Plougonver et Lohuec; à l'O. par Plougras; — cette commune n'est actuellement traversée que par des chemins vicinaux simples; — école de garçons, 77 élèves; de filles, 95 élèves; — dépend de la perception de Plounévez-Moëdec; — résidence d'un notaire; — ancienne trêve de Plougras; — on parle le breton; — foires le samedi-saint et le samedi avant le dernier dimanche d'août. — Territoire très-accidenté, coupé de vallons, arrosé par la rivière du Guic et les ruisseaux de Saint-Emillion et de Dour-Morfont. Quoique peu planté d'arbres fruitiers, il est très-boisé et comprend la forêt de Beffou, laquelle contient environ 900 hectares et a été vendue 500,000 fr. en 1856. Terres et prairies de médiocre qualité; landes pierreuses, peu susceptibles d'être mises en culture. — L'ancienne église paroissiale est en ruines; elle avait pour patron saint Yvy ou Avit, d'où la commune a tiré une partie de son nom. Elle a été remplacée, pour les exercices religieux, depuis 1855, par la belle chapelle de Saint-Emillion. Cet édifice, remarquable par la hardiesse de sa construction, par l'élégance de son clocher, la richesse de ses frises sculptées, possède un maître-autel de la fin du xviie siècle, qui attire aussi l'attention des connaisseurs. Elle a été commencée en 1516 et le clocher en 1566. Sa valeur architectonique l'a faite classer au rang des monuments historiques. Le pardon de Saint-Emillion a lieu le dernier dimanche d'août. — Chapelles du Dresnay, portant sur son clocher la date de 1588, et de Saint-Yves. Six autres chapelles en ruines. — La voie romaine de Carhaix à Tréguier traverse la commune du nord-est au sud-ouest. — On retrouve les ruines des manoirs de Tragore, de Kerbuel, de Keroué, de Lisdu, du Dresnay et du Scojou. — Au lieu dit Menec'h-Ru, des fouilles exécutées les années dernières ont fait découvrir une hache en bronze, deux meules de moulins, des fondements de constructions et des emplacements d'enclos. L'opinion populaire, qui n'abandonne jamais dans notre pays le souvenir des Templiers, n'a pas hésité à attribuer à ceux-ci les débris qui ont été mis au jour. Le nom du lieu qui, en breton, veut dire Moines rouges, sert de base principale à cette opinion. — *Points culminants :* L'île du bourg, 206 m.; le château Collagou, 266 m.; sommet de la forêt de Befou, 326 m. — *Géologie :* Constitution granitique et roches amphiboliques au nord; au sud, gneiss; forêt de Befou sur schiste talqueux et sur roches amphiboliques à l'est. — *Maires :* MM. Le Goadet, Salaun, Perron, G. Borgès, C.-R. de Lagadec, Prigent, Y. Merrien, L'Hévéder, P. Borgès et Y. Merrien, maire actuel.

PLOUGRAS, 1,177 hab.; — bornée au N. par Plounérin; à l'E. par Loguivy-Plougras; au S. par Lohuec; à l'O. et au N.-O. par le Finistère; — traversée par le chemin d'intérêt commun N° 29; — école de garçons, 63 élèves; de filles, 45 élèves; — dépend de la perception de Plounévez-Moëdec; — faisait partie de l'ancien évêché de Tréguier; — on parle le breton. — Territoire plat et uni à l'ouest, accidenté et montueux dans les autres parties; il est peu boisé et peu planté de pommiers. Terres légères et sablonneuses qui, par une meilleure culture, pourraient être rendues plus fertiles. Beaucoup de landes peu susceptibles d'être livrées à la culture. — L'église a pour patron saint Pierre; elle appartient au xviii° siècle. La tour, qui porte la date de 1681, est remarquable par son élégance et la hardiesse de son clocher. — La chapelle de Saint-Gonnery est du commencement du xviii° siècle. — On voit encore les fossés de l'ancien château de Beffou, près duquel existe l'étang de ce nom, dont l'étendue est de 7 hectares. — Plusieurs menhirs non loin de Goastibiou et Lesplouric. — La rivière du Guic arrrose la commune, qui possède des prairies assez négligées, et cependant le beurre qu'elle produit jouit d'une certaine renommée; il se paie plus cher que tout autre sur le marché de Brest et doit, dit-on, sa qualité à la manière dont les vaches sont soignées et nourries. — Cette commune possède des tourbières dans ses vallons et des ardoisières donnant des produits d'assez bonne qualité et qui s'écoulent dans les communes voisines. — *Points culminants* : Le bourg, 230 m.; Kergorlay, 260 m.; signal de Goariva, 316 m. — *Géologie* : Constitution granitique; schiste ardoisier. — Ont été Maires : MM. Perron, J. Le Goff, Cloarec, J.-M. Le Bescond; G. Le Bescond, Le Fustec, F. Le Goff, maire actuel.

PLOUNÉRIN ; 1,700 hab.; — bornée au N. par Plufur et Lanvellec ; à l'E. par Plounévez-Moëdec ; au S. par Loguivy-Plougras et Plougras; à l'O. par le Finistère et par Trémel ; — traversée par le chemin de fer sur une longueur de 3,465 m 10 ; par la route impériale N° 12 et par le chemin de grande communication N° 58 ; — station du chemin de fer à Ar-Castel ; — école de garçons, 64 élèves ; de filles, 110 élèves ; — dépend de la perception de Plounévez-Moëdec ; — faisait partie de l'ancien évêché de Tréguier ; — on parle le breton ; — foire le 7 septembre. — Territoire peu boisé, assez plat et uni, à part quelques vallées. Terres médiocres ; prairies nombreuses, mais mauvaises et surtout mal soignées ; beaucoup de landes, dont une partie seulement peut être défrichée. — Il existe, en Plounérin, un bel étang poissonneux de 30 hectares environ, nommé Lez-Moal, près de la chapelle de Bon-Voyage. — L'église a pour patron saint Nérin, évêque breton, dont la fête se célèbre le 3° dimanche de mai ; elle porte les dates de 1686, 1700 et 1758. — Cette commune possédait autrefois huit chapelles ; elle n'a plus que celles de Notre-Dame de Bon-Voyage, de Notre-Dame de la Clarté et de la Trinité. La première seulement présente quelques détails dignes d'intérêt. — Près le village de Quiriot, on trouve un bloc de pierre brute cubant environ 300 mètres et qu'on croit être un monument celtique. — Nous citerons le vieux manoir de Bruillac, dont on voit encore les restes et qui appartenait, au XIII° siècle, à l'illustre famille Duchâtel. — Château moderne de Kérigonan. — *Points culminants :* Le bourg, 214 m. ; moulin de Poul-Kerguiec, 215 m ; Saint-Quiriot, 220 m. — *Géologie :* Granite et roches amphiboliques ; à la Clarté, diorite. —

Ont été Maires : MM. J. Le Bail, J.-M. Denès, Labellec, N. Denès et Y. Le Bail, maire actuel.

PLOUNÉVEZ-MOEDEC, 3,585 hab.; — bornée au N. par Lanvellec et Plouaret; à l'E, par le Guer, qui la sépare de Trégrom, Louargat et Belle-Ile; au S. par Locquenvel et Loguivy-Plougras; à l'O. par Loguivy-Plougras et Plounérin; — traversée de l'E. à l'O. par la route impériale No 12; par la route départementale No 11 et par le chemin d'intérêt commun No 32; — école de garçons, 71 élèves; de filles, 55 élèves; — chef-lieu de perception; — bureau de bienfaisance; — dépendait de l'ancien évêché de Tréguier; — on parle le breton. — Territoire très-accidenté, très-montueux, coupé par beaucoup de ruisseaux et baigné par les rivières le Guic et le Guer; bien boisé au sud, à l'est et dans une partie du nord. Terres légères et sablonneuses; prairies assez productives, quoiqu'un peu négligées. — Le bourg, situé sur la route de Paris à Brest, a une certaine importance. Cette commune possède, sur le Guer, quelques établissements industriels, notamment deux papeteries dont l'une emploie un personnel de 140 ouvriers et ouvrières, un moulin à tan, une scierie mécanique, un haut-fourneau et deux chaufferies. — L'église paroissiale est dédiée à saint Pierre. Elle possède une maîtresse vitre assez remarquable et des statues de saint Pierre et de la sainte Vierge qui méritent l'attention. Sa tour porte les armes du chevalier du Parc, son fondateur, et l'on suppose qu'une pierre tombale sans inscription, qui se trouve dans le cimetière, pourrait avoir recouvert le lieu de sa sépulture. — Il existe quatre chapelles dans la commune : celles de Saint-Lavant, de Sainte-Jeune, de Saint-Tugdual et de Keramanac'h. Cette dernière, qui dépendait d'une commanderie de Templiers ou de chevaliers de Saint-Jean de Jérusalem, est remarquable; sa maîtresse vitre et un jubé en bois sculpté attirent particulièrement l'attention. — On voit les traces de la voie romaine de Carhaix à Lannion au lieu dit le Coat-Sec'h. — Vestiges du château du Marquès, détruit en 1793. Châteaux modernes de Pors-en-Parc, du Gollot et de Kerdelahaie. — *Points culminants* : Le bourg, 210 m.; Signal, 225 m.; Pors-en-Parc, 210 m. — *Géologie* : Granite et quartz; carrière à peu près épuisée d'un beau quartz améthiste que l'on peut façonner en bijoux; à l'ouest, gneiss. — Ont été Maires : MM. Riou, Le Tezec, Aurégan, G. Le Roux, Dantec, de Loz de Coatgourhan, maire actuel.

PLUZUNET, 2,399 hab.; — bornée au N. par Tonquédec, Cavan et Prat; à l'E. par Bégard; au S. par Louargat et Trégrom; à l'O. par le Guer, qui la sépare de Plouaret; — traversée par la rivière du Guindy du S. au N.; par les chemins de grande communication Nos 15, 55 et 56; par les chemins d'intérêt commun

N° 42 et de Belle-Ile au chemin N° 56 ; — école de garçons, 91 élèves; de filles, 50 élèves; — dépend de la perception de Plouaret ; — résidence d'un notaire ; — faisait partie de l'ancien évêché de Tréguier ; — on parle le breton ; — marché le mardi ; foires le 2e mardi de mai, le dernier mardi de juillet, le 10 octobre. — Territoire arrosé par le Guindy et le Kerlo ; plat et uni, à l'exception de la partie ouest, où la rivière du Guer forme une vallée profonde. Il est généralement boisé et planté de pommiers. Les terres sont d'assez bonne qualité ; les prairies productives, et la plupart des landes pourraient être défrichées, à l'exception de celles qui se trouvent sur les pentes rapides de la vallée du Guer. — Le bourg de Pluzunet est bien bâti et possède une jolie place plantée d'ormes. — Son église paroissiale, dédiée à saint Pierre, est de construction récente ; mais la tour, qui a été conservée, porte la date de 1669. — La chapelle de Saint-Idunet, l'un des compagnons de saint Fracan, et comme celui-ci venu de la Grande-Bretagne, est en ruines. C'est au premier de ces saints personnages que la commune doit son nom. — Nous citerons aussi les chapelles de Saint-Jean, du Loc et de Saint-Idrienne. — On ne voit plus que les vestiges du château fort de Coatanizan, qui passait pour être l'un des plus considérables de la province. — Traces de la voie romaine de Carhaix à Tréguier. — Au lieu nommé Losser, la rivière se précipite d'une certaine hauteur avec un bruit qui s'entend à plusieurs kilomètres. En face de cette cascade, mais en Ploubezre, se trouve une roche d'une hauteur considérable et d'un aspect assez singulier. — *Points culminants* : Le bourg, 109 m.; le Loc, 156 m.; Quillagouen, 175 m. — *Géologie* : Constitution granitique; amas de quartz. — *Maires* : MM. 1792, Le Ballier; J. Le Parc; 1793, Bonville; an III, Glaëran; an IV, J. Le Parc; an VI, Y. Clech; 1801, Le Parc; 1806, Berthou; 1826, Le Neuder; 1845, B. Clech; 1852, Le Guyon, maire actuel.

TONQUÉDEC, 2,058 hab.; — bornée au N. par Buhulien; à l'E. par le Guindy, qui la sépare de Caquennec et de Cavan; au S. par Pluzunet; à l'O. par le Guer, qui la sépare de Plouaret et de Ploubezre; — traversée du S. au N. par le chemin de grande communication N° 15; — école de garçons, 62 élèves; de filles, 45 élèves; — dépend de la perception de Plouaret; — faisait partie de l'ancien évêché de Tréguier; — on parle le breton; — marché le samedi; foire le samedi après le 29 juin. — Territoire plat et uni, à l'exception de la partie ouest, où la rivière du Guer coule dans une vallée large aux bords escarpés; il est passablement boisé et assez bien planté de pommiers. Les terres sont de bonne qualité et soigneusement cultivées; les prairies fournissent d'excellents et abondants fourrages. — L'église, restaurée en 1835, est sous le patronage de saint Pierre et de saint

Yves ; elle renferme, dans un caveau situé sous le chœur, les enfeus des familles des Kergrist et des du Quengo, seigneurs de Tonquédec. Cette église fut érigée en collégiale par Rolland, vicomte de Coëtmen, en 1447, et son service confié à un doyen et cinq chanoines ; c'est de cette époque que date la maîtresse vitre de l'église qui représente, agenouillés, le fondateur de la collégiale et sa femme. — On remarque dans le cimetière, entr'autres tombes, celle de MM. Couppé, ancien député à la Convention, conseiller honoraire de la Cour de Rennes, décédé maire de Tonquédec ; B. Troguindy et Nicolas, décédés également tous deux maires de la commune. — Chapelles de Kerjvoallan, de Kermeur, de Saint Gildas, de Saint-David, du Loc, de Saint-Guénolé et de Saint-Médard. — Les restes du château fort de Tonquédec, l'un des plus beaux monuments de l'architecture féodale et militaire des XIIIe et XIVe siècles, présentent encore le plus imposant aspect. Ces ruines, situées sur un coteau escarpé dominant la rivière du Guer, sont grandioses et magnifiques ; elles ont assez peu souffert pour permettre de reconstituer le plan du château primitif, qui formait un polygone irrégulier et un peu allongé, divisé en trois parties. D'abord la première cour, flanquée extérieurement de quatre tours ; puis une deuxième cour, plus grande que la première, défendue du côté de celle-ci par deux autres tours et présentant encore une tour à ses angles sud et nord, de même qu'au centre de la courtine élevée de ce dernier côté ; enfin un donjon colossal, isolé du reste des constructions avec lesquelles il communiquait seulement par un pont levis. Cette forteresse, qu'on peut considérer comme l'une des plus importantes par sa force et sa grandeur parmi celles qui hérissaient autrefois notre province, appartenait dès le xiie siècle aux barons de Coëtmen, qui portaient aussi le nom de sires de Tonquédec. En 1499, Gislette de Coëtmen se maria avec Jean VI d'Acigné, dans la famille duquel la terre de Tonquédec demeura jusqu'en 1583, époque à laquelle Judith d'Acigné épousa le maréchal de Cossé-Brissac. Vers 1710, cette terre revint à une branche cadette des Coëtmen, qui la porta en 1760 dans la maison Rougé. Aujourd'hui, elle appartient à la famille du Quengo. — Menhirs près le village du Kermeur, et sur le chemin de Kerjan à la papeterie, un dolmen. — *Points culminants :* Kermeur, 100 m.; Kerzulvé, 107 m.; Keranguez, 72 m. — *Géologie :* Constitution granitique ; très-beau granite rosé. — Ont été Maires : MM. F. Poullennec, Le Guyon, Couppé, Nicolas, Prigent, P. Poullennec, de Troguindy, R. Nicolas, maire actuel.

TRÉGROM, 1,427 hab ; — bornée au N. par Pluzunet ; à l'E. par Louargat ; au S.-E. par Belle-Ile ; au S. et à l'O. par le Guer, qui la sépare de Plounévez-Moëdec et de Plouaret ; — traversée par le chemin de fer sur un parcours de 1,573 ^{m} 90 et par le chemin d'intérêt commun de Belle-Ile au chemin N° 56 ; — école de garçons, 52 élèves ; de filles, 15 élèves ; — dépend de la perception de Plouaret ; — faisait partie de l'ancien évêché de Tréguier ; — on parle le breton. — Territoire fort accidenté, coupé par une infinité de vallées, de petits ruisseaux et baigné par la rivière du Guer : il est boisé. Les terres sont bonnes ; mais les prairies sont médiocres. — L'église, sous le patronage de saint Brandan, abbé dont la fête se célèbre le 6e dimanche après Pâques, a été restaurée en 1843. Quelques-unes de ses parties datent du xve et du xvie siècle. Elle renferme le tombeau du marquis de Kersauzon, qui fut, dit-on, son fondateur. — Chapelles du Christ, de Saint-Méloir et de Saint-Tugdual. La première possède des restes de verrière du xvie siècle. — Ruines du château de Coatleguer. Château moderne du Guer. — Au village de Keranscot, on trouve deux menhirs, et près de celui de Kermenou, un tumulus. — *Points culminants* : Kerfizou, 81 m. ; Pabu, 138 m. ; Coatleguer, 166 m. — *Géologie* : Constitution granitique ; amas de quartz. — Ont été Maires : MM. Kurien, Le Pennec, Le Bourdonnec et Conen de Penlan, maire actuel.

Canton de Tréguier.

Le canton de Tréguier est borné au N. par la Manche ; à l'E. par la rivière de Tréguier, qui le sépare des cantons de Lézardrieux et de La Roche-Derrien ; au S. par le canton de La Roche-Derrien, et à l'O. par les cantons de Lannion et de Perros-Guirec. — Il est traversé par les routes départementales N° 1er de Saint-Brieuc à Morlaix, N° 4 de La Roche-Derrien au Pont-Losquet, N° 5 de Guingamp à Tréguier ; par les chemins de grande communication N° 16 de Perros au Pont-Losquet, N° 55 de Tréguier à Belle-Ile-en-Terre ; par les chemins d'intérêt commun N° 33 de Tréguier à Saint-Guignolé, N° 35 de Lannion au Port-Blanc, N° 37 de Lannion à Pontrieux, N° 38 de Saint-Julien à Trélévern, N° 41 du Pont-Losquet au Port-Blanc, N° 43 de Trélévern à Penvenan.

La population du canton est de 18,480 hab. ; sa superficie de 11,474 hect., et son revenu territorial net de 896,554 fr.

Le territoire de ce canton maritime, accidenté et montueux, est découvert dans sa partie nord, voisine de la mer, boisé et planté de pommiers dans celle du sud. Il offre, de tous côtés, des points de vue aussi beaux que variés, soit qu'on explore son littoral, soit qu'on parcoure les belles vallées qui le sillonnent ou qu'on admire les riches cultures de ses champs. Dans ce canton, en effet, l'homme seconde la nature avec énergie, et donnant à la terre les soins et l'engrais qu'elle réclame, il en retire des produits de premier ordre en céréales et plantes industrielles telles que colzas et lins. Ces derniers surtout peuvent, dans certaines communes, rivaliser avec les textiles les plus estimés de la Flandre.

Si ses prés sont insuffisants, il y supplée par les prairies artificielles et les plantes fourragères. Il en résulte que l'agriculture, tout en obtenant des céréales, peut avantageusement élever de bon bétail et produire de forts et vigoureux chevaux de trait recherchés et vendus à de hauts prix. A tous ces avantages qui tiennent au sol, il faut ajouter ceux de la pêche côtière, de la vente des sables, des varechs, des huîtres et surtout de la marine à laquelle le canton fournit de nombreux matelots; aussi peut-on le classer au premier rang pour l'aisance dans laquelle en général vivent ses habitants. — Le canton de Tréguier produit : froment, 46,460 hect. ; méteil, 4,368 hect.; seigle, 3,416 hect.; orge, 25,160 hect.; avoine, 78,240 hect.; sarrasin, 21,330 hect.; pommes de terre, 85,700 h.; betteraves, 15,200 quint. m.; chanvre, 480 quint. m. de filasse; lin, 1,800 quint. m. de filasse; cidre, 621 hect. — Il possède : chevaux, 2,020 ; taureaux, 150; bœufs, 100; vaches, 3,000; veaux, 500; béliers, 210; moutons, 1,250; brebis, 440; agneaux, 2,100; boucs et chèvres, 290 ; porcs, 2,250.

TERRES. — Revenu net moyen, par hectare, pour le canton... 69 fr. 92   Valeur vénale moyenne, de l'hectare, dans le canton............ 1,850 fr.

COMMUNES COMPOSANT LE CANTON.	POPULATION.	DISTANCES en kilomètres.			NOMBRE D'HECTARES des terrains imposables produisant revenu.					Terrains non productifs et non imposés, Chemins, rivières, etc. — Hectares.	NOMBRE TOTAL D'HECTARES par commune.	REVENU CADASTRAL.	PROPORTION de rehaussement pour obtenir le revenu réel.		TAUX MOYEN de l'inté. êt des fonds placés.		NOMBRE	NOMBRE		
		Du chef-lieu du département.	Du chef-lieu d'arrondt.	De Tréguier (chef-lieu de canton).	Jardins, courtils, vergers et sol des édifices.	Terres labourables.	Prés.	Bois et taillis.	Pâtures et landes.	TOTAL.				Pour les terres (1).	Pour les maisons, moulins et usines (2).	En terres.	En maisons, moulins et usines.	De maisons.	De moulins et usines.	De foires.	De cafés et cabarets.
													fr. c.	p. 0/0	p. 0/0						
Tréguier....	3,472	60	23	»	28	99	1	3	4	135	20	155	26,169 50	3.42	3.42	4.46	5. »	459	4	11	36
Caulez......	1,278	63	15	8	14	868	70	33	134	1,119	46	1,165	34,419 25	2.14	2.06	4.07	4. »	281	5	»	6
Coatréven...	1,039	70	14	10	9	736	59	18	48	870	42	912	34,700 29	1.88	2.10	3.65	3.70	248	3	»	4
Langoat.....	2,328	55	18	8	17	1,549	117	13	68	1,764	86	1,850	52,492 63	2.61	2.72	3.60	3.94	537	7	1	10
Lanmérin...	544	65	10	13	4	327	49	4	11	395	20	415	19,491 02	1.59	1.77	3.58	3.83	137	3	»	4
Minihy-Tréguier....	1,575	58	23	2	9	999	22	18	67	1,115	92	1,207	44,427 62	2.25	2.22	3.86	3.83	319	10	»	8
Penvenan...	3,039	65	20	8	17	1,406	120	38	310	1,891	93	1,984	56,977 57	2.39	2.33	3.77	4.01	624	9	»	17
Plougrescant	2,175	70	28	9	16	1,028	115	23	288	1,470	84	1,554	36,027 22	2.89	2.84	3.77	4. »	543	5	2	6
Plouguiel...	2,621	63	25	2	18	1,433	122	29	195	1,797	110	1,907	51,738 06	2.68	2.04	3.76	4.01	610	7	»	10
Trézény.....	409	70	10	13	3	274	20	3	6	306	19	325	12,255 05	2.10	2.07	3.79	4.08	89	1	»	3
TOTAUX....	18,480	»	»	»	135	8,719	695	182	1131	10,862	612	11,474	368,699 11	»	»	»	»	3,847	54	14	104

(1 et 2) Pour les notes concernant ce tableau, voir celles du tableau du canton de Lannion, pages 580 et 581.

TRÉGUIER, 3,472 hab.; — située par les 5° 34' 6" de longitude O. et par les 48° 47' 34" de latitude N.; — bornée au N. par Plouguiel, dont le Guindy la sépare; à l'E. par Trédarzec, le Jaudy coulant entre les deux; au S. et à l'O. par Minihy-Tréguier; — ancienne ville épiscopale; — traversée par les routes départementales Nos 1er et 5, et le chemin d'intérêt commun No 33; — école de garçons, 293 élèves; cinq écoles de filles, 345 élèves; salle d'asile, 135 enfants; petit séminaire; pensionnats pour les jeunes filles; — chef-lieu de canton et de perception; — cure de 2e classe; hospice civil et bureau de bienfaisance; justice de paix; résidence de trois notaires; compagnie de sapeurs-pompiers (40 hommes, 2 pompes); société de secours mutuels (33 membres honoraires, 136 participants); société pour l'extinction de la mendicité; bureau télégraphique; une imprimerie; trois librairies; chambre littéraire; brigade de gendarmerie à pied; aide-commissaire de la marine; syndic des gens de mer; gendarme maritime; bureau d'enregistrement pour le canton et pour celui de La Roche; inspection, recette principale et capitainerie des douanes; recette des contributions indirectes; bureau de poste; agent secondaire des ponts et chaussées; maître de port; agent-voyer; comice agricole; vice-consul de Suède et de Norwège; — on parle le breton; — marchés le mercredi et le samedi; — foires le mercredi avant le 15 janvier, le mercredi avant la Purification, le 3e mercredi de février, le mercredi d'avant la mi-carême, le mercredi d'avant Pâques, le samedi de la Fête-Dieu (12 jours), le dernier mercredi de septembre, l'avant-dernier mercredi d'octobre, le dernier mercredi d'octobre, le dernier mercredi de novembre et le mercredi avant la Nativité. — La ville de Tréguier s'élève en amphithéâtre sur la langue de terre formée par la jonction des rivières le Jaudy et le Guindy. Cette position, à 7 kilom. seulement de la haute mer, est des plus heureuses et très-appréciée par le commerce maritime, dont les navires trouvent en face de cette ville un mouillage sûr, et le long de ses quais reconstruits depuis quelques années, toutes les facilités désirables pour l'embarquement et le déchargement des marchandises. Cependant, malgré le mouvement très-marqué qui tend à s'accroître chaque jour dans son port, Tréguier conservera encore longtemps son caractère de ville épiscopale. Outre l'imposante masse de sa belle cathédrale, qui attire l'œil de quelque côté que l'on arrive, les importantes constructions des Ursulines, du petit séminaire, de l'ancien évêché, des Dames Augustines, des Filles de la Croix et des autres édifices religieux semblent, dans chaque quartier, dominer les maisons groupées pour ainsi dire à leur ombre. — Nous venons de parler de la cathédrale; elle est dédiée à saint Tugdual, son premier évêque, et à saint Yves, dont elle renferme le tombeau. C'est un vaste édifice à trois nefs, ayant dans œuvre 75 m. de longueur et 39 m 50 de largeur aux transepts ; sa voûte est à 18 m. au-dessus du pavé et son chœur se termine par une abside à cinq pans. Presqu'entièrement construit en granit dans la première moitié du xive siècle (1339), ce monument est riche de toutes les beautés architecturales de cette époque. La chapelle du Duc, qui s'ouvre sur le collatéral nord par trois arcades, a été bâtie au siècle suivant, ainsi que la tour qui termine le transept sud ; sur cette tour s'élève une belle flèche de 34 m. de hauteur, construite en 1785. A l'extrémité du transept nord, on voit un reste de la cathédrale primitive : c'est une tour de la fin du xie siècle, dite tour d'Hastings. Le pourtour du chœur est décoré de sept chapelles ; les quatre premières, éclairées par de larges fenêtres à rosaces ; les trois autres formant le rond-point sont à trois pans percés chacun d'une fenêtre. Quarante-six stalles de chêne sculpté en 1648, suivant un compte de cette époque, mais qui semblent plus anciennes, décorent les deux côtés du chœur nouvellement débarrassé, ainsi que l'église, du badigeon qui la déshonorait et sur l'arcade centrale duquel on lit, en caractère du xve siècle, le cri de guerre breton usité à cette époque : *Malo au riche Duc*. Dans le baptistère qui occupe le porche primitif, on remarque des fonts du xive siècle. Le portail principal se compose d'un pignon élevé, décoré d'une galerie en terrasse au-dessus de laquelle s'épanouit une large rosace rayonnante ; deux tourelles, surmontées de pyramides légèrement obtuses et renfermant chacune un escalier, flanquent ce pignon et donnent à la façade occidentale la physionomie bien connue de plusieurs cathédrales anglaises construites à la même époque que celle-ci. — Au nord et le long du chevet de la cathédrale, se trouve un cloître du XV° siècle ; il a la forme d'un trapèze et est entouré de quarante-huit arcades remplies par des trèfles quadrilobés que supportent de légères colonnettes ; des contreforts surmontés de pinacles et destinés à appuyer une voûte qui n'a pas été faite, séparent de trois en trois ces arcades de granite dont l'élégance et la légèreté prouvent qu'à l'époque où ce cloître fut consacré (1468), le style ogival tertiaire était à son apogée dans notre pays. — Obligés de nous borner à ces détails, que trouveront bien arides et insuffisants ceux qui connaissent le monument que nous venons d'esquisser à grands traits, nous nous joindrons à tous les amis de l'art chrétien qui appellent de leurs vœux les plus vifs la mise au jour d'une monographie très-complète de cette cathédrale à laquelle est attachée, depuis plus de 600 ans, l'histoire de la ville et du pays de Tréguier. — Nous avons parlé précédemment, page 33, de l'industrie huitrière qui forme la principale branche de commerce de cette ville ; mais nous ne devons pas omettre ici la belle usine de MM. Le Millier et Villeneufve, dans laquelle plus de 30 ouvriers se livrent à la fabrication des huiles de colza et de graine de lin ; quant aux toiles dites de Tréguier, elles occupent un certain nombre de métiers, mais plutôt dans la banlieue que dans la ville même. — Le port de Tréguier présente un mouvement annuel et moyen, à l'entrée, de 232 navires, jaugeant 9,362 tonneaux et montés par 986 hommes; à la sortie, de 239 navires, jaugeant 10,307 tonneaux et montés par 1,110 hommes; dans cette statistique ne sont pas compris les bateaux qui s'occupent de la pêche du goëmon et des sables calcaires. — Patrie de Marie-Françoise Abeille, dame de Kéralio, auteur de plusieurs volumes de poësies; de Émile-Clément de Ris, colonel en 1815, décédé pair de France; des deux frères Joseph et Ange-Marie Raoul, décédés capitaines de vaisseau; etc. — *Point culminant*: Le haut de la ville, 46 m. — *Géologie*: Schiste modifié par les roches feldspathiques et roches feldspathiques au sud-est. — Ont été successivement Maires de Tréguier, MM. Duportal du Goasmeur, Dieuleveult, Illiac, Dieuleveult, de Sagasan et Duportal du Goasmeur, maire actuel.

CAMLEZ, 1,278 hab.; — bornée au N. par Penvenan; à l'E. par Plouguiel et Trézény; au S. par Coatréven; à l'O. par Kermaria-Sulard, Trélévern et Trévou-Tréguignec; — traversée par les chemins d'intérêt commun Nos 35 et 41; — école de garçons, 53 élèves; de filles, 30 élèves; — dépend de la perception de Langoat; — faisait partie de l'ancien évêché de Tréguier; — on parle le breton. — Territoire généralement uni, à l'exception de la partie sud-est, voisine du Guindy; il est peu boisé. Terres et prés médiocres, mais bien cultivés et assez productifs. — L'église porte la date de 1714; elle a pour patron saint Trémeur, dont la fête se célèbre le 8 novembre. — Il existe en outre, dans la commune, une chapelle dédiée à saint Nicolas, construite en 1824. — Sur la route de cette chapelle à Trévou-Tréguignec, on voit encore le château de Kerham, construction assez remarquable du xviie siècle — *Points culminants* : Le bourg, 71 m.; Pen-Prat, 87 m.; Saint-Nicolas, 100 m. — *Géologie* : Au nord, granite amphibolique; au sud, schiste modifié. — *Maires* : Ont rempli successivement ces fonctions, MM. A. Salliou, Bridou, Broudic, Ropers, Igigabel, Boussougan, Ollivier, J. Salliou, L. L'hevedfr et J. L'hereder, maire actuel.

COATRÉVEN, 1,039 hab.; — bornée au N. par Camlez; à l'E. par Camlez et Minihy-Tréguier; au S. par Langoat et Lanmérin; à l'O. par Trézény et Kermaria-Sulard; le Guindy la sépare des communes de Minihy et de Langoat; — traversée par la route départementale N° 1er et par le chemin de grande communication N° 16; — école de garçons, 50 élèves; — dépend de la perception de Langoat; — faisait partie de l'ancien évêché de Tréguier; — on parle le breton. — Territoire uni et assez plat, à l'exception de la partie sud, qui avoisine le Guindy. Terres de bonne qualité et bien cultivées;

prés et pâturages très-productifs. — L'église a pour patron saint Pierre. — Une chapelle, dédiée à la sainte Vierge sous le titre de Notre-Dame de Lochrist, existe dans la commune sur la route départementale N° 1er. — Villa moderne de Keranroux. — *Points culminants* : Le bourg, 95 m.; Poul-ar-Ran, 62 m. — *Géologie* : Granite à l'est et au nord; schiste modifié et schiste talqueux au sud. — *Maires* : Ont successivement rémpli ces fonctions, MM. Dagorne, F. Balcou, Potin, Le Huérou, J. Balcou, Le Roux, Le Cabec et Le Masson, maire actuel.

LANGOAT, 2,328 hab.; — bornée au N. par Coatréven et Minihy-Tréguier; à l'E. par La Roche-Derrien et Pommerit-Jaudy; au S. par Mantallot et Cavan; à l'O. par Quemperven et Lanmérin; le Jaudy la sépare de La Roche et de Pommerit, et le Guindy de Coatreven et de Lanmérin; — traversée par les routes départementales Nos 4 et 5; par le chemin de grande communication N° 55 et par le chemin d'intérêt commun N° 37; — réunie à La Roche pour l'école de garçons; école de filles, 60 élèves; — chef-lieu de perception; — résidence d'un notaire; — faisait partie de l'ancien évêché de Tréguier; — on parle le breton; — foires le lundi, le mardi et le mercredi des Rogations. — Territoire accidenté, mais particulièrement aux abords de la rivière du Guindy. Terres de bonne qualité et bien cultivées. — L'église, datant de 1771, est dédiée à sainte Pompée ou Coprie ; elle renferme le tombeau de sa patronne. Ce mausolée en granite et d'un beau travail porte la date de 1370. Sainte Pompée était sœur de Hoël 1er, dit le Grand, roi de Bretagne, et mère de saint Tugdual, premier évêque de Tréguier. Un clocher assez élégant et d'une certaine élévation domine l'église. — Le cimetière renferme le tombeau érigé, par ses amis et ses élèves, à M. Le Grand, ancien recteur de l'Académie de Rennes, homme aussi bienveillant et modeste que savant, né à Longoat le 12 janvier 1792 et inhumé en 1839. — La commune possède cinq chapelles ; nous citerons celles du Louedec et de Kervot, près desquelles on remarque de belles croix ornementées en granite. — Dans la partie Est de la commune, on voit une vaste enceinte fortifiée et de forme triangulaire ; elle porte le nom de Château-Noir (*Castel-Du*), et l'on prétend, dans le pays, qu'elle est l'œuvre des Anglais, qui s'y seraient retranchés lorsqu'en 1345 ils assiégèrent et prirent le château et la ville de La Roche-Derrien. — *Points culminants* : Le bourg, 35 m.; Bazil, 38 m.; les Quatrevents, 76 m. — *Géologie* : Schiste argileux ; deux petites carrières d'ardoises sur le bord du Jaudy. — *Maires* : MM. 1826, J. Le Coz ; 1830, J.-M. Le Grand ; D. Guyomard ; 1832, Y.-M. Le Grand ; 1855, Y.-M. Beauverger, maire actuel.

LANMÉRIN, 544 hab.; — bornée au N. par Trézény et Coatréven ; à l'E. par Langoat et Quemperven, dont le Guindy la sépare; au S. et à l'O. par Rospez; — traversée dans le N. par la route départementale N° 1er; — école de garçons, 15 élèves; — dépend de la perception de Langoat; — faisait partie de l'ancien évêché de Tréguier; — on parle le breton. — Territoire accidenté, bien boisé et planté de pommiers. Les terres sont bonnes, bien cultivées, et les prés d'excellente qualité. — L'église est dédiée à saint Merin, religieux venu d'Ecosse au viie siècle et dont la fête a lieu le 5 février. Son pardon se célèbre le 3e dimanche après Pâques. Il a donné son nom à la commune. — La chapelle de la Salle est du xvie siècle et a pour patronne Notre-Dame de Pitié. — Autrefois le recteur de Lanmérin était décimateur de sa paroisse à la 12e gerbe; ce bénéfice donnait de si beaux produits qu'on l'appelait le moulin d'or. — *Point culminant* : Kerespern, 54 m. — *Géologie* : Schiste talqueux à l'ouest et argileux à l'est. — *Maires* : Ont successivement rempli ces fonctions, MM. Famel, Le Tynevez, Le Lourec, Le Rolland, Le Bail et Le Rallec, maire actuel.

MINIHY-TRÉGUIER, 1,575 hab ; — bornée à l'O. et au N. par le Guindy, qui la sépare de Coatréven, Camlez et Plouguiel; à l'E. par le Jaudy, qui la sépare de Trédarzec, Troguéry, Pommerit-Jaudy et La Roche; au S. par Langoat; — traversée par les routes départementales Nos 1er et 3, et par le chemin d'intérêt commun N° 33;

— réunie à Tréguier pour l'instruction des garçons; — dépend de la perception de Langoat; — ancienne paroisse de Tréguier; — on parle le breton. — Territoire accidenté, surtout aux abords des rivières du Jaudy et du Guindy; il est assez bien boisé et planté de pommiers. Sol riche et bien cultivé. — La chapelle de l'ancien manoir de Kermartin sert actuellement d'église paroissiale; c'est un élégant édifice du xv⁰ siècle, moins son portail principal et sa tour, qui ont été reconstruits en 1818, et le caractère général de son architecture dément la tradition locale qui veut que sa construction soit due à saint Yves, son patron, qui l'aurait édifiée en 1293. C'est le 19 mai de chaque année que se célèbre, au milieu d'un immense concours de pèlerins, la fête de saint Yves. Ce jour-là, une procession sortant de la cathédrale de Tréguier s'y rend en grande pompe. La vie de saint Yves a plusieurs fois été écrite; nous nous bornerons donc à rappeler ici que cet illustre personnage, du nom d'Elory, est né au manoir de Kermartin, en la paroisse du Miniby, le 17 octobre 1255; qu'il fut official de Tréguier et successivement recteur de Trédrez et de Louannec; qu'ayant suivi avec éclat les études du droit à Paris, il appliqua son savoir à défendre avec dévouement les causes des indigents, dont il suivait les procès jusqu'au Parlement, et qu'enfin son saint zèle lui a valu, avec le titre d'avocat des pauvres, l'honneur d'être choisi pour patron par les hommes de justice. Il mourut le 19 mai 1303, fut inhumé dans la cathédrale de Tréguier et sa canonisation fut prononcée le 13 mai 1347. Son testament est écrit sur un tableau placé dans l'église, et l'on conserve, dans la sacristie, les restes de son bréviaire, magnifique manuscrit sur vélin. Le manoir de Kermartin, acheté par Mgr de Quelen, archevêque de Paris, a été reconstruit en 1834, et une plaque en marbre, placée au-dessus de la porte, rappelle qu'à cette place naquit l'illustre Yves Elory. — Pendant longtemps la paroisse du Minihy a joui du droit d'asile, comme l'indique son nom. — Château moderne du Bilo. — La commune possède deux minoteries et l'on y exploite deux petites carrières d'ardoises dont les produits sont de médiocre qualité. — *Points culminants* : Le Châtel, 49 m.; Kerriec, 52 m.; Kerprigent, 60 m. — *Géologie* : Schiste argileux et ardoisier; roches amphiboliques. — Ont été Maires : MM. de Roquefeuille, Patin, Le Yaouanc et Le Fichant, maire actuel.

PENVENAN, 3,039 hab.; — bornée au N. par la Manche; à l'E. par Plougrescant; au S. par Plouguiel et Camlez; à l'O. par Trévou-Tréguignec; — traversée par les chemins d'intérêt commun N°s 33, 35, 41 et 43; — école de garçons, 115 élèves; de filles, 56 élèves; — dépend de la perception de Tréguier; — faisait partie de l'ancien évêché de Tréguier; — on parle le breton. — Territoire accidenté et découvert, peu boisé et planté de pommiers. Terres bonnes, bien cultivées et productives, quoique sablonneuses. Prés médiocres. Les landes comptent pour 1/8e environ dans la contenance de la commune; quelques-unes, couvertes de rochers, ne peuvent être avantageusement défrichées. — Le chef-lieu de la commune a moins d'importance que le Port-Blanc, grand et bon atterage situé à l'extrémité nord de son territoire, où des navires d'un fort tonnage relâchent avec sécurité quand le mauvais temps les empêche de tenir la mer. — L'église paroissiale, construite en 1837, est sous le patronage de la sainte Vierge, et le pardon a lieu le dimanche de la Quasimodo. — Il existe six chapelles en Penvenan : celles du Port-Blanc, de Saint-Maudez, de Saint-Nicolas, de Saint-Gonval, de Saint-Hérigin et de Saint-Gildas, dans l'île de ce nom. Le pardon de cette dernière, qui se tient le dimanche de la Pentecôte, se recommande à cause de l'usage qu'on a d'y conduire les chevaux. On regarde comme un honneur d'y arriver le premier, et souvent l'on n'attend pas, pour essayer de l'obtenir, que la mer, complétement retirée, ait laissé le passage libre et sans danger. — En 1829, dans l'anse de la Saudraie, on a trouvé des débris de mosaïques romaines. Des fouilles, exécutées en 1836, en ont fait recueillir d'autres. — On voit, en Penvenan, quatre menhirs : un à la sortie du bourg, le second à Keribo, le troisième à Guernotier et le quatrième dans un champ près de la limite de Camlez. — Habitations du

Pellinec et de Kerbuelven ; cette dernière a été la maison de plaisance des évêques de Tréguier. — Des fabriques de soude existent sur le littoral de Penvenan ; on y exploite aussi le granite. — *Points culminants* : Landebedan, 82 m.; moulin de la Comté, 55 m.; Kerbriant, 68 m. — *Géologie* : Granite amphibolique au nord et à l'est ; constitution granitique au sud et à l'ouest. — Ont été Maires : MM. Le Morvan, Tanguy, L. Pasquiou, Salliou, Masson et Pasquiou, maire actuel.

PLOUGRESCANT, 2,175 hab.; — bornée à l'O., au N. et à l'E. par la Manche ; au S. par Plouguiel ; au S.-O. et à l'O. par Penvenan ; — traversée par des chemins vicinaux simples ; — école de garçons, 70 élèves ; — dépend de la perception de Tréguier ; — faisait partie de l'ancien évêché de Tréguier ; — on parle le breton ; — foires le 2 juillet et le 14 septembre. — On trouve, aux lieux dits Marie-Charlès et Roc'h-ar-S'querch, des sables coquilliers contenant de 43.4 à 48 p. 0/0 de matières fertilisantes. — Territoire assez accidenté et peu boisé, surtout dans la partie nord, bordée par la mer. Les terres sont légères, mais rendues productives par une bonne culture et d'excellents engrais. Quatre petites îles, celles de Hevinec, de Itrónn-Varia, de Loaven et d'Er, dépendent de ce territoire. — L'église a pour patron saint Pierre et porte la date de 1763. — Nous citerons la chapelle Saint-Gonery, édifice du xvi° siècle, objet de nombreux pèlerinages, notamment le jour du pardon qui a lieu le 4e dimanche de juillet. Cette chapelle, dont la tour date de l'époque romane, appelle l'attention des touristes qui y verront avec intérêt les peintures de son lambris, le magnifique mausolée de l'évêque de Tréguier, Guillaume du Halgoët, décédé en 1602 ; la belle armoire en chêne sculpté qui se trouve dans la chambre des archives et qui renferme un curieux reliquaire et un coffret dans lequel est une chasuble du XVIe siècle, qu'on dit à tort avoir servi à saint Gonery, qui vivait 900 ans plus tôt. Une statue en albâtre de la sainte Vierge, et une auge sépulcrale en forme de bière, véritable tombeau de saint Gonery, sont également dignes d'attention. — Chapelle de Sainte-Eliboubanne, mère de saint Gonery, dans l'île Loaven ; une procession s'y rend en bateaux le 1er jour des Rogations. — Château moderne de Kergrec'h. — *Points culminants* : Le bourg, 50 m. ; Parc-er-Golen, 69 m. — *Géologie* : Granite amphibolique. — *Maires* : Ont rempli successivement ces fonctions, MM. Loas, Scolan, Squerren, Hamel, André et de Roquefeuille, maire actuel.

PLOUGUIEL, 2,631 hab. ; — bornée au N. par Plougrescant et la Manche ; à l'E. par la rivière de Tréguier, qui la sépare de Kerbors et Trédarzec ; au S. par le Guindy, qui la sépare de Tréguier et de Minihy-Tréguier ; à l'O. par Camlez et Penvenan ; — traversée par le chemin d'intérêt commun N° 33 et par des chemins vicinaux simples; — agent sanitaire à la Rochejaune; — école de garçons, 101 élèves; — dépend de la perception de Tréguier; — faisait partie de l'ancien évêché de Tréguier; — on parle le breton. — Territoire peu boisé, accidenté et montueux. Terres bonnes et bien cultivées. 1/6e de la contenance est encore en landes peu susceptibles d'être mises en culture. Prés médiocres. — L'église, sous le patronage de la sainte Vierge, construite à diverses époques, présente néanmoins un ensemble assez remarquable. Elle renferme un tombeau qu'on dit être celui d'un des membres de la famille de Kerousy. — Il existe trois chapelles en Plouguiel : celles de Bonne-Nouvelle, de Saint-Laurent et de Saint-Gouenou, située à la Rochejaune. Près de chacune de ces chapelles, il y a des pardons. — Le château de Keralio, édifice des XVe et XVIe siècles, subsiste encore et est habité par son propriétaire. — Il reste des parties assez curieuses des manoirs de Kerousy et Leshildry, tous les deux du XVIe siècle. — Le pont suspendu de Saint-François, situé en Plouguiel, met cette rive du Guindy en communication avec Tréguier. — Patrie du général Perrichon de Kerveso, né le 13 juin 1757, décédé le 22 février 1825, à l'hôtel des Invalides, membre du grand conseil de cet établissement. — *Points culminants* : Le bourg, 61 m.; Poul-ar-Ranct, 41 m.; Kermeno, 68 m. — *Géologie* : Granite amphibolique, et au sud, schiste modifié. — *Maires* : MM. 1790, Adam (père); 1814, Adam (fils); 1815,

Geffroy ; 1825, Potin ; 1837, Tremel ; 1838, Pezron 1843, Crec'hriou ; 1845, Le Pape ; 1848, C. Adam ; 1852, Le Manchec, maire actuel.

TRÉZÉNY, 409 hab.; — bornée au N. par Kermaria-Sulard ; à l'E. par Coatréven ; au S. par Lanmérin ; à l'O. par Rospez ; — traversée par la route départementale N° 1er et par le chemin d'intérêt commun N° 38 ; — école mixte, 52 élèves ; — dépend de la perception de Langoat ; — faisait partie de l'ancien évêché de Tréguier ; on parle le breton. — Territoire situé sur un plateau assez boisé s'inclinant légèrement au sud, bien cultivé et très-productif. — L'église est sous le patronage de saint Sezni, évêque d'Hibernie, disciple de saint Patrice au v° siècle et qui a donné son nom à la commune. Sa fête se célèbre le 2° dimanche de septembre. — Près des ruines de l'ancien château de Kerguenalegan, se trouve la chapelle de Saint-Jean-Baptiste, restaurée dans le style ogival. Il en existe aussi une autre dédiée à saint Julien. — *Points culminants* : Le bourg, 100 m.; Kerellec, 59 m. — *Géologie* : Schiste modifié par les roches feldspathiques, et au nord, granite. — *Maires* : Ont successivement rempli ces fonctions, MM. Gargam, Le Huérou, Derrien, Le Huérou, Bastiou et Le Razavet, maire actuel.

ARRONDISSEMENT DE LOUDÉAC.

Cet arrondissement comprend 9 cantons, savoir : Loudéac, Collinée, Corlay, Gouarec, La Chèze, Merdrignac, Mûr, Plouguenast et Uzel. Ces 9 cantons se subdivisent en 58 communes, ce qui donne, en moyenne, 6 communes par canton. Sa population est de 89,106 hab., et sa superficie de 136,122 hect.; son revenu territorial net est de 3,262,892 fr.

Il est borné au N. par les arrondissements de Guingamp, Saint-Brieuc et Dinan ; à l'E. par l'arrondissement de Dinan et par le département d'Ille-et-Vilaine; au S. par le département du Morbihan, et à l'O. par l'arrondissement de Guingamp. — Le canal de Nantes à Brest le parcourt sur une étendue de 32 kilom., et il sera traversé du N. au S. par le chemin de fer en projet de Saint-Brieuc à Napoléonville.

Dans l'arrondissement de Loudéac, tous les cours d'eau se dirigent vers le midi et se jettent dans l'Océan, soit directement, comme le Blavet, soit indirectement, comme le Lié, l'Oust, le Livet et le Grénédan, qui sont des affluents de la Vilaine. Il appartient tout entier au versant sud. Son territoire est élevé, fort montueux et très-tourmenté dans les cantons de Corlay, Gouarec, Mûr, Plouguenast et Uzel. Dans les autres cantons, les reliefs sont moins abruptes, et quoiqu'assez élevés, ils ont plus d'uniformité et forment souvent de longues ondulations.

Cet arrondissement, bien boisé dans ses parties cultivées, possède en outre les forêts importantes de Loudéac, de la Hardouinaye, de Bosquen et de Quénécan. Il produit du bétail en abondance et des chevaux légers recherchés par le luxe et par l'administration de la guerre pour la remonte de sa cavalerie.

L'arrondissement se divise, d'après le cadastre, de la manière suivante :

Jardins, courtils, vergers et sol des édifices, ci...	1,872 hect.
Terres labourables...................	65,168
Prés...............................	13,608
Bois et taillis......................	9,663
Pâtures et landes...................	40,282
Terrains improductifs et non imposés; chemins, rivières, etc...............	5,329
TOTAL............	136,122 hect.

Le revenu net moyen par hectare est, pour l'arrondissement, de... 21 fr. 37

La valeur vénale moyenne de l'hectare est de... 859 »

Il possède 22,469 maisons et 241 moulins et usines. — Il compte 89 écoles primaires et il s'y tient, par année, 93 foires.

L'arrondissement produit : froment, 79,630 hect.; méteil, 4,908 hect.; seigle, 178,374 hect.; orge, 165 h.; avoine, 297,091 hect.; sarrasin, 302,195 hect.; pommes de terre, 18,818 quint. m.; betteraves, 2,711 quint. m.; chanvre, 2,711 quint. mét. de filasse; lin, 916 quint. m. de filasse; cidre, 138,084 hect. — Il possède : chevaux, juments, poulains et pouliches, 11,961; taureaux, 1,498; bœufs, 10,666; vaches, 34,316; veaux, 11,274; béliers, 842; moutons, 5,066; brebis, 11,925; agneaux, 7,820; boucs et chèvres, 1,021 ; porcs, 9,896.

Pendant au moins deux siècles, l'arrondissement de Loudéac fut, dans la majorité de ses cantons, absolument industriel, et la culture des terres n'y était que secondaire. On s'y livrait à la fabrication des toiles dites de Bretagne, qui trouvaient leur principal écoulement en Espagne et dans les colonies espagnoles, et les affaires s'y traitaient annuellement par millions. Aussi, lorsqu'après les années de souffrance que la révolution de 1789 et l'état de guerre prolongé imposèrent au commerce, ce pays, à peine remis, vit tout à coup se tarir, par l'emploi des métiers mécaniques, par l'usage généralisé des tissus de coton, par la concurrence étrangère, les sources de son existence; et lorsqu'enfin tomba la fabrication qui le faisait vivre, sa misère fut extrême.

Des bras inhabiles à manier la charrue se trouvèrent inoccupés en face d'immenses étendues de terres en friches, couvertes de bruyères arides et considérées comme à jamais stériles. A la stupeur succéda enfin l'énergie, et depuis un certain nombre d'années, le tisserand, le blanchisseur, le petit marchand de toiles et de fils, s'étant faits cultivateurs, la misère a été remplacée presque par l'aisance, et l'on voit aujourd'hui, sur des points nombreux, de belles maisons là où depuis des siècles la bruyère seulement avait poussé. Nous le disons et nous ne craindrons pas de le répéter, c'est une transformation heureuse, que celle qui a fait de bons cultivateurs avec de pauvres industriels.

L'élan est donné, et si près de la moitié de l'arrondissement est encore couvert de landes incultes où paissent quelques troupeaux de chétifs moutons, il n'y a plus à désespérer. Chaque jour la charrue en attaque une portion et vienne, par le canal de Nantes à Brest, rendu facilement navigable, par le chemin de fer, aboutissant à la mer, par les encouragements bienveillants du gouvernement, la possibilité d'introduire dans cet arrondissement l'élément calcaire qui lui manque, tout changera, tout s'améliorera, et dans peu, ce pays, réputé le plus pauvre du département, rivalisera avec ceux qui sont en possession de la richesse agricole.

La population de l'arrondissement de Loudéac a trop longtemps souffert pour être en général très-vigoureuse; mais elle est intelligente et trouvera, sans aucun doute, dans le travail agricole, dans une nourriture plus substantielle, la force qui se remarque dans les cantons ruraux où la fertilité du sol permet à la population une alimentation saine et lui procure une aisance convenable.

Ont successivement exercé les fonctions de Sous-Préfet dans l'arrondissement de Loudéac : MM. an VIII, Hillion ; 2 avril 1816, Chevalier de Chabre ; 13 octobre 1817, de Gagon ; 6 septembre 1820, Geoffroy de Ville-Blanche ; 10 janvier 1821, Sévoy ; 23 mars 1822, de Coniac ; 29 juin 1823, de Prémorvan ; 23 août 1830, Bigrel ; 2 décembre 1835, de Felcourt ; juillet 1836, Doumerc ; 13 septembre 1839, marquis de Bréhan ; 1er août 1844, Denjoy ; 5 novembre 1847, Rebut de la Rhoëllerie ; 20 mars 1848, Viet, sous-préfet actuel.

Canton de Loudéac.

Le canton de Loudéac est borné au N. par les cantons d'Uzel et de Plouguenast ; à l'E. par le canton de La Chèze ; au S. par le Morbihan ; à l'O. par le canton de Mûr. — Il est traversé du N. au S. par le chemin de fer projeté de Saint-Brieuc à Napoléonville, de l'E. à l'O. par la route impériale No 164 bis de Rennes à Brest, du S. au N. par la route impériale No 168 de Quiberon à Saint-Malo ; par les routes départementales No 3 du port du Légué à Lorient et No 7 de Loudéac à Josselin ; par les chemins de grande communication No 19 de Quintin à La Trinité et de Loudéac à Quintin, No 20 bis de Loudéac à Rohan, No 21 de Loudéac à Uzel ; par le chemin d'intérêt commun N° 47 de Loudéac à Corlay. La rigole alimentaire du canal de Nantes à Brest le parcourt dans l'ouest.

La population du canton est de 14,166 hab.; sa superficie de 19,248 hect., et son revenu territorial net de 514,964 fr.

Le territoire est généralement accidenté dans la partie sud et dans celle du nord-ouest; dans ses autres parties, il ne présente que de longues ondulations. Il est arrosé par les rivières de l'Oust et du Lié. — Pendant longtemps, ce canton ne présentait pour ainsi dire que des bois et des landes, qui lui donnaient un aspect triste et monotone. Pendant longtemps, il fut plus industriel qu'agricole; aujourd'hui, le tisserand est devenu cultivateur, et les landes tendent à disparaître sous l'effort de la charrue. Où la bruyère seule occupait la terre, des moissons mûrissent, et la fabrique des toiles n'est plus que l'industrie accessoire du canton qui, puisant ainsi la richesse dans son sol, se verra enfin et de plus en plus à l'abri de toutes les fluctuations qui agitent les pays d'industrie. Si les landes disparaissent, les arbres sont en partie restés, et indépendamment de la forêt de Loudéac, le canton est boisé. Il possède aussi de nombreux vergers dont les fruits donnent un cidre estimé.

Il appartient à la zône du midi et produit : froment, 28,488 hect.; seigle, 15,453 hect.; avoine, 39,430 hect.; sarrasin, 32,256 hect.; pommes de terre, 3,840 hect ;

TERRES. — Revenu net moyen, par hectare, pour le canton. 22 fr. 18

Valeur vénale moyenne, de l'hectare, dans le canton........ 585 fr.

COMMUNES COMPOSANT LE CANTON.	POPULATION.	DISTANCES en kilomètres.		NOMBRE D'HECTARES des terrains imposables produisant revenu.					Terrains non productifs et non imposés. Chemins, rivières, etc. — Hectares.	NOMBRE TOTAL D'HECTARES par commune.	REVENU CADASTRAL.	PROPORTION de rehaussement pour obtenir le revenu réel.		TAUX MOYEN de l'intérêt des fonds placés.		NOMBRE		NOMBRE	
		Du chef-lieu du département.	Du chef-lieu d'arrond.t	De Loudéac (chef-lieu de canton.)	Jardins, courtils, vergers et sol des édifices.	Terres labourables.	Prés.	Bois et taillis.	Pâtures et landes.	TOTAL.			fr. c	Pour les terres (1).	Pour les maisons, moulins et usines (2).	En terres.	En maisons, moulins et usines.	De maisons.	De moulins et usines.	De foires.	De cafés et cabarets.
Loudéac....	6,089	50	»	»	141	3,517	837	1132	2058	7,685	339	8,024	94,628 50	2.77	2.02	3.80	3.76	1,488	9	12	60
Hémonstoir.	587	53	7	7	»	473	104	75	705	1,357	42	1,399	8,797 93	2.38	2.24	3.73	3.79	170	1	»	3
La Motte....	2,865	43	7	7	21	1,292	362	1618	794	4,117	185	4,302	26,317 33	3.17	3.05	4.58	4.55	797	4	»	15
St-Caradec..	1,856	48	8	8	35	1,319	231	28	480	2,093	100	2,193	26,151 60	2.65	2.47	3.50	3.60	441	2	4	11
St-Maudan..	365	57	7	7	8	273	58	»	299	638	29	667	4,206 11	2.81	2.75	3.46	3.52	586	7	»	3
Trévé........	2,404	45	6	6	50	1,938	370	13	156	2,525	138	2,663	29,504 34	3.25	3.11	3.51	3.65	103	»	»	10
TOTAUX....	14,166	»	»	»	255	8,810	1962	2896	4492	18,415	833	19,248	189,605 81	»	»	»	»	3,585	23	16	102

NOTA. — *Terrains.* — Pour connaître le revenu réel des terrains et du sol des maisons dans une commune, il y a lieu de multiplier le revenu cadastral de ces terrains par les chiffres proportionnels, indiqués dans la colonne portant le numéro (1).

Maisons. — Pour obtenir le revenu réel d'une maison, il faut ajouter à son revenu cadastral le tiers de ce revenu, et multiplier le total par les chiffres indiqués dans la colonne portant le numéro (2).

Usines et Moulins. — Pour obtenir le revenu réel d'une usine, ajouter à son revenu cadastral la moitié de ce revenu, et multiplier le total par les chiffres indiqués dans la colonne portant le numéro (2).

chanvre, 216 quint. mét. de filasse; lin, 328 quint. mét. de filasse; cidre, 46,000 hect. — Il possède : chevaux, 1,264; taureaux, 457; bœufs, 1,864; vaches, 4,189; veaux, 1,349; béliers, 71; moutons, 285; brebis, 522; agneaux, 948; boucs et chèvres, 319; porcs, 519.

LOUDÉAC, 6,893 hab.; — bornée au N. par Trévé et La Motte; à l'E. par La Prénessaye; au S. par Saint-Barnabé et Saint-Maudan; à l'O. par l'Oust, qui la sépare de Saint-Gonéry (Morbihan), Hémonstoir et Saint-Caradec; — située par 48° 10' 56' de latitude N. et 5° 5' 30' de longitude O.; — traversée par les routes impériales Nos 164 bis et 168; par la route départementale No 7; par les chemins de grande communication Nos 19, 20 bis et 21, et par le chemin d'intérêt commun No 47; — deux écoles de garçons recevant 221 élèves; trois écoles de filles, 273 élèves; salle d'asile, 142 enfants; institution secondaire libre; — chef-lieu de sous-préfecture de 3e classe. — Cette ville possède une cure de 1re classe, un tribunal de 1re instance, une justice de paix, un hospice civil et un bureau de bienfaisance, une prison, une société de secours mutuels (65 membres honoraires, 35 participants), une compagnie de sapeurs-pompiers (40 hommes, 2 pompes); elle est la résidence de deux notaires, d'un lieutenant et d'une brigade de gendarmerie à cheval, d'un conducteur faisant fonctions d'ingénieur et d'agent-voyer d'arrondissement, d'un receveur particulier des finances; contrôleur des contributions directes; conservateur des hypothèques et receveur de l'enregistrement pour le canton et pour celui de La Chèze; vérificateur des poids et mesures; inspection et recette des contributions indirectes; chef-lieu de perception; direction des postes et poste aux chevaux; bureau télégraphique; conseil d'hygiène et de salubrité; comice agricole; stations d'étalons impériaux; chambres consultatives d'agriculture et des arts et manufactures; caisse d'épargne; chambre littéraire; un journal; une imprimerie; une librairie; — marché le samedi; foires le 1er samedi de chaque mois. — Territoire généralement ondulé, mais assez accidenté dans la partie sud-ouest, aux abords de l'Oust. Il existe encore des landes qu'on tend, chaque jour, à rendre productives. L'agriculture a fait de grands progrès; mais elle est arrêtée dans son élan par le manque de capitaux et d'engrais. Les parties cultivées sont généralement bien plantées, notamment de pommiers dont les produits sont estimés. — Nous ne voyons figurer, pour la première fois, le nom de la paroisse de Loudéac que dans la charte de fondation de l'abbaye de Lantenac, créée vers 1149 par Eudon, comte de Porhoët, qui affecta, parmi les revenus abandonnés en dot aux religieux nouvellement installés, « toutes ses dîmes de Loudéac. » Cette paroisse existait donc au XIIe siècle, et nous ne savons sur quoi on se base pour attribuer son origine à de prétendus rendez-vous de chasse qui auraient été fixés pendant de longues années au lieu où la ville est aujourd'hui bâtie, lorsque des documents très-anciens établissent que c'était à la Nouée que les comtes de Porhoët avaient leurs réserves de gibier de toute nature. Un acte de 1223, rendu par Olivier, vicomte de Rohan, parle aussi des dîmes de Loudéac (Lodoach), dont le nom se retrouve ensuite fréquemment dans les titres concernant la famille de Rohan. — Demeurée, au xve siècle, simple paroisse du comté de Porhoët, formé alors de deux grands fiefs, Josselin et La Chèze, Loudéac faisait partie de cette dernière châtellenie. Mais c'était l'un des cinq sièges de juridiction établis *ab antiquo*, dit un aveu de 1479, pour rendre la justice aux habitants du comté de Porhoët, absorbé plus tard (en 1603) par le duché de Rohan. Le ressort de ce siège ou sénéchaussée, qui s'étendait sur un grand nombre de paroisses, et occasionnait un certain concours de justiciables, puis les marchés dans lesquels se traitaient autrefois, notamment sur les toiles, des affaires considérables, enfin des foires tenues mensuellement donnèrent peu à peu à Loudéac une importance qui ne fit que s'accroître avec le temps et à laquelle cette ville dut son titre de chef-lieu de district et d'arrondissement lors de la division des provinces en départements, en 1790. C'est, du reste, une ville à moitié champêtre, heureusement située au point d'intersection de plusieurs routes impériales et départementales qui la percent dans divers sens et donnent à ses rues, bordées de jolies maisons, une largeur et un aspect que n'ont pas beaucoup de villes qui s'enorgueillissent d'une histoire plus brillante. — Les édifices publics de Loudéac sont : le tribunal, construit en 1845 ; la salle d'asile, due en partie à la munificence de M. de Salvandy, ministre de l'instruction publique, qui accorda une subvention de 12,000 fr., lors de son passage à Loudéac, le 15 octobre 1846 ; le collége, dans lequel se trouvent réunis les deux écoles primaires de garçons et le télégraphe ; la prison ; l'hospice, fondé en 1808, et deux vastes halles. — L'église a pour patron saint Nicolas, dont la fête se célèbre le 6 décembre ou le dimanche suivant ; elle est bien bâtie, et son clocher inachevé, du sommet duquel on jouit d'un large et bel horizon, est assez élevé. Le corps principal de l'édifice a été construit en 1759 ; la tour remonte à 1728. Dans l'église, on remarque le maître-autel avec quatre colonnes et deux anges adorateurs, en marbre blanc, attribués à l'habile sculpteur Corlay. Les statues également en marbre de saint Nicolas et de saint Maurice, et une balustrade en fer d'un beau travail, méritent aussi l'attention. — Il existe, dans la ville, trois chapelles : 1° de l'Hôpital, bâtie en 1780 ; 2° de la Providence, érigée vers 1830, et 3° de Notre-Dame des Vertus, où l'on voit à l'intérieur, sur l'une des poutres, la date de 1693. Le jour de la dédicace de cette dernière chapelle est celui de la fête patronale de la ville, fête qui se tient le dimanche le plus prochain du 10 mai ; elle attire, par les courses et les amusements divers auxquels elle donne lieu, un grand concours de personnes. — Sur le territoire de la commune, on voit aussi la chapelle de Saint-Guillaume, construite en 1740, près de la forêt de Loudéac ; celle du Ménec, rebâtie en 1835, et celle de Saint-Maurice, érigée sur le lieu de naissance du saint dont elle porte le nom. On y remarque un tableau peint sur bois représentant la Sainte-Famille, signé Le Bel, 1678. Une messe basse se célèbre tous les dimanches dans chacune de ces trois dernières chapelles. — On trouve, en Loudéac, les restes du château de la Feuillée, consistant en quelques pans de murailles de peu d'intérêt, et ceux du manoir de la Ville-Audrain, qui est assez bien conservé. On y voit une tour peu élevée, percée de meurtrières. — Sur la lande de Cadélac, à 1 kilom. de la ville environ, il existe encore des retranchements que l'on attribue à l'époque gallo-romaine ; ils ont 60, 55, 50 et 40 m. de face ; l'un d'eux montre encore des parapets de 1 m 50 de haut ; ceux des trois autres sont moins élevés. — Sur la butte de Cojean, à environ 1,500 m. au N. de Cadélac, on voit aussi une enceinte fortifiée et de forme circulaire, avec fossés autour. — La forêt de Loudéac, d'une contenance de 2,700 hectares environ, occupe une partie du territoire de cette commune et de celui de La Motte. Les titres de la maison de Rohan constatent qu'en 1400, elle avait plus de 40,000 arpents.

Cette forêt, autrefois peuplée de bêtes fauves, de sangliers surtout, est encore habitée par des chevreuils, des cerfs, des loups, des blaireaux et des renards. — Etangs de l'Arbon et de la Ville-Audrain. — Le commerce des toiles était, comme on l'a vu plus haut, très-important autrefois à Loudéac. En 1825, il s'y vendait, chaque semaine, pour 100,000 fr. de ces tissus. Aujourd'hui, environ 120 tisserands, dont la moitié au moins travaille pour la même maison, qui en emploie en outre 3 à 400 autres disséminés dans les communes de La Motte, Grâce et Trévé, s'occupent encore de cette industrie devenue bien ingrate. — Il se fait à Loudéac, dans la saison, un commerce très-considérable de pommes à cidre, et on exporte pour Rennes, chaque semaine, de grandes quantités de beurre, d'œufs, de volailles et de produits agricoles ; on évalue le poids de ces expéditions hebdomadaires à 20,000 kilogrammes au moins. — La commune de Loudéac a eu peu d'événements dont l'histoire ait conservé le souvenir. Nous rappellerons cependant que le château (incendié en 1803) fut, durant la Ligue, attaqué par 1,500 fantassins et 300 cavaliers qui venaient de prendre Moncontour. Ces troupes, commandées par Saint-Laurent, lieutenant du duc de Mercœur, repoussèrent les soldats du parti royaliste sous le commandement de Molac de Carcado. Le combat fut très-acharné de part et d'autre ; la perte s'éleva à plus de 200 hommes. Selon la tradition, le plus fort de la mêlée eut lieu aux

Trois-Croix, à moins de 1 kilom. de la ville. — Dans la nuit du 21 septembre 1803, un incendie terrible dévora presqu'entièrement la rue de Cadélac. — Loudéac a donné naissance : 1° à Éon de l'Etoile. Cet hérétique, ou plutôt ce fou, était un gentilhomme du pays qui, après avoir vécu quelque temps dans le monde, s'imagina un jour, après avoir entendu ces paroles de l'Eglise : *Per Eum qui venturus est judicare vivos et mortuos*, que Dieu l'avait établi juge des vivants et des morts. En conséquence, il se fit ermite et se retira dans la forêt de Paimpont, où il fut promptement suivi d'un grand nombre de disciples à la tête desquels il commit beaucoup de profanations dans les églises et les monastères. L'archevêque de Rheims le fit saisir et juger, en 1148, par un concile assemblé en cette ville et présidé par le pape Eugène III ; il fut condamné à une détention perpétuelle. 2° Maurice Duault, abbé de Langonnet et de Carnoët, décédé en 1191, et auquel l'église rend un culte public. 3° Rivallon, archidiacre, auteur d'épigrammes sacrées, dédiées à Marbodus, élu évêque de Rennes en 1096. 4° le général Gautier (Hyacinthe-Nicolas), né le 3 mai 1774, mort à Wagram en 1809. Il prit part aux guerres d'Allemagne et d'Italie, fut créé baron et reçut un majorat en Westphalie ; son nom est gravé sur l'arc de triomphe de l'Etoile. 5° Lavergne (Louis), né le 25 mars 1756, mort à Lamballe le 4 octobre 1831, docteur-médecin distingué et l'un des premiers qui se soit occupé avec succès de la plantation en arbres verts des terrains incultes. 6° M. Bigrel (Théophile), né le 9 mai 1802, successivement sous-préfet, député et mort receveur particulier des finances à Loudéac le 20 novembre 1861. — *Points culminants :* Pied de la croix du clocher, 200 m.; la ville, 162 m.; landes de Saint-Maurice, 147 m.; le Haut-Breil, 174 m.; le Parc, 207 m. — *Géologie :* Schiste talqueux; minerai de fer non exploité; roches amphiboliques. — Ont été Maires : MM. 1790, Dubois de Kerphilippe; 1791, Raffray; Tresvaux; 1792, Quéro; an IV, Quérangal; an V, Moizan; P.-II. Moizan; an VI, Quérangal; Lansard; Quérangal; an VII, Lansard; Edy; Lansard; Mahé; an IX, Robin-Morhéry; an X, Mahé; 1815, Le Héran; 1830, Daniel; 1835, Lansard; 1849, M. Connan, maire actuel.

HÉMONSTOIR, 587 hab ; — bornée au N. par Saint-Caradec; à l'E. par Loudéac, dont l'Oust la sépare; au S. par Saint-Gonéry et Noyal-Pontivy (Morbihan); à l'O. par Croixanvec et Kergrist (Morbihan); — traversée par le chemin de fer en projet de Saint-Brieuc à Napoléonville; par la route départementale N° 3 et par la rigole alimentaire; — école mixte, 47 élèves; — dépend de la perception de Loudéac; — ancienne trève de Neuillac (Morbihan), qui faisait partie de l'évêché de Quimper. — Territoire élevé, montueux, boisé et bien planté de pommiers qui fournissent des fruits dont on obtient un cidre très-estimé. Terres assez bien cultivées, mais d'après les anciennes méthodes. — L'église, qu'on restaure en ce moment, ne présente rien de remarquable. Elle est sous le patronage de saint Arnoul, évêque de Metz au VIe siècle, dont la fête a lieu le dimanche qui suit le 18 juillet. — *Points culminants* : Le bourg, 90 m.; le Hamboul, 164 m.; Semanville, 162 m. — *Géologie* : Grès quartzite au nord et à l'ouest; schiste talqueux à l'est et au sud. — *Maires* : Ont successivement rempli ces fonctions, MM. Fourgant, Le Masson, Robio, Collier, Guillou, Le Parc et Fraboulet, maire actuel.

LA MOTTE, 2,865 hab.; — bornée au N. par Gausson, Plouguenast et Langast; à l'E. par le Lié, qui la sépare de Plessala et de Plémet, et qui forme l'étang des forges du Vaublanc, en partie dans La Motte; au S. par La Prénessaye et Loudéac; à l'O. par Trévé et Grâce; — traversée par la route impériale No 168 et par le chemin de grande communication No 19 et son embranchement sur Loudéac; — école de garçons, 81 élèves; de filles, 78 élèves; — dépend de la perception de Trévé; — ancienne trève de Loudéac. — Le territoire de cette commune est accidenté, coupé de ravins et arrosé par un grand nombre de ruisseaux. Depuis la chute du commerce des toiles, l'agriculture a fait de grands progrès, et les landes disparaissent à vue d'œil. Les pommiers réussissent bien et fournissent un cidre de bonne qualité.

C'est dans La Motte que se trouve la plus grande partie de la forêt dite de Loudéac. — La fabrication des toiles occupe encore 300 métiers environ. Un grand nombre de marchands-colporteurs de la commune vont vendre ces toiles dans différentes parties de la France. — L'église, construite en 1748, en forme de croix latine, est très-simple et possède un beau maître-autel en marbre. Elle a pour patron saint Vincent-Ferrier, dont la fête se célèbre le 5 avril. — Il est probable que la commune tire son nom d'une butte ou motte de terre qui se trouve à 200 m. du bourg. Cette élévation, évidemment faite de main d'homme, est connue dans le pays sous le nom de la Douve-Louais ou la Douve-aux-Lois; elle peut avoir 12 m. de haut sur 100 m. de circuit à la base; des fossés assez profonds la séparent des terres voisines. — *Points culminants :* Mouille, 250 m.; la Récompense (signal), 277 m.; la Motte-aux-Loups, 244 m. — *Géologie :* Schiste talqueux et gisements de roches amphiboliques. — Ont été Maires : MM. Y. Viet, P.-D. Viet, Hervé, J. Radenac, F. Le Verger et A. Radenac, maire actuel.

SAINT-CARADEC, 1,856 hab.; — bornée au N. par Le Quillio; à l'E. par l'Oust, qui la sépare de Saint-Thélo, Trévé et Loudéac; au S. par Hémonstoir et Croixanvec (Morbihan); à l'O. par Saint-Connec et Saint-Guen; — traversée par le chemin de fer en projet de Saint-Brieuc à Napoléonville, par la route impériale N° 164 *bis*, par la route départementale N° 3, par le chemin d'intérêt commun N° 47 et par la rigole alimentaire du biez de partage d'Hilvern ; — école de garçons, 60 élèves ; de filles, 79 élèves ; — dépend de la perception de Trévé ; — station du chemin de fer ; — faisait autrefois partie de l'évêché de Quimper ; — résidence d'un notaire ; — foires les derniers mardis de mars, d'avril, de mai et de juin. — Territoire boisé, élevé et accidenté dans le sud. Les terres sont assez productives en céréales, et les pommiers fournissent un cidre très-renommé dans le pays. — Le bourg, parfaitement situé sur les bords de l'Oust et siége autrefois de la juridiction du marquisat de Carcado, avait, avant la Révolution, une certaine importance qui lui valut sans doute l'honneur momentané d'être désigné comme chef-lieu de canton. Il forme une agglomération de près de 600 habitants. Son église est sous le patronage de saint Caradec ou Karadoc, solitaire breton du vi° siècle, dont la fête se célèbre le dimanche qui suit le 16 mai. C'est un édifice de la fin du xvii° siècle, remarquable par sa régularité et la solidité de sa construction. On y a ajouté deux bas-côtés en 1836. Dans le chœur, du côté de l'évangile et derrière la boiserie, se trouve le tombeau de la famille de Carcado, dont l'un des membres fut fondateur de l'église ; le fronton du portail porte son écusson. Le maître-autel, avec ses dix colonnes en marbre, ses statues en grand nombre et les tableaux qui décorent l'intérieur, ainsi que les fonts baptismaux et la chaire à prêcher, méritent d'être signalés. — La chapelle du Saint-Sépulcre, avec ses statues de grandeur naturelle, placées dans la sacristie, appelle aussi l'attention des visiteurs, ainsi que les croix en granite qui se voient sur différents points de la paroisse, notamment au bourg et près de l'entrée du cimetière.— Il y a en outre, dans cette commune, trois chapelles dédiées à saint Laurent, à saint Quidic et à saint Marcel. — Le blanchissage et la fabrication des toiles constituaient autrefois l'occupation principale des habitants de Saint-Caradec, qui vivaient dans une certaine aisance au moyen de cette industrie; aujourd'hui, la population s'adonne presqu'exclusivement à l'agriculture. — Ruines du château de Kerbardouil. — Saint-Caradec a vu naître, le 14 novembre 1621, Louis-Eudes de Kerlivio, recteur de Plumergat, mort en odeur de sainteté le 21 mars 1685. — Guillaume Coquil, décédé recteur de cette paroisse le 7 mai 1749, a laissé aussi une grande réputation de sainteté. Les mères viennent, sur sa tombe, demander des forces pour leurs enfants. — *Points culminants* : Calagan, 150 m.; Saint-Jorel, 170 m.; lande de Saint-Quidic, 184 m. — *Géologie* : Schiste talqueux. — *Maires* : MM. 1792, Lucas; an II, Guilmoto; an VII, Le Plénier; an X, Ruello-Kermelin; 1815, Le Roux (père); 1834, Le Quillec; 1838, Le Roux (père); 1843, Le Roux (fils); 1860, Le Quillec, maire actuel.

SAINT-MAUDAN, 305 hab.; — bornée au N. par Loudéac ; à l'E. par le ruisseau de l'Arhon, qui la sépare de Saint-Barnabé et de Saint-Samson (Morbihan); au S. et à l'O. par l'Oust et le canal de Nantes à Brest, qui la séparent des communes de Saint-Gouvry, Guelta et Saint-Gonéry (Morbihan) ; — traversée du N. au S. par le chemin de grande communication N° 20 *bis*; — école mixte, 30 élèves ; — dépend de la perception de Loudéac. — Territoire très-accidenté, à coteaux élevés, mais en pente douce et régulière ; très-boisé dans ses parties basses et productives ; nu et découvert dans celles qui ne sont pas cultivées. Beaucoup de pommiers produisant un cidre de bonne qualité. Landes susceptibles d'être cultivées ou semées d'arbres verts. — L'église, qu'on achève actuellement, est sous l'invocation de saint Maudan, abbé dont la fête se célèbre le dimanche le plus près du 14 septembre. On s'adresse à ce saint pour la guérison de la fièvre, maladie qui règne souvent dans le pays. — L'embarcadère de Saint-Samson, sur le canal de Nantes à Brest, est en partie situé sur le territoire de Saint-Maudan. — *Points culminants* : La Ville-Gétin, 108 m.; lande sur la route de Loudéac, 132 m. — *Géologie* : Schiste talqueux, et à l'extrême sud, roches amphiboliques. — Ont été Maires : MM. Calmé, Havis, Calmé, Robin, Quero, Gourdel et Calmé, maire actuel.

TRÉVÉ, 2,404 hab.; — bornée au N. par Saint-Thélo

et Grâce; à l'E. par La Motte et Loudéac; au S. par Loudéac; à l'O. par l'Oust, qui la sépare de Saint-Caradec; — traversée par le chemin de fer en projet de Saint-Brieuc à Napoléonville, par la route départementale N° 3, par les chemins de grande communication N°s 19 et 21, et par le chemin d'intérêt commun N° 47; — école de garçons, 60 élèves; de filles, 46 élèves; — chef-lieu de perception; — résidence d'un notaire. — Territoire ondulé, avec des accidents de quelqu'importance. Sol bien boisé et d'assez bonne qualité. Les ruisseaux de Kergohy, de Grâce et de Gouet arrosent la commune. — L'église est dédiée à saint Just, archevêque de Cantorbéry; elle porte sur son clocher la date de 1724. — Des quatre chapelles qui existaient autrefois en Trévé, celle de Saint-Pierre, construite en 1736, subsiste seule; elle est desservie tous les dimanches. — L'industrie de la fabrication des toiles est encore assez répandue dans cette commune. — Ruines du château de Bonamour. — *Points culminants* : Belle-Noë, 198 m.; Retéac, 199 m.; Quenéha (signal), 217 m. — *Géologie* : Schiste talqueux. — *Maires* : Ont successivement rempli ces fonctions, MM. Cherdel, Thomas, Blanchard, Guilmoto, Le Roux, Blanchard, Moisan et Le Helloco, maire actuel.

Canton de Collinée.

Le canton de Collinée est borné au N.-O. par le canton de Moncontour et au N.-E. par le canton de Jugon; à l'E. par le canton de Broons; au S. par les cantons de Merdrignac et de La Chèze; à l'E. par le canton de Plouguenast. — Il est arrosé par la Rance et l'Arguenon, et traversé par les chemins de grande communication N° 22 de Lamballe à Collinée, N° 41 de Loudéac à Plancoët, N° 42 de Moncontour à Merdrignac, et par les chemins d'intérêt commun N° 4 d'Yffiniac à Collinée, N° 46 d'Uzel à Merdrignac, N° 48 de Collinée à Saint-Jouan-de-l'Isle, N° 50 de Rohan à Collinée, N° 54 de Merdrignac à Plénée-Jugon.

La population du canton est de 7,038 hab.; sa superficie de 11,127 hect., et son revenu territorial net de 228,581 fr.

Le territoire de ce canton, qui fait partie de la zône du midi, comprend une assez grande partie des montagnes du Menez, dont le point culminant, Belair, est peu distant du chef-lieu. Il appartient au versant sud de ces montagnes, et les rivières l'Arguenon et la Rance y prennent leurs sources; il est de plus arrosé par les ruisseaux de Branac, Fromené, Kermené et Lery. Indépendamment de ces cours d'eau, on voit, sur les plateaux, surgir de nombreuses sources qui, bien employées, pourraient sans nul doute favoriser la création de belles prairies là où ne se trouvent que des terres mouillées, à peu près improductives. Ce canton, couvert de landes immenses, a été, pendant bien des années, le plus pauvre peut-être du département ; mais le progrès y est apparu : les landes se sont vendues ; elles ont été défrichées en partie ; celles qui restent auront le même sort. Beaucoup de ses habitants, sortis de leur apathie, croient aujourd'hui au bonheur dans le travail agricole, et viennent des capitaux, des engrais, surtout des amendements calcaires, et le canton de Collinée, terre classique de la bruyère, on peut le dire, prendra rang au milieu des cantons productifs du département. — Là aussi la chute du commerce des toiles s'est fait sentir ; mais qu'importe cette catastrophe, si en résumé elle a rendu au sol les bras qui, pendant trop d'années, s'en étaient détournés. — Il produit : froment, 5,464 hect.; méteil, 1,248 hect.; seigle, 5,085 hect.; avoine, 9,268 hect.; sarrasin, 12,718 hect.; pommes de terre, 387 hect.; chanvre, 220 quint. mét. de filasse ; cidre, 5,680 hect. — Il possède : chevaux, 1,043 ; taureaux, 50 ; bœufs, 470 ; vaches, 2,825 ; veaux, 797 ; béliers, 25 ; moutons, 552 ; brebis, 709 ; agneaux, 445 ; boucs et chèvres, 6 ; porcs, 1,153.

TERRES. — Revenu net moyen, par hectare, pour le canton... 18 fr. 71

Valeur vénale moyenne, de l'hectare, dans le canton........ 504 fr.

COMMUNES COMPOSANT LE CANTON.	POPULATION.	DISTANCES en kilomètres.			NOMBRE D'HECTARES des terrains imposables produisant revenu.					Terrains non productifs et non imposés Chemins, rivières, etc. — Hectares	NOMBRE TOTAL D'HECTARES par commune	REVENU CADASTRAL	PROPORTION de rehaussement pour obtenir le revenu réel.		TAUX MOYEN de l'intérêt des fonds placés.		NOMBRE	NOMBRE		
		Du chef-lieu de département.	Du chef-lieu d'arrond'.	De Collinée (chef-lieu de canton).	Jardins, courtils, vergers et sol des édifices.	Terres labourables.	Prés.	Bois et taillis.	Pâtures et landes.	TOTAL.				Pour les terres (1).	Pour les maisons, moulins et usines (2).	En terres.	En maisons, moulins et usines.	De maisons.	De moulins et usines.	De foires.	De cafés et cabarets.
													fr. c.			p. 0/0.	p. 0/0.				
Collinée.....	625	33	30	»	14	354	93	2	213	676	21	697	4,478 93	4.24	4.63	4. »	3.82	174	2	2	8
Langourla...	1,274	45	40	10	1	1,145	188	304	396	2,034	105	2,139	18,267 31	2.06	4.24	3.50	3.50	374	3	3	3
Le Gouray...	1,940	35	35	5	59	1,556	255	372	630	2,872	151	3,023	20,260 86	3.85	2.50	3.50	3.62	469	3	»	3
St-Gilles-du-Mené....	618	38	22	8	9	357	84	24	776	1,250	41	1,291	6,358 23	2.64	3.48	4. »	4. »	153	5	»	2
St-Gouéno...	1,542	37	22	7	20	750	221	29	911	1,931	85	2,016	15,568 23	2.70	2.60	4. »	4.04	326	5	»	»
St-Jacut-du-Mené...	1,039	37	30	4	30	973	148	62	1,083	1,700	261	1,961	5,369 82	4.67	6.02	3.99	4. »	253	4	»	»
TOTAUX..	7,038	»	»	»	133	4,534	989	793	4014	10,463	664	11,127	70,303 38	»	»	»	»	1,749	22	5	22

(1 et 2) Pour les notes concernant ce tableau, voir celles du tableau du canton de Loudéac, pages 712 et 713.

COLLINÉE, 625 hab.; — par les 4° 51' 25' de longitude O. et par les 48° 17' 54' de latitude N.; — bornée au N. et à l'E. par le Gouray; au S. par Saint-Jacut et à l'O. par Saint-Gouéno; — les chemins de grande communication N°s 41 et 42 se croisent à Collinée; — école de garçons, 52 élèves; de filles, 49 élèves; — chef-lieu de canton et de perception; — justice de paix; résidence d'un notaire; brigade de gendarmerie à pied; bureau de distribution des lettres; bureau de bienfaisance; comice agricole; ancienne trève du Gouray; — marché le vendredi; foires les 2 mai et 50 juillet. — Territoire situé au bas des montagnes du Menez et quelque peu accidenté; il est assez productif et susceptible de le devenir davantage, boisé et planté de pommiers. Les deux principales sources de l'Arguenon et de la Rance sortent de ce territoire, agrandi, par une loi de 1856, d'une section de la commune de Saint-Gouéno. — Le bourg, sans importance, forme une agglomération de 500 personnes qui s'occupent d'agriculture et aussi de la fabrication de grosses toiles pour sacs. Son église, construite depuis peu d'années, est sous le patronage de saint Guillaume, dont la fête se célèbre le 1er dimanche d'août. — Simon, dit de Collinée, habile typographe auquel quelques personnes attribuent l'invention des caractères italiques, est né à Collinée. Il établit, dit-on, une imprimerie, dans le XVIe siècle, à Bréhand-Loudéac, et mourut à Paris en 1547. Il a laissé un Nouveau-Testament imprimé en grec; ce livre, fort estimé des bibliophiles, fut publié en 1534. — *Points culminants* : Le bourg, 251 m.; Saint-Mirel, 235 m.; la Croix-du-Ret, près la fontaine de Rance, 269 m. — *Géologie* : Schiste talqueux; minerai de fer non exploité à cause de son peu d'abondance. — *Maires* : Ont successivement rempli ces fonctions, MM. Basset des Caves, G. Basset, Couté et M. Basset, maire actuel.

LANGOURLA, 1,274 hab.; — bornée au N. par Plénée-Jugon; à l'E. par Rouillac et Eréac; au S. par Mérillac; au S.-O. par la Rance, qui la sépare de Saint-Vran; à l'O. par Saint-Jacut et Le Gouray; — traversée par les chemins d'intérêt commun Nos 48 et 54, qui se croisent au village de Saint-Joseph; — école de garçons, 46 élèves; de filles, 38 élèves; — dépend de la perception de Collinée; — résidence d'un notaire; — foires (à Saint-Joseph) le 2e lundi de janvier, le 19 mars et le mardi de la Pentecôte. — Territoire assez plat au centre de la commune et accidenté sur les bords de la Rance; bien boisé, planté de pommiers et couvert par une partie de la forêt de Bosquen. Les terres sont bonnes et productives. — D'après des titres qui se trouvent aux archives de la paroisse, l'église de Langourla remonterait au XIIIe siècle; elle a pour patron saint Pierre. — Chapelles de Saint-Joseph, fort ancienne, et de Saint-Gilles; celle-ci du XVe siècle. — Le château dit de Langourla est situé en Saint-Vran. — La voie romaine de Vannes à Corseul limite la commune du côté du Gouray. — Menhir à 2 kilom. ouest du bourg. — Habitation de Saint-Joseph, entouré de belles plantations. — M. Harel de la Perrière (père) a laissé une mémoire vénérée dans le pays. — *Points culminants* : Le Menhir, 174 m.; l'arbre de Saint-Joseph, 206 m.; la Massonnais, 181 m. — *Géologie* : Schiste talqueux ; roches amphiboliques. — *Maires* : Ont successivement rempli ces fonctions, MM. Hervé, Le Breton, Onfray, P.-M. Bidault, Duval, Bizeul, Rouault de la Villeneuve, P.-M. Bidault, Gillard, J.-M. Bidault et Harel de la Perrière, maire actuel.

LE GOURAY, 1,940 hab.; — bornée à l'O. par Saint-Glen ; au N. par Penguily et Plénée; à l'E. par Plénée et Langourla ; au S. par Saint-Jacut, Collinée et Saint-Gouéno ; — traversée par les chemins de grande communication N°s 22, 41 et 42, et limitée par les chemins d'intérêt commun N°s 4 et 48 ; — école de garçons, 66 élèves ; — dépend de la perception de Collinée ; — cure cantonale de 2e classe. — Territoire très-montagneux, couvert de bois, renfermant des terres assez fertiles, beaucoup de landes susceptibles d'être rendues productives et couvert par une partie de la forêt de Bosquen. — L'église, édifiée en 1856, est très-vaste et construite en fort beau granite extrait sur le territoire même de la commune ; elle est dédiée à saint Etienne. —

Chapelle Saint-Roch. — Belle roche aux fées dans le Champ-du-Sang, à 200 m. de la mairie. — La commune du Gouray avait adopté une excellente mesure qui consistait à donner en jouissance gratuite, à l'instituteur, des terrains en landes qu'il devait rendre productifs et cultiver d'après les meilleures méthodes. Cet enseignement pratique avait produit de bons résultats, et nous ne pouvons que regretter qu'on y ait mis fin. — Château de la Motte-Basse, près duquel existe une chapelle privative. — *Points culminants :* Saint-Roch, 207 m.; la Ville-Gallais, 252 m.; le Maupas, 282 m. — *Géologie :* Schiste talqueux au sud et roches amphiboliques; granite exploité au nord et à l'ouest; à l'est et au sud-est, grés. — *Maires :* MM. 1826, Le Mintier; 1830, P. Perret; 1832, M. Pinçon; 1853, G. Le Mintier, maire actuel.

SAINT-GILLES-DU-MENÉ, 618 hab.; — bornée au N. par Saint-Gouéno; au S.-E. par Laurenan; au S. par Plémet et à l'O. par Plessala; — traversée par le chemin de grande communication Nº 41 et par le chemin d'intérêt commun Nº 50; — école mixte, 40 élèves; — dépend de la perception de Collinée; — ancienne trève de Saint-Jacut-du-Mené. — Territoire accidenté et montueux, arrosé par le ruisseau du Fromené et couvert de landes, susceptibles d'être ou cultivées ou plantées. Peu de bois. La principale ressource agricole de la commune consiste dans l'élève et l'engraissement du bétail. — Son église est du xvie siècle et a pour patron saint Gilles, dont la fête a lieu le 1er dimanche de septembre ; on s'occupe actuellement de la reconstruire. — Nous signalerons le manoir de Bocenit, qui a conservé deux belles portes de la Renaissance. — *Points culminants :* Signal, 290 m. ; le Rimbault, 252 m. ; Bocenit, 226 m. — *Géologie :* Schiste talqueux ; quelques points granitiques ; roches amphiboliques au nord du bourg. — *Maires :* Ont successivement rempli ces fonctions, MM. P. Querro, Le Maître, L. Querro, Goudeliu et Plesse, maire actuel.

SAINT-GOUÉNO, 1,542 hab. ; — bornée au N. par Trébry, Saint-Glen et Le Gouray ; à l'E. par Collinée et Saint-Jacut ; au S. par Saint-Gilles et à l'O. par Plessala ; — traversée par le chemin de grande communication No 41 et par le chemin d'intérêt commun No 46 ; — école mixte, 114 élèves ; — dépend de la perception de Collinée. — Territoire très-accidenté, principalement dans la partie nord, où il présente des mamelons assez élevés. La partie ouest forme un vaste plateau, coupé de nombreux ruisseaux qui arrosent de riches et riantes vallées où l'on élève et engraisse le bétail. Terres légères et sans profondeur, mais susceptibles d'être améliorées. Les landes couvrent encore plus du tiers du territoire. — L'église, sous le patronage de saint Gouéno ou Goueznou, évêque de Léon et dont la fête se célèbre le 25 novembre, est nouvellement reconstruite et présente un ensemble très-satisfaisant. — Chapelle de Notre-Dame des Sept-Douleurs, au sommet d'une montagne d'où l'on jouit d'une vue très-étendue. — Château de la Ville-Dénée. — *Points culminants :* Notre-Dame des Sept-Douleurs, 230 m.; la Ville-Dénée, 288 m.; Tombalon, 314 m. — *Géologie :* Au sud, granite; au nord, schiste. — *Maires :* Ont successivement rempli ces fonctions, MM. Presse, Rolland, J. Aignel, Robert, G. Aignel, P. Plesse, J.-M. Plesse et Louail, maire actuel.

SAINT-JACUT-DU-MENÉ, 1,039 hab.; — bornée au N. par Collinée et Le Gouray; à l'E. par Langourla; au S. par Saint-Vran et à l'O. par Saint-Gouéno; — traversée par la Rance et par le chemin de grande communication N° 42; — école de garçons, 40 élèves; de filles, 30 él.; — dépend de la perception de Collinée. — Territoire élevé, montagneux et découvert. Terres légères et de médiocre qualité. Beaucoup de landes. — Dans cette commune comme dans celle du Gouray, des terres incultes ont été confiées à l'instituteur, pour les mettre en produit par les méthodes agricoles les meilleures; là, comme au Gouray, le succès a couronné l'attente : mais plus constante que sa voisine, l'administration de Saint-Jacut s'est encore abstenue jusqu'ici de supprimer une école publique d'agriculture, où l'adulte comme l'enfant peut reconnaître la possibilité du progrès. Si nous signalons comme excellente une mesure après tout d'un effet matériel restreint, nous devons mentionner un fait plus important et qui honore à un haut point ceux qui l'ont conçu et mis à exécution. Saint-Jacut était couvert de landes il y a une trentaine d'années ; sa population s'élevait, en 1832, à 664 habitants, dont la forte partie demandait son existence à l'aumône. On a eu l'intelligence de croire à l'énergie du pauvre ; on a vendu des terrains vagues à des mendiants sans responsabilité, à la charge : 1º de les enclore dans l'année de l'achat ; 2º de les mettre en culture et de les payer dans un délai de 8 ans. Ils se sont mis à l'œuvre, travaillant avec des outils d'emprunt pendant trois jours de la semaine, et cherchant leur nourriture les trois autres jours pour travailler encore la semaine suivante. Voici quels ont été les résultats de cette manière d'agir : la population de 664 habitants s'est, en 30 ans, élevée à plus de 1,039 ; les terres défrichées se sont montées, dans ce délai, à 600 hect., et le chiffre des indigents proprement dits n'est plus aujourd'hui que de 20. Grand et magnifique problème résolu : avec de pauvres mendiants, on a fait des propriétaires ! Nous n'insisterons pas davantage ; les faits que nous affirmons exacts parlent ici trop haut. — Saint-Jacut est-elle la seule commune qui ait agi ainsi ? nous l'ignorons ; mais nous ne saurions rendre un hommage trop grand aux hommes intelligents et dévoués qui l'ont poussée dans cette voie, que ne manqueront pas de suivre toutes les communes qui se trouvent dans d'égales conditions. — Saint-Jacut est, sans contredit, la commune du département qui, dans un temps donné, ait réalisé la plus grande somme de progrès agricoles. Son église, reconstruite en 1844, avec le produit d'une vente de terrains vagues, est un vaste édifice qui a pour patron saint Jacut, fils de Fracan, prince de la Domnonée. — Chapelles de Bon-Reconfort, datant de 1640; du Parc, près du château de ce nom et dans laquelle a été retrouvée la statue tumulaire en bois de Gilles de Bretagne, aujourd'hui à la bibliothèque de Saint-Brieuc. Cette chapelle est de 1656. — Dans le bois qui l'avoisine, on remarque plusieurs arbres d'une grosseur peu commune, entr'autres un chêne dont le tronc mesure 10 m. de circonférence. — La voie romaine de Vannes à Corseul sépare cette commune de celle de Saint-Vran sur un parcours de 3 kilom. — *Points culminants* : La Hutte-à-l'Anguille, 293 m.; le Menez, 246 m.; Bon-Reconfort, 179 m. — *Géologie* : Schiste talqueux. — *Maires* : Ont successivement rempli ces fonctions, MM. Colleu, Houice, Rouillier, Gueneu (des Venelles), Gueneu (du Coudray), P. Perret, maire actuel.

Canton de Corlay.

Le canton de Corlay est borné au N. par le canton de Quintin; à l'E. par les cantons de Plœuc, Uzel et Mûr; au S. par le canton de Mûr, et à l'O. par les cantons de Gouarec et de Saint-Nicolas-du-Pélem. — Il est arrosé par le Sulon et par le Daoulas, affluents du Blavet, et traversé par la route impériale N° 167 de Vannes à Lannion; par la route départementale N° 10 de Saint-Brieuc à Quimper; par les chemins de grande communication N° 3 de Moncontour à Corlay, N° 44 de Corlay à Jugon, N° 45 de Corlay à Gouarec; par les chemins d'intérêt commun N° 47 de Loudéac à Corlay, N° 52 de Mûr à Quintin, N° 53 d'Uzel à Gouarec.

La population du canton est de 7,138 hab.; sa superficie de 11,221 hect., et son revenu territorial net de 336,632 fr.

Le territoire de ce canton est élevé, très-montueux, généralement bien boisé et renfermant beaucoup de landes vagues et de terrains incultes. Particulièrement adonné à la culture pastorale, il élève et engraisse de nombreux bestiaux, et les chevaux dits de la Montagne, que l'on nomme aussi corlaisiens, chevaux très-estimés pour leur vigueur, leur sobriété et aussi pour leurs formes qui tendent à prendre de jour en jour plus d'ampleur et d'élégance. D'excellentes prairies naturelles, qu'un travail bien dirigé rendrait plus productives et meilleures, occupent les nombreux vallons dont ce canton est sillonné. Des cours d'eau partant des cimes du Feubusquet, ainsi que d'autres sommets moins élevés, l'arrosent et le fertilisent, et nous citerons à ce sujet les rivières de Sulon, du Daoulas et de l'Oust.—L'exportation du bétail constitue la principale ressource du canton, couvert d'habitations des plus minimes, nous dirons quelquefois du plus misérable aspect. Il s'y trouve cependant des capitaux importants acquis par la vente du bétail, qui, tôt ou tard, espérons-le, seront rendus au sol qui les a produits, afin d'en retirer par la culture et par des améliorations intelligentes, de nouveaux et puissants éléments de richesse. Il existe encore, dans le canton de Corlay, beaucoup de domaines congéables. — Ce canton appartient à la zône du midi; il produit : froment, 535 hect.; seigle, 26,060 hect.; avoine, 56,531 hect.; sarrasin, 33,178 h.; pommes de terre, 540 hect.; chanvre, 175 quint. mét. de filasse; lin, 40 quint. mét. de filasse; cidre, 3,328 h. — Il possède : chevaux, 1,398; taureaux, 132; bœufs, 1,902; vaches, 1,906; veaux, 2,057; béliers, 36; moutons, 161; brebis, 185; agneaux, 172; boucs et chèvres, 204; porcs, 1,299.

TERRES. — Revenu net moyen, par hectare, pour le canton. 27 fr. 25   Valeur vénale moyenne, de l'hectare, dans le canton. 788 fr.

COMMUNES COMPOSANT LE CANTON.	POPULATION.	DISTANCES en kilomètres.			NOMBRE D'HECTARES des terrains imposables produisant revenu.					Terrains non productifs et non imposés, Chemins, rivières, etc. — Hectare.	NOMBRE TOTAL D'HECTARES par commune.	REVENU CADASTRAL.	PROPORTION de rehaussement pour obtenir le revenu réel.		TAUX MOYEN de l'intérêt des fonds placés.		NOMBRE	NOMBRE	
		Du chef-lieu du départ.	Du chef-lieu d'arrond.	De Corlay (chef-lieu de canton.)	Jardins, courtils, vergers et sol des édifices.	Terres labourables.	Prés.	Bois et taillis.	Pâtures et landes.	TOTAL.				Pour les terres (1).	Pour les maisons, moulins et usines (2).	En terres.	En maisons, moulins et usines.	De maisons.	De moulins et usines.	De foires.	De cafés et cabarets.
Corlay	1,407	35	35	»	12	936	195	6	182	1,331	49	1,380	26,383 36	2.16	2.59	4.48	4.52	322	1	12	23
Le Haut-Corlay	1,121	35	36	1	38	1,543	297	65	535	2,478	86	2,564	25,103 68	2.59	2.52	4.07	3.64	353	6	»	5
Plussalien	1,522	40	30	5	34	1,518	331	8	274	2,165	82	2,247	47,337 51	1.66	2.06	4.78	3.54	358	2	»	8
St-Martin-des-Prés	1,280	30	25	10	41	1,317	335	25	240	1,958	71	2,029	24,680 49	2.40	2.15	4.49	3.67	346	5	2	7
Mayeux	1,808	36	25	9	43	1,571	445	46	789	2,894	107	3,001	37,441 50	2.93	1.57	4.66	3.52	414	2	»	9
TOTAUX	7,138	»	»	168	0,885	1602	150	2020	10,826	395		11,221	100,000 54	»	»	»	»	1,793	16	14	52

(1 et 2) Pour les notes concernant ce tableau, voir celles du tableau du canton de Loudéac, pages 712 et 713.

CORLAY, 1,407 hab.; — par les 5° 23' 42" de longitude O. et par les 48° 19' 6" de latitude N.; — bornée au N. par le Haut-Corlay; à l'E. par Saint-Martin-des-Prés; au S. par Saint-Mayeux et Plussulien; à l'O. par Canihuel, dont le Sulon la sépare; — traversée par la route impériale N° 167, par la route départementale N° 10 et par les chemins de grande communication N°s 5, 44 et 45; — école de garçons, 84 élèves; deux écoles de filles, 107 élèves; — chef-lieu de canton et de perception; — cure de 2e classe; justice de paix; résidence de deux notaires; brigade de gendarmerie à cheval; direction des postes; subdivision de pompiers; station importante d'étalons impériaux; courses de chevaux; bureau d'enregistrement pour le canton et pour les cantons de Gouarec et de Mûr; recette des contributions indirectes; agent-voyer; comice agricole; bureau de bienfaisance; — dépendait autrefois de l'évêché de Quimper; — on parle le breton; — marché le jeudi; foires le 3e jeudi de janvier, le 1er jeudi de février, le jeudi de la Passion, le 2e jeudi d'après Pâques, le lendemain de l'Ascension, le 2e jeudi de juin, le 1er jeudi de juillet, le 22 juillet, le 3e jeudi de septembre, le jeudi d'après le 29 septembre, le 3e jeudi d'octobre, le 2e jeudi de l'Avent. — Territoire très-élevé, très-montagneux, peu boisé, arrosé par le Sulon, qui sort de l'étang de Corlay. Terres légères, mais rendues de plus en plus productives par une bonne culture et l'emploi des engrais. — La petite ville de

Corlay forme une agglomération peu importante et doit probablement son origine au château-fort près duquel elle est située. Son histoire se confond avec celle de cette forteresse, qui fut d'abord construite en 1198, détruite plus tard pendant les guerres de Montfort et de Blois, et rebâtie en 1485 par Jean, vicomte de Rohan. Elle fut tour à tour occupée pendant la Ligue par les troupes de Mercœur et celles de Henri IV, et enfin démantelée en 1599 par ordre de ce dernier. Elle est restée depuis à peu près dans l'état où nous la voyons. Sa forme était carrée, avec une tour à chaque angle, et pour défendre son entrée, il en existait une cinquième dite tour des Amours. Elle était entourée de douves et l'étang qui les alimentait faisait partie de son système de défense. Une de ses tours, celle donnant directement sur l'étang, a servi autrefois de prison, ainsi que l'attestent les organaux fixés dans les pierres et les poutres, de même que les nombreuses inscriptions tracées sur les murs et portant les dates de 1588 à 1599. — Le souvenir de Guy Eder, baron de la Fontenelle, est conservé dans la mémoire du pays et les habitants y associent celle de sa compagne, digne, paraît-il, d'un meilleur époux, laquelle, d'après la légende, viendrait quelquefois la nuit visiter le vieux château. — Des souterrains assez étendus partaient, dit-on, de la forteresse pour aller dans diverses directions ; un éboulement qui se produisit, il y a quelques années, sur la place du marché aux bestiaux, a justifié la tradition sous ce rapport. — Il est inutile de faire remarquer que les bâtiments qui servent de caserne à la gendarmerie et de logement aux étalons du haras sont de construction plus moderne que le château. — L'église est sous le patronage de saint Sauveur, dont la fête a lieu le dimanche qui suit le 23 octobre; elle date de 1575, et son portail est assez remarquable, ainsi que la base de sa tour. — La chapelle de Sainte-Anne est située dans la ville, et l'on peut considérer la fête de sa patronne, qui a lieu le 1er août, comme étant aussi la fête de la paroisse. — Les courses de Corlay, sont, sans contredit, les plus intéressantes de toutes celles qui, en Bretagne, ont pour objet principal la production et l'essai des chevaux du pays. — On remarque, dans cette commune, un dolmen désigné sous le nom de Tombeau-de-Gargantua. — Patrie de P. Corgne, docteur de Navarre, chanoine de Soissons, écrivain du XVIIIe siècle, auquel on attribue la rédaction des actes de l'assemblée du clergé en 1765. — *Points culminants*: La ville, 172 m.; Kerguiel, 204 m.; le Faouët (butte de la Justice), 243 m. — *Géologie*: Schiste argileux; roches amphiboliques à la butte de la Justice. — *Maires*: MM. 1790, Tanguy; 1792, Rault; 1793, Beloeil; an III, Le Berre; an IV, Le Leizour; an VI, L. Gouëffic; an IX, M. Gouëffic; an XII, T. Auffret; 1817, T. Gouëffic; 1819, T. Auffret; 1835, J. Gouëffic; 1843, Fraboulet; 1846, Prigent; 1854, Le Bigot; 1856, Le Flohic-Kerlafin; 1857, Moisan, maire actuel.

LE HAUT-CORLAY, 1,121 hab.; — bornée au N. par Le Vieux-Bourg; à l'E. par Saint-Bihy et La Harmoye; au S. par Saint-Martin-des-Prés et Corlay; à l'O. par Canihuel; — traversée par la route impériale N° 167 et par la route départementale N° 10; — réunie à Corlay pour l'école de garçons; au village de la Croix, école mixte, 07 élèves; — dépend de la perception de Corlay; — faisait autrefois partie de l'évêché de Quimper; — on parle le breton. — Territoire très-élevé, accidenté, assez bien boisé et planté de pommiers; arrosé par les rivières l'Oust et les ruisseaux du Dieux, le Sulon et la Ville-Blanche. Terres légères, mais assez fertiles. — L'église est sous le patronage de Notre-Dame de Bon-Secours, dont la fête se célèbre le 2e dimanche d'août. — Chapelles de Sainte-Geneviève et de la Croix. Cette dernière, régulièrement desservie, date de 1715 et contient un caveau renfermant les sépultures des Bocozel, ses fondateurs. — Non loin de cette chapelle, on voit encore les ruines du château de ce nom. — Fragment de la voie romaine de Carhaix à Corseul. — Au bois de la Hue-au-Gal, camp romain de forme quadrangulaire ayant 100 m. de côté. C'est de ce bois, très-fréquenté par les loups, que sortit, en 1851, un loup enragé qui, dans l'espace de quelques heures, parcourut diverses communes et mordit quarante-six personnes et 90 animaux. — *Points culminants* : Le bourg, 220 m. ; Saint-Damian, 238 m.; la Croix, 220 m. — *Géologie* : Schiste argileux ; minerai de fer; calcaire. — *Maires* : MM. 1790, Le Bail; 1798, Bogard; an IX, Beaudouin; 1808, Cansot; 1816, de Quélen; 1825, Le Breton; 1830, Dareste; 1834, Jouan; 1835, Le Breton; 1846, Guillermo, maire actuel.

PLUSSULIEN, 1,522 hab.; — bornée au N. par Canihuel et Corlay; à l'E. par Corlay et Saint-Mayeux; au S. par Saint-Mayeux et Saint-Gelven; à l'O. par Laniscat et Saint-Ygeaux; — traversée par la route impériale N° 167, par le chemin de grande communication N° 45 et par le chemin d'intérêt commun N° 53; — école mixte, 50 élèves; — dépend de la perception de Corlay; — faisait autrefois partie de l'évêché de Quimper; — on parle le breton. — Territoire en partie accidenté et en partie assez plate; il n'est boisé que dans cette dernière. Arrosé par les rivières de Daoulas, du Sulon et de Pontmeur. Terres légères; beaucoup de landes susceptibles d'être cultivées; prairies naturellement bonnes. — L'église, assez ancienne, est dédiée à saint Julien, premier évêque du Mans, qui a donné son nom à la commune et dont la fête se célèbre le 2e mardi de juin. — Chapelle de Notre-Dame de Seledin, non loin de laquelle la tradition populaire place un établissement de Templiers, dont on ne voit plus les traces. — *Points culminants* : Le bourg, 211 m.; Kermaqués, 219 m.; Quelfence, 258 m. — *Géologie* : Schiste argileux à l'ouest et au nord, et talqueux à l'est. — *Maires* : Ont successivement rempli ces fonctions, MM. Le Bail, Kergoët, Le Bail, Burlot, Prigent, Le Bail et Martail, maire actuel.

SAINT-MARTIN-DES-PRÉS, 1,280 hab.; — bornée au N. par Le Haut-Corlay et La Harmoye; à l'E. par l'étang de Boméléac, qui la sépare du Bodéo, et par Merléac; au S. par Saint-Gilles-Vieux-Marché et Saint-Mayeux; à l'O. par Corlay; — traversée par les chemins de grande communication Nos 5 et 44, et par le chemin d'intérêt commun No 52; — école de garçons, 70 élèves; de filles, 65 élèves; — dépend de la perception de Corlay; — bureau de bienfaisance; — faisait autrefois partie de l'évêché de Quimper; — foires (à la Porte-aux-Moines) le 30 juin et le 29 septembre. — Territoire montueux et élevé au sud et à l'ouest, mais formé aussi d'une partie plane et basse dans la belle et fertile vallée de l'Oust. Sol fertile, culture en progrès; prairies excellentes et bien arrosées. — Plus qu'aucune du canton, cette commune engraisse un grand nombre de bœufs. — L'église a pour patron saint Martin de Tours; elle date de 1740 et renferme un rétable assez bien sculpté dans le style grec. — Chapelles de Saint-Benoît, de 1702; de Saint-David, du XVIIe siècle; de Saint-Roch; de Sainte-Barbe, de 1769, et de Saint-Jean-Baptiste, de 1817. Cette dernière est visitée journellement par des pèlerins, la plupart venus de fort loin. — Patrie de Tanguy, abbé de Landevenec, aumônier de la reine Marie de Médicis. —

Points culminants : Butte Saint-Michel, 320 m.; moulin de Kerlaurent, 290 m.; Kernabat, 287 m. — *Géologie :* Schiste argileux et talqueux; amas amphiboliques au sud. — *Maires :* Ont successivement rempli ces fonctions, MM. Kerdoncust, Guillart, Burlot, Jouan et Pochon, maire actuel.

SAINT-MAYEUX, 1,808 hab.; — bornée au N. par Corlay et Saint-Martin-des-Prés; à l'E. par Saint-Gilles-Vieux-Marché; au S. par Caurel; à l'O. par Saint-Gelven et Plussulien; — traversée par la route impériale N° 167, par le chemin de grande communication N° 5 et par les chemins d'intérêt commun N°s 47 et 53; — école de garçons, 69 élèves; — dépend de la perception de Corlay; — résidence d'un notaire; — faisait autrefois partie de l'évêché de Quimper; — on parle le breton. — Territoire très-élevé et très-montueux dans la direction de l'est à l'ouest. Sa principale vallée, dite de Saint-Maurice, est très-fertile; c'est aussi la seule partie un peu humide de la commune. Terres généralement bien travaillées; mais situées au milieu d'une grande étendue de landes. — Bois du Couedic et de Poulancre. — L'église, dédiée à saint Mayeux, abbé de Cluny, est convenable et bien entretenue; elle a été construite en 1835; mais sa tour, qui date de 1780, est celle de l'ancienne abbaye de Bon-Repos, apportée pierre à pierre et rétablie telle qu'elle était au lieu où elle fut primitivement élevée. —

Dans le cimetière, on remarque une belle croix en granite.
— La chapelle de Saint-Maurice, du XVIe siècle, est l'objet de nombreux pèlerinages le lundi de la Pentecôte; celle de Saint-Léon du Bois est de construction récente.
— Trois menhirs à la montagne de Roch-ar-Leinn. — *Points culminants* : Le bourg, 284 m.; Signal, 316 m.; Boscol, 299 m. — *Géologie* : Schiste talqueux et argileux et grès poudingue; à l'ouest, quartz. — Ont été Maires : MM. Raoul, M. Menguy, V. Menguy, J. Menguy (père), Le Flohic et Stanislas Menguy, maire actuel (depuis 1850).

Canton de Gouarec.

Le canton de Gouarec est borné au N. et au N.-O. par le canton de Saint-Nicolas, dont le Blavet et le Sulon le séparent; à l'E. par les cantons de Corlay et de Mûr; au S. par le département du Morbihan et à l'O. par le canton de Rostrenen. — Il est traversé par le canal de Nantes à Brest; par les routes impériales No 164 d'Angers à Brest et 164 *bis* de Rennes à Brest; par les chemins de grande communication No 45 de Corlay à Gouarec, No 46 de Guingamp à Saint-Roch et à Guémené, No 47 de Rostrenen au Guémené; par les chemins d'intérêt commun No 49 de Gouarec à Mellionnec, No 51 de Mûr à Saint-Nicolas, No 53 d'Uzel à Gouarec.

La population du canton est de 7,737 hab.; sa super-

TERRES. — Revenu net moyen, par hectare, pour le canton... 20 fr. 54

Valeur vénale moyenne, de l'hectare, dans le canton............ 429 fr.

COMMUNES, COMPOSANT LE CANTON.	POPULATION.	DISTANCES en kilomètres.		NOMBRE D'HECTARES des terrains imposables produisant revenu.					Terrains non productifs et non imposés. Chemins, rivières, etc. — Hectares.	NOMBRE TOTAL D'HECTARES par commune.	REVENU CADASTRAL.	PROPORTION de rehaussement pour obtenir le revenu réel.		TAUX MOYEN de l'intérêt des fonds placés.		NOMBRE		NOMBRE	
		Du chef-lieu du départem¹	Du chef-lieu d'arrond¹	De Gouarec (chef-lieu de canton).	Jardins, courtils, vergers et sol des édifices.	Terres labourables.	Prés.	Bois et taillis.	Pâtures et landes.	TOTAL.				Pour des terres (1).	Pour les maisons, moulins et usines (2).	En terres.	En maisons, moulins et usines.	De maisons.	De moulins et usines.	De foires.	De cafés et cabarets.
												fr. c.	p. 0/0.	p. 0/0.						
Gouarec....	855	50	40	»	7	362	99	11	140	619	22	641	6,734 07	4.13	4.26	4.51	4.58	159	2	15	9
Laniscat....	1,512	45	35	5	50	1,640	325	31	710	2,756	108	2,864	36,997 87	1.82	1.86	4.51	3.66	329	3	»	2
Lescouët....	705	65	50	10	4	806	167	117	738	1,832	41	1,873	13,308 52	2.60	2.61	5.04	3.68	179	3	»	4
Mellionnec..	1,210	65	55	15	10	1,102	250	65	938	2,365	57	2,422	13,196 42	3.37	2.74	5.03	3.74	238	5	3	2
Perret......	704	55	40	6	7	317	80	264	523	1,188	34	1,222	6,829 63	3.37	2.53	5.02	3.62	201	1	»	5
Plélauff....	1,290	55	40	5	5	1,093	232	385	758	2,473	78	2,551	11,934 96	4.72	3.78	5.02	3.77	293	4	»	5
St-Gelven...	761	47	33	6	10	451	91	35	681	1,271	54	1,325	17,690 95	1.92	1.98	5.07	3.50	185	»	»	4
St-Igeaux...	700	42	38	8	25	963	110	6	96	1,230	41	1,271	23,676 10	1.71	1.49	4.49	3.59	160	1	»	3
TOTAUX....	7,737	»	»	»	118	6,764	1387	914	4554	13,734	435	14,169	130,368 53	»	»	»	»	1,744	19	18	34

(1 et 2) Pour les notes concernant ce tableau, voir celles du tableau du canton de Loudéac, pages 712 et 713.

ficie de 14,169 hect., et son revenu territorial net de 521,671 fr.

Le territoire de ce canton, généralement granitique ou sur grès, est montagneux à peu près dans toutes ses parties, excepté cependant sur quelques points au nord, où il présente une constitution schisteuse et un aspect moins tourmenté. Le sol est un peu plus fertile dans cette dernière partie que dans les autres. — Ce canton se livre particulièrement à l'élève et à l'engraissement du bétail, et le dixième environ de sa superficie est couvert de prairies de bonne nature qui doubleraient de produits si l'on utilisait plus intelligemment les nombreux cours d'eau qui les arrosent. On y trouve encore de vastes étendues improductives, et les bois ne se remarquent même que sur les terres en culture. Le Blavet le traverse et la vallée de cette rivière canalisée offre les sites les plus agrestes et les plus pittoresques. Rien ne peut rendre l'aspect sauvage des masses de roches qui surplombent en certains lieux et semblent menacer à chaque heure de se précipiter au fond des vallées qu'elles dominent d'une façon si imposante. La vallée du Blavet, enfin, est sans contredit l'une des plus intéressantes à parcourir de toute la Bretagne. — Il existe encore, dans le canton de Gouarec, beaucoup de terres régies par le domaine congéable ou convenancier. — Ce canton appartient à la zône du midi; il produit : froment, 135 hect.; seigle, 22,096 hect.; avoine, 25,890 hect.; sarrasin, 39,600 h.;

pommes de terre, 416 hect.; chanvre, 111 quint. mét. de filasse; cidre 621 hect. — Il possède : chevaux, 1,934; taureaux, 245; bœufs, 1,888; vaches, 2,976; veaux, 1,552; béliers, 287; moutons, 1,763; brebis, 2,586; agneaux, 2,626; boucs et chèvres, 646; porcs, 1,841.

GOUAREC, 855 hab.; — par les 5° 31' de longitude O. et par les 48° 13' 40" de latitude N.; — bornée à l'O. et au N. par Plouguernevel; à l'E. par le Blavet, qui la sépare de Sainte-Tréphine et de Laniscat; au S. par le canal, qui la sépare de Plélauff; — traversée par la route impériale N° 164 bis et par le chemin de grande communication N° 46; — école de garçons, 41 élèves; de filles, 43 élèves; pensionnat pour les jeunes filles; — chef-lieu de canton et de perception; — cure de 2e classe; justice de paix; résidence d'un notaire; brigade de gendarmerie à pied; bureau de distribution des lettres; recette des contributions indirectes; hôpital et bureau de bienfaisance; comice agricole; — ancienne trève de Plouguernevel; — on parle le breton; — marché le samedi; foires le 2e samedi de chaque mois, le 15 mai, le 22 et le 29 septembre. — Territoire très-accidenté, à l'exception de la partie ouest, qui est assez unie; occupant une partie de la vallée formée par la réunion des rivières le Blavet et le Doré, et bien boisé dans ses parties cultivées. Sol schisto-argileux d'assez bonne qualité. Environ 1/6e de la contenance est en prés donnant d'excellents produits; 1/6e reste en landes peu susceptibles d'être mis en culture. — Le bourg est sans importance, quoique bien situé. Ses habitants, ainsi que ceux du reste de la commune, se livrent au commerce des produits agricoles, surtout à la vente des porcs. — L'église, moderne, n'a pas encore de clocher; elle est dédiée à Notre-Dame de la Fosse, dont la fête se célèbre le 8 septembre. — L'ancienne chapelle tréviale de Saint-Gilles est près du cimetière, qui renferme le tombeau de Yves-Marie Audren, évêque constitutionnel de Quimper, auteur de divers ouvrages, entr'autres de l'*Apologie de la Religion* : il fut successivement membre de la Convention et député à l'Assemblée législative. — Nous citerons, parmi les constructions principales de Gouarec, sa halle, son presbytère, l'habitation moderne de Kerlaurent et aussi l'établissement des Sœurs Hospitalières et institutrices de Saint-Augustin, fondé vers 1825, lequel est très-florissant. — La tradition affirme que saint Samson et saint Magloire sont nés à Gouarec; elle prétend également qu'un couvent de Templiers, dits Moines rouges, existait près de la chapelle de Saint-Gilles. — Un embarcadère du canal de Nantes à Brest se trouve non loin du bourg. — *Points culminants* : Saint-Gilles, 177 m.; Kervéant, 184 m.; Landzel, 196 m. — *Géologie* : Schiste argileux au nord; schiste modifié au sud-ouest. — *Maires* : Ont successivement rempli ces fonctions, MM. Le Moing, Le Garrec,

Fraval, Racinet (père), Fraval, Le Bourhis, Le Duigou, Racinet (fils), Loyer, Fraval, Racinet et Le Moing, maire actuel.

LANISCAT, 1,512 hab.; — bornée au N. par Saint-Ygeaux; à l'E. par Plussulien et Saint-Gelven : le Daoulas la sépare de cette dernière commune; au S. par le canal, qui la sépare de Plélauff; à l'O. par Gouarec et Sainte-Tréphine, dont le Blavet et le Sulon la séparent; — traversée par la route impériale N° 164 *bis*, par le chemin de grande communication N° 45 et les chemins d'intérêt commun Nos 51 et 53; — école de garçons, 35 élèves; de filles, 10 élèves; — dépend de la perception de Gouarec; — résidence d'un notaire; — faisait autrefois partie de l'évêché de Quimper; — on parle le breton. — Territoire à grandes ondulations en pente douce formant quelques mamelons; assez fertile et boisé au nord; montagneux et presque stérile au midi et au levant; productif et accidenté à l'ouest. 1/8e en excellentes prairies; 1/4 environ en landes susceptibles de culture ou de plantation. — L'église porte la date de 1691; sa tour en granite est une construction remarquable et hardie élevée en 1725; elle est dédiée à saint Gildas, dont la fête se célèbre le 29 janvier et le 11 mai. La légende de ce saint breton est peinte en dix tableaux sur le lambris du chœur. — Chapelles de Saint-Mathurin, de Saint-Gildas et de Rosquelfen. Cette dernière a été église tréviale et est aujourd'hui desservie régulièrement. — Ruines des châteaux de Corrcc, du Liscuit et de Keriolay. — *Points culminants :* Saint-Delon (signal), 265 m ; Liscuit (signal), 249 m.; Rosquelfen, 210 m.— *Géologie :* Schiste argileux, et à Rosquelfen, minerai de fer ; grès près Saint-Gildas. — Ont été Maires : MM. Groignot, Penault, Daniel, Fraval, F. Daniel, Bertho, J.-M. Rault, Le Chaux, Raul, maire actuel.

LESCOUET, 705 hab.; — bornée au N. par Plélauff; à l'E. par Perret; au S. par le Morbihan; à l'O. par Mellionnec; — traversée dans l'E. par la route impériale No 164 et par le chemin de grande communication No 46; — école mixte, 25 élèves ; — dépend de la perception de Gouarec; — faisait autrefois partie de l'évêché de Vannes ; — on parle le breton. — Territoire en général accidenté ; boisé dans ses parties cultivées, nu et découvert dans celles qui ne le sont pas. Terres sablonneuses et médiocres; prés assez bons, formant le onzième seulement de la contenance imposable. Près des 2/3 du sol sont en landes, dont une faible partie est susceptible d'être mise en culture. — Bois de Crenard. — L'église, de construction moderne, est dédiée à saint Guénaël, abbé de Landévenec, dont la fête se célèbre le dimanche qui suit le 3 novembre. — Chapelles de Saint-Roch, de Notre-Dame du Mont-Carmel (dite Carmez dans le pays) et de Saint-Adrien. — Ruines du château de Crenard. —

Points culminants : Bois de Crenard, 259 m.; Kerlan, 240 m.; Trougarecat, 229 m. — *Géologie :* Constitution granitique. — *Maires :* Ont successivement rempli ces fonctions, MM. Morvan, Le Roch, Laurent, Ollivier et Le Roch, maire actuel.

MELLIONNEC, 1,210 hab.; — bornée au N. par Plouguernével; à l'E. par Plélauff et Lescouët; au S. par le Morbihan; à l'O. par Glomel; — traversée par le chemin de grande communication N° 47 et par le chemin d'intérêt commun N° 49; — école mixte, 35 élèves; — dépend de la perception de Gouarec; — résidence d'un notaire; — faisait autrefois partie de l'évêché de Vannes; — on parle le breton; — foires le 20 janvier, le 26 juin et le 27 juillet. — Territoire généralement accidenté, boisé dans ses parties productives, nu et découvert dans celles qui ne le sont pas. Terres sablonneuses, légères et médiocres; prés de qualité moyenne, formant à peu près le neuvième de la superficie; landes très étendues, comportant le tiers environ de la contenance totale et dont une partie est susceptible de culture. — L'église, qui date de 1647, a pour patron saint Jean. — Chapelles de Saint-Julien et de Notre Dame de Pitié. Près de cette dernière, qui a aussi pour patron saint Gildas, il se tient, le 29 janvier, un pardon auquel on est dans l'usage de conduire tous les chiens du pays. — Nous citerons le château de Trégarantec, bâti en 1629 et remarquable surtout par

— 760 —

les bois et la pièce d'eau qui l'entourent. — Les manoirs du Poul et de Kergoran sont convertis en fermes. — On voit, près de Kergoualc'h, les restes d'une enceinte fortifiée attribuée aux Romains. — *Points culminants :* Le bourg, 218 m.; le Poul, 235 m.; Trégarantec, 251 m.; Restean-Blaye, 271 m. — *Géologie :* Constitution granitique. — Ont été Maires : MM. Saint-Jalmes, Le Goff, Duigou, Ollivier, Barzic et Rolland, maire actuel.

PERRET, 704 hab.; — bornée au N. par Plélauff et par le canal, qui la sépare de Saint-Gelven; à l'E. et au S. par le Morbihan; à l'O. par Lescouët; — traversée par la route impériale N° 164; — école de garçons, 29 élèves; de filles, 8 élèves; — dépend de la perception de Gouarec; — ancienne trève de Silfiac, diocèse de Vannes; — on parle le breton. — Territoire très-élevé, extrêmement accidenté, surtout au nord, près de la rivière du Blavet; peu boisé, mais ayant 26 hectares de taillis dépendant de la forêt de Quénécan, dont la plus grande partie est dans le Morbihan. Terres sablonneuses, légères et médiocres; 1/15e de la superficie est en assez bonnes prairies; mais près de la moitié du sol reste en landes particulièrement susceptibles d'être plantées. — L'église a pour patron saint Nicodème; elle date de 1758. — La chapelle de Guerlmané, dédiée à la sainte Vierge, placée sur une éminence entourée de bois, s'aperçoit d'une très-grande distance. Une autre chapelle, située près des forges, est desservie régulièrement. — Les forges de Perret et les ruines du château des Salles, non loin du bel étang de ce nom, sont dans le Morbihan. — *Points culminants*: Guerhmané, 268 m.; l'étang des Salles, 204 m.; Guenault, 254 m.; Kernevez, 284 m. — *Géologie*: Schiste modifié par le granite; grès à l'est et au sud; à l'étang des Salles, gisement remarquable de fort belles macles; à la butte du Course, carrière d'excellentes pierres refractaires; minerai de fer abondant au contact du grès et des schistes. — *Maires*: Ont successivement rempli ces fonctions, MM. Franco, La Bourdonnaye, Mario, Jouanno et Galerne, maire actuel.

PLÉLAUFF, 1,290 hab.; — bornée à l'O, au N.-O. et au N. par le canal, qui la sépare de Plouguernével, Gouarec et Laniscat; à l'E. par Perret; au S. par Lescouët et à l'O. par Mellionnec; — traversée par la route impériale N° 164, par le chemin de grande communication N° 46 et par le chemin d'intérêt commun N° 49; — école de garçons, 27 élèves; — dépend de la perception de Gouarec; — faisait autrefois partie de l'évêché de Vannes; — on parle le breton. — Le nom de cette commune en breton est Pellan, et on l'explique ainsi: « *her barez Pellan*, » la paroisse la plus éloignée de Vannes. — Territoire très-accidenté dans toutes ses parties et plus particulièrement aux abords du canal de Nantes à Brest. Bois dit de Gouarec, faisant partie de la forêt de Quénécan et contenant 385 hectares. Terres sablonneuses, légères et très médiocres. 1/10e en prairies assez bonnes; près de 1/3 en landes rebelles à la culture. — L'église, nouvellement reconstruite, est sous l'invocation de saint Pierre. — Chapelles en ruines de Saint-Ivit, de Sainte-Marie-Madeleine et de Saint-Melaine qui, dit-on, est né en Plélauff, au village de Kernabat. — Habitations modernes de la Ville-Neuve et du Liscouet. — Dans le bois de Gouarec, on trouve les restes d'un monument désigné dans le pays sous le nom de *bonnet rouge*, et dont l'origine n'a point encore été expliquée. — Monuments celtiques au Nivit, sur la route de Lescouet, à la butte de Sentinello et près des villages de Kerauter et de Kerivallan. — *Points culminants* : Saint-Roch (signal), 261 m.; Barac'h, 229 m.; bois de Gouarec, 248 m. — *Géologie* : Granite; schiste modifié à l'ouest. — *Maires* : Ont successivement rempli ces fonctions, MM. Raoult, Le Louargand, Le Coz, Huet, Guinio (père) et Guinio (fils), maire actuel.

SAINT-GELVEN, 761 hab.; — bornée à l'O et au N. par le Daoulas, qui la sépare de Laniscat; au N. par Plussulien; à l'E. par Saint-Mayeux et Caurel; au S. par le canal, qui la sépare du Morbihan; — traversée par la route impériale No 164 *bis* et par les chemins d'intérêt commun Nos 51 et 53; — école mixte, 31 élèves; — dépend de la perception de Gouarec; — on parle le breton. — Cette commune, qui était autrefois une paroisse tréviale dépendant de Laniscat, a été, en 1850, distraite de cette dernière, dont elle formait encore une section. — Territoire très-accidenté et montueux au sud, où il forme un des bords si escarpés de la rivière du Blavet; au nord, il est à longues ondulations en pente assez douce; boisé dans ses parties productives, nu et découvert dans celles qui ne le sont pas. Terres sablonneuses et argilo-schisteuses, fort médiocres. 1/13e en bonnes prairies; mais près de la moitié de la superficie est en landes, dont quelques parties seulement sont susceptibles d'être cultivées ou plantées. — L'église est dédiée à saint Juvénal, dont la fête se célèbre le jour de la Pentecôte. — Les chapelles de Saint-Modez et de Saint-Pierre sont en ruines, ainsi que l'abbaye de Bon-Repos, située sur les bords du Blavet. Ce monastère, de l'ordre de Cîteaux, fut fondé en 1184, pour 8 religieux, par Alain III, vicomte de Rohan, et par son épouse Constance de Bretagne, sœur du duc Conan IV. Michel Mazarin, frère du célèbre cardinal, a été, en 1647, abbé commendataire de cette abbaye. — On voit un dolmen sur la lande entre le bourg et le village des Granges. — Dans la vallée agreste du Daoulas, non loin de l'habitation moderne du Longeau, se trouvent, sur les deux rives de ce ruisseau, les magnifiques carrières de schiste ardoisier du Liscuit, qui fournissent des dalles de dimensions exceptionnelles. On exploite aussi, dans la commune, quelques autres carrières produisant environ 400 milliers d'ardoises. — *Points culminants* : Kervegan, 282 m.; le Longeau, 209 m. — *Géologie* : Grès au sud au bourg, et minerai de fer; schiste talqueux au nord; au midi, schiste ardoisier. — Ont été Maires : MM. Menguy, T. Gilbert et A. Durumain, maire actuel.

SAINT-YGEAUX, 700 hab.; — bornée à l'O. et au N. par le Sulon, qui la sépare de Sainte-Tréphine, Saint-Nicolas et Canihuel; à l'E. par Plussulien; au S. par Laniscat; — traversée par le chemin de grande communication N° 45; — sans école; — dépend de la perception de Gouarec; — ancienne trève de Laniscat; — on parle le breton. — Territoire peu accidenté, bien boisé au sud, mais nu et découvert au nord. Terres argilo-schisteuses, assez bonnes et pouvant devenir meilleures. Les prés sont de qualité passable et forment le neuvième de la superficie. Par exception au reste du canton, les landes n'en occupent pas le treizième. — Cette commune élève avec succès beaucoup de bétail. Comme la précédente, elle fut, en 1830, distraite de Laniscat. — L'église, dont les trois fenêtres principales appartiennent aux xv° et xvi° siècles, a pour patron saint Ignace, dont on a fait Saint-Ygeaux, lequel a donné son nom à la paroisse. Sa fête et son pardon ont lieu le 3° dimanche de mai. — Une croix en granite, due au ciseau du sculpteur Hernot, vient d'être érigée dans le cimetière. — Chapelle de

Notre-Dame de Fichant. — *Points culminants :* Kergluche, 216 m.; Kerflec'h, 225 m.; Hellez, 231 m. — *Géologie :* Schiste argileux ; quartz. — *Maires :* Ont successivement rempli ces fonctions, MM. Denis et Galerne, maire actuel.

Canton de La Chèze.

Le canton de La Chèze est borné à l'O. et au N.-O. par le canton de Loudéac; au N. par les cantons de Plouguenast et de Collinée; à l'E. par le canton de Merdrignac et par le Morbihan; au S.-E. et à l'O. par le Morbihan; le Lié l'arrose du N. au S. et le sépare du Morbihan dans l'O.; la Trinité le limite dans l'E. du canton de Merdrignac et du Morbihan; — traversé par la route impériale N° 164 *bis* de Rennes à Brest; par la route départementale N° 7 de Loudéac à Josselin; par les chemins de grande communication N° 19 de Quintin à La Trinité, N° 41 de Loudéac à Plancoët; par les chemins d'intérêt commun N° 45 de Rohan à Saint-Méen, N° 50 de Rohan à Collinée, N° 63 de La Prénessaye à La Chèze.

La population du canton est de 10,838 hab.; sa superficie de 18,684 hect., et son revenu territorial net de 349,058 fr.

Le territoire de ce canton est fort accidenté; mais les coteaux y ont une forme allongée et onduleuse particu-

TERRES. — Revenu net moyen, par hectare, pour le canton. 16 fr. 24   Valeur vénale moyenne, de l'hectare, dans le canton....... 467 fr.

COMMUNES COMPOSANT LE CANTON.	POPULATION.	DISTANCES en kilomètres.			NOMBRE D'HECTARES des terrains imposables produisant revenu.						Terrains non productifs et non imposés. Chemins, rivières, etc. — Hectare.	NOMBRE TOTAL D'HECTARES par commune.	REVENU CADASTRAL.	PROPORTION du chaussement pour obtenir le revenu réel.		TAUX MOYEN de l'intérêt des fonds placés.		NOMBRE		NOMBRE	
		Du chef-lieu du département.	Du chef-lieu d'arrond'.	De La Chèze (chef-lieu de canton.)	Jardins, courtils, vergers et sol des édifices.	Terres labourables.	Prés.	Bois et taillis.	Pâtures et landes.	TOTAL.				Pour les terres (1).	Pour les maisons, moulins et usines (2).	En terres.	En maisons, moulins et usines.	De maisons.	De moulins et usines.	De foires.	De cafés et cabarets.
Chèze...	420	60	10	»	6	93	44	15	75	238	15	253	4,879 05	2.38	3.11	3.52	3.78	110	2	5	14
Ferrière.	696	55	15	5	19	482	108	33	880	1,522	41	1,563	9,281 06	2.54	2 68	3.57	3.57	195	3	»	4
La Prénessaye....	1,616	48	9	7	45	863	143	47	538	1,636	61	1,697	29,021 66	1.51	1.83	3.52	3.61	423	5	1	11
...net...	3,189	53	13	8	104	1,990	418	134	1287	3,933	160	4,093	40,852 70	2.54	3.08	3.47	3.59	839	12	6	29
...mieux...	3,236	68	18	8	46	2,506	410	510	3637	7,109	208	7,317	37,077 04	2.63	3.42	3.45	3.49	839	11	»	12
...arnabé..	940	56	6	4	36	830	160	28	1124	2,178	94	2,272	12,991 85	2.74	4.05	3.48	3.50	277	2	»	4
Etuc-du-de-l'Isle	741	64	14	4	18	560	98	51	705	1,432	57	1,489	9,167 18	2.73	2.97	3.46	3.63	194	4	»	1
...AUX....	10,833	»	»	»	274	7,329	1381	818	8246	18,048	636	18,684	143,270 54	»	»	»	»	2,877	39	12	75

(1 et 2) Pour les notes concernant ce tableau, voir celles du tableau du canton de Loudéac, pages 712 et 713.

lière à la formation cambrienne. Il est arrosé par de nombreux cours d'eau et particulièrement par le Lié, la Trinité ou le Ninian. Les pentes les moins rapides et les sommets les moins élevés sont cultivés ; des prairies naturelles d'assez bon rapport occupent les vallées ; mais la majeure partie du sol est encore couverte de landes immenses qui servent à nourrir de nombreux et chétifs moutons. Le canton, à l'exception de ces moutons, ne se livre guère à l'engraissement du bétail et tire sa principale ressource de la culture des terres, sans tenir encore grand compte des progrès réalisés en agriculture. Aujourd'hui il n'est pas très-productif, mais il possède de puissants éléments de richesse dans ses vastes landes communales, et déjà, nous le savons, de grandes étendues de ces terres incultes viennent d'être aliénées, et l'avenir, un avenir prochain, espérons-le, verra changer l'aspect et la fortune de ce territoire.

Le canton de La Chèze est compris dans la zône du midi. Il produit : froment, 18,434 h.; seigle, 22,978 h.; avoine, 30,724 hect.; sarrasin, 30,720 hect.; pommes de terre, 2,879 hect.; chanvre, 336 quint. mét. de filasse ; lin, 300 quint. mét. de filasse ; cidre, 17,250 h. — Il possède : chevaux, 1,103 ; taureaux, 75 ; bœufs, 1,162 ; vaches, 4,632 ; veaux, 790 ; béliers, 142 ; moutons, 200 ; brebis, 1,920 ; agneaux, 995 ; boucs et chèvres, 715 ; porcs, 940.

LA CHÈZE, 420 hab.; — par les 4° 59' 45" de longitude O. et par les 48° 7' 54" de latitude N.; — bornée à l'O. et au N. par Saint-Barnabé; au N.-E. et à l'E. par La Ferrière; au S. par Plumieux et le Morbihan; — arrosée par le Lié et traversée par la route départementale N° 7 et par les chemins d'intérêt commun N°s 50 et 63; — école mixte, 55 élèves; — chef-lieu de canton et de perception; — justice de paix; résidence d'un notaire; recette des contributions indirectes; comice agricole; bureau de bienfaisance; — marché le jeudi; foires le lendemain de l'Ascension, le dernier jeudi de juillet; le 1er octobre, les derniers jeudis d'octobre et de novembre. — Le territoire de cette commune est assez bien cultivé, mais accidenté. Il convient mieux aux prairies qu'à la production des céréales. — La très-petite ville de La Chèze, située dans la vallée du Lié, doit son origine au château fort construit au xiiie siècle par Eudon III, comte de Porhoët, à l'abri duquel elle se plaça. Ce château, dont il ne reste plus que des ruines, fut assiégé inutilement, en 1484, par le prince d'Orange, qui se vit obligé d'abandonner son entreprise. — Un pâtre trouva, en 1820, à 500 m. des remparts, divers objets en or parmi lesquels on remarquait une couronne et une jugulaire. — La population de La Chèze se compose de marchands en détail, de cultivateurs, d'ouvriers et de quelques propriétaires. On y remarque une vaste halle et une tannerie. Son église est une construction du xviii° siècle, dédiée à Notre-Dame de Pitié; elle fut édifiée, dit-on, par les soins du père Grignon de Montfort. — Habitation moderne de la Grange. — *Points culminants* : La ville, 90 m.; le Bois-Clos (signal), 135 m. — *Géologie* : Schiste talqueux; cailloux roulés au nord-est. — *Maires* : MM. 1826, G. Nogues; 1831, N. Bertrand; 1855, J. Guimoto, maire actuel.

LA FERRIÈRE, 696 hab.; — bornée au N. par Plémet; à l'E. et au S. par Plumieux; à l'O. par La Chèze, Saint-Barnabé et La Prénessaye; le Lié la sépare de ces deux dernières communes; — traversée par la route impériale N° 164 *bis* et par le chemin d'intérêt commun N° 50; — école mixte, 37 élèves; — dépend de la perception de La Chèze; — ancienne trève de La Chèze. — Territoire élevé, accidenté et à longues ondulations. Terres légères; grande étendue de landes vagues. Sol généralement salubre, de qualité passable et n'attendant, pour être plus fertile, qu'un redoublement de soins. — L'église, dédiée à la sainte Vierge, présente quelques parties dues aux xiii° et xiv° siècles. On y remarque trois verrières portant les dates de 1546 et 1551 et qu'on peut placer au premier rang pour la beauté du dessin et la richesse des couleurs; les sculptures de l'autel de la chapelle Saint-Laurent et le christ avec groupe, placé en face de la chaire, méritent l'attention. — L'abbaye de Lantenac, de l'ordre de Saint-Benoît, se trouvait en cette commune, sur les bords du Lié ; elle subsiste encore avec une partie de son cloître, et ses propriétaires actuels se proposent de la faire restaurer au moins en partie. Fondée en 1150, par Eudon II, comte de Porhoët, gendre de Conan III, duc de Bretagne, cette abbaye a vu vingt générations de moines se succéder jusqu'à la Révolution, époque à laquelle elle fut vendue et convertie en ferme. Sa chapelle, en partie démolie, a servi à la construction d'une maison de Loudéac ; cependant sa sacristie a été conservée, et l'on y voit les statues de saint Firmin, saint Sébastien et saint Pôtan, ainsi que le sarcophage d'Aliénor de Rohan. — Le manoir de Quillien est aujourd'hui transformé en habitation rurale. — Traces de retranchements, qu'on croit être romains, sur la lande de Verga. — *Points culminants :* Les Hautes-Livaudières, 144 m.; le Bourgneuf, 175 m.; Quillien, 189 m. — *Géologie :* Schiste talqueux ; minerai de fer jadis exploité mais abandonné comme peu riche. — *Maires :* Ont successivement rempli ces fonctions, MM. Le Gouaille, Le Maitre, J. Baud, Huet, Martin, M. Baud (39 ans) et Baud, maire actuel.

LA PRÉNESSAYE, 1,616 hab.; — bornée au N. par La Motte ; à l'E. par le Lié, qui la sépare de Plémet et de La Ferrière ; au S. par Saint-Barnabé et à l'O. par Loudéac ; — traversée par la route impériale N° 164 *bis*; par les chemins de grande communication N°s 19 et 41, et par le chemin d'intérêt commun N° 63 ; — école de garçons, 42 élèves ; de filles, 62 élèves ; — dépend de la perception de La Chèze ; — foire le 12 mai (à Malabry). — Territoire élevé et accidenté, surtout aux abords du Lié. Le sol est productif, quoiqu'il ait conservé beaucoup de landes vagues. L'abondance des produits est due à la qualité et à la grande étendue de prairies bien arrosées. — L'église, qui date de 1850, est dédiée à saint Jean-Baptiste. — L'oratoire de Saint-Sauveur-le-Haut n'est que le reste d'une église fort importante démolie en 1802 et qui fut longtemps paroisse. — La chapelle de Querrien, ancienne collégiale, dédiée à Notre-Dame de Toute-Aide, fut fondée en 1656, pour quatre chapelains, par l'évêque de Saint-Brieuc, Denis de la Barde. Elle doit son érection à la constatation que cet évêque fit sur les lieux, le 11 septembre 1652, de l'apparition miraculeuse de la sainte Vierge à une enfant de 11 à 12 ans, nommée Jeanne Courtel. Elle forme une croix latine et possède une haute tour en pierre. Le 8 septembre, on célèbre sa fête patronale, qui attire un immense concours de pèlerins et qui se termine par un feu de joie dont chacun des assistants recueille à l'envi un charbon éteint. — Ruines du château de la Tronchais, au milieu d'un bois assez important. — *Points culminants* : La Tronchais, 147 m.; le Quillieuc, 175 m.; Malabry, 201 m. — *Géologie* : Schiste talqueux ; roches amphiboliques au sud et à Saint-Sauveur. — *Maires* :

Ont successivement rempli ces fonctions, MM. Denecé, Foulfoin, Blanchard, Martin, La Brousse, Orin, Gourmaux, Dubreil et J.-M. Denecé, maire actuel.

PLÉMET, 3,189 hab.; — bornée au N. par Plessala et Saint-Gilles-du-Mené ; à l'E. par Laurenan et Gommené; au S. par Plumieux et La Ferrière ; à l'O. par le Lié, qui la sépare de La Prénessaye et de La Motte; — traversée par la route impériale No 164 *bis*; par les chemins de grande communication Nos 19 et 41, et par le chemin d'intérêt commun No 50 ; — école de garçons, 95 élèv.; de filles, 00 élèves ; — dépend de la perception de La Chèze; — brigade de gendarmerie à pied ; — cure cantonale de 2e classe ; — résidence d'un notaire ; — bureau de distribution des lettres ; — marché le lundi ; foires les 1ers lundis de janvier, de mars, de mai et de juillet; le 30 et le 31 août, et le 4e lundi de novembre. — Territoire élevé, accidenté, à coteaux de forme allongée, avec pentes Est et ouest très-exposées aux vents; arrosé par les ruisseaux du Remeau, de Kerbussot, de la Ville-Goyomard et la rivière du Lié. Les terres sont assez boisées et productives ; le chanvre y réussit bien. Il existe, en Plémet, de vastes landes qui ne tarderont pas à être mises en culture, l'administration municipale venant de les aliéner de manière à produire à la commune un revenu de 7 à 8,000 fr. — L'église, sous l'invocation de saint Pierre, a été achevée au commencement de ce siècle, et l'on se propose de l'agrandir. — Chapelles de Saint-Lubin, de Saint-Julien, de Saint-Sauveur-le-Bas et de Saint-Jacques. Cette dernière est desservie chaque dimanche, ainsi que la chapelle privative des forges du Vaublanc, placée sous le vocable de saint Eloi. — A la page 38 de cet ouvrage, nous avons donné sur ces forges des détails statistiques qui en font apprécier l'importance et que nous ne répèterons pas ici. Nous ne pouvons cependant manquer de rappeler que ce bel établissement, placé dans une vallée des plus pittoresques, est florissant, en pleine activité et qu'il doit ses succès croissants à l'excellente qualité de ses produits qui rivalisent avec les meilleurs fers de Suède. — Nous citerons le château moderne de Bodifet, qui mérite l'attention non-seulement par sa gracieuse architecture, mais encore par les beaux jardins et les plantations qui en dépendent. La vallée du Lié présente aussi des points intéressants à visiter, et nous indiquerons entr'autres le côteau d'Hélouvry, formé de roches énormes suspendues au-dessus de la rivière. — La voie romaine de Vannes à Corseul traverse la commune. — Plémet a vu naître, pendant le siècle dernier, Joseph Leclerc, dit le capucin Hervé, prédicateur distingué et ancien professeur de philosophie au petit séminaire de Tréguier. — *Points culminants* : Le bourg, 153 m.; Saint-Lubin, 141 m.; le Breil-Tual, 161 m.; Coëtieux (signal), d'où l'on jouit d'un point de vue cité, 181 m.

— *Géologie* : Granite ; schiste modifié dans l'ouest ; schiste talqueux au nord. — *Maires :* MM. 1826, P.-L. Carré ; 1834, L.-A. Carré-Kérisouët, maire actuel.

PLUMIEUX, 3,236 hab.; — bornée au N. par Plémet et Gomené ; à l'E. et au S. par le Morbihan ; à l'O. par Saint-Etienne-du-Gué et La Chèze ; au N.-O. par La Ferrière ; — traversée par la route départementale N° 7, par le chemin de grande communication N° 19 et par les chemins d'intérêt commun N° 45 et de La Chèze à La Trinité ; — école de garçons, 32 élèves ; — dépend de la perception de La Chèze ; — résidence d'un notaire. — Territoire élevé et accidenté, coteaux de forme allongée. Landes nombreuses et occupant toutes les hauteurs, dont il serait facile de tirer un bon parti. Terres légères de médiocre qualité et produisant néanmoins tous les ans. Les rivières du Lié et du Ninian ou de la Trinité, et les ruisseaux de Coëtfrot et de Pengréal, arrosent la commune. — L'église a pour patron saint Pierre ; elle tombe de vétusté ; elle possède cependant un assez beau portail. — Chapelles de Saint-Thurian et de Sainte-Anne au village du Cambout ; celle-ci vient d'être érigée en succursale. — Le château de Coëtlogon est en ruines, mais sa façade est restée debout ; il venait d'être achevé lorsqu'éclata la révolution. C'est dans son voisinage qu'eut lieu, en 1793, un terrible engagement entre les colonnes mobiles venues du Morbihan et les royalistes.

Près de 2,000 hommes des deux partis, qui présentaient environ 6,000 combattants, restèrent, dit-on, sur le champ de bataille. — C'est au château de Coëtlogon que naquit, en 1646, Alain-Emmanuel, marquis de Coëtlogon, célèbre officier de marine, mort le 5 juillet 1730. Six jours avant son décès, il avait été fait maréchal de France. Louis-Marcel de Coëtlogon, évêque de Saint-Brieuc en 1680, appartenait aussi à cette famille. — Plumieux a vu naître aussi M. Le Vexier, magistrat distingué mort en 1848, président du tribunal civil de Redon. — Au Cambout, se trouve le vieux manoir de ce nom. — Habitation moderne du Cartier. — La voie romaine de Vannes à Corseul traverse la commune et passe au village de Chef-du-Bos. — Au hameau de Langouët, on voit les traces d'un camp retranché attribué aux Romains, et près du château de Coëtlogon, une autre enceinte fortifiée nommée les Douves. — *Points culminants* : Le bourg, 135 m.; Coëtlogon (château), 176 m.; le Cartier, 109 m.; Haut-Torguely, 178 m. — *Géologie* : Schiste talqueux; diorite à la limite près de La Trinité; grès et cailloux roulés au sud. — *Maires* : Ont successivement rempli ces fonctions, MM. Cherel, Le Vexier, Bochet, Louet et de Kerpezdron, maire actuel.

SAINT-BARNABÉ, 940 hab.; — bornée au N. par Loudéac et La Prénessaye; à l'E. par La Ferrière et La Chèze; au S. par le Morbihan; à l'O. par le ruisseau de l'Arhon, qui la sépare de Saint-Maudan et de Loudéac; — traversée par la route départementale N° 7; — école mixte, 36 élèves; — dépend de la perception de La Chèze; — ancienne trève de Loudéac. — Territoire limité à l'est par le Lié, assez uni et formé de coteaux à longues ondulations. Quoique bien boisé et assez productif, il est encore couvert d'une grande étendue de landes qui servent uniquement au pacage de nombreux troupeaux de moutons. — L'église est dédiée à saint Barnabé, dont la fête a lieu le 1er dimanche libre après le 11 juin. Elle est très-ancienne. — *Points culminants:* Beau-Séjour, 175 m.; la Motte-au-Loup, 154 m.; le Fossé, 144 m. — *Géologie:* Schiste argileux; quelques gisements amphiboliques. — *Maires:* Ont successivement rempli ces fonctions, MM. Querro, Maray, Le Parc, Le Piouffe, Cadoret, Launay et Cadoret, maire actuel.

SAINT-ÉTIENNE-DU-GUÉ-DE-L'ISLE, 741 hab.; — bornée au N., à l'E. et au S. par Plumieux; à l'O. par le Lié, qui la sépare du Morbihan; — traversée par la route départementale N° 7 et par le chemin d'intérêt commun N° 45; — école mixte, 47 élèves; — dépend de la perception de La Chèze. — Territoire accidenté, à coteaux élevés et à longues ondulations, bien boisé et produisant de bon cidre. Il possède encore beaucoup de landes. — L'église est sous le vocable de saint Etienne, dont la fête se célèbre le 1er dimanche d'août. — Le château actuel du Gué de l'Isle est une vaste construction du xviie siècle, flanquée à chaque bout d'une tourelle hexagone et entourée de fossés à moitié remplis d'eau. Il a remplacé un autre château fortifié, bâti au xie siècle par Eudon Ier, comte de Porhoët. — *Points culminants :* Le Linio, 125 m.; Pont-Bréhand, 104 m.; le château, 75 m. — *Géologie :* Schiste talqueux; cailloux roulés. — *Maires :* Ont successivement rempli ces fonctions, MM. Macé, Le Boucher, Le Roux, Guillouët, Allio, Y. Jouet et J. Jouet, maire actuel.

Canton de Merdrignac.

Le canton de Merdrignac est borné au N.-O. par le canton de Collinée; au N. par les cantons de Collinée et de Broons; à l'E. par le canton de Saint-Jouan-de-l'Isle et par le département d'Ille-et-Vilaine; au S. par le département du Morbihan et à l'O. par le canton de La Chèze. — Il est limité dans l'O. par la rivière de la Trinité et arrosé par la Rance, le Meu, le Livet et le Grénédan; traversé de l'E. à l'O. par la route impériale No 164 *bis* de Rennes à Brest; par les chemins de grande communication No 40 de Plancoët à Merdrignac avec prolongement sur Ménéac et La Trinité, No 42 de Moncontour à Merdrignac avec prolongement sur Mauron; par les chemins d'intérêt commun No 45 de Ruhan à

Saint-Méen, N° 46 d'Uzel à Merdrignac, N° 54 de Merdrignac à Plénée-Jugon.

La population du canton est de 12,105 hab.; sa superficie de 24,976 hect., et son revenu territorial net de 453,805 fr.

Le territoire de ce canton, sillonné par de nombreux ruisseaux et par la Rance, le Meu, le Livet, le Damet, la Courbe, le Pont-Colleu, la Trinité, le Pont-de-Bois et le Grénédan, présente de nombreuses prairies susceptibles de donner les meilleurs produits. Plat et argileux dans une partie, accidenté et souvent rocailleux dans l'autre, il est boisé et fournit beaucoup de pommiers. Son agriculture est stationnaire et en général on n'y cultive que peu de froment. La forêt de la Hardouinaye s'étend sur plusieurs communes de ce canton, notamment sur celles de Merdrignac, Saint-Launeuc et Saint-Vran; sa superficie est de plus de 2,500 hectares. Les terres, appartenant aux cultivateurs, sont divisées en parcelles fort petites, ce qui, peut-être, est un obstacle à l'élève du bétail pour lequel cependant le pays est évidemment convenable. De vastes landes s'y trouvent encore particulièrement dans l'ouest.

Ce canton est compris dans la zône du midi. Il produit : froment, 8,628 hect.; méteil, 3,660 hect.; seigle, 18,718 hect.; orge, 165 hect.; avoine, 44,560 hect.; sarrasin, 56,189 hect.; pommes de terre, 4,032 hect.; chanvre, 333 quint. mét. de filasse; cidre, 46,000 hect.

TERRES. — Revenu net moyen, par hectare, pour le canton... 16 fr. 86

Valeur vénale moyenne, de l'hectare, dans le canton........... 416 fr.

COMMUNES COMPOSANT LE CANTON.	POPULATION.	DISTANCES en kilomètres			NOMBRE D'HECTARES des terrains imposables produisant revenu.					Terrains non productifs et non imposés.	NOMBRE TOTAL D'HECTARES par commune.	REVENU CADASTRAL.	PROPORTION de rehaussement pour obtenir le revenu réel.		TAUX MOYEN de l'intérêt des fonds placés.		NOMBRE		NOMBRE	
		Du chef-lieu du départem.	Du chef-lieu d'arrondt.	De Merdrignac (chef-lieu de canton).	Jardins, courtils, vergers et sol des édifices.	Terres labourables.	Prés.	Bois et taillis.	Patures et landes.	TOTAL.				Pour les terres (1).	Pour les maisons, moulins et usines (2).	En terres.	En maisons, moulins et usines.	De maisons.	De moulins et usines.	De foires.	De cafés et cabarets.
Merdrignac.	3,153	50	30	»	71	2,237	377	1649	1190	5,524	188	5,712	66,118 49	1.96	2.07	4. »	3.79	737	7	6	29
Gommené...	1,283	50	25	6	39	1,045	199	106	1078	2,467	72	2,539	21,992 65	2.34	2.72	4. »	4. »	395	3	»	5
Illifaut.......	1,209	60	40	10	30	1,318	169	78	993	2,588	83	2,671	38,203 51	1.16	1.33	4.53	4.48	306	3	»	3
Laurenan...	1,351	45	20	10	34	956	221	76	1707	2,994	96	3,090	10,974 82	2.97	2.79	4. »	4. »	405	2	2	4
Le Losconët.	1,175	65	45	15	26	1,369	185	17	514	2,111	117	2,228	41,229 69	1.30	1.31	4. »	4. »	290	5	»	3
Mérillac.....	665	50	36	7	27	765	140	12	384	1,328	58	1,386	9,079 40	2.87	2.93	4. »	4. »	217	2	»	1
St-Launeuc.	510	60	33	6	»	420	85	387	208	1,100	62	1,162	7,759 03	2.47	2.10	4. »	4. »	149	3	»	1
Saint-Vran.	1,291	45	27	6	38	1,007	234	308	1134	2,721	91	2,812	14,349 76	2.85	2.86	4. »	4. »	372	5	»	1
Trémorel...	1,465	60	40	10	41	1,828	270	18	1051	3,208	168	3,376	38,520 77	1.53	1.55	4. »	4. »	385	7	»	5
TOTAUX....	12,105	»	»	»	306	10,945	1880	2651	8259	24,041	935	24,976	248,228 17	»	»	»	»	3,256	37	8	59

(1 et 2) Pour les notes concernant ce tableau, voir celles du tableau du canton de Loudéac, pages 712 et 713.

— Il possède : chevaux, 2,139 ; taureaux, 54 ; bœufs, 254 ; vaches, 5,747 ; veaux, 1,576 ; béliers, 167 ; moutons, 245 ; brebis, 3,855 ; agneaux, 1,084 ; boucs et chèvres, 509 ; porcs, 509.

MERDRIGNAC, 3,153 hab. ; — par les 4° 45′ 13″ de longitude O. et par les 48° 11′ 45″ de latitude N. ; — bornée au N. par Saint-Vran, Mérillac et Saint-Launeuc, dont le Meu la sépare ; à l'E. par Trémorel et Illifaut ; au S. par le Morbihan ; à l'O. par Gommené, Laurenan et Saint-Vran ; — traversé de l'E. à l'O. par la route impériale N° 164 *bis* et par les chemins de grande communication N°s 40 et 42 ; — école de garçons, 109 élèves ; de filles avec pensionnat, 250 élèves ; — chef-lieu de canton et de perception ; — cure de 2e classe ; justice de paix ; résidence de deux notaires ; brigade de gendarmerie à cheval ; direction des postes ; bureau d'enregistrement pour le canton et pour celui de Collinée ; recette des contributions indirectes ; agent-voyer ; comice agricole ; bureau de bienfaisance ; — dépendait autrefois de l'ancien évêché de Saint-Malo ; — marché le mercredi ; foires le 1er mercredi de mars, le 2e mercredi de mai, le dernier lundi de juin, le 4e mercredi de juillet, le 2 novembre et le mercredi d'avant la Nativité. — Le territoire de cette commune, arrosé par de nombreux petits ruisseaux et traversé par le Livet, est très-étendu et ne présente pas d'élévations considérables. Il comprend, comme nous l'avons dit, une grande partie de la forêt de la Hardouinaye. Les terres sont fortes, propres à la culture du froment, et les prairies, qui sont généralement de bonne nature, pourraient, si elles étaient soignées, donner de riches produits. Les pommiers réussissent fort bien et le cidre qui en provient est très-estimé. Il existe encore une assez grande étendue de landes susceptibles d'être plantées ou mises en culture. — La petite ville de Merdrignac n'offre qu'une médiocre agglomération; elle est assez bien située sur la route impériale N° 164 *bis*; elle commerce principalement avec Rennes, où elle envoie des peaux, des toiles, du chanvre, du beurre et autres productions du pays. Sa population se compose en majeure partie de marchands en détail, d'artisans et de cultivateurs. Son église, construite en 1832, a pour patron saint Nicolas, dont la fête se célèbre le 11 décembre; elle a remplacé l'ancienne église qui existait au village du Vieux-Bourg, à 1,500 m. de la ville. — Chapelles de Sainte-Philomène, de Saint-Brieuc, de Sainte Brigitte et des Filles de la Croix; celles-ci dirigent un établissement d'éducation assez important fondé en 1840. — Merdrignac revendique une très-ancienne origine, et quelques géographes la considèrent, à tort suivant nous, pour avoir été l'un des *Fanum-Martis* des anciens itinéraires. Cependant il est certain qu'on a trouvé, en Merdrignac et particulièrement au champ du Plessix, des débris de construction qu'on peut attribuer à l'époque gallo-romaine et que, d'un autre côté, les anciennes voies de Corseul à Vannes et de Carhaix à Rennes se croisaient à peu de distance de l'endroit où se trouve actuellement cette ville.— Quoiqu'il en soit de sa première origine, l'accroissement de Merdrignac doit être attribué en grande partie à la halle que le duc de Retz y fit construire vers le milieu du xve siècle et autour de laquelle se sont tenus depuis des marchés et des foires très-fréquentés. — Nous ne mentionnerons que pour mémoire l'existence du château de la Vieille-Cour, démoli depuis longtemps, qui fut la résidence des seigneurs de Merdrignac et de la Hardouinaye. L'un d'eux, nommé Guy, fonda, au xiie siècle, le prieuré de Sainte-Brigite, desservi par les chanoines de Sainte-Geneviève de Paris. — Le prince Joseph Stuart, cousin-germain du dernier prétendant de cette famille à la couronne d'Angleterre, vint en 1746, après la bataille de Culloden, habiter le modeste manoir de Kerilvala. Il y vécut ignoré pendant de longues années et y mourut le 22 février 1784, n'ayant pour compagnon de ses infortunes qu'un fidèle ami nommé lord Saint-Pill. — La forêt contient deux étangs ; l'un des deux, le plus important, servait à l'usine métallurgique de la Hardouinaye, dont les hauts fourneaux sont abandonnés depuis plusieurs années. Cette forêt abonde en sangliers. —*Points culminants :* Beau-Soleil, 192 m.; Launay-Trébède, 190 m.; Saint-Nicolas, 148 m.; la Villeferron, 126 m. — *Géolo-*

gie : Schiste talqueux ; poudingues tertiaires à l'est, près le Vieux-Bourg ; minerai de fer à Catenoy, aujourd'hui abandonné, étant trop sulfureux. — *Maires* : Ont successivement rempli ces fonctions, MM. Souchet, Oger, Bidand, Nogue et Berthelot, maire actuel.

GOMMENÉ, 1,283 hab. ; — bornée au N. par Laurenan ; à l'E. par Merdrignac ; au S. par le Morbihan ; à l'O. par Plumieux et Plémet, dont la Trinité la sépare ; — traversée par la route impériale N° 164 *bis* et par des chemins vicinaux simples ; — école de garçons, 30 élèv. ; de filles, 47 élèves ; — dépend de la perception de Merdrignac ; — faisait autrefois partie de l'ancien évêché de Saint-Malo. — Territoire à coteaux allongés, élevés et onduleux, arrosé par plusieurs ruisseaux, assez généralement fertile, parfaitement boisé et planté de nombreux pommiers donnant d'importants revenus. Cette commune, il y a peu d'années, était couverte de landes vagues qui, vendues pour favoriser la construction de l'église, d'un presbytère et de maisons d'école, n'ont pas tardé à être mises en culture. — L'église, à peine terminée et dédiée à la sainte Vierge, est dans le style ogival. Son cimetière renferme le tombeau de M. Volci-Chapotin, fondateur et directeur de la ferme-école des Aulnays-Gomené, l'un des premiers établissements de ce genre que le département ait possédé. — Il existe deux petites et anciennes chapelles dédiées, la première, à sainte Anne, et la seconde, à saint Guenaël; elles avoisinent les ruines d'anciens manoirs. — Menhir fort élevé non loin des villages de la Guennay et de la Tellionnais. — Sur une élévation à 400 m. au sud du bourg, on jouit d'un coup-d'œil d'une grande étendue. — *Points culminants :* La Ville-ès-Prés, 223 m.; Tremaugon, 212 m.; la Guennay, 208 m. — *Géologie :* Granite exploité; schiste au nord et minerai de fer à Catenoy. — *Maires :* Ont successivement rempli ces fonctions, MM. Du Chauchy, Posnic, Chapotin, Le Veau et Pencolé, maire actuel.

ILLIFAUT, 1,209 hab.; — bornée au N. par Trémorel; à l'E. par Le Loscouët et par l'Ille-et-Vilaine; au S. et au S.-O. par le Morbihan, et à l'O. par Merdrignac; — traversée par le chemin de grande communication N° 42 et par le chemin d'intérêt commun N° 43; — école mixte, 77 élèves; — dépend de la perception de Merdrignac; — faisait autrefois partie de l'ancien évêché de Dol. — Territoire généralement assez plat et bien boisé, couvert encore de landes donnant un maigre pâturage à des moutons nombreux et de très-petite taille. Terres assez faibles; prairies de bonne qualité; agriculture en progrès. La petite rivière de Livet arrose la commune. — L'église, dédiée à saint Samson, dont la fête a lieu le 10 juillet, est ancienne et n'offre de remarquable que quelques restes d'anciens vitraux. — Tumulus entre les villages de Pebedic et de la Clinardais. — Ruines du château de

Grenedan, détruit en 1793. — *Points culminants* : Le bourg, 116 m.; la Bruyère, 116 m.; les Touches, 114 m. — *Géologie* : Schiste talqueux. — *Maires* : Ont successivement rempli ces fonctions, MM. Lucas, Le Ray, Despretz, Feude, Chenu et Pacheu, maire actuel.

LAURENAN, 1,334 hab.; — bornée au N.-O. et au N. par Saint-Gilles-du-Mené; à l'E. par Saint-Vran et Merdrignac; au S. par Gommené et Plémet; à l'O. par Plémet; — traversée dans le S. par la route impériale N° 164 *bis* et par des chemins vicinaux simples; — école mixte, 35 élèves; — dépend de la perception de Merdrignac; — foires le 15 avril et le 1er lundi d'août. — Territoire situé sur un plateau élevé, d'où partent, se dirigeant vers le sud, de nombreux ruisseaux; découvert et incliné à l'ouest. Sol pierreux et léger; landes étendues. — L'église, sous le patronage de saint René, qui a remplacé saint Renan, évêque irlandais du ive siècle, auquel la commune doit son nom, n'offre d'intéressant que le vitrail du maître-autel. — Chapelles de Certignon et de Saint-Unet. C'est près de cette dernière que se tiennent les foires ci-dessus mentionnées et qui donnent lieu à de nombreuses transactions sur les bestiaux, notamment sur des moutons de petite taille mais d'excellente espèce, qu'on élève sur les landes du canton. — Près du château de Launayen, on remarque des vestiges de fortifications. — Voie romaine de Vannes à Corseul traversant les landes dites du Menez, dont la trace est très-apparente et dont les éléments de construction peuvent être même parfaitement reconnus au lieu dit la Croix-Bouillard, l'un des points les plus élevés du département. — Patrie de Joseph de Larjan, docteur en Sorbonne, décédé archidiacre de Cornouaille. — *Points culminants* : Saint-Unet, 186 m.; la Brousse, 182 m.; le Goulaguet, 273 m.; la Croix-Bouillard, 304 m. — *Géologie* : Schiste talqueux, et dans le sud, schiste modifié; granite exploité dans l'extrême sud. — *Maires* : Ont successivement rempli ces fonctions, MM. Carmoy, Berthelot, Jartel, Cochon, Pocart, Pinel et Le Mée, maire actuel.

LE LOSCOUET, 1,175 hab.; — bornée au N. par Plumaugat; à l'E. et au S. par l'Ille-et-Vilaine; à l'O. par Illifaut et Trémorel; — traversée par la route impériale N° 164 *bis* et par le chemin d'intérêt commun N° 45; — école de garçons, 52 élèves; de filles, 53 él.; dépend de la perception de Merdrignac; — ancienne trève de Trémorel. — Territoire arrosé par le Meu, plat, assez fertile, humide et marécageux dans certaines parties; bien boisé et contenant peu de landes. — L'église est dédiée à saint Lunaire, évêque breton au VIe siècle, dont la fête a lieu le 1er juillet, mais qui ne se célèbre que le dimanche après la Saint-Pierre. Elle renferme quelques pierres tombales, dont la mieux conservée porte la date de 1500 et le nom d'un nommé Jean Yvon, qui, parait-il, avait fait don d'une partie de l'emplacement sur lequel elle est bâtie ; cependant, sur l'un des piliers de cette église, on voit la date de 1585, et sur sa façade, celle de 1633. — Chapelle de Saint-Roch. — Le doyen des recteurs du diocèse, M. Orinel, administre cette paroisse depuis le 24 juin 1815. — Non loin du bourg, sur le Meu, on voit les vestiges d'un château très-ancien dont le seigneur, d'après la tradition locale, fit don ainsi que de sa seigneurie, vers l'an 1000, à l'abbé de Saint-Méen, à la charge de distribuer, chaque quinzaine, du pain aux pauvres de cette seigneurie et d'en recevoir gratuitement les infirmes à l'hospice de Saint-Méen. Les conditions de cette donation ont été observées jusqu'en 1789. — Le Loscouët a vu naître, vers la fin du xvie siècle, frère Julien Puissant, qui devint prieur de la maison de Saint-Yves de Guérande, et vers la fin du xviiie siècle, M. Mouton, décédé conseiller à la Cour impériale de Rennes. — L'étang de Grénédan, situé près du bourg, est fort beau et présente un développement de 3 kilom. de circuit. Il contient une île de près d'un hectare de superficie, jointe à la terre par une chaussée. — *Points culminants :* L'étang, 80 m.; Bourien, 101 m.; la Ville-Aman, 117 m. — *Géologie :* Schiste talqueux. — *Maires :* MM. 1790, Nicolas; 1795, Gilet; 1800, Rissel; 1816, Rigourd; 1830, Chevrel, maire actuel depuis 32 ans.

MÉRILLAC, 665 hab.; — bornée au N. par Langourla; à l'E. par Eréac; au S. par Saint-Launeuc, dont la Rance la sépare, et par Merdrignac; à l'O. par Saint-Vran et Langourla; — traversée par le chemin de grande communication N° 40 et par des chemins vicinaux simples; — école de garçons, 38 élèves; — dépend de la perception de Merdrignac. — Territoire accidenté et boisé, arrosé par la Rance et le Meu. Bien que couvert de landes qu'on défriche comme ailleurs, son sol est bon et produit du froment en plus grande proportion que dans les communes voisines. — L'église, fort ancienne, est dédiée à saint Pierre. — *Points culminants* : Le bourg, 148 m.; la Lande, 151 m.; la Ville-au-Jay, 157 m. — *Géologie* : Schiste talqueux; minerai de fer anciennement exploité. — *Maires* : Ont successivement rempli ces fonctions, MM. Caradeuc, Dutertre et Robert, maire actuel.

SAINT-LAUNEUC, 510 hab.; — bornée au N. par la Rance, qui la sépare de Mérillac et d'Eréac; à l'E. par Lanrelas et Trémorel; au S. par Merdrignac, dont le Meu la sépare, et à l'O. par Mérillac; — traversée par le chemin de grande communication N° 40; — école mixte, 55 élèves; — dépend de la perception de Merdrignac; — faisait autrefois partie de l'ancien évêché de Dol. — Territoire plat et uni, très-boisé. Sol produisant exclusivement du seigle, bien que propre à la culture du froment. Cidre abondant et de bonne qualité. — L'église, sous le patronage de saint Lunaire, dont la fête se célèbre le 1er juillet, est ancienne et n'offre rien de remarquable. — Chapelle de la Bruyère, dédiée à la sainte Vierge. — La forêt de la Hardouinaye couvre une partie du territoire de Saint-Launeuc, dans lequel se trouvait le château où Gilles de Bretagne, frère du duc régnant François Ier, fut mis à mort dans la nuit du 24 au 25 avril 1450. Il ne reste plus que quelques ruines de cette forteresse, dont les matériaux ont été employés aux constructions voisines. — C'est aussi en Saint-Launeuc que se trouvaient les hauts fourneaux dont nous avons parlé à l'article de Merdrignac. Les étangs qui alimentaient cette usine abandonnée, et remplacée aujourd'hui par un moulin à tan, appartiennent en majeure partie à cette dernière commune. — *Points culminants* : le grand étang, 130 m.; les Anjouans, 152 m.; la Gaudinaie, 149 m. — *Géologie* : Schiste talqueux. — *Maires* : Ont successivement rempli ces fonctions, MM. Murgalé, Le Fort, Géanet, Ollivier, Moizan, Courtel, Franco, Le Bas et Macé, maire actuel.

SAINT-VRAN, 1,291 hab.; — bornée au N.-O. et au N. par Saint-Jacut-du-Mené; au N.-E. par la Rance, qui la sépare de Langourla; à l'E. par Mérillac; au S. par Merdrignac et à l'O. par Laurenan; — traversée par le chemin de grande communication N° 42 et par les chemins d'intérêt commun Nos 46 et 54; — école mixte, 60 élèves; — dépend de la perception de Merdrignac. — Territoire accidenté, coupé par de nombreux ruisseaux qui coulent dans diverses directions, après avoir pris leurs sources dans les montagnes du Menez. Deux d'entre eux deviennent les rivières du Livet et du Meu. Ce dernier alimente les étangs de la Hardouinaye et du Loscouët. Sol aride, ingrat, assez boisé et couvert de pommiers dans ses parties cultivées. On y remarque encore de grandes étendues de landes et de bruyères. — L'église a pour patron saint Vran, évêque de Cavaillon au vɪᵉ siècle et dont la fête se célèbre le 21 novembre. — Chapelles de Saint-Lambert et de Saint-Lin. L'ancien château de Langourla avait une chapelle domestique qui existe encore. — *Points culminants :* La Tiboullière, 188 m.; la Ville-d'Anne, 222 m.; sources du Livet, 276 m. — *Géologie :* Schiste talqueux; un peu de minerai de fer non exploité. — *Maires :* Ont successivement rempli ces fonctions, MM. Jouet, Affray, Rio, Bellot et Gâcoin, maire actuel.

TRÉMOREL, 1,465 hab.; — bornée au N. par Lanrelas; à l'E par Plumaugat et Le Loscouët; au S. par Illifaut; à l'O. par Merdrignac et Saint-Launeuc; — traversée de l'E. à l'O. par la route impériale Nº 164 *bis;* — école mixte, 108 élèves; — dépend de la perception de Merdrignac; — résidence d'un notaire; — faisait autrefois partie de l'ancien évêché de Saint-Malo. — Territoire assez élevé, composé de coteaux allongés, onduleux et dont les pentes s'abaissent vers l'ouest. Terres passablement cultivées et assez productives. — L'église, dédiée à saint Pierre et à saint Paul, a conservé quelques parties du XVIe siècle et offre peu d'intérêt. — Trémorel a vu naître, le 28 juillet 1680, Louis-Joachim Gillet, devenu chanoine régulier de la congrégation de France, professeur de philosophie à Notre-Dame de Ham, recteur de Mohon, dans le diocèse de Saint-Malo ; enfin bibliothécaire de Sainte-Geneviève à Paris. C'était un homme d'une grande érudition ; parmi ses divers travaux, on remarque principalement une traduction de l'historien Josèphe ; il mourut le 28 août 1753. — *Points culminants* : Les Trois-Moineaux, 143 m.; la Gautrais, 122 m.; le bourg, 118 m. — *Géologie* : Schiste talqueux. — *Maires* : MM. 1826, P. Chicot; 1837, M. Berthelot; 1843, P. Pilorget; 1846, M. Jaigu; 1854, J.-L. Blanchard, maire actuel.

Canton de Mûr.

Le canton de Mûr est borné au N. par le canton de Corlay ; à l'E. par les cantons d'Uzel et de Loudéac; au S. par le Morbihan, dont le canal de Nantes à Brest le sépare en partie; à l'O. par le canton de Gouarec; —

traversé par les routes impériales N° 164 *bis* de Rennes à Brest de l'E. à l'O., et N° 167 de Vannes à Lannion du S. au N.; par le chemin de grande communication N° 43 d'Uzel au Blavet, et par les chemins d'intérêt commun N° 47 de Loudéac à Corlay et N° 52 de Mûr à Quintin.

La population du canton est de 5,867 hab.; sa superficie de 9,366 hect., et son revenu territorial net de 225,659 fr.

Le schiste et le grès sont les roches dominantes dans ce canton, et la couche arable y est formée de détritus de végétaux mêlés à des schistes décomposés. C'est une constitution différente dans son ensemble du reste du département. Le canton de Mûr a, au surplus, une physionomie toute spéciale, et son territoire fort accidenté, profondément coupé en tous sens par des vallées sinueuses, offre sur une infinité de points les sites les plus agrestes, les plus riches et les plus pittoresques. Entouré de mamelons élevés qui le limitent et qui s'étagent vers l'horizon, arrosé par de nombreux cours d'eau, c'est un pays à visiter et intéressant au plus haut point quand vient la belle saison. En outre du Blavet canalisé, nous citerons, parmi les cours d'eau qui l'arrosent, les petites rivières de Quémer, Flouric, Gourvaux, Coetmeur et Kerbigot. Son agriculture, sans être très-avancée, n'est pas non plus absolument stationnaire, et ses prairies sont assez intelligemment entretenues. Enfin, indépendamment des bestiaux, on y élève des chevaux de la race légère dite de la Montagne, qui ont toutes les qualités que nous avons plusieurs fois signalées, notamment dans le canton de Corlay. — L'exploitation des ardoisières est, avec l'agriculture, la principale industrie du canton; elle n'attend, pour prendre un grand développement, que des capitaux et une direction intelligente. — Il se trouve encore, dans cette circonscription, beaucoup de terres régies par le domaine congéable ou convenancier.

Le canton de Mûr appartient à la zône du midi. Il produit : froment, 7,770 hect.; seigle, 15,060 hect.; avoine, 24,250 hect.; sarrasin, 19,890 hect.; pommes de terre, 360 hect.; chanvre, 310 quint. mét. de filasse; lin, 143 quint. mét. de filasse; cidre, 10,350 hect. — Il possède : chevaux, 489; taureaux, 105; bœufs, 900; vaches, 1,660; veaux, 920; béliers, 50; moutons, 555; brebis, 1,120; agneaux, 520; boucs et chèvres; 306; porcs, 865.

TERRES. — Revenu net moyen, par hectare, pour le canton... 22 fr. Valeur vénale moyenne, de l'hectare, dans le canton........ 619 f.

COMMUNES COMPOSANT LE CANTON.	POPULATION.	DISTANCES en kilomètres.			NOMBRE D'HECTARES des terrains imposables produisant revenu.					Terrains non productifs et non imposés.	NOMBRE TOTAL D'HECTARES par commune.	REVENU CADASTRAL.	PROPORTION de rehaussement pour obtenir le revenu réel.		TAUX MOYEN de l'intérêt des fonds placés.		NOMBRE		NOMBRE	
		Du chef-lieu du département.	Du chef-lieu d'arrondt.	De Mûr (chef-lieu de canton).	Jardins, courtils, vergers et sol des édifices.	Terres labourables.	Prés.	Bois et taillis.	Pâtures et landes.	TOTAL.				Pour les terres (1).	Pour les maisons, moulins et usines (2).	En terres.	En maisons, moulins et usines.	De maisons.	De moulins et usines.	De foires.	De cafés et cabarets.
												fr. c.	p. 0/0.	p. 0/0.							
Mûr........	2,333	50	22	»	12	1,490	303	22	1102	2,929	141	3,070	34,013 86	2.28	2.50	3.50	3.70	518	7	5	11
Caurel......	753	53	25	5	12	369	59	195	616	1.251	47	1,298	12,631 75	1.55	2.19	4. »	4. »	201	»	»	2
St-Connec..	684	53	15	6	15	614	137	3	286	1,055	38	1,093	19,806 85	1.50	1.59	3.50	3.42	152	1	»	2
St-Gilles-V.-Marché..	1,056	45	22	6	20	915	263	255	684	2,117	57	2,174	22,855 82	1.95	1.70	3.53	3.59	197	8	»	3
Saint-Guen.	1,041	45	15	6	25	1,056	195	9	379	1,664	67	1,731	33,308 28	1.57	1.57	3.52	3.43	256	»	2	4
TOTAUX..	5,867	»	»	»	84	4,444	957	484	3047	9,016	350	9,366	123,219 56	»	»	»	»	1,324	16	7	22

(1 et 2) Pour les notes concernant ce tableau, voir celles du tableau du canton de Loudéac, pages 712 et 713.

MUR, 2,333 hab.; — par les 5° 10' 24" de longitude O. et par les 48° 12' 12" de latitude N.; — bornée au N. par Caurel et Saint-Gilles-Vieux-Marché; à l'E. par Saint-Guen et Saint-Connec; au S. par le Morbihan et à l'O. par le Morbihan et par Caurel; — traversée par le canal de Nantes à Brest; par les routes impériales N°s 164 *bis* et 167, et par le chemin de grande communication N° 43; — école de garçons, 104 élèves; de filles, 75 élèves; — chef-lieu de canton et de perception; — cure de 2e classe; justice de paix; résidence d'un notaire; brigade de gendarmerie à cheval; bureau de distribution des lettres; comice agricole; bureau de bienfaisance; — dépendait autrefois de l'évêché de Quimper; — on parle le breton; — marché le vendredi; foires le 2e vendredi d'avril, le samedi après la mi-carême, le 25 juin, le lundi après le 6 juillet et le 3e vendredi d'octobre. — Territoire élevé, très-accidenté, composé d'une infinité de mamelons coupés de vallées profondes et traversé par la rivière de Poulancre. Il est plus fertile dans le sud que dans la partie opposée. Son sol deviendrait très-productif, s'il était cultivé avec plus de science des procédés nouveaux et perfectionnés. Sous ce rapport, les agriculteurs peuvent trouver de bons enseignements dans le bel établissement rural de Kermur, créé en vue de l'exploitation de 160 hectares de landes au milieu desquelles il est construit, dans la situation la plus pittoresque, sur le coteau qui forme le versant de la butte si élevée de Menez-Niez. — Le bourg de Mûr présente une population d'environ 600 âmes réunissant toutes les professions et industries habituelles aux localités de ce genre. Son église, située au centre de l'agglomération, est dans le délabrement le plus complet; elle a pour patron saint Pierre. On remarque, au-dessus de son porche, l'écu des Rohan. — La commune possède les chapelles de Saint-Jean, de Notre-Dame de Pitié et de Sainte-Suzanne. Nous appellerons l'attention sur cette dernière, dont la construction remonte au xviie siècle et dont le fondateur a été membre de la maison de Rohan. Enfermée dans une enceinte murée, plantée de chênes séculaires, elle est remarquable par l'élégance de son clocher, par les peintures de son lambris représentant l'histoire de sa patronne et par une descente de croix en bas-relief. Le pardon, qui se tient le dimanche après le 6 juillet, près de cette chapelle, attire non-seulement une grande affluence, mais toutes les paroisses du canton s'y rendent processionnellement et bannières en tête. — L'extraction des ardoises, qui occupe plus de 70 ouvriers, constitue la principale industrie de Mûr. Il est d'autant plus à regretter que les carrières qui les produisent ne soient pas exploitées avec plus de soin et de méthode, qu'elles sont d'excellente qualité et passent pour ne pas oxider les clous qui les fixent sur les couvertures. — Le canal de Nantes à Brest traverse la commune, et l'on vient d'établir un embarcadère au lieu dit Penerpont. — On ne voit plus que les traces des douves du château de Launay-Mûr, siége de l'ancienne juridiction de ce nom, qui fut détruit, dit-on, vers le xive siècle. — Près du village de Botrain, se trouvent deux menhirs. — Dans les landes de Menez-Niez, on a récemment recueilli un coin en bronze et une boule en pierre auxquels quelques personnes ont attribué une origine celtique. — *Points culminants* : Kerguillaume, 258 m.; Kerguinal, 169 m.; la Ville-Neuve, 160 m. — *Géologie* : Schiste ardoisier, objet d'une importante exploitation; grès à l'ouest. — *Maires* : Ont successivement rempli ces fonctions, MM. Fraboulet, Henrio, et depuis 1830, Calvary-Tilan, maire actuel.

CAUREL, 753 hab.; — bornée au N. par Saint-Mayeux; à l'E. par Saint-Gilles-Vieux-Marché et Mûr; au S. par le canal de Nantes à Brest, qui la sépare du Morbihan; à l'O. par Saint-Gelven; — traversée par la route impériale N° 164 *bis*, et dans l'E. par la route impériale N° 167; — réunie à Mûr pour l'instruction des garçons, 14 élèves; — dépend de la perception de Mûr; — ancienne trève de Saint-Mayeux; — on parle le bréton. — Le territoire de cette commune est très-accidenté; ses terres sont légères; elles seraient assez productives, si on les cultivait avec plus de soin. Quant au bois dit de Caurel, il n'a qu'une étendue d'environ 200 hectares, couverte en majeure partie de chênes fort anciens:

L'agriculture est l'industrie principale de la commune. Cependant l'exploitation des ardoisières, qui produisent environ 1,500 à 1,800 milliers d'ardoises par an, occupe 90 ouvriers. Le canal sert à exporter une grande partie de ces matériaux. — L'église, sous le patronage de la sainte Vierge, appartient au xviii° siècle. — Une jolie chapelle qui date de 1668, dédiée à saint Golven, évêque de Léon, se trouve à 2 kilom. du bourg. — Menhir auprès du village de Belair. — La principale ardoisière de Caurel a de 65 à 70 m. de profondeur. — *Points culminants* : Kerven (sur les bords du canal), 182 m.; Corncoat (signal), 309 m.; Saint-Golven (chapelle), 215 m. — *Géologie* : Schiste ardoisier exploité; au sud et au nord, grès. — *Maires* : Ont successivement rempli ces fonctions, MM. Audren, Jegoux, Guilloux, Quinio et Le Marchand, maire actuel.

SAINT-CONNEC, 681 hab.; — bornée au N. par Saint-Guen; à l'E. par Saint-Caradec et Hémonstoir; au S. par le Morbihan et à l'O. par Mûr; — traversée par des chemins vicinaux simples; — école de garçons, 30 élèves; — dépend de la perception de Mûr; — ancienne trève de Mûr; — on parle le breton. — Territoire plat et assez élevé, traversé par le ruisseau de Coëtmeur; sol assez fertile, couvert de pommiers et d'arbres forestiers. — L'église, qui porte à la base de sa tour la date de 1784, est sous le patronage de saint

Connery, appelé dans le pays saint Connec, dont la fête se célèbre ordinairement le 3e dimanche de juillet. — *Points culminants* : Le bourg, 147 m.; Lanzurien, 126 m. — *Géologie* : Schiste talqueux; grès et quartzite. — *Maires* : MM. 1793, L. Le Denmat; 1795, Carimalo; 1815, P. Le Denmat; 1831, J. Le Denmat; 1832, Morvan; 1837, Bocher, maire actuel.

SAINT-GILLES-VIEUX-MARCHÉ, 1,056 hab.; — bornée au N. par Saint-Martin-des-Prés; à l'E. par Merléac et Le Quillio; au S. par Saint-Guen et Mûr; à l'O. par Caurel et Saint-Mayeux; — traversée dans l'O. par la route impériale No 167 et par les chemins d'intérêt commun Nos 47 et 52; — école de garçons, 32 élèv.; — dépend de la perception de Mûr; — ancienne trève de Saint-Mayeux. — Territoire très-tourmenté, présentant un nombre infini de vallées plus ou moins profondes dirigées dans tous les sens et arrosées par les ruisseaux de Poulancre, de Gourvaux et de la Martyre, qui forment aussi des étangs. Sol passablement productif, boisé et planté de pommiers dans ses meilleures parties. — L'église est dédiée à saint Gilles, dont le pardon a lieu le 1er dimanche de septembre. A l'occasion de cette fête, on conduit les petits enfants à l'église, et on offre au saint, pour les garçons, un coq, et pour les filles, une poule. — Chapelle Saint-Yves. — La commune tire son nom de son patron d'abord, et ensuite d'un marché aboli depuis longtemps, lequel se tenait au lieu où se trouve aujourd'hui le bourg. — Le château du Quellenec, propriété de la famille de Keranflech, est situé dans le midi de la commune, près du bois qui porte le même nom. Nous citerons aussi les anciens manoirs du Bahezre et de Poulancre; mais nous appellerons particulièrement l'attention sur la vallée portant ce dernier nom et sur les ruines de quelques fourneaux à fabriquer le fer, lesquels sont si anciens que les habitants ont perdu toute notion sur l'époque de leur existence. — Le presbytère occupe l'emplacement d'un camp gallo-romain dont les traces sont encore visibles et dans lequel on a trouvé des pièces de monnaies à l'effigie des premiers empereurs. — *Points culminants* : Garenne au Louët, 300 m.; Kersuard, 284 m.; étang de Kersaudy, 212 m. — *Géologie* : Schiste talqueux; grès. — *Maires* : Ont successivement rempli ces fonctions, MM. Ollivier, Le Clezio (père), Guillaume, Le Clezio (fils), Le Denmat et Fraboulet, maire actuel.

SAINT-GUEN, 1,044 hab.; — bornée au N. par Saint-Gilles-Vieux-Marché et Le Quillio; à l'E. par Saint-Caradec; au S. par Saint-Connec et à l'O. par Mûr; — traversée par la route impériale N° 164 *bis* et par le chemin de grande communication N° 43; — école de garçons, 43 élèves; de filles, 58 élèves; — dépend de la perception de Mûr; — résidence d'un notaire; —

ancienne trève de Mûr ; — foires le 1er lundi qui suit le 22 juillet et le lundi qui suit le dernier dimanche d'août. — Territoire à grandes ondulations avec pentes assez légères, à l'exception de la partie nord qui présente des points élevés et incultes ainsi que des versants rapides. Les terres, arrosées par de nombreux ruisseaux, sont généralement fortes, boisées, bien plantées de pommiers de bonne qualité, notamment aux environs du bourg, de Kergal, de Coëtdrezo et de la Villeneuve. — Sainte Marie-Magdelaine est la patronne de l'église paroissiale, remarquable surtout par la manière dont elle est entretenue. — Chapelles de Saint-Elouan, construite en l'honneur de ce saint breton par M. Galerne, recteur de Mûr en 1656 ; et de Saint-Tugdual; celle-ci est du xvie siècle et renferme les restes d'un jubé et d'une verrière de cette époque. — Habitation moderne de Coëtdrezo. — *Points culminants :* La Lande, 232 m ; Saint-Elouan, 171 m.; Lotavy, 168 m. — *Géologie :* Schiste talqueux. — *Maires :* MM. 1790, Le Pottier; 1816, Jouan ; 1834, Fraboulet-Commanée ; 1847, Le Bris, maire actuel.

Canton de Plouguenast.

Le canton de Plouguenast est borné au N. par le canton de Moncontour ; à l'E. par celui de Collinée ; au S. par les cantons de La Chèze et de Loudéac ; à l'O. par les cantons d'Uzel et de Plœuc. — Il est arrosé par le Lié et par ses affluents et traversé du S. au N. par la route impériale No 168 de Quiberon à Saint-Malo; par les chemins de grande communication No 5 de Moncontour à Corlay, No 44 de Corlay à Jugon; par les chemins d'intérêt commun No 1er de Plaintel à Plouguenast et No 46 d'Uzel à Merdrignac.

La population du canton est de 13,551 hab.; sa superficie de 16,379 hect., et son revenu territorial net de 468,421 fr.

Le territoire du canton de Plouguenast, encore en partie couvert de vastes landes, qui lui donnent un aspect triste et pauvre, est accidenté, élevé et coupé par de nombreuses vallées arrosées de cours d'eau dont le principal est le Lié. Son industrie presqu'unique est l'agriculture, et sa plus importante ressource, l'élève des bestiaux de l'espèce bovine. Les cultivateurs de ce canton n'ont pas tiré peut-être de leur sol tout ce qu'il peut leur donner. Espérons que l'exemple, les bons conseils et l'introduction facile des amendements calcaires produiront enfin leur effet sur ces esprits, jusqu'ici peu accessibles au progrès. — Le canton possède une race de petits chevaux dont l'origine paraît identique à celle des corlaisiens, et qui, pour se perfectionner, n'a besoin que d'un peu d'attention et de constance.

Ce canton appartient à la zône du midi; il produit : froment, 4,238 hect.; seigle, 44,288 hect; avoine,

TERRES. — Revenu net moyen, par hectare, pour le canton... 26 fr. 43

Valeur vénale moyenne, de l'hectare, dans le canton... 748 fr.

COMMUNES COMPOSANT LE CANTON.	POPULATION.	DISTANCES en kilomètres.			NOMBRE D'HECTARES des terrains imposables produisant revenu.					Terrains non productifs et non imposés. Chemins, rivières, etc. — Hectares.	NOMBRE TOTAL D'HECTARES par commune.	REVENU CADASTRAL.	PROPORTION de rehaussement pour obtenir le revenu réel.		TAUX MOYEN de l'intérêt des fonds placés.		NOMBRE			NOMBRE
		Du chef-lieu du départem¹.	Du chef-lieu d'arrond¹.	De Plouguenast (chef-lieu de canton).	Jardins, courtils, vergers et sol des édifices.	Terres labourables.	Prés.	Bois et taillis.	Pâtures et landes.	TOTAL.				Pour les terres (1).	Pour les maisons, moulins et usines (2).	En terres.	En maisons, moulins et usines.	De maisons.	De moulins et usines.	De foires.	De cafés et cabarets.
Plouguenast.	3,569	33	15	»	81	1,979	448	76	793	3,377	135	3,512	49,800 27	2.25	2.24	3.54	3.64	909	14	»	13
Gausson....	2,079	30	16	7	49	1,019	229	44	268	1,609	63	1,672	18,957 36	2.71	2.96	3.52	3.40	518	6	»	»
Langast.....	1,477	33	17	2	31	954	206	263	525	1,979	66	2,045	20,531 56	2.55	2.97	3.50	3.54	359	4	3	»
Plémy......	3,073	25	25	7	86	2,576	486	43	662	3,853	153	4,006	61,029 74	1.91	2.55	3.54	3.47	676	13	»	4
Plessala...	3,353	34	22	7	112	2.525	550	141	1056	4,984	160	5,144	91,650 03	1.33	1.99	3.51	3.50	854	14	»	1
TOTAUX...	13,551	»	»	»	359	9,053	1919	567	3904	15,802	577	16,379	241,968 96	»	»	»	»	3,316	51	3	»

(1 et 2) Pour les notes concernant ce tableau, voir celles du tableau du canton de Loudéac, pages 712 et 713.

63,964 hect.; sarrasin, 53,424 hect.; pommes de terre, 5,220 hect.; chanvre, 650 quint. mét. de filasse; cidre, 10,693 hect. — Il possède : chevaux, 1,507; taureaux, 170; bœufs, 896; vaches, 6,660; veaux, 1,100; béliers, 50; moutons, 1,283; brebis, 820; agneaux, 830; boucs et chèvres, 160; porcs, 1,800.

PLOUGUENAST, 3,569 hab.; — par les 5° 1' 10" de longitude O. et par les 48° 17' 12" de latitude N.; — bornée au N. par Plœuc et Plémy; à l'E. par Langast; au S. par La Motte; à l'O. par Gausson; — arrosée par le Lié et traversée par la route impériale N° 166 et par les chemins d'intérêt commun Nos 1er et 46; — école de garçons, 94 élèves; deux écoles de filles, 77 élèves; — chef-lieu de canton et de perception; — cure de 2e classe; justice de paix; résidence d'un notaire; brigade de gendarmerie à pied; bureau de distribution des lettres; comice agricole; courses de chevaux; bureau de bienfaisance; — marché le vendredi. — Territoire accidenté et montagneux. Terres légères, convenablement cultivées; prairies plus étendues que dans les communes voisines, bien aménagées et arrosées avec intelligence. beaucoup de bois sur les fossés et pommiers nombreux. Près de 1/3e de la superficie est encore sous landes. — La commune compte deux agglomérations qui se disputent l'honneur d'être définitivement son chef-lieu. Plouguenast, d'abord, et le Pontgamp. En attendant la décision qui pourra être prise ultérieurement à ce sujet, le Pont-gamp est en possession, depuis 1845, de l'église paroissiale, vaste construction bâtie à cette époque, dédiée à saint Pierre et saint Paul. La justice de paix, le bureau de poste, le percepteur et la brigade de gendarmerie se tiennent ou résident dans cette localité. Il est question, paraît-il, pour donner satisfaction à tous les intérêts, de créer une succursale au vieux bourg de Plouguenast, dont l'église, dédiée à la sainte Vierge, date du xive ou du xve siècle et possède deux fenêtres remarquables par leurs vitraux. — Chapelles de Saint-Michel, de Sainte-Anne du Pontgamp, de Saint-Jean et de Saint-Théo, près d'un gros village du même nom. — Le commerce et l'industrie des toiles ont encore quelqu'importance dans cette commune. Le village de Saint-Théo se livre particulièrement à la confection de pains qui sont vendus sur les marchés environnants. — Les landes de Fanton ont été depuis bien des années l'objet de tentatives de défrichements dans lesquelles plusieurs fois des spéculateurs anglais ont employé sans profit des capitaux importants; mais jamais tentatives plus sérieuses, mieux suivies, plus intelligentes et plus dignes de succès n'y ont été faites que par les derniers possesseurs, MM. Mullat. Ils y ont appliqué toutes les ressources d'une agriculture savante, mais en même temps si sage et si simple dans ses procédés, que leur exploitation peut être citée comme un modèle dont beaucoup de cultivateurs pourraient retirer les meilleurs enseignements. — Nous citerons les bois de sapins qui, non loin de la route impériale, couvrent une grande étendue de terrains pris sur la lande. — A la Ville-d'Anne, à la Touche-Brandineuf et au Cran, on trouve les ruines d'anciens manoirs. — Tumulus près de la chapelle de Saint-Théo et traces d'un camp romain au village de Cornéant. — *Points culminants* : Le Pontgamp, 150 m.; lande de Saint-Théo, 225 m.; Bellefontaine (signal), 255 m. — *Géologie* : Granite; schiste au sud; roches amphiboliques au nord. — *Maires* : MM. 1792, F. Gicquel; 1793, F. Gallais; F. Gicquel; J. Gallais; André; Lalleton; 1805, F. Gicquel; 1815, de la Roue; 1828, de la Belleissue; 1831, Cadoret; 1840, A. Trobert; 1846, Heurtault; 1848, A. Trobert; 1853, Le Roux; 1854, Jarnet, maire actuel.

GAUSSON, 2,079 hab.; — bornée au N. par Plœuc; à l'E. par Plouguenast; au S. par La Motte et Grâce; à l'O. par Saint-Hervé et L'Hermitage; le Lié lui sert de limite dans l'E.; — traversée par le chemin de grande communication N° 5 et limité dans le S. par le chemin d'intérêt commun N° 46; — école de garçons, 67 élèves; de filles, 95 élèves; — dépend de la perception de Plouguenast; — résidence d'un notaire; — ancienne trêve de Plœuc. — Territoire fort tourmenté vers sa circonférence et assez plane dans sa partie centrale; mais présentant encore une grande étendue de landes. Terres fortes, quoique de qualité médiocre, bien boisées et plantées de pommiers. — L'église porte les dates de 1717, 1761 et 1833 ; c'est un édifice sans intérêt qui a pour patron saint Etienne. — La chapelle de Saint-Nicolas, dite aussi Chapelle-Avenel, desservie tous les dimanches, appartient au XVIe siècle, elle est digne d'être visitée ; sa maîtresse vitre contient les restes d'un arbre de Jessé, dont le dessin et l'exécution sont remarquables. — Vestiges de retranchements au village de Bossillet. — *Points culminants* : La Gaubinière, 218 m.; le Glajolet, 232 m.; le Mottay, 269 m. — *Géologie* : Granite ; schiste au nord ; roches amphiboliques. — Ont été Maires : MM. Rault, L. Dubos, G. Dubos et Doré-Gaubichaye, maire actuel.

LANGAST, 1,477 hab.; — bornée au N. par Plémy ; à l'E. par Plessala ; au S. par La Motte ; à l'O. par Plouguenast ; — arrosée par le Lié et traversée par le chemin d'intérêt commun N° 46 ; — école de garçons, 27 élèves ; de filles, 56 élèves ; — dépend de la perception de Plouguenast ; — recette des contributions indirectes ; — faisait autrefois partie de l'ancien évêché de Dol ; — marché le mardi ; foires les 1er et 4e mardis de mai, le 4e mardi de juin. — Territoire accidenté, présentant une grande étendue de landes vagues et dont la partie la plus productive se trouve dans le sud-ouest. On utilise peu les cours d'eau pour l'irrigation des prairies, et cependant l'on s'occupe beaucoup, dans cette commune, de l'élève du bétail. Le sol est assez boisé. — L'église, sous le patronage de saint Gall, disciple de saint Colomban en 628, et qui a donné son nom à la commune, est un curieux édifice du xve siècle. Sa maîtresse vitre a conservé une verrière représentant la vie de saint Antoine, dont le culte doit être très-ancien dans cette paroisse, à en juger par plusieurs croix en granite et en forme de tau, dites croix de Saint-Antoine, qu'on remarque en quelques endroits. — Chapelle de Saint-Jean. — Traces d'anciens retranchements sur le Tertre-du-Châtelet. — Manoirs du Rocher et des Essarts. — *Points culminants :* Le Rocher, 175 m.; Haut-Pingast, 219 m.; Coquentin, 238 m. — *Géologie :* Granite à l'est; schiste au nord et à l'est; amas de diorite au nord, près du bourg et à l'est. — *Maires :* MM. 1826, F. Couppé des Essarts; 1832, N. Duval; 1840, F. Carré; 1843, P. Amicel; 1846, J.-L. Mando, maire actuel.

PLÉMY, 3,073 hab.; — bornée au N. par Hénon; à l'E. par Moncontour, Trédaniel et Plessala; au S. par Langast et Plessala; à l'O. par Plœuc; — traversée par la route impériale N° 168, par les chemins de grande communication N°s 5 et 44; — école de garçons, 35 élèves; de filles, 73 élèves; — dépend de la perception de Plouguenast; — résidence d'un notaire. — Territoire très-élevé, accidenté et présentant une étendue encore considérable de landes. Les parties cultivées sont assez soignées et bien boisées. — Saint Pierre et saint Paul sont les patrons de l'église paroissiale, qui a été reconstruite en 1838. On a trouvé, en démolissant l'ancien édifice, sur l'emplacement duquel celle-ci est bâtie, un tombeau qu'on croit être celui du fondateur primitif de l'église et avoir été un des membres de la famille de Rieux. — Chapelles de Notre-Dame de la Croix et de Saint-Laurent. — Beaucoup de manoirs féodaux existaient en cette commune ; ils sont maintenant presque tous convertis en fermes. Nous citerons ceux de Brangolo, de la Ville-Norme, de Launay-Cotiot, du Bouillon, du Vaupatry et du Vauclair. Il reste encore de belles ruines de ce dernier, dont le domaine était enclos par un mur de 5,000 m. de pourtour. — Au village de la Villepierre, près du château du Vaupatry, il existait un prêche calviniste. Le possesseur de ce prêche abjura en 1753. — On voit, au village d'Avalleu, deux tumulus ; près de celui du Dreny, un menhir, et dans un champ voisin, deux autres menhirs. — Au lieu dit le Tertre à-la-Pie, à 4 kilom. Est du bourg, on remarque une enceinte fortifiée dont l'intérieur a une superficie d'environ 48 ares, enfin, sur un point fort élevé et près d'un chemin appelé la Coutume, on a recueilli, en 1852, une grande quantité de coins en bronze. — A la Ville-Bouvier, fontaine curieuse formée d'une seule pierre, nommée Fontaine-des-Fonts, sa forme rappelant celle des fonts baptismaux. — *Points culminants :* Les Caramilles, 256 m. ; Notre-

Dame de la Croix, 247 m.; Saint-Sébastien, 231 m.; Avalleu, 241 m. — *Géologie* : Schiste au sud; au nord, granite exploité; schiste modifié au sud, à 2 kilom. 1/2 du bourg. — Ont été Maires : MM. Ruellan, Doré des Maisons, J. Doré, Pellan, Dubée et J.-B. Doré, maire actuel.

PLESSALA, 3,353 hab.; — bornée au N. par Trédaniel et Trébry; à l'E. par Saint-Gouéno et Saint-Gilles; au S. par Plémet; à l'O. par La Motte, Langast et Plémy; le Lié la sépare de La Motte et de Langast; — traversée par le chemin d'intérêt commun No 46; — école de garçons, 42 élèves; de filles, 51 élèves; — dépend de la perception de Plouguenast; — résidence d'un notaire. Territoire élevé, accidenté, comprenant une partie de la montagne du Menez. Les terrains productifs sont convenablement cultivés et bien boisés; mais il existe encore, en Plessala, une grande étendue de landes vagues. — L'église, dè construction toute récente, a pour patron saint Pierre. — Chapelles de la Hautière et de Saint-Udy. — Emplacement du château de Crénole, marqué par les douves qui l'entouraient. — *Points culminants* : La Ville-Orio, 201 m.; la Haute-Ville (nord), 278 m.; la Coudre, 304 m. — *Géologie* : Granite; au nord, schiste; roches amphiboliques au sud-ouest et au nord. — *Maires* : MM. 1792, Poisson; 1796, Robin; 1798, Laubé; 1799, Rouiller; 1801, Desriac; J. Etienne; 1813, Chauvel;

1814, Picouart; 1835, Daniel; 1845, Daniel (fils); 1852, Besnard, maire actuel.

Canton d'Uzel.

Le canton d'Uzel est borné au N. par le canton de Plœuc; à l'E. par les cantons de Plœuc, Plouguenast et Loudéac; au S. par les cantons de Loudéac et Mûr; à l'O. par les cantons de Mûr et de Corlay. — Il est arrosé par l'Oust et traversé par le chemin de fer en projet de Saint-Brieuc à Napoléonville; par la route départementale N° 3 du port du Légué à Lorient; par les chemins de grande communication N° 5 de Moncontour à Corlay, N° 19 de Quintin à La Trinité, N° 21 de Loudéac à Uzel, N° 43 d'Uzel au Blavet, N° 44 de Corlay à Jugon; par les chemins d'intérêt commun N° 46 d'Uzel à Merdrignac, N° 47 de Loudéac à Corlay, N° 53 d'Uzel à Gouarec.

La population du canton est de 10,666 hab.; sa superficie de 10,932 hect., et son revenu territorial net de 364,101 fr.

Le territoire de ce canton, traversé par la belle et riante vallée de l'Oust, est très-accidenté, très-montueux et se compose d'une infinité de collines et de mamelons élevés, de toutes les formes et quelquefois à pentes rapides. Il présente les sites les plus pittoresques, les

TERRES. — Revenu net moyen, par hectare, pour le canton, 28 fr. 73.

Valeur vénale moyenne, de l'hectare, dans le canton........ 869 fr.

COMMUNES COMPOSANT LE CANTON.	POPULATION.	DISTANCES en kilomètres.		NOMBRE D'HECTARES des terrains imposables produisant revenu.					Terrains non productifs et non imposés. Chemins, rivières, etc. — Hectares.	NOMBRE TOTAL D'HECTARES par commune.	REVENU CADASTRAL.	PROPORTION de rehaussement pour obtenir le revenu réel.		TAUX MOYEN de l'intérêt des fonds placés.		NOMBRE		NOMBRE	
		Du chef-lieu du département.	Du chef-lieu d'arrond¹. D'Uzel (chef-lieu de canton.)	Jardins, courtils, vergers et sol des édifices.	Terres labourables.	Prés.	Bois et taillis.	Pâtures et landes.	TOTAL.				Pour les terres (1).	Pour les maisons, moulins et usines (2).	En terres.	En maisons, moulins et usines.	De maisons.	De moulins et usines.	De foires.	De cafés et cabarets.
												fr. c.			F 0/0	p. 0/0				
Uzel......	1,706	35	15	»	16	474	132	3	23	648	31	679	22,751 82	2.13	2.95	3.03	3.18	415	1	12	30
Allineuc...	2,063	30	21	6	39	1,473	384	24	306	2,286	123	2,409	33,056 75	2.99	1.99	3.50	3.52	533	4	»	6
Grâce......	1,181	37	9	6	17	385	100	39	199	740	55	795	11,804 77	2. »	1.97	4. »	4. »	310	1	»	7
Le Quillio...	1,415	40	15	6	22	911	245	65	112	1,355	259	1,614	16,414 67	3.29	2.94	3.30	3.24	375	2	»	6
Merléac.....	1,813	37	21	6	44	1,642	371	166	672	2,895	122	3,017	32,706 72	2.78	2. »	2.98	3.07	580	7	»	6
St-Hervé...	965	35	15	1	45	443	89	85	338	940	42	982	8,643 63	2.32	2.37	4. »	3.97	232	2	»	5
St-Thélo...	1,501	40	12	7	22	1,106	209	11	36	1,384	72	1,456	17,977 68	3.05	2.53	3.51	3.58	380	1	»	5
TOTAUX....	10,666	»	»	»	175	6,404	1530	393	1746	10,248	704	10,952	143,356 04	»	»	»	»	2,825	18	12	65

(1 et 2) Pour les notes concernant ce tableau, voir celles du tableau du canton de Loudéac, pages 712 et 713.

vallées les plus paisibles, et la grande quantité de bois dont il est couvert lui donne, en certains points, l'aspect d'une forêt. Il est productif et généralement cultivé, et sans avoir atteint la perfection, son agriculture est loin d'être stationnaire. Pendant des siècles, ce canton fut industriel, et la fabrication de ses toiles était assez importante pour donner des produits qui, dit-on, dépassaient annuellement un million et s'écoulaient en Espagne. Tout s'est modifié, et après avoir subi une gêne affreuse, lorsque vers 1825 le commerce des toiles est tombé, les industriels se sont faits agriculteurs. Nous ne les en plaindrons pas et nous répéterons ce que nous avons dit ailleurs en d'autres termes, la terre ne manque pas à ceux qui veulent la cultiver, et leur existence, qui certainement n'est pas plus dure, est plus heureuse en réalité que celle des populations soumises aux fluctuations de l'industrie.

Ce canton fait partie de la zône du midi; il produit : froment, 5,938 hect.; seigle, 8,638; avoine, 20,454 h.; sarrasin, 22,200 hect.; pommes de terre, 1,144 hect.; chanvre, 360 quint. mét. de filasse; lin, 103 quint. mét. de filasse; cidre, 3,450 hect. — Il possède : chevaux, 1,035; taureaux, 250; bœufs, 1,330; vaches, 3,705; veaux, 1,133; béliers, 16; moutons, 22; brebis, 208; agneaux, 200; boucs et chèvres, 146; porcs, 702.

UZEL., 1,706 hab.; — par les 5° 10' 48" de longitude O. et par les 48° 15' 50' de latitude N.; — bornée au N. par Allineuc et L'Hermitage; à l'E. par Saint-Hervé; au S. par Saint-Thélo, et à l'O. par Merléac, dont l'Oust la sépare; — traversée par le chemin de fer en projet de Saint-Brieuc à Napoléonville; par la route départementale N° 3; par les chemins de grande communication N°s 5, 19 et 43; — école de garçons, 107 élèves; de filles, 62 élèves; salle d'asile, 91 enfants; — chef-lieu de canton et de perception; — cure de 2e classe; justice de paix; résidence de trois notaires; brigade de gendarmerie à pied; subdivision de sapeurs-pompiers; bureau d'enregistrement pour le canton et pour celui de Plouguenast; direction des postes; recette des contributions indirectes; agent-voyer; comice agricole; comité linier; bureau de bienfaisance; — marché le mercredi; foires le 3e mercredi de chaque mois. — Territoire fort accidenté, assez bien cultivé, productif et boisé. Le cinquième environ de sa superficie est consacré aux prairies. — La petite ville d'Uzel, placée sur le sommet d'une colline élevée, se présente de la manière la plus pittoresque, et de tous ses environs, on jouit d'un charmant panorama. On n'a pas de données certaines sur son origine; mais on pense qu'elle a commencé par le château dont les ruines forment encore le centre de l'agglomération et qui avait lui-même succédé à un autre château beaucoup plus ancien. — Ses habitants se livrent au commerce de détail de toute espèce de marchandises, et malgré la chute de la fabrication des toiles, on en vend encore quelques unes sur le marché d'Uzel ; ce sont, en général, des toiles fines ou œuvrées. On prétend que des flamands, chassés de leur patrie par les cruautés du duc d'Albe, fondèrent, en 1567, l'industrie toilière dans le pays ; d'autres pensent au contraire que cette industrie existait dès le xiii° siècle. Ce qu'il y a de certain, c'est que pendant longtemps Uzel fut, avec Quintin et Loudéac, l'un des principaux centres de la production des toiles dites de Bretagne.— L'église est sous le patronage de saint Nicolas, dont la fête a lieu le dimanche qui suit le 6 décembre. Elle servit primitivement de chapelle au château ; mais des constructions y furent ajoutées postérieurement. La longère sud porte la date de 1787 et la tour est de 1815. On remarque sa chaire à prêcher. — A 500 m. de la ville, sur la route de Saint-Brieuc, se trouve la chapelle de Bonne-Nouvelle, construction assez remarquable du xvi° siècle, près de laquelle se tient, le dimanche de la Trinité, un pardon suivi de fêtes publiques. — La seigneurie d'Uzel appartenait, en 1298, à Guillaume Budes, chef de l'illustre famille de ce nom ; elle passa, après sa mort, à Sylvestre Budes, dont la fille, nommée Margilie, porta, paraît-il, la terre d'Uzel dans la famille du Marcheix. Elle passa ensuite dans les maisons de la Soraye, de Malestroit et de Coëtquen. C'est en faveur de cette dernière qu'elle fut érigée en vicomté, l'an 1538 ; elle tomba plus tard par alliance dans la famille de Durfort de Duras, duc de Lorges, qui la vendit en 1760 à la famille Boschat. — Les armes de la ville sont d'azur à trois besants d'or. — Patrie de M. Revel (Jean-François), colonel, tué d'un boulet de canon, en 1808, au fort d'Oliva, à la tête de son régiment; de M. J.-M. Lavergne, colonel de dragons, né le 27 février 1795 et mort à Quintin le 7 octobre 1853; de Hervé-Jean Le Sage, né le 27 avril 1754 et décédé à Paris le 4 septembre 1832; il fut doyen du chapitre de Saint-Brieuc et le dernier survivant des moines de Beauport. — *Points culminants* : La Roche, 200 m.; le Rocher, 220 m.; Bonne-Nouvelle, 232 m. — *Géologie* : Schiste argileux. — *Maires* : MM. 1790, G. Guépin; 1801, Maurice; 1806, Tilly; 1816, Le Deist; 1823, L'hostie; 1823, Le Marchand; 1831, Le Deist; 1836, Le Chauve; 1838, Le Marchand; 1848, Viet, maire actuel.

ALLINEUC, 2,065 hab.; — bornée au N. et à l'E. par L'Hermitage; au S. par Uzel; au S.-O. par l'Oust, qui la sépare de Merléac, et à l'O. par le Bodéo; — traversée par le chemin de fer en projet de Saint-Brieuc à Napoléonville et par le chemin de grande communication No 44; la route départementale No 3 la limite dans l'E.; — école de garçons, 47 élèves; de filles, 54 élèves; — dépend de la perception d'Uzel; — bureau de bienfaisance. — Territoire tourmenté et fort accidenté, nu et découvert sur les hauteurs, mais boisé sur quelques versants et dans les vallées, qui sont occupées par des prairies bien soignées et productives. Le sol, bon et fertile aux abords de la rivière de l'Oust et aux environs du bourg, l'est moins dans ses autres parties. — On attribue au xvie siècle l'époque de la construction de l'église d'Allineuc ; elle est sous le patronage de saint Pierre et de sainte Anne.— Cette commune possède aussi les chapelles de Saint-Adrien et de Notre-Dame de Délivrance, qui sont desservies à certains jours. — Château moderne de la Porte-d'Obain, remarquable par ses dépendances et qui possède une chapelle privative dans laquelle ont été déposés les restes de M. A. de Roquefeuille, capitaine de cavalerie, tué glorieusement le 24 juin 1859, à la bataille de Solferino. — Du sommet du mont Barra, on jouit d'une vue magnifique. — Au hameau de Leffo et à 1 kilom. sud du bourg, on trouve des restes de monuments druidiques. — Près du village des Doaves, se voient les traces d'un ancien château fortifié. — Curieuse grotte dans la montagne de Barra, appelée chambre du Corrandon. — Nous devons citer comme extrêmement remarquable, le vaste réservoir de Bosmeléac, destiné à alimenter le canal de Nantes à Brest. Ce réservoir, qui a une longueur sur l'Oust et la Perche de 4,060 m., contient, lorsqu'il est rempli, à $15^m 03$ de hauteur, 3,498,506 m. cubes d'eau. Sa digue, qui a 90 m. de long et $15^m 19$ de hauteur, a été construite en 1832 et a coûté environ 250,000 fr. Elle joint Allineuc à Merléac. La rigole partant du réservoir pour conduire les eaux au canal a, jusqu'au point de partage d'Hilvern, dans le Morbihan, une longueur totale de 62,307m 80. Elle traverse, dans les Côtes-du-Nord, les communes de Merléac, du Quillio, de Saint-Guen, de Saint-Caradec et d'Hémonstoir, sur une longueur de 45,790m 60. Elle passe sous 120 ponts et est plantée sur une longueur de 58 kilom. — *Points culminants* : La Brousse, 225 m.; Trabado, 242 m.; la Porte-d'Ohain, 270 m. — *Géologie* : Schiste talqueux; quelques amas amphiboliques; eaux ferrugineuses. — Ont été Maires : MM. B. Le Texier, J. Le Texier, Garnier, Le Couédic, Trobert et Perreux, maire actuel.

GRACE, 1,181 hab.; — bornée au N. par Saint-Hervé et Gausson; à l'E. par La Motte; au S. par Trévé; à l'O. par Saint-Thélo; — traversée par les chemins de grande communication Nos 19 et 21, et par le chemin d'intérêt commun No 46; — école de garçons, 49 élèves; de filles, 51 élèves; — dépend de la perception d'Uzel; — ancienne trêve de Loudéac. — Territoire accidenté, bien boisé et planté de pommiers; il offre encore plus de 150 hectares de landes susceptibles d'être cultivées ou semées en arbres résineux. — Grâce, autrefois appliquée presqu'exclusivement à la fabrication des toiles, fait aujourd'hui de l'agriculture, sa principale industrie. Néanmoins, quelques personnes s'y livrent encore spécialement à la confection de la batiste à tamis. — L'église est dédiée à la sainte Vierge, sous le vocable de Notre-Dame de Grâce, et sa fête patronale a lieu le 8 septembre; elle porte, au-dessus d'une de ses fenêtres principales, la date de 1733. On y remarque trois autels ornés d'assez bonnes sculptures. — *Points culminants* : Canada, 237 m.; le Train-du-Cavec, 270 m.; Bourlet, 257 m.— *Géologie* : Schiste talqueux. — *Maires* : MM. 1790, Jeglot; 1819, Dugourlay; 1831, Gaubicher; 1843, Dugourlay; 1851, Nevot; 1852, Jegard; 1862, Boscher, maire actuel.

LE QUILLIO, 1,415 hab.; — bornée au N. par Merléac; à l'E. par l'Oust, qui la sépare de Saint-Thélo; au S. par Saint-Caradec et Saint-Guen; à l'O. par Saint-Gilles-Vieux-Marché et Merléac; — traversée par la rigole alimentaire du canal, par le chemin de grande communication N° 43 et par le chemin d'intérêt commun N° 47; — école de garçons, 56 élèves; de filles, 63 élèves; — dépend de la perception d'Uzel; — ancienne trève de Merléac. — Cette commune, comme la précédente, faisait autrefois, d'après la tradition, partie de la forêt de Lorge. Son territoire est très-accidenté et composé d'une infinité de mamelons séparés par des vallons profonds. Ses terres sont généralement bonnes, bien cultivées, et nous citerons particulièrement la vallée de l'Oust pour sa beauté et sa fertilité. — L'église est placée sous le patronage de

Notre-Dame de Délivrance, dont la fête se célèbre le dimanche après le 15 août ; elle appartient au XVIe siècle et possède un joli porche. Son autel majeur provient de l'ancienne abbaye de Bon-Repos. Il est remarquable par les sculptures qui le décorent et qui sont surmontées d'une crosse colossale à laquelle est suspendu un petit pavillon sous lequel on plaçait les hosties consacrées, avant l'usage des tabernacles. Toutes ces sculptures sont dorées et ne sont pas antérieures au XVIIe siècle. — Chapelles de Saint-Nicodème, de Saint-Maurice et de Notre-Dame de Lorette. Cette dernière, placée sur un point très-élevé, est l'objet d'une dévotion particulière, et sa fête, célébrée le 8 septembre, attire une grande affluence de pèlerins qui prennent part à la procession qui se fait à cette occasion et qu'on peut dire l'une des plus belles de Bretagne. — Non loin de cette chapelle, on remarque un cromlec'h formant une enceinte rectangulaire de 15 à 16 m. de long sur 8 de large. C'est le seul que l'on connaisse ayant cette disposition. — Dans le prolongement de la montagne, vers l'ouest, on trouve plusieurs amas de rochers fort curieux dont l'un est nommé dans le pays Rocher-de-Merlin. — Fontaine d'eau minérale près du bourg. — Habitation moderne de Lohan, du Cosquer. Manoir du Ros, près duquel existe un bois de 50 hectares. — Le blanchissage des toiles fut pendant plus de 200 ans l'industrie spéciale du Quillio ; elle s'y exerce encore, mais il est inutile de dire qu'elle est bien réduite. —

Points culminants : Bellevue, 278 m.; chapelle de Lorette, 298 m.; le Rocher, 238 m. — *Géologie* : Schiste talqueux; filons de quartz. Eau ferrugineuse. — *Maires* : Ont successivement rempli ces fonctions, MM. Hervé, Le Gris-Duval, Guillo-Lohan, Le Covec, Ollitrault et Guillo-Lohan, maire actuel.

MERLÉAC, 1,813 hab.; — bornée au N. et à l'E. par l'Oust, qui la sépare du Bodéo, d'Allineuc, Uzel et Saint-Thélo; au S. par Le Quillio; à l'O. par Saint-Gilles-Vieux-Marché et Saint-Martin-des-Prés; — traversée par la rigole alimentaire du canal de Nantes à Brest, par le chemin de grande communication N° 5 et par les chemins d'intérêt commun N°s 47 et 53; — école de garçons, 49 élèves; de filles, 38 élèves; — dépend de la perception d'Uzel; — faisait autrefois partie du diocèse de Quimper. — Territoire fort accidenté, coupé par des vallées profondes, pittoresques et bien boisées. Son agriculture est en progrès, et l'on y remarque quelques prairies bien aménagées. — L'église, dont le clocher vient d'être récemment reconstruit, est dédiée à saint Pierre et ne présente aucun intérêt. — Chapelles de Saint-Goueno, de Saint-Honoré, de Saint-Jean et de Saint-Jacques au village de Saint-Léon. Cette dernière, l'un des spécimens les plus purs que nous possédions aujourd'hui dans le département, de l'architecture du xiv° siècle, vient d'être rétablie dans son ancienne splendeur, au moyen d'allocations votées par le conseil général. Elle fut construite, dit-on, par Jean Validire, dit de Saint-Léon, né en Merléac, lequel fut confesseur du duc Jean V, puis évêque de Saint-Pol de Léon et enfin de Vannes en 1443; mais le style de l'édifice, la date de 1402, inscrite sur la belle verrière de sa maîtresse vitre et les mâcles de la maison de Rohan qui y sont semées à profusion, tendent à faire croire que c'est plutôt un membre de cette dernière famille qui en a été le fondateur. — Nous ne signalerons pas comme monument druidique l'amas de roches superposées qu'on voit à Kervegan ; mais il mérite d'être visité. — Les manoirs du Breil, du Houle et du Vaugaillard sont en ruines; ce dernier offre de beaux restes. — Le château de Merléac, aujourd'hui propriété communale, est un simple pavillon du xviiie siècle; il sert de maison d'école pour les deux sexes. — Nous ne pouvons manquer de citer la charmante habitation moderne de Bizoin, située au fond d'une vallée pittoresque et entourée d'arbres de la plus belle venue. — *Points culminants :* Le bourg, 253 m.; rocher de Saint-Léon, 227 m.; Toubernoué, 293 m. — *Géologie :* Schiste talqueux; roches amphiboliques; filons de quartz; minerai de fer d'alluvion très-bon. — *Maires :* MM. 1792, Keranterf; 1815, Keranterf (fils); 1824, Duleslay; 1830, F. Glais-Bizoin; 1848, Rioux, maire actuel.

SAINT-HERVÉ, 965 hab.; — bornée au N. par L'Hermitage ; à l'E. par L'Hermitage et Gausson ; au S. par Grâce ; à l'O. par Saint-Thélo et Uzel ; — traversée par la route départementale N° 3 ; par les chemins de grande communication N°s 5, 19 et 21, et par le chemin d'intérêt commun N° 46 ; — école de garçons, 37 élèves ; de filles, 60 élèves ; — dépend de la perception d'Uzel ; — ancienne trève de Loudéac. — Territoire arrosé par les ruisseaux du Pas, de Rozant et du Pont ; accidenté, mais ne présentant que des pentes légères dans diverses directions. Il est bien boisé et planté de pommiers produisant un cidre de bonne qualité. L'agriculture est en progrès dans cette commune, surtout en ce qui concerne les prairies, qui sont aménagées avec intelligence. — Bien que la population se livre généralement aux travaux agricoles, quelques métiers sont encore actifs et tissent des toiles fines assez recherchées. — L'église, dédiée à saint Hervé, solitaire breton, dont la fête a lieu le 3e dimanche de juillet, est tenue très-convenablement. — Il existe, dans le cimetière joignant l'église, un tombeau devenu l'objet de la vénération publique ; c'est celui de l'abbé Levedez, mort, dit-on, en odeur de sainteté. — Le château de Beauregard est une jolie habitation du xviiie siècle, agréablement située et entourée de belles plantations. — Saint-Hervé a vu naître M. Le Deist de Kerivalan, mort en 1814 ; il a été maître à la chambre des Comptes de Bretagne et a laissé plusieurs ouvrages littéraires ; et M. Le Deist de Botidoux, né en 1758 et décédé à Saint-Brieuc le 19 novembre 1825 ; il a été député à l'Assemblée constituante et a laissé une traduction estimée des commentaires de César. — *Points culminants :* Le bourg, 181 m. ; le Bois, 249 m. ; le moulin à vent, 254 m. — *Géologie :* Schiste talqueux ; roches amphiboliques et quartz. — *Maires* : Ont successivement rempli ces fonctions, MM. Corlay, Brebant, Ollivaux, Le Lart, Jouanigot et J.-B. Legué, maire actuel.

SAINT-THÉLO, 1,501 hab. ; — bornée au N. par Uzel et Saint-Hervé ; à l'E. par Saint-Hervé et Grâce ; au S. par Trévé ; à l'O. par l'Oust, qui la sépare de Saint-Caradec, Le Quillio et Merléac ; — traversée par le chemin de fer en projet de Saint-Brieuc à Napoléonville, par la route départementale N° 3 et par le chemin d'intérêt commun N° 47 ; — école de garçons, 55 élèves ; de filles, 52 él. ; — dépend de la perception d'Uzel. — Territoire accidenté, très-boisé, arrosé de nombreux cours d'eau ; généralement bon et fertile, surtout dans la vallée de l'Oust ; planté de pommiers dont le cidre est de bonne qualité. — L'église est dédiée à saint Thélo ou Theliaw, évêque de Landaff, dans le pays de Galles, et dont la fête se célèbre le dimanche qui suit le 9 février. Elle est du xviiie siècle et possède un assez bon rétable de cette époque. — Chapelles de Saint-Pierre et des Saints-Anges. — Sur la route de Saint-Brieuc à Lorient, à 2 kilom. du bourg, on voit une belle croix en granite érigée par un enfant de cette paroisse, M. l'abbé Raffray, mort à Saint-Brieuc le 9 février 1847, chapelain de l'établissement de la Providence et auteur de plusieurs ouvrages de dévotion. — *Points culminants* : Le bourg, 104 m.; le Canton, 185 m.; la Lande-au-Loup, 207 m. — *Géologie* : Schiste talqueux et quartz. — *Maires* : MM. 1790, C. Boscher de Langle; 1803, G. Boscher de Langle; 1834, Duaul; 1843, Le Mào; 1852, Ollitrault; 1852, Le Covec, maire actuel.

FIN.

TABLES DES MATIÈRES.

1° TABLE DE L'APERÇU GÉNÉRAL.

	Pages.
Administrations diverses. — CHAPITRE VIII.	64
Administration religieuse. — CHAP. III.	16
— sanitaire.	72
Agriculture. — CHAP. VI.	43
Aliénés (*Etablissement pour les*).	54
Aperçu général. — CHAP. I.	1
Asile des incurables.	57
Assistance publique. — CHAP. VII.	52
Aspect, sol, montagnes.	2
Bienfaisance (*Bureaux de*).	57
Caisses d'épargne et de prévoyance.	59
Canaux.	28
Chambres de commerce.	35
Chemins de fer.	22
— d'intérêt commun.	27
— vicinaux de grande communication.	24
Climat.	4

Commerce et industrie. — Chap. V.	29
Conférences de Saint-Vincent de Paul.	58
Congrégations religieuses.	18
Commerce.	41
Consommation.	45
Contributions directes.	69
— indirectes.	70
Coutumes.	78
Département (*Dénomination du*).	1
Divisions administratives. — Chap. II.	15
Douanes.	71
Eaux minérales.	10
Enfants assistés.	52
Enseignement. — Chap. IX.	75
Enregistrement et domaines	70
Étangs.	10
Évêché (1).	16
Finances.	69
Géologie.	3
Guerre.	67
Hospices et hôpitaux.	56

(1) Toutes les paroisses dont on n'a pas indiqué l'évêché dépendaient autrefois de l'ancien évêché de Saint-Brieuc.

Huitrières.	32
Industrie.	35
Institutions de prévoyance. — Chap. VII.	52
Instruction primaire.	73
— secondaire.	74
Justice.	64
Langage.	78
Langues, mœurs, coutumes. — Chap. X.	78
Marine.	68
Médecine.	78
Mendicité.	59
Mer (côtes, îles, baies, etc.).	5
Minéralogie.	10
Mœurs.	80
Montagnes.	2
Navigation (*Mouvement de la*).	29
Paupérisme.	59
Personnel maritime.	29
Petites Sœurs des pauvres.	57
Petits Séminaires.	75
Phares et fanaux.	35
Ponts et chaussées.	69
Ponts suspendus.	28

Population (*Catégories diverses de la*). — Cha-
  pitre XI (1)........................... 84
Ports............................... 29
Postes.............................. 71
Production.......................... 45

Règne animal........................ 12
 — végétal........................ 14
Répression (*Etablissements de*)....... 62
Rivières et cours d'eau.............. 8
Routes départementales............... 23
 — impériales..................... 23

Saints personnages nés dans le département.... 20
Situation géographique du département....... 2
Société de charité maternelle............ 58
Sociétés de secours mutuels.............. 58
Sol................................ 2
Sourds-muets........................ 77

Télégraphie......................... 72

Usages.............................. 84

Voies de communication. — Chap. IV....... 22

(1) D'après le dénombrement de 1856.

2° TABLE ALPHABÉTIQUE

DES

ARRONDISSEMENTS, CANTONS ET COMMUNES

DU DÉPARTEMENT DES CÔTES-DU-NORD,

Avec la Population, d'après le Dénombrement fait en 1861.

Le Département des Côtes-du-Nord compte 628,676 habit.

NOTA. — *La Population indiquée dans le texte est le résultat du Dénombrement de 1856.*

ARRONDISSEMENTS, Cantons et Communes.	Population.	Pages.	ARRONDISSEMENTS, Cantons et Communes.	Population.	Pages.
Allineuc.............	2,081	821	Bourbriac (com.)..	4,190	475
Andel..............	634	158	Bourseul...........	1,486	377
Aucalleuc..........	463	296	Bréhand............	2,067	195
			Bréhat *(île de)*.....	1,202	211
Bégard (canton)....	11,150	446	Brélévenez.........	1,762	587
Bégard (commune).	4,182	450	Brélidy............	745	536
Belle-Ile-en-Terre (canton).........	13,414	459	Bringolo...........	820	520
			Broons (canton)....	14,251	308
Belle-Ile-en-Terre (commune).......	1,742	462	Broons (commune).	2,569	312
Berhet.............	457	604	Brusvily............	746	297
Binic..............	2,673	142	Buhulien...........	1,114	588
Bobital............	301	297			
Bocqueho..........	1,683	129	Calanhel...........	896	490
Bodéo *(le)*........	751	240	Callac (canton)....	15,806	484
Bouillie *(la)*.......	785	357	Callac (commune)..	3,279	488
Bourbriac (canton).	10,186	471	Calorguen.........	870	293

ARRONDISSEMENTS, Cantons et Communes.	Population.	Pages.	ARRONDISSEMENTS, Cantons et Communes.	Population.	Pages.
Camlez............	1,262	694	Dinan (commune)..	8,089	278
Canihuel..........	1,612	566	Dolo.............	954	340
Caouennec........	622	590	Duault...........	2,805	492
Carnoët..........	2,034	491			
Caulnes..........	1,997	417	Eréac............	1,384	314
Caurel...........	763	800	Erquy............	2,373	227
Cavan...........	1,955	605	Etables (canton)...	13,259	187
Chapelle-Blanc. (la).	490	420	Etables (commune).	2,972	140
Châtelaudren (cant.)	12,726	123	Evran (canton)....	10,639	322
Châtelaudren (com.)	1,351	127	Evran (commune)..	4,360	326
Chèze (la) (canton).	11,214	765	Faouët (le).......	824	180
Chèze (la) (com.)..	450	769	Ferrière (la)......	691	770
Coadout..........	551	437	Fœil (le).........	1,765	262
Coatascorn........	797	606			
Coatréven.........	990	695	Gausson..........	2,069	810
Coëtmieux........	685	159	Glomel...........	3,157	552
Cohiniac..........	765	130	Gouarec (canton)...	7,746	754
Collinée (canton)...	7,384	728	Gouarec (commune).	873	755
Collinée (commune).	794	732	Gommené (Loudéac)	1,285	785
Corlay (canton)....	7,032	740	Gommenech (Saint-Brieuc).........	1,215	178
Corlay (commune)..	1,535	744			
Corseul..........	3,174	379	Goudelin.........	2,347	521
Créhen.	1,697	380	Gouray (le)......	2,012	734
			Grâce (Loudéac)...	1,200	823
Dinan (arrond^t.)...	116,947	271	Grâces (Guingamp).	1,371	438
Dinan (cant. Est)...	17,766	274	Guenroc..........	529	418
Dinan (cant. Ouest).	12,418	293	Guingamp (arrond^t.)	124,868	425

ARRONDISSEMENTS, Cantons et Communes.	Population.	Pages.	ARRONDISSEMENTS, Cantons et Communes.	Population.	Pages.
Guingamp (canton).	16,700	429	Kerpert..............	1,255	567
Guingamp (com.)..	7,350	432	Lamballe (canton)..	15,494	149
Guitté.............	952	419	Lamballe (com.)...	4,256	154
Gurunhuel.........	1,424	465	Lancieux..........	831	405
			Landébaëron......	670	454
Harmoye (la).....	1,130	238	Landébia.........	256	382
Haut-Corlay (le)...	1,061	747	Landec (la).......	388	394
Hémonstoir.......	582	721	Landehen.........	1,156	161
Hénanbihen......	1,744	355	Lanfains..........	2,296	239
Hénansal.........	1,304	356	Langast..........	1,471	811
Hengoat..........	814	607	Langoat..........	2,357	696
Hénon...........	3,132	196	Langourla........	1,357	733
Hermitage (l').....	1,475	241	Langrolay........	817	406
Hillion...........	2,710	114	Languédias.......	489	395
Hinglé (le).......	265	299	Languenan.......	1,052	383
			Langueux........	2,638	115
Illifaut...........	1,195	786	Laniscat..........	1,533	757
Jugon (canton)....	12,003	334	Lanleff...........	400	250
Jugon (commune)..	597	338	Lanloup..........	527	251
			Lanmérin........	556	697
Kerbors..........	1,035	622	Lanmodez........	640	624
Kerfot...........	732	213	Lannebert.......	882	179
Kergrist-Moëllou...	2,320	554	Lannion (arrondt.)..	115,679	575
Kerien...........	918	478	Lannion (canton)...	18,450	578
Kérity...........	1,932	214	Lannion (com.)....	6,598	582
Kermaria-Sulard...	983	638	Lanrelas..........	1,778	315
Kermoroch.......	608	452			

ARRONDISSEMENTS, Cantons et Communes.	Population.	Pages.	ARRONDISSEMENTS, Cantons et Communes.	Population.	Pages.
Lanrivain............	1,691	568	Maël-Carhaix (cant.)	9,260	501
Lanrodec............	1,618	523	Maël-Carhaix (com.)	2,119	504
Lantic...............	1,438	143	Maël-Pestivien.....	1,432	496
Lanvallay............	1,205	285	Magoar..............	447	478
Lanvellec............	1,953	657	Malhoure (la)......	418	160
Lanvézéac............	188	608	Mantallot............	349	608
Lanvollon (canton)..	13,686	172	Maroué..............	2,291	163
Lanvollon (com.)...	1,060	176	Matignon (canton)..	13,421	349
Laurenan............	1,362	787	Matignon (com.)...	1,305	352
Léhon...............	1,336	287	Méaugon (la)......	968	101
Lescouët (Gouarec).	738	758	Mégrit...............	1,301	316
Lescouët (Jugon)...	789	341	Mellionnec..........	1,143	759
Leslay (le).........	280	263	Merdrignac (cant.)..	12,320	780
Lézardrieux (cant.).	14,102	616	Merdrignac (com.)..	3,258	782
Lézardrieux (com.).	2,238	620	Mérillac.............	692	790
Locarn..............	1,655	506	Merléac..............	1,739	826
Locquenvel..........	393	466	Merzer (le).........	1,019	181
Loguivy-lez-Lannion	412	590	Meslin...............	1,016	165
Loguivy-Plougras...	3,198	674	Minihy-Tréguier...	1,561	698
Lohuec..............	1,031	495	Moncontour (cant).	15,417	189
Loscouët (le).......	1,144	788	Moncontour (com.).	1,432	193
Louannec............	1,656	639	Morieux.............	671	166
Louargat............	4,328	467	Motte (la).........	3,160	722
Loudéac (arrond¹.).	89,882	706	Moustérus...........	1,186	439
Loudéac (canton)...	14,417	710	Moustoir (le)......	874	507
Loudéac (com.)....	6,081	714	Mûr (canton).....	5,839	793
			Mûr (commune)...	2,362	798

— 839 —

ARRONDISSEMENTS, Cantons et Communes.	Population.	Pages.	ARRONDISSEMENTS, Cantons et Communes.	Population.	Pages.
Notre-Dame-du-Guildo.	801	359	Plélan-le-Petit (cant.)	5,068	389
Noyal.	508	167	Plélan-le-Petit (com.)	1,183	393
			Plélauff.	1,275	761
Pabu.	1,087	441	Plélo.	4,350	131
Paimpol (canton).	20,187	201	Plémet.	3,378	773
Paimpol (com.).	2,116	208	Plémy.	2,965	812
Paule.	1,183	508	Plénée-Jugon.	4,223	344
Pédernec.	3,115	454	Pléneuf (canton).	9,187	221
Penguily.	588	197	Pléneuf (commune).	2,146	225
Penvenan.	3,042	700	Plérin.	5,062	103
Perret.	700	760	Plerneuf.	955	133
Perros-Guirec (cant.)	13,637	631	Plésidy.	1,602	479
Perros-Guirec (com.)	2,765	636	Pleslin.	1,427	407
Pestivien.	1,450	497	Plessala.	3,491	811
Peumerit-Quintin.	598	569	Plessix-Balisson.	211	384
Plaine-Haute.	1,768	265	Plestan.	2,040	348
Plaintel.	2,996	242	Plestin (canton).	16,011	650
Plancoët (canton).	13,542	371	Plestin (commune).	4,527	654
Plancoët (com.).	1,910	374	Pleubian.	3,600	625
Planguenoual.	1,864	220	Pleudaniel.	2,573	627
Pléboulle.	1,176	360	Pleudihen.	4,693	288
Plédéliac.	2,051	342	Pleumeur-Bodou.	2,864	641
Plédran.	3,571	117	Pleumeur-Gautier.	2,438	628
Pléguien.	1,945	182	Plévenon.	1,208	363
Pléhédel.	1,706	252	Pléven (Dinan).	681	385
Plohérel.	1,089	361	Plévin (Guingamp).	1,240	511
			Plœuc (canton).	13,100	233

ARRONDISSEMENTS, Cantons et Communes.	Population.	Pages.	ARRONDISSEMENTS, Cantons et Communes.	Population.	Pages.
Plœuc (commune)..	5,052	237	Ploumagoar.......	2,134	443
Ploëzal..........	3,110	537	Ploumilliau.......	3,650	659
Plorec...........	897	396	Plounérin........	1,692	677
Plouagat (canton)..	9,197	515	Plounévez-Moëdec..	3,805	679
Plouagat (com.)...	2,397	518	Plounévez-Quintin..	2,372	558
Plouaret (canton)..	21,542	667	Plounez..........	2,143	218
Plouaret (com.)....	5,498	672	Plourach.........	1,368	499
Plouasne.........	2,524	329	Plourhan.........	2,213	145
Ploubalay (canton).	8,910	400	Plourivo.........	2,511	219
Ploubalay (com.)...	2,706	404	Plouvara.........	1,695	134
Ploubazlanec......	3,402	215	Plouzélambre.....	854	660
Ploubezre........	3,396	592	Pludual..........	1,184	253
Plouëc..........	2,167	538	Pluduno.........	2,326	385
Plouër..........	3,850	300	Plufur...........	1,688	661
Plouëzec........	4,565	216	Plumaudan.......	1,258	421
Ploufragan.......	2,494	106	Plumaugat.......	2,480	422
Plougonver......	3,053	468	Plumieux........	3,367	775
Plougras.........	1,366	676	Plurien..........	1,358	230
Plougrescant......	2,362	702	Plusquellec.......	1,511	500
Plouguenast (cant.).	13,499	804	Plussulien.......	1,499	748
Plouguenast (com.).	3,503	808	Pluzunet.........	2,440	680
Plouguernevel.....	3,485	556	Pommeret........	1,265	168
Plouguiel........	2,652	703	Pommerit-Jaudy...	2,653	669
Plouha (canton)....	8,929	244	Pommerit-le-Vicomte	3,059	183
Plouha (commune).	5,112	248	Pont-Melvez......	1,503	481
Plouizy..........	2,006	442	Pontrieux (canton).	14,665	528
Ploulech.........	1,174	593	Pontrieux (com.)..	2,258	532

ARRONDISSEMENTS, Cantons et Communes.	Population.	Pages.	ARRONDISSEMENTS, Cantons et Communes.	Population.	Pages.
Pordic............	4,992	107	Sévignac........	2,580	318
Poterie (la)......	737	162	Squiffiec........	1,033	457
Pouldouran.......	321	611	Saint-Aaron.....	987	169
Prat.............	2,275	612	Saint-Adrien....	667	482
Prénessaye (la)...	1,640	771	Saint-Agathon...	1,015	444
Quemper-Guézénec.	2,775	539	Saint-Alban.....	1,416	231
Quemperven......	968	614	St-André-des-Eaux.	492	330
Quessoy..........	2,970	198	Saint-Barnabé...	931	776
Quévert..........	1,246	301	Saint-Bihy......	455	267
Quillio (le)......	1,359	824	Saint-Brandan...	2,730	268
Quintenic........	384	387	St-Brieuc (arrond¹).	181,300	87
Quintin (canton)...	12,962	255	St-Brieuc (c. nord).	30,595	90
Quintin (commune).	3,710	258	St-Brieuc (c. midi).	15,458	111
Quiou (le)........	514	328	St-Brieuc (com.)..	15,341	91
Roche-Derrien (la) (canton).......	13,115	598	Saint-Caradec....	1,839	723
			Saint-Carné.....	775	303
			Saint-Carreuc....	1,140	199
Roche-Derrien (la) (commune)....	1,738	602	Saint-Cast......	1,400	366
Rospez...........	1,534	595	Saint-Clet......	1,923	512
Rostrenen (canton).	13,787	545	Saint-Connan....	901	570
Rostrenen (com.)..	1,560	549	Saint-Connec....	634	801
Rouillac.........	932	317	Saint-Dénoual...	544	369
Ruca............	806	365	Saint-Donan....	2,130	118
Runan...........	737	541	Saint-Étienne-du-Gué-de-l'Isle.	757	777
Senven-Léhart....	859	483	Saint-Fiacre....	584	524
Servel...........	1,838	596	Saint-Gelven....	764	

ARRONDISSEMENTS, Cantons, et Communes.	Population.	Pages.	ARRONDISSEMENTS, Cantons et Communes.	Population.	Pages.
Saint-Gildas	742	269	Saint-Maudez	360	396
St-Gilles-du-Mené	639	735	Saint-Mayeux	1,633	750
Saint-Gilles-Vieux-Marché	1,052	802	Saint-Méloir	314	397
			St-Michel-de-Plélan	351	398
St-Gilles-les-Bois	1,050	543	St-Michel-en-Grève	628	662
St-Gilles-Pligeaux	1,124	571	Saint-Nicolas-du-Pélem (canton)	10,703	560
Saint-Glen	866	200			
Saint-Gouéno	1,486	736	Saint-Nicolas-du-Pélem (com.)	2,748	564
Saint-Guen	1,028	803			
Saint-Hélen	1,535	290	Saint-Péver	603	526
Saint-Hervé	939	827	Saint-Potan	1,262	370
Saint-Igneuc	638	347	St-Quay-Perros	606	644
St-Jacut-de-la-Mer	1,032	408	St-Quay-Portrieux	3,030	146
St-Jacut-du-Mené	1,093	737	Saint-Rieul	374	170
St-Jean-Kerdaniel	828	525	Saint-Samson	634	303
Saint-Jouan-de-l'Isle (canton)	8,931	412	Saint-Solain	490	291
			Saint-Thélo	1,408	829
Saint-Jouan-de-l'Isle (commune)	724	416	Sainte-Tréphine	774	573
			Saint-Trimoël	618	201
Saint-Judoce	874	331	Saint-Vran	1,371	791
Saint-Julien	759	419	Saint-Ygeaux	720	764
Saint-Juvat	1,465	332			
Saint-Launeuc	516	790	Taden	1,498	304
Saint-Laurent	887	456	Tonquédec	2,051	682
Saint-Lormel	365	388	Tramain	711	348
Saint-Maden	501	423	Trébédan	480	398
St-Martin-des-Prés	1,304	749	Trébeurden	1,748	645
Saint-Maudan	404	726	Trébrivan	1,246	512

ARRONDISSEMENTS, Cantons et Communes.	Population.	Pages.	ARRONDISSEMENTS, Cantons et Communes.	Population.	Pages.
Trébry............	1,554	202	Trémeur..........	1,009	320
Trédaniel.........	1,052	203	Tréméven.........	717	186
Trédarzec.........	1,578	630	Trémuson.........	838	109
Trédias...........	691	319	Trémorel.........	1,497	792
Trédrez...........	1,124	664	Tréogan..........	311	514
Tréduder..........	495	665	Tressaint.........	418	292
Treffrin..........	332	513	Tressignaux.......	928	187
Tréfumel..........	410	333	Trévé............	2,351	726
Trégastel.........	1,077	647	Tréveneuc........	933	148
Tréglamus........	1,574	470	Trévérec.........	548	188
Trégomeur........	1,277	135	Trévron..........	911	306
Trégomar.........	496	171	Trévou-Tréguignec.	929	649
Trégon...........	367	109	Trézény..........	442	705
Trégonneau.......	625	458	Trigavou.........	1,173	411
Trégrom..........	1,192	684	Troguéry.........	598	615
Trégueux.........	1,355	120			
Tréguidel.........	889	185	Uzel (canton).....	10,431	815
Tréguier (canton)..	18,822	685	Uzel (commune)...	1,705	819
Tréguier (com.)...	3,598	690			
Trélévern.........	1,039	648	Vieux-Bourg (le)..	1,512	264
Trélivan..........	798	306	Vildé-Guingalan...	606	399
Trémargat........	593	559			
Trémel...........	1,092	666	Yffiniac..........	2,295	122
Tréméloir.........	650	136	Yvias............	1,584	220
Tréméreuc........	557	410	Yvignac..........	2,007	321

3° PAROISSES QUI NE FORMENT PAS UNE COMMUNE.

	Pages.
1. Bonen (voir *Plouguernevel*)	557
2. Bothoa (voir *Saint-Nicolas-du-Pélem*)	564
3. Cesson (voir *Saint-Brieuc*)	94
4. Kéraudy (voir *Ploumilliau*)	659
5. La Chapelle-Neuve (voir *Plougonver*)	468
6. Le Vieux-Marché (voir *Plouaret*)	672
7. Nazareth (voir *Plancoët*)	374
8. Sainte-Anne du Cambout (voir *Plumieux*)	775
9. Saint-Malo (voir *Dinan*)	278
10. Saint-Martin (voir *Lamballe*)	154
11. Saint-Michel (voir *Saint-Brieuc*)	94
12. Saint-Michel (voir *Glomel*)	552
13. Saint-Nicodème (voir *Duault*)	492
14. Saint-Servais (voir *Duault*)	492
15. Trégenestre (voir *Meslin*)	165
16. Trégornan (voir *Glomel*)	552
17. Trézélan (voir *Bégard*)	450

Saint-Brieuc. — Imp. Guyon frères.

www.ingramcontent.com/pod-product-compliance
Lightning Source LLC
Chambersburg PA
CBHW071314020526
44115CB00037B/1097